图书在版编目（CIP）数据

丹阳年鉴．2018/丹阳市史志办公室编．—北京：方志出版社，2018.10

ISBN 978—7—5144—3305—0

Ⅰ.①丹… Ⅱ.①丹… Ⅲ.①丹阳—2018—年鉴 Ⅳ.①Z525.34

中国版本图书馆 CIP 数据核字(2018)第 224330 号

丹阳年鉴(2018)

编　　者:丹阳市史志办公室
责任编辑:李　静

出 版 人:冀祥德
出 版 者:方 志 出 版 社
地址　北京市朝阳区潘家园东里 9 号(国家方志馆 4 层)
邮编　100021
网址　http://www.fzph.org
发　　行:方志出版社图书经销中心
电话　(010)67110500
经　　销:各地新华书店
印　　刷:丹阳日报社印刷厂

开　　本:889×1194　1/16
印　　张:28
字　　数:753 千字
版　　次:2018 年 10 月第 1 版　2018 年 10 月第 1 次印刷
印　　数:0001～1200 册

ISBN 978-7-5144-3305-0　　定价:260.00 元

丹阳年鉴

(2018)

（总第20卷）

主　审

陈可可　　黄春年

丹阳市人民政府主办

丹阳市史志办公室承编

方　志　出　版　社

编　辑　说　明

《丹阳年鉴(2018)》以马克思列宁主义、毛泽东思想、邓小平理论、“三个代表”重要思想、科学发展观和习近平思想为指导，坚持辩证唯物主义和历史唯物主义的立场、观点和方法，全面、客观地反映2017年丹阳市政治、经济、文化、社会、自然等方面的基本面貌、发展状况，系统、翔实地记载各行各业取得的新进展、新成就、新经验，出现的新矛盾、新问题以及新探索、新做法，为日常工作和学习提供帮助，为改革开放和现代化建设提供借鉴。编写本年鉴旨在记载丹阳经济社会发展的主要情况，为机关、团体、厂矿、企事业单位及社会各界了解、认识、推介丹阳提供全面、准确、权威的信息资料，也为编纂各类史书积累史料。

《丹阳年鉴(2018)》设特载，大事要闻，大事记，丹阳概况，中共丹阳市委员会，丹阳市人民代表大会，丹阳市人民政府，政协丹阳市委员会，中共丹阳市纪委，民主党派·工商联，社团组织，武装·法治，农林·水利，制造业，现代服务业，经科贸活动及信息，企业融资上市，综合管理，环境保护，城镇建设，交通运输·邮政，信息化发展，财政·税务，金融，国内贸易，经济贸易与技术合作，科技·防灾，教育，文化·新闻，卫生·体育，社会生活，镇、街道概况，荣誉，统计资料和文件选编类目。

《丹阳年鉴(2018)》采用分类编纂法，全书分类目、分目和条目3个层次。部分分目下增设次分目，采用楷体字，并在标题前后加“·”以示区别。条目为记叙实体，其标题均用黑体字并加“【】”。《丹阳年鉴(2018)》设35个类目、177个分目、52个次分目，有1016个条目。

《丹阳年鉴(2018)》所用文稿、图照、表格等资料由各部门、单位和各镇区提供，单位负责人审阅，事实与数据均经有关部门核实。在条目或图片、表格后用楷体括署供稿人姓名或供稿单位名称。图片和表格按前后顺序分别统一编号。统计数据以统计部门提供为主，部分由行业或主管部门提供，因统计口径不同，或有差别。计量单位采用国家标准，少量一次文献或特例保留原文用法。

《丹阳年鉴(2018)》卷首设中文目录和彩色插页目录，卷末设主题分析索引。对组织机构及单位采用习惯简称，并在书前配有组织机构简称全称对照表。全书所有信息均可通过目录、索引、书眉等检索。

《丹阳年鉴》编审人员

《丹阳年鉴》供稿单位分管领导名单

（按姓氏笔画为序）

丁方晓	丁　伟	丁晓霞	丁旗松	王一良	王立新	王先中	王国防
王国柱	王　挺	王彦民	韦天昀	毛浩平	邓金平	邓宜放	田国亮
史乐群	匡洪浩	邢永忠	邢建红	朱万东	朱丹宁	朱伟界	朱学军
朱梦盼	朱银忠	任志新	刘　欣	江顺尧	汤丹辉	汤志明	汤裕品
许红星	贡丽娅	贡晨峰	李　伟	李青山	李建平	李逸民	李新良
杨鸣强	杨翔大	吴卫方	吴初新	邹丽伟	冷春燕	冷星亚	冷　俊
汪荣芳	张东华	张西雅	张伟平	张志明	张林生	张俊辉	张奕慈
张雪芬	张雪芬	陆卫平	陆国庆	陈夕方	陈志明	陈国林	陈思寒
陈胜华	陈莉萍	陈　慧	茅顺龙	林书根	林伟民	周　晶	周宇静
周　军	周荣强	周辉平	郑志坚	赵　俊	荆玉方	胡云华	胡云萍
姜建忠	袁小平	贾　伟	贾国瑞	夏伟民	夏国峰	夏建新	顾文慧
钱惠文	倪国义	徐　文	徐菊芳	殷　农	殷兆龙	凌　飞	唐宁锋
唐亦军	浦锦勇	黄　晨	黄锁荣	眭晓骏	眭　彬	眭维民	眭筱菊
梁振若	彭锁明	葛丹生	蒋永辉	蒋志明	蒋新群	韩　强	傅　辉
舒金俊	蒯理所	虞　伟	蔡方武	蔡国景	臧家荧	缪建新	樊国强
滕红斌	潘发明	潘茹华	潘惠民	潘耀南	薛东升	戴　萌	戴新铭

《丹阳年鉴》供稿单位编辑人员名单

（按姓氏笔画为序）

丁　伟	丁丽萍	丁忠明	丁静静	卜浩彦	马秀琴	王一良	王　文
王　平	王丽君	王宏梅	王国民	王剑沁	王　琦	王　晴	王　铸
毛卫华	毛文泽	毛红雨	卞露晗	尹　凯	孔志平	邓舒婷	艾建文
冯智超	朱丹华	朱君芬	朱智军	任珏方	华元成	庄资源	刘子焕
刘志华	刘　奇	刘　栋	汤利杰	许　卫	孙书平	孙玉林	孙　旭
孙　悦	孙燕霞	花　卉	李冬月	李信华	李晓君	李　源	杨建军
杨　慨	杨　磊	束利伟	束　峰	肖　鹏	吴红仙	吴夏云	吴铁俊
吴路平	何云华	何金峰	何　晶	邹学伟	汪文兰	沈玉清	沈诺亚
张卫莺	张先才	张金伟	张建平	张建新	张孟然	张　娟	张晶晶
张　蔚	张　燕	陆国庆	陈军林	陈秀芬	陈　欣	陈素琴	陈爱芹
陈　静	杭　颖	欧阳斐	周玄究	周建中	周　俊	周梦韵	周朝霞
胡志杰	侯范文	施晓清	姜　伟	姜红艳	贺　达	贺利平	秦叶红
袁小平	袁东波	袁军辉	夏　琼	钱文彦	倪国义	徐行燕	徐　烈
徐　涛	奚小莉	郭　诚	唐　红	唐霄雷	龚　凯	眭一惠	眭丽萍
眭　杰	眭　琛	章宁康	彭忆严	董　薇	蒋　琳	景银山	傅晓霞
温勇杰	谢艳英	裔黎敏	蔡　斌	臧　磊	裴丽娜	樊润辉	魏红军

《丹阳年鉴》有关机构和单位简称全称对照表

简称	全称
市委	中国共产党丹阳市委员会
市人大常委会	丹阳市人民代表大会常务委员会
市政府	丹阳市人民政府
市政协	中国人民政治协商会议丹阳市委员会
市委办	中国共产党丹阳市委员会办公室
市政府办	丹阳市人民政府办公室
市人大常委会办	丹阳市人民代表大会常务委员会办公室
市政协办	中国人民政治协商会议丹阳市委员会办公室
市纪委	中国共产党丹阳市纪律检查委员会
市政法委	中国共产党丹阳市委政法委员会
市机关工委	中国共产党丹阳市委员会市级机关工作委员会
市法制办	丹阳市人民政府法制办公室
市计生委	丹阳市人口和计划生育委员会
市文广新局	丹阳市文化广电新闻出版局
市广电集团	丹阳市广播电视集团
省丹中	江苏省丹阳中学
市三中	丹阳市第三中学
市五中	丹阳市第五中学
市六中	丹阳市第六中学
市八中	丹阳市第八中学
市九中	丹阳市第九中学
市实中	丹阳市实验中学
市职中	丹阳市职业中等专业学校
市华南学校	丹阳市华南实验学校
市实小	丹阳市实验小学
云阳一小	丹阳市云阳第一中心小学
市市场监管局	镇江市丹阳市场监督管理局
市发改委	丹阳市发展改革和经济信息化委员会
市人社局	丹阳市人力资源和社会保障局
市农委	丹阳市农业委员会
市住建局	丹阳市住房和城乡建设局
市人行	中国人民银行丹阳市支行
市农发行	中国农业发展银行丹阳市支行
市工行	中国工商银行丹阳市支行
市农行	中国农业银行丹阳市支行
市中行	中国银行丹阳支行
市建行	中国建设银行丹阳市支行
市交行	交通银行丹阳支行
市农商行	丹阳市农村商业银行
市邮储银行	中国邮政储蓄银行丹阳市支行
市人保公司	中国人民保险股份公司丹阳市支公司
市寿保公司	中国人寿保险股份公司丹阳市支公司
市太保财险公司	中国太平洋财产保险公司丹阳市支公司
市太保寿险公司	中国太平洋人寿保险公司丹阳市支公司
市医保中心	丹阳市职工医疗保险管理中心
大亚科技	大亚科技集团有限公司
恒宝股份	恒宝股份有限公司
恒神股份	江苏恒神纤维材料有限公司
沃得集团	江苏沃得机电集团有限公司
天工集团	江苏天工集团有限公司
鱼跃医疗	江苏鱼跃医疗设备股份有限公司
飞达集团	江苏飞达控股集团有限公司
万新光学	江苏万新光学有限公司

丹阳市地图

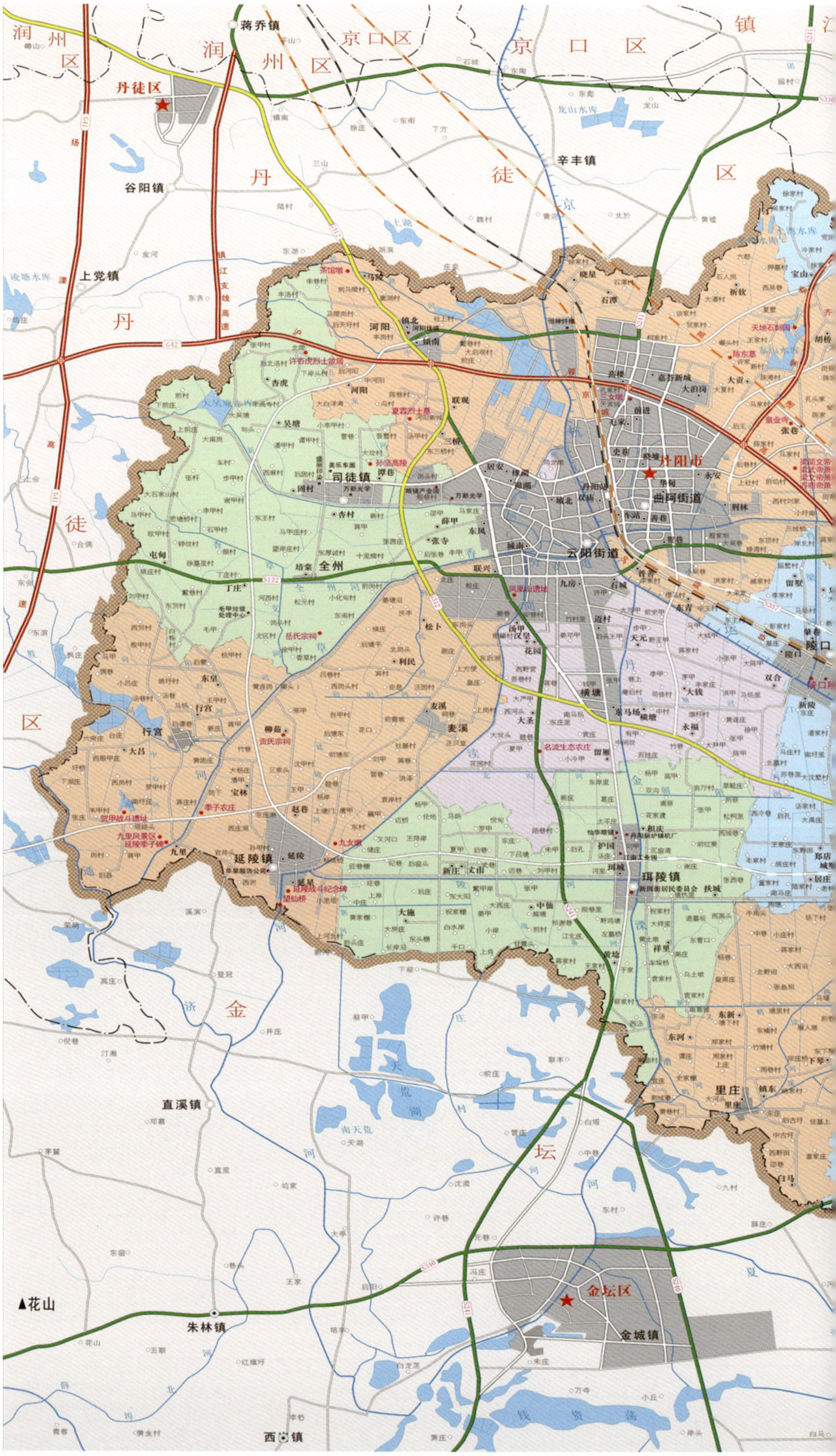

丹阳市规划局制
2015年6月

市徽——天禄

市花——桂花

市树——银杏

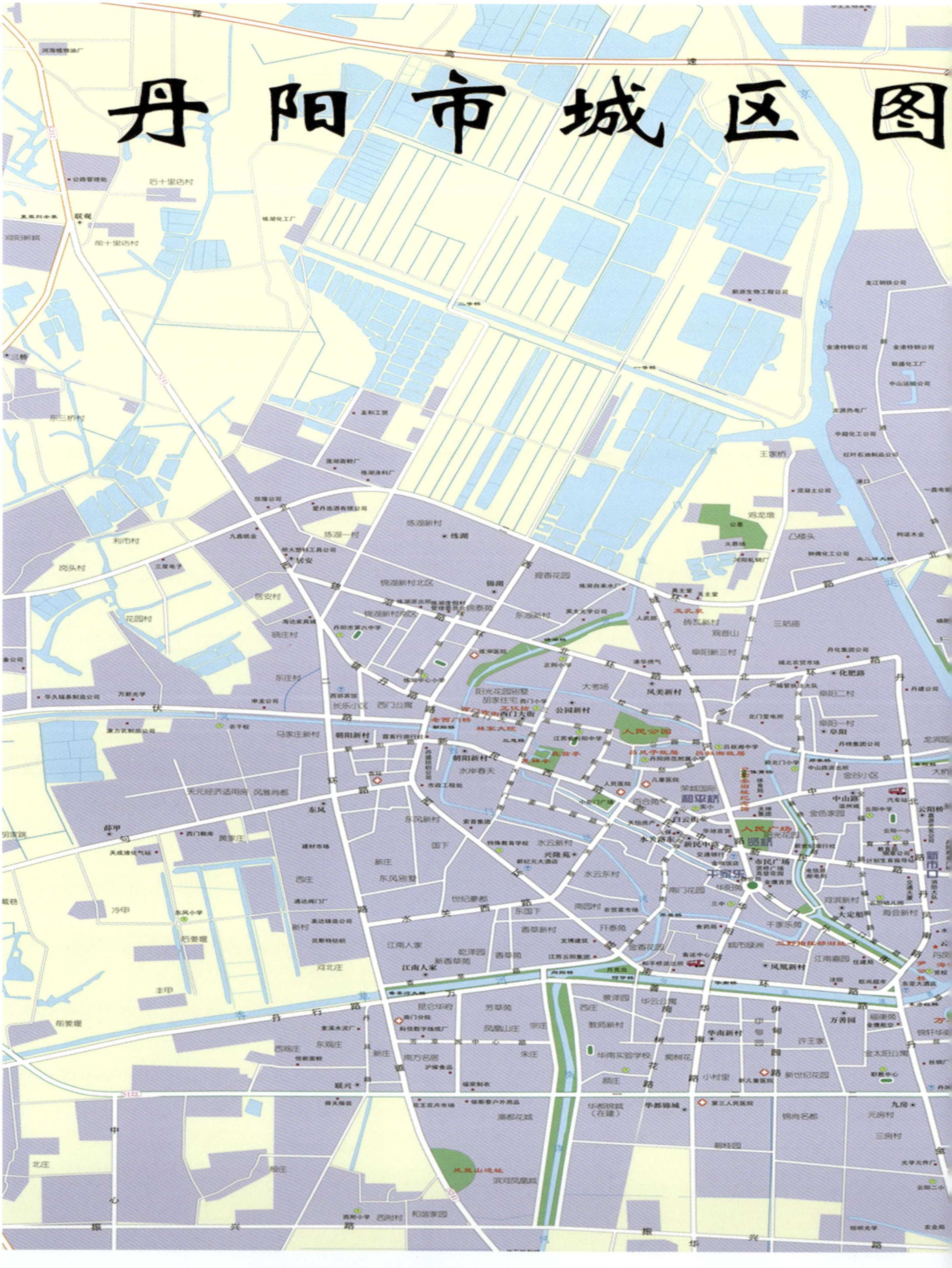
丹阳市城区图
人民公园
人民广场
和平桥
千家乐
练湖
锦湖
联强
东风
薛甲
江南人家
后十里店村
前十里店村
练湖新村
锦湖新村北区
东风新村
水岸春天
世纪豪都
香草新村
金色家园
万善园
华南新村
新世纪花园
凤凰新村
龙滨园
新市口
九房
三房村
元房村
凤凰山遗址
滨河凤凰城
和谐家园
西岗村
华都锦城
宗庄
朱庄
南方名居
东观庄
西观庄
刘北庄
新庄
西庄
丰甲
冷甲
前姜堰
后姜堰
花园村
岗头村
利市村
铭安
恒安村
晓庄村
东庄村
马家庄新村
朝阳新村
长乐小区
西门公寓
东风别墅
鸡龙墩
王家桥
凸楼头
三茄庙
阜阳二村
阜阳一村
阜阳新三村
金谷小区
开泰苑
千家乐苑
江南嘉园
振兴路
中心路
水关西路
丹凤北路
新民中路
伏

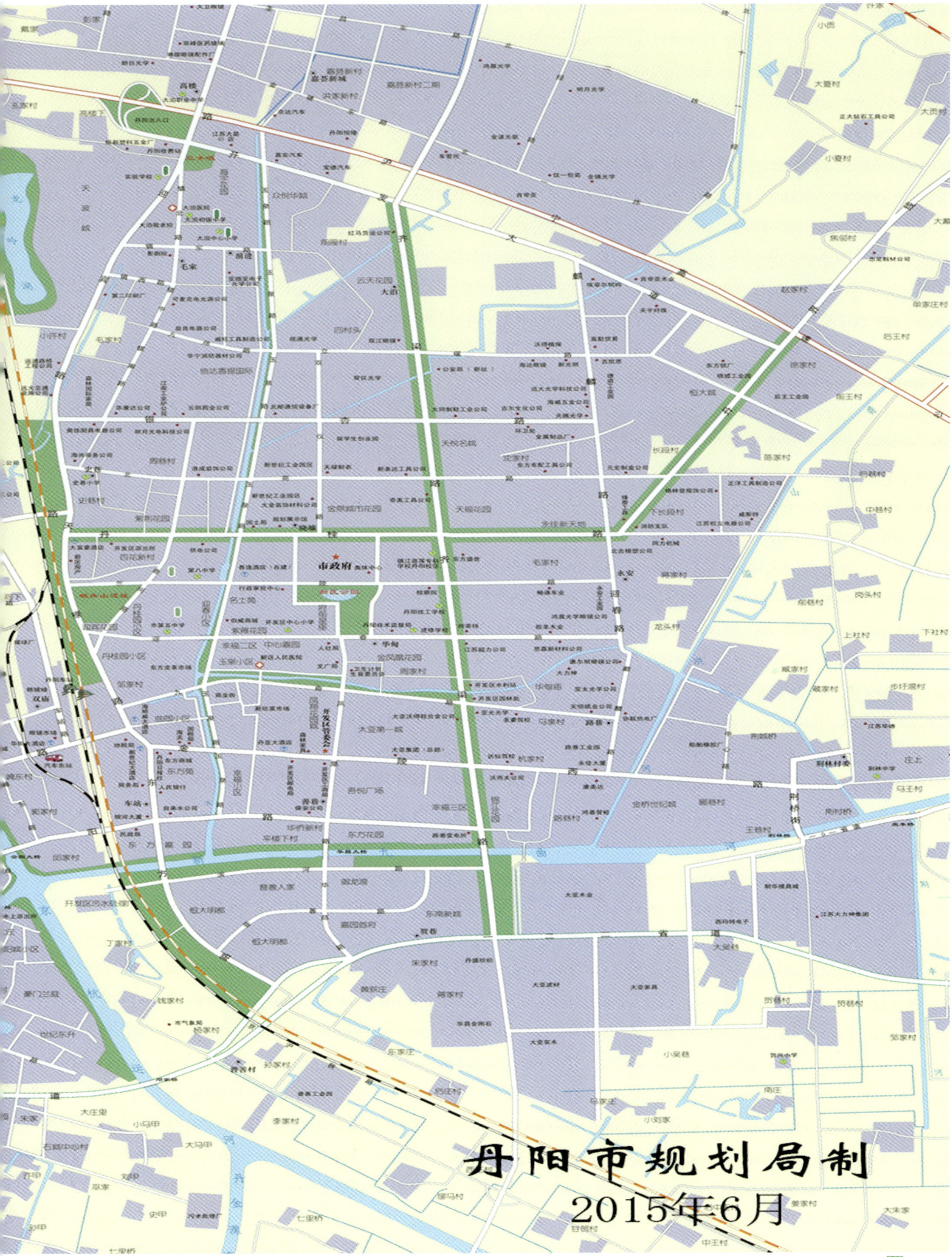
市政府
丹阳市规划局制
2015年6月
天波城
众悦华庭
云天花园
天悦名城
天福花园
金鼎城市花园
永佳新天地
毛家村
东方嘉园
恒大明都
御龙湾
东南新城
嘉园首府
金桥世纪城
开发区管委会
吾悦广场
幸福三区
大亚第一城
华都新村
中心嘉园
紫薇花园
百花新村
玉泉小区
恒大城
丹阳出入口
嘉贤新城
洪家新村

丹阳市国民经济

地区生产总值（亿元）

人均GDP（元）

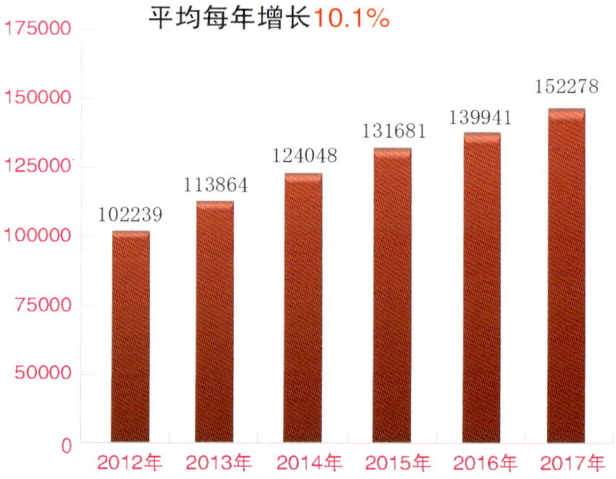

财政收入（亿元）

一般公共预算收入（亿元）

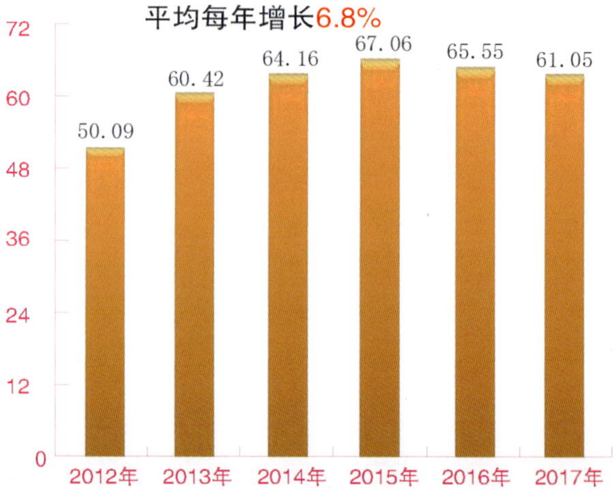

主要指标动态图

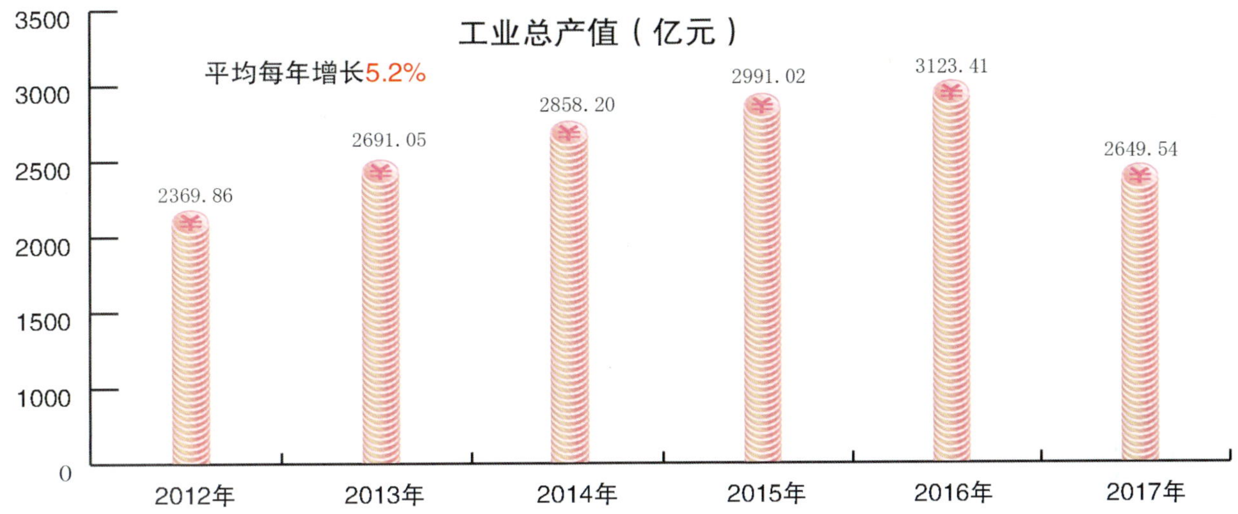
工业总产值（亿元）
平均每年增长5.2%
2369.86
2691.05
2858.20
2991.02
3123.41
2649.54
3500
3000
2500
2000
1500
1000
0
2012年
2013年
2014年
2015年
2016年
2017年

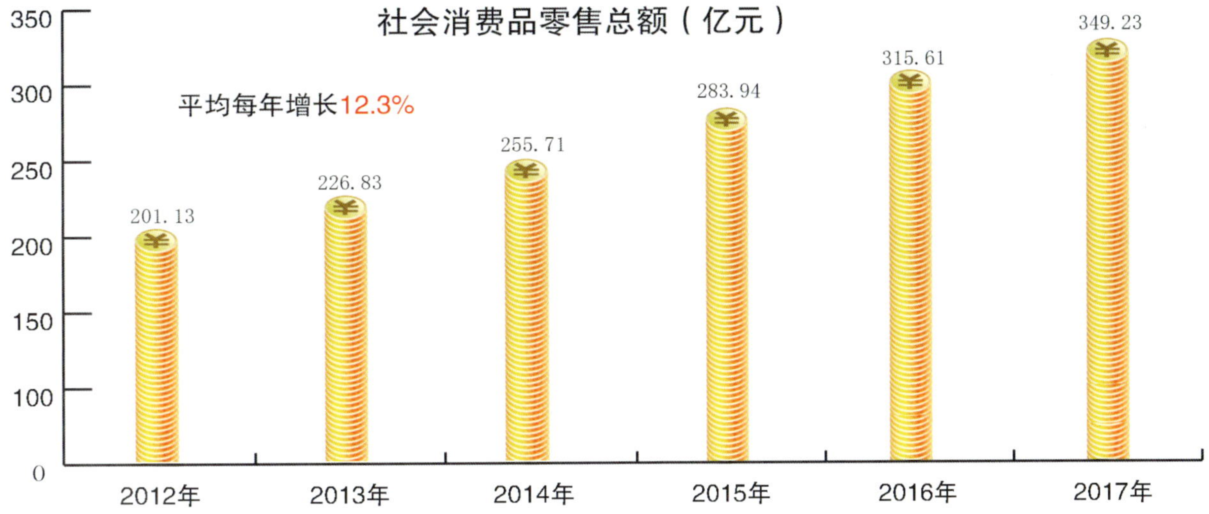
社会消费品零售总额（亿元）
平均每年增长12.3%
201.13
226.83
255.71
283.94
315.61
349.23
350
300
250
200
150
100
0
2012年
2013年
2014年
2015年
2016年
2017年

城镇居民人均可支配收入（元）
平均每年增长9.2%
30120
32654
35691
38574
41653
45151
45000
40000
35000
30000
25000
0
2012年
2013年
2014年
2015年
2016年
2017年

农村居民人均可支配收入（元）
平均每年增长9.9%
15171
16456
18250
19892
21706
23603
30000
24000
18000
12000
6000
0
2012年
2013年
2014年
2015年
2016年
2017年

2017年12月28日，中国共产党丹阳市第十三届委员会第四次全体会议在会展中心召开

2018年1月3日，丹阳市第十七届人民代表大会第二次会议在会展中心召开

2018年1月2日，中国人民政治协商会议丹阳市第十五届委员会第二次会议在会展中心召开

丹 阳 经 济

江苏省委书记李强(右三)调研丹阳开发区建山村

江苏省人大常委会副主任史和平(左四)调研开发区扶贫工作

丹阳开发区成立于1992年，1993年经江苏省政府批准升格为省级经济开发区，是全省范围内起步较早的县域省级开发区之一。全区行政管辖总面积178平方公里，辖20个行政村、18个社区，年末居民总户数45247户、总人口132413人。区内建有生命科学产业园、汽车零部件产业园、精密制造产业园、航天航空产业园、科技创业园等十大特色园区。经过20多年的发展，丹阳开发区成为丹阳的新城区和新的政治、经济、文化中心，综合实力跃居省级开发区第2位。

镇江市委书记惠建林(前左三)观摩开发区重大产业项目

丹阳市市长黄春年(左一)检查开发区文明城市创建

开发区党群服务中心一角

开 发 区

全省重大项目上海电驱动丹阳基地开工仪式

“喜迎十九大、最美开发区”图片展

第二届”幸福新区“文化节

开发区御龙湾夜景

日本汽车零部件产业园

生命科学产业园

江苏省丹阳高新

丹阳市委书记陈可可（左一）督察街道“书记项目”

丹阳高新区承办“中国江苏大院大所合作对接会——新材料专题推介活动”

丹阳高新区（云阳街道）位于丹阳市区，筹建于2013年，于2016年5月获省政府批准，升格为江苏省丹阳高新技术产业开发区。丹阳高新区规划面积175.85平方公里，常住人口20万人，辖16个行政村、21个社区居委会、1个社区服务中心。2017年完成地区生产总值230.85亿元，比上年增长7.2%；规模以上固定资产投资51.79亿元，比上年增长8.6%；规模以上工业增加值34.18亿元，比上年增长11.7%；公共财政预算收入9.18亿元，工业应税销售76.5亿元，完成年度目标任务;实际利用外资6676.93万美元，完成比例位居全市第一。丹阳高新区立足成为全市产业转型升级和新兴产业培育的主阵地，重点做好载体建设。2017年,高新区总投资3亿元,完成丹南、丹路、丹联、丹珥110千伏高压杆线迁改工作；完成华苑路、产业路2条道路建设；完成文明城市创建四个绿化工程；完成凰嘉苑综合用房等基础及配套设施建设；完成人才公寓一期8000平方米装修，人才公寓食堂正式使用。2017年获江苏省大众创业万众创新示范基地、江苏省创业型园区、江苏省知识产权试点园区等荣誉。

人才公寓外景

技术产业开发区

庆祝第33个教师节暨2016-2017年教育表彰大会

云阳街道群众文化优秀节目展演

"暖企惠民"大走访

江苏中科四象激光科技有限公司荣获2017年度国家科学技术发明奖

迈村村获得"2017中国最美村镇——宜居奖"

丹凤公园

丹阳市司徒镇

义工志愿服务活动

司徒镇位于丹阳市西郊，是全国知名的“眼镜之乡”。2017年实现地区生产总值57.16 亿元，比上年增长7.3%。公共财政收入3.74亿元，比上年增长34.26%。工业应税销售56.3亿元，比上年增长7.36%。规模以上固定资产投资27.36亿元，比上年增长8.4%。规模以上工业增加值18.83亿元，比上年增长10.1%。全年新增私营企业144家、个体工商户367户。司徒镇为江苏省20个行政管理体制改革试点镇之一，是镇江市唯一的“强镇扩权”乡镇。镇域面积91.73平方公里，辖10个行政村、1个社区、1个居委会，年末总人口46195人。司徒镇交通、区位优势明显，沪蓉高速、312国道、122省道、丹西公路穿境而过，附近有沪蓉高速（丹阳西）入口和扬溧高速入口。拥有中国最大的树脂镜片生产企业江苏万新光学眼镜有限公司、中国最大的隐形眼镜企业海昌隐形眼镜有限公司、中国网络销售出口成品眼镜排名第一企业江苏淘镜有限公司。建有丹阳唯一的省级现代农业示范园区。2017年度先后获得“国家卫生镇”“全国文明城市创建工作有功单位”等荣誉。

吴塘水库

吴塘水库夕照美景

文体公园闹元宵

司徒镇杏虎村千亩桃林

司徒镇现代示范园区

司徒镇现代示范园区

丹阳市导墅镇

市委书记陈可可到导墅督察文明城市创建工作

导墅镇位于丹阳市东南部，是鹤溪河畔的千年古镇，也是中国孔子学会前会长匡亚明故里。自然资源丰富，水陆交通发达，东西流向的古鹤溪河穿越全境，镇域内有312国道、340省道以及6号路等市级公路贯穿全境。全镇总面积80.54平方公里,辖11个行政村、2个社区居委会，年末总户数16508户、总人口数48482人。导墅镇先后被授予全国千强镇、全国家纺名镇、江苏省文明镇、江苏省第一批教育现代化合格乡镇。2017年获江苏省“农村电子商务示范镇”、镇江市“村庄环境长效管理先进集体”、镇江市“全市征兵工作先进单位”、镇江市“见义勇为工作先进集体”等荣誉。

2017年完成地区生产总值46.04亿元，比上年增长5.1%；规模以上固定资产投资23.18亿元，比上年增长2.6%；规模以上工业增加值14.21亿元，比上年增长7.6%；公共财政预算收入10439万元，同比增长4%；工业应税销售31.98亿元，同比增长13.9%。

导墅镇“263”专项行动动员部署会

导墅镇“五事联动”主题党日活动

申阳集团开工典礼

导墅镇暖企惠民大走访推进会

企业家座谈会

导墅镇消防安全演练

散坟集中区征求意见会议

丹阳市吕城镇

镇江市委书记惠建林（右）视察吕城鼎泰公司

丹阳市委书记陈可可(左二)、市长黄春年(左一)等视察鼎泰公司

吕城镇地处丹阳市东南部，距今1700多年历史。京杭大运河、沪宁城际铁路、沪蓉高速公路穿境而过，常州机场坐落境内，享有立体化交通体系。全镇总面积68平方公里，辖11个行政村、265个自然村、2个社区居委会。年末总户数1.7万余户，总人口5万余人。工业以高温合金、轨道交通、轻纺、粮油加工、新材料五个行业为主，每个行业均有代表性龙头企业。镇内1平方公里高性能合金产业园核心区被镇江市确定为军民融合式高性能合金材料示范基地，享受国家级高新区政策。高效农业以花卉苗木、生态观光农业为主，以粮油加工为基础的农业产业化带动辐射能力较强。由省发改委农村经济产业指导服务中心规划设计的粮油加工贸易集中区被列为首批江苏省省级农产品加工集中区，有国家级6万吨食用油储备库和大型粮食码头、省级粮食储备库各1座。吕城镇是全国“千强镇”“国家级生态乡镇”“江苏省文明镇”“江苏省重点中心镇”“江苏省创新型乡镇”“江苏省特色文化镇”。

丹阳市市长黄春年(右)巡视东战备河

丹阳市政协主席沈岳方（中）走访西符村

新任村干部培训班参观河北村诚德家庭农场

省级生活污水治理现场会在吕城召开

吕城镇总体规划专家论证会

大运河“四改三”安置房建设

“世界水日”“中国水周”宣传活动

丹阳市皇塘镇

人大代表、政协委员视察镇水利工程

副市长陈俊（左二）到皇塘河调研指导工作

皇塘原名黄塘，传为明朱元璋欲在此建行宫被封皇塘而改名，是一座具有2700多年历史古镇，皇塘镇位于丹阳市东南部，是丹阳市“南大门”、丹阳城市副中心，东临常州25公里，西毗金坛12公里，312国道、340省道横贯全境，水、陆、空交通较为便利，具有较好的区位优势和良好的经济发展环境。全镇总面积80.54平方公里，户籍人口49775人，常住人口59128人，下辖11个行政村和2个社区居委会，2017年地区生产总值74.92亿元，公共财政预算收入1.48亿元，农民人均可支配收入24585元。是“全国重点镇”“中国家纺名镇”“中国民间文化艺术之乡”“全国小城镇发展与改革综合试点镇”“江苏省创新型试点乡镇”“江苏电子商务示范镇”。

副市长刘宏程（左二）参加上海锅炉厂有限公司绿叶制造基地签约揭牌仪式

镇党委书记李庆丰（中）陪同镇江市政法委领导察看法治文化广场

财政部农业司司长吴奇修（左二）到江南生物观摩调研

镇长邵翔（中）查看后亭上新桥围堤

市、镇领导观看皇塘农民画画展馆

“世外源”帐篷大会暨“南翔”火龙果文化旅游节启动仪式

丹阳市延陵镇

镇江市纪委书记黄利民（左二）察看延陵镇农村产权交易中心

丹阳市委书记陈可可（左）走访东皇村贫困户

延陵镇位于丹阳市西南部，与丹徒、金坛接壤，属省级茅山革命老区，是丹阳四大古镇之一。全镇总面积116平方公里、耕地面积4300公顷、水面面积2300公顷，总人口6.7万人，辖13个行政村、2个社区居委会。延陵历史文化底蕴深厚，境内有6000多年历史的凤凰山遗址、国家“AA”级季子风景区，是牛郎织女的民间传说发源地，拥有国家级、省级非遗保护项目2个。区域内交通便捷，沪宁、扬溧两条高速公路和312国道、241省道、122省道、丹茅路、丹西路、丹宝路等交通干道交汇贯通。

2017年，延陵镇全年实现地区生产总值48.2亿元，比上年增长7.3%；规模以上固定资产投资24.4亿元，比上年增长7%；新兴产业销售20.6亿元，比上年增长14.7%；新增定报企业6家。九里村获得全国文明镇村和第四期全省最美乡村荣誉称号，延陵镇获得全省生态文明建设示范乡镇荣誉称号。

延陵贺甲战斗纪念馆革命文物捐赠仪式

延陵镇第十九届人民代表大会二次会议

诚信模范点赞颁奖暨延陵镇迎新盛典活动

延陵镇关爱老人志愿者活动

丹阳市陵口镇

陵口镇位于丹阳市东南部，交通便捷，区位优势突出，312国道、122省道、京沪铁路、沪宁高速、京杭大运河穿境而过。全镇总面积64.5平方公里，集镇面积3平方公里，耕地面积3945公顷，全镇辖12个行政村、2个居委会，年末总人口43232人。先后荣获“中国生态经济强镇”“江苏省环境优美乡镇”“江苏省文明乡镇”“镇江市卫生镇”“镇江市教育现代化先进镇”“镇江市电子商务示范镇”“镇江市法治工作先进单位”等荣誉。

镇江市领导詹立风（前右二）到陵口调研

陵口镇萧梁物流园三方共建洽谈

苏州市领导到陵口镇考察交流

镇江市人大代表到陵口调研

陵口镇第十九届人大第二次会议

电创园书记项目

海铁联运首发仪式

丹阳市

镇江市委副书记倪斌（中）视察草塘村美丽宜居村庄建设

访仙镇位于丹阳市东郊，东与常州新北区交界，镇域面积74平方公里，辖11个行政村、2个居委会，耕地4285公顷，人口5.1万。122省道、京沪高铁、沪宁高速、九曲河穿镇而过。

访仙镇历史悠久，具有深厚的历史文化底蕴，是丹阳市“四大古镇”之一。镇内有名的文物古迹有萧氏宗祠、窦庄庙、近月轩惨案旧址、汤通庆故居等。改革开放以来，访仙镇在市委市政府的正确领导下，经济社会快速发展，经济实力不断提升，曾入选全国千强镇行列，近几年，又连获江苏省环境优美乡镇、江苏省卫生镇、江苏省文化体育强镇、江苏省汽摩配件优质产品生产示范区、江苏省全民健身活动先进单位、江苏省人口与计生服务窗口示范单位、江苏省农村道路管养及安保工程示范镇、镇江市法治镇、镇江市教育现代化乡镇等荣誉称号，连续几年通过镇江市平安创建考核验收。

2017年完成地区生产总值31.77亿元，规模以上固定资产投资16.05亿元，一般公共预算收入10986万元，农村常住居民人均可支配收入24220元。

最美乡村草塘村

访 仙 镇

丹阳市市长黄春年（右一）调研华晟仁里农场

丹阳市委常委、组织部部长杜官军（中）调研访仙镇电商平台建设

丹阳市访仙现代果林产业园区

萧氏宗祠

丹阳市丹北镇

2017年丹北镇全国文明城市创建工作推进会

丹北镇是全国重点镇、全国文明镇，丹阳发展的“三大板块”之一。2017年，全镇实现地区生产总值251.28亿元，工业应税销售418.8亿元，一般公共预算收入9.26亿元。丹北拥有“汽车零部件之乡”“五金工具之乡”“新型机械之乡”三个特色产业之乡的美称。作为江苏省创新型试点乡镇，全镇拥有被认定国家级高新技术企业3家、省高新技术企业37家、省民营科技企业23家、省科技型中小企业12家，2017年研究和开发经费占地区生产总值比重达2.46%。丹北镇有全国先进基层党组织书记张雅琴，全国劳模朱小坤、唐敖齐等先进人物。域内龙庆禅寺、白龙寺、齐梁石刻等彰显丹北悠久历史，五洲梦想城、南雄中央广场、新天地等高端商贸综合体进驻丹北，现代商贸不断聚集。丹北镇整体通过丹阳市“省学前教育改革发展示范区”“省首批义务教育优质均衡发展市”的创建工作。拥有江苏省非物质文化遗产1项、镇江市非物质文化遗产2项。

2017年，丹北镇信访暨“三治理一挂牌”专项行动工作会议

丹北镇新闻通讯员业务培训

镇江市五级人大代表统一接待选民日（丹阳丹北后巷点）

2017年丹北迎新春联欢会

2017年丹北镇获《中国制造2025》制造创新示范小镇

2017年江苏省老年人体育节丹北分会场启动仪式

丹阳市界牌镇

市委书记陈可可（中）调研界牌镇

省水利厅厅长陈杰（中）调研界牌水利工程

爱国主义教育基地新四军江南指挥部旧址

界牌镇位于丹阳东北角，东临长江，122省道穿镇而过，常泰高速出口距界牌100米，全镇总面积23.5平方公里，下辖5个社区居委会。2017年实现地区生产总值75.3亿元，工业应税销售85.62亿元，一般公共预算收入1.72亿元。先后被评为全国农村教育综合改革先进镇、全国小城镇建设试点镇、江苏省新型示范小城镇、江苏省环境与经济协调发展示范镇、江苏省农村现代化示范镇、省级文明镇、镇江市首富镇、全国千强镇。

宏森大道

新孟河工程界牌枢纽

界牌新村

丹阳市练湖度假区

练湖度假区位于丹阳市西北部，区位交通优势突出，沪蓉高速、241省道、京杭大运河穿境而过。练湖度假区规划总面积23平方公里，东至沪宁城际铁路，西至312国道，南至北二环道路，北至通港公路。

南京师范大学中北学院

练湖新城

沪蓉高速河阳出口

北二环道路

中国·丹阳生命科学产业园

丹阳经济开发区晓星村

晓星村党委书记 眭社戈

丹阳经济开发区晓星村位于丹阳城北郊，是丹阳的北大门，占地面积3.2平方公里，地形以丘陵为主，东边与石潭村相交，南边与原瓜渚村相隔通港公路，西边与原练湖和丹徒区的谷阳镇接壤，北边与丹徒区辛丰镇交界。黄金水道京杭大运河纵贯于此，沪宁铁路和沪宁高速铁路穿境而过，沪宁高速公路、312国道和241省道与村毗邻。2014年，由原新丰村和原晓星村合并组建成晓星村，2018年，晓星村党总支升格为晓星村党委，下辖五个党支部，党员总数102名。辖区内有6个自然村、9个村民小组，现有居民户509户，在册户籍人口1713人，常住人口2745人，耕地面积54公顷。

省关工委到晓星村考察调研

晓星村综合服务大厅

村民健身广场

丹阳市车站社区

江苏省政协主席、省委副书记黄莉新（左）到模具城调研

车站社区位于丹阳老城区与开发区交界处，总面积约1.8平方公里，下辖22个居民小组，其中包含8个自然村，14个小区，辖区常住人口6800余人。车站社区党委共有8个支部，330名党员。车站社区股份合作社是镇江首家社区股份合作社，实行资本经营、股份合作、风险共担、利益共享。依托股份合作社创办的丹阳市朝华模具城10年征地8公顷，已初显规模。车站社区收入来源主要是资源资产性收入，增幅位列开发区村（社区）前列。社区设居民监督委员会，由5名居民组成，民主管理、共同监督。社区先后获得江苏省民主法治示范社区、省级创业型社区等荣誉。

举办传承家风家训活动

股民分红

开展志愿者服务

2017年底总结表彰大会文艺表演

丹阳市

金桥物流市场

金桥村现代化居住区

金桥村地处丹北镇东南部，是“全国道德模范”“江苏省基层党支部书记标兵”张雅琴生前工作的所在村。张雅琴先进事迹陈列馆被中共江苏省委组织部命名为“党员教育课堂示范点”，镇江市委组织部和丹阳市委组织部分别命名为“党员教育示范基地”。全村拥有土地418公顷，下辖37个村民小组，人口4060人，有11个党支部209名党员。现有村属占地10公顷的“金桥物流”一个，村属工业园5个，工业规模企业50余家，其中上市企业一家。实现工业销售额超过18亿元，先后获江苏省新农村建设示范村、镇江市新农村建设百村示范点、全国妇联基层组织示范村、全国综合减灾示范社区等称号。

金桥村

村容村貌

农民公园

张雅琴同志先进事迹陈列馆

金桥村村史展示馆

丹阳市华甸社区

华甸社区位于开发区腹地，2004年12月“村居合并”建立社区居委会，占地2.5平方公里，辖区包括华甸自然村等25个居民组，户籍3363户，常驻人口11022人。社区党委下设4个党支部，在册党员175名。先后被评为丹阳市文明社区、镇江市绿色社区、村（居）综合管理先进单位、丹阳市社区物业管理先进单位、丹阳市环境综合整治（三城同创）先进集体、六强先进基层党组织、文明城市创建先进集体、村居综合管理先进单位。

市委书记陈可可（中）考察府前星座整治项目

开发区有关领导督察新欣市场

社区为老人过重阳节

学习贯彻十九大精神主题党课

组织党员赴浙江嘉兴南湖开展党员主题活动

江苏江南生物科技有限公司

江苏江南生物科技有限公司创建于1996年，总部座落于丹阳市皇塘镇。经过21年的持续发展，现已成长为集食用菌技术研发，菌种繁育，食用菌工厂化栽培，产品收购、加工、销售，技术培训和龙头带动为一体的省级重点农业龙头企业。公司拥有金针菇工厂化生产基地、食用菌加工基地、草菇工厂化生产基地、良种繁育基地、菌渣肥料基地等20公顷，拥有瓶栽金针菇工厂化生产车间5.2万余平方米，草菇工厂化生产车间2.5万余平方米，食用菌加工车间5000余平方米，2017年生产、加工金针菇、草菇、北冬虫夏草等各类食药用菌2万余吨，产值2.5亿元。

公司先后建立“企业院士工作站”“省级工程技术研究中心”“江苏省双创团队”等5个科技平台，累计申请专利56项，主持制定省级地方标准9项。被评为“国家高新技术企业”“全国食用菌标准化示范区”“全国食用菌行业优秀龙头企业”“江苏省农业产业化经营重点龙头企业”“江苏省星火龙头企业”“江苏省民营科技型企业”“省级重点农业科技示范园区”“国家农业综合开发食用菌基地”。2014年公司自主研发的《优质草菇周年高效栽培关键技术及产业化应用》成果获得2014年国家科学技术进步二等奖，董事长姜建新受到党和国家领导人的接见。

公司总经理姜建新（右）与农业农村部部长韩长赋（左）交流

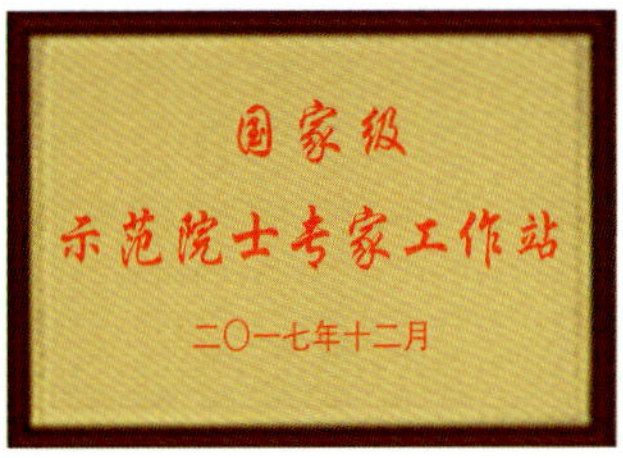

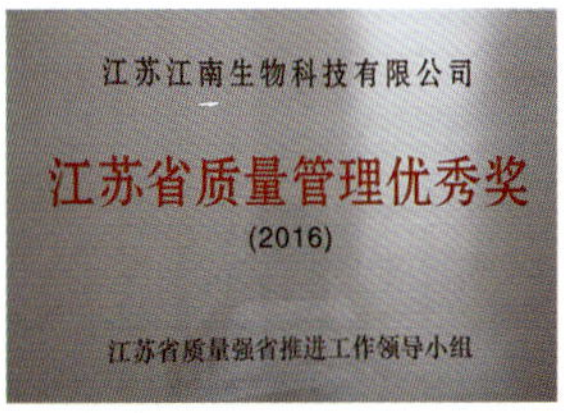

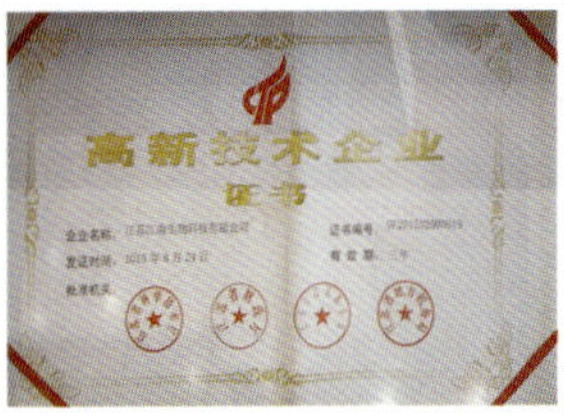

中国（丹阳）国际眼镜城

中国（丹阳）国际眼镜城

眼镜城天街

丹阳被誉为“中国眼镜之都”，是世界最大的镜片生产基地、亚洲最大的眼镜产品集散地和中国眼镜生产基地，也是“中国百佳产业集群”。

作为丹阳产品的交易载体，丹阳眼镜城至今已历经三代变迁，现有市场是2014年5月开业的中国（丹阳）国际眼镜城,按国家AAAAA级商贸旅游景区标准打造，把传统的眼镜卖场升级为集休闲娱乐、餐饮住宿、商务办公、影视表演等为一体的体验式旅游服务商业区，汇聚眼镜行业众多知名品牌和商户，拥有华东地区最大中影巨幕影视播放厅和当今国内展品最多的中国眼镜博物馆。入驻的眼镜商户和眼镜产品交易数量全国第一，是全国规模最大、档次最高、功能最强的眼镜产品交易市场。丹阳眼镜城先后获得“全国百强市场”“国家级眼镜验配服务标准化试点单位”“中国经济观测点”“江苏旅游十大新地标”“江苏省转型升级示范市场”“江苏省正版正货示范街区”等殊荣。2017年，丹阳眼镜城市场年交易额65亿元，全年旅游、商务客源达130万人次。

眼镜风尚小镇

眼镜风尚小镇

眼镜风尚小镇

眼镜城南广场

江苏丹化集团有限责任公司

江苏丹化集团有限责任公司新厂区

江苏丹化集团有限责任公司（原名江苏省丹阳化肥厂），始建于1958年。1993年被国家确定为大型(Ⅱ)企业，1995年被国务院和国家经贸委确定为国家重点联系企业。为全国重合同守信用企业，连续20年被评为省文明单位，“双凤”牌醋酐为江苏省名牌产品。公司拥有醋酐、乙二醇、TAED、乙基苯、对二乙苯、二乙烯苯、DEA、MEA、二氯乙烷等产品的生产装置十多套，生产用水、电、汽自给。建有l.5公里铁路专用线2条，具备60万吨化工原料及产品的铁路运输、装卸和仓储能力。五十多年来，丹化经历四次创业，取得四次辉煌业绩，尤其在新技术创新上为中国的氮肥工业、石油化工工业、人造板工业和醋酐工业的发展做出重大贡献。2006年，集团公司与上海亚创控股有限公司进行战略合作，通过收购大盈现代农业股份有限公司股份，完成股改和资产重组，丹化集团买壳上市取得成功，更名为“丹化化工科技股份有限公司”。2012年，企业加大科技创新力度，成立江苏金聚合金材料有限公司，公司以专业的催化剂研究生产为核心。

通辽金煤化工有限公司

江苏金聚合金材料有限公司

大亚科技集团有限公司

大亚集团总部大楼

车轮厂区

大亚科技集团始建于1978年，是中国民营企业500强、中国制造业企业500强，国家高新技术企业、农业产业化国家重点龙头企业、国家重点林业龙头企业，为上市公司“大亚圣象”（股票代码000910）的控股股东和圣象集团的全资控股公司，集团现有家居、新材料、汽配和转型产业四大业务板块。

家居产业是大亚集团目前的主导产业。近年来，集团坚持以创办资源节约型和环境友好型企业为原则，先后投资80余亿元，利用集团综合资源优势进行产业化建设，以江苏为中心，在全国林业资源集散地和木业产业基地建成8条国际一流水平的人造板生产线和21条以圣象地板、标准木门、整体衣柜、厨柜等家居终端产品的深加工生产线，形成了从林业基地建设、生产制造到终端产品销售的完整产业链。集团从单纯的圣象地板、人造板品类发展延伸至涉木家居的全产业链，确立“圣象，不只是家居”的消费者认知，全面构建起圣象大家居产业体系。

大亚人造板年产能达280万立方米，其规模位居“亚洲第一、世界第五”，圣象地板年产销规模6500万平方米，连续23年位居全国第一。2018年，圣象地板和大亚人造板双双荣获“中国500最具价值品牌”，品牌价值分别达415.62亿元和125.86亿元，入选“中国品牌年度大奖NO.1”。大亚始终秉承“专业品质，值得信赖”的品牌价值观和“用爱承载，用心筑梦”的品牌理念，创造20多项行业“第一”和“唯一”，引领和推动行业的转型升级和创新发展。

大亚木业园区

实木多层复合玩咖系列

新材料集团是以智能包装为依托的基础产业，主要生产卷烟、食品、药品、电力电容器等包装材料，是中国烟草总公司定点的国内最大的卷烟配套材料生产基地，公司生产的0.0045MM~0.007MM铝箔产销量位居全国第一，烟用丙纤丝束和嘴棒产销规模占全国市场总量的60%以上，公司参与并主导0.007MM铝箔、丙纤丝束、烟用内衬纸、烟用接装纸和真空镀铝纸等产品的国家行业标准的制定，获得近百项行业研发成果，并成为国家首批两化融合贯标试点单位。

大亚汽配主要生产汽车铝合金轮毂，年设计生产能力800万件，大部分产品出口国际市场，公司研发全涂装、镜面、真空镀、铣加工、套色、拉丝、电镀、电泳等系列产品，通过美国DOT认证、美国通用TIP实验室认证、日本VIA实验室认证、德国TüV质量体系认证和上海通用GP-10实验室认证，并与美国通用菲亚特·克莱斯勒、比亚迪·戴姆勒、长城汽车、日本三菱等行业巨头结成战略合作关系。

转型产业按照“盘活存量、控制存量、调整结构、提高效益”的转型方针，大幅度调整企业资产和资源配置方案，通过大规模的资产整合重组，不断推进产业优化升级，彻底解决“去重装备化、轻资产化”问题，通过品牌和渠道的拉动整合全球要素资源和市场，使企业完全依靠品牌和商誉运营。

印务园区

亚洲最大的人造板生产线

江苏爱伦家

总经理符惠琴荣获品牌三十年感动人物

恒源祥集团总经理陈忠伟为公司颁奖

江苏爱伦家纺有限公司成立于1993年3月。是国内较早涉足家用纺织品行业，集研发、设计、生产、销售于一体，并且形成自己独特风格的现代综合性家纺企业。先后被授予“江苏名牌产品”“安全生产标准化三级企业”等荣誉。公司依靠自身的技术和管理优势，创新科技，瞄准产业前沿，着眼大众市场，步步领先。公司拥有爱伦家纺、恒好百年等自有品牌及恒源祥加盟品牌，终端销售网络近2000家，销售网络遍及全国。面对互联网的迅猛发展，爱伦家纺与时俱进大力发展电子商务，与各大主流电商平台开展紧密合作，线上业务迅猛增长。2010年公司相继成立的爱伦恒源祥礼业、爱伦外贸部、爱伦招投标部，爱伦恒源祥被业等项目均快速发展。公司致力于成为家纺行业杰出的供应商，以卓越的科技能力为客户提供精致、健康、时尚、舒适的居家用品，实现消费者对美、对个性、对精神世界的追求所体现的消费需求。

纺有限公司

走进人民大会堂的民族品牌

总经理符惠琴参加慈善颁奖晚会

恒源祥芯被自动化生产线开机仪式

惠抢节

芯被自动化生产线

丹阳市虹欣酒业

总经理 姜雅平

丹阳市虹欣酒业成立于2005年，为拓展业务，于2011年成立丹阳市瑞欣酒业贸易有限公司

公司经销的品牌：“中国四大名酒--西凤酒”

公司的宗旨：诚信做人 乐于奉献 不媚不欺 风雨同行

公司自2007年总经销“西凤酒”以来，得到社会各界的大力支持，近两年“西凤酒”逐渐被丹阳人民接受和喜爱。在《丹阳日报》“丹阳市首届消费者喜爱的白酒评比活动”中，“旗帜红鼎”“上品陈藏”“原浆金凤西凤酒”分别获得商务用酒、喜庆用酒、家宴用酒上榜品牌。12月24日西凤酒冠名的“西凤之夜”超女“郁可唯邀您共度平安夜”如期成功举办。2017年《丹阳日报》“西凤杯”年画宝宝评比活动圆满成功！成功冠名了“中国新歌声”丹阳赛区总决赛活动！

公司建有以下岗工人为主体的营销团队，经过十多年的不懈拼搏，公司近几年连续被陕西西凤酒股份有限公司评为优秀经销商。公司不忘初心，多次参与社会公益活动。

办公地址：丹金人家2号楼

联系电话：13952826211 18912826211 0511-86568179

丹阳市瑞欣酒业贸易有限公司
西凤酒
旗帜西凤青鼎/红鼎
中国四大名酒 中华老字号
中华文明五千年
西凤酒香三千载
西凤
陈藏酒
专卖店地址：丹金路与振兴路交叉口东58米 丹阳万善园20号

丹食® DAN SHI

江苏省丹阳市食品总公司

江苏省丹阳市食品总公司是丹阳市唯一获得生猪定点屠宰国家A级资质的国有企业，主营生猪收购调进、屠宰、加工、猪肉产品批发零售、冷藏运输，水产品、牛肉产品、速冻食品代储和销售，市场管理服务等。丹阳市食品总公司肉联厂拥有两条标准化生猪屠宰线，一座专业型猪肉批发市场，一座自用冷库和保鲜库，承担着全市人民吃上“放心肉”重任，保障着全市人民的猪肉消费安全。2018年4月，顺利通过了ISO9001质量管理体系认证。2017年10月，公司与农业产业化国家重点龙头企业——恒都牛肉达成战略合作关系，成为丹阳地区恒都牛肉总经销。公司可为全市机关、企事业单位、学校及其他单位提供定制服务，免费配送。

生产车间

生产车间

地址：丹阳市云阳街道石城路323号
电话：0511-80308206
网址：www.dyspzgs.com
联系手机：18362045176
传真：0511-80308199

恒宝股份有限公司

恒宝股份是中国数据安全领域的领军企业，致力于为市政、银行、通信、军工等领域提供数据安全及身份认证产品及整套解决方案等服务，从安全设备到支付安全、身份与隐私保护、移动支付解决方案、云认证访问服务及物联网等，公司以雄厚的技术实力和多年在数字安全领域独特的经验为数十亿用户设备提供安全数据服务。在全国26个省市及新加坡、印度、印尼、巴基斯坦、西非等10余个海外国家和地区设有分支机构，员工总数近2000人。

公司成立于1996年，2007年在深交所中小板成功上市（股票代码：002104）。随着战略转型升级，2015年，公司成立移动支付安全产业基金，以资本运作开启战略转型新篇章，收购挂牌上市的软件企业——深圳一卡易科技股份有限公司，成立江苏云宝金融信息服务有限公司，开启“互联网+数据安全”新模式，布局O2O营销闭环生态圈。

公司在“珍惜奋斗后的成功，致力成功后的奋斗”理念指导下，始终坚持“诚信为本，用户至上”的经营方针，坚持以卓越的技术、优质的产品和贴心的服务回报社会，把“追求卓越”的恒宝价值观回馈给最广大的用户、合作伙伴和公司员工。“一流的服务、一流的技术、一流的管理”推动恒宝事业不断前进。

江蘇丹鳳集團

江苏丹凤集团是以建筑工程施工总承包为龙头的综合性集团公司，注册资本2.9亿元，为国家房屋建筑工程施工总承包一级资质企业，下设江苏丹凤集团有限公司、丹阳市通泰房地产开发有限公司、丹阳市丹凤市政建设工程有限公司、消防安装工程有限公司、丹凤建筑集成化科技有限公司、丹凤温馨园、晶弘玻璃、合家欢市场、丹凤幼儿园、丹阳市银泰典当有限公司、丹阳市众信农村小额贷款有限公司等。

公司先后有近20项工程分别获得江苏省建筑工程“扬子杯”优质工程奖和镇江市建设工程“金山杯”优质工程奖。2017年集团公司实现销售总产值6.8亿元，多年获得丹阳纳税规模企业金牌奖，先后荣获江苏省安全生产先进单位、江苏省文明单位、省诚信企业、省AAA级守合同重信用单位等荣誉。

>>>丹阳市丹凤温馨园

丹凤温馨园位于锦绣路666号，秉承非营利理念，服务失能老人，为健康老人提供日常照料。园区内设置有护理院、社区医院、康复中心、老年大学，充分体现医养融合、养护一体的现代养老理念。

咨询电话：0511-86519665　　　　监督电话：0511-86519605

>>>江苏丹凤建筑集成化科技有限公司

江苏丹凤建筑集成化科技有限公司位于丹阳市高新产业区，为丹阳首家装配式建筑PC构件生产企业，公司占地12.47公顷，规划建筑面积10万平方米，总投资3.6亿元，一期新建厂房及办公楼3万平方米。公司投资二条PC构件综合自动化生产线，预计年产量100万平方米，可生产叠合板、预制梁、柱、楼梯、阳台及砼墙板等PC构件，公司提供全过程的预制装配建筑解决方案。

江苏超力集团
JIANGSU CHAOLI GROUP

工业园新式风扇装配线

空调加热器

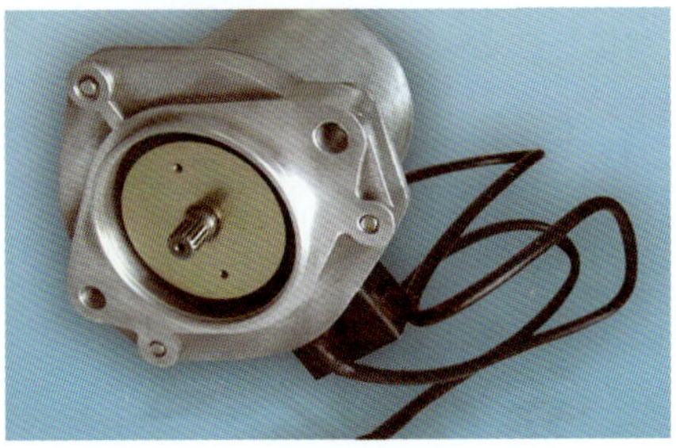
EPS产品

江苏超力集团总部位于江苏省丹阳市，始创于1981年，为中国汽车工业协会理事单位暨车身附件委员会理事长单位。荣获“中国汽车零部件微电机行业龙头企业”“中国汽车行业知名品牌”“中国汽车行业电机十强企业”“全国百家优秀汽车零部件供应商”“中国汽车零部件最具发展潜力企业”“江苏省高新技术企业”等荣誉。

公司主要研发、生产汽车专用的各类电机、风机、散热器模块、空调总成等传统产品，成功开发由无刷电机驱动的汽车电动助力转向系统（EPS）、汽车怠速起停系统（BSG）及电动空调等新能源产品，同时，研发、生产上述系列产品的电子控制系统。公司与一汽轿车、海马汽车、广汽乘用车、东风日产、北汽集团、上海汽车、长城汽车、东风柳汽、江淮JAC、奇瑞汽车、华晨金杯、郑州宇通、厦门（苏州）金龙等众多知名品牌轿车、微型车、轻型和大中型车等车型进行一、二次配套，并向北美、西欧、澳洲等区域出口。

集团秉承“抓机遇、练内功、创信誉、铸品牌、扩市场、做百年”的经营理念，围绕“以主机厂为中心、以核心零部件制造为中心、以技术研发创新为中心、由零部件向集成模块延伸、由传统汽车产品向新能源汽车产品延伸、由国内市场向国际市场延伸”的发展战略，推动公司发展。

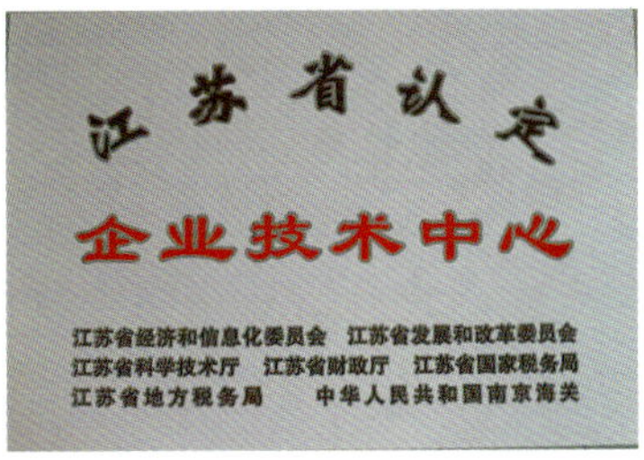

丹阳市飞轮气体阀门有限公司
DANYANG FEILUN GAS VALVE CO.,LTD

总经理 鲁卫国

丹阳市飞轮气体阀门有限公司，成立于2001年，坐落于延陵古镇，环境优美， 交通便利。

公司技术力量雄厚，生产设备齐全，检测手段完善，拥有八轴专用机床、数控机床及其他各类机械加工设备和光谱分析仪、材料拉伸试验机、检测投影仪、振动试验台等各类检测设备，确保产品的质量。

公司立足高远，求真务实，积极贯彻实施TSGZ0004-2007《特种设备制造、安装、改造、维修质量保证体系基本要求》，并取得特种设备制造许可证（证书编号：TSF210024-2020、TSF710163-2020）和ISO9001：2015质量管理体系认证。

公司主起草的 GB T34527-2017《空气呼吸器用气瓶阀技术条件》、GBT34530.2-2017《低温绝热气瓶用阀门第二部分：截止阀》和 GBT 34530.1-2017《低温绝热气瓶用阀门—第 1部分：调压阀》3 个标准于2017年10月发布。公司取得气瓶阀限流装置等发明专利、实用新型专利十几项。

公司主导产品有各种工业用低温绝热瓶用截止阀、调压器、安全阀；紧急切断阀、低温安全阀；高压、超高压气瓶阀门；消防用空气呼吸瓶阀、高精度气体混配器、火焰割炬、气体自动切换箱等。产品畅销全国，并出口东南亚、中东和东欧地区，深受用户的信任和好评。

生产车间

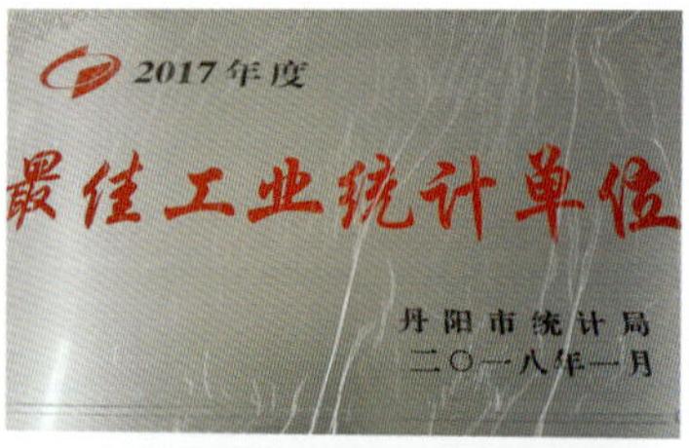

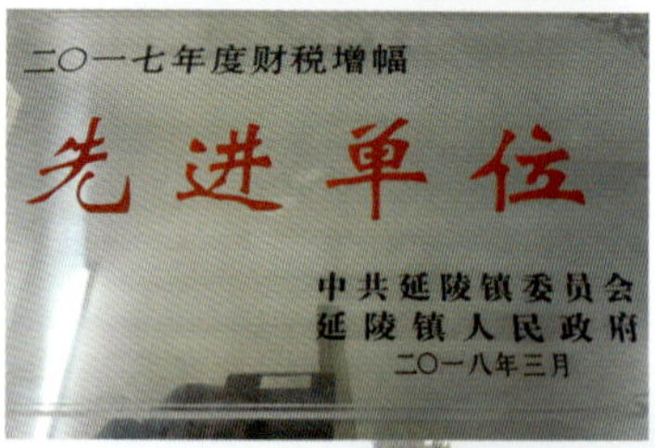

丹阳市小潘园杨氏推拿

杨氏正骨术传承人 杨锁法

丹阳市小潘园杨氏推拿是由正骨术传承人杨中和开办。杨氏正骨术传承人杨锁法，热心公益事业，为社会办实事、做好事、敬老爱老，1997 年以来，用于社会公益事业及慈善助老的捐款 100 多万元，赢得社会各界赞扬。连续多年被评为丹阳市、珥陵镇优秀共产党员，丹阳市优秀人大代表。

正骨治疗

候诊中心

中国移动
China Mobile
好网选移动 服务诚相伴
网络优覆盖
全省网络深度覆盖，优选好网触手可及
全国不限量
江苏移动全面升级全国流量不限量
品质光宽带
当日装当日修超时赔付，品质宽带连接精彩
贴身好服务
10086热线15秒快速接通，掌厅24小时不打烊
and和
为您提供
7X24小时服务
中国移动
China Mobile
www.10086.cn
10086

丹阳市机关事务管理局

丹阳市机关事务管理局到张寺村扶贫走访

开展“五事联动”严肃党内生活

助学助困

2017年，丹阳市机关事务管理局以“精细管理、精准服务、精美品质”为总目标，推进党政机关资产管理、标杆引领推进公共机构节能管理、推进公务用车规范管理、提升物业管理服务效能，成功创建江苏省“节水型单位”、江苏省“健康单位”，被镇江市机关事务管理局表彰为“机关事务管理工作先进单位”，被市级机关工委表彰为“先进党组织”，机关食堂窗口服务组被市总工会授予“工人先锋号”。

员工文化培训

读书活动分享交流会

丹阳市医保中心

丹阳市政协主席沈岳方（左）调研医保工作

2017年，市医保中心与时俱进、深化改革，在引领“三医联动”上发挥起重要作用，确保医保基金健康平稳运行。

医保中心多措并举提升医保服务能力。制定出台《丹阳市城乡居民基本医疗保险实施办法》和市属改制企业身份置换人员医保解决办法，并对《丹阳市职工基本医疗保险实施办法》进行调整和完善，确保政策的可持续性。积极实施异地就医实时结算，推进结算支付方式改革，加快护理保险试点工作，深入开展健康扶贫工程。升级改造智能监控系统，建立医师库规范诊疗行为，实施民主监督机制，完善内控审核制度，持续开展反欺诈“亮剑行动”，强化医保监管的能力和水平，保持打击骗保的高压态势，有效堵塞医保基金漏洞。积极开展文明创建和精准扶贫工作，加大医保宣传力度，提升窗口服务水平。

2017年，全市基本医保参保人数达79.7万人，其中，职工医保20.5万人、居民医保7.6万人、新农合51.6万人，医保基金征缴10.2亿元，医保基金滚存节余8.5亿元。

医保中心参与电台《行风热线》栏目

2017年度全员培训

为民服务获锦旗

走访企业

医保依法行政座谈会

医保“爱心药店”精准扶贫仪式

目 录

特 载

大事要闻

大　事　记

丹阳概况

中共丹阳市委员会

丹阳市人民代表大会

丹阳市人民政府

政协丹阳市委员会

中共丹阳市纪委

民主党派・工商联

群团组织

武装·法治

农林·水利

制造业

现代服务业

经科贸活动及信息

企业融资上市

综合管理

环境保护

城镇建设

交通运输·邮政

信息化发展

财政·税务

金 融

国内贸易

经济贸易与技术合作

科技·防灾

教 育

文化·新闻

卫生·体育

社会生活

镇、区概况

荣 誉

统计资料

文件选编

彩页目录

（排序不分先后）

53. 丹阳市广播电视集团
54. 江苏有线丹阳分公司
55. 中共丹阳市委党校
56. 丹阳市发展改革和经济信息化委员会
57. 丹阳市民防局
58. 丹阳市安全生产监督管理局
59. 丹阳市旅游局
60. 丹阳市物价局
61. 丹阳市航道管理处
62. 镇江市丹阳地方税务局
63. 丹阳农商银行
64. 中国银行丹阳支行
65. 交通银行丹阳支行
66. 江苏银行丹阳支行
67. 丹阳保得村镇银行
68. 华夏银行丹阳支行
69. 浦发银行丹阳支行
70. 中国人民财产保险股份有限公司丹阳支公司
71. 南京师范大学中北学院
72. 丹阳市第三中学
73. 丹阳市云阳学校
74. 丹阳市第五中学
75. 丹阳市华南实验学校
76. 丹阳市实验学校
77. 丹阳市练湖中心小学
78. 丹阳市吴塘实验学校
79. 丹阳市第二人民医院
80. 丹阳市导墅镇卫生院
81. 丹阳市访仙镇卫生院

特 载

栏目编辑 孙晓霞

报 告

高标准定位 高质量发展 迈出新时代实现新崛起的坚实步伐

——在中共丹阳市委十三届四次全委（扩大）会议上的报告（摘要）

丹阳市委书记 陈可可

（2017 年 12 月 28 日）

图 1 丹阳市委书记陈可可

这次全会的主要任务是，深入学习贯彻党的十九大精神，以习近平新时代中国特色社会主义思想为指导，贯彻落实中央经济工作会议精神和省委、镇江市委部署要求，总结今年工作，部署明年任务，不忘初心、牢记使命，高标准定位、高质量发展，迈出新时代实现新崛起的坚实步伐。

一、经济社会发展取得新成效

今年以来，在省委和镇江市委的正确领导下，市委团结带领全市广大干部群众，锐意进取、真抓实干，推动发展再升温、聚焦富民再发力，经济社会发展呈现了许多积极变化。这一年，尤为可喜的是，全市上下奋力拼搏，成功实现了新崛起的良好开局。面对复杂的宏观形势和发展压力，我们保持战略定力和韧劲，精准施策、创新作为，增值税总量全省县市排名第 7，综合实力保持全国百强县第 18 位，工业实力上升至第 15 位，呈现了稳中奋进的良好态势，坚定了发展的信心和底气。这一年，振奋人心的是，广大干群万众一心，成功创成了全国文明城市。坚持创建为民、创建惠民，各级领导以身作则、亲力亲为，广大干部昼夜奋战、苦干实干，全市人民广泛支持、全员参与，化不可能为可能，以江苏第一、全国第二的优异成绩，创成全国文明城市，提升了城市建设发展的新高度，提振了全市人民的自豪感、荣誉感和自信心。这一年，难能可贵的是，各级各层众志成城，成功化解了重大风险。坚持统筹兼顾、防范在先，直面问题、主动作为，圆满完成“8·24”专项维稳和党的十九大安保任务，营造了和谐稳定的发展环境，为全省防范处置涉众型非法金融活动积累了经验，展示了干部队伍敢打硬仗、能打胜仗的精气神。

1. 经济质态实现新提升。坚持产业强市，研究制定扶持实体经济发展的各类政策，推动经济提质增效。预计全年实现地区生产总值 1260 亿元，一般公共预算收入 61 亿元。工业固定资产抵扣占镇江的四成，工业用电增幅镇江排名第一，工业应税销售增长 14%，制造业税收增长 8.1%。重大项目取得突破。坚持一切围绕项目干，落实市领导挂钩、挂图作战等项目推进机制。44 个省和镇江市级重点产业项目完成投资超序时，总投资 50 亿元的鱼跃生命健康产业园初具规模。新招引敏一产业园等一批项目，产业类实际利用外资 3.6 亿美元。创新转型不断发力。突出政府主导、企业主体，落实各级科技创新政策，新旧动能转换不断加快。新增国家高新技术企业 32 家、省级科技企业孵化器 2 家、省级工程技术中心 4 家，高新技术产业产值占比 45.3%，R&D（研究与开发）占比 2.55%。举办“大院大所丹阳行”“千人计划”专家丹阳峰会等活动，引进院士 3 人、“千人计划”专家 7 人，入选省“双创计划”9 人，人才工作获全国创新案例优秀奖。省级高新区正式挂牌运行，丹北镇创成“中国制造 2025 创新示范小镇”，皇塘、珥陵分别被评为省农村电商十强镇和示范镇，眼镜小镇入选首批省级特色小镇。金融环境持续优化。推动金融支持实体经济，落实各项降本增效政策。全市本外币贷款余额 1011 亿元，比年初增加 40 亿元。畅通资金进入实体经济渠道，加大股权融资力度，新泉股份主板上市，宏马物流新三板挂牌。推动企业战略重组，飞达、长丰等一批企业成效明显。严厉打击恶意逃废债和各类违法金融活动，积极构建社会信用体系。建立政府债务化解、融资平台运行和金融风险防控机制，争取省财政新增及置换债券 25 亿元。现代农业增创优势。农业园区实现产值 162 亿元，增长 8.5%。新增三资投农项目 48 个、“三品”农产品 42 个。珥陵农产品加工园区、吕城粮油加工贸易集中区和司徒现代农业产业园，入选全国首批农村创业创新园区。

2. 城乡面貌呈现新变化。推进精美城市行动，实施 93 个城建类重点项目，年度投资 73.8 亿元，30 项公开承诺重点竣工项目基本竣工。城市颜值不断提升。以创建全国文明城市为抓手，发扬“啃硬骨头”精神，强势推进“十整治”和“四改一拆”专项行动，根治了一批长期遗留顽疾。群众反映强烈的占道经营、户外广告得到有效整治，农贸市场“脏乱差”、交通秩序“拥堵乱”明显改善。老旧小区实现“五有”全覆盖，失管小区落实物业市场化管理。江南人家等 4 个低洼易淹积水区改造全面完成，东观庄、马家庄、东风村等一批城中村、城郊结合部，环境问题得到彻底整治。开展“美化绿化亮化”行动，S241、迎宾路等城市主要出入口及道路沿线，增绿补绿和立面改造出新全面完成。城市形态不断优化。对外强化互联互通，S357 新建、S122 改造、镇丹高速等重大交通工程稳步推进，陵口铁路货场实现海铁联运。对内构建快速骨干路网，北二环及下穿立交实现当年拆迁、当年开工、当年贯通，通港路东延、车站路北延、丹句路一期全面竣工。城区畅通“微循环”，河沿路、姜家园路全线贯通，万善片区和高新区等城市路网更加完善。城市品质不断改善。做好“绿水活水亲水”三篇文章，修复内城河水生态，营造滨水空间，新建一批亲水步道、生态绿道等慢行系统。提升城区河道沿岸绿化景观，大运河沿岸道路和景观带一期竣工。开发区加快控源截污，全面启动水环境综合整治，晓墟河、老九曲河等河道整治加快推进。九曲河整治基本竣工，新河、中心河整治初见成效。延续历史文脉，华东财经委旧址布展开馆，三吕故居、张家大院修缮完工。西门历史街区修复保护积极推进，建成老城墙和米市码头。城乡发展不断融合。创成首批“四好农村路”全国示范县，25条农村公路提档升级，完成一批危旧桥梁改造，吕城大桥、珥陵大桥、访仙大桥等陆续竣工。丹北镇中心西路改造完工，访仙、界牌、陵口、导墅等集镇改造有序实施，镇村面貌显著提升。完成1个美丽宜居镇和3个美丽宜居村建设，延陵九里村获评全国文明村镇，高新区迈村村摘得中国最美村镇宜居奖。城乡环境不断改善。推进“263”专项行动，做好中央环保督办案件交办销号工作。加强重点片区环境整治，统筹推进胡高路建设，恢复区域自然生态，提升周边整体环境。加强农村面源污染防治，畜禽养殖整治基本到位，考核断面水质持续改善。改造城乡污水管网30公里，完成120个村庄的污水治理，全省村庄生活污水治理工作现场会在丹阳市召开。提升城乡防洪排涝能力，新孟河延伸拓浚、三陵河流域防洪除涝等一批工程加快推进，疏浚河道36公里，整治二级沟312公里。强化大气污染防治，空气质量优良天数持续增加，占全年天数的80%以上。

3. 改革创新增添新活力。市委深化改革领导小组牵头抓总，健全完善工作机制，统筹推进各项改革。深化审批制度改革。“e办事”服务平台上线，80%以上的政务服务事项实现“不见面”审批，发出全国第一份建设施工许可电子证书，商事登记证照发放实现全自助终端服务，不动产登记实行“一窗受理、集成审批”。推进体制机制改革。高新区实施机构分设、职能分离、考核分开。综合执法体制改革取得进展，集中行政处罚权下放乡镇获省政府批准。深化农村综合改革。实施农村产权交易市场规范化建设，完成144个村（社区）农村土地承包经营权确权登记颁证工作，7个村（社区）集体资产股份制改革试点顺利完成。同时，巡察机制、监察体制、医药卫生、群团组织等各项改革稳步推进。

4. 社会民生取得新改善。坚持以人为本，让发展惠及更多群众，城乡居民收入与经济增长同步。创业就业积极推进。新增就业再就业2.2万人，高新区入选省级“双创”示范基地，眼镜城入选省级创业孵化示范基地。精准扶贫深入推进。持续开展“扶村帮户”达新标活动，累计完成51个经济薄弱村和2059户贫困户脱贫任务，达标率分别为66%、64%。公共服务不断提升。系统化、标准化推进文教卫体养老等公共基础设施建设，教育教学质量明显提升，教育现代化监测全省县市区排名第10位，南师大中北学院一期建成招生。第二人民医院新大楼正式交付使用，人民医院综合大楼、中医院迁建按序时加快推进。完成城乡居民医保整合，异地就医直接结算全面实施。市镇村三级公共文化设施加快建设，新建体育小公园3个。养老事业加快发展，入选首批省级居家和社区养老创新示范（县）市。城南菜市场、普善片区智慧菜场建成投用，丹金路菜市场主体封顶。居民出行更加便捷，丹阳站站房改造顺利完成，建成公交首末站4座，新增停车泊位2000个。依法治市深入推进。加大安全生产执法力度，企业安全生产诚信记录纳入诚信体系。推进食品安全工作，开展生猪屠宰市场整治。加强社会综合治理，开展社会矛盾和安全隐患大排查大整治，公安局荣获省集体二等功。大力开展“七五”普法，营造良好法治氛围，社会保持稳定和谐。

5. 党的建设展现新气象。以迎接宣传贯彻党的十九大为主线，扎实开展“旗帜鲜明讲政治”等专题学习活动。常态化制度化推进“两学一做”学习教育，“五事联动”主题党日活动得到中组部宣传推广，“四有”民情服务处理机制获评全国基层党建创新最佳案例。钱云宝被追授为江苏“时代楷模”、镇江市优秀共产党员。强化意识形态主体责任，建立工作和考核机制。全力配合省委巡视，推进问题整改，市委第二轮巡察全面启动。强化执纪监督问责，实现派驻监督全覆盖。推进“三治理一挂牌”专项行动，着力解决群众身边的不正之风和腐败问题，促进基层组织健康运转。开展“四问四促暖企惠民”大走访活动，编印暖企惠民政策包，解决各类问题近万条。市人大、市政协创新作为，分别在全国县乡人大工作建设经验交流会、省政协常委会上作交流发言。统战、人武、法院、检察、群团、老干部、双拥等各项工作取得新进展，全市上下形成了讲团结、敢担当、促发展的良好局面。

成绩来之不易，奋斗充满艰辛。一年来，市委统揽全局、科学决策，发挥了坚强的领导核心作用；市政府狠抓落实、攻坚克难，卓有成效地推进各项工作；市人大依法履职、市政协参政议政，有力促进了中心工作的开展；各民主党派、工商联、群众组织和广大干群同心同德、众志成城，充分彰显了至诚至精、创新图强的丹阳精神。

在肯定成绩的同时，我们也清醒看到发展中存在的矛盾和问题：发展质量和效益还不高，产业规模和质态还需进一步提升，金融风险依然存在；城乡建设、生态环境与老百姓的期待还有差距，需要付出更多努力；公共服务和社会保障还有不少短板，文明创建成果有待进一步巩固提升；农村发展还不平衡，城乡统筹需要下更大功夫；“四风”问题隐形变异、反弹回潮的隐患依然存在，干部队伍的作风能力、担当精神仍需进一步提升，等等。对此，我们必须高度重视，采取有力措施，切实加以解决。

二、以新思想引领发展新征程

学习贯彻党的十九大精神，是当前和今后一个时期的首要政治任务，我们要不断把学习贯彻引向深入，使全市干部群众切实把思想和行动统一到十九大精神上来，凝聚到十九大确定的各项目标任务上来，以新思想引领发展新征程，真正使习近平新时代中国特色社会主义思想在丹阳落地生根、开花结果。

新思想引领新征程，我们必须牢记使命、坚定方向。要深入学习领会新时代的重大论断，以新坐标、新视野、新理念、新要求，观照过去、谋划未来。深入学习领会我国社会主要矛盾发生历史性变化的重要意义，从人民对美好生活的需要和发展的不平衡不充分两个方面寻找机遇，进一步提升丹阳的发展水平。深入学习领会新时代中国特色社会主义的战略安排，坚持用系统化思维推动高质量发展，加快补齐脱贫攻坚短板，在全面建成小康社会决胜阶段创造新的过硬成果，展开基本现代化建设新探索，践行新理念、实现新崛起，建设充满创新活力的苏南现代化工贸名城。

新思想引领新征程，我们必须提升定位、把握主动。新时代开启新征程，需要我们系统、深入地谋划新时期发展，登高望远、抢得先机、赢得主动，干出丹阳发展的新业绩。“领跑镇江、争先苏南”是丹阳人不服输、敢担当、争一流的具体体现，按照党的十九大提出的新要求，应对周边发展激烈的竞争态势，我们必须把丹阳放在全省发展的大格局下来审视，确立更高目标定位。坚持从理念、眼界、思路和行动上深度对标苏南，按照一流、实效、率先的苏南标准，提高发展站位、提升发展热度，创新思路、主动作为，在新的区域竞争中增创丹阳发展的新优势。

新思想引领新征程，我们必须创新作为、务求实效。新时代实现新发展，绝不是轻轻松松、敲锣打鼓就能实现的。面对复杂形势和各类挑战，我们要增强危机意识，破除回避矛盾的“鸵鸟心态”，坚持用改革和创新的办法解决发展中的问题。发扬文明创建精神，万众一心、攻坚克难，咬定目标、不留退路；弘扬企业家精神和工匠精神，顽强拼搏、永不言败，精益求精、矢志不渝，以更优的作风、更好的精神状态，创造无愧于新时代的新成就。引导全市上下把思想凝聚起来，把力量集中起来，以功成不必在我的胸怀、低调务实不张扬的作风、撸起袖子加油干的劲头，久久为功、善作善成，谱写新时代中国特色社会主义丹阳实践新篇章。

以新思想引领发展新征程，我们必须进一

步丰富“强富美高”新内涵，坚持新发展理念，努力在高质量发展上走在苏南前列。经济提质效，就是更加注重质量和效益，加快建设现代化经济体系。坚持质量第一、效益优先，把推动高质量发展作为当前和今后一个时期确定发展思路、制定经济政策的根本要求，更加聚焦实体经济特别是先进制造业，从追求速度、规模转到质量、效益上来，推动经济发展质量变革、效率变革、动力变革，加快建设先进制造业基地和创新经济发展高地。民生增福祉，就是更加注重生活质量，满足人民日益增长的美好生活需要。确立更高追求，始终坚持民生优先，既尽力而为，又量力而行，一件事情接着一件事情办，一年接着一年干，努力实现更好的教育、更稳定的工作、更满意的收入、更可靠的社会保障、更高水平的医疗卫生服务、更舒适的居住条件、更丰富的精神文化生活，使全市百姓的获得感、幸福感、安全感更加充实、更有保障、更可持续。城乡重品质，就是更加注重品质内涵，坚持走内涵式发展之路。主动融入扬子江城市群、宁镇扬一体化等战略布局，牢固树立“精明增长、紧凑城市”的理念，坚持系统化思维、整体化推进，不铺摊子、严控债务，注重精致精美，彰显水乡特色，实施乡村振兴战略，推进城乡融合发展，努力建设沪宁线上新兴的地区中心城市。文明再提升，就是更加注重人的文明素质，加快推进人的现代化。坚定文化自信，高水平建设文明城市，积极培育和践行社会主义核心价值观，深化中国特色社会主义和中国梦宣传教育，深入实施公民道德建设工程，进一步提升百姓的思想觉悟、道德水准、文明素养，提高全社会文明程度，实现人的全面发展和社会共同进步，构筑全体丹阳人的共同精神家园。

三、以创新举措推动高质量发展

明年是贯彻党的十九大精神的开局之年，是改革开放40周年，是丹阳撤县建市30周年，也是决胜全面建成小康社会的关键之年。明年发展的指导思想是：以习近平新时代中国特色社会主义思想为指导，不忘初心，牢记使命，统筹推进“五位一体”总体布局，协调推进“四个全面”战略布局，坚持以人民为中心，自觉践行新理念，坚持稳中求进工作总基调，坚持领跑镇江、争先苏南，坚持产业强市、创新转型，高标准定位、高质量发展，决胜全面建成高水平小康社会，迈出新时代实现新崛起的坚实步伐。

明年经济社会发展主要目标：地区生产总值增长7%以上，一般公共预算收入增长5%左右，城乡居民收入增长与经济增长同步；单位地区生产总值能耗下降率、主要污染物减排、单位地区生产总值二氧化碳排放下降率、空气质量、地表水优于三类水质比例达到预定目标。

为实现上述目标，我们必须坚持问题导向，聚焦关键环节，抓重点、补短板、强弱项，推动高质量发展。

1. 突出产业强市，着力提升发展热度。坚持以供给侧结构性改革为主线，牢牢把握产业强市战略，聚力深耕先进制造业，持续发展壮大实体经济。

一是建设现代产业体系。加快建设传统产业和新兴产业双轮驱动、先进制造业和现代服务业有机互补的现代产业体系。改造提升传统特色产业，汽车及零部件产业实施智能化改造，医疗器械及视光学产业走品牌发展之路，木业家居强化补链延链，打造五百亿级产业集群。发展壮大新兴产业，聚焦最有条件、最具优势领域，新材料产业以功能性纤维材料、高性能合金材料为主攻方向，高端装备制造瞄准大型通用装备、轨道交通装备，打造千亿级先进制造业集群。用好军民融合上升为国家战略的机遇，加强军地对接，做强军民融合产业。发展现代服务业，在现代物流、工业设计等方面提升竞争力。加快发展新经济，推动互联网、大数据、人工智能与实体经济深度融合，促进新业态、新模式加快成长。

二是狠抓重点项目建设。以更大的力度、更实的举措，全面掀起抓项目、谋项目、引项目的新热潮。健全机制抓项目，建立完善项目生成、要素保障和督查考核等机制，继续实施市领导挂钩、挂图作战，推进200个左右重点产业类项目，确保早建成、早投产、早达效。瞄准重点谋项目，积极与大院大所、央企国企合作，谋划一批能够提升发展后劲和未来竞争力的优质项目。精准发力引项目，出台招商引资相关政策，培育专业化招商团队，制定精准化“产业地图”，强化产业链招商，聚焦汽车及零部件、新材料及航空航天、健康产业等优势产业，引进一批终端型、龙头型项目，不断延伸产业链、提升价值链。

三是推动园区载体提升。坚持高点定位，加快优化整合，完善园区扶持政策、功能配套、产业配套，加强对园区亩均效益的综合考核，不断提升园区经济贡献率。开发区聚焦新材料、高端精密制造等产业，发挥龙头企业的优势，重点推进生命健康、精密制造等区中园建设，奋力打造产城融合新样板。高新区在高和新上再聚焦，做强高端装备制造、医疗器械及视光学等产业，强化与凤凰工业园共建共享，打造创新发展主阵地和高新技术产业承载高地。沿江装备制造产业园、军民融合产业园、萧梁物流园、鹤溪产业园等特色园区，在建设管理运营、基础设施配套、产业承载等方面加速补齐短板，健全共建共享机制，推动园区社区化，打造现代产业社区。

四是打赢风险防控攻坚战。坚持底线思维，强化综合施策，进一步推动金融环境由面上稳控向质态优化转变。构建良好的政银企关系，引导金融机构对上积极争取指标，对下加大投放力度，增强金融服务实体经济的能力。强化破圈解链，盘活存量资产，推进兼并重组，出清僵尸企业。加快建设诚信机制，加大打击恶意逃废债力度，坚决打赢风险防控攻坚战。深化“企业＋科技＋金融”的金三角模式，积极推进产业引导基金运作，拓宽科技金融融资渠道，力争新增苏科贷、财科贷银行4家以上，引进创投机构2家以上。加快企业上市步伐，培育一批上市重点后备企业。

五是营造优质发展环境。积极构建亲清政商关系，优化政策环境，完善产业扶持政策体系。贯彻落实好各级降本增效政策，为企业发展减负增效。打造高效服务环境，建立服务代办制，开展多种形式的暖企活动，为企业排忧解难。落实好中央弘扬企业家精神相关政策，始终把广大企业家作为全市发展最宝贵的资源，关爱和支持企业家创新创业，营造企业家健康成长的环境。

2. 突出改革创新，着力提升发展动力。加快新旧动能转换，聚焦发展重大需求，加强创新资源要素整合，确保在技术变革的新时代把“饭碗端在自己手里”。

一是激发企业创新活力。积极落实省市各类创新政策，落实好国家“质量提升行动”，出台聚力创新政策20条。建立以企业为主体、市场为导向、产学研深度融合的技术创新体系。引导大企业大集团更有信心、更有耐心、更有定力地开展自主创新，加大研发投入，迈向产业结构中高端，全力争创省级两化融合试点、示范企业5家，省级智能制造示范车间2家。支持优质中小企业走“专精特新”道路，打造更多“单打冠军”，力争新增“科技小巨人”企业15家以上，国家高新技术企业30家以上。

二是强化创新人才集聚。积极落实各级人才政策，出台推进人才体制机制改革意见，加大对中生代、新生代企业家的培养，打造一支懂经营、善管理、敢创新的优秀企业家梯队。落实省“双创”计划及镇江“金山英才”计划，用好“丹凤朝阳”人才计划，推动各类高层次人才在企业、高校、科研机构顺畅流动。着力解决人才创新创业最关注的居住、教育、医疗等发展环境，大力推进人才公寓建设，加快完善服务功能、提升服务品质，构建拴心留人的良好生态。

三是突出创新平台建设。坚持“以创新论英雄”，继续开展“大院大所丹阳行”“科技企业院所行”等专题活动，以科技创新中心建设为核心，不断深化与高校科研院所、技术转移中心和研究院的合作。紧盯先进制造业发展需要，引进和布局国家级研发平台，努力突破引领性原创成果，占领行业技术制高点。用好北航丹阳研究院、苏南高端装备研究所等创新服务平台，加快前瞻性、原创性、标志性的科技创新成果向生产力转化，力争新增国家级科技企业孵化器1家、省级科技企业孵化器2家以上。

四是加快深化改革步伐。贯彻落实中央和省市各项改革部署，突出抓好标志性、引领性、支柱性重点改革，更大程度释放制度生产力。深化供给侧结构性改革，进一步降低制度性交易成本、税负成本和要素成本。深化“放管服”改革，落实省“3550”改革目标，提高“e办事”平台项目上线率，加快涉审中介清理，加强证照联动、事中事后监管。深化农村综合改革，推进农村土地“三权分置”和集体产权制度改革，扎实开展新一轮农村改革试验区工作。深化开放体制改革，加快出口基地建设和加工贸易转型升级，培育外贸竞争新优势。鼓励企业走出去开展对外投资，并购境外品牌、技术和营销网络等创新资源，带动外贸出口。

3. 突出精致精美，着力提升城乡内涵。按照“紧凑开发、精明增长”的理念，持续发力，久久为功，坚定不移地走内涵式提升的城乡发展道路。

一是高站位融入发展大局。坚持“外联一体、内聚成核”，以重大交通基础设施建设为先导，主动融入区域一体化发展大格局，加快推进镇丹高速、S357、S122等道路建设。提升城乡快速交通体系，推进南三环东延，启动丹延路拓宽改造和S358、S240路面改善等工程。持续完善城区内部路网，开工建设丹凤路北延、振兴路东延、云阳大桥重建等工程。改善农村交通，不断推进“四好农村路”建设，实施新一轮农村公路提档升级，让农村居民出行更加便捷快捷。

二是高品质优化城市功能。突出规划引领，坚持有机更新，系统化、整体化推进城市功能完善。把运河作为城市的生态轴、发展轴和文化轴，融入江苏运河水文化大格局，进一步畅通城市水系，用好滨水空间，加快沿河风光带和休闲步道建设，打造水韵丹阳。重点推进运河城区段景观二期、内城河滨河景观改造等工程。推动城市能级与品质提升，统筹推进历史街区、文化商贸圈和现代化城市门户建设。西门历史街区注重延续历史文脉，留住城市记忆，进一步加快西门老街保护性修复，丰富城市文化内涵。注重展现近代城市风貌，改造南门老街。贤桥商贸圈进一步提升能级，加快城河北路、金鸡饭店片区改造。眼镜小镇进一步健全投资建设运营市场化运作机制，建立管理机构，推进核心区和城际广场片区建设，打造城市现代化新地标。

三是高水平建设文明城市。坚持标准不降、力度不减，巩固创建成果，更高水平建设文明城市。实施“建精美丹阳城、做文明丹阳人”行动，进一步提升市民文明素质和城乡文明程度，展现全国文明城市新形象。持续推进“十整治”，防止占道经营、户外广告、农贸市场“脏乱差”和交通秩序“拥堵乱”等现象回潮。继续推进“四改一拆”专项行动，启动丹棉、老职中等片区改造。持续开展“美化绿化亮化”行动，进一步推进城市主次干道沿线增绿补绿和立面改造出新。推动城市治理工作重心下移，实现市镇村三级网格化管理全覆盖。推进智慧城市试点，推动大数据、物联网与城市治理相融合，建设智能停车、智慧照明等项目，提升城市治理水平。

四是高标准推动乡村振兴。按照“产业兴旺、生态宜居、乡风文明、治理有效、生活富裕”的总要求，推动乡村振兴战略在丹阳落地生根。深入推进农业供给侧结构性改革，发展特色主导产业，推广复合经营模式。实施农业品牌战略，加强区域品牌建设，发展名特优农产品，推动农村一二三产业融合发展。加强农业科技创新和成果转化，打通农业技术推广“最后一公里”。积极发展多种形式的适度规模经营，大力培育新型农业经营主体，培养造就一支懂农业、爱农村、爱农民的“三农”工作队伍。积极推进特色田园乡村建设，推动延陵镇九里村、柳茹村、西庄湖村申报省级试点。

继续开展美丽镇村建设，吕城镇要积极创建镇江市美丽宜居镇。

4. 突出生态优先，着力提升宜居环境。牢固树立“绿水青山就是金山银山”理念，精准施策，铁腕治污，持续推进“263”专项行动，着力打好污染防治攻坚战。

一是推进绿色发展。深化生态环境监管体制改革，探索排污权有偿使用和交易、网格化环境监管、环保信息强制披露等新机制。坚决执行主体功能区规划，严守生态保护、耕地保护、城市开发边界“三条红线”，实施最严格的节约集约用地制度，从严控制新增用地总量和土地开发强度，加大闲置土地、低效用地盘活力度，解决土地指标结构性短缺问题。加强项目源头管控，落实项目准入负面清单，严把环保准入门槛，切实降低能源和水资源消耗。坚决淘汰落后产能，完成年度节能减排任务。建设节约型机关、绿色家庭、绿色学校和绿色社区，推行城乡生活垃圾分类收集和分类处理。

二是加强环境治理。齐抓共管，协同并治，突出治水、治气、治土，全面整治城乡环境。深入实施“水十条”，完成开发区老九曲河、晓墟河等控源截污、水环境水生态修复，加快城乡污水管网全覆盖。严格落实河长制、断面长制，“一河一策”推动水环境整治，确保8个断面检测达标。加快建设新孟河，完成718条二级沟改造升级和130个村庄生活污水治理工作。强化农业面源污染控制，建立畜禽养殖长效管理机制。落实大气污染防治行动计划，提升群众蓝天幸福感。全面实施“土十条”，加快编制土壤污染防治方案，开展关停化工企业遗留土地的治理修复工作。

三是发展生态旅游。全市域统筹谋划，做好旅游策划，盘活现有资源，建设一批特色景观旅游村庄，打造形式多样、特色鲜明的生态旅游休闲产品。完成废弃矿山地质环境治理工程，继续推进胡高路沿线环境综合整治，加快配套基础设施建设。完善旅游公共基础设施和道路标识系统，建设省级乡村旅游区、全国休闲农业与乡村旅游示范点。加快九里景区建设步伐，研究制定水晶山中长期生态保护性开发规划，强化片区综合管控，实施旅游环境美化工程。

5. 突出民生为本，着力提升幸福指数。坚持以人民为中心的发展思想，着力解决老百姓关注的民生热点难点问题，让一个个民生“难点”成为撬动社会进步的“支点”。

一是打好精准脱贫攻坚战。聚焦脱贫质量，不降标准、不吊胃口，紧紧围绕“双8”目标，积极推进“扶村帮户”达新标活动。强化党政一把手负总责的责任制，健全扶贫工作推进机制。抓实产业扶贫，积极探索扶村帮户新模式，发挥好龙头企业、合作社、家庭农场的辐射带动作用。整合各类扶贫政策，落实医疗救助办法和低保标准增长机制，实施政策性兜底。健全市镇村三级社会救助服务网络，确保实现小康路上“一个不少、一户不落”。

二是提高城乡居民收入。推进高质量就业，开展职业技能培训，提高劳动力市场供给和需求的匹配性，加大高校毕业生、被征地农民、困难家庭等群体的就业扶持力度，确保城镇新增就业1.5万余人。进一步优化环境、改进服务，强化政策支持，拓展“互联网+”等创业新空间，充分激发群众创新创业的活力和动力。完善社会保障体系，稳步推进被征地农民进社保工作，全面实施城乡居民医疗保险，提升社会保障水平。

三是打造文化建设新高地。坚定文化自信，打造文化标识，传承地方特色传统文化，推进丹剧复兴工程。不断健全现代文化产业体系，实施“文化+”战略，强化文化人才队伍建设，推动文化事业和文化产业繁荣发展。健全完善公共文化服务体系，在主城区合理布局图书馆和文化邻里中心。深化“书香丹阳”全民阅读等系列文化活动，强化文艺精品创作，提升文化服务质量。

四是完善公共服务体系。标准化、均等化推动公共服务，让资源跟着需求走、服务跟着居民走，提高人民群众生活质量。优化教育布局，加快中北学院二期建设，推动省丹中创建省级高品质示范高中，着力解决中小学生课外负担重、“择校热”“大班额”等突出问题，提升婴幼儿照护和儿童早期教育服务，办好人民满意的教育。深化医药卫生体制改革，完善分级诊疗制度体系，推进人民医院综合大楼、中医院迁建工程，提升医疗服务水平。完善公共体育设施，丰富“十分钟体育健身圈”内涵。积极应对老龄化挑战，加快医养融合发展。强化功能配套，合理布局菜市场、停车场等基础设施，完善城乡三级公交体系，推动“厕所革命”，不断提升群众的幸福感。

五是构建社会治理新格局。坚持以法治为引领，改革为动力，提高社会治理的社会化、法治化、智能化、专业化水平。创新网格化社会治理机制，完善社会矛盾调处化解机制，加强综治基层基础建设，持续开展大排查大整治专项行动和大走访活动，扎实推进雪亮工程，坚决遏制重特大公共安全事件。严格落实安全生产责任制，构建食品药品安全保障体系，推进省食品安全示范市建设，确保人民生命财产安全和食品药品安全。深入推进依法治市，扎实开展“七五”普法，深化司法体制改革，全面推进严格执法、公正司法、全民守法。

四、全面提高党的建设质量

新时代是一个不忘初心、牢记使命、永远奋斗的时代，是一个严格自律、清正廉洁、抵达崇高的时代。我们要牢牢把握新时代党的建设总要求，以政治建设为统领，坚持党要管党、全面从严治党，毫不动摇把党建设得更加坚强有力。

1. 强化绝对忠诚的政治担当。把深入贯彻落实习近平新时代中国特色社会主义思想放在政治建设首位，结合“不忘初心、牢记使命”主题教育，在学懂弄通做实党的十九大精神上下功夫，牢固树立“四个意识”、坚定“四个自信”，在政治立场、政治方向、政治原则、政治道路上始终同以习近平同志为核心的党中央保持高度一致。严肃党内政治生活，推进“两学一做”学习教育常态化制度化，完善“三会一课”、民主生活会、谈心谈话等制度，善用批评和自我批评，增强党内政治生活的政治性、时代性、原则性、战斗性。认真贯彻党委（党组）工作条例，落实民主集中制，不断提高领导能力和工作水平。守好政治方向，牢牢掌握意识形态工作领导权，强化对社会热点、理论热点的引导，突出阵地和队伍管理，确保意识形态领域政治安全。

2. 打造全面过硬的干部队伍。坚持党管干部原则，坚持正确选人用人导向，把好干部标准落到实处，建设高素质专业化干部队伍。突出政治标准，全面实施干部政治体检。按照“既要政治过硬，也要本领高强”的要求，不断深化干部教育培训，增强“八种本领”，着力提升党员领导干部学习力、领导力、创新力、执行力。强化专业配备，开展干部专业结构分析，打破体制机制屏障，加大专业紧缺型干部的培养选拔、交流使用力度。坚持严管和厚爱结合、激励和约束并重，健全鼓励激励、容错纠错和能上能下“三项机制”，旗帜鲜明为敢于担当、踏实做事、不谋私利的干部撑腰鼓劲。完善干部考核评价体系，突出关键性、实绩性指标。注重年轻干部培养，持续开展立体挂职，突出在重点领域、重点岗位选拔年轻干部，为推动高质量发展提供坚强保障。

3. 夯实执政为民的基层基础。树立党的一切工作到支部的鲜明导向，探索党建工作质量管理体系，持续开展“五事联动”主题党日活动，深化“四有”民情服务处理机制，增强基层党支部的生机和活力。强化基层党组织政治功能，深入开展书记党建看齐行动。加强产业园区“党建园”建设，建立健全园区党建标准化体系。强化党建引领服务功能，构建多元共治党建新格局，打造城市基层党建“立方体”。加强村干部队伍建设，开展基层党组织带头人专职化管理，探索“定制村官”，定向招聘大学生，继续实施“双提升”培训计划，不断提升村干部队伍素质。增强党员教育管理针对性和有效性，深入推进党员“先锋亮绩、积分管理”，开展不合格党员组织处置工作。

4. 优化干事创业的作风效能。围绕保持

党同人民群众血肉联系这个核心，持之以恒反“四风”。各级领导干部要坚持身体力行、以上率下，以习近平总书记关于加强作风建设重要批示为遵循，严格遵守中央和省市委关于作风建设相关规定。各镇（区、街道）各部门要摆摆表现、找找差距，针对表态多调门高、行动少落实差等问题，拿出过硬措施扎实整改。深化“效能革命”，严查“四风”新问题，大力整治慢作为、不作为等“新衙门作风”，坚决摒弃“油腻心态”。大兴调查研究之风，解决实际问题，狠抓工作落实。促进依法办事与担当作为相统一，让法治思维和专业水平成为干部的“标配”。

5. 营造风清气正的政治生态。坚持全面从严治党，深入实施“强责工程”，落实“两个责任”，压实各级党组织书记管党治党第一责任，班子成员自觉履行“一岗双责”。坚持挺纪在前，深入贯彻《准则》《条例》，用好执纪监督“四种形态”，强化监督执纪问责。持续推进省委巡视反馈意见整改，放大整改落实的整体成效。扎实推进国家监察体制改革试点工作，构建集中统一、权威高效的监察体系，实现监察全覆盖。开展三轮巡察工作，深化巡察成果运用，强化派驻机构日常监督。坚持无禁区、全覆盖、零容忍，聚焦农村基层等重点领域、关键环节，持续开展“三治理一挂牌”等专项行动，深化标本兼治、堵塞制度漏洞。

市委将充分发挥总揽全局、协调各方的领导核心作用，团结和调动一切积极因素，群策群力、共同奋斗。坚持和完善人民代表大会制度，支持人大及其常委会依法履职。支持政府深化改革、进一步打造为民务实高效清廉的政务环境，提高服务效能。充分发挥人民政协作为协商民主重要渠道和专门机构作用，着力增进共识、促进团结。不断巩固和壮大最广泛的爱国统一战线，充分发挥各民主党派、工商联和知联会的参政议政作用。支持工会、共青团、妇联、科协、文联、残联等群团组织依照法律章程开展工作，保持和增强群团组织的政治性、先进性、群众性。全力做好民宗、对台、侨务等工作，深化双拥共建，为完成全年目标任务汇聚强大合力。

政府工作报告

——在市第十七届人民代表大会第二次会议上的报告（摘要）

丹阳市市长　黄春年

（2018年1月3日）

图2　丹阳市市长黄春年

2017年工作回顾

刚刚过去的一年，是党的十九大胜利召开之年，也是本届政府履职的开局之年。一年来，我们在中共丹阳市委的正确领导下，坚持以“两聚一高”为引领，以实现“五个新突破”为目标，大力提升发展热度，不断增强富民实效，较好地完成了市十七届人大一次会议确定的目标任务。实现地区生产总值1260亿元（预计数，下同），增长7.3%；城乡居民人均可支配收入45193元、23594元，分别增长

8.5%、8.7%；一般公共预算收入61亿元；规模以上固定资产投资535亿元；主要污染物排放量削减率完成年度目标。

一年来，在市委的坚强领导下，我们以江苏第一、全国第二的优异成绩，创成首届全国县级文明城市；工业竞争实力两年提升13个位次，居全国工业百强县（市）第15位；行政审批制度改革取得突破性进展，实现三证照“3550”改革目标；北二环及下穿立交工程当年拆迁、当年开工、当年贯通，创造丹阳城建史上新速度；“263”专项行动强势推进，领导重视、干部给力、社会参与前所未有，环保生态理念深入人心；圆满完成“8·24”专项维稳任务，为丹阳发展创造了和谐稳定的环境，也为全省防范处置涉众型非法金融活动积累了宝贵的经验。

回顾这一年，主要开展了八个方面工作：

一、务实顶真抓项目，产业质态得到提升

工业经济持续回暖。累计完成工业应税销售1286亿元，增长14%；工业用电62.16亿千瓦时，增长11.66%；工业固定资产抵扣5.3亿元，增长21.4%；进出口27.7亿美元，增长9%，四项指标均位居镇江前列。重点项目强势推进。落实市领导挂钩、挂图作战机制，44个省和镇江市级重点产业类项目按序时推进，鱼跃医疗高值耗材、大亚轮毂和印务、乐能电池扩产等一批重点项目部分竣工投产。制造业发展提质增效。完成工业技改投资190亿元，增长8%；新兴产业销售1147亿元，增长12.5%；6家企业通过省级智能示范车间初审，4家企业成为省级两化融合试点示范企业，恒宝集团入围国家“工业强基”工程。现代服务业活力增强。服务业增加值占地区生产总值比重45.5%，鱼跃医疗获评国家级电商示范企业，皇塘、珥陵分别被评为省农村电商十强镇和示范镇。陵口铁路货场实现海铁联运，飓风物流获得全国首批“无车承运”资质。项目招引取得新成果。成功举办“生态社区·绿色制造”主题招商活动，赴北京、上海、深圳等地开展系列招商，引进敏一产业园等一批重大项目，新签约亿元以上项目46个，产业类实际利用外资3.6亿美元。金融生态明显改善。政银企互信合作增强，金融加大支持实体经济力度，本外币贷款余额1016亿元，比年初增加46亿元。银行不良率控制实现预期目标，降至2.7%。重拳打击恶意逃废债和非法集资行为，金融领域非法活动得到有效遏制。鼓励企业上市融资，新泉股份主板上市，宏马物流新三板挂牌。农业现代化稳步推进。建设高标准农田4.32万亩，粮食生产全程机械化水平90.2%。新增高效设施农业面积9500亩，重点农业龙头企业销售收入260亿元，新带动农户3.2万户。司徒、珥陵、吕城三家省级农字头产业园，入选全国首批农村创业创新园区。

二、全力以赴促创新，发展活力不断增强

对接落实省科技创新40条、镇江聚力创新6条，成功举办“大院大所丹阳行”“千人计划”专家丹阳峰会，签订科技成果转化项目35项。高新技术产业产值占规模以上工业产值45.3%，研发投入占地区生产总值比重2.55%。新增国家高新技术企业32家，建成1个院士工作站、2个“千人计划”工作站、4家省级工程技术中心，新认定省级科技企业孵化器2个，设立2.5亿元规模的丹阳市军民结合产业发展基金。实施“丹凤朝阳”人才计划，引进院士3人、“千人计划”专家7人，入选省“双创计划”人才9人。鼓励创新，新增专利授权3195件、发明专利授权434件，万人发明专利拥有量16.84件，万新公司获评国家知识产权示范企业，圣象、乐能获得中国优秀发明专利奖。主导发布国家标准3个、行业标准1个，成立江苏省眼镜光学标准化技术委员会，创成国家级五金工具出口质量安全示范区，荣获省商标战略实施示范市县（金凤奖）。弘扬优秀企业家精神，《丹阳工商业与工商界名人》完成文字稿初编，钱云宝被追授为江苏“时代楷模”。高新区正式挂牌运行，被认定为省级创业型园区。丹北镇创成“中国制造2025

创新示范小镇”。陵口镇获评省级创业型乡镇。眼镜小镇入选首批省级特色小镇。

三、凝心聚力攻难关，文明创建成果丰硕

全市上下群策群力，三年磨一剑，成功创成全国文明城市，城市颜值和市民素养同步提升。啃“硬骨头”、破“老大难”，下大力气补短板。扎实开展“四改一拆”专项行动，对全市344个老旧小区楼道窗户、照明墙面全面出新，实现“五有”物业全覆盖，开展“三线”专项整治，改善马家庄、东风村等城中村、城郊结合部生活环境，彻底根治了一批积存多年的顽障固疾。大力实施“美化绿化亮化”行动，完成迎宾路、S241、S122城区段等主要城市出入口及道路沿线绿化景观改造，对华地片区、华阳苑、万善园二村等区域实施立面出新。畅通城市交通秩序，提升常态管控水平，规范停车泊位管理，设置严管道路9条、严管街道25条，增设斑马线监控17处，引导机动车礼让行人，市民交通文明意识得到极大提升。加大城乡一体联动创建，加强镇村主次干道秩序、集贸市场、公共广场等重要点位日常管理，增设善行义举榜、乡风民俗文化墙，实现镇村道德讲堂全覆盖，推动全域文明整体提升。推进社会主义精神文明建设，促进人的文明素养和城市文明同步提升。广泛开展文明家庭、“我们的节日”、志愿者服务等文明主题活动，新建20个漂流书屋、3家24小时图书馆和33个蒲公英志愿服务站，成功举办首届公益文化节。广大人民群众以主人翁的姿态积极参与创建，每个丹阳人都是参与者，更是实践者、传播者、受益者。

四、持之以恒提品质，城乡统筹取得实效

围绕打造精致精美城市，加快推进93个城建重点项目，年度投资73.8亿元。路网体系持续优化。车站路北延、丹句路（一期）、河沿路、水关路改造、通港公路延伸等工程顺利竣工，S357、S122拓宽改造全线开工，迎春路东延、万善片区道路加快推进。农村公路提档升级35.65公里，创成全国首批“四好农村路”示范县。居民出行更加便捷。完成丹阳火车站站房改造，启用滨江客运中心，建成公交首末站4座，新增新能源公交车50辆，增设公共自行车站点91个、共享单车7600辆。城市功能配套日趋完善。新建停车场6个、新增停车泊位2000余个；城南农贸市场、开发区御珑湾智慧农贸市场投入运营，丹金路农贸市场完成主体工程；新建体育小公园3个、健身路径90条。持续推进旧城改造，完成河沿路、火车站（聂家村、邹家村）片区征收拆迁任务。积极推进西门历史街区修复保护，恢复建成老城墙和米市码头。镇村面貌持续改善。延陵镇创成镇江市美丽宜居镇，高新区迈村获得中国最美村镇宜居奖。丹北镇中心西路建成通车，吕城大桥、珥陵大桥、访仙大桥全面竣工。完成“村村通”燃气配套3000户，开工建设天然气应急高压管线。

五、标本兼治优生态，绿色理念深入人心

以铁腕治污、不留退路的勇气和决心推进“263”专项行动，有效解决了一批群众反映强烈的环境问题。取缔“小散乱污”企业382家，治理挥发性有机物企业97家。关闭拆除畜禽养殖场608家，规范治理767家。拆除10蒸吨及以下燃煤锅炉45台。完成年度“减化”任务，47家涂料化工生产企业签订停产协议。全年空气质量稳定达标，PM2.5、优良天数比例两项指标均位居镇江前列。加快推进胡高片区综合整治，严厉打击山石资源偷盗采现象，高标准完成管山废弃宕口整治复绿工程。全面推进河长制、断面长制，顺利通过太湖流域水质断面考核。实施“绿水、活水、亲水”行动，完成内城河水生态修复，清淤整治警钟河、新河、北沟河等城乡河道，扎实推进开发区老九曲河等水环境生态治理，新建城镇污水管网30公里，完成120个村庄生活污水整治任务，创成省级节水型社会示范区。继续推进重点水利工程，完成九曲河综合治理、上新河堤防加固，实施新孟河延伸拓浚、三陵河流域防洪除涝工程，疏浚河道 36 公里，整治二级沟 312 公里。高品质完成大运河（一期）、内城河（新北门桥至迎春桥段）景观改造，打造城市生活休闲新空间。

六、不忘初心惠民生，群众生活有效改善

新增城镇就业 15692 人，转移农村劳动力 3315 人，城镇登记失业率控制在 2.28%。城乡居民最低生活保障标准提高至每人每月 655 元。社会保险覆盖率 98%以上。开展城乡居民医保整合，实施异地就医直接结算。全面实施“金保工程”，全年发放社会保障卡 68.6 万张；有序推进开发区历年被征地农民社会保障工作。足额做好五保、孤儿、优抚等对象提标工作。扎实推进养老事业，完成社会福利中心老年公寓大楼维修改造，入选省级居家和社区养老服务创新示范（县）市。老年大学、救助站、儿童福利院、婚姻登记处等公共服务设施得到有效改善。教育现代化监测全省县市区排名第十，基本完成中小学幼儿园校安工程，新建 8 所幼儿园。华东财经委旧址布展开馆，三吕故居、张家大院完成修缮，创成江苏省文物安全综合管理实验区。第二人民医院新大楼正式交付使用，人民医院门急诊住院综合大楼建设加快推进，中医院完成规划选址。南师大中北学院丹阳校区正式启用，首批 1981 名大学生顺利入学。扎实开展“扶村帮户”达新标活动，累计 51 个经济薄弱村和 2059 户贫困户完成脱贫任务，达标率分别为 66%、64%。率先在镇江范围内将建档立卡低收入家庭纳入医疗救助保障范围。

七、齐抓共管严治理，社会大局安全稳定

认真开展社会矛盾和安全隐患大排查大整治，圆满完成党的十九大、“一带一路”高峰论坛、金砖会议等重大活动属地安保任务，营造了和谐稳定的社会环境。完善社会矛盾纠纷化解机制，坚持把矛盾化解在基层一线，调解纠纷 6603 件，成功率 99.6%。加大安全生产执法力度，将企业安全生产诚信记录纳入诚信体系，引入社会专业力量参与安全生产检查，“政、企、社”三方联动，共促生产安全。完善社会治安综合治理体系，不断加强综治基层基础建设，优化应急联动和防灾减灾救灾机制。进一步完善社会防控体系建设，加强公共安全监管，对出租屋、群租房等公共场所开展地毯式排查，共查出各类隐患 6935 条，打击非法违法行为 2558 起。深入推进法治丹阳建设，全面实施“七五”普法规划，建成省级法治文化建设示范点 3 个。此外，人武、双拥、物价、审计、外事、侨务、史志、档案、地震、民防、供销、粮食、气象、对台事务、民族宗教、妇女儿童、对口支援、机关服务等各项工作都取得新的成绩。

八、坚定不移转职能，改革步伐稳健有力

全力推进“法治型、服务型、效能型、廉洁型”政府建设，认真执行“规矩、规则、规范；专业、协同、担当；团结、民主、清廉”政府工作要求，推动市委各项决策落到实处。坚持把行政审批制度改革作为政府职能转变的重要抓手，抓好“放管服”各项工作。“e 办事”服务平台上线运行，83%的政务服务事项实现“不见面”审批。全年办结各类审批服务事项 24.2 万件，成功发放全国第一份建设施工许可电子证书。不动产登记实现“一窗受理、集成服务”。完成热线整合工作，建成公共服务“一中心、四平台”。实施综合行政执法体制改革，执法重心和力量同步下移。强化信息共享和联合惩戒，加强事中事后监管。全力推动“两学一做”学习教育常态化制度化，深入开展“四问四促暖企惠民”大走访。扎实开展机关事业单位清产核资和编制核查工作，规范社会化用工管理，提升国有资产经营使用效益。积极开展农村集体资产“三治理一挂牌”行动，完成 168 个村 6147 个组的资产资源测绘工作。国有林场改革顺利完成，丹阳邮政管理局正式挂牌。深入推进政府系统党风廉政建设和反腐败工作。承办人大代表建议 195 件、政协委员提案 228 件，满意及基本满意率分别为100%、99.6%。运用政务督办APP平台加强政府督查，推动各项工作扎实开展。

在肯定成绩的同时，我们也清醒地认识到，全市经济社会发展中还存在一些矛盾和问题：受宏观经济下行、财税政策调整、淘汰落后产能等因素影响，地区生产总值、一般公共预算收入和固定资产投资三项指标未能完成人代会确定的目标；产业发展还不够充分，园区承载力不强，缺少重大项目支撑；城乡建设、生态环境、公共服务与人民群众的期望还有差距；政府职能需加快转变，政府工作人员服务发展的专业能力、综合能力还需进一步提高。对此，我们将不忘初心、牢记使命，迎难而上、勇往直前，依靠发展加快解决。

2018年主要工作安排

2018年是贯彻落实十九大精神的开局之年，是改革开放40周年，是丹阳撤县建市30周年，也是决胜全面建成小康社会的关键之年。我们将以党的十九大精神为指引，按照市委十三届四次全会的部署，坚持稳中求进总基调，坚持领跑镇江、争先苏南，坚持产业强市、创新转型，高标准定位，以新理念、新举措、新能力推动高质量发展，奋力迈出新时代实现新崛起的坚实步伐。

今年经济社会发展的总体目标是：地区生产总值增长7%以上；城乡居民人均可支配收入与经济同步增长；一般公共预算收入增长5%左右；规模以上固定资产投资与上年持平；研发投入占地区生产总值比重2.6%；单位地区生产总值能耗下降、主要污染物减排完成镇江下达任务。

新的一年，我们将按照市委的总体部署和要求，重点抓好五个方面的工作：

一、调结构，转动能，牢牢把握高质量发展要求

坚持高质量发展，坚定不移走产业强市道路，着力构建现代产业体系。

1. 聚焦实体经济。始终把实体经济作为经济发展的着力点，坚持质量第一、效益优先，推动质量变革、效率变革、动力变革。树立“项目为王”理念。全力推进生命科学产业园、天工粉末冶金、美乐共享单车等一批重点项目，继续实施市领导挂钩、挂图作战，加快项目竣工投产，形成一批新的经济增长点。推动产业转型升级。支持企业开展技术更新、装备升级，加快推进一批重点技术改造项目。鼓励企业开展智能化改造，创成智能制造示范车间2个、省级两化融合试点示范企业5家。探索运用财税、金融、环保、安全等综合手段，加快构建以亩均效益为核心的综合评价机制，倒逼企业转型升级。壮大新兴产业发展。抓住军民融合上升为国家战略机遇，加强军地对接，不断提升新材料、航空航天、高端装备制造、生物医药等产业规模能级，加快推进鱼跃医疗设备、奇一科技高性能复合板材、云阳药业二期等新兴产业项目。提升项目招引实效。围绕丹阳产业特色，以项目的实际投入、税收贡献和产业支撑为衡量，突出制造业全产业链招商，以商引商、招资引商。坚持专业小分队和专题招商活动相结合，深化与国内外一流基金公司合作，采取多种模式，以市场方式撬动重大项目落地和产业集聚，新签约亿元以上产业项目50个，制造业实到外资1.7亿美元。加大金融支持实体经济力度。大力发展普惠金融，建立牵头行支持重点项目制度，重点发展制造业企业信贷业务，重点支持上市企业及拟上市企业、行业单打冠军、科技型企业等新的经济增长点。

2. 聚力科技创新。创新是引领发展的第一动力，是建设现代化经济体系的战略支撑。加快建立以企业为主体、市场为导向、产学研深度融合的技术创新体系。强化企业创新意识。发挥企业主体作用，重点培育一批手握独创技术、具有领先优势的创新型领军企业，新增高新技术企业30家以上，培育省级高新技术产品50项、科技小巨人15家。加快提升知识产权运用保护水平，力争全市专利申请数量增长10%，万人发明专利拥有量超过20件。深化政产学研合作。充分发挥政策引导作用，继续开展“大院大所丹阳行”活动，积极推进“园区＋研究院”建设，加快建设高性能合金材料研究院、钛铝合金研究中心、航空材料性能测试中心。围绕重点产业，健全“创业苗圃—孵化器—加速器”孵化体系，新增国家级科技企业孵化器1家、省级科技企业孵化器2家，打造一批专业科技孵化园。完善人才激励机制。深入实施“丹凤朝阳”人才计划，认真贯彻落实省、镇江市各类人才支持政策，出台丹阳市“乡土人才”政策，力争引进带动产业发展的高层次人才80人。大力推进人才公寓建设，完善服务功能、提升服务品质。

3. 聚合园区载体。围绕资源集聚、要素整合，加快重点产业园区转型升级，使园区成为丹阳高质量发展的主阵地。开发区努力争创国家级开发区，加快生命科学产业园、精密制造产业园等“区中园”建设。聚焦新材料、高端精密制造、生物医药等战略新兴产业，推进鱼跃医疗设备、仅一精密包装机械等一批重大项目建设。着力化解土地、人才等要素制约，合理布局商业、学校、医院等基础配套设施，推动产城融合发展。高新区做好“高”“新”两篇文章，进一步加强与中关村、深圳宝能、清华控股等知名园区运营单位合作，以市场化手段推动核心区建设。做强医疗器械、高端装备制造等新兴产业，强化与凤凰工业园共建共享，打造创新发展主阵地和高新技术产业承载高地。丹北镇围绕沿江装备制造产业园建设，进一步完善产业空间布局，加快智能制造与现有产业深度融合，做强主导产业，做大块状经济。眼镜小镇瞄准建成丹阳城市客厅目标，围绕“产城人文”，加快生产、生活、生态“三生融合”，在完善区域规划的基础上，启动小镇客厅、钢铁厂遗址公园、眼镜博物馆等项目建设，丰富眼镜产业内涵，扩大丹阳眼镜影响力。军民融合产业园、萧梁物流园、鹤溪产业园等特色园区加快补齐短板，完善功能配套，提升产业承载能力。

二、抓改革，优服务，努力营造优质发展环境

始终把发展环境作为核心竞争力，持续优化，不断提升，推动丹阳经济高质量发展。

1. 推进改革落地见效。坚定不移推进各项改革，在全面深化改革中激发发展活力。深化供给侧结构性改革。重点在“破”“立”“降”上下功夫，大力破除无效供给，出清“僵尸企业”；大力培育新动能，推动产业优化升级；大力降低制度性交易成本，减少涉企收费。深化“放管服”改革。提升“不见面”审批办件率，完善政务服务一张网“丹阳旗舰店”功能，健全“首问负责、一站受理、容缺预审、模拟审批、全程帮办”工作机制，力争实现三证照“1230”改革目标。推动事中事后监管常态化，构建精准高效的监管体系。深化综合执法体制改革。整合执法机构，推进428项执法权下放，形成部门和基层执法合力，提高行政执法效能和依法行政水平。深化农村改革。深入推进“三权分置”，规范土地流转市场。稳步推进农村集体产权制度改革，逐步扩大试点范围。狠抓村务、财务制度化公开，落实“三资”阳光运行，将集体“三资”纳入法治化管理轨道。

2. 激发企业主体活力。落实好中央弘扬企业家精神相关政策，优化完善现有产业扶持政策体系，支持、服务好企业。深入开展“暖企”大走访，切实帮助企业解决一批发展过程中的难题。尊重、善待企业家，实施企业家素质提高、二代企业家提升行动，发挥优秀企业家示范带动作用，营造和激励企业家干事创业的社会氛围。年内完成《丹阳工商业与工商界名人》编辑。弘扬“工匠精神”，引导企业深耕主业、做强特色，支持企业走“专精特新”发展之路，不断提高产品核心竞争力，培育打造更多的“单打冠军”和“百年老店”。鼓励企业参与国家、国际行业标准制定，推动技术优势转化为标准优势。加快筹建全国眼镜验配服务标准化技术委员会。

3. 防控金融领域风险。坚持问题导向，坚决打赢风险防范攻坚战，坚决守住不发生系统性金融风险底线。加强金融风险监测，妥善处置各类金融风险。优化政府债务结构，严控政府债务规模，确保债务增长控制在合理区间。积极化解企业担保圈风险，审慎推进债转股试点。严厉打击恶意逃废债，加快推进信用监督、警示、惩戒机制，对失信被执行人实施联合惩戒，加大执行力度，推行简易程序，提高打击效率。多措并举降低银行不良率，全力防范处置金融领域非法活动，优化金融生态，促进经济、金融良性循环、健康发展。

三、强功能，增内涵，着力推动城乡协同发展

把“紧凑开发、精明增长”理念贯穿城乡建设全过程，加快建设更高水平文明城市，不断优化城乡环境。

1. 提升城市能级。实施“外联内畅”。抢抓扬子江城市群、宁镇扬一体化等重大战略机遇，加快推进一批放大丹阳区位优势的重要道路建设，S357 完成吕城段、城区段主体工程，镇丹高速建成通车，S122 拓宽改造持续推进，主动融入区域一体化发展大格局。启动 S358、S240 路面改善、丹延路拓宽改造，提升城乡快速交通体系。云阳大桥拆除重建完成 50%工程量，开工建设丹凤路北延、振兴路东延，改善城区道路微循环。推进 39 条 46.6 公里农村公路提档升级，让城乡居民出行更加便捷。完善城市功能。强化规划引领，统筹推进高新区、中北学院南侧等片区开发建设，推动新老城区功能互补、有机融合。建设以运河为中心的城市生态轴、发展轴、文化轴，加快大运河（二期）、内城河景观改造等工程，畅通城市水系，做美滨水空间。统筹推进历史街区建设，加快西门街区、南门老街改造，彰显文化底蕴，留住城市记忆。推进智慧城市建设，加快信息基础设施，完成大数据中心一期工程。探索创新政府与社会资本合作模式，支持社会资本参与重大基础设施建设。

2. 深化文明创建。建精美丹阳城、做文明丹阳人，实施市容市貌、交通秩序、诚信丹阳等七大“提升行动”，推进落实长效管理。继续推进城市环境综合整治，开展“无违建示范小区”创建活动。完善街巷基础设施管理，加快老旧小区、城中村和背街小巷改造。实施农贸市场提档升级，创建“文明市场”，规范“五小店”日常管理。优化提升交通秩序，严厉打击交通违法行为，新建文明交通示范路口、路段各 2 个，公共停车泊位 2000 个，加强道路停车分类、分区、分时段管理。大力弘扬社会主义核心价值观，积极倡导文明新风，放大丹阳好人效应，浓厚崇德向善氛围，共建美好精神家园。深化诚信丹阳建设，建立完善信用信息有效归集和共享机制，推进以公共信用信息服务平台为基础的“信用一张网”，常态化发布诚信“红黑榜”。扎实开展“时代潮”“文化讲坛”等文化惠民活动，大力推进“书香丹阳”建设，塑造丹阳阅读品牌，不断提升社会文明程度。

3. 推动乡村振兴。按照“产业兴旺、生态宜居、乡风文明、治理有效、生活富裕”的总要求，推进农业农村现代化。促进农业提升。以农业供给侧结构性改革为方向，大力发展规模农业、高效农业、精品农业。推动农业“接二连三”，加强农产品精深加工，延伸产业链，提升价值链，新增农业龙头企业 6 家。夯实农业基础。实施 2018 年度小型农田水利重点县、千亿斤粮食产能等项目，加快防洪防旱减灾体系建设，继续推进新孟河延伸拓浚，实施中小河流疏浚整治、简渎河整治等水利工程，全面完成二级沟三年整治计划。改善乡村环境。深入开展村庄环境治理，完成 60 公里城镇污水管网建设和 130 个村庄农村生活污水治理任务，建立长效管理机制。启动吕城镇美丽宜居镇和延陵九里、柳茹、西庄湖三个特色田园乡村建设，延续农村传统风貌。壮大“三农”队伍。大力发展多种形式适度规模经营，积极培育新型农业经营主体，新增省级示范社 3 家，支持农民自主创业，培育新型职业农民2000名、农业科技示范户750户。

四、严整治，建机制，不断擦靓生态发展底色

认真践行绿色发展理念，持续推进生态文明建设，坚决打好污染防治攻坚战，使天蓝、地绿、水清成为丹阳最靓丽的发展底色。

1. 加强污染防治。深入推进“263”专项行动，全力打好水土气治理三大攻坚战。持续优化水环境。深化河长制、断面长制监管模式，严控面源污染，建立流域、考核断面保护区，全面推进断面水质稳定达标。年内完成开发区老九曲河、晓墟河整治，实现建成区内河道保洁范围全覆盖。稳妥推进大吴塘水库备用水源地调整和建设。严厉打击非法采砂，保护长江水域生态环境，确保行洪安全。逐步改善土壤环境。加快编制土壤污染防治方案，对已关闭搬迁化工企业遗留土地，落实土壤修复和风险管控措施。继续推进胡高路沿线环境综合整治，做好嘉山、帽山、水晶山等生态保护工作。不断提高空气质量。落实大气污染防治计划，狠抓粉尘、尾气、扬尘、油烟等专项整治，全面完成镇江下达的大气环境质量目标任务，确保PM2.5平均浓度降低，空气质量优良天数增加。

2. 加快绿色转型。倡导绿色制造，打造绿色园区，构建低碳生产模式。综合运用市场、法律、行政等手段，加快淘汰落后低效产能，严控燃煤消费总量。实施最严格的环境准入制度，严把新上项目环保关，加快构建科技含量高、资源消耗低、环境污染少的现代产业结构。把握旅游业发展新趋势，加强旅游策划，盘活现有资源，强化综合管控，重点推进水晶山旅游度假区、九里景区等建设，努力将“盆景”变为“风景”。扎实开展节约型机关、绿色家庭、绿色学校、绿色社区和绿色出行等行动，全年新增公共绿地100万平方米以上；加强自然村落、河塘及周边绿化，完成农村成片造林2000亩，让更多的群众享受“绿色福利”。

3. 健全保护机制。推进环保体制机制改革，建立环境监测体系，强化信息化手段和群众举报在环境监测中的运用，健全完善网格化环保监管体系。加快排污许可制度改革，严格落实企业排污信息公开制度，逐步构建政府为主导、企业为主体、社会组织和公众共同参与的环境治理体系。深入推进生态环境损害赔偿制度，完善生态文明建设绩效评价和责任追究制度。鼓励社会资本参与生态建设，为群众提供更多的优质生态产品。加强环保信用监管，推动企业环保信用评价结果广泛运用，构建“一处失信、处处受限”的信用联合惩戒机制。

五、干实事，促和谐，大力提升民生幸福指数

紧紧抓住老百姓最关心、最直接、最现实的利益问题，既尽力而为、又量力而行，让发展更有温度、幸福更有质感。

1. 完善社会保障。持续打好精准脱贫攻坚战。深入开展“扶村帮户”达新标行动，整合落实各类扶贫政策，积极探索扶村帮户新模式，确保全面小康路上“一个不少、一户不落”。完善就业创业服务体系。实施高校毕业生就业促进计划和创业引领计划，推进农民工综合服务平台建设，培育一批新型技能劳动大军和高素质“丹阳工匠”，全年力争新增转移农村劳动力4000人以上、城镇就业8000人以上。完善各类保障体系。深化“全民参保计划”，推进社会保障制度和人群全覆盖。全面实施城镇居民医疗保险制度和新农合制度整合工作。完善城乡低保动态管理机制，构建医疗救助同步结算平台，不断提升社会救助精准性。完善养老服务体系。推进“医养结合”“社区养老”，启动智能居家养老服务，实现“居家养老＋残疾人服务”综合设施全覆盖，不断满足多样化、多层次的养老服务需求。

2. 优化公共服务。紧扣均等化、标准化，合理布局教育、医疗、文化、体育等公共资源，不断提升公共服务水平。统筹城乡教育一体化，建设东风学校、滨江小学、滨河凤凰城幼儿园等一批教育工程，实施“丹阳好老师”行动计划，构建有效的考评激励机制。深化公立医院改革，积极构建分级诊疗制度。优化医疗资源布局，进一步加强基层医疗机构规范化、标准化建设，全面建立“十五分钟就医圈”。完成人民医院新建门急诊住院综合大楼土建工程，启动中医院异地新建工程。积极推进“健康丹阳”建设，力争家庭医生签约服务覆盖率达35%。加快南师大中北学院二期建设，开工建设图书馆、文化馆、博物馆、大剧院、体育馆。打造文艺精品，推动丹剧《丹凤朝阳》角逐国家和省“五个一”工程奖，提升丹阳文化对外影响力。完成市体育训练中心建设，推动城乡体育设施提档升级。

3. 强化社会治理。加快构建共建共治共享的社会治理新格局，实现治理体系和治理能力现代化。健全基层社会治理体系。深化“政社互动”“三社联动”，提升综治三级平台工作效能。巩固集体资产“三治理一挂牌”专项行动成果，构建自治、法治、德治相结合的乡村治理体系。深化平安丹阳建设。完善立体化信息化社会治安防控体系，不断增强群众安全感。创新网格化社会治理机制，科学划分网格，配齐配强网格长、网格员，建立网格职能事项准入制度。做好信访化解工作。坚持问题导向，坚持法治思维，坚持群众工作，加强源头化解初信初访，全力化解信访积案老案。强化生产安全。落实生产经营单位的主体责任，建立生产经营单位负责、职工参与、政府监管、行业自律和社会监督的机制，推进隐患排查治理信息化、重大危险源监控精准化、应急救援指挥系统科学化，切实保障人民群众生命财产安全。实施食品安全战略。严格市场准入，完善管理机制，积极争创省级食品安全示范市，让老百姓吃得安全、吃得放心。

加强政府自身建设，在新时代提升新能力、争创新业绩

适应新时代、聚焦新目标、落实新举措，需要我们有新理念、新能力、新作为。我们将深入推进政府自身建设，不断提升发展能力，持续加快职能转变，奋力推动各项工作迈上新台阶。

1. 提高专业行政能力。坚持用习近平新时代中国特色社会主义思想武装头脑，加快知识更新，优化知识结构，全面提高政府系统干事创业的能力和实效。针对经济发展、城市建设、社会治理等专业领域，加强专业知识的学习，以专业的素养和专业的能力破解发展难题，切实提升决策的准确性和有效性。积极转变工作方式，创新工作思路，增强驾驭发展全局的能力。规范政府工作流程，系统性地开展工作，不断提高行政效能。坚持开门问政，推进决策过程公开化、民主化，凝聚发展最大共识，汇聚发展最强合力。

2. 提高法治思维能力。坚持把依法行政贯穿政府工作始终，善于运用法治思维和法治方式推动发展、化解矛盾。贯彻落实市委决策部署，认真执行“三重一大”等决策制度，严格规范行政决策行为。坚持市政府常务会议学法制度，推进政府法律顾问工作规范化，落实“谁执法谁普法”的普法责任制。主动接受市人大及其常委会的法律监督、工作监督，自觉接受市政协民主监督，不断提高人大议案、代表建议和政协提案的办理效率。深化和扩大政务公开，推动行政权力网上公开透明运行，保障群众的知情权、参与权和监督权。

3. 提高廉洁从政能力。坚持把纪律和规矩挺在前面，严格执行中央八项规定及实施细则，进一步落实党风廉政建设责任制和“一岗双责”。扎实推进“两学一做”常态化制度化，认真开展“不忘初心、牢记使命”主题教育，持之以恒抓作风、反“四风”，把从严治党要求落实到从严治政之中。严控“三公”经费，严控社会化用工，持续推进机关事业单位清产核资和编制核查工作。加强政府投资工程类项目管理，强化审计监督，严肃查处各类违法乱纪行为，大力惩治群众身边的“微腐败”，始终保持政府清正廉洁本色。

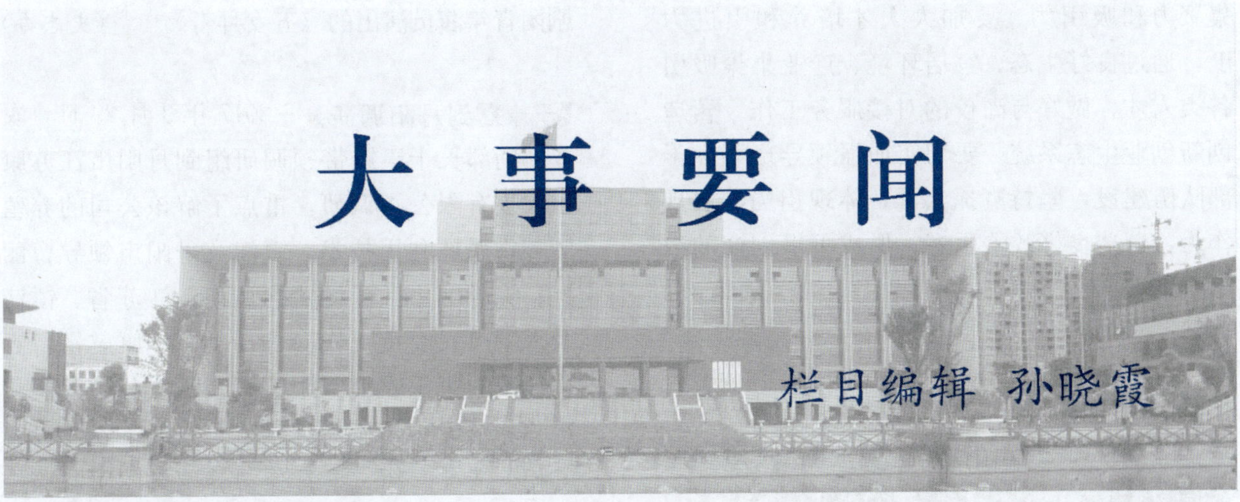

大事要闻

栏目编辑 孙晓霞

领导调研

【张宝文到丹阳调研】 2017 年 3 月 23 日，全国人大常委会副委员长、民盟中央主席张宝文率民盟中央调研组到丹阳，调研农业机械装备制造业发展情况。全国人大常委会委员、民盟中央副主席张平参加调研，镇江及丹阳市领导张叶飞、张洪水、陈金观、陈可可、周东明、陈俊陪同调研。张宝文一行参观沃得农业机械有限公司联合收割机、拖拉机、插秧机、打捆机等全系列农机产品，详细了解企业的农机研发、生产和转型升级情况。沃得农业机械有限公司在引进和吸收美国、日本等先进技术的基础上，立足中国农业实际，加大创新研发力度，产品的自动化、智能化水平逐步提高，市场竞争力直追进口产品。张宝文给予充分肯定，他指出，国内农机企业的当务之急是坚持创新驱动，快速提升技术水平，在关键核心技术、关键零部件上取得突破，加快实现农业机械制造的转型升级，满足中国现代农业发展日益增长的需求。 （史志办）

【李强到丹阳调研】 2017 年 4 月 10 日，中共江苏省委书记李强到丹阳市调研，李强一行考察市场、企业，听取意见。省委常委、秘书长樊金龙参加调研，镇江市领导惠建林、张叶飞、郭建，丹阳市委书记陈可可陪同调研。在中国（丹阳）国际眼镜城，李强听取丹阳眼镜风尚小镇规划建设情况介绍，与部分门店商户交谈，他希望丹阳市立足眼镜生产基地和重要集散地优势，通过风尚小镇建设打造好城市客厅，带动相关产业发展，壮大规模实力。在仅一包装设备公司，李强对企业通过转型发展不断迈向行业高端的做法给予肯定，希望企业抓住江苏省推进制造业发展的重要机遇，充分发挥技术领先优势，确立更高目标定位，继续往更高端攀升，努力成为行业小巨人。李强十分关心农村发展，他走访曲阿街道黄连山自然村，详细询问村集体收入、村民人均纯收入情况以及收入主要来源，希望村充分利用丘陵地带生态优势，着力发展乡村旅游等特色产业，进一步加快富民步伐。李强强调，丹阳发展正处在一个新的“窗口期”，要有强烈的忧患意识、责任意识，在发展的“热度”上做文章，切实引导广大干部群众把发展信心树立起来，把精气神提起来，把注意力集中起来，紧紧围绕省委省政府的重大部署，狠抓工作落实。要突出优势、特色发展，着力彰显城市特色、产业特色、改革特色，立足自身实际打造核心竞争力。要高度重视中心城市建设，在扬子江城市群、宁镇扬一体化、宁杭生态经济带等战略规划中找准工作切入点，努力增强中心城市的集聚力和吸引力。要加大人才培养和引进力度，通过良好生态、宜居环境、产业集聚吸引各类人才，做好与高校的对接服务工作，营造创新创业生态系统。要切实加强领导班子和干部队伍建设，坚持真抓实干，体现担当，展现作为，营造良好政治生态，形成干事创业的浓厚氛围。　（史志办）

图 3　中共江苏省委书记李强（中）在曲阿街道黄连山村电子阅览室调研

（梁和峰　胡建伟）

【项兆伦调研丹阳文化工作】　2017 年 2 月 20 日，文化部副部长项兆伦一行到丹阳调研。他先后到 176 文化绿洲、丹剧团，调研丹阳市非物质文化遗产（以下简称非遗）保护与传承工作。丹阳市领导李莉珺、贺云华陪同调研。项兆伦一行先后参观乱针绣与刻瓷制作工艺，观看剪纸、烙铁画、天鹅绒织造、邮票拼贴画等"非遗"作品，与各位"非遗"传承人交谈，了解丹阳市"非遗"的历史沿革、特点、文化价值以及"非遗"的传承、创新与发展等，并从"非遗"文化产品的题材传承与创作、设计的创新与融合、市场的占有与拓展等方面提出建议。项兆伦指出，非物质文化遗产的保护与传承，既要秉承传统、不失其本，又要融合一些现代元素，以便更广泛地走进现代大众生活；要进一步加强对传承人的培训，吸引更多优秀人才加入"非遗"传承队伍。项兆伦一行还观看丹剧团青年演员演出的《五女拜寿》。　（史志办）

【于康震到丹阳调研】　2017 年 3 月 29 日，农业部副部长于康震带领调研组到丹阳市江苏康乐农牧有限公司调研，重点了解该公司的养殖废弃物循环利用技术。镇江及丹阳市领导曹丽虹、陈可可、薛军民陪同调研，江苏省、镇江及丹阳市农委负责人参加活动。于康震一行到司徒镇的康乐农牧有限公司，听取公司发展状况、养殖废弃物循环利用、未来数字农业设想等相关情况介绍，察看公司养殖场的实时监控视频。于康震针对公司沼气发电的具体情况、当前种猪价格、养殖废弃物清理等进行提问，对康乐农牧公司循环利用养殖废弃物的做法和取得的成果给予肯定。于康震指出，2017 年，中国农业发展在重点抓好调整优化生猪区域布局、做大做强优势特色畜牧业、推进结构调整的同时，更要抓好畜禽粪污处理和资源化利用，协调好畜禽养殖与环境保护之间的矛盾，积极推广种养结合、循环发展的模式，以绿色发展为导向，以结构调整为重点，积极推动畜牧业转型升级。　（史志办）

【史和平到丹阳调研】　2017 年 4 月 26—27 日，江苏省人大常委会常务副主任、党组副书记史和平一行到丹阳，通过实地考察镇村、企业、走访农户、召开座谈会等方式，就农民增收和农村扶贫工作开展调研。镇江及丹阳市领导张叶飞、张洪水、黄春年、李忠法、周东明、符红海、薛军民参加调研。史和平一行到江南生物科技有限公司了解企业发展及带动农民增收情况，走访康家村的草菇种植大户康良大。史和平对江南生物科技公司带动一个产业、致富一方百姓的做法给予肯定。在黄连山村，史和平看望丁春生、丁瑞和两户困难家庭，详细询问村集体收入、村民人均纯收入情况以及收入主要来源，希望该村充分利用丘陵地带生态优势，着力发展乡村旅游等特色产业，进一步加快富民步伐。史和平还到江苏天工集团，了解企业发展以及反哺农业、农村的情况。27日召开座谈会，史和平一行听取镇江及丹阳市农民增收和农村扶贫工作的情况汇报。（史志办）

【王江调研丹阳基础教育】 2017年9月12日，江苏省副省长王江到丹阳市调研基础教育工作，实地察看学校基础设施建设和教学工作。镇江及丹阳市领导惠建林、郭建、孙晓南、陈可可、贺云华陪同调研。王江一行参观正则幼儿园大厅、运动长廊、沙水区、艺术长廊、木工馆、艺术馆、运动馆，详细了解学校校史以及特色教育情况。在正则小学，王江接受学校赠予的吕凤子系列书籍，王江表示将深入学习了解吕凤子及其教育思想。在棋类馆、艺术馆、泥塑馆，王江与教师进行交流，询问学校专业老师以及特殊人才的引进办法。王江表示，要把传统文化和现代教育有效结合，积极利用优质民间资源，实现优质资源社会和学校共享。（史志办）

【阎立调研丹阳眼镜风尚小镇】 2017年9月12日，江苏省政协副主席阎立一行专题调研丹阳眼镜风尚小镇规划建设情况。镇江及丹阳市领导李国忠、朱云峰、陈可可、沈岳方、黄俊杰、钱留梅等陪同调研。在中国（丹阳）国际眼镜城，阎立一行认真听取丹阳眼镜风尚小镇规划建设情况介绍。丹阳眼镜风尚小镇规划范围北至北二环路，南至九曲河，西至京杭大运河，东至玉泉路，规划用地面积约3.27平方公里。小镇的发展目标是以“运河明珠、全球视界”为愿景，以眼镜产业为核心，横向融合发展旅游产业、健康产业、文化产业、电子商务等产业价值链；纵向以传统贸易为主，延伸发展研发、设计、个性化定制、试制等产业链，完善金融、商业、商务、信息、教育等产业配套体系，形成“两链一体系”的产业生态系统，努力建设成为国内眼镜贸易中心、眼镜体验中心和眼镜设计中心。阎立一行还参观中国眼镜博物馆，了解丹阳眼镜发展的历程、现状、成果以及未来规划。（史志办）

【徐鸣督办调研丹阳重点提案】 2017年10月12日，江苏省政协副主席徐鸣一行到丹阳市，调研眼镜小镇规划建设情况，就推进特色小镇建设专题开展提案督办。镇江及丹阳市领导朱云峰、陈可可、沈岳方、刘宏程、黄俊杰、钱留梅陪同调研。徐鸣一行到大运河东岸，实地察看丹阳眼镜小镇整体规划情况。丹阳市委书记陈可可详细介绍眼镜小镇的主题和功能定位。陈可可表示，丹阳眼镜发展关键是突出精密制造和集聚发展，放大产业效应，引进眼镜高端设计中心及视光学医院。同时，将眼镜创意和相关展会吸引进来，做大展会经济。徐鸣一行还参观眼镜博物馆，听取中国眼镜的发展史；走进部分眼镜商铺询问销售行情、商户收入、产业发展等情况。徐鸣对丹阳市眼镜产业的发展和特色小镇的规划表示肯定。（陈　静）

【王立科指导丹阳公安工作】 2017年10月13日，江苏省委常委、政法委书记王立科到丹阳指导公安工作。省公安厅厅长刘旸，镇江及丹阳市领导倪斌、陈金观、陈可可、任剑平参加活动。王立科一行为丹阳市公安局参与专项维稳获奖集体和个人颁奖，他鼓励大家再接再厉，继续发扬顽强拼搏的职业精神，全力以赴做好十九大安保工作。王立科一行到丹阳市公安局十九大安保维稳联合指挥部，听取丹阳公安警力、机构设置和十九大安保工作的情况汇报，对丹阳市公安部门的务实作风和扎实工作给予肯定。他要求公安机关，抓住公安勤务制度调整改革的有利契机，做好顶层设计，全力推动信息化警务的投入与融合，确保各类资源有效利用，促进全省公安机关拧成一股绳，劲往一处使，全力拼搏二十天，坚决打赢十九大安保维稳决胜攻坚战。（史志办）

【许仲梓调研丹阳制造业】 2017年12月12日，江苏省人大常委会副主任许仲梓一行到丹阳部分企业项目建设现场，专题调研制造业企业发展情况。镇江及丹阳市领导桑长清、卢道富、陈可可、薛军民、王亚利陪同调研。调研组一行考察鱼跃集团生命科学产业园在建工程和肯帝亚超级地板生产线。许仲梓对丹阳市制造业企业所取得的成绩予以肯定。他希望丹阳市继续把服务实体经济发展摆在重要位置，充分发挥政府“有形之手”的引导作用，积极推进和落实惠企政策，切实做好协调服务，帮助企业解决实际困难，助推企业发展壮大；勉励广大企业抓住当前机遇，在实现跨越发展的同时，为地方精准扶贫工作多作贡献。（史志办）

【夏锦文到丹阳考察】 2017年，镇江市委书记夏锦文两次到丹阳考察调研。2月27日，夏锦文一行到丹阳察看项目进展，推进项目建设。镇江及丹阳市领导郭建、陈可可、周东明等参加活动。夏锦文实地察看大赛璐汽车安全气囊气体发生器点火具项目情况。在开发区生命科学产业园，夏锦文察看云阳药业新医药项目和鱼跃医疗产业园项目的建设进展情况。夏锦文详细了解项目推进情况以及项目推进中存在的困难，要求丹阳市进一步做好服务工作。3月14日，夏锦文专题调研长江经济带发展，实地考察丹阳市飞达码头，听取相关情况介绍。长江港飞达码头位于长江下游，为中冶东方江苏重工项目配套工程之一，总投资约1.67亿元。丹阳市委书记陈可可对做好长江夹江岸线的保护和长江夹江岸线整体规划提升作汇报。（史志办）

【惠建林到丹阳调研】 2017年，镇江市委书记惠建林4次到丹阳市调研。4月中旬，惠建林到丹阳调研企业，察看项目和城市建设，全面了解丹阳市经济发展和城市建设情况，丹阳市委书记陈可可等陪同调研。惠建林强调，要认真贯彻省委发展战略，树立强烈的机遇意识和忧患意识，在国家大战略、区域一体化大格局中谋划推进新发展，在更高起点上坚持生态优先、强化特色发展，把各项工作抓在实处、干出实绩，提高发展质量和效益，增强群众获得感，让“两聚一高”成为生动实践。6月3日，惠建林一行到丹阳市察看防汛工作。他听取九曲河枢纽运行等情况以及九曲河整治工程进展情况介绍，对丹阳九曲河整治工程建设给予肯定，并要求丹阳市进一步发挥九曲河防汛排涝的作用，强化生态建设，巩固航运功能，加强日常管理，注重清淤，控制沿线入河排污口和面源污染。6月8日，惠建林带领相关部门主要负责人到丹阳开展“暖企大走访”活动，在江苏沃得集团的农业机械厂区，惠建林观看联合收割机、插秧机、喷药机等新产品的现场演示，进车间了解企业生产情况。惠建林肯定企业长期聚焦主业的做法，鼓励江苏沃得集团进一步抓住农机市场需求巨大、前景广阔的机遇，提高智能制造水平，完善售后服务体系，不断推出科技含量和附加值高的新产品，为地方经济发展和农业机械化作出贡献。6月15日，镇江市召开重大产业项目现场观摩推进会，惠建林、张叶飞等镇江市四套班子领导到丹阳现场观摩鱼跃医疗产业园、仅一包装一号园两个重大产业类项目推进情况。在鱼跃医疗产业园，惠建林一行听取项目进度以及企业总体概况的介绍。（史志办）

【张叶飞到丹阳调研】 2017年2月3日，镇江市委副书记、代市长张叶飞率队到丹阳市开展“暖企惠民”大走访活动。张叶飞一行到江苏鱼跃医疗产业园项目建设现场和大亚人造板（丹阳）工厂走访调研，了解项目建设以及企业的发展情况。在江苏鱼跃医疗产业园项目建设现场，张叶飞详细了解项目建设进展和未来的发展方向等。他表示，医疗健康产业是朝阳产业，很有发展前途，希望企业能够充分用好、用活资本市场平台，把项目建设好，要求丹阳市做好项目建设的各项服务工作，以促进项目顺利建设，推动本土民营企业取得更好发展。他还到大亚人造板（丹阳）工厂的生产车间，了解企业发展及产品市场情况。5月24日，张叶飞等镇江市领导到丹阳大吴塘水库、九曲河整治工程项目现场，察看防汛工作，就大吴塘水库扩容工程进展情况进行询问与实地察看，听取九曲河整治工程项目进展情况汇报。张叶飞对丹阳市近两年在水利建设方面加大投入的做法表示肯定。他强调，水利工程是事关群众的重要工作，各级各部门要充分认识并发挥水库的应有作用，在加快九曲河整治步伐的同时注重提升工程质量。为应对即将到来的汛期，各级各部门要提前做好各项防汛工作，确保群众生命财产安全。（史志办）

【张军到丹阳调研】 2017年4月14日，北京航空航天大学党委书记、中国工程院院士张军由丹阳市委书记陈可可陪同，调研北航丹阳研究院。张军一行参观研究院展厅，并听取研究院的建设进展和项目推进情况。张军对北航丹阳研究院入驻一年来所取得的成绩给予肯定，并对研究院下一步工作进行指导，希望研究院结合丹阳在新材料、医疗器械、汽车、电子等领域的产业基础，重点推动增材制造、综合交通大数据应用技术、脊髓损伤与功能重建以及柔性骨骼机器人等项目与丹阳的合作。陈可可表示，北航研究院落地丹阳，对于丹阳集聚创新要素，促进产业转型升级意义重大，丹阳市将竭尽全力，落实配套政策，加强对研究院的资助，使研究院能够在丹阳扎根生长。

（史志办）

【中国工程院专家团到丹阳调研】 2017年4月19日，中国工程院院士专家会同工信部有关领导到丹阳市调研，了解区域推进智能制造及智能制造装备产业发展情况，实地走访海昌隐形眼镜和大力神铝业两家企业。丹阳市领导陈可可、刘宏程陪同调研。在海昌隐形眼镜有限公司，调研组一行察看隐形眼镜生产线，详细了解海昌的产品研发创新和智能制造发展的具体做法。在大力神铝业股份有限公司，调研组一行走进车间生产线，了解企业智能制造情况。走访调研中，院士专家团对丹阳市推进智能制造及智能制造装备产业发展所取得的成效给予肯定，希望丹阳市继续坚持实施智能制造发展战略，以创新引领制造业发展。“十三五”期间丹阳市把智能制造作为信息化和工业化深度融合的主攻方向，着力发展智能装备和智能产品，推进生产过程智能化，提升企业研发、生产、管理和服务的智能化水平，计划用五年时间，实现由“丹阳制造”向“丹阳智造”的转变。（史志办）

【王伟到丹阳调研】 2017年6月19日，共青团江苏省委书记王伟一行到丹阳市调研非公企业团建工作。丹阳市领导陈可可、杜官军，镇江及丹阳团市委负责人陪同调研。在大亚集团，王伟一行进生产车间查看大亚印务、大亚车轮以及大亚家居馆，向企业负责人了解企业的生产经营现状及团建工作。王伟一行还先后走访美乐集团、恒神股份、肯帝亚集团等企业，通过面对面交流，了解非公有制企业团建工作开展情况和公司发展现状。王伟对4家非公有制企业共青团工作取得的成效给予肯定，并就更好地完善机制、整合资源及服务好青年等提出意见和建议。（王国禹　张　斌）

友好往来

【鹿寨县党政考察团考察丹阳】 2017年2月24日，广西鹿寨县人大常委会主任韦宁率领该县党政考察团一行20余人到丹阳考察，学习丹阳市在汽车零部件产业发展、园区建设和招商引资等方面的成功经验和有效做法。丹阳市领导赵志强、李忠法、沈岳方陪同考察。考察团一行参观位于开发区的日本汽车零部件产业园和恒神股份有限公司。在日本汽车零部件产业园听取关于园区合作模式、规划建设、招商引资等方面情况介绍，实地考察园区入驻企业丹阳旭玲精密零部件有限公司。在恒神公司产品展厅，考察团观看树脂、预浸料、织物、碳纤维及其制件等一系列产品。交流座谈会上，考察团一行听取丹阳经济开发区经济社会发展情况的介绍。当天下午，鹿寨县委书记刘胜友率领考察团到丹北镇招商引资，召开 2017 年广西鹿寨汽车零配件专场推介座谈会。鹿寨县委常委、副县长马耀洲代表鹿寨县政府与丹北镇的林泉汽配、宝时达动力、顺弘电子、彤明汽配等企业签订项目合作意向协议书。（史志办）

【江阴市党政考察团考察丹阳】 2017 年 3 月 2 日，无锡市委常委、江阴市委书记陈金虎带领江阴市党政考察团到丹阳市考察经济发展和城市建设情况，丹阳市领导陈可可、黄春年、赵志强、李忠法、沈岳方、金夕龙、刘宏程陪同考察。江阴市党政考察团一行参观江苏恒神股份有限公司、丹阳规划展示馆、丹阳眼镜城、八佰伴片区改造点、凤凰山遗址公园、鱼跃公司、科技小镇以及大亚圣象家居展示馆，了解近年来丹阳市在推进城市建设中形成的理念和经验。陈金虎表示，丹阳的制造业发展水平很高，发展速度很快，同时重视对自然风光的保存和对历史文化的保护，丹阳在经济发展和城市建设方面的创新亮点，值得江阴学习。（史志办）

【日本跨境会代表团访问丹阳】 2017 年 3 月 18 日，日本跨境会会长石田和靖带领代表团一行访问丹阳，推动丹阳与日本各地交流以及双方企业的互通合作。副市长刘宏程接待代表团一行。日本是中国引进外商直接投资的重要来源地，跨境会是日本企业家中有在海外开展业务想法的人士组成的交流团体，有会员 1600 余名。近年来，跨境会与中国的经贸交往日益增多，与山东临沂、海宁中国皮革城等签订相关合作协议。此次跨境会代表团访问丹阳，旨在进一步了解丹阳市产业发展和招商引资需求，以推动有合作意向的日本企业家及高科技人才到丹阳对接考察、洽谈合作。座谈中，代表团一行观看多部宣传展示片，全方位了解丹阳市的交通区位优势、产业发展概况、人才招引特点、旅游人文资源以及日资企业在丹阳发展的基本情况。刘宏程重点介绍丹阳历史文化及人文特色。代表团还实地参观日本汽车零部件产业园、大赛璐公司和中国（丹阳）国际眼镜城。（史志办）

【瓯海区政协到丹阳考察】 2017 年 3 月 28 日，由温州市瓯海区政协副主席姜化钧带队的考察团到丹阳市考察眼镜产业发展情况，丹阳市政协副主席钱留梅陪同考察。考察团先后参观明月光电科技有限公司、中国（丹阳）国际眼镜城与眼镜检测中心，听取相关情况介绍。考察团还就企业外出办展补贴、商会管理以及电商统计等问题进行交流。（史志办）

【北京两企业到丹阳考察】 2017 年 3 月 29—30 日，北京海淀科技园建设股份有限公司总经理栾京亮、中关村协同发展投资有限公司董事长高中成一行到丹阳市考察调研，就双方产学研合作进行座谈交流，丹阳市领导黄春年、赵立群、杜官军、刘宏程参加活动。座谈会上，市委常委、常务副市长赵立群介绍丹阳市经济社会发展情况，与会人员重点围绕科技园区合作、产业转移、产业基金合作、互派挂职人才、特色小镇建设、大数据产业、联系沟通机制建设等方面进行交流。考察组表示，经过初步考察，希望今后通过链接中关村产业资源要素，结合丹阳市特色化产业优势加强合作。市长黄春年表示，进一步加强与中关村的对接，推进眼镜产业、特色农业以及文化产业创新发展。29日，考察组一行实地参观考察云阳高新区特色小镇、航空航天产业园、恒神公司、大力神公司和开发区科创园。（史志办）

【新泰市党政考察团考察丹阳】 2017年4月11日，山东省新泰市委书记刘钦海带领考察团到丹阳考察。丹阳市领导陈可可、孙沪兵陪同考察。考察团先后参观江苏明月光电科技有限公司、日本汽车零部件产业园和江苏恒神股份有限公司。在明月光电科技有限公司，考察团听取企业的情况介绍，参观各道生产工序，并进行现场交流。在日本汽车零部件产业园，考察团听取关于园区合作模式、规划建设、招商引资等方面的情况介绍，参观丹阳旭玲精密零部件有限公司。新泰是山东省泰安市下辖的一个县级市，地处山东省中部，是全国百强县、山东省30强县、山东省10个建设现代化大城市试点县之一。（史志办）

【可克达拉市领导考察丹阳】 2017年4月25日，新疆建设兵团第四师可克达拉市党委常委、副师长林玲一行，在新疆建设兵团第四师可克达拉市党组成员、镇江对口支援四师指挥组副组长、丹阳市副市长王为华的引领下到丹阳考察。丹阳市领导黄春年、刘宏程陪同考察。座谈会上，林玲介绍新疆建设兵团第四师可克达拉市的基本情况。市长黄春年向考察组介绍丹阳市汽车零部件、家纺、碳纤维等产业优势。黄春年表示，丹阳市民营企业发展活跃、企业家创新精神充沛，社会经济发展后劲足，希望通过此次考察增进与新疆建设兵团第四师可克达拉市的沟通与交流，促成两地更多合作，丰富双方的产业链，实现共赢。考察组一行参观昊泰设备、郝斯曼地暖、肯帝亚木板等企业，围绕可行性较高的项目进行洽谈。（史志办）

【灵宝市党政代表团考察丹阳】 2017年5月6日，河南省灵宝市委书记李宏伟带领党政考察团到丹阳市，考察学习丹阳市在国有企业改革、工业园区建设及先进制造业等方面的先进经验。丹阳市副市长刘宏程陪同考察。灵宝市是河南省三门峡市下辖的一个县级市，位于陕晋豫三省交界处，南依秦岭，北濒黄河，被誉为“黄金之城”“苹果之乡”“道家之源”“旅游观光胜地”。考察团先后参观江苏明月光电科技有限公司、大亚集团圣象家居展示馆和中国（丹阳）眼镜城，听取眼镜风尚小镇规划及眼镜产业发展情况介绍。（史志办）

【堆龙德庆区人大领导到丹阳调研】 2017年7月9日，拉萨市堆龙德庆区人大常委会副主任达娃卓玛带领调研团到丹阳市调研镇（街道）人大工作规范化建设、农村经济发展和城市建设等情况。调研团到丹北镇姚家弄人大代表之家，了解人大代表之家的运行情况，参观丹北镇金桥村、中国（丹阳）国际眼镜城和中国眼镜博物馆。座谈会上，调研团与丹阳市人大相关负责人就镇（街道）人大工作规范化建设、人大财政预算监督工作、农业农村工作等进行交流和探讨。丹阳市人大常委会副主任周爱仙参加座谈会。堆龙德庆区位于拉萨市西部，总面积2704.25平方公里，总人口5万余人。堆龙德庆，藏语意为“上谷极乐之地”，该区太阳能、水能、地热资源丰富，经济基础为农牧业、制造业、商贸流通业。（史志办）

【富平县考察组到丹阳考察】 2017年8月18日，陕西省富平县县长张海乾率考察组到丹阳市考察调研。考察组参观江苏潮华玻璃制品有限公司、江苏彤明高科汽车电器有限公司、江苏宏马物流股份有限公司、明月光电科技有限公司和丹阳高新技术创业园。富平、丹阳两地举行对口协作座谈会暨签约仪式，两地教育、卫生计生部门分别签署《丹阳市与富平县教育项目合作框架协议》《丹阳市—富平县卫生计生事业合作协议书》。丹阳市领导陈可可、黄春年、赵志强、杜官军、薛军民、刘宏程、亢鹏出席活动。陈可可表示，丹阳高度重视与富平的交流合作，两地应加强人才、教育、卫生等多方面的互动合作，坚持科学发展，明确定位，优势互补，全力推进。张海乾希望丹阳能加强与富平在园区建设、产业发展、人才交流以及民生事业等领域深度合作。富平县位于陕西省关中平原中北部，属大西安经济圈规划范围，是关中连接渭北、通往西北乃至西亚的重要枢纽。（史志办）

【加拿大客人到丹阳考察】 2017 年 8 月 18 日，加拿大皮克灵市政府经济发展部经理、市长办公室对外关系主任 Mark Guinto 一行到丹阳，就设立办事处选址工作进行考察。Mark Guinto 一行参观丹阳市规划展示馆、开发区科创园及科技小镇。丹阳市副市长刘宏程接待考察团。刘宏程向 Mark Guinto 简要介绍丹阳经济社会发展情况及特色产业。Mark Guinto 介绍皮克灵市在医药、生物科技、现代制造业等方面的产业情况。Mark Guinto 表示，丹阳给他留下极为深刻的印象，希望皮克灵和丹阳今后不断加强政务、商业、文化等多领域的交流合作。加拿大皮克灵市位于加拿大安大略省，人口近 10 万人。该市交通便利，能源、医药、生物科技、现代制造业及仓储物流等产业发达，是安大略省的能源中心。（史志办）

【汉高集团中国区总监考察丹阳】 2017 年 9 月 14 日，汉高集团中国区运营总监高应芳一行到丹阳考察，丹阳市领导黄春年、周东明会见考察团。汉高（江苏）汽车零部件有限公司总经理宋强介绍汉高（江苏）公司的发展情况。汉高集团投资 3000 万欧元的新项目正在选址，市委常委、丹北镇党委书记周东明介绍丹北镇的区位优势、产业发展、交通物流环境等情况，希望汉高能把丹阳作为新项目考察点，推动双方再次合作。市长黄春年表示，汉高落户丹阳市十多年来，带动地方就业，为丹阳经济发展作出贡献。丹阳欢迎汉高集团来投资，希望汉高集团将丹阳作为布局全球的重要基地，继续加大政企合作，推动双方共同发展。高应芳表示，汉高集团对在丹阳的投资非常有信心。他感谢地方政府为汉高提供的全方位支持和服务，并表示将丹阳作为集团中国区的重要发展基地，期待未来有更多的合作。（史志办）

【新疆兵团第四师党政代表团调研丹阳】 新疆生产建设兵团第四师是镇江市援疆对口支援单位。2017 年 12 月 18 日，新疆建设兵团党委常委、四师可克达拉市党委书记、政委钟波带领第四师党政代表团到丹阳调研，镇江及丹阳市领导孙晓南、陈可可、赵志强、赵立群，新疆建设兵团第四师可克达拉市党组成员、镇江对口支援四师指挥组副组长、丹阳市副市长王为华陪同调研。代表团考察大力神铝业股份有限公司，进入企业生产车间，了解企业发展及产品制造销售相关情况。代表团参观赫曼斯碳纳米管科技公司产品展厅，观摩公司防破坏、防漏电“破坏性实验”，体验由碳纳米管组成的新型地暖发热功能。代表团到肯帝亚木业“超级地板”生产车间、中国（丹阳）国际眼镜城和大亚集团圣象家居体验馆，了解“超级地板”生产流程及产品优势、丹阳眼镜风尚小镇规划情况以及丹阳市企业“制造+服务+定制”的发展模式。新疆生产建设兵团第四师成立于 1954 年，前身是原中国人民解放军新疆军区五军十五师，2015 年 3 月获批建立可克达拉市。可克达拉市地处新疆伊犁河谷地区中部，城市总人口约 8 万人，拥有丰富的水、矿产、林业等资源。（史志办）

【比利时惠市副市长访问丹阳】 2017 年 12 月

1日，比利时惠市副市长埃里克·多佐涅一行访问丹阳，丹阳市市长黄春年参加座谈会。黄春年对多佐涅一行访问丹阳表示欢迎，他说，丹阳市有着良好的工业基础，无论是眼镜制造行业、木业地板生产行业还是纺织成衣制造行业，都在积极推动经济转型，向高端市场迈进，新材料、医疗器械、文化旅游等新型产业正在崛起，惠市对传统文化、环境的保护以及旅游业发展有着成功的经验，希望通过与惠市的交流，进一步推进双方经济、贸易、文化、旅游等各方面的互帮互助，希望多佐涅一行能更多地了解丹阳，宣传丹阳，让更多的比利时企业能来丹阳投资兴业。天工国际、万新光学、丹毛纺织等部分企业代表与来访人员进行洽谈交流。多佐涅表示，惠市与丹阳市有着许多相同产业，希望通过生产制造、旅游、文化等方面的交流，加强往来，加大双方的经济合作，进一步扩展惠市海外市场。（史志办）

【丹阳党政代表团到陕西考察】 2017年12月19—20日，丹阳市市长黄春年带领党政代表团赴陕西省富平县、渭南市经济开发区考察，就对口扶贫协作工作开展调研。市领导周东明、黄俊杰、亢鹏参加考察，富平县领导郭志英、闫兴斌、杭春云及渭南市经济开发区相关领导陪同考察。19日，黄春年一行到习仲勋陵园瞻仰凭吊，参观习仲勋故居，到对口扶贫协作项目富丹万亩中药材种植基地、富丹友谊幼儿园考察。为推进苏陕对口扶贫协作深入开展，结合富平县域实际，富平、丹阳在富平县老庙镇合作建设万亩中药材产业基地，并将其列入苏陕扶贫协作2017年度重点推进项目计划。该项目规划种植面积666.67公顷，总投资3000万元。富丹友谊幼儿园为苏陕教育合作项目，可容纳450名幼儿入园。富平、丹阳召开对口协作交流考察座谈会，富平县委常委、副县长杭春云介绍富丹合作有关情况。2017年8月，富丹两地协同编制完成《苏陕合作富平县丹阳市2016—2020年对口交流与协作规划》。协作规划按照脱贫攻坚“六个精准”“八个一批”总体要求，采取支持农业优势产业、引进企业、电商扶助、劳务协作、教育卫生资助、合作共建富丹产业园区六大举措，多策并举，合力推进富丹对口协作。2017年，确定5大类8个对口协作项目，总投资4924万元，丹阳对口帮扶资金2736万元。市长黄春年表示，此次到富平县考察是一次推进丹阳与富平的合作之旅，其中，富平的扶贫产业项目对丹阳有着借鉴意义，丹阳将因势利导，发挥好地方资源优势，助力老区进一步发展。此次考察还是一次学习之旅，通过缅怀革命先烈，感受老一辈无产阶级革命家的崇高精神，对党员干部是一次思想政治熏陶。20日，黄春年一行前往渭南市经济开发区，考察中国酵素城、华山中垦乳业及青岛啤酒渭南公司等特色产业。（史志办）

要　闻

·重点工程·

【概况】 2017年，丹阳市确定93个城建类重点工程，年度投资107.5亿元，开工项目86个，开工率92.5%；完成年度投资85.6亿元，完成年度投资计划的79.6%，竣工项目48个。城建类重点竣工项目30个，年度投资26.1亿元，开工建设30个，开工率100%；完成年度投资21亿元，完成年度投资计划的80.5%，竣工项目25个。

1. 北二环拓宽改造及道路绿化项目。拓宽工程东起新港路，西至241省道，总投资2.7亿元（住建部分），全长3880米，道路宽54米，双向6车道，按城市主干路道路等级标准建设。该工程2017年6月开工，2018年1月竣工。绿化工程西起西二环，东至车站路，全长4.3公里，两侧绿化带各23米宽，中分带、侧分带绿化各 3.5 米宽。绿化总面积 25 万平方米，总投资约 4500 万元。2017 年 11 月 28 日进场施工，年前完成中分带、侧分带绿化。

2. 南师大中北学院建设（一期）。南京师范大学中北学院是 1999 年经教育部批准设立的全日制本科普通高校。2015 年南京师范大学中北学院与丹阳市合作，将中北学院搬迁至丹阳市办学。该项目为丹阳市重点工程，总占地面积 60 公顷，总建筑面积约 38 万平方米，总投资约 25 亿元。工程分两期建设，一期建筑面积约 15.04 万平方米，包括行政楼、第一教学楼、音乐楼、美术楼、大学生活动中心、理工楼、第一食堂以及 1—4 号宿舍楼，共计 12 幢单体建筑，2015 年 10 月 28 日开工，2017 年 9 月开学。

3. 迎宾路改造出新工程。迎宾路是丹阳往返大港、沪宁高速、城际铁路的重要通道。该项目 2017 年 4 月开工，2017 年 5 月竣工。改造路程全长 4200 米，改造内容为路面、绿化和节点。

4. 老年大学改造工程。老年大学改造项目利用白云街实验小学原鸣凤楼、自珍楼进行改造及装饰装修，改建后为老年大学使用。项目用地面积约 2646 平方米，总建筑面积 3824 平方米。该项目总投资 1650 万元，项目主要改造内容包括外立面出新、内部重新分格并装饰装修，两栋楼一到四层之间增加钢结构连廊连接两栋楼，并安装两部无机房客梯。该项目 2017 年 7 月开工，2017 年底前竣工。

5. 丹金路农贸市场建设。丹金路农贸市场建设是市重点民生工程之一。该项目为丹阳市市场服务中心和云阳街道九房村委会共同投资建设，框架结构，总建筑面积 17499 平方米，总投资超 7000 万元。地面以上三层（局部四层）、地下室一层为机动车及设备用房，底层和二层为净菜农贸市场，四周以内部商铺围绕，形成以净菜农贸市场为中心的商业中心；三层为自选超市及部分仓储；局部四层以市场综合办公为主。2016 年 9 月施工建设，2017 年 12 月下旬完成主体工程。

6. 苏南运河丹阳城区段景观建设。苏南运河丹阳城区段景观工程起点为北二环大桥，终点为南二环大桥，长约 4000 米，整个景观改造面积为 23.4 公顷。建设内容包括驿站、管理用房、公共卫生间 2310 平方米，硬质铺装 75860 平方米，草格护岸 14200 平方米，绿地 141674 平方米，道路 6500 米（面积 58500 平方米），车行桥梁 2 座，跨运河轻质人行桥梁 1 座。项目 2017 年 4 月 26 日开工建设，2017 年 12 月主体工程竣工。一期工程总投资约 9600 万元。项目结合苏南运河“四改三”工程，建成集运动休闲为一体的城市运河公园。

7. 河沿路建设。该项目南起新民西路，北至正则小学，长 590 米，其中百家兴至公园路宽约 9 米，公园路至正则小学宽 7 米。河沿路项目 2017 年 6 月开工，12 月完工，总投资 1600 万元。

8. 车站路北延工程。该项目起点位于车站路与北二环路交叉处（不含交叉口），向北经联东化工公司、丹阳龙江钢铁公司，下穿沪宁高速公路，终点止于现状中心桥（不含现状中心桥），总长 3320 米，设计时速 50 公里，双向四车道。项目 2017 年 5 月 30 日开工，12 月 30 日完成主体，项目总投资约 1.16 亿元。项目建成后，向南将有效连接丹阳火车站、汽车东站及中国（丹阳）国际眼镜城等重要城市结点。

9. 马家庄整治。马家庄整治项目位于司徒镇，是全市城中村整治工程的重要组成部分。项目 2017 年 5 月开工，总投资 1130 万元，建设内容包括道路改造、雨污水管网铺设、景观绿化、休闲广场等，总整治面积约 30000 平方米。

10. 丹句路拓宽改造。丹句路拓宽改造工程西起 312 国道，东至 241 省道，道路全长约 2800 米，总投资约 1.1 亿元。2017 年建设任务为：完成中心路（薛甲村委会）至 241 省道段，年度投资额 5500 万元。该段全长 1500 米，

宽40米，双向6车道，按城市主干路道路等级标准建设。该工程2017年4月开工建设，2017年底全面竣工。（沈诺亚）

·总部经济培育·

【概况】 2017年，丹阳市把发展总部经济作为加快经济结构转型升级、推动经济高质量发展、提升城市综合竞争力的突破口，进一步完善总部企业政策体系，落实兑现总部企业奖励政策，开展总部企业培育、招引和认定，总部企业的主要监测指标稳中有升，成为推动全市经济高质量发展引擎。2017年，丹阳市总部经济工作的重点是做好总部企业政策兑现工作，为总部企业做好服务。根据丹阳市《关于促进总部经济发展的若干意见》文件规定，市总部办组织总部企业2016年政策兑现的申报工作，并和审计局商定，委托第三方审计机构中兴华会计师事务所对申报企业2014年度、2015年度及2016年度的纳税情况进行全面审计，严格按照程序和政策计算各总部企业的奖励金额，2017年，有12家企业符合政策兑现条件，兑现政策资金8754623.03元。（秦叶红）

·经济转型产业升级·

【概况】 2017年，丹阳市面对复杂的宏观经济形势和发展压力，聚焦高标准定位、高质量发展，狠抓工作落实，全市经济转型取得明显成效。持续加大技改投入，全年完成技改投入201.2亿元。推进两化融合，完成两化融合管理体系省级贯标试点企业8家，省两化深度融合创新示范企业1家、试点企业3家，企业两化融合指数95，信息化发展水平指数91.25。构建资本市场“丹阳板块”，全年完成上市挂牌企业13家，其中，江苏新泉汽车饰件股份有限公司在上交所主板上市，江苏宏马物流股份有限公司在新三板挂牌，17家企业在江苏省股权交易中心挂牌。推进低碳绿色发展，丹阳荣嘉精密机械有限公司集中熔炼铸造生产线节能技术改造等15个节能改造和循环经济重点建设项目，完工9个项目，全年节能折合标准煤7万吨；化工整治持续推进，39家签订停产协议、4家签订补贴协议、22家签订补偿协议；4家申报退出低端低效产能项目的企业，完成设备拆除和现场验收；2家“僵尸企业”完成工商注销；江苏明月光学眼镜有限公司获国家首批“绿色工厂”创建示范单位。（秦叶红）

【产业升级】 2017年，丹阳市加快产业升级步伐，出台《丹阳市产业投资引导基金管理暂行办法》，推动设立产业基金，引导优质产业资本、项目、技术和人才向丹阳集聚；起草《关于丹阳市产业发展的若干扶持政策（征求意见稿）》，《关于促进重大产业项目招引的若干意见（征求意见稿）》等4份政策文件，强化实体经济扶持力度，提升产业综合竞争力。产业类重点项目取得突破，44个镇江市级重点项目完成投资超序时，总投资50亿元的鱼跃生命健康产业园初具规模。现代农业产业园区实现产值162亿元，珥陵农产品加工园、吕城粮油加工集中贸易区和司徒现代农业产业园入选全国首批农村创业创新园区。7家企业入选丹阳市示范智能车间，3家企业入选省级示范智能车间。现代服务业占地区生产总值比重45.5%，服务业和制造业实现深度融合发展，江苏迅捷装具科技有限公司获省级服务型制造示范企业，全市共有省级服务型制造示范企业3家。丹阳眼镜风尚小镇入选省级特色小镇。

（秦叶红）

·“扶村帮户”活动·

【概况】 2017年，丹阳市确立“加大投入，项目支撑，多元增收，重在实效”的帮扶思路，加快项目推进。随着项目建成达效，充实经济薄弱村“家底”，盘活村集体存量“三资”，为集体经济发展提供支撑。“扶村帮户”达新标精准扶贫活动开展以来，全市扶贫、统计、调查、民政等部门密切配合，完成市定农村低收入人口建档立卡工作，建立动态调整、信息化管理工作机制，3240 户 5655 人纳入动态监测。坚持“输血”与“造血”相结合，立足镇区实际，突出发展“互联网＋扶贫”“花卉苗木＋扶贫”等模式，打造富民强村产业支撑。对全市 3240 户建档立卡明确相关责任人，建立贫困户“一对一”的帮扶责任机制。全市落实帮扶项目 247 个，落实社会救助 3493 户，救助资金 400 余万元，在 57 个经济薄弱村建立爱心基金。截至 2017 年年底，丹阳市 51 个经济薄弱村的年集体经济收入达 80 万元，达标率 66.2%；2112 户（3694 人）低收入人口人均收入达 8000 元，达标率 65.2%，扭转村集体发展无门、增收乏力的困顿局面，为完成精准扶贫各项目标任务奠定基础。（沈诺亚）

【“扶村帮户”达新标精准扶贫活动推进会】 为总结“扶村帮户”达新标精准扶贫活动成效，分析问题和不足，部署下一阶段精准扶贫工作，2017 年 6 月 23 日，丹阳市召开全市“扶村帮户”达新标精准扶贫活动推进会议。会议听取丹阳市精准扶贫工作报告，与各镇（区、街道）签订 2017 年精准扶贫工作责任状。市长黄春年参加会议并讲话，要求全市扶贫工作者进一步明确工作目标，注重质量效益，转变理念思路，以真抓实干的作风激发帮扶对象的内生动力，打造协同脱贫、产业富民的美丽画卷。（沈诺亚）

·“五事联动”活动·

【概况】 2017 年，丹阳市推动“两学一做”学习教育常态化制度化，解决支部生活随意化、平淡化、娱乐化、庸俗化问题，每月 20 日组织全市 2500 余个党支部、5 万余名党员，统一开展以学习党章党规和系列讲话、谈心谈话、民主议事、为民服务、缴纳党费五件事为主要内容的“五事联动”主题党日活动。聚焦“不经常”“不到位”，分类制定 5 类 58 项服务指导清单，逐月下发指导方案，实现与“三会一课”等基本制度的深度融合。聚焦“一锅煮”“一般粗”，实现分类指导，细化不同领域党支部“三会一课”、组织生活会等 4 项基本工作安排，形成“流程图”，发放“口袋书”，每月依托“丹阳党建”微信平台评选 10 个优秀案例。聚焦“难入脑”“难入心”，建设 30 个支部党员政治生活小屋、60 个党小组党员微家，推出“书记党课”“田野党课”等六大系列党课，培育一批本土乡音的党课名师，开通党建“掌上学堂”。聚焦“走过场”“一阵风”，把“五事联动”主题党日作为市委基层党建“书记项目”，建立市委、基层党（工）委党员领导干部及组工干部主题党日联系点，选派 36 名党建指导员实地指导、现场督察，不断焕发基层党支部生机活力。（周宇亮）

【书记党课】 2017 年，丹阳市在“五事联动”主题党日活动中推行“书记党课”。每月由市委组织部确定党课主题，各级党组织书记紧扣高质量发展、聚焦主责主业面向全体党员讲党课。至年底，全市各级党组织举办“书记党课”4000 余场次，参与党组织书记 2000 余名、党员群众 10 万余人次。市委书记陈可可等党员市领导深入党建工作联系点，围绕旗帜鲜明讲政治等专题上“书记党课”19 场。“书记党课”通过“书记抓、抓书记”等方式，进一步提升基层党组织书记的主业意识，增强广大党员的党员意识，凝聚思想共识，激发干事创业热情。（周宇亮）

【田野党课】 2017年，丹阳市创新“五事联动”主题党日活动形式，在全市推行“田野党课”，邀请党员种植大户、农业技术专家、政府相关部门等，围绕现代农业技术推广、生态环境保护、农村产业政策宣讲等，深入田间地头讲党课。至年底，全市举办“田野党课”300余场，发放宣传资料10000余册，在推动乡村生态文明建设、加快农村产业结构调整、推进脱贫攻坚等方面取得成效。 （周宇亮）

·全国文明城市创建工作·

【概况】 全国文明城市创建是丹阳市2017年重点工作。年初，市委、市政府启动创建工作，先后召开动员会、推进会、冲刺会，定期召开半月点评会和创建工作重点职能部门任务交办会等会议。市委市政府主要领导深入基层一线解决老百姓反映的难点热点问题。市文明办进行两轮全市性文明城市问卷调查，收集276条意见建议交由城管、住建、公安、交运等15个职能部门予以解决与答复。市委市政府一手抓阶段性创建达标，一手抓长效机制建设，以“一张图”（挂图作战）、“两张清单”（任务清单、整改清单）、“三项制度”（市领导挂钩制度、半月点评制度、常态化巡查制度）为工作路径，长短结合、标本兼治，并发挥市民巡访团作用，全民参与、全民监督。通过有力整治，建立健全机制，丹阳市文明城市创建全面达标。 （孙　琴）

【全国文明城市创建工作会议】 2017年3月17日，丹阳市召开全国文明城市创建工作会议。会上，丹阳市委书记陈可可要求对照测评标准全面排查，突出问题导向，重点抓好6个方面的工作：提升城市主干道、重要节点、主要出入口、路边绿化带开展“绿化美化亮化”行动，全方位提升形象品质。提升交通秩序常态管控水平。对照《丹阳市停车服务收费管理办法》，对道路停车进行分类、分区、分时段收费管理；增设斑马线监控、设置严管道路、严管街道。提升老旧小区的综合环境。对全市老旧小区的楼道窗户、照明和墙面全面出新；对急需改造的老旧小区进行管网雨污分流，自来水管、落水管更新换代，楼道及外墙出新，增设停车位，重建绿化带，新增楼道感应灯等改造，实现“五有”物业全覆盖等。建立标准化集贸市场管理样板，在建成区农贸市场复制推广，安排专职人员全天候到岗管理。提升镇、村文明创建水平。对镇村主次干道、农贸市场、公共广场等重要点位加强日常管理，开展镇村文明创建月度测评，计入年底市委对镇（区、街道）的综合测评。提升人的文明素养。制定贯穿全年的“我们的节日”主题活动计划，在各个传统节日、纪念日开展创建主题活动。 （孙　琴）

【丹阳市获“全国文明城市”荣誉】 2017年7月21—23日，江苏省文明办组织对丹阳等省内12个全国县级文明城市提名城市进行省级测评。丹阳市3年综合测评成绩位列全省12个提名城市的第6名，成功入围国家级测评名单。2017年9月25—27日，中央文明办组织对丹阳等87个全国县级文明城市提名城市进行国家级测评。2017年11月14日，中央文明办在中央文明网公布第五届全国文明城市名单和复查确认继续保留荣誉称号的往届全国文明城市名单，丹阳市以全国第二、江苏第一的成绩入选“全国文明城市”。2017年11月17日，全国精神文明建设表彰大会在北京举行，丹阳市委书记陈可可代表丹阳参加表彰会领取“全国文明城市”奖牌，受到习近平的接见。 （孙　琴）

大事记

栏目编辑　夷朝霞

1　月

3 日，中共丹阳市委召开十三届二次全会。

6 日，中国工程院院士、电气化铁道智能监控系统与综合自动化研究首席专家、西南交通大学教授钱清泉带领西南交通大学国家轨道交通电气化与自动化工程技术研究中心领导和专家考察恒神公司。

7 日，丹阳市举办“丹阳市 2017 年春季大型人才交流会”。

11 日，大赛璐安全技术（江苏）有限公司点火具项目开工。

11—12 日，“出口五金工具质量安全示范区”国家级检查组一行到丹阳市现场验收创建工作。

15 日，政协丹阳市第十五届委员会第一次会议召开。

16 日，丹阳市第十七届人民代表大会第一次全体会议召开。

是月，丹阳市省级政府和社会资本合作（PPP）试点项目——丹阳智慧城市项目公开招标流程完成，吸引社会资本直接投资 1．3 亿元，获得省级 PPP 基金支持。

2　月

22 日，日本株式会社大赛璐董事长兼总经理机场操带队到丹阳市考察。

24 日，广西鹿寨县人大常委会主任韦宁带领考察团到丹阳市考察学习。

28 日，江苏省政府消防工作考核组到丹阳了解司徒镇专职消防队相关情况。

是月，丹阳市“草菇大王”、江苏江南生物科技有限公司董事长姜建新入选第七届“全国优秀科技工作者”名单。

是月，国家卫生计生委授予丹阳市“2014—2016 年全国计划生育优质服务先进单位”称号。

是月，丹阳高新区被江苏省发展改革委员会认定为“江苏省大众创业万众创新示范基地”。

是月，国家公务员局副局长杨春光一行到丹阳市国税局考察培训“积分制”实施情况。

3　月

2 日，丹阳市与中石化镇江分公司签订战略合作框架协议。

5 日，丹阳市首届公益文化节开幕。

6 日，江苏省眼镜光学标准化技术委员会在丹阳成立。

7 日，中国商用飞机有限责任公司宽体客机项目高层团队到江苏恒神股份有限公司考察。

10 日，丹阳市启动《丹阳工商业与工商界名人》编纂工作。

17 日，新泉汽车饰件股份有限公司在上海主板市场上市。

是日，国家发改委产业协调司巡视员王东一行到江苏恒神股份有限公司调研企业生产经营情况。

18 日，日本跨境会会长石田和靖带领代表团访问丹阳。

23 日，全国人大常委会副委员长、民盟中央主席张宝文率民盟中央调研组调研丹阳农业机械装备制造业发展。

24 日，燕山大学党委书记孟卫东一行到丹阳考察科技小镇和鱼跃医疗。

是日，国家标准委副主任殷明汉率调研组调研丹阳市眼镜标准化工作。

28 日，温州市瓯海区政协副主席姜化钧带领考察团到丹阳市考察眼镜产业发展情况。

是月，中国国际人才交流基金会主任苏光明一行到丹阳调研人才引进政策、“两证合一”等事宜。

4 月

10 日，江苏省委书记李强到丹阳市调研。

11 日，山东省新泰市委书记刘钦海带领考察团到丹阳考察。

14 日，北京航空航天大学党委书记、中国工程院院士张军调研北航丹阳研究院。

18 日，德国杜塞尔多夫大学医学院丁兆平博士工作室签约揭牌仪式在丹阳市人民医院举行。

是日，丹阳市和南京师范大学联合举办“手拉手 e 起学”云教育帮扶工程启动仪式暨学术研讨会。

19 日，中国工程院专家会同工信部有关领导到丹阳市调研区域推进智能制造及智能制造装备产业发展情况并走访海昌隐形眼镜、大力神铝业两个企业。

25 日，新疆建设兵团第四师可克达拉市党委常委、副师长林玲一行到丹阳市考察。

26 日，江苏省地税局局长江建平带领相关处室人员到丹阳市调研丹阳市实体经济发展情况。

26—27 日，江苏省人大常委会领导到丹阳调研农民增收和农村扶贫情况。

28 日，ofo 共享单车进驻丹阳。

是月，丹阳市超硬材料工具产业集群品牌培育基地获省级认定。

5 月

3 日，江苏省军区副司令员周志斌少将一行到丹阳市检查指导人武工作。

6 日，河南灵宝市委书记李宏伟带领党政考察团考察丹阳市国有企业改革、工业园区建设及先进制造业等方面经验。

8 日，上海泽稷教育丹阳工作站成立。

9—10 日，江苏省安监局局长陈正邦率队调研丹阳市安全生产工作。

12 日，江苏省“高等教育改革与基础教育创新 2017 年高中校长论坛”在丹阳市举行。

16 日，中国眼镜产业电子商务交易平台上线仪式在丹阳市举行。

18 日，美国加州安德鲁大学客座教授、美籍华人林善庆博士到丹阳交流“中华仁爱文化”。

是日，“丹阳好人宣德馆”开馆。

23 日，江苏省“263”办公室专职副主任刘建琳督察丹阳市“两减六治三提升”专项行动推进情况。

26 日，镇江国有投资控股集团有限公司、镇江领军人才基金与飓风股份签订投资合作协议。

是日，印度 AKSH 公司加强芯项目落户丹阳。

是月，丹阳市疾控中心建成江苏省食品安全风险监测县级中心。

6 月

2 日，江苏省农委畜禽养殖污染治理督察

组到丹阳市调研畜禽养殖污染治理进度情况。

7日，江苏省纪委副书记刘月科一行到丹阳市调研纪检监察系统“打铁还需自身硬”专项行动。

13日，中国财贸轻纺烟草工会主席王倩一行到丹阳市参观中国丹阳国际眼镜城和中国眼镜博物馆，了解丹阳市眼镜行业劳动定额指导标准及工资协商情况。

19日，共青团江苏省委书记王伟一行到丹阳市调研非公有制企业团建工作。

22日，丹北互联网小镇暨阿里巴巴诚信通镇江授权渠道商丹阳运营中心成立。

22—23日，中关村京港澳青创中心董事长栾京亮一行到丹阳市调研高新区科创园、人才公寓及鱼跃医疗等企业，洽谈青创中心与高新区合作事宜。

23日，江苏省副省长张敬华到丹阳市调研“两学一做”常态化制度化工作及丹阳市经济社会事业发展情况。

是日，上海锅炉厂有限公司绿叶制造基地颁证签约及揭牌仪式在江苏绿叶锅炉有限公司举行。

是日，国家食品药品监督管理总局医疗器械监管司司长孔繁圃带队到鱼跃集团调研。

29日，《丹阳革命英烈传选编》出版。

是月，江苏省丹阳高级中学两名学生作品《防烧干报警及自动熄火装置》获第32届美国匹兹堡国际发明展金奖。

7 月

6日，丹阳市举办“大院大所”丹阳行暨新材料专题产学研合作成果推介洽谈会。

9日，拉萨市堆龙德庆区人大常委会副主任达娃卓玛带领调研团到丹阳调研。

13日，江苏省水利厅厅长陈杰到丹阳市调研重点水利工程建设进展情况。

14日，南京师范大学校长陈国祥等学校主要负责人到丹阳市察看中北学院丹阳新校区建设办学情况。

13—14日，北京海淀区国资委副主任、海淀区国有资本经营管理中心主任刘卫亚带领考察组到丹阳市高新区考察调研，商讨合作事宜。

19日，丹阳市政务服务管理办公室成立。

20日，江苏省委组织部副部长陆永辉带领督导组到丹阳市督导“两学一做”学习教育开展情况。

21日，江苏省委考核组到丹阳市考察两个全省重大项目集中开工进展情况。

22日，丹阳市吴越孙氏历史文化研究会成立。

28日，中国财贸轻纺烟草工会副主席王双清一行到丹阳市调研产业（行业）工会体制建设情况。

是月，丹阳高新区被确定为省级知识产权试点园区。

8 月

3日，“2017中国电池行业发展论坛”在丹阳市举行。

4日，江苏省“263”办公室工作一组到丹阳市督察“减少煤炭消费总量”“减少落后化工产能”工作开展情况。

10日，日本株式会社大赛璐专务董事小河義美一行到丹阳了解大赛璐安全系统（江苏）有限公司安全气囊用气体发生器及零部件生产销售情况，查看大赛璐安全技术（江苏）有限公司点火具项目建设进度。

16日，全国文明城市创建通过省级测评。

是日，“丹阳东一上海港”海铁联运班列开通。

18日，陕西省富平县县长张海乾率考察组到丹阳考察调研。

是日，“我要上全运、健康中国人”江苏

省优秀社会体育指导员欢乐文明乡村行暨社会体育指导员技能展示交流活动在丹阳举行。

是日，加拿大皮克灵市政府经济发展部经理、市长办公室对外关系主任 Mark Guinto 一行到丹阳考察设立办事处选址事宜。

22 日，中央电视台《信用中国》栏目组到延陵九苑生态园取景采访。

24 日，工信部节能司司长高云虎一行到丹阳飞达集团调研。

是日，丹阳市被交通运输部授予全国“四好农村路”示范县称号。

28—29 日，江苏省质监局副局长冯新南及相关职能处室负责人到丹阳进行“双促双让”走访。

是月，丹阳市人民医院申报的科研项目（micro RNA－4458 调控 DAPK1 在微囊藻毒素－LR 诱发前列腺癌潜在风险中的作用及机制研究）通过立项评审，获得国家自然科学青年基金资助。

是月，丹阳市成为江苏省文物安全综合管理示范区试点地区。

9 月

7 日，江苏省施工许可改革现场推进会在丹阳举行。

12 日，江苏省政协副主席阎立带队到丹阳市调研丹阳眼镜风尚小镇规划建设情况。

是日，南京师范大学中北学院丹阳校区正式启用。

14 日，德国汉高集团中国区运营总监高应芳一行到丹阳考察。

16 日，国际蚕学专家、中国工程院院士、西南大学教授向仲怀等桑蚕学者到丹阳探讨交流丹阳市桑蚕产业发展。

19 日，不动产登记“一窗受理、集成服务”启动。

26 日，英国考文垂大学汽车工程专家爱德华·科尔到丹阳，就学校在轻量化汽车零部件研发、轻量化排气系统研究等方面与丹阳市汽车零部件企业代表进行交流，寻求合作机会。

是月，江苏省安监局职业健康处相关负责人带领有关专家到丹阳市督察职业健康监管工作开展情况。

是月，丹阳市现代生态水产养殖场的“乡村休闲主题创意农园”入选省级主题创意农园。

是月，江苏恒神股份有限公司博士后项目获“江苏省博士后科研资助计划”资助项目 A 类资助。

是月，江苏省丹阳高新技术产业开发区丹凤小镇一科技研发谷项目、江苏丹阳水晶山旅游综合体及环境提升项目，被列入江苏省 2017 年度第二批政府和社会资本合作（PPP）项目库。

是月，丹阳市上报的《打造人才创新创业“魅力之城”》案例获“2017 年（第三届）全国基层人才创新案例征集评选活动”创新案例优秀奖。

10 月

12 日，江苏省政协副主席徐鸣一行到丹阳市调研眼镜小镇规划建设情况。

是日，丹阳市全民视觉健康公益项目在南师大中北学院丹阳校区启动。

18 日，国家“千人计划”专家、南京农业大学教授王志伟一行到丹阳研讨现代农业科技合作。

23 日，江苏省委宣传部副部长、省文明办主任杨志纯带队到丹阳市调研钱云宝先进事迹。

24 日，江苏省政府副秘书长王志忠一行到丹阳市卡威集团调研。

25 日，古巴原农业部部长、古巴科学院院士、中古蚕桑科技合作中心古方主席 Mariadel

Carmen一行到丹阳市云阳街道田园圣树专业合作社调研和学习桑树栽培、收割及深加工技术，推动中古蚕桑科技合作。

27日，“开拓创新共赢之路”上海医药北京科园丹阳库区落成。

是日，宏马医药物流项目开业。

是月，江苏省住建厅督察组到丹阳，检查近3年受监房屋建筑和市政基础工程质量以及质量监督机构建设和履职情况。

11 月

1日，江苏省地税局副局长倪静石带领相关处室负责人到丹阳调研指导基层工作。

1—2日，丹阳市组团参加2017年中国镇江（北京）央（国）企合作恳谈会。

2日，美国纽约州中小企业发展中心总署署长布里恩高尔斯坦一行到丹阳市开展经贸交流活动。

3日，江苏省委农工办到丹阳市调研农村产权交易市场规范化建设情况。

6—8日，丹阳市组团参加2017年中国镇江（深圳）现代服务业恳谈会。

8日，丹阳市通过省级节水型社会示范区验收。

9日，日本驻上海总领事馆片山和之一行参观丹阳市日本汽车零部件产业园。

14日，丹阳被命名为“全国文明城市”。

25日，江苏省地板产品质量提升现场推进会在丹阳召开。

是日，日本跨境会会长石田和靖到丹阳市考察投资创业环境。

是日，丹北镇获“中国制造2025创新示范小镇”称号。

是月，丹阳市丹盛纺织有限公司通过中国质量认证中心的低碳产品认证审核，取得低碳产品认证证书。

12 月

1日，镇江红色金融钱币专题博物馆暨华东财经委旧址陈列馆、新四军十大银行货币陈列馆在丹阳华东财经委旧址开馆。

是日，比利时惠市副市长埃里克·多佐涅一行到丹阳市参观访问。

是日，丹阳市举办国家“千人计划”专家高端装备与先进制造技术丹阳峰会。

5日，丹阳市召开中国（丹阳）眼镜指数论证会，经专家组评议，同意该项目通过验收。

6日，江苏省社会科学院党委书记、院长夏锦文带领专家调研组到丹阳市开展“经济发达镇法治国情调查”。

7日，丹阳市与德国弗劳恩霍夫协会生产设备和结构技术研究所（IPK）、中德智能制造研究院举行合作谅解备忘录签约仪式。

12日，江苏省人大常委会副主任许仲梓一行到丹阳调研制造业企业发展情况。

18日，新疆建设兵团党委常委、四师可克达拉市党委书记、政委钟波带领第四师党政代表团到丹阳调研。

21日，丹阳邮政管理局揭牌成立。

23日，江苏省农科院副院长余文贵、孙洪武带领专家组到丹阳调研。

是月，丹阳市选送的“五金工具三尖木工钻头的技术创新与研究生产”“梦享文化创意机器人”等6个项目获评“2017年江苏省大学生优秀创业项目”。

是月，丹阳眼镜城创业孵化基地通过验收，成为省级创业孵化示范基地。

是月，丹阳市江苏江南生物科技有限公司被评为2017年度全国示范院士专家工作站。

（史志办）

丹 阳 概 况

栏目编辑 孙晓霞

自 然 地 理

【位置、面积】 丹阳市地处长江下游南岸，江苏省南部，北纬 31°44′—32°09′，东经 119°24′—119°54′，南北长 44 公里，东西宽 32.5 公里。东邻常州武进区，南与常州金坛区接壤，西北与镇江丹徒区交界，东北与扬中市隔江相望。全市总面积 1047 平方公里，其中陆地面积 850.2 平方公里，占总面积的 81.2%；水域面积 196.8 平方公里，占总面积的 18.8%。

（史志办）

【地貌】 丹阳市地势西北高、东南低，有低山丘陵和平原，以平原为主。西部和北部是宁镇丘陵余脉的低山丘陵岗地，其地形较为复杂，低山、丘陵、岗地、平原和洼地交替分布。低山群中最高峰为水晶山，主峰海拔 166 米。东部和南部属太湖平原湖西部，地形低平，一般在海拔 7 米左右。 （史志办）

【资源】 土地资源：在全市陆地面积中，平原 612 平方公里，占陆地的 72%；低山丘陵岗地 238 平方公里，占 28%。全市耕地面积 5.13 万公顷，其中基本农田 4.25 万公顷。

水资源：（1）地表水。全市有河道 116 条，长 610 公里，其中以京杭运河、九曲河、丹金溧漕河为主脉，沟通全市水系，形成全市水系网络，为水资源的蓄、引、提、调、排发挥巨大作用。另有在册小水库 8 座，大小塘、泊 1 万余个。（2）过境水。水资源丰富，北可引长江水，西和西南有句容、丹徒的客水。可利用过境水主要是长江水，沿江有主要引排涵闸 5 座，引排流量 482 立方米/秒，每年可引水 5 亿—7 亿立方米左右。（3）地下水。根据《江苏省地下水超采区划分方案》，丹阳市地下水多为岩溶水，可开采量为 624 万立方米/年，地下水化学类型为 HCO_3·Ca·Mg 型水，矿化度一般为 0.5—1.0g/L，出水温度 45℃—48℃，pH 值 7.2 左右，为具有一定医疗价值的温泉水。

矿产资源：主要集中在北部低山丘陵区。金属矿种主要有铁、锰、方铅，但质低量少。非金属矿种主要有石英、陶土、泥炭、煤炭、砾石、斧劈石、奇石、白云质灰岩和石灰岩，其中斧劈石和奇石质量优良，蕴藏量达亿万吨。

（史志办）

【气象】 2017 年丹阳市基本气候特点：气温偏高，日照正常，降水偏多。年平均气温 17.2 度，比常年偏高 1.5 度。年极端最高气温为 40.4 度，出现在 7 月 23 日；年极端最低气温 —3.7 度，出现在 1 月 21 日。冬季（2016 年 12 月—2017 年 2 月）平均气温 6.5 度，比常年偏高 2.3 度。春季（3 月—5 月）平均气温 16.8 度，比常年偏高 2.2 度。夏季（6 月—8 月）平均气温 28.1 度，比常年偏高 1.6 度。

≥35 度的高温日数 25 天，是历年平均值的 2.8 倍。秋季（9 月—11 月）平均气温 17.8 度，比常年偏高 0.5 度。2017 年终霜日为 3 月 15 日，初霜日为 11 月 19 日，无霜期 248 天，比常年多 30 天。

年降水量 1423.3 毫米，比常年偏多 339.7 毫米，偏多 31%，属偏多年份。具体分布如下：冬季降水量 154.0 毫米，比常年多 19.2 毫米，偏多 14%。春季降水量 228.6 毫米，比常年少 21.3 毫米，偏少 9%。夏季降水量 670.9 毫米，比常年多 160.5 毫米，偏多 31%。秋季降水量 417.7 毫米，比常年多 229.2 毫米，偏多 122%。冬、春季属正常级，夏季为偏多，秋季属异常偏多。全年降水日数为 145 天，比常年多 29 天。降水日数最多的月份是 8 月，为 24 天，降水日数最少的月份是 2 月、12 月，为 7 天。最长连续降水日数为 7 天，为 9 月 19 日—25 日，降水量 261.9 毫米；最长连续无降水日数为 23 天，为 10 月 20 日—11 月 11 日。日最大降水量为 204.1 毫米，出现在 6 月 10 日。6 月 22 日入梅，7 月 11 日出梅，梅雨日数为 19 天，梅雨量为 186.5 毫米，比常年偏少 25%。

全年日照总时数为 1955.3 小时，比常年多 137.9 小时，偏多 8%。冬季日照时数 369.0 小时，比常年少 10.3 小时，偏少 3%，属正常级。春季日照时数 565.4 小时，比常年多 92.6 小时，偏多 20%，属正常级。夏季日照时数 571.4 小时，比常年多 67.0 小时，偏多 13%，属正常级。秋季日照时数 399.7 小时，比常年少 61.2 小时，偏少 13%，属正常级。

全年以偏东风占主导，其风向频率为 15%。10 分钟平均最大风速为 14.6 米/秒，风向西北风，出现在 3 月 1 日；瞬时极大风速为 24.0 米/秒，风向是西到西北风，出现在 3 月 1 日。8 级以上大风日数 2 天。全年雷暴日数为 22 天，比常年少 8 天。全年大雾日数 15 天，比常年少 27 天。（孔志平）

2017 年丹阳地区主要气候资料四季比较表

表 1

季节		冬季			春季			夏季			秋季		
要素/月份		12	1	2	3	4	5	6	7	8	9	10	11
气温（摄氏度）	2017 年逐月	7.6	5.6	6.4	10.4	17.6	22.5	24.7	31.1	28.6	23.4	17.6	12.4
	历年逐月	5.1	2.8	4.8	8.9	14.7	20.3	24.4	27.8	27.2	23.1	17.7	11.2
	比较	2.5	2.8	1.6	1.5	2.9	2.2	0.3	3.3	1.4	0.3	-0.1	1.2
	2017 年季平均			6.5			16.8			28.1			17.8
	常年季平均			4.2			14.6			26.5			17.3
	比较			2.3			2.2			1.6			0.5
降水（毫米）	2017 年逐月	58.1	61.2	34.7	51.2	90.8	86.6	269.5	194.0	207.4	334.7	70.8	12.2
	历年逐月	31.3	50.4	53.1	83.8	77.1	89.0	178.7	200.3	131.4	74.2	59.0	55.3
	比较	26.8	10.8	-18.4	-32.6	13.7	-2.4	90.8	-6.3	76	260.5	11.8	-43.1
	2017 年季合计			154.0			228.6			670.9			417.7
	常年季合计			134.8			249.9			510.4			188.5
	比较			19.2			-21.3			160.5			229.2

续表 1

季节		冬季			春季			夏季			秋季		
日照(小时)	2017 年逐月	115.2	116.7	137.1	156.5	199.2	209.7	140.2	249.8	181.4	112.7	133.0	154.0
	历年逐月	138.7	124.4	116.2	135.3	157.9	179.6	140.9	178.7	184.8	159.4	157.6	143.9
	比较	-23.5	-7.7	20.9	21.2	41.3	30.1	-0.7	71.1	-3.4	-46.7	-24.6	10.1
	2017 年季合计			369.0			565.4			571.4			399.7
	常年季合计			379.3			472.8			504.4			460.9
	比较			-10.3			92.6			67.0			-61.2

(孔志平)

2017 年丹阳地区主要气候资料统计表

表 2

要素/月份		1	2	3	4	5	6	7	8	9	10	11	12	全年	常年极值	比较
气温(摄氏度)	平均气温	5.6	6.4	10.4	17.6	22.5	24.7	31.1	28.6	23.4	17.6	12.4	5.9	17.2	15.7	1.5
	极端最高	14.5	18.9	23.5	30.0	34.0	34.7	40.4	37.8	31.8	29.9	24.0	15.9	40.4	39.3	1.1
	极端最低	-3.7	-2.4	2.0	7.7	14.1	16.5	23.0	20.0	16.8	8.2	2.3	-3.4	-3.7	-12.6	8.9
	≥35.0 摄氏度日数							17	8					25	8.8	16.2
	≤-5.0 摄氏度日数														8.5	-8.5
降水(毫米)	总降水量	61.2	34.7	51.2	90.8	86.6	269.5	194.0	207.4	334.7	70.8	12.2	10.2	1423.3	1083.6	339.7
	一日最大	28.5	18.9	8.7	32.8	32.2	204.1	74.3	71.0	185.5	35.6	5.4	3.8	204.1	279.4	-75.3
	≥0.1 毫米日数	8	7	12	10	10	10	9	18	16	11	7	6	124	116	8
	≥25.0 毫米日数	1			1	1	1	4	3	3	1			15	12	3
	≥50.0 毫米日数						1	1	1	2				5	3	2
	梅雨量						22.0	164.5						186.5	249.0	-62.5
其他	日照时数	116.7	137.1	156.5	199.2	209.7	140.2	249.8	181.4	112.7	133.0	154.0	165.0	1955.3	1817.4	137.9
	大风日数			1				1						2	5	-3
	雷暴日数				2		4	4	8	3	1			22	30	-8
	大雾日数	4		1						6	1	1	2	15	42	-27

(孔志平)

历史文化

【建置沿革】 丹阳历史悠久，文化源远流长。新石器时代，丹阳境内就有人类活动。丹阳建置始于战国时期，初为云阳邑。公元前 221 年，秦始皇一统天下，实行郡县制，改云阳邑，置云阳县。不久又更名为曲阿县。新莽始建国元年（公元 9 年）改曲阿县为风美县。东汉初复名曲阿县。吴嘉禾三年（公元 234 年）改曲阿县为云阳县。晋太康二年（公元 281 年）复名曲阿县。唐天宝元年（公元 742 年）改润州为丹阳郡，曲阿县为丹阳县，丹阳县属丹阳郡。唐乾元元年（公元 758 年）改丹阳郡为润州，丹阳县属润州。宋属镇江府。元属镇江路。明清属镇江府。民国初属江苏金陵道。1927 年直属江苏省。1949 年 4 月 23 日，丹阳全境解放，属镇江专区。1958 年 9 月改镇江专区为常州专区，丹阳县属常州专区。1959 年 9 月又改常州专区为镇江专区。1983 年实行市管县后，丹阳县属镇江市。1987 年 12 月，丹阳撤县设市，仍由镇江市管辖。 （史志办）

【民族、方言】 民族。丹阳向为汉民族居住地区，元朝以后，始有少数民族迁入丹阳定居，改革开放以后，少数民族人口在丹阳定居增多。至 2017 年，丹阳有少数民族 30 个、1487 人，各镇（区、街道）都有分布。分布在丹阳的少数民族有满族、回族、锡伯族、藏族、彝族、哈尼族、傣族、傈僳族、拉祜族、阿昌族、怒族、独龙族、苗族、布依族、侗族、水族、仡佬族、壮族、毛南族、土家族、黎族、白族、景颇族、瑶族、佤族、朝鲜族、畲族、土族、仫佬族、蒙古族。

方言。丹阳方言介于吴方言和下江官话之间，有“吴头楚尾”之称。其复杂性表现在两个方面：一是市内各地方言分歧较大，有“四门八音”之说；二是方言归属难定，以城关话为代表，它在语音、词汇、语法诸方面既有吴语特征，又有许多官话痕迹。丹阳方言复杂性的形成，还有其地理与历史的原因。丹阳位于北方方言和吴方言两大方言区的交汇处，两大方言对丹阳方言都有影响。丹阳现在所管辖的乡镇，历史上有的曾属常州府，有的曾属镇江府，这也造成市内各地方言的差异。不仅各乡镇之间语言差别很大，有的乡镇内部也有不同程度的语言差异，有的地方甚至隔村就有差异。根据各地方言的特点，丹阳方言至少可以分为县城类、吕城类、河阳类、埤城与后巷类 4 类。从总体上说，丹阳方言属吴方言区太湖片常州小片。 （王 华）

【文化与文物】 丹阳有 6000 年的人类生活史。历史上人才荟萃，三国东吴的韦昭，南朝的萧道成、萧衍、萧统、萧纲、萧子显，唐代的皇甫冉、皇甫曾、许浑、张潮，宋代的吴淑、蔡肇、高述，明清时的姜绍书、吉梦熊等，他们分别以文学、史学、书画等名垂史册。近现代，则有教育家马相伯、语法泰斗马建忠（马氏兄弟），还有美术教育家吕凤子、佛学家吕澂、语言学家吕叔湘（美称“吕氏三杰”）、史学家唐邦治、文学家束纫秋、孔学家匡亚明，以及彭炎、束沛德、梅朵、尚丁等，他们均对中国文化做出了贡献。丹阳的民间文化艺术亦丰富多彩，民歌民谣、民间传说、曲艺戏剧等，为人民群众喜闻乐见、广为流传。具有地方特色的丹剧，就是取自民间艺术精华“啷当”，成为优秀稀有的地方剧种。

丹阳境内文物众多，有“江南文物之邦”之美称。南朝陵墓石刻、葛城遗址等 3 处 11 个点处被列为全国重点文物保护单位，唐朝“延陵季子碑”、江南第一梵钟——唐中和铜钟、上海战役总前委旧址、新四军江南指挥部旧址等 9 处被列为省级文物保护单位，贺甲战斗旧址、新丰战斗旧址等 11 处被列为镇江市级文物保护单位，还有宋朝玉乳泉井、沈家桥等 90 处市级文物保护单位。其他还有古文化遗址多处，并从中发掘出大量历史文物，其中有马家浜文化遗物——腰沿釜、良渚文化遗物——黑陶弧腹罐、新石器时代晚期遗物——黑陶宽把盖杯、湖熟文化遗物——鬲、西周青铜凤纹尊等。

（史志办）

区划人口、城市性质

【区划与人口】 2017年，丹阳市辖10个镇、2个街道，共145个行政村、73个居民委员会。总人口808298人（男性399177人、女性409121人），其中城镇人口362937人、乡村人口445361人。全年出生人口6698人，人口出生率8.27‰，死亡人口7541人，人口死亡率9.31‰，人口自然增长率−1.04‰。

（史志办）

【城市定位】 丹阳依江傍河，具备长江沿线经济开放开发带发展经济所必要的港口、交通、能源、水利、用地及城市依托等基本条件。1987年，经国务院批准，丹阳被列为沿海对外开放城市，属上海经济开发区。1996年，经省政府批准，城市定为沪宁线上的现代化工贸城市。"十三五"规划提出发展定位为：产业特色鲜明的工贸名城、充满活力的创新城市、宜居宜业的江南水乡。2017年，城区面积154.22平方公里，城区人口31.02万人。改革开放以来，丹阳城市建设取得了辉煌业绩，先后获得"全国卫生城市""全国环境综合整治优秀城市""国家生态市""国家环保模范城市""首批全国县级文明城市提名城市""全国文明城市"等荣誉称号。（史志办）

【市徽、市树、市花、市歌及丹阳精神】 1991年，丹阳市第十一届人民代表大会常务委员第九次会议决定，丹阳市市徽为"天禄"、市树为银杏、市花为桂花。2012年，确定丹阳城市形象歌曲《花开别样红》。2013年，丹阳市征集选定丹阳精神"至诚，至精；创新，图强"。

（史志办）

基础设施

【交通】 丹阳交通发达，便捷的铁路、公路、水路、航空，初步构筑丹阳现代化立体交通格局和得天独厚的交通优势。

铁路：沪宁铁路穿境而过，境内设有丹阳站，年发送旅客321.65万人/次，沪宁城际铁路年发送旅客296.37万人/次，京沪高速铁路丹阳北站年发送旅客25.28万人/次。

公路：过境主要有沪蓉高速公路，江宜高速公路，312国道，241、122、338、340省道线及丹阳市的市镇公路、镇村公路，构成丹阳与外地、市区与乡镇、乡镇与乡村间更为密集的公路网络。市区设有汽车东站、客运中心两个等级客运站和数十个货运企业，城市公交遍及城乡，交通运输更为快捷便利，全年完成公路客运量678万人/次，公路货运量1719万吨。

水路、航空：京杭大运河与丹金溧漕河、九曲河及部分支线航道，构成丹阳的水运网络。苏南运河丹阳段29.33公里，达国家三级航道标准，能常年通过1000吨级船队，年船舶流量达16.71万艘次。丹阳地方港年吞吐量612万吨。丹阳市区至外贸港——大港30公里，距坐落在该市境内的常州机场30公里，距南京禄口机场100公里。（史志办）

【邮电通信】 2017年，丹阳市投递线路总长6550公里，建有与全国联网运行的邮政储蓄"绿卡"系统及电子对账系统、特快专递全国联网查询系统、报刊发行全省联网要数系统、商业信函自动处理系统等。全市有城乡35个邮政网点，经营业务种类有邮政储蓄业务、信函、包裹、报刊、特快专递、集邮、物流配送、电子汇兑、代理保险、电子商务等。

全市拥有固定电话用户17.88万户。电信宽带城域网具相当规模，主干光纤通达全市乡镇，交换点遍布全市各地，可满足各种用户的联网要求。

移动电话用户93.62万户，互联网宽带用户33.89万户。GSM数字移动电话网络不仅实现丹阳境内无缝覆盖，还与全国31个省、自

治区、直辖市和世界 123 个国家及地区 221 个运营公司开通自动漫游业务。 （史志办）

【电力】 2017 年，丹阳市有 35 千伏及以上公用变电所 43 座，其中 500 千伏变电所 1 座、220 千伏变电所 8 座、110 千伏变电所 27 座、35 千伏变电所 7 座，总容量达 745.76 万千伏安。2017 年，全社会用电量 79.47 亿千瓦时，光伏项目并网装机容量 79.05 兆瓦。兴联热电有限公司有 2 台 12 兆瓦抽凝机组，2017 年完成发电量 8997.55 万千瓦时。 （史志办）

【服务】 丹阳交通便捷，环境优美，市场繁荣，生活方便，适宜居住生活。城区有 1 所普通学校（中北学院）、4 所省四星高级中学，形成高、中、小、幼合理配套，师范、职教、进修、电大等为补充的多层次义务教育及国民教育体系；有包括三级医院在内的卫生机构 242 个；有大型超市、商场 10 余家，中国（丹阳）国际眼镜城坐落城区，小市场、农贸市场遍布社区；银行、保险机构众多，门类齐全，服务便捷；有星级酒店 8 家，餐饮、住宿、休闲极为方便。 （史志办）

2017 年丹阳市国民经济和社会发展统计公报

2017 年是丹阳市高水平全面建成小康社会的关键之年，面对错综复杂的发展环境，全市上下在市委、市政府的正确领导下，坚持稳中求进的总基调，紧扣“两聚一高”目标要求，着力深化供给侧结构性改革，积极化解经济发展中的矛盾和问题，全市经济运行总体平稳，主要指标继续保持在合理区间，但是经济运行仍面临较大的下行压力，投资大项目不足、结构不优的问题仍较突出。

一、综合

2017 年，全市实现地区生产总值（GDP）1233.27 亿元，比上年增长 7.1%，其中第一产业增加值 53.66 亿元，增长 2.5%；第二产业增加值 618.84 亿元，增长 7.5%；第三产业增加值 560.77 亿元，增长 7.0%。按户籍人口计算，全市人均地区生产总值 152278 元，比上年增长 7.1%，按年末汇率折算为 23427 美元；按常住人口计算，全市人均地区市场总值 125422 元，比上年增长 7.0%。三次产业增加值的比重结构由 2016 年的 4.6∶50.0∶45.4 调整为 2017 年的 4.4∶50.1∶45.5。财政收入占地区生产总值的比重达到 14.6%。

全年居民消费价格指数 101.3，比上年上涨 1.3%，其中食品烟酒类下降 1.4%，衣着类上涨 0.8%，居住类上涨 3.6%，生活用品及服务类上涨 4.7%，交通和通信类上涨 2.8%，教育文化和娱乐用品类上涨 1.0%，医疗保健类上涨 0.6%，其他用品和服务类上涨 2.2%。

全年新注册私营企业 4049 家，新增注册资本 161.75 亿元；新注册个体工商户 10099 户，新增注册资本 16.31 亿元。2017 年实现民营工业总产值 1982.67 亿元，比上年增长 12.8%；实现民营工业销售收入 1819.17 亿元，比上年增长 14.5%；民营经济完成投资额 275.73 亿元，比上年增长 9.4%。

二、农林牧渔业

2017 年，全市实现农业总产值 87.54 亿元，增长 1.0%；实现农业增加值 61.99 亿元，增长 1.7%。全年粮食种植面积 105.32 万亩，比上年下降 1.7%；油料种植面积 5.28 万亩，比上年下降 3.6%。全年粮食总产量 49.68 万吨，比上年增长 0.7%；油料总产量 0.90 万吨，比上年增长 5.9%；蔬菜总产量 29.90 万吨，比上年增长 0.7%。全年生猪出栏 17.24 万头，比上年下降 20.0%；羊出栏 1.47 万只，比上年下降 21.4%；家禽出栏 527.12 万只，比上年增长 5.1%；全年肉类总产量 2.10 万吨，比上年下降 14.5%；禽蛋产量 9774 吨，比上年下降 9.9%。全年水产品产量 4.20 万吨，比上年增长 2.6%。年末农业机械总动力达37.94万千瓦，比上年增长1.6%。

三、工业和建筑业

全年全部工业实现工业总产值2649.54亿元，比上年增长12.0%。年末全市拥有年销售2000万元以上规模工业企业698家，规模工业完成工业增加值516.56亿元，按可比价比上年增长7.6%，其中国有企业工业增加值0.76亿元，集体企业工业增加值0.62亿元，有限责任公司工业增加值52.67亿元，股份有限公司工业增加值17.54亿元，港澳台企业工业增加值78.11亿元，外商投资企业52.71亿元，私营企业工业增加值314.15亿元。在规模以上工业中重工业增加值411.06亿元，轻工业增加值105.50亿元，轻重工业比重由上年的20.1∶79.9变化为20.4∶79.6。全年工业用电量62.13亿千瓦时，比上年增长11.6%。

全年工业企业实现销售收入2369.13亿元，比上年增长11.1%；实现利税总额195.19亿元，比上年增长11.8%。其中规模以上工业企业实现销售收入2088.55亿元，比上年增长12.0%；工业产品产销率为98.4%；实现利税总额175.39亿元，增长7.4%；实现利润总额122.97亿元，增长7.4%。

全市拥有建筑资质企业105家，其中一级资质企业8家，二级资质企业28家。全年实现建筑业总产值60.43亿元，比上年下降20.0%；实现建筑业增加值24.74亿元，按可比价比上年增长5.0%。全年建筑施工面积421.37万平方米，比上年下降19.9%；竣工面积207.47万平方米，比上年增长54.2%。

四、固定资产投资

2017年，全市完成全社会固定资产投资702.56亿元，比上年增长4.5%，其中完成工业性投资501.48亿元，比上年增长6.3%。全年完成规模以上固定资产投资533.12亿元，比上年增长6.2%，其中完成工业性投资382.22亿元，比上年增长7.8%。在规模以上投资中国有经济投资45.81亿元，比上年增长55.3%；集体经济投资2.01亿元，比上年下降70.6%；私营个体经济投资423.08亿元，比上年增长14.0%；其他经济类型投资62.22亿元，比上年下降41.6%。投资结构继续调整，在规模以上固定资产投资中，第二产业完成投资383.75亿元，增长6.9%；第三产业完成投资149.38亿元，增长5.7%。

全年完成房地产投资77.69亿元，比上年增长8.3%；完成商品房施工面积635.53万平方米，比上年增长11.3%，其中住宅471.22万平方米，比上年增长12.9%；完成商品房竣工面积105.02万平方米，比上年增长26.2%，其中住宅74.06万平方米，增长22.0%；全年实现商品房销售面积125.76万平方米，比上年下降16.3%，其中住宅面积111.80万平方米，下降16.8%；实现商品房销售额109.88亿元，比上年增长30.2%，其中住宅销售额91.65亿元，增长33.5%。

五、国内贸易和对外经济

全年实现社会消费品零售总额349.23亿元，比上年增长10.7%，其中城区实现消费品零售额218.38亿元，增长10.3%；农村实现消费品零售额130.85亿元，增长11.2%。按行业分，批发业实现零售额31.26亿元，零售业实现零售额278.47亿元，住宿业实现零售额0.99亿元，餐饮业实现零售额38.50亿元。年末全市拥有亿元市场6个，实现成交额113.40亿元。

全年实现进出口总额27.75亿美元，比上年增长9.1%，其中出口总额23.79亿美元，增长11.2%；进口总额3.96亿美元，下降1.9%。按贸易方式分，一般贸易出口21.22亿美元，增长10.0%；加工贸易出口2.54亿美元，增长21.2%。按企业性质分，“三资”企业完成出口10.07亿美元，比上年增长12.7%；民营企业出口13.47亿美元，比上年增长10.2%。从出口市场看，对美国出口6.40亿美元，位居第一；对欧盟出口3.87亿美元，位居第二；其余依次为东盟组织、日本、印度、韩国、俄罗斯、中国台湾、加拿大等。

全年新批外商投资项目28个，与上年持平；实际利用外资4.05亿美元，比上年增长1.2%，其中实际利用制造业外资1.51亿美元。

六、交通、邮电

全年完成公路客运量678万人次，比上年下降10.9%；客运周转量4.45亿人公里，比上年下降7.1%；全年完成货运量1825万吨，比上年增长8.5%；货运周转量22.34亿吨公里，比上年增长9.3%；港口吞吐量612万吨，比上年增长0.7%。年末全市公路总里程2250.35公里，其中高速公路42.56公里，一级公路316.99公里，二级公路352.12公里。全市民用汽车保有量18.10万辆，比上年增长12.7%，其中私人汽车保有量13.59万辆，比上年增长12.9%。

全年实现邮政业务总量9.11亿元，比上年增长43.9%。全年实现电信业务总量19.16亿元，比上年下降31.0%；实现电信业务收入8.70亿元，比上年下降5.3%。年末拥有固定电话用户17.88万户，移动电话用户93.62万户，互联网宽带接入用户数33.89万户。

七、财政、金融和保险

2017年，全市实现完成财政总收入179.61亿元，比上年增长10.9%，其中中央财政收入37.10亿元，增长7.1%；地方财政收入142.50亿元，增长11.9%。全年完成一般公共预算收入61.05亿元，比上年下降6.9%。在一般公共预算收入中税收收入54.23亿元，下降5.8%，其中增值税25.64亿元，营业税0.1亿元，企业所得税5.34亿元，个人所得税1.97亿元。全年财政支出146.67亿元，比上年增长0.3%，其中一般公共预算支出82.88亿元，比上年增长4.9%。

年末全市金融机构各项存款余额（本外币）1126.52亿元，比年初增长6.1%，其中住户存款余额610.94亿元，比年初增长7.0%。年末金融机构各项贷款余额1007.50亿元，比年初增长3.8%，其中短期贷款515.31亿元，比年初下降2.9%；中长期贷款466.73亿元，比年初增长15.5%。个人住房、汽车、教育等消费贷款达165.67亿元，比年初增长24.0%。

全年保费收入28.34亿元，比上年增长19.5%，其中财产保险保费收入7.55亿元，增长5.2%；人寿保险保费收入20.79亿元，增长25.8%。保险业务赔款和给付10.08亿元，比上年增长10.8%，其中财产保险赔付4.76亿元，比上年下降7.7%；人寿保险赔付5.32亿元，比上年增长13.7%。

八、科学技术和教育

2017年，全市新增省级以上高新技术企业30家，新增高新技术产品63个。全年高新技术产业产值达996亿元，占规模工业总产值比重达45.3%。全年专利申请量7459件，比上年下降11.4%；其中发明专利3216件；全年授权专利3425件，比上年增长13.9%；其中发明专利477件。

全市拥有普通中学26所，高中在校学生10734人，初中在校学生22991人；拥有小学23所，在校学生50242人；中等学校3所，在校学生4284人。全市各类学校教职员工10669人，其中专任教师8839人。2017年，丹阳市小学入学率、巩固率、毕业率、升学率均为100%；初中入学率、巩固率、毕业率、升学率分别达100%、99.8%、99.8%、99.2%。2017年丹阳市高考本科录取人数占全市人口的比例为3.59‰，职校学生对口高考本科达线率22.0%。

九、文化、卫生和体育

全市年末共有文化馆（站）13个，公共图书馆2个、藏书109.55万册。全市拥有业余文艺队320个，演出场数372场次，观众90.80万人次。全市拥有文物保护单位121个，其中国家级11个，省级9个，镇江市级11个。

年末全市共有卫生机构255个，其中医院、卫生院34个，疾病预防控制中心2个，妇幼保健机构2个。全市共有卫生技术人员4786人，其中执业医师和执业助理医师1961人，注册护士1961人。全市拥有医疗标准床位3324张。

年末共有体育场16个，体育馆16个，标准足球场21个，400米跑道24个，全市拥有游泳池20个、乒乓球房162个，篮球场1275个，排球场35个，网球场24个。

十、城市建设和环境保护

2017年末丹阳市建成区面积34.19平方公里。人均拥有道路面积达21.14平方米，人均公园绿地面积10平方米，建成区绿化覆盖率达41.32%；污水日处理能力14.5万立方米，年污水处理总量达3966万吨；城镇污水处理率89.9%，生活垃圾无害化处理率100%；市区道路总长度571.98公里，道路面积769.88万平方米，拥有路灯3.50万盏。年末供水管道长度520.28公里，全年供水总量达3815.13万立方米；全市天然气供气管道830公里，供气总量14900万立方米，天然气用气人口30.54万人。全市城乡居民生活用电量8.26亿千瓦时，比上年增长5.7%，其中城市居民生活用电2.65亿千瓦时，增长8.5%。

十一、人口与人民生活

年末全市户籍人口80.83万人，其中城镇人口36.29万人。全年出生人口6698人，人口出生率8.27‰；死亡人口7541人，死亡率9.31‰；人口自然增长率－1.04‰。

2017年，全市城乡从业人员63.62万人，其中第一产业从业人员5.77万人，第二产业从业人员33.14万人，第三产业从业人员24.71万人。截止2017年末，丹阳市城镇职工基本养老保险参保人数24.36万人，城乡居民基本养老保险参保人数10.34万人；城镇职工基本医疗保险参保人数20.55万人，城镇居民基本医疗保险参保人数59.04万人；失业保险人员参保人数15.23万人，工伤保险参保人数15.13万人，生育保险参保人数15.40万人。2017年共确定低保对象4801人，其中城市717人，农村4084人。

全市城镇非私营单位在岗职工平均工资72364元，比上年增长5.7%。城镇居民人均可支配收入15151元，比上年增长8.4%；人均生活消费支出23459元，增长4.5%。农村居民人均可支配收入23603元，比上年增长8.7%；人均生活消费支出20207元，增长7.5%。城市居民住宅人均建筑面积46平方米，农村居民人均住房使用面积57平方米。

说明：地区生产总值及各产业增加值绝对数按现价计算，增长幅度按可比价计算

（统计局）

组织机构及负责人名单

中共丹阳市委员会

书　记　陈可可
副书记　黄春年
　　　　赵志强
常　委　任剑平
　　　　周奇恒(—10)
　　　　赵立群
　　　　金夕龙
　　　　杜官军
　　　　李莉珺(女,—12)
　　　　仇　洋(12—)
　　　　薛军民(12—)
　　　　陈文水
　　　　周东明
　　　　孙沪兵(挂职,1—)
　　　　袁国军(挂职,3—)

丹阳市人民代表大会常务委员会

主　任　李忠法
党组书记　李忠法
党组副书记　王金祥(—1)
　　　　马耿良(1—)
　　　　符红海(1—)
副主任　王金祥(—1)
　　　　马耿良(1—)
　　　　周爱仙(女)
　　　　蒋明辉
　　　　韩静慧(女,1—)
　　　　刘云珍(女,—1)

丹阳市人民政府

市　长　黄春年
党组书记　黄春年
党组副书记　赵立群
　　马耿良(—1)
副市长　赵立群
　　马耿良(—1)
　　王为华
　　陈中建(挂职,—9)
　　孙沪兵(挂职,1—)
　　袁国军(挂职,3—)
　　贺云华(女,1—)
　　沈留海(—1)
　　薛军民(—12)
　　符红海(—1)
　　符卫国
　　陈　俊
　　刘宏程(1—)
　　刘　刚(挂职,4—)
　　黄俊杰(6—)
　　岳　嵩(挂职,7—)
　　亢　鹏(挂职,7—)
　　王亚利(挂职,9—)
　　魏国荣(12—)

政协丹阳市委员会

主　席　张仁海(—1)
　　沈岳方(1—)
党组书记　张仁海(—1)
　　沈岳方(1—)
党组副书记　沈岳方(—1)
　　沈留海(1—)
副主席　沈岳方(—1)
　　钱留梅(女)
　　沈留海(1—)
　　谭国祥
　　贺云华(女,—1)
　　陈建红
秘书长　吴卫方

中共丹阳市纪律检查委员会

书　记　周奇恒(—10)
　　仇　洋(12—)
副书记　张建明(—12)
　　赵晓建
　　朱紫阳(12—)
常　委　杨培华(女)
　　谭锁坤
　　陆荣祥
　　朱万东

丹阳市监察委员会(12—)

主　任　仇　洋(12—)
副主任　赵晓建(12—)
　　朱紫阳(12—)
委　员　谭锁坤(12—)
　　朱万东(12—)
　　解晓东(12—)
　　陆建新(12—)

市委工作机构

办公室

主　任　薛惠民
副主任　曹晓霞(女)
　　景星亮
　　丁方晓
　　丁　灏
　　杨秋竹(兼)

督查室(副科级)

主　任　张佳俊

城乡统筹委

主　任　李彩虹
副主任　张建云
　　任小平

机要保密局

局　长　夏　泳
副局长　王少华

巡察工作办公室(8—)

主　任　赵晓建(兼,8—)
副主任　郦红萍(女,8—)
　　蒋　磊(8—)

第一巡察组(8—)

组　长　张云芳(8—)
副组长　陈晓钢(8—)
　　贡惠良(8—)

第二巡察组(8—)

组　长　杨培华(8—)
副组长　朱泽先(8—)
　　周根葆(8—)

第三巡察组(8—)

组　长　徐志农(8—)
副组长　袁卫东(8—)
　　宦红梅(8—)

第四巡察组(8—)

组　长　汤　军(8—)
副组长　杭腊荣(8—)
　　刘和祥(8—)

市纪委、市监委派驻市委办公室纪检监察组(副科级,8—)

组　长　陈爱军(8—)

市纪委、市监委派驻市政府办公室纪检监察组(副科级,8—)

组　长　高凝重(8—)

市纪委、市监委派驻市委组织部纪检监察组(副科级,8—)

组　长　秦兰萍(女,8—)

市纪委、市监委派驻市法院纪检监察组(副科级,8—)

组　长　刘玉兔(8—)

市纪委、市监委派驻市检察院纪检监察组(副科级,8—)

组　长　江卫军(8—)

市纪委、市监委派驻
市公安局纪检监察组
（副科级，8—）

组　长　汤鑫俊（8—）

市纪委、市监委派驻
市教育局纪检监察组
（副科级，8—）

组　长　夏蓉娥（8—）

市纪委、市监委派驻
市农委纪检监察组
（副科级，8—）

组　长　陈　卉（女，8—）

市纪委、市监委派驻
市发改经信委纪检监察组
（副科级，8—）

组　长　孙加梁（8—）

市纪委、市监委派驻
市住建局纪检监察组
（副科级，8—）

组　长　肖　碧（女，8—）

市纪委、市监委派驻
市财政局纪检监察组
（副科级，8—）

组　长　李振国（8—）

市纪委、市监委派
驻综合监督纪检监察组
（副科级，8—）

组　长　施朝新（8—）

组织部

部　长　杜官军
常务副部长　耿惠明
副部长　胡　海
　　　　王国华
　　　　张志明

非公有制企业和社会组织工作委员会

书　记　胡　海
副书记　张利平

市人才工作领导小组办公室

主　任　王国华（兼）
副主任　贺建涛

市党员干部现代远程教育中心
（副科级）

主　任　蔡振宇

宣传部

部　长　李莉珺（女，—12）
　　　　金夕龙（12—）
常务副部长　黄锁荣
副部长　瞿煜国
　　　　陈广平（兼）
　　　　刘广跃

精神文明建设
指导委员会办公室

主　任　瞿煜国（兼）
副主任　马　伟（12—）

市政府新闻办公室

主　任　唐　斌

市互联网信息中心

主　任　洪　伟

统战部

部　长　杜官军（—12）
　　　　薛军民（12—）
常务副部长　王春龙
副部长　薛东升
　　　　吉士英（兼）

台湾工作办公室

主　任　严　骏
主任科员　殷连华（女）

政法委员会

书　记　任剑平
副书记　符红海（兼，—1）
　　　　陈　俊（兼）
　　　　荆锁枚（—8）
　　　　马国祥

政治处（副科级）

主　任　汤裕品

社会治安综合治理
委员会办公室

主　任　荆锁枚（兼，—8）
副主任　贡丽华（女）

国家安全领导小组办公室

主　任　马国祥（兼）
副主任　王国新

机构编制委员会办公室

主　任　颜卫军
副主任　孙中西
　　　　钱代新（女）
　　　　王晨积

人大、政协机关

人大办公室

主　任　王永生
副主任　杨望操
　　　　张卫星（兼）

内务司法工委

主　任　赵丹心
副主任　史建军

财经工委

主　任　岳兆庆
副主任　孙新华

教科文卫工委

主　任　李碧文
副主任　吴美玉（女）

环境资源城乡建设工委

主　任　蔡国璐
副主任　马春伟

人事代表联络工委

主　任　申大春
副主任　包红萍(女)

农业和农村工委

主　任　张少云
副主任　吴卫华

人大办公室信访室(副科级)

主　任　胡云球

政协秘书长

秘书长　吴卫方

政协办公室

主　任　洪中贤
副主任　王　文
　　　　陈玉娟(女)

提案委

主　任　荆爱琴(女)
副主任　谭飞云(—6)
　　　　吴　宁(女,6—)

经济科技委

主　任　孙勇先
副主任　严红霞(女)

教卫文史委

主　任　陆中华
副主任　刘　俊

城乡建设委

主　任　金　艳(女)
副主任　束　昕(女)

社会法制海外联络委

主　任　吴嘉宝
副主任　许俊芳(女)

政协委员工作办公室

主　任　黄国余

丹阳市人民法院

院　长　唐东升
党组书记　唐东升
副院长　严宏坤
　　　　袁晓华(女)
　　　　王宇晖
　　　　张　峰(6—)
纪检组长　刘玉兔(—8)
政治处主任　史　展

审委会

专职委员　张　峰(—6)
　　　　　周　强
　　　　　邢永忠(6—)

执行庭(局)

庭(局)长　刑永忠(—6)
　　　　　陈国鹰(6—)

丹阳市人民检察院

检察长　方红卫(女)
党组书记　方红卫(女)
党组副书记　康　珺
副检察长　康　珺
　　　　　郑苏耘
　　　　　张江伟
纪检组长　江卫军(—8)
政治处主任　束利云

检委会

专职委员　顾荣春

职务犯罪侦查预防局(副科级)

局　长　解晓东

公诉局(副科级)

局　长　蒋玉中

后巷检察室(副科级)

主　任　(缺)

社会团体

总工会

主　席　束瑞成
党组书记　束瑞成
副主席　赵秀芳(女)
　　　　滕红斌
　　　　曾建芳(女)
主任科员　唐晓奇

团市委

书　记　马艳洁(女)
副书记　陈　辉(—10)
　　　　朱梦盼(女)
　　　　童　敏(10—)
　　　　冷晨萍(挂职,10—)
　　　　刘子焕(不驻会,10—)
　　　　葛堡烨(不驻会,10—)

妇女联合会

主　席　姜　琪(女)
党组书记　姜　琪(女)
副主席　吴　宁(女,—6)
　　　　张珍花(女)
　　　　陈　慧(女,6—)

科学技术协会

主　席　周祥庆
党组书记　周祥庆
副主席　王阿云
　　　　眭莜菊(女)
主任科员　毛二生

归侨侨眷联合会

主　席　冷文华
秘书长　刘敏龙
副主席　刘敏龙(兼)
　　　　叶应松(不驻会,5—)
　　　　吴银芳(女,不驻会,5—)

工商业联合会(商会)

会　长　夏　炜
党组书记　薛东升
副会长　薛东升
　　　　李逸民
　　　　汤龙保(不驻会)
　　　　常国民(不驻会)
　　　　眭越江(不驻会)

徐荣良(不驻会)
郑志伟(不驻会)
郦海星(不驻会)
韩同军(不驻会)
姚纪荣(不驻会)
陈建林(不驻会)
邱新国(不驻会)
汤建平(不驻会)
李德元(不驻会)
曹嘉伟(不驻会)
巢建峰(不驻会)
景金毅(不驻会)

文学艺术界联合会

主　席　周菊云(女)
副主席　虞爱军

残疾人联合会

理事长　李　弘
副理事长　朱长俊(—8)
　　王国宝(不驻会)
主任科员　蒋新秋

市委部门管理机构

老干部局

局　长　张云芳(—8)
　　张志明(兼,8—)
副局长　高　敏(女)
主任科员　陈夕方

机关工委

书　记　张　洁(女)
副书记　胡玉兴
　　唐亦军
　　曹　辉
纪工委书记　贡惠良(—8)
　　董洪良(8—)

信访局

局　长　韦国芳
副局长　张发良
　　朱伟界
　　贡伟军(6—)

市社会矛盾纠纷调处服务中心

主　任　焦建国

市委直属事业单位

党校、干部行政学校

党校校长　赵志强(兼)
干校校长　赵立群(兼)
常务副校长　方利泽
副校长　虞　伟
　　诸葛钰
　　朱利霞(女)

丹阳日报社

社　长　朱青华
党组书记　朱青华
党组副书记　余桂兵
总　编　余桂兵
副总编　史金生
　　眭维民
　　何　巍(女)

史志办公室

主　任　邹文学
副主任　朱银忠
　　夏炳忠

档案局

局　长　王君海
副局长　冷春燕(女)
　　史伟方
　　刘春华(女,6—)
主任科员　倪志耀

接待办公室

主　任　李国平

市政府工作部门

政府办公室

主　任　朱国祥
党组书记　朱国祥
副主任　朱国兴
　　赵锦昌
　　韦天昀(女)
　　景荣平
　　钟　益
　　秦晓峰
　　汤　昊

应急管理委员会办公室

主　任　赵锦昌
副主任　毛伟民
　　刘全良

督查室(副科级)

主　任　祖云峰

发展改革和经济信息化委员会

主　任　魏国荣
党组书记　魏国荣
党组副书记　李嘉兴(援陕)
　　胡云涛(6—)
副主任　李嘉兴(援陕)
　　胡云涛
　　杨成良
　　赵顺群
　　周　晶
　　司马军(援疆)
纪检组长　秦兰萍(女,—8)

企业资本运营工作办公室(副科级)

主　任　壮永宏(6—)

教育局

局　长　韦立忠
党委书记　韦立忠
教育工委书记　韦立忠
党委副书记　汪荣方
副局长　袁红伟
　　谢春华(女)
　　张文华
主任科员　谢春华(女,6—)
纪委书记　夏蓉娥(—8)

教育督导室(正科级)

主　任　(缺)

科学技术局、知识产权局

局　长　刘宏程(—3)
　　　　王小南(3—)
党组书记　刘宏程(—3)
　　　　　王小南(3—)
副局长　张和荣(—8)
　　　　王建方
　　　　王小南(—3)
　　　　聂　冰(—6)
　　　　步坚平
　　　　王　军(6—)
主任科员　胡光生
纪检组长　陈　卉(女,—8)

高性能合金材料研究院（副科级）

院　长　刘宏程(兼,—3)
　　　　王小南(兼,3—)

高新技术创业服务中心（副科级）

主　任　朱长春(6—)

公安局

局　长　陈　俊
政　委　景建国
党委书记　陈　俊
党委副书记　景建国
副局长　洪国平
　　　　王云良
　　　　张水平
　　　　樊国强
　　　　郭勇强
　　　　丁家军
　　　　汤鑫俊(—8)
督察长　陈　俊

维稳办

主　任　洪国平(兼)
副主任　庄丹明

610 办公室

主　任　王云良(兼)
副主任　毛国书

政治处(副科级)

主　任　周建军

指挥中心(副科级)

主　任　汤辉亮

国内安全保卫大队（副科级）

大队长　裔新华
教导员　周国铭

看守所(副科级)

所　长　韦敖锁
教导员　夏国俊

治安大队(副科级)

大队长　韦国新
教导员　黄建强

水警大队(治安大队挂牌机构)

大队长　(缺)
教导员　张荣军

交通警察大队(副科级)

大队长　陈锁坤
教导员　陈云芳

刑事侦查大队(副科级)

大队长　王国俊
教导员　丁冬初

经济犯罪侦查大队(副科级)

大队长　刘建中
教导员　曹　胜

巡特警大队(副科级)

大队长　张　新
教导员　杨建军

网络安全保卫大队(副科级)

大队长　王永良
教导员　马坚宁

法制大队(副科级)

大队长　朱晓伟
教导员　王云青

出入境大队(副科级)

大队长　徐文霞(女)
教导员　周善汉

开发区派出所(副科级)

所　长　蔡　镇
教导员　张艳君(女)

大泊派出所(副科级)

所　长　杜金华
教导员　眭　毅

荆林派出所(副科级)

所　长　黄定荣
教导员　林利敏

横塘派出所(副科级)

所　长　王晓冰
教导员　朱建辉

中山路派出所(副科级)

所　长　王永芳
教导员　周明华

和平桥派出所(副科级)

所　长　崔晓敏
教导员　孙培华

南环路派出所(副科级)

所　长　何洪铭
教导员　张　丹

司徒派出所(副科级)

所　长　施文进
教导员　郦国平

延陵派出所(副科级)

所　长　庞家俊
教导员　张叶宏

珥陵派出所(副科级)

所　长　(缺)

教导员　陈向武

导墅派出所(副科级)

所　长　顾建伟
教导员　朱学军

皇塘派出所(副科级)

所　长　沈香辉
教导员　丁月平

吕城派出所(副科级)

所　长　张荣辉
教导员　孔丹明

陵口派出所(副科级)

所　长　钱文俊
教导员　朱达文

访仙派出所(副科级)

所　长　束新辉
教导员　壮作云

新桥派出所(副科级)

所　长　杨华强
教导员　陈忠良

界牌派出所(副科级)

所　长　王国军
教导员　张国栋

后巷派出所(副科级)

所　长　姜剑波
教导员　陈云祥

埤城派出所(副科级)

所　长　束泽润
教导员　胡学锋

城管派出所(副科级)

所　长　张全为(—6)
教导员　贺国红

机场派出所(副科级)

所　长　朱云峰
教导员　王玉良

水上派出所(副科级)

所　长　李建中
教导员　孙春方

练湖派出所(副科级)

所　长　顾祎平
教导员　慎小明

监察局(—12)

局　长　张建明(—12)
副局长　丁丽琴(女)

民政局

局　长　盛建国
党委书记　盛建国
党委副书记　潘耀南
副局长　孙　瑜(女)
　　　　徐玉明
　　　　朱黎辉
主任科员　张永仁
纪委书记　宦红梅(女,—8)

司法局

局　长　焦建国
党组书记　焦建国
副局长　荆丹萍(女,—8)
　　　　袁云飞
　　　　郑志坚
纪检组长　郦红萍(女,—8)
主任科员　谈成良

财政局

局　长　徐国庆
党组书记　徐国庆
党组副书记　朱学军
副局长　朱学军
　　　　王清秀
　　　　茅建云
　　　　贡辉俊
　　　　邹为民
纪检组长　朱泽先(—8)

非税收入管理办公室(副科级)

主　任　(缺)

财政集中支付中心(副科级)

主　任　(缺)

国有资产监督管理办公室(副科级)

主　任　邹为民

高新区财政分局(副科级)

局　长　钱柏荣

延陵镇财政分局(副科级)

局　长　孔逸华

导墅镇财政分局(副科级)

局　长　蒋金良

皇塘镇财政分局(副科级)

局　长　戴路金

吕城镇财政分局(副科级)

局　长　束永学(—8)
　　　　吉金华(10—)

界牌镇财政分局(副科级)

局　长　殷荣鑫(—10)
　　　　戴国荣(10—)

丹北镇财政分局(副科级)

局　长　纪锁明

人力资源和社会保障局

局　长　施云峰
党组书记　施云峰
党组副书记　戈光华
　　　　　　田国亮
副局长　张锦芳
　　　　欧阳东
　　　　庞红武
　　　　汤正洪
　　　　唐　辉
主任科员　田国亮
纪检组长　汤旭平(—8)

人才流动服务中心(副科级)

主　任　唐　辉(兼)

社会保障管理中心(副科级)

主　任　张锁金(—8)
　　　　陆跃鹏(10—)

劳动就业管理中心(副科级)

主　任　周金泉

劳动监察大队(副科级)

大队长　陈　彤

住房和城乡建设局

局　长　高火宝
党委书记　高火宝
党委副书记　任志新(6—)
副局长　虞裕洲
　　　　朱小林
　　　　张志华(女)
　　　　任志新(—6)
　　　　何新锋(6—)
主任科员　葛兆元
　　　　　张志华(女,6—)
纪委书记　李振国(—8)

镇江市住房公积金管理中心丹阳分中心(副科级)

主　任　陆　阳

住房制度改革办公室(副科级)

主　任　毛伟东

房屋征收办公室(副科级)

主　任　姜建伟(6—)

滨江新城住建分局(副科级)

局　长　沈　正

规划局

局　长　谢安坤
党组书记　谢安坤
党组副书记　潘云兴
副局长　潘云兴
　　　　宗胜洪
　　　　洪俊杰
纪检组长　谢明耀(—8)
副主任科员　王正荣

滨江新城规划分局(副科级)

局　长　刘文俊(1—)

城市管理局(挂城市管理行政执法局)

局　长　谢正宝
党委书记　谢正宝
党委副书记　汤　军(—8)
副局长　周俊华
　　　　刘　欣(女)
　　　　丁荣华
　　　　田锁春
　　　　孙　强
主任科员　胡忠星
纪委书记　沈碧瑶(女,—8)

城市管理行政执法大队(副科级)

大队长　李诚华(—7)
支部书记　张建华

滨江新城城市管理行政执法大队(副科级)

大队长　景　浩

交通运输局

局　长　汤建俊
党委书记　汤建俊
党委副书记　王先中(6—)
副局长　陈志平
　　　　吴加平
　　　　曾祥明
　　　　王先中(—6)
　　　　吴伟林
主任科员　施夕花(女)
纪委书记　施朝新(—8)

公路管理处(副科级)

主　任　蒋小浩
总支书记　蒋小浩

航道管理处(副科级)

主　任　陈　康
支　书　陈　康

地方海事处(副科级)

主　任　於和国
支　书　於和国

交通运输管理处(副科级)

主　任　董辉平
支　书　董辉平

农业委员会

主　任　荆健康
党委书记　荆健康
党委副书记　聂　晴
　　　　　　徐菊芳(女)
副主任　聂　晴
　　　　荆宁刚
　　　　吴金书(—8)
　　　　贡敏杰
　　　　吴志敏
　　　　夏　彬
主任科员　孙建华(—8)
纪委书记　陈爱军(—8)

市农林行政执法大队(副科级)

大队长　陆学林(10—)

水利局

局　长　贡　涛
党组书记　贡　涛
党组副书记　许立新
副局长　许立新
　　　　贡书锁
　　　　杭　斌
　　　　周宏年
主任科员　潘明瑞
副主任科员　王国云

纪检组长 孙加梁(—8)

九曲河枢纽管理处(副科级)

主 任 虞旭升
支 书 虞旭升

商务局

局 长 汪 涛
党组书记 汪 涛
党组副书记 束国生
副局长 束国生
唐晓春
周宇静(女)
高 峰(6—)
纪检组长 陈晓钢(—8)
主任科员 王志中

中国国际贸易促进委员会丹阳市委员会(正科级)

会 长 汪 涛(兼)
副会长 蒋国平

国际投资促进服务中心(副科级)

主 任 郝 璐(6—)

文化广电新闻出版局

局 长 王 强
党委书记 王 强
党委副书记 徐 文
副局长 符 泽
戎玉华(女)
郭 蓓(女)
顾建卫
主任科员 张大龙
纪委书记 徐 文(—8)

卫生和计划生育委员会

主 任 杨文军
党委书记 杨文军
党委副书记 杭国祥
副主任 王志坤
汤志明
韦炳远
王 挺
丁金龙
谢丰羽(女)
纪委书记 肖 碧(女,—8)

市场监督管理局

局 长 陈 龙
党委书记 陈 龙
党委副书记 彭锁明
副局长 彭锁明
王 庆
刘建华
蒯建伟
张彦平
段建强(—3)
郭 昱
纪委书记 高凝重(女,—8)

云阳分局(副科级)

局 长 贡锁忠(6—)

曲阿分局(副科级)

局 长 贡锁忠(—6)
陈元春(6—)

导墅分局(副科级)

局 长 朱小军

珥陵分局(副科级)

局 长 朱辉明(—6)
王 锋(6—)

皇塘分局(副科级)

局 长 陈元春(—6)
朱辉明(6—)

吕城分局(副科级)

局 长 朱建中

陵口分局(副科级)

局 长 王 浩

访仙分局(副科级)

局 长 吕立军

丹北分局(副科级)

局 长 蒋 铮

界牌分局(副科级)

局 长 吴海鹰

司徒分局(副科级)

局 长 卢坚峰

延陵分局(副科级)

局 长 赵治永

审计局

局 长 丁耀斌
党组书记 丁耀斌
副局长 洪 宇(女)
吴国祥
顾鹏程
朱雷鸣
丁方罗
主任科员 朱加文
纪检组长 杨祥大(—8)

经济责任审计中心(副科级)

主 任 李和明(—8)

建设工程投资审核中心(副科级)

主 任 朱荣金

环境保护局

局 长 曹立新
党组书记 曹立新
党组副书记 施宏俊
副局长 施宏俊
赵 挺
朱 平
许红星
主任科员 陈永鑫
许红星(6—)
纪检组长 邓伟群(—7)

环境监察大队(副科级)

大队长 束新俊(—12)

体育局

局　长　杨三秀
党组书记　杨三秀
党组副书记　汪卫平(—8)
副局长　汪卫平(—8)
　　陈　岷
　　张光平
　　邵　江
　　李科伟
主任科员　茅顺龙

统计局

局　长　张佩炎
党组书记　张佩炎
副局长　周辉平
　　徐宇进
　　夏柳生
主任科员　陈　浩

国家统计局丹阳调查队

队　长　虞丹宁
副队长　戎晓虎(—5)
主任科员　戎晓虎(5—)
纪检员　吉文涛(6—)

旅游局

局　长　眭国民(—8)
党组书记　眭国民(—8)
副局长　唐天平
　　茅卫东
　　梁振若

物价局

局　长　蒋云清
党组书记　蒋云清
党组副书记　沈松春(6—)
副局长　沈松春
　　吴吉祥
　　袁玉军
　　张林生
纪检组长　杭腊荣(—8)

粮食局

局　长　魏文平
党委书记　魏文平
党委副书记　李新良
副局长　石锁龙
　　吴　剑
　　钟建华
纪委书记　袁卫东(—8)

政府法制办公室

主　任　韩静慧(女,—3)
　　段建强(3—)
党组书记　刘绛昊
副主任　岳保华
　　陈思寒

民族宗教事务局

局　长　吉士英
副局长　刘　晔

安全生产监督管理局

局　长　王文华
党组书记　王文华
党组副书记　戎浩强
副局长　钱惠文
　　左二林
　　虞朝晖
　　陆　俊
主任科员　戎浩强

安全生产监察大队(副科级)

大队长　周中平

民防局

局　长　唐明科
党组书记　唐明科
党组副书记　蒋志明
副局长　胡正龙(—8)
　　杨军会
　　张须白
　　张普新(11—)
主任科员　蒋志明

市政府直属事业单位

行政审批服务中心(—7)
政务服务管理办公室(7—)

主　任　尹核威
党组书记　尹核威
副主任　刘文亮
　　蔡方武
　　闫晓瑜(女)

机关事务管理局

局　长　徐镇芳(女)
党组书记　徐镇芳(女)
副局长　姜建忠
　　蔡三洪
　　夏国俊
主任科员　贺红霞(女)

医疗保险管理中心

主　任　戈光华
副主任　夏伟民
　　韦国忠
　　蒋家锋

公共资源交易中心

主　任　王海岩
党组书记　王海岩
副主任　殷兆龙
　　刘国锋
　　彭　辉

广播电视集团

董事长　陈广平
总经理　陈广平
党委书记　陈广平
党委副书记　荆亚军(6—)
副总经理　荆亚军
　　马永红
　　朱敏尉
　　赵　俊(6—)
　　顾爱平(6—)
　　钱明祥(6—)

地震局

局　长　夏　洪
党组书记　夏　洪
副局长　夏亚芳
　　陈豪杰
　　蒋新群

林　场

副场长　钱伟峰(6—)

练湖度假区管委会

党工委书记　崔晓俊(—6)
党工委副书记　谢海龙
主　任　谢海龙
副主任　周　鑫
　　　　陈育松

检验检测中心

主　任　孙　蒙
党组书记　孙　蒙
副主任　蔡国景
　　　　董　平
　　　　王惠平

逐步转化为经济实体

商贸资产经营管理总公司

总经理　夏荣堂
党委书记　夏荣堂
副总经理　陈莉萍(女)

工业资产经营管理总公司

党委书记　邹建国(—6)
　　　　　裴金华(6—)
总经理　邹建国(—6)
　　　　裴金华(6—)
副总经理　吴建军(6—)

供销总社

主　任　何成保
党委书记　何成保
党委副书记　陈国林
副主任　姜红将
　　　　汤　琪

市属企事业单位

江苏省丹阳中学

校　长(正处职)　朱禾勤(12—)
副校长(副处职)　朱禾勤(—12)
党委副书记(副处职)　朱禾勤(12—)
　　　　　　　　　　朱万喜
副校长　束晓霞(女)
　　　　李建平
　　　　马俊杰
　　　　潘国良

吕叔湘中学

校　长　邹立忠
总支书　邹立忠
副总支书　张京霞(女)
副校长　张京霞(女)
　　　　问国方(—8)
　　　　郑　健
　　　　韩　强(8—)
　　　　杭国荣(8—)

第三中学

校　长　王立新
总支书　王立新
副总支书　张步青
副校长　张步青
　　　　田　坤
　　　　谢　蕾(—8)
　　　　王梅花(女)
　　　　戴辉俊(8—)

云阳学校

校　长　丁叶俊
总支书　丁叶俊
副校长　史炳洲
　　　　王　伟
　　　　胡云萍(女)
　　　　宗　立
　　　　孔丽芳(女)
　　　　顾　鑫

第五中学

校　长　林伟民
总支书　林伟民
副总支书　吴朝阳
副校长　吴朝阳
　　　　眭金祥
　　　　朱满华
　　　　邹国友

第六中学

校　长　姜丹敏(1—)
总支书　姜丹敏(1—)
副校长　葛丹生
　　　　朱玉海
　　　　钱卫东
　　　　苏　哲(8—)

江苏省丹阳中等专业学校

校　长　黄　晨
总支书　黄　晨
副校长　茅静平
　　　　陈晋彦
　　　　杨淑芳(女)
　　　　邓金星
　　　　贾　伟
　　　　贡国忠

进修学校

校　长　戎年中
总支书　汪荣方(兼)
副总支书　戎年中
　　　　　史辉金
副校长　丁旗松
　　　　王先进
　　　　葛华平

华南实验学校

校　长　王旭平
支　书　张锁荣(—8)
　　　　王旭平(8—)
副支书　王旭平(—8)
副校长　吴　云
　　　　匡洪浩
　　　　丁　彬
　　　　邵卫平
　　　　黄玉红(女)

技工学校(副科级)

校　长　黄　晨(兼)

第八中学(副科级)

校　长　张文华(—8)
　　　　薛贤良(8—)

支　书　张文华(—8)
　　　　薛贤良(8—)

第九中学(副科级)

校　长　傅　辉
支　书　傅　辉

实验学校(副科级)

校　长　诸华平
总支书　诸华平

人民医院

院　长　林翼金
书　记　林翼金
副书记　蒋安平
副院长　蒋安平
　　　　陈建红
　　　　部黎伟
　　　　吴卫东
　　　　蒋　华

中医院

院　长　卢建平
书　记　吴如雷
副书记　卢建平
副院长　吴如雷
　　　　盛国庆
　　　　周华明

第二人民医院(副科级)

院　长　罗江波
支　书　罗江波

投资集团有限公司

董事长　陈震彦
党组书记　陈震彦
总经理　陈震彦
副总经理　戎庭芳
　　　　　蒋小平
　　　　　陈泽洪
　　　　　丁银林
纪检组长　翁海涛

丹化集团

董事长　王　斌
总经理　王　斌
党委书记　王　斌
党委副书记　杨　军
副总经理　杨　军
　　　　　张锁仁
　　　　　陈国军
　　　　　李国方
　　　　　吴晓金(—6)
　　　　　孙朝辉
董　事　杨　军
　　　　张锁仁
　　　　陈国军
　　　　李国方
　　　　孙朝辉
　　　　成国俊
　　　　戎庭芳(兼)
工会主席　杨　军
纪委书记　杨　军(6—)

水务集团

董事长　吴光平
党委书记　吴光平
总经理　吴光平
副书记　魏玉妹(女,6—)
副总经理　魏玉妹(女,—6)
　　　　　许剑波
　　　　　胡国庆
　　　　　蒋卫东
　　　　　张旭俊
　　　　　殷锦泉(6—)

江苏齐梁文化旅游发展有限公司

董事长　(缺)

大亚科技集团有限公司

董事长　陈晓龙
总　裁　陈晓龙
执行总裁　陈建军(3—)
副总裁　眭　敏

大亚圣象家居股份有限公司

董事长　陈晓龙
副总裁　吴谷华

驻丹、代管单位

丹阳市人民武装部

党委第一书记　陈可可(兼)
党委书记　陈文水
政　委　陈文水
部　长　郭进文

气象局

局　长　马华卫
副局长　范　铁

国土资源局

局　长　吴正飞
党组书记　吴正飞
党组副书记　臧家荧
副局长　臧家荧
　　　　陆汉龙(—3)
　　　　许龙坤
　　　　蔡　飞
　　　　王　军
　　　　贡晓骏

中国邮政集团公司江苏省丹阳市分公司

总经理　殷志强
党委书记　殷志强
副总经理　周　军
　　　　　孙伟明

邮政储蓄银行丹阳支行

支行长　徐　纲
书　记　徐　纲
副行长　潘建新
　　　　尹生云
工会主席　潘建新

江苏省电信有限公司丹阳分公司

总经理　孙艳中(—1)

张国芳(1—)

党委书记　孙艳中(—1)

张国芳(1—)

副总经理　肖国等(—3)

贡兆庆

纪委书记　贡兆庆

江苏省电力公司
丹阳市供电公司

总经理　朱云山

党委书记　朱正友(—7)

马文捷(7—)

党委副书记　朱云山

副总经理　朱正友(—7)

马文捷(7—)

韦国强

罗　明

白少锋(—8)

毛国鑫(8—)

纪委书记　张小玲

工会主席　张小玲

中石化丹阳分公司(副科级)

经　理　刘国俊

支　书　史国庆

副经理　赵　林

国家税务局

局　长　吴兴春

党组书记　吴兴春

副局长　闵仲鹏

吴宏军

刘　方

纪检组长　孙贵康

地方税务局

局　长　田山鹏

党组书记　田山鹏

副局长　谢春雷

胡永华

何　伟

李元东(—4)

郭　兵(4—)

海关驻丹阳办事处

主　任　陆卫平

出入境检验检疫局丹阳办事处

副主任　顾文慧(女)

烟草专卖局(烟草公司)

局长、经理　史永锋

副经理　王志华(—7)

邵　尉(女,7—)

副局长　邵　尉(女,—7)

张　锐(7—)

盐务局(副科级)

局　长　李明良

支　书　李明良

人民银行丹阳支行
(国家外汇管理局丹阳支局)

行长、支局长　蒯理所

党组书记　蒯理所

副行长　陈黎明(女)

童秀龙

纪检组长　陈黎明(女,兼)

银监会丹阳监管处

主　任　戴　霞(女)

工商银行

行　长　缪建新

党委书记　缪建新

副行长　谢跃敏

顾长虹

殷月芳(女)

陈文炳

农业银行

行　长　刘烈荣

党委书记　刘烈荣

副行长　何广新

张平才

葛明华

纪委书记　王彦民(6—)

农业发展银行

行　长　凌　飞

副行长　孙双华

王祖斌

农村商业银行

董事长　田贵荣

党委书记　田贵荣

行　长　戴新铭

监事长　邵金芬(女)

副书记　戴新铭

副行长　仲向阳

眭明杰

刘德胜

王志军

纪委书记　邵金芬(女)

中国银行

行　长　严辉军

书　记　严辉军

副书记　韦旭林

副行长　朱峻霞(女)

朱伟民

毛莉霞(女)

范　晶(女,1—)

管建忠

胡腊军

建设银行

行　长　张　鹏

书　记　张　鹏

副行长　陆声平(女)

李　祥

蒋春辉

纪委书记　毛浩平

交通银行

行　长　蒋云龙

副行长　黄　伟

唐郁芬(女)

夏建新

江苏银行

行　长　姜斌耀(—4)
　　　　汤　楠(4—)
书　记　姜斌耀(—4)
　　　　汤　楠(4—)
副书记　陈巧玲(女)
副行长　王小旭

中国人民财产保险公司丹阳支公司

总经理　李　伟
副总经理　王明祥
　　　　陈国星
　　　　恽宏凯

中国人寿保险公司丹阳支公司

经　理　周荣强
经理助理　毛江华(女)
副经理　黄　伟
　　　　钱丽云(女)

太平洋财产保险公司

总经理　徐文虎
副总经理　潘夕梅(女)
　　　　李　芳(女)

太平洋人寿保险公司

总　监　沈　磊(2—)
副经理　何德才
　　　　宫　进(—4)
　　　　姚久升(4—)

江苏有线丹阳分公司

总经理　朱国宝
党委书记　朱国宝
副总经理　林书根
　　　　徐建平
　　　　潘晓方
　　　　周华良

开发区、镇

开发区党工委、管委会

党工委书记　黄俊杰
党工委副书记　柬克之
　　　　谭纵横
　　　　崔晓俊(—6)
主　任　柬克之
副主任　荆冬根
　　　　陈小琴(女)
　　　　潘志军
　　　　李青山
纪工委书记　陈学海
工委委员　荆冬根
　　　　陈小琴(女)
　　　　潘志军
　　　　李青山
　　　　陈学海
　　　　赵明富
　　　　陈尧平
　　　　石文辉
　　　　张九庆(—8)
　　　　韦国忠(—8)
　　　　茅学军
　　　　蒋新兰(女)

曲阿街道办事处

党工委书记　黄俊杰
党工委副书记　柬克之
　　　　石文辉
主　任　柬克之
人大工委主任　陈尧平
人大工委副主任　徐银宝
副主任　王晓明(—7)
纪工委书记　陈学海
党工委委员　陈学海
　　　　赵明富
　　　　蒋新兰(女)
　　　　茅学军
　　　　张九庆(—8)
人武部长　茅学军

组织人事局(副科级)

局　长　赵明富

社会事务管理局(副科级)

局　长　毛晓红(女)

经济发展局(副科级)

局　长　吴建骏

城市发展局(副科级)

局　长　赵华中

行政事务局(副科级)

局　长　柬振宏

开发区财政分局(副科级)

局　长　张俊杰

高新区党工委、管委会(6—)

书　记　金夕龙(6—12)
　　　　张　冲(12—)
副书记　王小南(兼,6—)
　　　　于　斌(6—)
主　任　于　斌(6—)
副主任　王　锦(6—)
　　　　朱国军(6—)
　　　　王　军(6—)
　　　　陈　辉(10—)
委　员　王　锦(6—)
　　　　朱国军(6—)
　　　　王　军(兼,6—)
　　　　陈　辉(10—)
主任科员　王　锦(6—)

云阳街道党工委、办事处

党工委书记　金夕龙(—12)
　　　　张　冲(12—)
党工委副书记　于　斌
　　　　裴金华(—6)
　　　　陈胜华
　　　　江小慧(女,6—)
主　任　于　斌
人大工委主任　吴建军
人大工委副主任　傅雅敏(女,—6)
　　　　吴江华(女,6—)
副主任　朱国云
　　　　朱国军(—6)
　　　　曹金辉
　　　　贡晨峰

傅雅敏(女,6—)
笪俊杰(—6)
纪工委书记 钱明祥(—6)
刘 军(6—)
党工委委员 钱明祥(—6)
刘 军(6—)
傅雅敏(女,—6)
江小慧(女,—6)
吴江华(女)
朱昕乾(6—)
陈建俊
尹金平
人武部长 尹金平

市高新科技城管委会
(正科级,—6)

主 任 江小慧(女,—6)
副主任 周 浩(—6)

司徒镇

党委书记 吴晓东
党委副书记 张 冲(—12)
束蓓玲(女)
洪 锋
镇 长 张 冲(—12)
人大主席 蔡国璐(—6)
束瑞成(6—)
人大副主席 符江云
副镇长 高 峰(—6)
束红益
吕家麟
张 慧(女)
刘 洪(6—)
纪委书记 景云辉
党委委员 景云辉
符江云
贡丽娅(女)
杜辉忠
任 涛
金建中
人武部长 金建中
主任科员 蒋晓红(女)

财政和资产管理局
(副科级)

局 长 戴国荣(—10)
殷荣鑫(10—)

行政审批服务局(副科级)

局 长 岳一君(女)

政法和社会管理办公室
(副科级)

局 长 唐凯航

延陵镇

党委书记 马 杰
党委副书记 陈文俊
吴初新
蔡旭辉
镇 长 陈文俊
人大主席 花芬雷
人大副主席 贡东方
副镇长 王 俊
丁锡峰
贡玉凤(女)
臧玉金
纪委书记 马红梅(女)
党委委员 马红梅(女)
贡东方
赵志俊
贡旭明
王 欢
人武部长 王 欢
主任科员 吴文忠

九里风景区管委会
(副科级)

主 任 庄英华(女)

珥陵镇

党委书记 蔡琳琳(女)
党委副书记 刘 刚
贡学平
史乐群
镇 长 刘 刚
人大主席 蔡荣方
人大副主席 傅 俊
副镇长 赵仁朝
陆丹瑾(女)
丁 凯
束 方
纪委书记 刘 军(—6)
张雨生(6—)
党委委员 刘 军(—6)
张雨生(6—)
傅 俊
赵伯康
殷丽萍(女)
陈正方
人武部长 陈正方
主任科员 刘俊振

导墅镇

党委书记 张 毅
党委副书记 王 啸
唐宁锋
李 超
镇 长 王 啸
人大主席 蔡小红(女)
人大副主席 程海洋(—6)
李才志(6—)
副镇长 蒋国忠
王国良
朱国君
钱红霞(女)
纪委书记 毛卫东
党委委员 毛卫东
程海洋
李才志(6—)
朱 文
孙 洁(女)
仲建平
人武部长 仲建平
主任科员 凌武刚

皇塘镇

党委书记 李庆丰
党委副书记 邵 翔
王 锦(—6)
杨鸣强
聂 冰(6—)
镇 长 邵 翔
人大主席 蔡志方

人大副主席　蔡辉斌
副镇长　王国柱
　　林攀峰
　　朱　佳
　　胡强盛
　　熊新燕(女)
纪委书记　周　皓
党委委员　周　皓
　　蔡辉斌
　　李桂文
　　张　涛
　　韦芬琴(女)
　　刘文彬
　　周　浩(6—)
人武部长　刘文彬
主任科员　钱兴平
　　李忠群

吕城镇

党委书记　杭春云(—6)
　　崔晓俊(6—)
党委副书记　高　飞(女)
　　杨海州
　　陈志明
镇　长　高　飞(女)
人大主席　李环凤(女)
人大副主席　雷晓晴(女)
副镇长　江云峰
　　钱慧花(女)
　　师书迎
　　张千荣
纪委书记　许志华
党委委员　许志华
　　雷晓晴(女)
　　徐　进
　　陈志国
　　宋正舜
人武部长　宋正舜
主任科员　黄伟华

陵口镇

党委书记　蒋　敏
党委副书记　陈洲同
　　张西雅(女)
　　杨秋竹(—6)
　　谭飞云(6—)
镇　长　陈洲同
人大主席　张树根
人大副主席　韦　婕(女)
副镇长　李　俊
　　蔡惠宏
　　张　琼(女)
　　周剑敏
纪委书记　郭　芬(女)
党委委员　郭　芬(女)
　　韦　婕(女)
　　陈梨辉
　　李浩琦
　　钟益亭
人武部长　钟益亭
主任科员　贡红秀

访仙镇

党委书记　曹　俊
党委副书记　蒋　平
　　舒金俊
　　王标平
镇　长　蒋　平
人大主席　林国芳
人大副主席　周翀斌(—6)
　　李磊平(6—)
副镇长　路建忠
　　潘文骅
　　林　晶
　　陆建新
纪委书记　任国俊
党委委员　任国俊
　　李磊平(6—)
　　严红霞(女)
　　周翀斌(—6)
　　王泽民(5—)
　　刘礼剑
人武部长　刘礼剑
主任科员　王莉华(女)

界牌镇

党委书记　王华君
党委副书记　徐瑞俊
　　朱兴军
　　张伟平
镇　长　徐瑞俊
人大主席　李　栋
人大副主席　杜雅琴(女)
副镇长　张东华(女)
　　陈国平
　　胡峻岭
　　眭　强
纪委书记　程　穗(女)
党委委员　程　穗(女)
　　杜雅琴(女)
　　范　萌
　　朱　兵
　　徐志敏
人武部长　徐志敏
主任科员　李志芳

丹北镇

党委书记　周东明
党委副书记　陆云飞
　　蒋永辉
　　姜华中
镇　长　陆云飞
人大主席　虞炳昌
人大副主席　孙　晨(女，—8)
副镇长　殷昌敏
　　吴建中
　　蒋俊华
　　张　仲
　　唐润君
纪委书记　刘和祥(—8)
　　张春辉(8—)
党委委员　刘和祥(—8)
　　张春辉(8—)
　　束　彧(女)
　　孙　晨(女，—8)
　　姚丹铭
　　何　凯
　　曾国祥
　　朱国强(6—)
人武部长　曾国祥
主任科员　蒋勤花(女)

(市委组织部)

中共丹阳市委员会

栏目编辑　夷朝霞

市委领导分工

陈可可，市委书记，主持市委全面工作，分管市人大、市政协工作。

黄春年，市委副书记、市长，主持市政府全面工作，分管机构编制、人民武装工作。

赵志强，市委副书记，协助书记负责市委日常工作、党建工作、深化改革工作，分管工业经济、农业农村工作、科技、科协、党校、党史、档案、办公室、城乡统筹、机要保密工作。

任剑平，市委常委，负责市委政法委工作，分管政法、社会稳定、公安、检察、法院、司法、信访、民政、双拥、残联工作。

赵立群，市委常委，负责市政府常务工作，分管市政府分工工作。

李莉珺，市委常委，负责市委宣传部工作，分管意识形态、宣传思想、精神文明、新闻、文联、教育、文化、卫生和计划生育、体育、旅游工作。

金夕龙，市委常委，1－12月主持云阳街道党工委全面工作。12月起负责市委宣传部工作，分管意识形态、宣传思想、精神文明、新闻、文联、教育、文化、卫生和计划生育、体育、旅游工作。

杜官军，市委常委，负责市委组织部工作，分管干部、组织、人才、机关工委、工会、共青团、妇联、老干部工作。1－12月负责市委统战部工作，分管对台、侨务、民主党派、工商联工作。

周奇恒，市委常委，1－10月负责市纪委工作，分管纪检、监察、巡察、党风廉政建设工作。

仇洋，市委常委，12月起负责市纪委工作，分管纪检、监察、巡察、党风廉政建设工作。

薛军民，市委常委，12月起负责市委统战部工作，分管对台、侨务、民主党派、工商联工作。

陈文水，市委常委，负责市人武部工作，分管人民武装、国防动员、民兵预备役、军民共建、人防和联系部队工作。

周东明，市委常委，主持丹北镇党委全面工作。

孙沪兵，市委常委，1月起挂职，参与市政府工作。

袁国军，市委常委，3月起挂职，参与市政府工作。

（沈诺亚）

重要会议

【规模纳税企业新春座谈会】　2017年2月4日，丹阳市规模纳税企业2017年新春座谈会在会展中心召开。会议主要内容是贯彻落实丹阳市委十三届二次全会精神，以“两聚一高”（聚力创新、聚焦富民，高水平全面建成小康社会）为引领，加快建设苏南现代化工贸名城。中共丹阳市委书记陈可可出席会议，他要求企业家围绕既定目标，增强责任，在产业振兴方面强化担当、再立新功；坚守实体经济，发扬“工匠精神”，在制造领域精耕细作，把质量当做企业的生命之源，追求极致品牌，把创新作为企业发展的灵魂，在培育拳头产品、开发核心技术上下功夫，向价值高端攀升、向新兴产业转型；发挥引才主体作用，胸怀全球，择天下英才而用，在加大科技金融、法务管理等各类人才引进力度的同时，使企业发展永葆生机活力；防控金融风险、营造良好金融生态，坚定推动“僵尸企业”出清；鼓励企业转变观念，开展多元融资，用好资本市场支撑，创造条件挂牌、上市，增强企业的发展后劲。会议对 2016 年度全市纳税先进企业进行表彰。市四套班子全体领导，各镇（区、街道）党（工）委书记、镇长（主任），市委各部委办局，市各委办局院行社中心（总公司）、各人民团体、市直属单位党政主要领导，2016 年度纳税大户企业负责人，总部企业及部分科技创新企业的主要负责人参加会议。（沈诺亚）

【农业农村工作座谈会】　2017 年 2 月 17 日，丹阳市农业农村工作座谈会在会展中心召开。会议分析当前农业和农村形势，安排部署 2017 年“三农”发展目标任务和重点工作，动员全市抓住用好全面深化农村改革重大战略机遇，开创丹阳“三农”工作新局面。会议指出，2017 年，丹阳市将围绕推进农业供给侧结构性改革，着眼提升和增效，按照“稳粮、优经、扩饲”要求，在保持粮食基本生产能力的前提下，顺应市场需求，增加绿色优质农产品供给，积极发展高效农业。重点扶持乡村旅游、创意农业、农产品精深加工、农村电商等新业态，促进农村一二三产业融合发展。开展“扶村帮户”达新标精准扶贫活动、“千个党支部结对千户特困家庭”奔小康活动和“惠民大走访”活动，坚决打赢精准扶贫攻坚战。同时，进一步深化农村集体产权制度改革，完善城乡发展一体化体制机制，加强和创新农村社会治理，推动丹阳市现代农业发展、农民增收和社会主义新农村建设取得新实效。丹阳市委副书记赵志强在会上指出，全市要把提高供给质量作为主攻方向，加快转变农业发展方式；把促进农民增收作为核心目标，加快富民惠民步伐；把统筹城乡发展作为根本途径，提升农村发展质态。进一步强化组织领导，提升工作水平，推动丹阳市农业农村发展实现新突破。

（沈诺亚）

【组织工作会议】　2017 年 2 月 23 日，丹阳市组织工作会议在会展中心召开。会上，丹阳市委书记陈可可指出，要切实增强做好组织工作的政治责任感，着力增强“四个意识”，坚持做到全面从严，坚持以问题为导向，选好管好“关键少数”；要切实抓好换届后领导班子和干部队伍建设，突出领导班子建设，突出管好用好干部，突出年轻干部培养，突出党内政治生活的严肃性；要切实营造重才用才的浓厚氛围，严格落实“丹凤朝阳”人才计划，吸引、留住各类优秀人才服务丹阳发展；要切实提升基层组织战斗堡垒作用，推进“两学一做”学习教育常态化制度化，建强基层党组织带头人队伍，强化基层党组织的服务功能，坚持创新党建工作品牌，着力打造一批富有丹阳特色、具有推广价值的党建品牌。会上，市委常委、组织部部长、统战部部长杜官军总结丹阳市 2016 年的组织工作，部署 2017 年组织工作任务。市委主要领导、分管领导，各基层党（工）委书记、分管副书记、组织（人秘）科长，市各有关单位主要负责人、组织人秘科长（办公室主任），组织部全体工作人员参加会议。

（沈诺亚）

【文明城市创建工作推进会】　2017 年 2 月 24 日，丹阳市文明城市创建工作推进会在会展中心召开。会议集中观看文明城市创建问题反馈视频。市委常委、纪委书记周奇恒宣读通报批评决定，市行政审批服务中心因开展宣传教育形式单一、没有高效的投诉处理机制，市交通运输局因客运中心无障碍设施不能正常使用、公交车“讲文明树新风”等公益广告宣传氛围不浓，陵口镇人民政府因集镇区域以及部分村没有开展文明家庭或文明户创建活动等问题被通报批评并启动问责办法。市委常委、宣传部部长李莉珺部署创建工作，19 位市领导挂钩 39 个社区，64 个部门单位领取 510 项重点工作。市委书记陈可可指出，创建全国文明城市，到了决胜阶段，丹阳有压力，更有机会。市委市政府的态度非常明确，就是必须动真碰硬、不留退路。创建要说了算、定了干、干则成，以此推动丹阳各项工作都有更高的标准、更高的要求、更高的追求。（沈诺亚）

【统战工作会议】 2017 年 3 月 2 日，丹阳市统战工作会议在会展中心召开。会议总结 2016 年全市统战工作，研究部署 2017 年工作任务。2017 年，市统战工作将围绕“两聚一高”发展大局，强化责任担当、维护统一战线团结稳定，推动机制建设，构建大统战工作格局，全力推动统战工作再上新台阶。市委常委、组织部部长、统战部部长杜官军表示，2017 年是全市统战工作的“落实年”“创新年”。全市统战系统要牢固树立政治意识、大局意识、核心意识、看齐意识，广泛凝聚思想共识，围绕推进苏南现代化工贸名城建设，提高议政建言质量、民主监督成效和社会服务能力，围绕构建“亲清”政商关系重点，增强发展信心，提升服务效能。同时，切实维护民族宗教领域和谐稳定，强化统战干部队伍建设，推动统战工作迈入科学化、规范化、制度化和可持续发展轨道。市委统一战线工作领导小组成员单位分管领导，市统战系统各单位领导班子全体成员，各镇（区、街道）党（工）委分管副书记、统战委员，练湖度假区党工委分管领导，市有关部门党委（党组）分管领导，市各民主党派、工商联、无党派代表人士联络小组负责人，市委统战部全体机关干部参加会议。（沈诺亚）

【“三治理一挂牌”专项行动动员会】 2017 年 6 月 16 日，丹阳市农村基层不正之风和腐败问题“三治理一挂牌”（扶贫领域专项治理、农村集体“三资”管理专项治理、惠农补贴发放专项治理，开展挂牌督办，严查农村基层“微腐败”）专项行动动员会在会展中心召开。会议贯彻落实中央、省委 1 号文件精神和省纪委、镇江市委关于开展农村基层不正之风和腐败问题专项治理的有关要求，系统部署丹阳市“三治理一挂牌”专项行动。会上，市委书记陈可可强调，开展农村基层不正之风和腐败问题“三治理一挂牌”专项行动，最为关键的在镇、村一级，最重要的是把工作抓实抓好抓细。“三治理一挂牌”专项行动是推进全面从严治党向基层延伸的重要举措，是强基固本、标本兼治的迫切任务，是深化农村改革、破解难点问题的内在要求。各镇区、街道、各部门要提高认识、旗帜鲜明讲政治，坚决贯彻好中央、省委、市委决策部署，把落实好专项行动各项任务摆上位置、落到实处；要突出重点、务实精准抓推进，做到整体联动、合力推进；紧抓快干、高效推进；创新理念、科学推进；要强化担当，压实责任，要加强组织领导，强化协调督办，要层层压实责任，严格督察问责，要强化工作保障，推动常态长效。市委、市政府主要领导、分管领导，各镇（区、街道）党（工）委书记、镇长（主任）、分管副镇长（副主任）、纪（工）委书记、农经站站长、财政所所长，市农村基层不正之风和腐败问题“三治理一挂牌”专项行动领导小组、扶贫领域专项治理工作组、农村集体“三资”管理专项治理工作组、惠农补贴发放专项治理工作组全体成员，各行政村（社区）村书记等参加会议。（沈诺亚）

【中共丹阳市委十三届三次全会】 2017 年 7 月 16 日，中共丹阳市委十三届三次全会在会展中心召开。会议的主要内容是进一步贯彻落实江苏省委十三届二次全会和镇江市委七届四次全会精神，总结上半年工作，部署下半年任务，动员全市上下以“两聚一高”为引领，以实干业绩迎接党的十九大胜利召开。市委书记陈可可代表市委常委会作《发展再升温富民再发力以实干业绩迎接党的十九大胜利召开》的报告。陈可可说，2017 年，全市上下更加聚焦发展，抓产业、攻项目的氛围进一步浓厚；更加务实苦干，抓落实、抓推进的成效进一步显现。经济发展持续向好，城乡环境持续优化，党的建设持续加强。陈可可指出，镇江市委七届四次全会号召全市上下“对标苏南加油干、精准务实惠民生”，对丹阳而言就是要进一步提振自信心、焕发精气神，明大势、谋全局、抓大事，推动发展再升温，按照苏南的理念、苏南的标准、苏南的质量，把丹阳的事情做好，把最应干、能够干、必须干的事情干好。市委委员、候补委员，市纪委委员，市人大、市政府、市政协全体领导，曾经担任过市四套班子领导的离退休老干部代表，各镇（街道）党（工）委书记、镇长（主任）、副书记（党务、经济）、党政办公室（综合办公室）主任，开发区党工委书记、管委会主任、分管领导、行政事务局局长，高新区党工委书记、管委会主任、分管领导、党政办公室主任，练湖度假区管委会主任、分管领导、综合办公室主任，市委各部委办局、市各委办局院行社中心（总公司）、各人民团体、市直属单位党政主要领导，市级机关六大口办公室主任，部分机关中层干部，各镇（街道、区）行政村、社区居委会党组织书记，部分规模企业主要负责人，各行业商会主要负责人等参加会议。（沈诺亚）

【市委巡察机构工作暨纪检监察机构改革动员部署会】 2017 年 9 月 8 日，丹阳市委巡察机构工作暨纪检监察机构改革动员部署会在会展中心召开。会议落实全面从严治党要求，深入推进纪律检查体制机制改革。会上，市委书记陈可可指出，加强巡察和派驻监督，是深化全面从严治党的战略决策，是深入推进党风廉政建设和反腐败斗争的现实需要，是推动丹阳市经济社会持续健康发展的重要保证，要深刻把握加强巡察派驻监督的重要意义。陈可可强调，巡察工作要聚焦四个重点：旗帜鲜明讲政治、突出重点抓落实、标本兼治求实效、创新机制提效能。派驻监督要做到“三个明确”：明确角色定位、明确职责任务、明确管理体制。市委常委，市人大、市政协主要领导，各镇（区、街道）党（工）委书记、纪（工）委书记，市委各部委办局、市各委办局院行社中心（总公司）、各人民团体、市直属单位主要负责人，市纪委、监察局领导班子成员，市纪委各室主任、副局级纪检监察员，市委巡察机构全体人员，市纪委派驻纪检组全体人员等参加会议。（沈诺亚）

【市委十三届四次全会】 2017 年 12 月 28 日，丹阳市委十三届四次全会在会展中心召开，会议的主要任务是学习贯彻党的十九大精神，以习近平新时代中国特色社会主义思想为指导，贯彻落实中央经济工作会议精神和省委、镇江市委部署要求，总结 2017 年工作，部署 2018 年任务。会上，市委书记陈可可作《高标准定位高质量发展迈出新时代实现新崛起的坚实步伐》的报告。陈可可说，2017 年，在江苏省委和镇江市委的正确领导下，市委团结带领全市广大干部群众，锐意进取、真抓实干，推动发展再升温、聚焦富民再发力，经济社会发展呈现积极变化。陈可可要求，做好 2018 年工作，必须以习近平新时代中国特色社会主义思想为指导，不忘初心，牢记使命，统筹推进“五位一体”（经济建设、政治建设、文化建设、社会建设、生态文明建设）总体布局，协调推进“四个全面”（全面建成小康社会、全面深化改革、全面依法治国、全面从严治党）战略布局，坚持以人民为中心，自觉践行新理念，坚持稳中求进工作总基调，坚持领跑镇江、争先苏南，坚持产业强市、创新转型，高标准定位、高质量发展，决胜全面建成高水平小康社会，迈出新时代实现新崛起的坚实步伐。市委委员、候补委员，市纪委委员，市人大、市政府、市政协全体领导，曾经担任过市四套班子领导的离退休老干部代表，各镇（街道）党（工）委书记、镇长（主任）、副书记（党务、经济）、党政办公室（综合办公室）主任，开发区党工委书记、管委会主任、分管领导、行政事务局局长，高新区党工委书记、管委会主任、分管领导、党政办公室主任，练湖度假区管委会主任、分管领导、综合办公室主任，市委各部委办局、市各委办局院行社中心（总公司）、各人民团体、市直属单位党政主要领导，市级机关六大口办公室主任，部分机关中层干部，各镇（街道、区）行政村、社区居委会党组织书记，部分规模企业主要负责人，各行业商会主要负责人等参加会议。（沈诺亚）

组织工作

【概况】　2017 年，丹阳市委以习近平新时代中国特色社会主义思想为指导，深入贯彻十八届六中全会、十九大及习近平系列重要讲话，全国、省、市组织部长会议精神，多项工作获上级表彰肯定。“五事联动”（学习党章党规和系列讲话，开展一次为民服务，一次民主议事，一次谈心谈话，缴纳一次党费）主题党日获评镇江市“十佳”书记项目，中组部《组工通讯》《组工信息》宣传推介，《新华日报》头版报道，并在全省基层党建工作交流会上专题介绍；构建“四有”民情服务处理机制，获第四届全国基层党建创新最佳案例；人才工作相关做法获全国基层人才创新案例优秀奖；汪深渠、王华等先进事迹获江苏省“时代风范”栏目推介，钱云宝被追授为镇江市优秀共产党员；市委组织部机关党支部获省先进集体，组织工作目标考核持续保持镇江第一。（万仁松）

图 4　2017 年 6 月 21 日，丹阳市委书记陈可可在东皇村参加“五事联动”活动（陆一洲）

【“两学一做”学习教育常态化制度化】　2017 年，丹阳市委常委会为推进“两学一做”（学党章党规、学系列讲话，做合格党员）学习教育常态化制度化，建立学习教育联系点，落实双重组织生活制度。把落实“两聚一高”当先锋作为检验学习教育成效的主要标准，开展党员“先锋看齐”行动，在全体党员干部中普遍开展“亮身份、树形象、作贡献”活动，激发党员干部干事创业热情。各党（工）委（党组）、基层党支部、广大党员分别对照“五查五改”“四查四改”“六查六改”要求，找准找实问题，列出问题清单，坚持边学边查边改，逐项抓好整改。坚持高标准与严要求相结合，加强对党员干部的监督管理，常态化开展“为官不为”专项整治，整治疲沓拖拉、慵懒散漫、推诿扯皮等不良作风，调整不适宜现职干部，实现学习教育与事业发展的精准对接。（陈　峥）

图 5　2017 年 7 月 20 日，江苏省委组织部到丹阳调研“两学一做”学习教育常态化制度化推进情况（朱鹏飞）

【“严实和谐好班子”创建】　2017 年，丹阳市为切实加强换届后领导班子建设，围绕“纪律严、工作实、讲团结、优服务”的主线在全市市管领导班子和领导干部中深入开展“严实和谐好班子”创建活动。通过“组织推荐＋实绩认定＋领导测评＋综合审查＋常委会研究”等步骤，在全市 82 个镇（区、街道）、市级机关部门以及 664 名市管乡局级领导干部中，评选产生好班子 10 个、好干部 33 名，在《丹阳日报》开辟《“严实和谐好班子、好干部”风采录》专栏进行宣传报道。同时，加大考核激励力度，对创成“好班子”的单位记集体三等功，次年可向市委推荐1名优秀干部，同等条件下优先使用，创成“好干部”的领导干部年度考核直接定为优秀等次。（金　磊）

【干部管理监督】　2017年，丹阳市坚持对干部选拔任用进行全程监督，严格落实“凡提四必”（对拟提拔或进一步使用人选，要做到干部档案“凡提必审”，个人有关事项报告“凡提必核”，纪检监察机关意见“凡提必听”，反映违规违纪问题线索具体、有可查性的信访举报“凡提必查”）制度，实施干部选拔任用全程纪实。深入镇（区、街道）开展选人用人专项检查，开出问题清单，抓好整改落实，严格规范科股级干部选拔任用工作。坚持抓早抓小、注重日常，从严从实抓好干部经常性管理监督，召开干部监督工作联席会议，开展领导干部“三责联审”（用人责任审查、经济责任审计、编制责任审核），规范开展信访举报核查工作，发挥干部监督“三员一网”（干部工作督导员、监督员和联络员，12380干部监督举报平台）作用，对干部苗头性倾向性问题及时提醒教育。开展领导干部谈心谈话活动，了解掌握班子运行状况和干部思想工作动态，激发干部干事创业热情，注重对干部关心关爱。举办“阳光心态工作室基层行”活动，通过心理知识讲座、心理咨询服务、心理健康测评等方式，为干部心理健康“把脉”，引导干部树立阳光心态。（杜晓红）

【优秀年轻干部挂职】　2017年，丹阳市为贯彻省市组织部长会议精神，落实市委《关于进一步加强优秀年轻干部培养选拔工作的实施意见》，制定《关于选派优秀年轻干部挂职锻炼的实施方案》，优选80余名优秀年轻干部，采取低职高挂、异地培养、交流互派等方式，分类型、分时段、分地域派往维稳、发展和民生等一线挂职历练，以加快年轻干部锻炼成长，切实解决干部队伍结构性、紧缺性问题，持续提升推动经济发展、做实群众工作、处理复杂事务和解决实际问题等能力。选派6名新任职副局级干部到市文明城市创建一线挂职，2名新任职副局级干部到信访驻京办挂职，6名优秀中层干部到安徽省宣城挂职，3名优秀年轻干部到北京中关村挂职，5名教育卫生系统干部到乡镇一线挂职。（王一涵）

【干部教育培训】　2017年，丹阳市干部教育培训工作分大类按批次有步骤地开展，举办各类主体和专题班次28个，培训领导干部6000余人次。围绕政治理论促转型，开展3期集中轮训。以引导全市领导干部深刻领会十八届六中全会的精神实质和丰富内涵为主旨，举办乡局级领导干部学习贯彻十八届六中全会精神轮训班，分3期对全市800余名乡局级领导干部进行全覆盖集中轮训。围绕中心工作促突破，开展五大专题培训。以十三次党代会“五大新突破”为重点，采取直接举办、委托办班、联合办班等方式分5期开展深化改革与富民惠民、转型升级、全域旅游、精美城市、生态文明建设暨“263”专项行动等专题培训。围绕党性修养促提升，分别到古田会议和遵义会议会址举办两期组工干部党性教育专题培训班，引导学员们追寻初心、增强信心、坚定决心。（聂春红）

【书记党建看齐行动】　2017年，丹阳市组织全市基层党（工）委（党组）、村（社区）党组织书记聚焦年度重点工作，列出党建工作责任清单，层层签订党建工作目标管理责任状；聚焦基层党建薄弱环节，采取调研选项、评估立项、检查验项的方式，选定261个“书记项目”，实行项目化管理，并在《丹阳日报》公示，接受党员群众监督，压实党建工作主体责任。分别召开基层党建“书记项目”推进会、现场观摩会，依托丹阳党建微信平台，开展“喜迎十九大·书记晒项目”成果展示，推动“书记项目”按期完成、落地见效，丹阳市委及开发区党工委、陵口镇党委3个“书记项目”获评镇江市优质基层党建“书记项目”。
（周宇亮）

【党建创星创先创优活动】 2017年，丹阳市以“支部·创星”，持续推进“双型”先进党支部建设工程，抓好“五大专项行动”（正风肃纪专项治理行动，提升效能服务市场主体发展行动，优化考核推动区县科学发展行动，干部下访化积案解难题办实事行动，固本强基创建基层服务型党组织行动），抓支部“领头雁”、支部委员培训、组织关系接转、党费收缴、按期换届等基本制度落实，抓支部设置优化、流动党员管理等专项整治，抓支部在精准扶贫、法治惠民、服务为民等领域的作用发挥，10个党支部被镇江评为“五星”先进党支部。以“党员·创先”，深入挖掘王华、钱云宝、汪深渠等先进典型事迹，推进各领域、各行业基层党建工作示范点、支部书记工作室、党员教育实境课堂建设，通过优秀党建成果观摩、优秀党员微视频展播、先进事迹宣讲等形式，强化典型带动引领，8名村书记获省农村基层党建工作突出贡献奖，12名党员被评为镇江市党员先锋。以“服务·创优”，深化“四有”民情服务处理机制，获评第四届全国基层党建创新案例，探索“支部＋电商”等党建富民新模式，开辟“个体电商生态链”和“支部搭台·党员群众参与”两条发展路径，切实把基层党组织建设成带领群众致富的战斗堡垒，着力提升支部核心作用。（周宇亮）

【“先锋亮绩、积分管理”工作】 2017年，丹阳市为开展“先锋亮绩、积分管理”工作，按照不同领域特点，分类制定考核细则、规范考核程序，突出全程纪实、结果运用，并印制积分管理手册发放到每名党员手中，强化党员日常管理抓手，激发党员“当先锋、做表率、树形象”，推动基层党支部组织生活规范化。在云阳街道试点开展积分管理信息化考核，进一步强化党员积分管理的实效性和便捷度。截至2017年年底，除部分年老体弱、长期生病、行动不便的党员经个人提出、支部讨论通过不参加积分管理外，丹阳市共有50539名党员参与到“先锋亮绩、积分管理”中，全面提升丹阳市党员日常管理的规范性和科学性。（陈　峥）

【“丹凤朝阳”人才计划】 2017年，丹阳市开展“丹凤朝阳”人才计划申报评审工作，通过《人民日报（海外版）》《中国组织人事报》、海角网、寰球人才网等媒体网站发布2017年度“丹凤朝阳”人才计划申报公告，2017年度申报人数达124人，比上年增长68%，在技术评审、实地考察、面试答辩的基础上，确定45名资助对象。全年引进院士2人、“千人计划”专家7人，9人入选省“双创”计划，24人入选镇江市“金山英才”计划，38人入选省乡土人才“三带”行动计划。组织20余人到德法参加“企业创新转型、智能制造工业4.0”专题研修班。完善党政领导联系优秀人才制度，实施“丹凤朝阳人才卡”工程，出台10项优惠政策和9项生活服务配套制度。相关做法获“全国基层人才工作创新案例优秀奖”。
（贺建涛）

【“四通”型组工干部队伍建设】 2017年，丹阳市以构建严实和谐组织工作新机制为主线，在全市开展“业务通、基层通、创新通、服务通”的“四通型”组工干部队伍建设。组工干部聚焦政治坚定，自觉提高政治站位、落实党内政治生活、提升业务能力，争当“活字典”式的行家里手，撰写心得体会30余篇，分别到古田、遵义举办两期组工干部专题培训班。聚焦宗旨意识，结合“暖企惠民”“文明城市创建”“组工调研月”大走访等活动，开展两轮走访2700余户、6800余村（居）民，收集意见建议80余条，统筹解决问题60余件。聚焦开拓进取，紧扣“关注点”、着眼“规范化”、突出“实效性”，开展“我为组织工作献一计”金点子征集活动，收集“点子”50余条，采用10余条。开展“我为城市添光彩”等志愿活动100余人次。评选产生“四通”型组工干部20名，在全市组织工作会议上表彰。
（万仁松）

图 6 2017 年 3 月 9 日，市委组织部在联系点吕城镇开展“暖企惠民”大走访活动

（陆一洲）

宣传工作

【概况】 2017 年，丹阳市宣传思想文化工作以学习宣传贯彻中共十八届六中全会精神、中共十九大精神和习近平系列重要讲话精神为主线，深入贯彻全国、全省宣传部长会议和镇江市宣传思想文化工作会议精神，落实市委决策部署，积极适应新形势、明确新任务、探索新途径、谋求新作为，思想理论武装扎实深入，意识形态工作责任制落实有力，新闻舆论宣传生动有效，核心价值观培育创出新特色，文化事业产业持续繁荣，用网管网能力提升，为丹阳市经济社会发展提供思想文化保障。成立以市委书记为团长，市委常委和理论专家为成员的市委宣讲团，开展进企业、进农村、进社区、进机关宣讲。全市各级党组织开展宣讲128 场，直接受众达到 2 万余人。市委宣传部获镇江市委宣传部目标管理考核一等奖。

（姜 炜）

【党委中心组学习计划出台】 2017 年 1 月，中共中央办公厅出台《中国共产党党委（党组）理论学习中心组学习规则》，丹阳市组织市委中心组进行学习，同时向基层党委中心组进行传达。印发丹阳市 2017 年度党委中心组学习计划，指导全市基层党委中心组学习。市委中心组全年学习 12 次，开展 3 个专题研讨，市委常委每人发言 3 次，邀请国防大学教授公方彬、著名经济学家钟朋荣到丹阳围绕“理想信念”“经济形势与区域经济发展”做讲座。以全市领导班子及其成员述学测评为抓手，督促检查基层学习情况。

（邹 晴）

【学习型党组织建设】 2017 年，丹阳市开展学习型党组织建设，在县处级领导干部中开展“旗帜鲜明讲政治，‘两聚一高’当先锋”专题读书调研活动。开展镇江市社科联应用研究课题申报工作，2017 年有 7 项课题申报成功，数量居镇江各辖市区第一。做好社科普及基地的规范优化工作，丹阳市两家社科普及基地中，总前委旧址被评为省级社科普及基地，丹阳市规划展示馆被评为镇江优秀社科普及基地。

（邹 晴）

【开展典型人物宣传】 2017 年 5 月，丹阳市大力宣传江苏“最美职工”方美芳和“时代楷模”钱云宝。5 月 11 日，在市广电集团演播大厅进行“最美人物发布厅”新闻录制节目，省级数十家媒体在同一天对其先进事迹进行集中采访；5 月 23 日，江苏城市频道对方美芳先进事迹进行公开发布；5 月 24 日，省级十多家媒体对方美芳先进事迹进行集中刊发与报道。6 月 19—21 日，镇江市级媒体对江苏“时代楷模”钱云宝先进事迹进行专题系列报道。镇江市委于 6 月 29 日追授钱云宝为“镇江市优秀共产党员”，并于 7 月 13 日召开钱云宝先进事迹座谈会。9 月，钱云宝被追授为第六届江苏省“敬业奉献道德模范”。11 月 30 日—12 月 1 日，《新华日报》、江苏广播电视台十多家媒体到丹阳集中采访钱云宝先进事迹。12 月，钱云宝被追授为江苏“时代楷模”。12 月 7 日，江苏省电台举行江苏“时代楷模”钱云宝先进事迹发布会。

（孙 洁）

【爱国主义教育活动】 2017 年，为庆祝中华人民共和国成立 68 周年，迎接中共十九大胜利召开，助推全国文明城市创建工作、共同建设“强富美高”新丹阳，丹阳市开展“五星红旗映曲阿”主题活动。9月，选取全市辖域内的主要街道、路段以及部分商业综合体，作为悬挂国旗的示范区，在各示范区开展悬挂国旗活动。借助新媒体平台，在全市范围内开展“我与国旗合个影每日领取微信红包”活动。活动开展时间从9月23日到10月1日，收到200余张“我与国旗合个影”照片。（孙　洁）

【强化文化产业组织和制度建设】　2017年，丹阳市深入推进文化体制改革、文化事业和产业发展等工作，将原市文化产业发展领导小组调整为市文化改革发展领导小组，进一步加强对全市文化改革发展工作的组织领导。建立文化产业发展工作双月例会、全市文艺工作季度交流会议等制度，制定《丹阳市中华优秀传统文化传承发展工程实施意见》等指导性文件，围绕全市文化艺术和文化产业发展目标推进情况、重点工作等，定期开展交流讨论，并对镇（区）和相关单位的工作推进情况进行督察。

（张　莉）

【政策扶持文化产业提档】　2017年，丹阳市编发《文化产业政策汇编》，深入到企业开展政策宣传，帮助企业了解和用好从中央到地方与文化产业有关的各类政策，同时继续做好丹阳市文化产业引导资金申报工作，通过引导资金助推优质项目，促进产业提升，全年对7个文化产业项目给予扶持，扶持资金200万元。推进文化产业招商，全年引进文化产业项目10余个，总投资近13亿元。实施传统和地方特色项目“走出去”工程，组织传统文化企业参加各级各类展会，获得第九届中国南京文化创意产业交易会最佳组织奖，提升丹阳市传统产业的知名度。加快项目建设步伐，总投资近8亿元的8个重点项目基本完成建设任务。推进规模文化企业培育工作，全年新增规模文化企业21家（其中上市企业一家），占镇江市新增企业总数的36.8%。（张　莉）

【扶持文艺创作】　2017年，丹阳市修订《丹阳市重大文艺作品创作资助管理办法（暂行）》，加大文艺创作扶持力度，全年对5件优秀作品和10项重大文化活动给予扶持。丹阳市选送的广播剧《布衣先生》参加镇江市及江苏省精神文明建设“五个一工程”评选，获得江苏省“五个一工程”优秀作品奖和镇江市“五个一工程”荣誉奖，市五中“梦之韵”合唱团和丹阳市创作的歌曲《敕勒川》分别获第三届“江苏紫金合唱节”铜奖和优秀作品奖。2人入选镇江市青年文化人才，2人入选镇江市“金山英才”现代服务业领军人才计划。

（张　莉）

【文化惠民】　2017年，丹阳市文化惠民活动持续开展，全年推出8大类76项文化活动。举办以“读书让生活更美好”为主题的第四届“书香丹阳”阅读节，结合文明城市创建，重点推出“阅读·文明”丹阳市中华诗词大赛，面向全市各类群体，以周周赛的形式举办18场比赛，历时近5个月，在全市掀起“诗词热”。“人无信不立——省级非遗项目《九里季子庙会》”文艺表演在12个镇区巡回演出，市戏剧总团全年送戏下乡181场，开展“文化惠民月之戏曲专场”“喜迎党的十九大”系列活动、“戏迷乐”业余戏曲大赛等活动。配合国家文明城市创建，举办丹阳市首届平面公益广告创意设计大赛，收到来自全国各地的作品700余件。（张　莉）

·精神文明建设·

【概况】　2017年，丹阳市精神文明建设工作以培育和践行社会主义核心价值观为主线，深入开展理想信念教育，深入实施公民道德建设工程，深入推进群众性精神文明创建活动，全面提升城乡文明水平。（蒋洪坤）

【文明城市创建】 2017年，丹阳市文明城市创建深入开展，召开创建动员会、冲刺会，建立市领导挂钩、半月点评、常态化巡查三项制度，各单位挂图作战，严格落实“任务清单”“整改清单”，发挥“文明随手拍”和市民巡访团作用，全民参与、全民监督，累计发现并处理各类问题1512条，2017年11月，丹阳市被中央精神文明建设指导委员会授予“全国文明城市”。建成好人公园、家风家训一条街，增设5处善行义举榜、4个诚信社区、6个乡风民俗文化墙，各镇（区、街道）、村实现道德讲堂全覆盖。开展“最美家庭”“好婆婆”“好媳妇”等各类评选活动，评选市级文明家庭23户，其中6户入选镇江市文明家庭，钱云宝被追授为第六届江苏省“敬业奉献道德模范”。王华被追授为第六届全国“敬业奉献道德模范提名”，延陵镇九里村获第五届“全国文明村镇”、第四届江苏省“最美乡村”，丹阳市国家税务局第一分局被授予第五届“全国文明单位”，有1人获“江苏好人”，5人获“镇江好人”，25人被评为第一届镇江市“新乡贤”、2人被评为第一届镇江市“新乡贤标兵”。 （蒋洪坤）

【志愿服务工作】 2017年，丹阳市开展推进志愿服务工作常态化、品牌化工作。建立组织管理机制，确保志愿服务工作高效运作。在全市建立33个蒲公英志愿服务站，全市所有镇（区、街道）、村（社区）、机关企事业单位、各级文明单位均建立志愿服务队。至2017年10月底，在“志愿江苏”平台注册志愿服务队462支，有效注册志愿者为112242人，2017年1—10月，在志愿江苏平台发布活动5661个，参与49万余人次，有记录志愿服务时长达260万余小时。志愿服务常态化，开展各种志愿服务活动。举办首届公益文化节，“文明在心中，安全伴我行”文艺表演进社区、进村镇60场，举办“文明跑起来”快步走、志愿服务集中行动，举办首届丹阳公益创意大赛并投入100万支持20个优秀公益项目，机关企事业单位和各镇区、街道组织开展各种类型的志愿服务活动。开展“我为城市添光彩百日志愿服务主题活动”，组织市级机关事业单位志愿者在上下班高峰期到主要交通路口开展文明交通劝导活动；到城区主要道路参与去除小广告、引导文明交通、规范设摊经营、维护环境卫生等工作；到社区开展清洁家园、引导文明停车等活动。评选表彰十佳志愿服务团队和十佳志愿者。志愿者除在重大节日参加宣传活动外，双休节假日走上街头，维护交通秩序，经常性帮扶结对社区，联合开展“结亲连心、服务百姓”等党员志愿者社区服务行活动。丹阳市民间注册志愿服务团队等，根据各自特色，常年开展各类志愿服务活动。打造志愿服务阵地，健全志愿服务激励机制。打造志愿者精神展示馆暨爱读书吧，展示志愿服务精神的同时为志愿服务组织和个人提供交流平台。

（蒋洪坤）

【未成年人道德实践活动】 2017年，为推进未成年人道德实践活动，坚持立德树人，丹阳市开展“青少年弘扬社会主义核心价值观”情景剧大赛、“最美少年”评选、“小手拉大手，共创文明城”、清明“网上祭英烈”等道德实践活动，引领未成年人向好向善。以“八礼四仪”活动为抓手，依托“养正学堂”主阵地，在学校开展入学、青春、成人等各类仪式教育主题活动，开展“喜迎十九大、我向习爷爷说句心里话”主题队日和“重温长征路，永远跟党走”“红五星闪闪照我心”“童声里的中国”“童真里的色彩”“童心里的诗篇”“向国旗敬礼”等主题活动，促进未成年人养成正确的人生观、价值观、世界观。 （孙 琴）

统战工作

【概况】 2017年，丹阳市统战系统深入学习贯彻中共十八大、十九大和习近平系列重要讲话精神，以凝聚人心、服务发展、维护稳定、协同和谐为目标定位，强思想、建格局、画“同心”、重创新，提高统战工作科学化水平，为全市经济社会发展提供力量支持。将统战工作纳入全市大党建的整体布局，多层面构建联合联动的大统战工作格局。推进协商民主制度化规范化建设，全年召开协商会、座谈会、通报会4次。支持民主党派、无党派人士开展“不忘合作初心，继续携手前进”“观故居、增共识”等主题教育，深化政治交接，广泛凝聚思想共识。充分发挥党派自身优势，开展“一党派一品牌”社会服务活动。动员全市统一战线和社会力量为“同心工程”丁庄实验区实施一系列为民实事项目。紧紧围绕构建“亲清”政商关系，促进非公有制经济和非公有制经济人士健康成长。加强对“新三类人员”（非公有制经济人士、新媒体代表人士和留学人员）的政治吸纳，召开全市新的社会阶层人士统战工作会议，发展壮大港澳台海外统战力量，画实画好统战工作的“同心圆”。注重储才育才，加大对党外干部的培养使用力度。成立市委民族宗教工作领导小组，切实维护民族团结宗教和顺。（尹　凯）

【统战工作领导小组会议】　2017年9月22日，丹阳市委统战工作领导小组召开第一次会议。市委组织部、宣传部、政法委等25家单位主要负责人出席会议。市委常委、组织部部长、统战部部长杜官军通报市委统战工作领导小组成立以来的工作进展情况。市委书记、市委统战工作领导小组组长陈可可就发挥统战工作领导小组作用、提升统战工作水平提出意见和建议。会上，与会人员讨论并审议通过《中共丹阳市委统一战线工作领导小组工作规则》《中共丹阳市委统一战线工作领导小组成员单位职责分工》《中共丹阳市委统一战线工作领导小组办公室工作细则》《丹阳市新的社会阶层人士统战工作联系会议制度》等4个文件。10月11日文件正式印发。（尹　凯）

图7　2017年9月21日，丹阳市召开统战工作领导小组会议　（尹　凯）

【“民主党派之家”平台成立】　2017年，为支持各民主党派、工商联和党外知识分子联谊会履行职能发挥作用创造条件，切实增强凝聚力和向心力，丹阳市委各方协调，在政府大楼内部调剂120多平方米的办公用房，投入35万元，建设“民主党派之家”。“民主党派之家”是集各民主党派和知联会（党外知识分子联谊会）活动、办公、接待、展示、资料存储于一体的综合性平台。12月8日，丹阳市“民主党派之家”举行揭牌仪式。（尹　凯）

图8　2017年12月8日，丹阳市“民主党派之家”成立　（尹　凯）

【党外知识分子联谊会成立】　2017年8月31日，丹阳市党外知识分子联谊会成立大会暨第一次会员大会在市会展中心召开。会议听取《丹阳市党外知识分子联谊会成立大会暨第一次会员大会筹备工作报告》，审议并通过《丹阳市党外知识分子联谊会章程（草案）》《丹阳市党外知识分子联谊会大会选举办法》《选举工作人员建议名单》。大会选举产生第一届理事会理事、监事、特邀理事，省丹中副校长李建平当选为首届理事会会长，市检察院副检察长郑苏耘当选为常务副会长，陈丽萍、刘晔、韦国忠、吴晓金、谢公晚、姜大申当选为副会长，王栋当选为秘书长。审议通过聘请市人大常委会副主任韩静慧担任名誉会长。（尹　凯）

图 9　2017 年 8 月 31 日，丹阳市党外知识分子联谊会成立　（尹　凯）

【军民融合商会成立】　2017 年 10 月 31 日，丹阳市军民融合商会成立并召开会员大会。商会旨在通过建立咨询服务、项目对接、资源共享等平台，提升丹阳市涉军企业信息获取、需求对接、资源整合能力，加强企业联合，增强经营合力，推动丹阳市军民融合深度发展。丹阳市 35 家企业入会，江苏图南合金股份有限公司负责人万柏方任会长。（尹　凯）

对台工作

【概况】　2017 年，丹阳市以习近平系列重要讲话精神为指引，深入学习贯彻中共十九大精神，紧紧围绕总体工作思路，突出重点，强化措施、抓好落实，对台工作取得一定成效。全年组成经贸团 2 个 14 人、商务考察团 44 个 63 人到台湾进行经贸商务考察和培训。由台办牵头团市委、市商务局、市青年商会联合组成青年创业经贸团，围绕丹阳市的发展战略，突出特色产业，重点拜会台湾青年企业家协会、台北眼镜商会、金可集团、帝宝工业，开展青年产业合作活动，着力推进松德医疗项目和帝宝增资事项。充分利用“台协丹阳联委会”平台，邀请台商到丹阳进行经贸交流。围绕眼镜、精密制造、汽车零部件、现代物流、农业旅游等产业有针对性地邀请台商到丹阳考察。全年邀台商到丹阳考察 140 余人次。5 月，台湾吴氏宗亲祭祖团一行 40 人到丹阳季子庙祭祖。11 月，台湾新北市淡水区交流参访团一行 26 人到丹阳参观新农村建设。（吴红仙）

【台湾雅乐合唱团到丹阳交流演出】　2017 年 5 月 6 日，海基会原董事长，海贸会会长、台湾经济研究院董事长江丙坤带领台湾雅乐合唱团到丹阳会展中心，举行“两岸情合唱音乐会”，合唱团演唱《苏三起解》《卷珠帘》《天赐恩宠》《月亮代表我的心》《绿岛小夜曲》《小城故事》《蓝蓝的夜蓝蓝的梦》《想你的 365 天》等经典歌曲，江苏省台办、镇江市领导以及部分在镇江的台商、学校师生代表一起观看演出。（吴红仙）

图 10　2017 年 5 月 6 日，台湾雅乐合唱会到丹阳交流演出　（吴红仙）

机关党建工作

【概况】　2017 年，丹阳市级机关各基层党组织和党员推进“两学一做”学习教育常态化制度化，突出迎接中共十九大召开和学习贯彻中共十九大精神主线，紧盯“以严实作风领跑‘两聚一高’新征程”的总目标，以严格党内政治生活、创新党员教育形式和提升机关服务效能为重点，找准党建工作与中心工作的结合点，增强基层党组织政治功能、治理功能和服务功能。各项工作取得显著成绩。（束利伟）

【“两学一做”学习教育】　2017年，丹阳市级机关工委突出经常性教育，以党支部为基本单位，按照序时进度扎实开展“五事联动”主题党日、书记上党课、专题讨论、“大走访”等活动。总工会党支部、财政局第一党支部、城投集团党支部等7个支部获得“五事联动”主题党日活动优秀案例奖。全面落实从严治党主责主业。以机关党建工作目标责任状和考核细则为抓手，进一步优化党建工作考核机制；继续利用北固E家电子台账加大平时考核分值，实行动态跟踪检查和“分级式”效果评估。把握意识形态工作领导权。严格落实意识形态工作责任制，牢牢掌握意识形态工作的领导权、主导权。明确工委书记为第一责任人，副书记为直接责任人，协助书记抓好统筹协调指导工作。高标准落实“1+1>2，党建作风双促双升”书记项目。以“走访讲学促党员素质提升”和“效能评议促实干热情提升”为主要实施内容，推动党建工作和作风效能建设的互促互赢。推进书记党建看齐行动。组织召开2017年书记项目交流推进会，按照目标要求和序时进度，找亮点、求实效。推进“双型”党支部建设。通过现场推进会、经验交流会进行重点打造，做好“四星”“五星”培育申报工作。创成“四星”党支部37个，推荐申报“四星”党支部16个。做好党员发展工作。严把入“口”关，入党全程由纪工委监督，确保透明公正。举办入党积极分子培训班，组织80余名入党积极分子走访多名老党员，开展义务植树活动。全年发展预备党员41名，转正35名。（束利伟）

【“大走访大落实”活动】　2017年，丹阳市级机关工委组织市级机关3800多名党员干部走访农户2800多家、企业660多家，解决诉求2000余条；形成“大走访+”的工作机制，通过“大走访+党员教育”“大走访+作风转变”“大走访+问题整改”三大举措，推动党员党性修养加强、形象加分，推动机关效能加速，此经验做法在“江苏大走访”、《镇江日报》等省市多家媒体平台宣传推广。（束利伟）

图11　2017年6月13日，丹阳市级机关工委开展大走访活动　（束利伟）

【党风廉政建设】　2017年，丹阳市级机关工委在和市委签订责任状的基础上，工委内部分层次签订分管领导和中层干部党风廉政建设责任书，形成一级抓一级、层层抓落实的工作格局，切实履行“一岗双责”（一个单位的领导干部应当对这个单位的业务工作和党风廉政建设负双重责任），抓好分管范围内的党风廉政建设。组织机关党员集中学习中共十八届六中全会精神、“两准则、两条例”（《中国共产党廉洁自律准则》《关于新形势下党内政治生活的若干准则》《中国共产党党内监督条例》《中国共产党纪律处分条例》），强化组织纪律观念。把握执纪“温度”，突出“面上”明督和指导服务相结合，抓早抓小、防微杜渐；推进履职痕迹化管理，督促各单位在“三重一大”（重大事项决策、重要干部任免、重要项目安排、大额资金使用，必须经集体讨论做出决定的制度）等重大事项、信访接待、谈话谈心中做好记录，留下痕迹；宣传“廉节”要求，开展节假日提醒谈话，发放《“廉节”倡议书》和推送“廉节”短信；纪工委对管辖单位开展定期走访，各单位抓好自查自纠，公布举报电话，畅通群众和媒体的监督渠道，形成全镜监督新模式。（束利伟）

【丹阳市机关作风效能建设领导小组成立】 为进一步深化机构改革、提升服务效能，经研究，2017 年 10 月 11 日，丹阳市撤销市行政效能监察领导小组和市级机关作风建设领导小组，实行相关职能归并，成立丹阳市机关作风效能建设领导小组。领导小组办公室设在市委市级机关工委，负责领导小组的日常工作，张洁兼任办公室主任，丁丽琴、董洪良兼任办公室副主任。领导小组明确工作职责，健全工作机制，推动中央、省委和市委有关作风建设的各项制度落地，为加强机关作风建设提供保障。加大作风效能建设评议和优质效能服务“部门、科室、标兵”争创力度。首创“平时小考核”和“社会大评议”相结合方式：开展窗口小评议和日常小评议，以直接服务民生、经济的窗口作为重点评议对象，不断开展窗口“小评议”活动，加大对窗口的明察暗访力度。结合“五四”青年节、12345 政府公共服务热线开办五周年暨行风热线户外直播等活动发放机关部门评议表，广泛收集民意；开展年终大评议，年底到 12 个镇（区、街道）开展分片评议大会，举办机关专场，与窗口小评议、日常小评议数据相结合，评选出优质效能服务“部门、科室、标兵”，将结果纳入年度绩效考核指标，实行奖惩并举，对评议结果靠后、群众意见较大的部门严肃追责、限期整改。（束利伟）

【庆“七一”微党课展示活动】 2017 年，丹阳市级机关工委结合“暖企惠民”大走访，以“读讲一本书”活动为载体，通过层层选拔，组建一支 50 人的青年党员“党课宣讲团”，到南师大进行封闭式培训。6 月 28 日，市级机关选 12 名宣讲团成员举办“书中学身边访——庆七一”微党课展示活动，为全市机关干部讲述读书品书心得感悟、好党员先进事迹等。在丹阳市“喜迎十九大，我最喜欢的微党课”大赛中，机关工委上报的 5 个党课获大赛奖项。（束利伟）

图 12　2017 年 6 月 28 日，丹阳市举行庆“七一”微党课展示活动　（束利伟）

【服务型党组织建设】 2017 年，丹阳市级机关工委结合丹阳市全国文明城市创建活动，将“暖企惠民”大走访作为深化“两学一做”学习教育的重要实践，加大“先锋亮绩、积分管理”结果运用，积极开展“党员志愿者服务”“党员示范岗”等活动，充分发挥党员先锋模范作用。5 月，组织党员志愿者前往特殊学校开展献爱心慰问活动，7 月和 8 月，发动所有机关单位的党员干部开展为期一周的“党员献爱心、高温送清凉”志愿者活动，向交警和环卫工人送去关心慰问；以“第一书记”“扶村帮户”达新标精准扶贫、“千个党支部结对千户特困家庭”奔小康活动等工作为载体，在服务城乡统筹、服务困难群众、服务企业（项目）中凝聚机关党组织的强大合力。在帮扶村投入 300 万余元建设电镀园区仓储和光伏电站项目，主体工程基本竣工。创建党建品牌，举办市级机关“十佳”党建品牌评选活动，打造机关党建、机关服务、机关文化品牌。（束利伟）

【“党员教育实践基地”启动】 2017 年，丹阳市级机关工委开设红色教育、素质拓展、品牌交流、农技帮扶等课程项目，带领各党组织开展分批轮训、“支部一日主题活动”等教育实践活动，增强组织生活凝聚力、感染力，吸引省市多家单位参训，获得省级机关工委的肯定。依托党员教育实践基地，加强思想政治教育，运用党员“示范田”、民族精神宣讲、党史课等全新的方法和理念提升党员干部对国家和民族的归属感、认同感。（束利伟）

图 13 丹阳市党员教育实践基地

（束利伟）

【机关党建信息化建设】 2017 年，丹阳市级机关工委活用微信公众平台，打造“掌上课堂”，定期更新党建图文讯息，开展党建知识每日有奖竞答活动。于 12 月举办为期 30 天的“十九大知识微信竞赛”活动，前十名获赠新华书店书券。开展市级机关党建信息调研工作，各基层党组织共向上级党建报刊、网站、微信等各类平台报送党建信息和调研文章 724 条，录用 676 条。（束利伟）

党校工作

【概况】 2017 年，丹阳市委党校举办全市乡科级领导干部学习贯彻十八届六中全会精神轮训班、丹阳市新任职乡科级领导干部培训班、丹阳市第六期乡科级领导干部理论研修班等 8 期主体班次，培训党员、干部 1307 人次；与有关部委办局举办入党积极分子培训班、人民调解员培训班等 19 期计划外培训班，培训人数 3770 人次；拟定市外现场教学线路 30 条；继续完善丹阳市干部教育培训师资库，师资库人数 135 人；与市委组织部联合对首批挂牌的 12 个现场教学基地进行检查评估。通过网站向社会公布 29 个成熟教学专题；全年有 10 名教师就 24 个专题在党校主题班、基层单位宣讲 62 次场次；中共十九大后，第一时间组织教师，通过本市媒体，对十九大报告进行连续 9 天的解读；党校 4 位教师入选市委十九大精神宣讲团，成立党校宣讲队，完成专题宣讲 20 余场。市委党校在省级以上报刊杂志上共计发表论文 11 篇，2 篇文章被市委内刊《丹阳信息》录用；全年有 13 项校级课题结项；在全省党校系统学习贯彻中共十九大精神专题征文活动中，有 9 篇文章被镇江市党校系统理论研讨会录用，4 篇文章入选江苏省委党校学习贯彻中共十九大精神理论研讨论文集。组织编写《丹阳市领导干部党建知识手册》，完成《镇江市干部教育读本》丹阳市有关材料的收集上报。组织教职工 11 批次 49 人次参加各类能力提升班、师资培训班和高层讲座；加强青年教师的培养，为每位青年教师遴选导师，开展拜师结对活动；成立“求是读书会”，开展 5 次读书分享活动。修订完善教学、科研、日常管理等方面的 23 项制度；制定《党校加强意识形态工作的实施意见》等制度，全方位加强对意识形态的工作。（樊润辉）

【专题理论研讨会】 2017 年 9 月 28 日，丹阳市委党校举行“学习 7·26 讲话，迎接十九大召开”专题理论研讨会，党校全体专兼职教师参加研讨，每位教师依据各自的研究领域，选择不同的侧重点，多角度、多层次研讨习“7·26”讲话精神的深刻内涵，为“十九大”精神的学习宣讲做好理论铺垫。（樊润辉）

史志工作

【概况】 2017 年，市史志办以存史、育人、资政为根本任务，发挥部门职能作用，开拓党史、地方志工作新领域，完成党史宣传教育、党史和地方志项目编纂出版等各项工作任务。《丹阳工商业与工商界名人》开编，此项目被列为丹阳市人民政府2017年度100项重点工作之一。出版《丹阳革命英烈传选编》，该书历时5年编纂，6月由中共党史出版社正式出版；10月出版《丹阳方志文化概览》《丹阳年鉴(2017)》《丹阳村村记忆》（开发区卷、陵口卷、皇塘卷）。组织编纂《丹阳水利志》《丹阳人民医院志》《九里村志》。《丹阳水利志》完成进度约60%，《丹阳人民医院志》完成进度约40%，《九里村志》完成初步文稿。做好修志推进各项工作，《丹北镇后巷志》《丹北镇新桥志》《导墅镇志》《胡桥村志》《尧巷村志》《荆林村志》编纂项目按计划实施。2017年，丹阳革命陈列馆全年接待参观169批，近3.5万人次。（周　俊）

【编纂《丹阳工商业与工商界名人》】 2017年，丹阳市启动《丹阳工商业与工商界名人》编纂工作，该项目被列为丹阳市人民政府2017年度100项重点工作之一，《政府工作报告》对此提出明确要求。市史志办把承编工作作为年度重点工作，精心策划和准备，先后5次召开培训和任务落实推进会议，组织20多名工作人员对100位拟入志人物进行采访、撰稿，组织12个相关部门收集编写工商发展史文稿。至2017年底，全书文字稿初编完成。（周　俊）

图14　2017年3月10日，丹阳市召开《丹阳工商业与工商界名人》编纂动员会议
（周　俊）

【《丹阳村村记忆》编纂】 2017年，丹阳史志办坚持“质量第一”指导思想，在规范审稿流程的基础上，加快《丹阳村村记忆》编、改、审、校工作进度，确保项目按计划进度实施。2017年出版开发区、陵口、皇塘3卷，累计出版12卷，文字工作量近1000万字。尚未出版的2卷中，界牌卷进入终校，珥陵卷送出版社审稿，界牌卷、珥陵卷预计2018年上半年出版发行。（周　俊）

【史志文化宣传推广】 2017年，丹阳革命陈列馆全年接待参观169批，近3.5万人次。在“七一”“七七”“八一”“十一”以及夏霖、黄竞西烈士牺牲纪念日等时间节点，分别在市民广场、人民公园、锦湖社区、凤美新村社区等地组织相应主题展览宣传活动，进一步丰富和拓展“史志六进”文化品牌。（周　俊）

信访工作

【概况】 2017年，丹阳市受理群众来信来访总量13443件次。其中“阳光信访”系统受理882件。全年安排市党政领导“信访接待日”146次，共接待信访群众658批4329人次。上报《信访要情》149期，下发领导接访督办函143件，交办越级访136件，完成信访事项复查复核“三级终结”3件。完成全国、省、市“两会”、“一带一路”高峰论坛、江苏发展大会、金砖国家领导人厦门会晤、信访专项维稳、省委巡视组巡视、十八届七中全会、中共十九大、镇江国际低碳交易会、国家公祭日等重要活动期间的信访稳定工作，完成省市提出不发生危害国家安全和社会稳定的重大政治事件、不发生严重暴力恐怖和个人极端事件、不发生重大群体性事件、不发生重大公共安全事件的“四个不发生”工作目标。（夏　琼）

图15　2017年9月19日，丹阳市市委书记陈可可（左二）接待上访群众

（夏　琼）

【信访活动特点】　2017年，丹阳市信访活动有2个特点：一是群体性矛盾突出。主要有社会非法集资、购房合同纠纷、退役志愿兵（士官）、民代幼教师群体等频繁串联聚集，甚至参与全国性进京聚集。二是信访老户择机、择地聚集明显。极少数信访老户已经由“利益访”转为“职业访”，甚至演变为“上访专业户”，“逢会必跑”“逢会必访”。国家重要会议、重大活动期间必去，甚至提前一个月到达举办地伺机上访。（夏　琼）

【重要节点期间信访应急保障工作】　2017年，针对3月召开的全国“两会”、5月举办的“一带一路”高峰论坛和10月召开的十九大，丹阳市分别排查交办277批、289批、359批和73批重点信访事项和重点信访人员。围绕重要敏感节点期间的信访稳定工作，及时成立驻京信访应急保障工作组，开展外围查找、值班巡查、现场处置及劝返接回等工作，成效明显，完成信访维稳任务，实现江苏省委、省政府提出的“四个不发生”的工作目标。（夏　琼）

【化解信访积案】　2017年，镇江市信访工作联席会议办公室交办给丹阳市10件信访积案，丹阳市及时确定包案市领导和责任单位的名单，经市政府主要领导签批后，以市联席办的名义下发至责任单位，并抄送至每一位包案市领导。包案市领导按照“四包、三亲自”（包掌握情况、包思想教育、包解决化解、包停诉息访、亲自谋划、亲自组织、亲自督促）的要求，领衔牵头化解。至12月31日，化解7件。通过信访积案的有效化解，促使一批信访老户真正做到停诉息访，切实减少丹阳市信访积案的存量。（夏　琼）

【走访权益保障卡发放使用】　2017年，丹阳市共发放权益保障卡213张，在完成镇江市信访绩效考核任务的同时，增强信访群众依法逐级走访的意识。按照省、市信访部门的要求，丹阳市积极督促指导镇（区、街道）和有关责任单位对群众依法逐级走访权益保障卡的发放和使用工作，于4月28日组织全市签订信访工作责任状单位的分管领导、信访办（室）主任、“阳光信访”信息系统专职操作人员等130余人进行业务培训，为加强培训的有效性和针对性，邀请镇江市信访局领导到丹阳进行授课，培训中着重强调各单位必须做到应发尽发，在发卡的同时在“阳光信访”信息系统中录入，生成统一的编号，做到“网、卡”同步同号。（夏　琼）

【群众满意接访窗口创建】　2017年，根据江苏省信访局《关于开展争创“群众满意接访窗口”活动的实施意见》文件要求，丹阳市围绕信访工作“创建一流队伍、完善一流机制、实现一流成效”的总体要求，从抓环境改善窗口面貌，抓纪律改善工作秩序，抓制度改善工作方法，抓作风树立良好形象入手，全面提升信访接待场所的管理水平和工作质量，提升信访干部为群众服务的能力、效率和水平，用真本领推动化解信访难题，用群众满意度来衡量信访工作的成效。4月19日，江苏省政府副秘书长、信访局局长孔海燕到丹阳指导信访工作

时，对丹阳市“群众满意接访窗口”创建工作给与肯定。（夏 琼）

图16 2017年8月15日，丹阳市市长黄春年（左二）接待信访群众 （夏 琼）

档案工作

【概况】 2017年，丹阳市按照档案事业“十三五”发展规划，推进各项工作，开创丹阳市档案工作科学发展的新局面。开展全市档案“大接收”工作，接收60家单位2002年至2010年的全部档案，完成30家单位共计37905件档案进馆；接收婚姻档案11490件；征集张氏、陈氏等各类谱牒档案220册。完成《丹阳姓氏寻踪》（第四辑）《丹阳家规家训》《镇江朱氏研究文集》（第二辑）的编辑出版工作。市档案局从2017年开始，计划用3年时间对馆藏所有档案进行全面校核，纠错补缺，完成56万余条数据及全文297万余页的校核工作。继续拓宽新领域建档工作，完成丹阳市食品总公司的规范化建档工作，使其达到省二星级标准；开展农民合作社档案示范点建设工作，完成杏虎村果品专业合作社（国家级）和香逸果林专业合作社（国家级）规范化建档工作；与市妇联联合开展家庭建档工作，帮助2个家庭建立家庭档案。利用“国际档案日”平台，开展各类档案宣传活动。丹阳市获“全省档案宣传工作二等奖”，市档案局保管利用科被评为“丹阳市优质效能服务科室”。（张孟然）

【家谱馆改造】 为更好的展示谱牒文化内容，2017年，丹阳市档案局制定家谱馆升级改造计划，并将其列入全局工作重点。12月，丹阳市家谱馆正式对外开放，耗资近20万元，面积约200平方米。升级改造后的家谱馆，突出文化底蕴与现代化展示手段相结合的设计理念，版块涵盖面广，内容丰富，图片凸显馆藏资源及丹阳地方特色。展厅运用声、光、电的手法展现丹阳谱牒文化发展、馆藏家谱特色与研究。（张孟然）

图17 2017年，丹阳市档案局升级改造家谱馆 （张孟然）

【库房环境智能化监控】 2017年，根据数字档案馆测评要求，丹阳市档案局安装实施库房环境监控管理系统，并与档案管理系统成功对接，通过统一监控管理平台对库房温湿度、防盗报警、防火报警、视频监控等多种数据监测，实现档案库房安全保护由被动人工管理向现代化、智能化、科学化、人性化管理的转变。（张孟然）

【土地确权档案工作通过验收】 2017年，根据市委统一部署，丹阳市档案局完成全市土地确权档案归档工作，全市12个镇（区、街道）145个村15250件确权档案和综合管理类档案完成归档。同时，加大档案业务培训和指导力度，定期前往各镇（区）现场督促工作进程，发现问题及时与市农委协调解决，确保全市土地确权档案工作顺利进行。12 月 1 日，丹阳市土地确权档案工作通过省级考核验收。

（张孟然）

【“家·城·事”老档案征文活动】 为宣传“6·9 国际档案日”，充分发挥档案工作在服务经济社会发展中的积极作用，2017 年 6－11 月，丹阳市档案局联合丹阳日报社，开展金丹阳杯“家·城·事”老档案征文活动。此次征文活动旨在围绕“一个家、一座城、一件事”，通过家中老物件的照片，叙述其背后历经的时代背景、历史见证和感人故事。活动收到征文 50 余篇、图片 100 多幅，由专业人士对所有报送作品综合打分，评选出各奖项，于 12 月 13 日在档案局举行颁奖仪式。（张孟然）

图 18　2017 年 12 月 13 日，丹阳市档案局举办金丹阳杯“家·城·事”老档案征文颁奖仪式（张孟然）

老干部工作

【概况】 2017 年，丹阳市有离休干部总数 150 人，其中机关离休干部 57 人，事业离休干部 50 人，企业离休干部 43 人，抗日战争时期 31 人，解放战争时期 119 人，另有条线直管的离休干部 21 人、易地安置的代管离休干部 3 人，全市离退休干部党员 7150 人、建有 101 个离退休干部党支部。2017 年，丹阳市出台《关于进一步加强和改进离退休干部工作的实施意见》。调整离退休干部党支部书记工作补贴，将全市离退休干部党支部书记工作补贴由原每月 300 元的标准，提高到每月 500 元。4 月，成立离退休干部工作委员会，增设基层组织科。在“三项待遇”落实、离退休干部党支部建设、组织开展各类活动、发挥老干部作用、社区离退休干部党建工作等方面均取得进展。开展“畅谈新变化”活动，市委老干部局分片区、分层次进行访谈座谈，召开专题座谈会 6 次、梳理各类建言 20 条。开展“点赞新丹阳”活动，组织离退休干部参观丹阳市城市重点项目，为丹阳市改革发展点赞鼓劲。各协会组织棋牌、门球、歌舞、戏曲等活动，传播正能量，点赞新发展。123 件作品参加镇江“展示正能量，献礼十九大”离退休干部出版作品展。开展“助力新发展”活动围绕丹阳市全国文明城市创建工作，动员和组织全市老干部党组织、老干部社团和离退休干部参与城市管理、投身文明创建，为文明城市创建作贡献。动员离退休干部撰写心得体会和理论文章 16 篇，收集好家训 30 余条。（张建平）

【离退休干部党组织建设】 2017 年，为加强离退休干部党组织建设。丹阳市委老干部局以规范离退休干部组织党内组织生活为重点，在全市离退休干部党组织中推行“五事联动”主题党日活动，进一步规范党内政治生活，推动“两学一做”学习教育常态化制度化开展。进一步加强社区离退休干部党建试点工作，在珥陵积庆村成立老干部党支部，探索回乡离退休干部党员在农村社区开展党建试点工作新途径。（张建平）

【老年大学新校区启用】 2017 年，丹阳市委落实市政协“改善老年大学办学条件”提案。市委书记陈可可亲自带领有关部门领导到老干部局，召开现场协调会，决定将原实验小学鸣凤楼、自珍楼改造为老年大学新校区，并投入 1650 万元进行改造出新。12 月 23 日，老年大学新校区落成典礼暨建校 25 周年庆祝大会召开，老年大学新校区正式落成启用。

（张建平）

丹阳市人民代表大会

栏目编辑　陈春芳

市人大常委会领导分工

李忠法，市人大常委会党组书记、主任，主持市人大常委会全面工作。

马耿良，市人大常委会党组副书记、副主任，分管市人大常委会环境资源城乡建设工作委员会、老干部工作。

周爱仙，市人大常委会党组成员、副主任，分管市人大法制委员会、市人大常委会内务司法工作委员会、人事代表联络工作委员会工作。

蒋明辉，市人大常委会党组成员、副主任，分管市人大财政经济委员会、市人大常委会办公室、财政经济工作委员会、信访工作。

符红海，市人大常委会党组副书记，分管市人大常委会农业和农村工作委员会工作。

韩静慧，市人大常委会副主任，分管市人大常委会教育科学文化卫生工作委员会工作。

（丁晓霞　贺　达）

综　　述

【概况】　2017年，丹阳市人大常委会作为江苏省县级人大唯一代表，参加全国推进县乡人大工作和建设经验交流会并作发言，同时获江苏省人大机关系统先进集体。全年，主要开展四方面工作。助推改革发展。组织代表视察科技创新平台、眼镜风尚小镇建设，专题调研智能制造推广、军民融合发展，听取产业园区建设重要建议办理情况，推动产业结构调整和发展动能转换；围绕行政审批、商事制度、简政放权等改革重点，助推市建筑工程施工许可并联审批、招投标监督管理等工作；专题调研国有资产经营管理、农民合作组织建设等工作；审议村级集体资产管理，听取农业生产全程机械化情况汇报，视察调研交通建设和管理、停车场建设、废弃矿山整治、“263”专项行动；组织代表视察水环境治理、城乡环境综合整治情况，带动和引领广大群众参与全国文明城市创建；推进二级沟整治管护及水利工程建设。增强依法履职实效。修订《讨论决定重大事项的规定》，全年作出5项决议决定并督促执行；组织政情通报，开展调查研究，加大跟踪督办力度，助推人代会目标和民生实事完成；深化财政预算监督，市镇两级人大财政预算监督实现全覆盖，推动镇人大出台财政预算监督办法，并建立镇人代会财经代表小组；推进镇（街道）人大工作规范化建设，指导各镇、街道深化闭会期间主席团作用发挥、代表履职管理、代表建议办理、财政预算监督、网上人大等方面工作；实现代表建议办理工作满意度测评在全市各镇年中人代会上全覆盖；指导各镇（街道）人大创建特色品牌工作；对6个部门开展专项评议，5位部门负责人开展述职评议，推进“一府两院”依法履职。彰显惠民利民成效。把加快养老服务体系建设作为重要建议，助推医养融合养老和社区居家养老模式形成；视察调研医务人员队伍建设，推进零售药店经营整改；听取城乡消防基础设施建设重要建议办理，落实“基本解决执行难”等情况汇报；专题调研教育装备、宗教场所建设、社会救助工作、司法所规范化建设等；视察相关山羊市场和豆腐村整治工作、道路交通事故“一站式”处理情况、公安科技创新工作；依法任免国家机关工作人员，接待群众来信来访。发挥代表主体作用。开展代表履职培训1500余人次；邀请市人大代表60余人次列席常委会会议，并组织300余人次参与视察调研活动；规范代表履职积分管理；组织开展五级人大代表统一接待选民日活动和代表向选民述职活动；建立健全重要建议办理机制。

（丁晓霞　贺　达）

【专项评议和述职评议】　2017年，丹阳市人大常委会围绕文明城市创建、“263”专项行动、“四问四促”（问情于民、问难于民、问需于民、问计于民；促民生改善、促企业发展、促作风转变、促社会和谐）大走访和重点项目建设情况，对市公安局、物价局、环保局、体育局、医保中心、水利局6个部门开展专项评议，对市人民法院、统计局、民防局、民宗局、粮食局5个部门负责人开展述职评议。10月19日召开专项评议大会，运用“述职＋评议＋票决”方式，组织代表对被评部门票决，评议结果纳入年度部门绩效考核。10月27日召开市十七届人大常委会第六次会议，组织全体常委会组成人员对被评部门负责人票决。

（丁晓霞　贺　达）

图19　2017年10月19日，丹阳市人大召开“依法行政、公正司法”专项评议大会，对市公安局、物价局、环保局、体育局、医保中心、水利局6个部门开展专项评议　（丁晓霞　贺　达）

重要会议和活动

【市十七届人大一次会议】　丹阳市十七届人大一次会议于2017年1月16—20日在市会展中心召开。会议审议并通过《丹阳市人民政府工作报告》《丹阳市2016年国民经济和社会发展计划执行情况及2017年国民经济和社会发展计划的报告》《丹阳市2016年财政预算执行情况和2017年财政预算的报告》《丹阳市人大常委会工作报告》《丹阳市人民法院工作报告》《丹阳市人民检察院工作报告》。大会选举李忠法为第十七届人大常委会主任，马耿良、周爱仙、蒋明辉、韩静慧为第十七届人大常委会副主任，黄春年为丹阳市人民政府市长，赵立群、薛军民、贺云华、符卫国、陈俊、刘宏程为丹阳市人民政府副市长，唐东升为丹阳市人民法院院长，方红卫为丹阳市人民检察院检察长。投票选举产生镇江市第八届人民代表大会代表、丹阳市人大常委会委员。表决通过丹阳市第十七届人民代表大会法制委员会、财政经济委员会组成人员名单。　（丁晓霞　贺　达）

【政情通报会】 2017 年 8 月 29 日，丹阳市政府在丹阳市十七届人大常委会第五次会议上作 2017 年上半年政情通报。会议组织人大代表深入基层、到群众中开展调查研究，广泛了解群众关注热点难点问题。政情通报会由市长黄春年通报上半年经济社会发展情况，提出下半年工作思路和重点。现场回应 6 位人大代表围绕“加快养老服务体系建设”“加快丹阳市科技创新和人才引进”“加大住宅小区物业管理”等 6 个专题进行发言。会后，由市人大常委会跟踪督办人代会目标和民生实事完成情况。

（丁晓霞 贺 达）

图 21 2017 年 8 月 29 日，丹阳市十七届人大常委会第五次会议暨 2017 年上半年政情通报会现场 （丁晓霞 贺 达）

【人大代表接待选民日活动】 为进一步畅通社情民意反映和表达渠道，2017 年 11 月 10 日，丹阳市人大在全市组织开展五级人大代表统一接待选民日活动，468 名各级人大代表在全市 31 个接待点接待选民 786 名，收集选民意见 695 条。全年，市人大在全市 74 个人大代表之家和 135 个代表联络工作站组织市、镇人大代表接待选民 3200 余人次。

（丁晓霞 贺 达）

图 22 2017 年 11 月 10 日，丹阳市组织开展五级人大代表统一接待选民日活动

（丁晓霞 贺 达）

【“农业发展专项资金”项目预算初审及绩效听证会】 2017 年 12 月 5 日，丹阳市人大召开“农业发展专项资金”预算项目初审及绩效听证会。通过组织人大代表和社会公众评议政府资金使用绩效，广泛听取社会各界意见建议，并引进第三方评估机构，提出合理化建议，形成专题听证报告抄送市委、市政府及相关职能部门，为政府和职能部门完善 2017 年度“农业发展专项资金”项目预算编制和以后做好相关工作提供决策依据。

（丁晓霞 贺 达）

图 20 2017 年 12 月 5 日，市人大召开“农业发展专项资金”预算项目初审及绩效听证会 （丁晓霞 贺 达）

2017 年丹阳市人大常委会会议一览表

表 3

会议名称及时间	主要议题
十七届人大常委会 第一次会议 （2 月 28 日）	审议通过关于撤销市、镇选举委员会的相关事项；审议通过市十七届人大常委会代表资格审查委员会组成人员名单；审议通过市人大常委会 2017 年工作要点；表决通过市十七届人大常委会云阳、曲阿街道工作委员会委员名单；审议通过市人大法制委员会、财政经济委员会工作职责；表彰 2016 年度镇（街道）人大工作先进单位和个人
十七届人大常委会 第二次会议 （3 月 27 日）	审议通过《丹阳市人大常委会关于 2017 年度依法行政、公正司法专项评议的实施方案》和《关于组织市人大常委会部分任命人员述职的实施方案》；有关人事任免事项
十七届人大常委会 第三次会议 （4 月 27 日）	有关人事任免事项；听取和审议市政府关于完善和强化村级集体资产管理的报告；听取和审议市政府关于 2016 年人大常委会审议意见办理情况的报告；讨论通过市政府融资项目议案
十七届人大常委会 第四次会议 （7 月 4 日）	有关人事任免事项；审查和批准 2016 年度市本级财政决算草案；听取和审议市政府关于 2016 年市本级财政预算执行及其它财政收支情况的审计工作报告；听取和审议市政府关于医务人员队伍建设情况的报告
十七届人大常委会 第五次会议 （8 月 29 日）	市政府作 2017 年上半年政情通报；提请有关人事任免事项；审议市政府关于 2017 年上半年国民经济和社会发展计划及财政预算执行情况的报告（书面）；表决有关人事任免事项
十七届人大常委会 第六次会议 （10 月 27 日）	有关人事任免事项；补选 1 名镇江市第八届人大代表；听取和审议曲阿街道人大工委 2017 年履职情况的汇报；审议通过《丹阳市人民代表大会常务委员会讨论决定重大事项的规定》；部分镇江市人大代表述职评议；市人大常委会部分任命人员述职评议
十七届人大常委会 第七次会议 （12 月 20 日）	有关人事任免事项；审议和通过市政府关于调整丹阳市 2017 年度财政收支预算的议案；听取和审议市十七届人大一次会议代表建议办理情况的报告；审议决定召开市十七届人大二次会议的有关事项；讨论通过提交市十七届人大二次会议审议的市人大常委会工作报告；审阅有关部门“依法行政、公正司法”专项评议意见整改报告；审阅市人大常委会任命人员述职评议意见整改报告

（丁晓霞　贺　达）

2017 年丹阳市人大常委会主任会议一览表

表 4

会议名称及时间	主要议题
十七届人大常委会 第一次主任会议 （2 月 9 日）	讨论市人大常委会 2017 年工作要点；讨论市人大常委会领导分工联系委办及镇（街道）人大工作安排表

续表 4

会议名称及时间	主要议题
十七届人大常委会第二次主任会议（2 月 23 日）	讨论市十七届人大常委会代表资格审查委员会组成人员名单（草案）；讨论市十七届人大常委会云阳、曲阿街道工作委员会委员名单（草案）；讨论市十七届人民代表大会法制委员会、财政经济委员会工作职责（草案）；讨论成立市人大行业代表小组有关事项；讨论《丹阳市人大常委会关于 2017 年度依法行政、公正司法专项评议的实施方案》和《关于组织市人大常委会部分任命人员述职的实施方案》；讨论确定 2016 年度镇（街道）人大工作先进集体和个人；讨论通过市人大人事代表联络工委 2017 年工作意见；讨论确定市第十七届人大常委会第一次常委会议程、日程（草案）
十七届人大常委会第三次主任会议（3 月 22 日）	听取市投资集团有关项目融资事项汇报；听取市检察院公诉工作情况汇报；讨论确定“依法行政、公正司法”专项评议和常委会部分任命人员述职评议报告格式；讨论《关于规范镇（街道）人大财政预算监督工作的方案》；讨论市人大内部管理相关制度；对建议督办情况进行分工；讨论确定市第十七届人大常委会第二次常委会议程、日程（草案）；讨论确定市第十七届人大常委会第三次常委会议程（草案）；各工委交流下月工作安排
十七届人大常委会第四次主任会议（4 月 21 日）	听取市政府关于零售药店管理情况的汇报；听取市政府关于住宅小区物业管理情况的汇报；讨论市人大常委会政情通报会方案；讨论镇（街道）人大百分考核相关事项；讨论《关于加强镇人大审查监督镇级财政预决算的指导意见》（草案）；讨论确定市第十七届人大常委会第三次常委会议程、日程（草案）；讨论市人大“四问四促暖企惠民”大走访实施方案；通报全省市县人大常委会负责同志学习会主要精神；各工委交流下月工作安排
十七届人大常委会第五次主任会议（5 月 23 日）	听取市政府关于国有资产经营管理情况的汇报；讨论《关于加强人大宣传信息调研工作的意见》；讨论市第十七届人大常委会第四次会议议程（草案）；传达公务车信息化管理平台工作会议精神；各委办交流下月工作安排
十七届人大常委会第六次主任会议（6 月 22 日）	听取市政府关于扶村帮户达新标与农业生产全程机械化示范市实施情况的汇报；讨论政情通报会方案和各工委调研发言主题；讨论“依法行政、公正司法”专项评议大会和市人大任命人员述职评议大会会议方案（草案）；讨论确定市第十七届人大常委会第四次常委会议程、日程（草案）；各委办交流下月工作安排
十七届人大常委会第七次主任会议（7 月 24 日）	听取“关于加大城乡结合部及主干道两侧环境整治的建议”办理情况的汇报；听取“关于健全代表建议办理工作机制，进一步提高办成率的建议”办理情况的汇报；听取市法院落实“基本解决执行难”工作的汇报；各委办交流下月工作安排
十七届人大常委会第八次主任会议（8 月 18 日）	听取“关于加快开发区水环境治理的建议”办理情况的汇报；听取“关于提升开发区模具城，大力发展模具产业的议案”办理情况的汇报；讨论政情通报专题发言材料；讨论确定市第十七届人大常委会第五次会议议程、日程（草案）；各委办交流下月工作安排

续表 4

会议名称及时间	主要议题
十七届人大常委会第九次主任会议（9月21日）	听取市政府关于二级沟整治工程推进及排灌站日常管护情况的汇报；讨论关于实施“农业发展专项资金”预算项目初审及绩效评价听证的方案；讨论关于组织实施镇江市第八届人大代表述职的方案；讨论市第十七届人大常委会第六次会议议程（草案）；各委办交流下月工作安排
十七届人大常委会第十次主任会议（10月20日）	听取“关于加强城乡消防基础设施建设的建议”办理情况的汇报；听取市政府关于“同级审”问题整改落实情况的汇报；讨论《丹阳市人民代表大会常务委员会讨论决定重大事项的规定》（修订草案）；讨论约见方案、重要和重点建议形成方案；讨论确定市第十七届人大常委会第六次会议议程、日程（草案）；各委办交流下月工作安排；传达市委作风效能建议会议精神
十七届人大常委会第十一次主任会议（11月24日）	听取市政府关于城乡水环境治理情况的汇报；听取“关于加强健身步道规划建设，提高‘健康丹阳’实施水平的建议”“关于加强丹阳市产业发展研究及产业园区建设的建议”办理情况的报告；讨论市第十七届人大常委会第七次会议议程（草案）；各委办交流下月工作安排；部署办公用房清理整顿工作
十七届人大常委会第十二次主任会议（12月11日）	听取市政府关于2017年度财政预算调整的情况说明；听取“关于规范和完善丹阳市农村土地使用权流转的建议”办理情况的汇报；讨论市十七届人民代表大会第二次会议筹备工作有关事项；讨论市人大常委会工作报告；听取关于补选市人大代表的说明；讨论关于组织召开镇人民代表大会的意见；讨论确定2017年镇（街道）人大工作百分考核方案；讨论市第十七届人大常委会第七次常委会议程、日程（草案）

（丁晓霞　贺　达）

代表议案建议办理

【概况】　2017年，丹阳市人大常委会建立健全重要建议办理机制，重要和重点建议由市政府分管副市长牵头办理、市人大常委会分管领导领衔督办、主任会议督办，一般建议由工委对口督办、代表跟踪督办，每月主任会议专门听取两个重要或重点建议办理情况汇报。坚持建议办理公示制，及时向社会公开建议办理承办单位、解决方案、落实结果，将建议办理全过程置于群众监督之下。市十七届人大常委会一次会议期间，代表提出建议153件，代表10人以上联名提出后作为建议办理的议案42件，共计195件，并确定“关于加快开发区水环境治理的建议”等6条建议为重要建议。代表对建议办理的满意和基本满意率为100%，代表建议所提问题解决或基本解决的（即A类）101件，占54%；正在解决或列入计划逐步解决的（即B类）86件，占46%；受条件限制或与现行政策不符，暂时不能解决或列为工作参考的（即C类）8件。

（丁晓霞　贺　达）

【加快推进开发区水环境治理的建议】　该建议由陈银仙、王佳丽2名代表在市十七届人大一次会议上联名提出，建议主要内容为：针对开发区水环境治理工程涉及范围广、投资量巨大、改造周期长、情况复杂等问题，尽快完成规划编制，制定目标，加强组织领导，加快资金落实，加大宣传工作，确保开发区水环境综合整治的有序实施和深入推进。此建议被列入重要建议后，市政府将该项目列入 2017 年度政府重点民生工程，专门成立开发区水环境治理推进工作领导小组，开发区管委会成立项目推进工作领导小组，对拆迁、水工、截污、景观等制定推进时序表，将辖区范围内整治河流分成若干标段统筹推进，整治工作有序有力。

（丁晓霞　贺　达）

【加大对城乡结合部及主干道两侧环境整治的建议】　该建议由王叶华、韦黎敏 2 名代表在市十七届人大一次会议上联名提出，建议主要内容为：对主干道两侧垃圾收集点的清理和对城乡结合部环境整治责任到单位到人，实行路段长制，长效监督管理。此建议被列入重要建议后，牵头单位市城管局落实 16 片城乡结合部、67 个城中村环境整治，并将整治督察考核到位。属地政府成立相关领导小组，责任具体分解落实，因地制宜开展环境整治。

（丁晓霞　贺　达）

【完善和加强农村集体资产管理的建议】　该建议由张少云、梅玉华、杭和秀 3 名代表在市十七届人大一次会议上联名提出，建议主要内容为：针对农村集体资产管理中一定程度上存在有规不循、职责不到位、村务公开不够、监督不够等问题，完善政策规定，制定操作细则，建立健全农村集体资产档案及监督机制，明确村务经济活动规则，推行农村集体资产股份制改革。此建议被列入重要建议后，市政府先后出台多份相关文件，就中央、省、市等相关政策进行细化和具体落实，通过完善农村集体资产管理政策规定，重新建立和打造农经管理队伍等措施，加强对农村财务事前事中事后监督，有效改进农村集体资产管理秩序与水平。（丁晓霞　贺　达）

【加强城乡消防基础设施建设的建议】　该建议由黄琦英、陈莎、蒋彩红 3 名代表在市十七届人大一次会议上联名提出，建议主要内容为：对乡镇的消防设施布局进行统一的规划并实施到位，定期对设施进行检查维修，加强对企业的消防设施检测，每年开展一次消防大演练。此建议被列入重要建议后，市消防大队主动协调市皇塘、陵口镇政府的消防基础设施建设，积极推动城乡消防规划编制工作。属地政府新增消火栓建设，以保障人民群众生命和财产安全。

（丁晓霞　贺　达）

【加强丹阳市产业发展研究及产业园区建设的建议】　该建议由王金祥、钱彩霞、巴斌兵 3 名代表在市十七届人大一次会议上联名提出，建议主要内容为：加强现有产业的研究，打造全产业链和在国际上有竞争力的产业集群；加强新兴产业的研究，引进、培育未来产业，确保不同发展阶段的产业支撑；加快确定园区基础实施建设，以优良的基础实施配套、良好的服务效能招商引资。此建议被列入重要建议后，市政府协调相关部门对丹阳市产业园区进行全面调研，编撰《丹阳工商业与工商界名人》一书，组织企业参加高层次产业展览、论坛活动。坚持精准施策，制定《关于全力打造资本市场“丹阳板块”的若干政策意见》《丹阳市产业投资引导基金管理暂行办法》等振兴实体经济政策，完善产业扶持政策，健全上市机制，设立政策性基金，引导社会资本助推丹阳经济发展。起草《关于扶持产业发展的若干意见》，制定扶持政策，助推产业持续健康发展。（丁晓霞　贺　达）

【加强健身步道规划建设的建议】　该建议由李碧文代表在市十七届人大一次会议上提出，建议主要内容为：建设和推广城市健身步道，进一步深化城市体育公共服务体系，加强规划引领，注重完善功能，加大财政投入，抓好步道建设惠民实事工程。此建议被列入重要建议后，市政府把推进健身步道建设作为高水平建设城乡一体的十分钟体育健身圈的重要内容和保障、改善民生的惠民实事工程，先后在普善体育公园、马塘桥体育休闲公园两个城建类项目规划建设健身步道。（丁晓霞　贺　达）

丹阳市人民政府

栏目编辑 夷朝霞

市政府领导分工

黄春年，市长，主持市政府全面工作，兼管发展改革、规划、编制、人民武装等方面工作。分管市规划局、编办。

赵立群，常务副市长，负责市政府常务工作，分管财政、监察、审计、投资、国有资产监管、人力资源与社会保障、法制、公共资源交易、行政审批制度改革、物价、机关事务、驻外办事机构、政务公开、行政学校、12345政府服务热线、税务、金融、保险、证券、住房公积金管理、开发区等方面工作，协助分管编办。分管市政府办公室、金融办、财政局、监察局、审计局、丹阳投资集团、国有资产监督管理办公室、人力资源与社会保障局、法制办、物价局、机关事务管理局、公共资源交易中心、行政审批服务中心、医保中心、镇江住房公积金管理中心丹阳分中心、政府投资工程项目前期工作领导小组办公室、企业资本运营工作办公室，协助分管编办。联系市人大、市政协、市法院、市检察院、接待办、机关工委、开发区管委会、国税局、地税局、人民银行丹阳市支行、银监局丹阳办事处、市各金融证券保险机构。

孙沪兵（挂职），副市长，分管市场监督管理、检验检测、卫生和计划生育等方面工作。分管市场监督管理局、检验检测中心、卫生和计划生育委员会。

薛军民，副市长，分管农业和农村经济、农业资源开发、水利、民政、双拥、社区建设、老龄事业、残疾人事业、民族宗教、气象、粮食、供销、茅山老区、精准扶贫、南北挂钩、对口支援等方面工作。分管市农委（农业资源开发局）、水利局、民政局、民族宗教局、粮食局、供销合作总社。联系市统筹委、残联、气象局、老促会。

陈中建，副市长，负责科技镇长团工作，协助分管科技、人才、中北学院建设工作，完成市政府交办的其他工作。

贺云华，副市长，分管教育、文化、新闻出版、体育、广播电视、档案、地方志、妇女儿童等方面工作。分管市教育局、文广新局、体育局、广电集团。联系市红十字会、总工会、团市委、妇联、文联、丹阳日报社、档案局、史志办、江苏有线丹阳分公司、驻丹阳高校。

符卫国，副市长，分管住房和城乡建设、国土资源管理、不动产登记、环保、交通运输、征收拆迁、水务、地震、民防等方面工作。协助分管规划工作。分管市住房和城乡建设局、国土资源管理局、环保局、交通运输局、征收办、水务集团、地震局、民防局（人防办），协助分管市规划局。联系丹阳火车站、丹阳高铁北站、城际站。

陈俊，副市长，分管公安、信访维稳、司法、消防、城市管理（含开发区）工作，协助分管人民武装工作。主持公安局工作，分管市信访局、司法局、维稳办、消防大队、城市管理局（城市管理行政执法局）。联系市人武部、武警丹阳中队。

刘宏程，副市长，分管经济信息化、工业经济、民营经济、三产服务业、科学技术、知识产权保护、商务、旅游、外事、侨务、对台事务、海关、检验检疫、安全生产、应急管理、统计、信息产业、邮电通讯、供电、盐业、烟草，协助分管发展改革工作。分管市发改经信委、市科技局（知识产权局）、商务局、旅游局、练湖度假区管理委员会（水晶山旅游度假区）、外事办、侨办、安监局、应急办、统计局、商贸总公司、工业资产经营管理总公司。联系市科协、侨联、台办、镇江海关丹阳办事处、镇江检验检疫局丹阳办事处、工商联、供电公司、国调队、丹阳盐业公司、丹阳烟草公司、石油经营部、邮政局、电信公司、中国移动丹阳分公司、中国联通丹阳分公司。

刘钢（挂职），副市长，协助赵立群做好分管条线工作。

黄俊杰，副市长，主持开发区全面工作，不参加市政府分工。

岳嵩（挂职），副市长，协助刘宏程做好分管条线工作。

亢鹏（挂职），副市长，协助黄俊杰做好开发区工作。

杭春云（市政府党组成员，援陕），不参加市政府分工。（张　燕）

重要会议

【市政府常务会议】 2017 年，丹阳市政府常务会议召开 12 次，主要议题是听取有关部门专题汇报，研究决定相关事宜，形成会议纪要 12 期。

第 1 次会议于 1 月 24 日召开。会议明确新一届市政府班子成员的分工；学习《江苏省贯彻落实〈法治政府建设实施纲要（2015－2020）〉实施方案》《政府法制 900 问》《丹阳市人民政府工作规程》；书面学习《关于新形势下党内政治生活的若干准则》《中国共产党党内监督条例》；要求新一届政府班子成员将执行力作为政府工作最核心的内容，在“实”字上下功夫，求真务实、真抓实干、实实在在、实事求是；要求市政府办公室作为重要的枢纽部门，要发挥好“桥梁”作用，当好“后勤部、参谋部、联络部、指挥部”，做好后勤保障、参谋助手、联络协调、督查推察等工作。

第 2 次会议于 2 月 28 日召开。会议听取市国土局关于拟公开上市交易经营性用地的情况汇报；会议原则同意《关于“丹凤朝阳”顶尖人才计划资助的建议》；听取法院关于增加房屋改造项目工程造价的情况汇报；听取投资集团关于收购中国惠农资本集团股权的情况汇报以及丹阳市天惠投资发展有限公司推出经营的情况汇报；研究丹阳市国资监管系列文件，原则通过《关于加强市属国有企业资产处置监督管理的意见》《关于进一步加强市直属国有投资公司考核评价和薪酬管理的实施意见》《丹阳市市直属国资公司投资管理暂行办法》《丹阳市市属国有企业经营投资失误和资产损失责任追究暂行办法》；研究丹阳市债务管理系列文件，原则通过《关于进一步加强丹阳市政府性债务管理的实施意见》《丹阳市政府性债务风险应急处置预案》《丹阳市政府性债务管理领导小组成员单位部门职责》《丹阳市债务管理工作问责办法》《关于做好 2017 年度债务还本付息工作的意见》《政府融资平台公司举借债务审批流程》；研究《2017 年度 30 项城乡建设类重点竣工项目表》和《2017 年政府重点工作任务分解表（征求意见稿）》。

第 3 次会议于 4 月 10 日召开。会议学习习近平关于精神文明建设的重要论述以及全省义务教育工作座谈会的主要精神及相关工作要求；听取市农委《关于确定全市农业保险经办保险机构的请示》的汇报；听取市农委关于《丹阳市畜禽禁养区养殖场关闭验收方案》的汇报；讨论并通过《市级财政预算追加安排管理规定》；原则同意《陵口镇关于建设齐梁路

（货场路）东延路段的请示》《2016年度丹阳市科技进步创新奖建议方案》《2017年度丹阳市科学技术进步奖建议方案》《支持再生资源行业发展的有关政策》，原则同意《国土局关于开展全市农村建设用地调查工作的请示》《城市绿化品质提升工程施工有关事项的请示》。

第4次会议于5月16日召开。会议原则通过《关于进一步加强统计工作的意见》《关于加强政府投资工程建设项目变更审核监督暂行规定》《关于全力打造资本市场“丹阳板块”的若干政策意见》《关于加强和完善农业发展专项资金管理的意见》《丹阳市妇女发展规划（2016－2020）》和《丹阳市儿童发展规划（2016－2020）》，原则同意《取消企业退休人员社会化管理服务经费的请示》。

第5次会议于6月12日召开。会议学习《中华人民共和国人口与计划生育法》《江苏省人口与计划生育条例》，以及《关于贯彻〈中国共产党问责条例〉实施办法》；原则同意《关于申请江苏省食品安全示范市创建经费的请示》《丹阳市扶贫专项资金项目实施管理办法》《关于提请市政府修改〈丹阳市城镇垃圾处理费征收办法〉的请示》《丹阳市节约用水管理办法》《丹阳市残疾人辅助性就业实施办法》《丹阳市用人单位按比例安排残疾人就业补贴和超比例奖励办法》；听取《关于实施通港路城市化改造工程的请示》的汇报；听取《关于创建发布中国·丹阳眼镜指数的申请》的汇报。

第6次会议于6月23日召开。会议听取丹北镇《关于免交土地出让滞纳金的请示》的汇报；听取《关于教育系统发放乡镇工作补贴的方案》的汇报；原则同意《关于提高派遣教师工资待遇的方案》；听取《丹阳市2017年上半年安全生产情况》的汇报；会议听取全市防汛、防涝情况的汇报；原则同意《关于编制〈丹阳市商业网点布局规划〉有关事项的请示》；研究当前工作，并对下一阶段工作进行部署。

第7次会议于7月19日召开。会议原则同意关于调整部分市政府领导分工的意见；原则同意《苏陕合作·富平县丹阳市2016－2020年对口交流与协作规划》；研究《申请农村集体资产清产核资工作经费的请示》；原则同意《丹阳市“十三五”卫生与健康规划》《丹阳市区域卫生规划（2016－2020年）》《丹阳市医疗机构设置规划（2016－2020年）》《丹阳市城市社区卫生服务机构建设规划（2016－2020年）》《健康丹阳（2016－2020年）行动方案》《丹阳市深化医药卫生体制改革实施意见》《关于加强卫生计生基本建设管理实行项目代建制的意见》《关于移址新建清真寺的请示》《关于丹阳投资集团城市经营过程中土地收益结算及政策优惠的暂行办法》。

第8次会议于8月12日召开。会议原则同意《丹阳市国有建设用地使用权网上交易规则（讨论稿）》《关于进一步改进占补平衡工作的通知》《开发区区级统筹历年失地农民参加社会保障的实施意见》《关于调整新老职工住房（租金）补贴政策的通知》《丹阳市老旧小区长效物业管理财政奖补资金管理办法》《关于将丹凤北路延伸、西门运河和西内城河重点段景观提升工程列入2017年度城乡建设重点项目计划的请示》《关于万善公园经七路、公园路、丝绸路道路改造工程变更的请示》《金融支持制造业发展的实施意见》《2017年丹阳市关于进一步降低实体经济企业成本的实施方案》《关于对江苏超力电器有限公司等5家企业明确为上市挂牌重点后备企业的建议》《丹阳市产业投资引导基金管理暂行办法》《萧梁物流园投资运营体制创新的相关事宜》。

第9次会议于9月16日召开。会议学习《中华人民共和国网络安全法》；研究决定相关事宜，原则同意《关于成立市机关事业单位资产管理工作领导小组的通知》《关于调整2017年城乡低保标准的通知》《丹阳市医疗救助办法（草案）》《关于我市在原河阳、横塘、胡桥、前艾所在地驻点办公的机关事业单位工作人员发放乡镇工作补贴的建议方案》《丹阳市畜禽养殖污染防治长效监管工作方案》《关于减免“荣城国际”B、C、D地块土地出让滞纳金的请示》《关于协调丹阳市实验小学菁华楼建设事宜的请示》《关于将谷口街（城北分洪道至新民西路段）纳入姜家园路二期工程一并实施的请示》，听取市住建局《关于全市污水管网建设有关办法的实施意见》的汇报，原则同意《关于明确江苏鑫海铜业有限公司等 2 家企业为丹阳市上市挂牌重点后备企业的请示》，会议听取丹化集团《关于黔希煤化工投资有限责任公司相关情况汇报》，原则同意《关于成立国有路灯企业的请示》。

第 10 次会议于 11 月 4 日召开。会议原则同意《关于调整部分副市长分工的通知》《市政府办公室工作手册》；研究云阳街道《关于免交锦绣江南开发项目土地出让违约金的请示》；原则同意《丹阳市整合高标准农田建设资金工作方案》《关于加快发展养老服务业的实施意见》《丹阳市镇（街）级“居家养老综合服务中心”暨“残疾人之家”建设实施及运行方案》《丹阳市地方债务化解方案》；听取丹阳投资集团关于收购飞达集团北京会所的情况汇报。

第 11 次会议于 11 月 30 日召开。会议学习《中华人民共和国全国人民代表大会和地方各级人民代表大会代表法》《江苏省实施〈中华人民共和国全国人民代表大会和地方各级人民代表大会代表法〉办法》；原则同意《关于统筹推进城乡义务教育一体化促进优质均衡发展的实施意见》《开发区关于办理嘉荟新城等拆迁安置小区不动产证相关问题的解决方案》《关于不动产（房、地）登记用途不一致处置办法的请示》《关于云阳集团土地合作开发情况汇报》，原则同意投资集团的方案；原则同意《关于实施 2018 年－2020 年农村公路提档升级工程的意见》《丹阳市城乡居民基本医疗保险实施办法》《丹阳市专项应急预案修订工作情况汇报》。

第 12 次会议于 12 月 23 日召开。会议原则同意《关于调整部分副市长分工的通知》《丹阳市生活垃圾焚烧发电与餐厨垃圾协同处置项目有关事项》《关于解决我市原市属改制企业身份置换人员基本医疗保障遗留问题的实施意见》《关于沪宁高速公路绿色通道、国家级样点、创森重点路段等绿化用地租赁到期的续租协议》《关于对江苏图南合金股份有限公司等 3 家企业明确为上市挂牌重点后备企业的请示》；听取市府办关于《2018 年政府工作报告》起草情况的汇报，与会领导对报告分别提出修改意见。

（张　燕）

【市长办公会议】 2017 年，丹阳市市长办公会议召开 3 次，形成会议纪要 3 期。

第 1 次会议于 1 月 6 日召开。会议听取市国土局关于拟公开上市交易经营性用地的情况汇报，原则同意相关土地的出让方案。会议要求：（1）市投资集团与市教育局要加紧会商，尽快确定大江桥片区幼儿园的投资建设方案。（2）国土局牵头，规划局、住建局配合，做好调研，制定政策，统筹解决好与嘉荟新城类似的安置房地块历史遗留问题。

第 2 次会议于 6 月 23 日召开。会议听取市国土局关于拟公开上市交易经营性用地的情况汇报，会议原则同意相关土地的出让方案。会议要求：（1）市国土局、规划局和云阳街道要进一步对接，确定振兴路南侧、南三环路南侧（丹凤公园西侧）地块的分割上市方案。（2）根据省政府办公厅《关于促进低效产业用地再开发的意见》苏政办发〔2016〕27 号文件，南三环路南侧（丹凤公园西侧）地块临伊甸园路、南三环路、创业路规划范围内的零星剩余土地待征收手续完善后，竞得人必须按本次挂牌成交的同等价格标准受让国有建设使用权。

第 3 次会议于 8 月 30 日召开。会议同意美乐集团引进关联企业江苏黄金屋光学眼镜股份有限公司“年产 1700 万副树脂镜片生产线新建项目”，江苏美乐投资有限公司“年产 60 万辆自行车生产线扩建项目”提前开工建设，相关各方应予以积极配合。要求项目建设过程中，相关各方应落实好安全生产有关责任，确保安全生产。

（张　燕）

【市政府专题会议】 2017 年，丹阳市政府专题会议召开 149 次，形成会议纪要 149 期。主要内容是：协调镇丹高速公路苗圃移栽工作相关事宜；协调埤城电镀园区内 7 家企业厂房手续办理相关事宜；协调大江桥片区改造有关问题；协调海会寺配套建设相关工作；协调供电公司在珥镇线输电线路改造工程中修剪煤炭河北侧护城村段树木后期处理问题；协调司徒镇向投资集团逾期借款及南门分院片区安置房回购有关问题；协调城河路建设工程合同签订和工程款支付有关问题；协调解决天坤集团及其关联企业银行借款欠息有关问题；协调江苏华德工程建设有限公司有关问题；协调启用中山路白云华庭地下车库相关事宜；协调357省道、新孟河等重大基础设施建设涉及集体土地房屋拆迁包干标准有关问题；协调市场监管局职工住房（租金）补贴有关问题；协调南京师范大学中北学院迁址丹阳项目建设相关事宜；协调丹阳市2017年小型农田水利重点县建设项目资金配套问题；协调学林雅居建设有关问题；协调加快推进胡高路片区综合整治工作；协调皇塘九年一贯制学校建设有关问题；协调丹句路拓宽改造项目（一期）房屋拆迁相关事宜；协调北二环路开工建设涉及拆迁、杆线迁移等方面的相关事宜；协调丹阳投资集团收购土地若干问题；协调投资集团和滨江城投融资项目有关问题；协调九曲河整治工程邱家村段搬迁相关问题；协调房屋征收安置工作相关事宜；协调金保工程上线后相关问题；协调阜阳路丹棉片区规划改造等相关事宜；协调北二环路拓宽改造拆迁、土地征用等相关事宜；协调处理中亚玻纤土地分割及担保有关问题；协调云阳镇嘉诚装卸站（码头）拆除后原租用场地管理相关事项；协调加快完善南京师范大学中北学院丹阳校区周边配套建设有关问题；协调防雷减灾体制改革相关事项；协调大吴塘水库扩容加固（拆迁部分）项目建设有关事项；协调解决吕城镇井园村天籁农庄土地权属问题；协调中北学院教师公寓建设有关问题；协调关于支持恒神股份发展相关事宜；协调丹阳市珥陵农产品加工园区公共服务平台项目建设工程有关问题；协调中润系破圈解链有关问题；协调东尼集团公租房项目竣工验收相关事宜；协调全市新一轮村庄生活污水治理建设及运维项目等相关事宜；协调丹金溧漕河“五改三”航道整治工程涉及珥陵镇商业酿造厂拆迁工作相关事宜；协调丹阳市强制检定的计量器具相关事项；协调丹阳大数据中心和智慧停车项目建设相关事宜；协调开发区水环境整治工作相关事项；协调恒神公司紧急资金调度有关问题；协调访仙镇50万伏变电站征地项目有关问题；协调介入工程清理工作相关问题；协调镇江红色金融钱币专题博物馆建设有关事项；协调不动产登记有关问题；协调延陵镇德兴电力设备有限公司110千伏升压站项目；协调创建省节水型社会示范区有关问题；协调丹阳市清云粮食蔬菜产业融合扩建项目建设工程有关问题；协调2017年拟实施重点工程项目以及配合投资集团筹集市政建设资金相关事项；协调北二环路下穿铁路工程以及迎宾路史巷和人行道改造项目搬、拆迁工作相关事宜；协调苏南运河丹阳城区段景观工程施工范围、内容、施工单位相关事宜；协调推进原技工学校改扩建工程具体事项；协调政府性资产注入投资集团有关问题；协调“城中村”环境综合整治范围、整治内容、完成时限等相关事宜；协调界牌新村有关事项；协调新河景观改造工程房屋动迁相关事宜；协调社会化用工相关事宜；协调丹阳市政府与中石化镇江分公司加强合作有关问题；协调推进农村土地确权登记颁证相关工作；协调张家大院历史遗留问题；协调恒神公司有关事项；协调落实司徒卫生院异地新建工程相关事宜；协调苏南运河丹阳城区段景观工程房屋和土地征收（收储）相关事宜；协调正通基金对接处置银行不良资产有关问题；协调房屋征收相关事宜；协调中北学院水系恢复工作；协调房地产领域相关信访矛盾；协调兴联热电公司做好丹阳市燃气热电联产项目报批相关工作；协调丹阳华海燃机热电联产项目重新选址有关问题；协调丹阳投资集团15个融资项目（13家金融机构）有关问题；协调北二环路拓宽改造施工期间交通组织方案优化相关事宜；协调界牌新村收购价格事宜；协调横塘桥建设过程中相关问题；协调体育馆、大剧院和博物馆设计方案修改意见；协调企业征收及“退城进园”相关事项；协调新孟河延伸拓浚工程界牌段拆迁工作有关问题；协调推进重要地质灾害隐患点、危险点防治有关问题；协调恒神公司生产经营所需资金相关事项；协调东风学校、滨河凤凰城幼儿园学校建设相关事项；协调有关241省道延陵段的天弘渔具公司和万善沥青公司搬迁相关事宜；协调新河景观改造工程相关地块动迁有关事宜；协调开发区历年失地农民保障工作有关问题；协调357省道开发区段“十里长沟”水系迁改相关事宜；协调政府性资产注入投资集团、政府重点工程审计有关问题；协调江苏国翔环保科技有限公司一般固废处置利用项目环保竣工验收相关事宜；协调老年大学建设有关事项；协调长丰纸业关停一台6000千瓦燃煤机组有关问题；协调新孟河工程安置房建设有关事项；协调京沪铁路丹阳站站前广场建设相关事宜；协调美乐集团项目模拟审批相关事宜；协调职中片区改造项目动迁相关事宜；协调房屋征收拆迁有关事项；协调皇塘镇吴塘初级中学新校区项目增补校内道路工程有关事项；协调锦绣江南开发项目相关事项；明确房屋征收拆迁扫尾工作机制；协调下岗、失业转业志愿兵（士兵）再就业岗位相关事项；协调天坤集团在华夏银行的贷款后续处置有关问题；协调普善体育公园项目建设有关问题；协调低速新能源汽车通用底盘项目有关问题；协调房地产领域相关矛盾；协调商品房预（销）售许可有关事项；协调2017年丹阳市开发区高新技术产业发展有限公司债券相关事宜；协调丹阳钢铁厂西半区建筑垃圾清运相关事宜；协调丹阳市华东建材城有限公司扶贫项目有关问题；协调丹棉片区改造项目协议搬迁相关事宜；协调司徒镇白鹤高新技术产业发展有限公司公共租赁房相关事宜；协调第二人民医院消防隐患有关问题；协调开发区及陵口镇共同建设开发萧梁物流园相关事宜；协调中石化丹阳支公司房屋征收补偿安置相关事宜；协调房地产领域相关矛盾；协调丽都公寓项目办理产权登记有关问题；协调江苏众立生包装科技有限公司接装纸生产加工项目审批事宜；协调南门分院片区征收项目迎宾养老院选址安置有关问题；协调加快推进天悦名城项目建设有关问题；协调江苏甬翔钢构有限公司转产相关事宜；协调天洋集团位于南京栖霞区地块征收及抵押查封有关问题；协调天坤公司房地产矛盾相关事项；协调企业妥善处置担保有关问题；协调水晶山体育公园景区整改工作有关事项；协调丹凤北路北延拆迁暨土壤治理相关事宜；协调全市新一轮村庄生活污水治理建设及运维项目相关事宜；协调新建丹句路绿化景观工程和北二环道路改造绿化景观工程相关事宜；协调拨付312国道绿化用地租金相关事宜；协调进一步做好下岗失业转业志愿兵（士官）再就业工作有关问题；协调访仙镇永丰河曝光问题整改有关事宜；协调江苏同力机械有限公司、丹阳市香逸大酒店发展有限公司项目建设有关问题；协调江苏星帝置业有限公司名下以土地抵押融资在不动产登记过程中遇到的相关问题；协调丹阳投资集团及开发区高新公司融资项目相关事宜；模拟审批协调推进会；协调丹阳市现代农业产业示范园实施方案有关问题；协调中亚玻纤及关联企业贷款事项有关问题；协调加快推进上善雅苑项目建设有关问题；协调兴联热电公司收储有关事项；协调连镇铁路丹阳段征地拆迁安置工作相关事宜；协调推进萧梁物流园区建设进程有关问题；协调森林消防专业队伍建设有关问题；协调水利工程项目建设有关问题；协调2016年度省级财政扶持村级集体经济发展项目有关问题；协调解决丹阳市迅达烟具有限公司合同纠纷相关事宜；协调丹阳地区部分企业在交行不良贷款有关问题；协调市应急气源及输配项目高压管线工程建设相关事宜；协调支持保得村镇银行处置不良贷款相关事项；协调优化丹阳京沪铁路火车站南广场交通组织方案相关事宜；协调处置江苏欣隆羽绒有限公司在淮安房地产项目主要金融风险相关事项。（张　燕）

政府法制工作

【概况】　2017年，丹阳市认真贯彻落实中共十九大精神，以落实中共中央、国务院《法治政府建设实施纲要（2015－2020年）》以及省、

镇江市和丹阳市的实施方案为主线，全面推进依法行政，加快法治政府建设，各项工作取得成效。（何金峰）

【法治政府建设】 2017年，丹阳市为强化组织保障，统筹推进法治政府建设，开展三方面工作。出台《丹阳市贯彻落实〈法治政府建设实施纲要（2015—2020）〉实施方案》，明确法治政府建设的贯彻要求、工作任务和落实保障，排出时间表和路线图，并召开专题会议加以推动。各镇（区、街道）、各单位各部门按照实施方案的要求，落实党政主要负责人推进法治政府建设第一责任人职责，将法治政府建设纳入年度工作计划，抓好重点工作任务的落实。落实法治政府建设年度工作报告制度，市政府每年向市委、市人大和镇江市政府报告法治政府建设情况。健全考核评价机制，将各镇（区、街道）、各单位、各部门法治政府建设任务完成情况纳入目标管理考核。组织开展2017年度法治政府建设考评工作，对监督检查中存在的问题及时提出整改建议，督促落实。增强各级领导干部法治意识。制定市政府常务会议学法计划，每季度安排一次集中学法活动，集中学习《江苏省贯彻落〈法治政府建设实施纲要（2015—2020年）〉实施方案》《政府法制900问》《中华人民共和国人口与计划生育法》《中华人民共和国网络安全法》等。各镇区、街道和各市级行政机关普遍建立领导干部集中学法制度，每年集中学法不少于4次。采取“请进来、走出去”等多种方式，组织行政执法人员专题培训，其中法律知识培训不少于15天。（何金峰）

【法制建设】 2017年，丹阳市加强政府法制建设。强化规范性文件制定管理。落实《江苏省规范性文件制定和备案规定》，健全完善规范性文件合法性审查和集体讨论决策机制，对出台的市政府规范性文件及时向市人大常委会和镇江市政府备案。开展规范性文件清理工作，对2015年以来的规范性文件进行梳理，确认《丹阳市高层建筑日照分析技术管理规定》《丹阳市城乡居民基本养老保险实施办法》等文件继续有效，《丹阳市人民防空管理办法》《丹阳市城区工业企业退城进园（区）实施办法》等文件进行修改或宣布失效。改进政府法律顾问工作。在规范性文件合法性审查、重大行政决策方面，注重听取法律顾问的意见和建议，提高行政决策科学化法治化水平，政府法律顾问为市政府规范性文件审查、重要决策事项提供咨询80余次。推行公职律师、公司律师制度，支持有条件的镇（区、街道）根据需要设立政府法律顾问、公职律师，参与重要行政决策、办理行政应诉事项。完善重大行政决策机制。强化行政决策法制审核，市政府法制办列席市政府常务会议，对提交市政府常务会议讨论的各项决策提出法制意见，确保政府决策于法有据。推行重大行政决策事项目录管理、流程监控、立卷归档，对事关经济社会发展全局和涉及群众切身利益的重大行政决策事项，充分听取社会各界的意见，促进重大行政决策的科学化民主化。（何金峰）

【执法体制机制改进】 2017年，丹阳市从三个方面改进执法体制机制。开展相对集中行政处罚权工作。针对基层镇政府（街道办事处）对发生在身边的违法行为“看得见、管不着”现象，探索行政处罚权向基层延伸，制定在丹阳市建制镇（街道）开展相对集中行政处罚权工作实施方案，并获得省政府批准同意。实施方案将424项原由城管、住建、安监等市级机关行使的部分行政处罚权集中由基层镇政府行使，提升基层社会治理能力和水平。规范行政执法行为。加强对行政执法主体和人员资格管理，对全市行政执法主体和人员进行全面清理。完善“两法衔接”工作机制，落实省“两法衔接”移送标准工作要求，进一步规范移送程序、优化办案流程，不断提高“两法衔接”工作水平。制定《关于印发丹阳市推行行政执法“三项制度”试点实施方案的通知》，在全市行政执法部门全面推行“三项制度”，取得成效。各执法单位依托各种载体对本单位各项执法活动进行事前、事中、事后公示。全市各执法部门配备执法记录仪2432台。积极推进重大行政执法决定法制审核工作，重大行政执法决定未经法制审核或审核未通过的，不得作出相应的行政执法决定。丹阳市在行政收费、行政征收等领域的法制审核方面开拓创新，制订《重大价格行政决策法制审核制度》《行政征收法制审核制度》。加大重点领域行政执法力度。在安全生产领域，开展安全生产大排查、大整治活动，打击安全生产非法违法行为2734起，其中立案查处236起，经济处罚214.39万元，责令停产停业企业28家，并对14家企业进行曝光。在食品药品领域，开展食品安全监督抽检24类3600批次。先后组织开展对生猪屠宰市场、水产品、婴幼儿配方乳粉标签标识、校园及其周边食品经营户等专项整治活动，对城乡结合部及农村地区诊所和药店药品质量安全、执业药师在岗情况、处方药销售、疫苗流通和使用管理进行专项检查，切实维护食品药品安全。（何金峰）

【行政监督】 2017年，丹阳市为完善监督体系，全面加强行政监督工作。主动接受人大政协监督。自觉接受人大及其常委会法律监督和市政协民主监督，主动向市人大及其常委会报告、向市政协通报市政府重点工作完成情况，向市人大报告年度依法行政工作制度。重视两会期间市人大代表、市政协委员对《政府工作报告》所提的意见建议，将意见建议分解落实到相关部门，加强跟踪督办。全年承办人大代表建议195件、政协委员提案228件，满意及基本满意率分别为100%、99.6%。落实规范性文件备案制度，规范性文件向人大备案率100%。全面推进政务公开。坚持以公开为常态、不公开为例外，积极推进决策公开、执行公开、管理公开、服务公开、结果公开。加大重点领域和关键环节的政府信息公开力度，重点推进财政预决算、公共资源配置、社会公益事业建设等领域的信息公开，全年主动公开各类信息5000余条。加强行政执法督导检查。对全市1200余名行政执法人员组织公共法律法规知识培训。对民办教育培训（咨询）机构执法监督进行专项检查，并出具法制意见。邀请法官、行政机关业务骨干，对全市各执法部门部分案卷集中进行评查，向行政机关反馈评查结果，促进依法行政。（何金峰）

【行政复议】 2017年，丹阳市加强行政复议应诉工作，切实发挥行政复议化解社会矛盾纠纷的作用，认真做好相关法律及政策的解释工作，把社会矛盾纠纷化解在萌芽状态。对申请行政复议的案件，依照法律规定严格审核，通过复议程序，维护行政机关依法行政行为，纠正错误及不规范的行政行为，保障申请人的合法权益。全年受理行政复议案件66件，办结56件。严格落实行政机关负责人行政诉讼出庭应诉工作要求，积极出庭应诉，行政机关负责人出庭应诉率达98.8%。镇江市中级人民法院已审结的以丹阳市政府为被告的33件诉讼案件中，政府无一败诉。（何金峰）

【“七五”普法】 2017年，丹阳市深入开展“七五”普法。建立健全普法制度，出台《关于加强国家工作人员学法用法工作的意见》《关于建立法官、检察官、行政执法人员、律师等以案释法制度的意见》《丹阳市国家机关“谁执法谁普法”责任制实施办法》，确保普法工作有章可循。开展“法润江苏”系列主体活动，加强法制宣传教育阵地建设，建成省级法治文化建设示范点3个、市级示范点22个，农家法治书屋实现全覆盖。（何金峰）

人事工作

【概况】 2017年，丹阳市人事工作围绕“聚力强富美高、深化特色发展，高水平建成小康社会”的战略定位，全面贯彻落实民生改善核心任务，突出“创新富民”主题，扎实推进“六大工程”（推进就业创业富民工程，推进全民保障幸福工程，推进人才集聚助推工程，推进劳动关系和谐工程，推进公共服务便民工程，推进效能建设基础工程）、21项重点工作，67个考核指标全部完成或超额完成全年目标任务。全年新增专业技术人才4270人、高技能人才2265人，申报镇江“金山英才”计划、江苏省“双创计划”“博士计划”。全市共有5家国家级博士后科研工作站、13家江苏省博士后创新实践基地。引进本科以上人才4674人，其中硕士以上313人，新增留学回国人数28人，执行12个引智项目，新引进长期外国专家24人。　　（朱君芬）

【人才引进培养工作】　2017年，丹阳市全面启动“丹凤朝阳”人才计划，发挥《人民日报》网络版、寰球人才网、加拿大中国专业人士协会等平台，广泛宣传丹阳市人才引进政策。扎实开展“知名企业进校园”和“校园引才”系列品牌活动，分批组织全市715家次规模企业到西北、东北、南昌、四川及省内64所重点高校开展校园引才活动，收到简历1.6万余份，达成意向协议1500余人，签约近800人，取得良好效果。举办第二届创业大赛，参赛项目涵盖一、二、三产业以及电商服务等领域，有60位选手参赛，13位选手获得“创业先锋奖”。举办2017年“来吧，创客!”活动，表彰有突出贡献的高技能人才和单位。全年职业技能鉴定取证人数（不含统考）4217人，新增高技能人才2265人，完成全年目标的133.2%，每万人劳动力中高技能人才数达到820人。　　（朱君芬）

图23　2017年10月18日，丹阳市举办第二届青年创业大赛　　（朱君芬）

【人事管理】　2017年，丹阳市坚持规范管理，加强公务员队伍建设，不断规范事业单位人事管理，军转安置和人事考试任务顺利完成。完成江苏省与西藏自治区“区域经济发展”公务员对口培训工作，完成公务员职业道德培训、事业单位继续培训、初任公务员和军转干部岗前培训工作。完成2017年70名公务员招录和2018年102名公务员招考职位编制和报名预审工作。完成14场事业单位招聘，累计招录各类人才752名，其中教育系统招考报名审核通过人数1548人。完成35名军转干部安置工作和部分军转干部解困维稳工作。　　（朱君芬）

图24　2017年5月6日，丹阳市人才市场组织“激扬青春　筑梦丹阳”大学生户外拓展活动　　（朱君芬）

政务服务工作

【概况】　2017年，丹阳市紧扣深化行政审批制度改革主线，围绕服务经济社会发展大局，以推进精准服务、提升服务效能为宗旨，勇于探索、创新作为。2017年新增外商投资企业28个，新增注册资本29996.99万美元；新办内资企业4180个，新增注册资本194.72亿元。公安出入境窗口全年累计办理护照、港澳台通行证等证件3.38万件，车辆购置税窗口办理车购税2.29万件、纳税2.6亿元。丹阳市行政审批服务中心更名为丹阳市政务服务管理办公室（简称“政务办”），政务办年累计办结件达24.2万余件，日均办结件986余件，全面实行便企便民服务。发改经信窗口、卫计委窗口被

评为 2017 年度市级机关“优质效能服务科室”。　　　　（王　晴）

图 25　2017 年 7 月 19 日，丹阳市政务服务管理办公室举行更名揭牌仪式
（王　晴）

【“e 办事”服务平台运行】　2017 年 6 月 28 日，丹阳市“e 办事”服务平台正式上线运行，平台对全市行政许可和服务事项进行全面梳理，逐条核对，完善现有权力清单，并编制相应的办事指南、流程图及办理材料模板，该平台上线运行后，丹阳市 91%的政务服务事项可全程网上办理，“e 办事”平台的搭建，标志丹阳市基本实现“不进一扇门、办成所有事”的改革目标。　　　　（王　晴）

【“3550”改革工作】　2017 年，丹阳市按照江苏省政府关于三证照“3550”（开办企业 3 个工作日内完成、不动产登记 5 个工作日内完成、工业建设项目施工许可 50 个工作日内完成，简称“3550”）改革要求，政务办与编办共同协调推进，细化明确审批服务办事指引，优化审批服务流程，提高审批服务效率。
（王　晴）

【建设项目施工许可电子证书发放】　2017 年 9 月 7 日，全国第一份建设项目施工许可电子证书在丹阳市发放，这是丹阳市住建部门在全省率先开展建筑工程施工许可并联审批的第一份电子证书。施工许可审批环节优化为 6 个，实现并联审批 4 项，全程缩减申报材料 35 项，优化办事流程，电子许可证的发放在推进行政审批制度改革、贯彻落实“3550”工作方面具有重要意义。
（王　晴）

【政府公共服务热线户外直播活动】　2017 年 5 月 27 日，丹阳市在市人民广场举办 12345 政府公共服务热线开办 5 周年暨行风热线户外直播活动，市领导黄春年、周奇恒、赵立群、符红海、沈留海出席活动。活动现场开通热线接听市民的咨询和投诉，并邀请相关单位及部门主要负责人上台进行答疑解惑。27 家参与单位及部门设立咨询服务台，接受市民诉求、受理问题。12345 热线现场接听市民来电 181 个，成员单位受理市民诉求 96 件。活动结束后，市领导实地考察调研 12345 服务热线平台。
（王　晴）

【丹阳政务旗舰店上线】　2017 年 11 月，“江苏政务服务网”丹阳旗舰店正式上线，“旗舰店”中包含政务服务、行政审批、公共服务、公共资源交易和办件公示 5 个功能模块，便民查询中涵盖不见面清单、政府部门权责清单、信用信息综合查询、办事进度查询、企业网上登记、企业名称预查询、EMS 快递服务和地图服务等 8 个特色服务模块，办事企业和群众可以按照个人办事或法人办事进行相关事项的咨询和办理。此外，APP 手机移动客户端引入身份证进度查询、重名查询、机动车违规查询、驾驶人违规查询等多项便民服务功能。
（王　晴）

【政府热线工作】　2017 年，丹阳市 12345 政府服务热线受理市民来电事项 90514 件，其中前台直接办结 63824 件，占受理总量 70.51%，日均受理来电 248 个，单日来电量最高达 693 件；实现三方通话一次性成功率 100%；派送工单 26690 件，派送工单办结率 99.25%，回访市民满意率 99.52%；收到群众感谢类来电、信件、锦旗 147 件。　　　　（王　晴）

机关事务管理

【概况】　2017年，丹阳市机关事务管理以“精细管理、精准服务、精美品质”为总目标，提升公共机构节能、公务用车、党政机关资产管理水平，强化后勤服务保障能力，推动办公用房长效管理机制建设，统筹办公用房调配，全年完成14家单位修缮工程的审核工作。推进节水型机关创建，丹阳市7家单位成功创建镇江市级节水型单位。丹阳市机关事务管理局作为全省唯一县级市代表，完成公务用车集中管理平台建设，对全市保留公车进行标识化喷涂，用车成本显著降低，管理职能得到有效强化，全年查验登记外来办事人员5万余人，接待信访人员400余批次1.3万余人次，维护行政中心的正常工作秩序。组织安全检查12次、安全培训6次，确保行政中心安全运行零事故。深化和细化餐饮服务，食堂窗口服务组被市总工会授予“工人先锋号”。全年完成各种会议1600余场次，通过组织后勤满意度调查、技能比武、“服务明星”评选等措施，不断强化干部职工服务意识，优化服务流程，提升服务品质。成功创建江苏省“节水型单位”江苏省“健康单位”，被镇江市机关事务管理局表彰为“机关事务管理工作先进单位”。

（何　晶）

图26　2017年12月12日，江苏省爱卫会到丹阳市检查创省级健康单位工作

（何　晶）

【公共机构节能管理】　2017年，丹阳市机关事务管理局加强与水利、住建、发改委等部门的协同，形成节能推进合力。以节水型社会示范区建设为契机，积极推进节水型机关创建。丹阳市行政中心、人民法院、党校、丹北镇、住建局、九曲河水利枢纽、陵口镇7家单位成功创建镇江市级节水型单位，其中市行政中心成功创建省级节水型单位。12月，国家机关事务管理局相关领导对江苏省公共机构能耗统计数据质量实施调研，丹阳市机关事务管理局作为全省唯一县级市代表，接受检查并作经验交流。在行政中心的节能管理中，通过对公共区域照明优化、改造广场庭院灯、调低卫生间马桶水箱水位、限时使用电开水器、落实全员节能岗位责任制等措施，实现挖潜增效，为全市公共机构节能树立标杆。　（何　晶）

图27　2017年8月7日，江苏省机关事务管理局到丹阳市进行资产管理调研

（何　晶）

外事·侨务

【外事工作概况】　2017年，丹阳市贯彻执行中央以及省、市的有关外事方针政策，充分发挥外事资源优势，不断拓展工作领域，“走出去”“请进来”，外事工作取得新成绩。全年办理因公出国（境）手续37批75人次（其中自组团14批、出访43人次，双跨团20批、出访29人次，企业出访3批、出访3人次）。接待

日本、加拿大、美国、比利时、德国、澳大利亚等国8批50人次。审核邀请外国人来华签证通知函电200批、271人次，办理APEC商务卡16批34人次。（花　卉）

2017年市领导境外经贸活动

表5

时间	活动主题	主要工作内容
3月	市委副书记赵志强带队到日本进行经贸招商活动	到希格玛株式会社总部进行实地考察；与日本长田株式会社签订合作协议；在广岛、名古屋和东京分别举办丹阳－日本汽车工业园招商说明会，吸引更多企业落户丹阳
4月	市委常委、常务副市长赵立群带队到中国香港进行经贸活动	拜访中信银行、信银国际、浦银国际、中国民生银行香港分行，对投资集团已发行的美元债券进行回访；拜访史蒂文生黄律师事务所，了解债券发行要求；拜访香港远洋商贸有限公司、香港曼蒂斯贸易有限公司，交流商业、营销与管理等模式，学习经营方式及贸易相关事宜
6月	市委副书记、市长黄春年带队到德国、比利时进行经贸活动	与德国博世集团和弗劳恩霍夫制造技术及自动化研究所洽谈丹阳市零配件企业的汽车悬挂件生产线项目；到鱼跃医疗德国总部及曼吉世公司金钟手术器械研发中心，就丹阳市医疗设备及高值耗材建设项目和医疗器械用具生产项目进行洽谈；就丹阳市重点工程国健健康产业园建设项目与慕尼黑市高科技工业园进行洽谈，交流园区建设经验；与比利时安特卫普省秘书长和经济贸易局长、惠市市长就加强两市交流合作进行工作会谈；出席与惠市企业家见面会

（花　卉）

【侨务工作概况】 2017年，丹阳市侨务工作解放思想，抓住机遇，协调配合，提高侨务工作为地方经济建设服务的水平。春节期间，召开重点侨资企业、“三胞”代表及部分归侨侨眷迎春茶话会。侨办与侨联走访慰问重点侨港资企业、归侨和重点侨眷及贫困侨务对象30余家，发放慰问品及现金。侨办通过互联网向丹阳市在海外的重点侨务对象发送电子贺卡、信函等60余件。利用新媒体、网络平台和“普法宣传月”，开展“侨法”宣传。全年侨务信访8人次，主要涉及房屋拆迁、房产纠纷、升学加分、经济纠纷等方面，其中丹阳市丹北镇侨眷聂桂凤因土地流转问题得到妥善解决。为华侨子女审核办理“三侨考生”身份认定，享受中考、高考加分的政策优惠。2017年，将“鼓励和表彰在华侨捐赠工作中作出突出成绩的单位和个人”“归侨侨眷身份认定”“华侨身份认定”“华侨、港澳同胞、华人捐赠项目备案登记”四项权利统一上报，录入江苏省政务服务事项管理平台进行网上信息平台管理。丹阳市云阳街道兴隆苑社区被确定为2017年度江苏省“侨务工作示范单位”。（沈玉清）

【日本跨境会到丹阳进行产业项目对接合作】 2017年3月和11月，日本跨境会会长石田和靖分2次带领代表团一行到丹阳市访问。石田一行先后了解丹阳市产业发展、投资环境以及城市宜居环境，同时进行项目推介，洽谈合作。石田一行考察大赛璐公司、日本汽车零部件产业园、鱼跃集团，参观丹阳眼镜城和丹阳规划展示馆等。在座谈会上，日本企业家与丹阳市相关负责人就新能源、新材料、医疗器械、高端装备制造等领域的项目意向进行深入洽谈。（沈玉清）

图28　2017年3月18日，日本跨境会代表团到丹阳访问（沈玉清）

政协丹阳市委员会

栏目编辑　夷朝霞

市政协领导分工

沈岳方，主席，主持全面工作，主管干部人事工作，分管办公室和机关工作。

钱留梅，副主席，分管经济科技委员会、社会法制海外联络委员会。

沈留海，副主席，分管提案委员会、城乡建设委员会，协管机关日常工作。

谭国祥，副主席，负责与民主党派、工商联以及在丹阳的省、镇江市政协委员的联系；分管委员工作办公室、委员培训和老干部工作。

陈建红，副主席，兼管教卫文史委员会。

（洪中贤）

重要会议

【市政协十五届一次会议】　2017年1月15—19日，丹阳市政协十五届一次会议召开。会上，丹阳市委书记陈可可讲话，市政协主席张仁海作《中国人民政治协商会议丹阳市第十四届委员会常务委员会工作报告》，市政协副主席谭国祥作《丹阳市第十四届委员会常务委员会关于提案工作情况的报告》。会议列席市十七届人大一次会议，听取《政府工作报告》及其他报告；视察政府重点工程建设情况；选举产生市政协第十五届委员会主席、副主席、秘书长及常务委员；以“创新特色”为主题，重点选择《挖掘地方特色，发展全域旅游》《彰显文化特色，提升城市品位》《加快丹阳智慧城市建设的建议》《创新理念，推进城市精细化管理》《持续走好“科技＋资本”之路，助推丹阳经济提档升级》《聚焦重点、聚力创新，推进“千亿”新材料产业快速崛起》《以公共交通为导向的发展模式（TOD）社区建设引领高铁北站区和丹北丘陵一体化开发》《科学规划打造特色强力推进运河两岸休闲旅游风光带建设》8个子课题，组织委员进行大会口头发言；听取市政协提案审查委员会关于《市政协第十五届一次会议提案预审查情况的报告》；会议通过《市政协第十五届一次会议决议》。

（洪中贤）

图29　2017年1月15—19日，丹阳市政协十五届一次会议在市会展中心召开

（洪中贤）

2017 年丹阳市政协常委会议一览表

表 6

会议名称	主要内容
十五届一次常委会议（3 月 27 日）	审议通过政协工作机构设置及有关人事安排、《市政协 2017 年工作要点》、主要工作安排、《市政协关于开展“能力建设年”活动的意见》；开展政协业务培训；部分政协常委、委员活动小组组长作履职交流。市政协领导沈岳方、钱留梅、沈留海、谭国祥及秘书长吴卫方出席会议
十五届二次常委会议（5 月 19 日）	听取法院、检察院工作情况通报；就加快打造“智慧城市”开展重点协商。市政协主席沈岳方，副主席钱留梅、沈留海、谭国祥、陈建红及秘书长吴卫方出席会议。市委常委、常务副市长赵立群应邀出席会议
十五届三次常委会议（7 月 19 日）	学习传达市委十三届三次全委（扩大）会议精神；听取和讨论市政府关于 2017 年上半年全市经济社会发展等情况通报；协商通过有关人事任免事项；就“推进军民融合产业发展”开展协商。市政协领导沈岳方、钱留梅、沈留海、谭国祥及秘书长吴卫方出席会议
十五届四次常委会议（12 月 29 日）	讨论《政府工作报告》（讨论稿）；审议通过《政协常委会工作报告》（讨论稿）和《政协提案工作情况的报告》（讨论稿）；民主评议 2017 年提案重点承办单位提案办理情况；审议通过有关制度；协商增补政协委员；协商决定召开市政协十五届二次会议的有关事项。市政协领导沈岳方、钱留梅、沈留海、谭国祥及秘书长吴卫方出席会议。市领导陈可可、仇洋应邀出席会议

（洪中贤）

2017 年丹阳市政协主席会议一览表

表 7

会议名称	主要内容
十五届一次主席会议（1 月 24 日）	明确市政协主席、副主席、秘书长的工作分工；决定春节后开展“大走访、大调研”活动
十五届二次主席会议（2 月 16 日）	研究政协工作机构设置及有关人事安排；讨论《市政协 2017 年工作要点》（征求意见稿）和市政协 2017 年主要工作安排；讨论决定提案审查报告和主席会议督办、副主席领衔督办提案；审议通过《市政协关于开展“能力建设年”活动的意见》；研究制度建设事宜；研究决定一次常委会议程
十五届三次主席会议（3 月 21 日）	专题视察调研全国文明城市创建暨开发区水环境治理工作
十五届四次主席会议（4 月 25 日）	专题视察调研九曲河整治等水利工程
十五届五次主席会议（5 月 12 日）	专题视察“高铁沿线环境和城市主要道路出入口周边环境建设情况”；研究决定市政协十五届二次常委会议程
十五届六次主席会议（6 月 20 日）	围绕“开发区水环境治理”重点提案开展办理协商，并对丹阳市汽车零部件产业发展建言献策

续表 7

会议名称	主要内容
十五届七次主席会议（7月7日）	视察文化建设和南师大中北学院建设情况；视察“263”专项行动推进情况
十五届八次主席会议（8月28日）	视察部分省、镇江市工业类重点项目
十五届九次主席会议（9月20日）	视察老年大学迁址办学情况
十五届十次主席会议（10月25日）	推进“特色小镇”建设工作；审议通过《专题协商工作办法》（试行）《对口协商工作办法》（试行）《界别协商工作办法》（试行）等有关制度；研究市政协十五届二次会议筹备事宜
十五届十一次主席会议（11月15日）	视察部分城乡建设重点工程
十五届十二次主席会议（12月20日）	研究召开市政协十五届四次常委会、二次会议等有关事宜

（洪中贤）

重要活动

【迎春茶话会】 2017年1月22日，丹阳市政协举行各界人士迎新春茶话会。黄春年、赵志强、李忠法、沈岳方等市四套班子领导与各民主党派、无党派、工商联代表、各级优秀共产党员代表、各级劳模代表、市“两学一做”典型、纳税大户代表、外商代表等出席大会。丹阳市委副书记、市长黄春年向与会者和全市干部群众致以节日的问候和新春的祝福。市政协主席沈岳方主持茶话会，并寄语全体政协委员在新的一年凝心聚力、携手同行，以优异的履职成效为市政协的发展再创辉煌，为加快建设充满活力的苏南现代化工贸名城作出新的贡献。市政协副主席、市民进主委、市人民医院副院长陈建红，市政协委员、常诚车业江苏有限公司董事长兼总经理常国民分别代表各民主党派和全市企业界发言。与会人员观看文艺演出。

（洪中贤）

图30　2017年1月22日，丹阳市市长黄春年在政协各界人士迎新春茶话会上致辞

（洪中贤）

【“大走访大调研”活动】 2017年2月6日—3月12日，丹阳市政协开展“大走访大调研”

活动。市政协主席、副主席走访市委、市政府、政协常委、委员活动小组组长，各委办对口走访各委员，主席、副主席率委办对口走访民主党派、部门和单位，听取对新一届政协和2017年政协履职的意见和建议，了解委员生产经营、工作生活情况以及2017年“双履职、双尽责”的打算。（洪中贤）

【重点工作协商交流会】　2017年3月15日，丹阳市政协召开政府、政协2017年重点工作协商交流会。与会市政府副市长和市政协副主席分别结合各自分管工作交流2017年重点工作和工作计划。市领导黄春年、沈岳方、赵立群、孙沪兵、陈中建、贺云华、符卫国、刘宏程、钱留梅、沈留海、陈建红，市政协秘书长吴卫方等出席会议。（洪中贤）

图31　2017年3月15日，丹阳市政协召开政府、政协2017年重点工作协商交流会（洪中贤）

【“新形势下政协委员如何履职尽责”委员培训活动】　2017年4月19日，丹阳市政协举办“新形势下政协委员如何履职尽责”的委员培训活动，200多名政协委员及政协机关干部参加学习。市政协领导沈岳方、钱留梅、谭国祥、陈建红出席培训活动。原江苏省政协常委、副秘书长、研究室主任丁泽生受邀作《新形势下政协委员的履职尽责》的专题报告。报告阐述准确把握人民政协的定位、深刻理解协商民主的丰富内涵、发挥人民政协协商民主重要渠道作用，帮助政协委员进一步熟悉政协履职的基本方式和要求，把握履行职责、参政议政的方法、特点和规律等。（洪中贤）

图32　2017年4月19日，丹阳市政协举办“新形势下政协委员如何履职尽责”委员培训活动（洪中贤）

【捐赠九里季子铜像】　为了宣传丹阳市历史文化，进一步弘扬季子文化，让季子形象更鲜明生动。2017年5月8日，丹阳市政协捐赠九里季子铜像揭幕仪式在季子庙举行。季子铜像坐落于季子庙门前，按照“季札挂剑”形象雕刻。整个季子铜像重1.68吨、钢结构0.1吨，共计1.78吨；铜像高度4米，基座高度1.2米，正面宽度2.58米，侧面宽度1.98米，季子铜像手握的宝剑长1.75米。市领导沈岳方、李莉珺、陈建红出席揭幕仪式。（洪中贤）

【《丹阳革命英烈传选编》首发式】　2017年6月29日，丹阳市政协举行《丹阳革命英烈传选编》首发式。《丹阳革命英烈传选编》的收录范围除丹阳籍革命烈士外，还收录曾经在丹阳工作过、为了丹阳的革命和建设事业献身的烈士，以及与丹阳关联程度较大的上级或友邻地区党政组织中的相关烈士，并按照烈士传略、烈士简介、烈士英名录和烈士牺牲年表四大类进行编目。市政协主席沈岳方、副主席陈

建红出席活动。　（洪中贤）

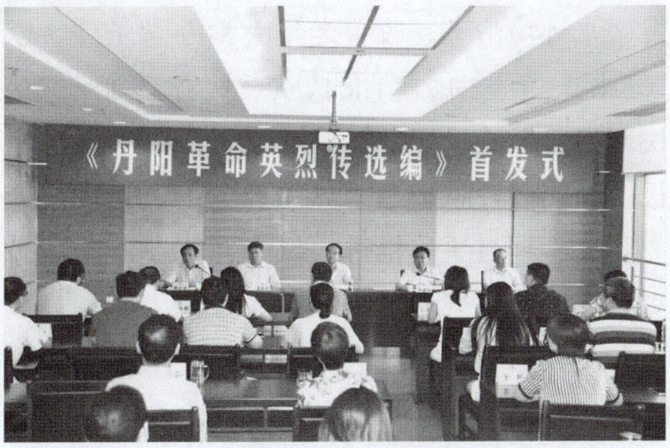

图 33　2017 年 6 月 29 日，丹阳市政协举行《丹阳革命英烈传选编》首发式　（洪中贤）

【委员培训班讲座】　2017 年 9 月 13 日，丹阳市政协特邀南京大学副教授庄建军以《第四次工业革命——社会转型的驱动力》为主题，在市会展中心举办第三季度的委员培训，全市 200 多名市政协委员参加现代科技培训班，庄建军围绕人才培养、共享经济、虚拟现实、智能家居等方面，讲述第四次工业革命对社会转型带来的影响。市政协领导沈岳方、沈留海、谭国祥、陈建红及秘书长吴卫方参加培训。　（洪中贤）

图 34　2017 年 9 月 13 日，丹阳市政协举办委员培训班讲座　（洪中贤）

【党组扩大会议】　2017 年 11 月 1 日，丹阳市政协召开党组扩大会议，学习传达贯彻中共十九大精神，市政协主席、党组书记沈岳方，副主席、党组副书记沈留海，副主席、党组成员谭国祥，党组成员、秘书长吴卫方参加会议，副主席钱留梅、陈建红列席会议。市政协主席沈岳方指出，十九大精神高屋建瓴、思想深邃、博大精深，学习十九大精神是政协党组、机关和全体政协委员需要长期坚持的任务，一定要原原本本、反反复复地研读十九大报告原文，领会其精髓及要义；要在全面系统学习的基础上，突出重点、抓住关键；党组、党支部要按照市委下发的学习计划制定各自的学习计划；要积极参与十九大精神的宣讲；要组织委员开展十九大精神的专题培训；每位党员要认真撰写学习心得并进行交流，切实全方位、多层次迅速掀起学习宣传贯彻落实十九大精神的高潮。　（洪中贤）

【各党派主要负责人会议】　2017 年 12 月 5 日，丹阳市政协召开各党派主要负责人会议。会上，各党派主要负责人交流在政协平台 2017 年履职情况，并围绕政协全年重点工作安排和要求，在加强自身学习、组织视察调研活动、开展协商议政等方面讨论 2018 年具体履职计划；会议讨论《关于加强和改进人民政协民主监督工作的实施意见（征求意见稿）》。市政协主席沈岳方出席会议。　（洪中贤）

图 35　2017 年 12 月 5 日，丹阳市政协召开各党派主要负责人会议　（洪中贤）

政治协商、民主监督和参政议政

【全体会议整体协商】 2017年1月18日，丹阳市政协十五届一次会议以“创新特色”为主题，与市委、市政府进行大会协商，为市委、市政府提供决策参考。重点选择《挖掘地方特色，发展全域旅游》《彰显文化特色，提升城市品位》《加快丹阳智慧城市建设的建议》《创新理念，推进城市精细化管理》《持续走好“科技＋资本”之路，助推丹阳经济提档升级》《聚焦重点、聚力创新，推进“千亿”新材料产业快速崛起》《以TOD社区建设引领高铁北站区和丹北丘陵一体化开发》《科学规划，打造特色强力推进运河两岸休闲旅游风光带建设》8个子课题，组织委员进行大会口头发言。其他材料以书面形式向市委、市政府建言献策。代市长黄春年高度评价各位政协委员的建言，表示市政府将认真梳理委员提出的意见和建议，积极吸纳到政府的各项具体工作中去，督促相关职能部门加以落实。

（洪中贤）

图36 2017年5月12日，丹阳市政协考察高铁沿线和城市主要道路出入口周边环境建设 （洪中贤）

【专题协商】 2017年，丹阳市政协聚焦富民惠民，围绕增加群众收入、解决群众普遍关注的热点民生问题，选择缓解城区车辆拥堵、开发区水环境治理、改善老年大学办学条件、以“健康扶贫”助力精准扶贫、医疗体制改革、民间博物馆建设、发展医疗器械产业等内容积极协商议政，献计出力，促进民生决策更贴民心，民生项目更快推进，努力使改革发展成果更多惠及人民群众。

（洪中贤）

【提案办复】 2017年，全体政协委员和政协各参加单位，紧紧围绕市委、市政府中心工作和人民群众普遍关注的热点难点问题建言献策，提交提案283件，经审查立案228件。其中各民主党派、工商联、无党派代表小组、人民团体和各委员活动小组集体提案28件，委员个人和联名提案200件。根据职责分工，按照归口管理的原则，立案提案分别送交46个承办单位研究办理，截至2017年11月30日全部办复。已经解决或被采纳的113件，占49.56%；列入计划逐步解决的102件，占44.74%；作为工作参考的13件，占5.70%。共收到提案人对提案办理情况的反馈意见228份，表示满意的178件，占78.07%，其中7件由不满意提案转化；基本满意的49件，占21.49%，其中6件由不满意提案转化。

（洪中贤）

【民主监督】 2017年，丹阳市政协坚持把民主监督贯穿于政协履行职能的全过程，不断加强监督力度，拓宽监督渠道。围绕“十三五”规划实施、市委的重要决策部署和市政府重点项目工程，通过视察、调研、座谈等形式推动决策部署落地生根，推进重点项目工程全力建设。实行主席会议重点督办提案、副主席领衔督办提案，将《关于加强开发区水环境整治的建议》列为主席会议重点督办提案，将《关于建设“双拥”主题公园的建议》《关于加快规范全市道路交通标志标牌标线设置的建议》《关于切实加强我市中小学食堂管理的建议》《关于创新发展我市全域旅游的建议》等提案列为副主席领衔督办提案，增强重点提案办理实效，不断提高提案办理的办结率和满意率。重点就“两院”工作、财税工作和财政同级审情况进行专题评议，就2017年重点承办单位提案办理情况进行民主评议。积极探索新形势下民主监督的有效形式，积极发挥民主监督在供给侧结构性改革、社会治理、从严治党中的独特作用。

（洪中贤）

图37　2017年8月28日，丹阳市政协就部分省、镇江市产业类重点项目推进情况开展民主监督　（洪中贤）

【参政议政】　2017年，丹阳市政协始终把服务改革作为参政议政的重点，献计全市大局。围绕全国文明城市创建、生态文明建设、重点项目、重点工程等，就“263”专项行动推进情况、高铁沿线环境建设、城市主要道路出入口周边环境建设、九曲河整治、新孟河拓浚延伸（丹阳段）、大吴塘水库扩容，省市工业类重点项目、“一湖三水五河”建设等内容组织开展主席会议和视察，献务实之策。关注热点难点，组织委员围绕补齐民生和生态短板、打造宜居环境、优化城乡现代功能、彰显文化特色、优化城市交通环境、城市精细化管理、停车场点建设等方面积极参政议政，提出具有全局性、前瞻性、科学性和可操作性的意见建议，推动丹阳市精美城市建设。切实提高参政议政质量，集合党派、界别等各方面力量，有针对性地开展视察调研，为市委、市政府提供有见解、有价值的意见建议。

（洪中贤）

图38　2017年4月25日，丹阳市政协专题视察九曲河整治、大吴塘水库扩容工程等重点水利工程进展情况　（洪中贤）

【社情民意信息收集】　2017年，丹阳市政协充分发挥委员联系面广、信息畅通的优势，引导委员广泛联系群众，积极反映社情民意，为市委、市政府研判形势、科学决策提供参考。全年收集社情民意信息123条，编报《社情民意》简报12期，内容涉及垃圾处置中心建设、公益性社会组织发展、学校体育设施向社会开放等民情民意方面。

（洪中贤）

中共丹阳市纪委

栏目编辑　陈春芳

重要会议

【市纪委十三届二次全会】 2017年1月24日，丹阳市纪委十三届二次全会在市会展中心召开。市四套班子全体领导、市纪委委员；市监察局副局长，各镇（街道、区）党（工）委书记、镇长（主任）；市委各部委办局院行社中心（总公司）、各人民团体、市直属单位党政负责人；各镇（街道、区）纪（工）委书记，市级机关纪工委书记，市各委办局院行社中心（总公司）、市直属单位纪检监察组织负责人，市纪委、监察局派驻纪检组组长以及市纪委各室主任、副局级纪检监察员参加会议。会议传达贯彻中央、省、镇江市纪委全会精神，总结2016年党风廉政建设和反腐败工作，部署2017年工作任务。市委常委、市纪委书记周奇恒主持会议并代表市纪委常委会作《强化监督执纪问责，维护党内政治生态，奋力推动丹阳市全面从严治党向纵深发展》工作报告。丹阳市委书记陈可可出席会议并讲话，他强调，做好丹阳的事情，关键在于党，关键在于党要管党、从严治党。党必须更好地担负起管党治党的责任，做到真管真严、敢管敢严、长管长严，为实现新崛起提供坚强有力的政治保证。市委常委，市人大、市政协党组书记，各镇（区、街道）党（工）委书记向陈可可递交《2017年党风廉政建设主体责任书》。市纪委常委，各镇（街道、区）纪（工）委书记等向周奇恒递交《2017年党风廉政建设监督责任书》。会议通过市纪委十三届二次全会工作报告和决议。（艾建文）

图39　2017年1月24日，市纪委十三届二次全会召开　（艾建文）

【市纪检监察系统专项工作部署会】 2017年3月8日，丹阳市纪委召开全市纪检监察系统专项工作动员部署会，就开展群众身边不正之风和腐败问题专项治理、纪检监察系统“打铁还需自身硬”专项行动动员部署。专项治理工作重点突出各项扶贫民生领域资金发放、管理过程中存在问题，征地拆迁领域存在的问题，涉及群众事务的社会管理和公共服务活动中存在的问题，农村“三资”管理领域存在的问题以及群众反映强烈的其他热点问题。通过具体实施组织保障、党性看齐、能力提升、作风砥砺“四大行动”，着力打造过硬的纪检监察干部队伍。市委常委、市纪委书记周奇恒出席会议并强调，专项行动和专项治理既是推动丹阳全面从严治党迈上新台阶的实际行动，也是加强纪检队伍自身建设的关键举措，与会人员要从推动全面从严治党向纵深发展的高度，全面推进两项工作扎实开展。同时，加强组织领导，注重组织协调、推动，长效机制建设等，全力确保两项工作取得实效。（艾建文）

【市委巡察机构工作暨纪检监察机构改革动员部署会】 2017年9月8日，丹阳市纪委召开市委巡察机构工作暨纪检监察机构改革动员部署会。在市纪委对《市委巡察工作实施意见》和《2016—2021工作规划》制定出台，2017年2月首轮启动基础上，本届任期内将实现巡察全覆盖。巡察对象包括市委工作部门、行政机关、企事业单位。通过综合派驻为主、单独派驻为辅形式，设立12个派驻纪检组（10个综合派驻纪检组、2个单独派驻纪检组），对58个市一级党和国家机关实行派驻监督全覆盖，从制度和源头预防和减少违纪问题发生。并同步开展农村纪检监察机构综合改革，在原农村工作室基础上，组建3个执纪监督工作室，监督联系镇（街道、区）党内政治生态和党政领导班子及市管干部遵守党章党规党纪情况，列席党委领导班子民主生活会等。丹阳市委书记陈可可出席会议，他强调，巡察工作要聚焦旗帜鲜明讲政治、突出重点抓落实、标本兼治求实效、创新机制提效能“四个重点”。派驻监督要做到角色定位、职责任务、管理体制“三个明确”。市委巡察机构、市纪委派驻纪检组、市纪委执纪监督工作室作交流发言。

（艾建文）

图40　2017年9月8日，丹阳市纪委召开市委巡察机构工作暨纪检监察机构改革动员部署会　（艾建文）

“两个责任”落实

【概况】 2017年，丹阳市纪委推动基层党组织责任书签订和清单项目化管理“全覆盖”。由市委班子成员广泛约谈基层党委（党组）书记，召开落实全面从严治党主体责任述职会，市委主要领导逐一点评，提出整改要求。深化专责监督工作，剖析重点领域典型案件，分析案发根源，向相关党组织发放监察、检查建议书，督促落实主体责任。严把选人用人政治关、廉洁关，对党员干部廉洁情况进行回复。全面推行履责记实制度，全程留痕、过程监督。认真贯彻问责条例，严格实行“一案双查”，对部分党员领导干部实施责任追究。

（艾建文）

【签订“两个责任”责任书】 2017年，丹阳市纪委协助丹阳市委制定2017年度《党风廉政建设（主体责任）责任书》，并根据市纪委常委会意见制定《党风廉政建设（监督责任）责任书》。对责任主体、内容（主体责任、监督责任各十项）、检查考核、追究逐项进行明确细化。同时，按照“厘清责任、分级负责”原则，层层签订责任书，形成压力逐级传递、责任层层落实的党风廉政建设工作责任链条。

（艾建文）

【制定“两个责任”清单】 2017年，丹阳市纪委做好制定“两个责任”清单工作。协助丹阳市委制定丹阳市责任清单标准模板下发至全市各基层党组织，要求各单位各部门参照标准模板，联系实际，分类细化本单位、本部门的落实党风廉政建设责任清单，要求各纪检监察组织督促各清单责任主体，按照责任清单做好贯彻落实工作，实现“履责一单清”。丹阳市责任制领导小组办公室根据实际，制定丹阳市委领导班子、市委书记、市委领导班子成员3张主体责任清单，细化工作任务，明确责任部门和序时进度。（艾建文）

【强化监督检查】 2017年，丹阳市纪委强化监督检查落实党风廉政建设责任制情况工作。组成由市委常委担任组长的9个检查考核组，对全市12个镇（区、街道）和5个市级机关部门2016年度落实党风廉政建设责任制情况开展重点检查考核。召开座谈会17场、座谈177人，个别访谈395人，查阅台账资料325卷，并对“三公”经费使用和农村“三资”管理情况进行延伸抽查，收集问题反映93个，提出针对性整改建议75个。市责任制办公室下达17份反馈意见，下发1期通报。4月、7月和10月，市责任制办公室牵头分三次对各责任主体照单督责情况进行自查自纠，形成表格式自查报告上报镇江市责任制办公室。10月底，由市纪委领导带队，分7组对全市12个镇（区、街道）“两个责任”落实情况进行监督检查，在责任制检查同时，随机抽取并到建档立卡户家中核对扶贫信息和帮扶责任人履职情况，确保“扶真贫”。下发在全市实行落实党风廉政建设“两个责任”全程记实制度的通知，要求各责任主体严格按照清单化履责、全过程留痕的工作要求，以摘要记实方式如实记录履责情况。（艾建文）

【责任追究17名党员领导干部】 2017年，丹阳市纪委坚持“一案双查”。下发《丹阳市纪委监察局开展“一案双查”强化责任追究的实施办法（试行）》，要求在执纪审查工作中，既要审查当事人违纪问题，又要对照党风廉政建设责任清单，倒查发案单位和部门相关责任主体履行党风廉政建设主体责任和监督责任情况，提出责任追究的意见建议，实施责任追究。全年，对17名党员领导干部实施责任追究，其中，诫勉谈话并作出书面检查的9人，批评教育并取消当年度评先评优资格的2人，约谈并责令其在民主生活会上进行自我批评同时作书面检查的2人，提醒谈话的3人。

（艾建文）

正风肃纪

【概况】 2017年，丹阳市纪委坚持作风建设，紧盯重要节点、具体线索和“四风”问题新动向，严查公款吃喝、公款旅游、公款购买赠送节礼等违纪违规问题。全年开展明察暗访50余次，查实违反中央八项规定精神问题6起，处理10人，党政纪处分6人，通报曝光典型问题4起，持续释放“越往后执纪越严”的强烈信号。组织开展违规吃请和公款吃喝专项整治“回头看”，对问题线索进行挂牌督办。开展公款购买消费高档白酒专项整治行动，核查线索227条，对查实的7起违规违纪问题予以严肃处理，立案查处2人，组织处理14人。牵头28个职能部门举办“听民声、集民智、解民忧”活动，受理办结咨询投诉190余件。

（艾建文）

【群众身边不正之风和腐败问题专项治理】 丹阳市纪委着力解决发生在群众身边的不正之风和腐败问题，推动基层党风廉政建设迈上新台阶。2017年3—12月，在全市开展群众身边不正之风和腐败问题专项治理工作。重点突出各项扶贫民生领域资金发放、管理过程，征地拆迁领域，涉及群众事务的社会管理和公共服务活动中存在的问题，农村“三资”管理领域存在的问题及群众反映强烈其他热点问题的整治。下发督办件3批，对13件群众身边的不正之风和腐败问题进行挂牌督办，其中，办结9件，转立案查处2人。6月，市纪委下发通报，对5起侵害群众利益的不正之风和腐败问题典型案例进行通报曝光，开发区、皇塘、陵口、导墅、访仙等镇区也各自下发相关通报。

（艾建文）

【“三治理一挂牌”专项行动】 为推进全面从

严治党向基层延伸，切实提高农村基层群众对正风反腐的获得感，2017年6—12月，丹阳市纪委在全市集中开展“三治理一挂牌”专项行动，重点查处扶贫民生领域侵占截留、套取挪用、贪污私分财政补贴资金，以及扶贫惠民政策执行中形式主义、官僚主义、不实不准、弄虚作假等问题，切实解决发生在农村基层，特别是扶贫救济、“三资”管理、惠民补贴发放等领域侵害群众利益的不正之风和腐败问题。市纪委分别针对建档立卡、到期合同、惠农补贴发放、清产核资过程中发现的问题线索实施4个批次挂牌督办，立案21人，诫勉谈话问责处理21人，提醒谈话11人，批评教育1人，下发监察建议书6份，督察专报12期。（艾建文）

【违规吃喝问题专项整治“回头看”】 2017年7—8月，丹阳市纪委开展违规吃喝问题专项整治“回头看”活动。联合市接待办、财政局和机关事务局，组成3个检查组，分2批次随机抽查全市30个部门和单位的公务接待、因公临时出国境和单位食堂相关情况，共发现问题130个、问题线索7条。针对检查中发现问题，向30个被抽查单位分别下发整改通知书限期整改。对7条问题线索下发3份督办函进行核查处置。（艾建文）

【高档白酒消费集中排查整治】 2017年，丹阳市纪委在全市党政机关、企事业单位中开展高档白酒消费集中排查整治工作。在各单位各部门自查自纠基础上，梳理比对国库集中支付数据信息，筛查出29笔疑似问题线索，由市纪委牵头，抽调市接待办、财政局相关业务骨干组成检查组进行重点检查。同时，及时核查处置上级纪委交办的疑似违规购买高档白酒问题线索。9月和10月分批对上级纪委交办的227条疑似问题线索进行核查，下发督办函16份给相关执纪监督室、市纪委派驻纪检组和镇纪委，要求限期进行核查并报处理建议。经核查，查实或基本查实问题线索5条，退赔相关违纪金额1248元。拟立案查处2人，问责6人，提醒谈话6人，批评教育2人。（艾建文）

惩治腐败

【概况】 2017年，丹阳市纪委坚持“有案必查、有案查好”原则，始终保持惩治腐败高压态势。全年共受理群众信访举报456件（次），立案251件，其中，经济类案件91件，比上年增长33.8%，党纪处分乡科级干部9人。主动认领江苏省委巡视组涉及纪委的反馈意见，细化分解为14项任务39条具体整改措施，严查快办交办的72件信访件，强化跟踪督办、动态管理，确保按时高质量办结。紧盯教育、卫生等重点部门和工程建设、招投标等重点领域，对相关问题线索优先处置，严查快办。2017年8月，对市招投标领域的有关问题线索，联合市检察院、公安局成立专案组，采取监视居住、刑拘等措施对10余名涉案人员进行调查，在全市招投标领域形成有力震慑。聚焦群众反映强烈、问题矛盾突出的“微腐败”问题，由市纪委常委会对信访查否件的调查情况逐一过堂会审，退回重新调查或补充调查5件，确保查深查透。协助市委制定《关于运用监督执纪“四种形态”的实施办法（试行）》，每周召开问题线索综合分析专题会，对反映的一般性问题及时同本人见面，谈话提醒、约谈函询，全年共处置线索389条，为20余名党员干部澄清不实反映。深入剖析典型案件，查找体制机制漏洞和制度规定中的薄弱环节，以下发纪检监察建议书、全市面上通报等方式，推动发案单位建章立制、整改问题。全年发放监察建议书10份、检查建议书6份，向市委市政府呈报专题送阅件1份。（艾建文）

【曾某某受贿案】 2003年1月至2016年8月，曾某某在担任丹阳市珥陵镇党委书记，丹阳市环境保护局党组书记、局长期间，违反国家法律法规规定，利用职务便利在获取自建特殊厂房资格、行政处罚、环保验收、干部提拔等方面为他人谋取利益，多次收受他人财物127.6万元。以上错误事实是曾某某所犯错误

的一部分，2016年11月12日，丹阳市纪委给予曾某某开除党籍处分，其涉嫌犯罪问题移交司法机关处理。（艾建文）

【何某某受贿案】 2004—2016年间，何某某在担任江苏省丹阳中学总务处副主任（主持工作）、总务处主任期间，违反国家法律法规规定，利用职务便利在学校相关建设工程施工、验收及工程款支付等方面为他人谋取利益，多次收受他人财物计41.6万元。2016年5月25日，丹阳市纪委给予何某某开除党籍、开除公职处分。2016年12月20日，何某某因受贿罪被丹阳市人民法院判处有期徒刑3年。（艾建文）

防腐监督机制

【概况】 2017年，丹阳市纪委坚持用法规制度规范约束党员干部行为，切实把权力关进制度笼子。改变被动监督模式，针对重要权力运行，根据《关于对党风廉政建设重点内容进行立项监督的意见》，聚焦18项重要权力，压实各级工作责任，实行高位监督，有效规范权力运行。开展党风廉政教育、发送廉政短信、拍摄警示教育片等，用身边人、身边事教育党员领导干部，做到提醒在前，预防在先。以“丹阳纪检监察网”为平台，强化第一时间、第一窗口权威发布本地重大纪检监察信息、违规违纪案件通报和案件受理等情况，提高反腐败工作公开透明度。（艾建文）

【立项监督】 2017年，丹阳市纪委继续开展立项监督工作。在汇总审核各单位上报项目基础上，确定对31个部门的39项重要行政权力开展监督，并形成正式文件下发，确保监督全覆盖，同时要求各相关单位于每月25日前上报监督情况。针对重点项目，采取明察暗访、抽查调研等形式进行专项督察。并通过座谈汇报、突出检查、明察暗访等方式，对各部门纪委的监督工作进行再监督，对再监督过程中发现的问题进行跟踪处理，防止问题反弹、死灰复燃。（艾建文）

【反腐倡廉宣传教育活动】 2017年，市纪委开展系列反腐倡廉宣传教育活动。通过发挥主流媒体以及纪检监察网站作用，发布中央、中纪委、省委、省纪委决策部署及相关会议精神，及时报道党风廉政建设工作动态、典型经验，营造浓厚氛围。开展公益广告展播，联合市广电集团制作主题公益广告，利用电视、广场、网络展播方式进行展播；选取近年来发生在丹阳的典型案例进行剖析，增强全市广大党员干部廉洁自律意识，筑牢拒腐防变道德和法纪防线；培育并创建廉政文化省级示范点1家、镇江市级示范点和示范教育基地4家；编印《农村“微腐败”典型案例汇编》250余册，用身边反面教材教育身边人。（艾建文）

行政监察

【概况】 2017年，丹阳市纪委行政监察工作围绕建设苏南现代化工贸名城总目标，重点加强对加快转变经济增长方式、经济结构调整等各项重大决策部署的监督检查，严肃查处有令不行、有禁不止行为。深入开展立项监督工作，进一步强化“监督的再监督、检查的再检查”理念，强化行政审批和事中事后监管，集中整治为官不为、为官乱为问题。有针对性开展专项督察，发现一批问题线索，查实多人重大违纪事实，取得较好社会效果。落实安全生产责任制，剖析安全事故发生原因，督促各镇（区）和有关部门认真履行职责。强化效能建设，通报批评3个单位，对35名工作人员进行问责处理，有效提升各部门工作效能。（艾建文）

【落实安全生产责任制】 2017年，丹阳市纪委加强落实安全生产责任制工作。全年参与20余起安全生产事故调查，认真分析事故责任，移送成案线索5件。通过剖析安全事故发生原因，督促各镇（区）和有关部门认真履行职责，切实做好安全生产监督管理。对市电镀园区“8·6”火灾事故开展责任调查，及时对14名责任人员提出党政纪处分和问责处理建议，较好协助市委市政府的事故善后处理工作。

（艾建文）

【推动依法行政】 2017年，丹阳市纪委严格根据监督执纪问责的工作要求，在行政过错责任追究上不放松、不手软，以铁的纪律推动部门依法行政。结合转职能、转方式、转作风要求，与市法制办认真对接，明确各自在行政执法数据上报、行政处罚备案、执法案卷评查等方面职责分工。督促市法制办对行政首长出庭应诉、行政败诉等情况予以书面通报，要求各败诉部门进行自查自纠，并书面报送整改方案。会同市法制办、法院等对2015年度以来行政复议、行政败诉案件认真分析，对行政败诉案件逐件进行责任分析，对责任人员严格进行责任追究，对败诉案件责任人员提出初步处理建议。（艾建文）

体制机制改革

【概况】 2017年，丹阳市纪委坚持推进体制机制改革向纵深发展，准确把握改革的方向和节奏，推动各项改革任务落实到位。发挥纪委巡察“利剑”作用，协助市委成立专职巡察机构，实行单独派驻和综合派驻相结合，统一名称、统一管理，制定7项制度规定，推动派驻监督工作科学化、规范化、制度化，实现对全市乡镇巡察全覆盖。推进监察体制改革试点工作，成立改革工作小组，研究出台试点工作实施方案，完成编制划转及内设机构调整。（艾建文）

【发挥巡察“利剑”作用】 2017年，丹阳市纪委贯彻新修订的《巡视工作条例》，发挥巡察“利剑”作用。协助丹阳市委制定巡察工作实施意见和工作规划，完成巡察机构组建，配齐配强专职巡察干部。部署开展两轮对11个乡镇、部门党组织巡察，市本级巡察乡镇实现全覆盖，发现问题369个，移交问题线索77条。协助市委抓好省委巡视组反馈意见整改，市纪委9项牵头任务销号8项。严查快办72件省委巡视组交办信访件，党纪处分21人，问责14人，提醒谈话16人。（艾建文）

【推动派驻机构改革】 根据《关于全面落实市纪委向市一级党和国家机关派驻纪检机构的方案》要求，2017年，丹阳市纪委全面启动推动派驻机构改革工作。设立派驻机构12个，实现向58个市一级党和国家机关派驻监督全覆盖。9月18日，丹阳市纪委对派驻纪检组干部开展集体谈话，标志派驻监督全覆盖正式启动。围绕派驻机构日常管理、工作关系、审查权限及程序等，制定制度规定7项，不断提升工作规范化、制度化水平。派驻机构改革以来，共核查重点信访34件、立案10件。

（艾建文）

【推进监察体制改革试点】 2017年，丹阳市纪委推进监察体制改革试点。成立以市委书记为组长的改革工作小组，研究出台试点工作实施方案。确立转隶开局、平稳过渡、逐步深化、规范高效的工作思路，完成编制划转及内设机构调整。12月28日，召开监察体制改革试点工作转隶人员见面会，根据“整建制转隶”和全融合的工作要求，涉及转隶人员共22名，对转隶人员同等对待、交叉编成、统筹使用。科学设置内设机构，力量配备向监督执纪一线倾斜，从事监督执纪工作的机构数、编制数分别占84.6%和91.5%。（艾建文）

图41 2017年12月28日，市纪委监察体制改革试点工作转隶人员见面会

（艾建文）

民主党派·工商联

栏目编辑　夷朝霞

民主党派

·民盟丹阳委员会·

【概况】　2017 年，民盟丹阳委员会开展“坚持中国特色社会主义学习实践活动”和“不忘合作初心，继续携手前进活动”，强化自身建设，提高履职能力和水平，获得“丹阳市 2017 年度统战工作先进集体”荣誉。在中共十九大召开前，委员会组织委员参观中共一大至十八大图片展，组织盟员参观丹阳马相伯史迹纪念馆，组织支部主委到上海参观宋庆龄纪念馆，接受爱国主义教育，并与上海民盟开展交流学习。承办江苏省民盟 2017 年度县级组织盟务工作交流研讨会。2017 年发展盟员 9 名。委员会分别在国家、省级、市级媒体发表各类文章 7 篇、15 篇、22 篇。在丹阳天禄眼镜电商有限公司成立第一个文化支部“盟员之家”。委员会开展暖心走访活动，到盟员企业欧家乐超市连锁有限公司和丹阳恒力机械配件公司进行专题走访，帮困解忧。2017 年，课题组围绕高新区体制机制问题调研，形成“同构新思路新机制，共推高新区新发展”的报告在市政协五届二次会议上作大会发言。在镇江民盟调研课题申报中有 3 个课题中标，在丹阳市统战论文评比中有 2 篇论文获奖，盟员张秋兰撰写的社情民意《教师虐待儿童事件频发折射幼教资源不足及监管失控》被中共江苏省委办公厅《江苏信息》采用。（贺云华）

【教育支教】　2017 年，民盟丹阳委员会组织骨干盟员参加江苏民盟农村教育“烛光行动”（山村教育支教计划），7 月 2—5 日，民盟丹阳吕叔湘支部杜顺涛到甘肃省天祝藏族自治县第一中学、第二中学开展为期 4 天的师资培训活动。8 月 10 日，吕叔湘支部徐田田、省丹中支部丁玲以及实验小学、华南学校教师到江苏泗洪参与支教活动，为期 3 天。（贺云华）

图 42　2017 年 4 月 23 日，民盟丹阳委员会到上海参观宋庆龄纪念馆

（贺云华）

图 43　2017 年 11 月 15 日，江苏民盟 2017 年度县级组织盟务工作交流研讨会在丹阳召开　（贺云华）

·民建丹阳基层委员会·

【概况】　民建丹阳基层委员会有会员 87 名，下设 4 个支部，会员中经济界和联系经济界的技术人士占 65%。2017 年，民建丹阳市基层委员会学习贯彻中共十九大精神，将十九大精神贯彻到民建的各项工作中，组织开展“不忘合作初心，继续携手同行”主题活动，组织班子学习会、支部讨论会、全体会员宣讲学习会等多层次专题学习活动，并到浙江嘉兴南湖中共一大会址参观学习，集体接受革命传统教育。做好换届工作。委员会落实民建镇江市委会要求，在中共丹阳市委统战部的指导下，部署丹阳民建的换届选举工作。4 月 8 日，选举产生新一届领导班子。加强组织建设，完善内部管理制度，为开展活动做好机制保障。做好会员发展工作，全年新发展会员 5 名。

（石桂芳）

【参政议政】　2017 年，民建丹阳基层委员会完成政协调研课题。与交运局对口联系，围绕城市交通智能化、公交专用线路规划两个课题开展 2 次对口交流座谈，就课题听取意见和建议，研究对口交流工作的长期规划。组织部分会员到苏州进行专题调研，吸取先进地区的经验和做法，对调研材料进一步完善。组织会员参观南师大丹阳中北学院、城建重点项目等活动，为会员了解实情、开阔视野提供帮助，提高参政议政的能力。全年提出集体提案 2 件、个人提案 15 件。

（石桂芳）

图 44　2017 年 4 月 8 日，民建丹阳基层委员会换届选举合影　（石桂芳）

【会员能力培养】　2017 年，民建丹阳基层委员会组织 5 名骨干会员参加江苏省社会主义学院党外干部培训班，组织各支部主委参加民建镇江市委会中共十九大精神学习班等多项活动。组织会员参加镇江市“不忘合作初心，继续携手前进”征文、中共丹阳市统战部统战工作调研课题评比等活动，提高会员的撰稿能力和参加活动的积极性，共上报各类征文 10 余篇。会员秦叶红、曹海鹰、杨云婷、吴银云、刘艳云的稿件被中共镇江市委统战部采用，会员张吴的稿件被民建镇江市委采用，秦叶红、鲁阳的调研文章获丹阳统战部三等奖。　（石桂芳）

图 45　2017 年 10 月 20 日，民建丹阳基层委员会参观南师大丹阳中北学院

（石桂芳）

·民进丹阳基层委员会·

【概况】 2017年，民进丹阳基层委员会以“不忘合作初心，继续携手前进”为全年活动主线，围绕中共江苏省委“两聚一高”总部署，突出全力构筑丹阳“五大发展新高地”，积极履职，创新作为。学习贯彻中共十九大精神，提升新时代参政党意识。贯彻《民进中央关于学习贯彻中共十九大精神的决定》，组织召开学习贯彻十九大精神座谈会，统一思想，提高认识，不断提高会员新时代参政党意识。不忘初心牢记使命，画好同心圆。开展“重温会史·薪火相传”教育活动，组织会员到安徽赵朴初故里参观学习，了解先辈足迹，传承民进精神，深化政治交接。围绕中心服务大局，主动作为。把握“立会为公，参政为民”宗旨开展调研活动。在政协丹阳市十五届一次会议上作“挖掘地方特色发展全域旅游”大会发言，提出集体提案3件、个人提案14件。完成市政协“加快推进沿江两镇发展一体化”重点调研课题，创新社会服务品牌汇聚正能量。打造“春联万家”和“丹阳民进心理大讲堂”社会服务品牌，展示社会服务亮点。会员示范引领作为。会员韩强参加援疆活动。文化卫生支部获“民进全省坚持和发展中国特色社会主义学习实践活动先进集体”；会员耿振美获镇江市总工会“五一巾帼标兵”，获丹阳市教育局“耿振美名教师工作室”授牌；会员徐健、张素英获丹阳市优秀教育工作者称号，会员潘辉获丹阳市十佳青年教师称号；会员申卫平在民进中央《民主》杂志发表文章《江南杨柳红天山》。
（陈建红）

【调研文化建设重点项目】 民进丹阳基层委员会对丹阳市的文化建设项目积极建言，助推丹阳市文化建设发展。2017年8月17日，组织会员调研市文化重点项目，重点了解三吕故居、张家大院、华东财经委旧址的规划布展情况。三吕故居是著名教育家、书画家、美术教育家吕凤子，杰出语言学家、语文教育家、翻译家吕叔湘和当代佛学大师吕澂的居所，总布展面积约2171平方米，其中吕凤子、吕澂故居布展面积713平方米，吕叔湘故居布展面积432平方米，新建小型美术展示馆布展面积1026平方米，总投资1500万元。张家大院始建于1934年，是丹阳城区少数保存较好，具有地域代表性的民国老建筑，2016年，丹阳市对张家大院启动全面修缮及周边环境整治，将张家大院建成“丹阳市民俗馆”，总投资850万元。华东财经委旧址是解放上海战役中央华东局财经委员会进驻丹阳的办公地，2016年被列入丹阳市红色名居项目和镇江市重点旅游项目，旧址总建筑面积626平方米，旧址落架大修442平方米，新建建筑面积184平方米，修缮工程2016年底竣工，修缮完成后，作为镇江红色金融钱币专题博物馆，总投资1500万元。
（陈建红）

图46 2017年11月26日，民进丹阳基层委员会召开学习贯彻中共十九大精神座谈会
（陈建红）

·农工民主党丹阳基层委员会·

【概况】 2017年，农工党丹阳基层委员会加强自身建设，新吸收党员7人。进一步发挥参政党作用，围绕市委市政府的中心工作，发挥自身优势，开展党派工作。紧贴社会和民生，深入基层开展社会化服务。委员会到高楼社区、建山村、奇一科技公司开展调研活动，让

党员了解丹阳市基层发展状况、困难和诉求，激发党员勤跑基层、了解社会、融入发展大局的热情。主委张卫星参加农工党江苏省第十二次代表大会。党员谢丰羽在市政协十五届二次常委会上就“智慧城市”建设专题协商发言。党员张云涛积极促成运韬律师事务所中共党支部建立。党员张云涛、王鹏翔联合提交2篇社情民意调研文章。党员潘留刚为困难群众和弱势群体提供免费法律援助，其中有一项被评为“镇江市2016年度十大法律援助优秀案例”。委员会参加纪念中国农工民主党镇江市级组织成立60周年《同心筑辉煌携手谱新篇》汇报演出。委员会被农工党江苏省委和镇江市委评为“坚持和发展中国特色社会主义学习实践活动组织建设先进集体”。张云涛、王鹏翔等被农工党镇江市委评为先进个人；张卫星被农工党中央授予“坚持和发展中国特色社会主义学习实践活动先进个人”荣誉称号；王炳良先进事迹被镇江农工微信平台和镇江农工通讯、《丹阳日报》等媒体宣传。（张卫星）

图47　2017年8月17日，农工党丹阳基层委员会到美丽乡村建山村调研　（张卫星）

【红色教育活动】　2017年9月22—24日，农工党丹阳基层委员会主委张卫星带领50名党员到安徽金寨县，开展以“喜迎十九大——不忘初心、携手同行”为主题的红色教育活动。活动期间，党员参观金寨县革命博物馆、金寨县烈士纪念馆、金寨县革命纪念塔、金寨县革命烈士墓、刘邓大军挺近大别山前方指挥部等红色教育基地。通过系列活动，党员了解中国革命的时代背景、起义的经过、战略转移、挺进大别山的历程。（张卫星）

图48　2017年9月22日，农工党丹阳基层委员会到安徽金寨县，开展红色教育活动　（张卫星）

·致公党丹阳总支部委员会·

【概况】　2017年，致公党丹阳总支部委员会秉承“致力为公、侨海报国”宗旨，积极履职，为丹阳市经济社会发展做出贡献。开展“不忘合作初心、继续携手前行”主题教育实践活动，邀请老党员讲党课，参观江苏省委党史陈列室，参观董寅初故居纪念馆，学习中共统战理论、中共十九大精神、致公党十五大精神等，提升党员理论素养和思想认识。全年完成6篇调研报告，其中致公党江苏省委立项2

篇、镇江市委4篇，《健全急救难机制防止返贫》获致公党江苏省委优秀调研报告，被省委、省政协转化采用；全年提交《以发展低碳农业为导向，着力构建现代农业产业体系》《关于集成资源支持标志性优势新型产业迅速发展的建议》《关于万善路东延与开发区滨河路连接的建议》等12件提案。开展“走进茶世界”茶文化普及教育、“国韵文化——小小茶艺师职业体验”、新疆学生“看高校”、自费到西藏贡嘎县扶贫、“致公送福·关爱流动儿童爱眼护眼”等一系列活动，获得广泛的社会影响。总支部委员会获致公党中央基层组织先进集体表彰，姚玉辉被评为致公党中央社会服务先进个人，张建涛被评为致公党江苏省委先进个人。 （崔桂玲）

图49 2017年5月31日，致公党丹阳总支部委员会接待致公党省委副主委、参政议政委员会主任杨德才率领的调研组一行，参与“提升基层中医药服务能力，优化江苏省健康服务体系”调研活动 （崔桂玲）

【到省委会机关学习交流】 2017年6月9日，为进一步了解中国致公党及江苏省级组织的历史，致公党丹阳总支一行到江苏省委机关学习交流。省委副主委兼秘书长米其智会见丹阳总支的党员们，并在座谈中肯定2011年丹阳支部成立以来的工作成绩，鼓励丹阳总支紧扣省委“双发”行动要求，立足本职、发挥优势、献智献力，建设一支有朝气、有活力、有作为的基层组织，努力为党员们打造履职建功的发展平台。参访中，党员观看致公党江苏省级组织成立30周年党史图片展，浏览历史照片，听致公故事。 （崔桂玲）

图50 2017年5月19日，致公党丹阳总支部委员会党员带领“致公·爱新站”新疆班学生到镇江高校体验大学生活（崔桂玲）

·九三学社丹阳委员会·

【概况】 2017年，九三学社丹阳委员会学习习近平新时代中国特色社会主义思想，组织全体社员学习中共十九大报告精神，把握新时期党的十四个基本方略和统战工作思想等方针政策，提高丹阳九三学社基层组织的政治站位。加强组织建设，举行换届选举。段建强当选为第三届委员会主委，徐鉴、吴金书、洪素娣、葛红英当选为副主委，对5个支社的主委副主委进行调整，发展4名优秀人才入社。发挥参政议政优势。3篇论文被江苏九三论坛录用，1篇调研课题中标社省委招标课题，21篇社情民意被九三学社中央、九三学社江苏省委采用，虞伟林的征文在社中央获奖。撰写政协大会发言4篇并在大会上作口头发言。《加强开发区水环境整治》被市政协主席会议列为1号提案。九三学社丹阳委员会被九三学社江苏省委表彰为省参政议政先进集体。 （段建强）

【调研宁镇扬一体化】 2017年，围绕江苏省宁镇扬一体化重大发展战略，围绕丹阳旅游融入宁镇扬一体化旅游圈，九三学社丹阳委员会组织部分社员到扬州、镇江、泰安学习考察。社员围绕高质量发展主题，组成课题组，撰写《强化核心区功能，提升丹阳城市首位度》的调研成果，被选定为丹阳市政协大会口头发言。（段建强）

工　商　联

【概况】 2017年，工商联围绕“两个健康”（非公有制经济健康发展和非公有制经济人士健康成长）主题，充分发挥工商联职能优势，在加强政治引领、参政议政、调查研究、经济服务、教育培训、组织发展、协同社会治理等方面不断创新创优。持续开展非公有制人士理想信念教育活动，提振企业发展信心。开展“四问四促（问情于民、问难于民、问需于民、问计于民，促民生改善、促企业发展、促作风转变、促社会和谐）、暖企惠民”活动，倡导企业守法诚信，积极参与丹阳市文明城市创建。引导会员承担社会责任，争做社会主义事业建设者。加强政治建会，通过多种方式宣讲中共十九大精神。成立商会党支部，以党建促会建。在人大、政协“两会”期间，工商联作题为《新时代应对新业态，丹阳市制造业如何应对共享经济的潮流》等书面发言，组织工商联界别的人大代表、政协委员就“履行社会责任”“加大科技创新”等热点问题向大会提交30多份建议和提案。2017年新组建丹阳市军民融合商会，支持指导成立上海市镇江商会、眼镜商会司徒分会、电商分会以及开发区商会练湖分会。皮革鞋业商会换届，选举产生新一届商会领导班子。全市新发展会员150名，会员总数达2830名。积极助推非公有制经济企业健康发展，打造商务、法律、培训、金融等服务平台。2017年，丹阳市工商联蝉联全国工商联“五好县（市区）工商联”称号，获全国工商联“2017年民企调查点工作优秀基层工商联”“镇江市工商联先进集体”称号。（汪文兰）

图51　2017年12月12日，江苏省人大常委会副主任、省工商联主席许仲梓（左二）考察市工商副主席企业　（汪文兰）

【教育培训】 2017年10月，丹阳市工商联邀请镇江市委十九大精神宣讲团成员、江苏科技大学马克思主义学院、人文社科学院副院长郭昭昭为工商联执委、机关干部、行业商会协会宣讲中共十九大精神。11月，市工商联组织170余名会员企业参加南京财经大学信息工程学院院长曹杰对互联网＋电子商务的发展趋势的解读和金讯博公司董事长、江苏互联网十大创新领军人物陈德阳对电子商务形势前瞻性的解读。（汪文兰）

【市工商联相关人员获殊荣】 2017年，丹阳市工商联相关人员获得荣誉或受到表彰。1月，丹阳工商联副主席谢公晚、邱新国、曹加伟、巢建峰、执委谢公晚受到“镇江市非公有制经济人士第二届优秀中国特色社会主义事业建设者”表彰。4月，万新光学集团董事长、工商联副主席汤龙保获2017年“全国五一劳动奖章”。6月，鱼跃集团董事长吴光明当选为江苏省工商联副主席，大亚集团董事长陈晓龙受到“第六届江苏省非公有制经济人士优秀中国特色社会主义事业建设者”表彰。（汪文兰）

【“四问四促，暖企惠民”活动】 2017年，按照全市“暖企惠民”大走访要求，丹阳市工商联开展“四问四促，暖企惠民”活动。细化活动方案，分解落实责任。以“三个一”（一份走访名单，一张走访照片，一张情况调查表）走访法，全程留痕，建立好民情台账，力求达到走访实效。创新走访形式，加强领导监督。机关干部上门入户走访到基层、群众、企业，察民情、讲政策、解难题、办实事。落实反馈，提高走访效率。梳理普遍存在的养老、教育、交通、环境卫生、文明创建等方面的问题近 10 条；走访工商联副主席、执委企业和商会、协会会长企业近百家，聚焦非公有制经济问题，收集企业意见 60 余条，结合走访撰写调研文章。（汪文兰）

【指导商会承接非政府职能】 2017 年，丹阳市工商联开展指导商会承接非政府职能工作。指导商会配合市环保局倡导企业提升环保意识，助力“263 专项行动”（以减少煤炭消费总量和减少落后化工产能为重点；从源头上为生态环境减负。针对生态文明建设问题最突出、与群众生活联系最紧密、百姓反映最强烈的六方面问题，重点治理太湖水环境、生活垃圾、黑臭水体、畜禽养殖污染、挥发性有机物污染和环境隐患；提升生态保护水平、提升环境经济政策调控水平、提升环境监管执法水平，为生态文明建设提供坚实保障）。协助汽车零部件商会开展产业辅导，签署行业《自律公约》，规范企业行为。借力“江苏省眼镜光学标准化技术委员会”在丹阳市成立，助推眼镜行业标准的制订与推广。（汪文兰）

图 52 2017 年 4 月 10 日，高邮市工商联代表一行到丹阳参观仅一公司 （盖晓梅）

•丹阳市眼镜商会•

【概况】 2017 年，丹阳市眼镜商会有会员企业 280 家。主要分布在丹阳市司徒镇、开发区和云阳街道。全市眼镜行业年销售额 150 亿元，其中超亿元企业有 10 家、2000 万元以上企业 56 家。全市眼镜行业拥有注册商标 3000 多个，具有中国驰名商标 8 个、江苏省著名商标 14 个。2017 年 6 月 1 日，丹阳眼镜商会司徒镇分委会召开成立大会，110 家中小企业成为分委会首批会员。7 月 25 日，丹阳市眼镜商会电商分会成立。（袁红锦 盖晓梅）

图 53 2017 年 3 月 29 日，丹阳市眼镜商会 2017 年第一季度会长会议暨《近视太阳镜》团体标准发布会 （盖晓梅）

【开展公益活动】 2017 年 6 月，丹阳市眼镜商会举办“爱眼日”活动，为交警、城管、环卫工人及留守儿童赠送眼镜。7 月，组织部分理事企业到新疆兵团伊犁四师开展“助学帮困及公益配镜活动”。全年商会会员捐赠眼镜 4000 余副、捐款近 38 万元；同时商会青委员丹青公益助学社资助 5 名学生，每年每位学生设助学金 2000 元。三八妇女节及春节前，商会走访会员企业慰问困难职工以及社会各类爱心捐助。10 月 12 日，丹阳市眼镜商会参与在南师大丹阳中北学院举行的“丹阳市全民视觉健康公益项目”启动仪式，组织会员企业开展免费验光配镜服务等公益活动。

（袁红锦 盖晓梅）

·丹阳市汽车零部件商会·

【概况】 丹阳市汽车零部件商会是丹阳市汽车零部件生产、经营企业自发联合组成的行业性社会团体，共有会员企业112家，基本涵盖丹阳市汽车零部件产业的骨干企业。2017年，全市汽车零部件产业完成销售600亿元，外贸出口突破3.8亿美元，实现国地两税收入10亿余元，全年全行业获中国驰名商标4家、江苏省名牌企业8家、江苏省著名商标6个、镇江市知名商标14个。江苏超力、江苏新泉、江苏新昌、江苏新通达、江苏卡威5家企业被评为全国百家汽车零部件企业优秀供应商。

（胡伟生）

【涉企培训】 2017年，丹阳市汽车零部件商会推动企业培训，重点选择开发区高新区建立丹阳汽车零部件产业培训基地。与开发区日资产业园合作，筹划共建“中日汽车零部件产业培训基地”，与国际认证培训机构天祥集团、君道咨询合作举办为期7天的国际汽车质量的技术规范（IATF16949）企业内审员培训班和为期12天的“2017赢在中层企业管理提升培训班”，近80家会员企业的200余名中高级管理人员和一线班组长参加培训。商会面向企业需求，全面落实培训计划，分别与市总工会组织总人数超过300人的“员工敬业精神培训班”“领导艺术与企业内部沟通培训班”。

（胡伟生 陈姝妮）

【高端交流】 2017年，丹阳市汽车零部件商会加强与中国汽车工业协会、工程学会对接交流。商会相继接待原机械工业部部长何光远，汽车工程学会理事长付于武，中汽协会副会长吴绍明，陪同考察超力、新泉、林泉、彤明、卡威、畅通、奇一科技等重点企业，开展现场指导。邀请中国汽车工程学会副秘书长闫建来做“节能与新能源汽车技术发展路线图”讲座；组织参加中国汽车工业协会、中国汽车工程学会分别在北京、上海、长沙、广州、无锡等城市举行行业年会、产业论坛和汽车轻量化技术研讨会。下半年，商会领导主动联络，陪同丹阳市有关领导拜访中国汽车工业协会。12月份，商会领导到北京拜访中国汽车工程学会理事长付于武、副秘书长闫建来及国家发改委汽车专家组组长张书林，交流征询提升丹阳汽配产业的意见。

（胡伟生 陈姝妮）

【产业调研】 2017年，为体现精准服务，丹阳市汽车零部件商会开展针对全行业和国际汽配城建设运营的专题调研。5月，汽车产业专题调研报告得到市委市政府认可，被丹阳市委编印的内部刊物《丹阳通讯》录用。10月，丹阳国际汽配城调研分析材料呈报各相关部门，受到关注。11月，汽配城组团参加上海法兰克福国际汽配展。上半年，商会编制未来三年工作目标，配合市政协完成“加快我市汽车零部件产业转型升级步伐”的专题调研，完成“镇江市工商联行业商会十大亮点工作”典型材料报送。

（胡伟生 陈姝妮）

·丹阳市超硬材料工具商会·

【概况】 丹阳市超硬材料工具商会有会员企业65家，涵盖丹阳市锯片产业中的所有骨干企业。丹阳是国内四大锯片生产基地之一，产量占全国锯片总量的1/3，产品出口占全国锯片出口总量的50%。2017年，超硬材料工具行业面对宏观经济调整的下行压力和企业融资困难、原材料涨价和企业运行成本增加等不利因素带来的影响，全行业获得平稳上升、稳中发展的局面。全年全行业产品出口销售比上年增长9%，出口创汇2亿美元以上。商会充分利用“公平贸易工作站”平台，及时组织会员企业积极应诉、抗诉欧美等国对中国金刚石锯片的“反倾销”行为，使反倾销税下至最低点。

（戎炳玉）

【反倾销培训】 2017 年 3 月 1 日，丹阳市超硬材料工具商会邀请北京世嘉律师事务所律师高琳到丹阳市为企业进行反倾销知识培训，使企业了解有关国家贸易政策，进一步增加企业的反倾销知识。商会会长单位、涉案企业 10 余家参加培训。（戎炳玉 韦丽华）

【邀请行业专家指导】 2017 年 12 月 21 日，丹阳市超硬材料工具商会邀请全国超硬材料协会专家李志宏到丹阳，对丹阳市金刚石锯片生产企业进行指导。李志宏考察行业内的骨干企业，对企业产品结构调整、提高产品档次进行品牌创新和技术改造等提出建议。

（戎炳玉 韦丽华）

·丹阳市皮革鞋业商会·

【概况】 2017 年，丹阳皮鞋制造业以全面提高产品质量和服务质量为重点，处理好传承与创新、数量与质量、规模与效益关系，积极引导推动各种创新要素向产品和服务的供给端集聚，提升质量创新能力和产业发展水平，提升区域产品竞争力，扩大区域品牌影响力。丹阳生产的真皮女鞋具有一定知名度，吸引全国各地商家到丹阳采购定货、贴牌加工或寻求合作。为全面提升丹阳皮鞋制作工艺水平，2017 年 4 月 25 日，丹阳市皮革鞋业商会邀请台湾籍专家到丹阳讲课，丹阳各主要鞋企的 100 多名技术骨干接受培训。（林书云 殷 霞）

【皮革鞋业商会换届】 2017 年 11 月 28 日，丹阳市皮革鞋业商会召开第四次会员大会，会长戎卫国代表第三届理事会作工作报告，回顾总结商会成立 10 年来的主要工作、成果和经验。大会一致同意并选举景金毅担任丹阳市皮革鞋业商会新一届会长。刘宏程、市政协副主席钱留梅，市委统战部副部长、市工商联党组书记薛东升和市工商联主席夏炜参加换届会议。（林书云 殷 霞）

·丹阳市老兵企业家商会·

【概况】 丹阳市老兵企业家商会有 60 家会员企业，涉及行业 50 多个。2017 年，商会依托微信平台，积极宣传会员企业先进理念、成功经验、工作亮点，组织开展活动，促进会员企业相互交流。坚持红色文化主题教育，到镇江市丹徒区新四军四县抗敌总会纪念馆、冷遹纪念馆进行爱国主义精神教育，到南昌、瑞金学习红军革命精神。商会倡导“工匠精神”，员工的质量意识和企业的品牌意识增强。会员企业的市场拓宽、效益提升。有 6 家会员企业进入丹阳市工业、非工业企业纳税 50 强。商会积极开展拥军优属活动，给患病军嫂和困难老兵捐款 3.2 万元，支持国防建设的事迹被丹阳市电视台采访报道。（周建平）

【二届五次会员大会】 2017 年 12 月 30 日，丹阳市老兵企业家商会在优立光学有限公司召开二届五次会员大会，50 多个会员企业参加大会，丹阳市法院、工商联、民政局代表参加会议，丹阳市委常委、人武部政委陈文水，市政协副主席钱留梅参加会议并讲话。会议在优立光学召开企业文化现场观摩会。江苏佩尔集团在会上介绍“向管理要效益，向成本要效益”的经验。（周建平）

·丹阳市温州商会·

【概况】 丹阳市温州商会 2008 年注册成立，会员近 300 人，是江苏省 AAAA 级商会和江苏省民政厅“示范性社会组织”，被浙江省温州市政府评为“异地先进商会”。2017 年，温州商会创新思路，创新模式，发扬新时期温商精神，涌现一批优质企业，明月光学镜片销量全国第一、新天鸿光学亩均纳税继续保持丹阳市前列，受到丹阳市人民政府表彰。2017 年，丹阳市温州商会突出创新主题，挖掘商会优势，以活动拓展商会职能。加强横向联系，商会与全国各地温州商会建立互动关系，并组织会员到外地考察，学习兄弟商会的成功经验，参加广州、苏州、南通、常州等商会活动。组织企业参加境内外各类眼镜展，全年参展金额超2亿元，进一步提升市场占有率和影响力。开展商会活动，组织庆三八活动，展示商会妇女风采；组织召开三届三次理事会和商会年会等，增强商会凝聚力。参加扶贫帮困、希望工程等社会公益活动，商会会长洪作南，副会长洪邦照、谢公晚、王宗贤、孙光义等参加各类帮困资贫，近年来各类捐款400余万元。

（陈国强）

【三届三次会员代表大会及商会年会】 2017年12月9日，丹阳市温州商会举办三届三次会员代表大会及商会年会。会长洪作南作工作总结。镇江市、丹阳市有关领导及有关部门领导出席会议。会上，江苏银行镇江分行小企业信贷中心推介金融服务产品。商会与镇江民生银行、江苏银行丹阳支行达成战略合作协议。

（陈国强）

·丹阳市台州商会·

【概况】 丹阳市台州商会成立于2003年，有会员189家。2017年，丹阳市台州商会发扬守法守信、开拓进取、团结拼搏的新台商精神，促进会员企业转型，为会员企业发展提供服务。江苏康美达、江苏旭志等实体企业转型升级，品质提升，经济效益不断提高；上海恒宇、上海法兰利、科正等大部分经营流通会员企业业绩良好。丹阳市台州商会结合自身特点不断加强横向联系，开展商会活动，拓展商会职能。举办庆三八国际妇女节联谊活动，商会妇女代表及相关人士200余人参加，叙乡情、友情，增强商会的凝聚力。6月25日，组织72名理事（代表）到安徽黄山召开台州商会四届二次理事会。2017年，丹阳市台州商会正式加入江苏浙江商会浙商联盟，扩大服务会员资源和平台，开拓服务会员渠道。

（朱忠良）

【四届二次理事会】 2017年6月25—27日，丹阳市台州商会在安徽黄山召开四届二次理事会议。65名商会领导班子及理事成员（代表）参加。会长李兴冠作工作报告，会议期间，理事们交流工作经验，解决遇到的问题矛盾，并对商会发展工作提出建议。与会人员参观黄山和宏村。

（朱忠良）

·丹阳市江西商会·

【概况】 2017年，丹阳市江西商会有会员企业110家，新增会员26个。商会坚持“服务立会、依法办会、活动兴会、和谐强会”的办会理念，积极深化改革，在组织建设、思想建设、作风建设、制度建设、规范管理、服务会员、发展经济等方面都取得成绩，被丹阳市工商联评为“先进单位”。商会为会员涂某某等20余人提供维权服务；为会员企业提供融资金额达到2000多万元，帮助会员子女上学入园，使会员安心在丹阳工作。组织会员家属开展庆祝三八妇女节、踏青活动；组织召开理事会和二届二次会员大会。商会为困难会员募集捐款15.5万元，为丹阳开发区学校捐资助学6.5万元。

（张东良）

【维护会员合法权益】 2017年，丹阳市江西商会为会员企业提供法律服务，在12家单位建立法律顾问制度，为企业挽回经济损失100多万元，协助处理劳资关系5起，处理会员企业经济纠纷3起、民事纠纷4起。6月，20余名会员在进某小区进行装修作业时，遭到小区物管部门的不合理收费，商会聘请律师进行交涉，取消不合理收费，维护会员合法权益。

（张东良）

总 工 会

【概况】 2017年，丹阳市总工会新建基层工会52家，动态组建率95.5%，入会率93%，新增会员7000余人，指导48家工会换届改选。实施工匠精神引领行动，开展“践行新理念、建功十三五”主题劳动竞赛，联合江苏有线、邮政、卫计委等单位，举办10余个工种技能竞赛，参与职工2.3万余人次。选出企业职工技术创新成果、合理化建议示范企业10家，征集合理化建议4700余条、先进操作法132条，激发一线职工创新创造活力，推动创新成果转化为先进生产力。培养树立镇江市级“职工创业示范基地”2家、先进个人3名，鼓励创业带动就业。召开“全国五一劳动奖章”获得者汤龙保先进事迹座谈会，发挥劳动模范先进感召引领作用。实施优化普惠服务行动，助推市政府出台《丹阳市医疗救助办法》，制定实施《丹阳市总工会建档市区困难（特困）职工住房困难家庭住房救助补贴制度（暂行）》。举办“特困职工证”发放仪式，为62名特困职工发放“特困职工证”和帮扶金。开展为困难职工家庭“送全家福”活动，记录120余户困难职工家庭的幸福瞬间。全年，市总工会慰问困难职工、劳动模范1500余人次，发放各类慰问金、慰问品80余万元。开展职工互助互济保障工作，参保职工6.2万余人次，198名职工获赔付金135.6万余元。举办全市庆“三八”女职工趣味运动比赛、“中国新歌声”职工专场比赛、“我与厂（院、校）务公开的故事”征文活动。组队参加镇江市第十五届运动会职工部比赛，丹阳市获羽毛球、乒乓球、篮球团体第一，市总工会获“优秀组织奖”。实施民主管理达标行动，在皮鞋、眼镜、汽车零部件等行业举办规章制度法律效力评估会，从源头上维护职工的合法权益。举办全市职代会制度建设专题培训班，开展职代会“双达标”自查活动，对66家不合格企业进行集中培训。在全市开展厂务公开民主管理工作先进单位和优秀职工代表评选活动，表彰先进单位和优秀职工代表20个（名）。实施“职工之家”升级行动，开展“模范职工之家回头看”和“十佳工会主席”评选表彰活动，提高建家工作的品牌影响力。邀请十九大代表、全国劳模方美芳和省劳模纪剑卿在全市工会干部中开展十九大精神宣讲活动，举办工会通讯员、财务、经审以及综合能力等培训班6期，培训工会干部600余人次。开展“五事联动”系列党员主题活动，深入开展市委“暖企惠民大走访”及“大走访大落实”活动，走访351户家庭，分类整合解决群众反映问题13条。 （周梦韵）

【庆“五一”暨首届“十大工匠”表彰大会】 2017年4月28日，丹阳市召开庆“五一”暨首届“十大工匠”表彰大会，表彰首届“十大工匠”“五一劳动奖章（奖状）工人先锋号获得者”“十佳工会主席”“模范职工之家”等先进个人和先进集体。“十大工匠”是吕存、余旭江、赵军、许生炎、程兴磊、袁任志、符爱芬、吴辰明、钱鸿川、毛坚强。市领导陈可可、黄春年、李忠法、沈岳方、赵志强、杜官军等出席大会。与会人员观看“十大工匠”事迹宣传片和文艺演出。陈可可、黄春年为首届“十大工匠”颁奖。市总工会将此次“十大工匠”获奖者同时列入劳动模范推荐评选后备库，并形成定期开展“‘十大工匠’评选”制度。 （周梦韵）

【“工会服务贴心送”普惠活动】 2017年，丹阳市总工会组织开展“工会服务贴心送”活动，为全市广大职工会员提供15类才艺技能免费培训普惠项目。通过微信公开投票，活动选定家庭烘焙、插花、瑜伽3个最受欢迎的项目分别开班。市总工会投入经费达6.5万元，免费培训职工近500人次。活动扩大工会影响力和知名度，得到职工好评。 （周梦韵）

【文明创建职工演讲比赛】 2017年，市委宣传部、市总工会联合举办“美丽丹阳我的家·文明创建靠大家”职工演讲比赛。全市47个单位的200余名选手参赛。经过前期预赛选拔，5月24日举行决赛。决赛中，13名选手结合各自的工作岗位、创建全国文明城市过程中的亲身体验，讴歌涌现出来的先进人物和动人事迹，用真挚的情感、朴实的语言表达广大市民对创建文明城市的理解和感悟，以及合力推动文明城市创建、建设美好家园的信心和决心。演讲比赛展现新时期广大职工自信、奉献、创新、包容的风采。 （周梦韵）

团 市 委

【概况】 2017年，改革是丹阳团市委全年的重点工作。团市委开展两轮基层调研，与乡镇、企事业单位和学校进行座谈，在基层团干部配备、团员发展、基层换届、待遇落实、经费保障等方面形成共识，在此基础上，确定改革方案下发到基层各团组织。

加强共青团基础建设。召开共青团丹阳市第十八次代表大会，选举产生新一届团市委领导班子，并指导基层团组织换届；严把团员发展关，对重点学校不定期抽查青年学生发展情况；开展团干部培训，组织52名基层团干部到团中央培训基地参训。

深化志愿服务活动。指导成立丹阳市青年志愿者协会，号召全市青年投身全国文明城市创建，开展志愿服务活动。“3·5”学雷锋期间，组织200余名志愿者参加广场集中志愿服务；围绕“保护母亲河行动”，组织60余名青年志愿者、40名少先队员义务植树，建设0.67公顷“青年林”；组织发动全市青年志愿者开展“我为城市添光彩”活动，参与文明城市宣传、交通疏导、环境卫生等活动；开展关爱留守儿童及外来务工青年子女“放飞梦想”等主题活动；举办8期“青春公益周末行”活动，在丰富广大青少年暑期生活的同时，提升城市的文明程度和市民素质；联合南邮教科院开展“春暖花开，爱在你我”走进丹阳市特殊教育学校志愿服务系列活动。

助推青年成长成才。及时更新帮办员队伍，汇总本级创业政策，为创业青年提供创新创业新政策；完成2017年度青年创业小额贷款发放工作；推荐评选申报镇江市十佳青年创业先锋，丹北镇顾阳被评为十佳青年创业先锋；参加第二届镇江市农村青年暨大学生村官创业大赛，珥陵镇青年徐晓旭的“蚯蚓养殖与金针菇菌渣资源化利用”项目获一等奖。推进青年创业孵化工作，成立眼镜城电商青年创客空间，承办镇江青年电商培训班；加强校地交流，组织青商会骨干企业到南师大中北学院开展“创业沙龙”，分享创业历程。

深入开展青少年理想信念教育和社会主义核心价值观教育。开展全市新团员集体入团仪式，18岁成人仪式和14岁青春仪式；举办第三期青年论坛活动，围绕“青春献礼十九大”主题进行探讨。维护青少年合法权益。召开预防青少年违法犯罪工作会议，完成全市“青少年维权岗”创建单位的申报和确认工作；持续关怀重点青少年群体，开办公益助学班，针对车站小学留守儿童开展长期关怀活动；与禁毒办联合开展禁毒征文活动。（张 娟）

【共青团丹阳市第十八次代表大会】 2017年10月30日，共青团丹阳市第十八次代表大会在会展中心召开。大会的主题是高举中国特色社会主义伟大旗帜，深入学习贯彻中共十九大精神和习近平新时代中国特色社会主义思想，落实共青团改革方案，带头践行新理念，团结带领广大团员青年不断创新务实，肩负起新时代发展的历史使命，为全市加快建设充满创新活力的“强富美高”苏南现代化工贸名城而努力奋斗。市领导，市总工会、市妇联、市科协、市侨联、市残联、市文联等群团组织负责人参加大会。大会回顾过去五年的团工作成绩并制定今后工作计划。中共丹阳市委书记陈可可肯定过去五年丹阳共青团的成绩，并向广大青年提出坚定理想信念，谱写有朝气的奋斗青春；苦练过硬本领，谱写有底气的灿烂青春；勇于创新创业，谱写有锐气的精彩青春；严于修身律己，谱写有正气的文明青春的希望。大会选举产生由马艳洁为书记的新一届团市委领导班子。大会于10月31日闭幕。（张 娟）

图54 2017年10月30日，共青团丹阳市第十八次代表大会在会展中心开幕（张 娟）

【建团95周年纪念大会】 2017年5月4日，由团市委举办的“高举旗帜跟党走，凝聚青春助发展”建团95周年纪念大会暨全市新团员集体入团仪式在市城市规划展示馆广场举行，全市各中学的857名新团员参加集体入团仪式。市领导杜官军、孙沪兵、钱留梅参加活动。市委常委、组织部部长、统战部部长杜官军希望广大团员青年要紧跟时代步伐，始终保持旺盛的学习热情和求知欲望，展示当代丹阳青年良好形象；继承和发扬共青团优良传统，进一步增强创新意识，在各条战线上有所发现、有所进步、有所创造，用青春的智慧和汗水，融入到丹阳改革发展的生动实践中去。（张 娟）

【团省委领导调研非公企业团建】 2017年6月19日，团省委书记王伟一行到丹阳市调研非公企业团建工作，走访美乐集团、恒神股份、肯帝亚集团、大亚集团等企业，了解企业发展现状。王伟对4家非公有制企业共青团工作取得的成效给予肯定，并对更好地完善机制、整合资源及服务好青年等提出意见和建议，他要求丹阳团市委以这4家非公有制企业为主要联系点，指导企业完善团建活动阵地，推进服务型团组织建设，把企业共青团真正建设成为青年“想得起、找得到、靠得住”的“青年之家”。（张 娟）

图55 2017年6月17日，团省委书记王伟（左一）一行到美乐集团调研非公有制企业团建工作（张 娟）

【“三五公益集市”活动】 2017年的3月5日

是“向雷锋同志学习”的第54个纪念日，也是第18个“中国青年志愿者服务日”。为弘扬社会正能量，倡导志愿精神，团市委组织30余支志愿者队伍到人民广场，组建起“三五公益集市”，为市民提供志愿服务。“三五公益集市”吸引大批市民。市水务集团、市消防大队、市供电公司、市妇联、市公安局、省丹中等单位的志愿者为市民提供生活服务咨询、妇女权益保护宣传等利民便民服务。其中义务量血压、免费眼镜清洗、图书义卖活动等项目深受市民欢迎。（张　娟）

妇　联

【概况】 2017年，丹阳市妇联围绕中心工作谋篇布局，立足妇女儿童需要，创新工作方法，推进工作转型，各项工作取得新成绩，妇女事业取得新发展。完成全市191个村（社区）妇代会改建为妇女联合会，完成率100%。市妇联被授予江苏省妇联系统先进集体、江苏省巾帼建功活动先进集体、江苏省妇女报刊宣传工作先进单位、丹阳市妇女儿童工作先进集体等荣誉。（谢艳英）

【市妇联十五届五次执委（扩大）会议】 2017年1月11日，市妇联召开十五届五次执委（扩大）会议。会议总结2016年全市妇女工作，部署2017年工作任务，表彰2016年度妇联系统先进集体和先进个人，增替补市妇联十五届执委。市委常委、组织部部长、统战部部长杜官军参加会议。会议指出，2017年，市妇联紧扣大局，聚焦妇女、聚力发展，注重创新、强化关爱、优化作风，持续推进妇女儿童事业领先发展，用新的形象，新的业绩向中共十九大献礼。（谢艳英）

【“我们一起过大年”活动】 2017年1月18日，市妇联在吾悦广场举办第一届“我们一起过大年”活动，全市乡镇部分困境儿童和25名申报成功“e万行动”（由爱德基金会发起，旨在帮助生活在农村地区的贫困孤儿改善生活和学习条件，使其获得平等受教育的权利，并通过拓展训练、心灵交流等活动关怀，推动其心灵成长和社会融入，使其快乐健康成长）的孤儿参加活动。活动现场，市妇联为儿童们发放“e万行动”助学金、压岁钱和新年礼物，并组织集中观看电影。（谢艳英）

【女性专场招聘会】 2017年2月10日，市妇联联合市人社局举办“迎三八·架金桥”女性专场招聘会。招聘会有120多家企业现场设点，提供近2000个工作岗位，其中，超过半数岗位适合女性。招聘会的举办为广大务工妇女提供就业机会，并有效解决企业用工问题。招聘会有400余名妇女与用人单位达成就业意向。（谢艳英）

【成立反家暴维权小组】 2017年2月24日，在《中华人民共和国反家庭暴力法》实施1周年之际，市妇联联合江苏瀛尚律师事务所，成立反家庭暴力维权小组，旨在通过法律宣传和维权服务，保护遭受家庭暴力的妇女儿童。1年来，反家暴维权小组接到家暴投诉29起，处理25起。（谢艳英）

【“最美家庭”颁奖典礼】 2017年3月3日，市妇联纪念“三八”国际劳动妇女节107周年大会暨“最美家庭”颁奖典礼在丹阳广电演播大厅举行。活动分别表彰张叶宏、刘湘、陈志平、曹海燕、石朝群、万文文、郝丽、徐香玉、束建芳、魏燕10户家庭为全市“最美家庭”。镇江市妇联副主席孙萍，丹阳市委常委、组织部部长、统战部部长杜官军，丹阳市委常委、宣传部部长李莉珺，市人大副主任周爱仙，市政府副市长贺云华，市政协副主席钱留梅等出席活动。（谢艳英）

【“践行志愿精神巾帼与法同行”活动】 2017年3月5日，市妇联联合市文明办、团市委在人民广场举办“践行志愿精神巾帼与法同行”活动。活动中，八姑娘公益律师团开展法律咨询、普法宣传，“丹韵巧工坊”乱针绣公益培训班进行现场招生。巾帼文明城市创建宣传团发放创建文明城市应知应会宣传单3000余份。活动将巾帼志愿服务活动、妇女维权、文明城市创建进行有机结合。（谢艳英）

【“锦绣旗袍情 美丽女人梦”联谊活动】 2017年3月17日，市妇联联合市女企业家协会、宜兴市旗袍文化研究会在丹阳八佰伴商场举办“锦绣旗袍情美丽女人梦”华服互访交流活动，两地40余名女企业家参加活动。活动中，女企业家代表就各自的创业经历、企业管理、企业发展等问题进行交流。女企业家还以旗袍为媒，畅谈对优雅和美的理解。在雪竹集团董事长史建珍的带领下，宜兴市女企业家进行旗袍秀展示。此次联谊，增进两地女企业家之间的感情，促进新经营理念和发展观念的交流，为两地女企业家更好地交流合作搭建桥梁。（谢艳英）

图56 2017年3月17日，市妇联在丹阳八佰伴商场举办“锦绣旗袍情美丽女人梦”——丹阳、宜兴两地女企业家“三八”联谊活动（谢艳英）

【镇江市妇儿工委督导公益社工项目】 2017年4月18日，镇江市妇儿工委对丹阳市流动儿童“七彩假日”“丹韵·巾帼巧工坊”“安全爸妈·为爱延行”3个首级公益项目开展督导工作。督导组对3个项目的台账资料进行检查，实地查看丹阳市妇女儿童服务中心编织培训班和乱针绣石贝工作室。督导组对项目实施情况给予肯定，并对项目的规范性、带动性提出更高要求。（谢艳英）

【初级育婴师培训班】 2017年7月12日，市妇联联合市妇联姐妹服务中心和“好苏嫂”丹阳巾帼店举办巾帼初级育婴师培训班，有80名妇女参加培训。培训邀请丹阳市第二人民医院儿科主任、镇江市医学会儿科分会委员刘艳云主讲。培训内容有育婴师职业道德规范、产妇饮食与营养、婴幼儿疾病护理、婴幼儿洗浴和操节等多个方面。全部课程结束后，学员需参加理论和实操考试，考试合格者获国家初级育婴师职业资格鉴定证书。（谢艳英）

【“丹韵·巾帼巧工坊”项目接受省级督导评估】 2017年8月3日，由江苏省妇儿工委办副主任科员高小纺、南京理工大学社会学系主任张曙和南京大学社会学院社会工作与社会政策系副教授肖萍组成的项目督导组到丹阳市，对“丹韵·巾帼巧工坊”项目进行中期督导和评估，镇江市妇儿工委办主任罗航宇陪同督导。省级督导组通过实地考察、访谈交流、听取汇报等形式进行督导评估。反馈座谈会上，督导组充分肯定项目组在贫困妇女帮扶方面的成效，对项目的申报、实施提出建设性的意见。（谢艳英）

【城镇妇女“巾帼建功”活动工作会议】 2017年9月28日，市妇联召开全市城镇妇女“巾帼建功”活动工作会议，市妇联主席姜琪作工作总结。会议指出，市“巾帼建功”活动以巾帼提素增能、创业创新、脱贫增收“三大行动”为统领，多渠道、多方位激发妇女创新动力、释放妇女创造活力、凝聚妇女发展力量，引导全市妇女以主人翁的姿态，为谱写丹阳高水平全面建成小康社会篇章贡献巾帼力量。市“巾帼建功”活动领导小组组长、副市长刘宏程参加会议并讲话，大会现场向市农委

植保植检站等10个省级巾帼文明岗进行现场授牌。（谢艳英）

【巾帼电商义乌培训班】 2017年10月11—13日，市妇联在浙江义乌举办巾帼电商培训班，全市基层妇联主席和优秀巾帼电商代表40余人参加培训。此次培训依托义乌工商学院电子商务专业团队，采用专家授课、案例教学、现场互动、实地考察相结合的培训方式，设置“移动互联网时代电商创业之道”“直通车技巧”“淘宝店铺经营策略与微商技巧”等课程，提升学员的电商理论和实际操作水平，并安排实地考察。培训班安排学员参观义乌最大的跨境电商产业园——幸福里、中国网店第一村——青岩刘村、义乌城市规划馆和国际商贸城，感受义乌电商创新创意创业的氛围，为丹阳市巾帼电商发展提供有益的借鉴。（谢艳英）

科 协

【概况】 2017年，丹阳市启动科协系统体制改革工作。市科协根据全科协组织存在的问题和薄弱环节，形成改革方案征求意见稿，提交市委、市政府审议。市科协在全省科协系统深化改革工作会上作交流发言。丹阳市获全国农民科学素质网络知识竞赛优秀组织单位，市科协再次获省科协“县级科协创新发展能力提升计划”先进单位荣誉。江苏江南生物科技有限公司院士专家工作站成为全国示范院士专家工作站，市农村专业技术协会联合会、云阳街道中山路社区获得江苏省“基层科普行动计划”项目表彰。市华南实验学校获“江苏省十三五科学教育综合示范学校”；丹北镇社区教育中心获江苏省“科普教育基地”命名；丹阳市现代生态水产养殖场获“江苏省科普惠农服务站”；丹阳市曲阿茶叶专业合作社获镇江市“农村科普示范基地”命名；丹阳市花木协会获“镇江市农村专业技术协会”命名；导墅镇张建良获镇江市“农村科普带头人”命名；司徒镇屯甸村获镇江市“科普示范村”命名；云阳街道公园新村社区、水关路东社区获“镇江市科普示范社区”命名；云阳街道锦尚名都社区获镇江市“优秀科普示范社区”命名。丹阳市命名导墅镇、陵口镇为市科普示范镇，命名杏虎村等12个村为科普示范村；命名司徒镇东风社区为科普示范社区，新希望生态稻米专业合作社等7个单位为市科普惠农服务站，江苏富勒三维科技有限公司等3个单位为丹阳市全民科学素质教育基地，曲阿茶叶专业合作社等3个单位为市“科普惠农兴村计划”优秀农村科普示范基地，市花木协会为优秀农村专业技术协会，云阳街道锦尚名都等3个社区为“社区科普益民计划”优秀科普示范社区，仇洪坤为优秀农村科普带头人。（周朝霞）

【市科协六届五次全委会暨市全民科学素质工作会议】 2017年2月15日，丹阳市科协六届五次全委会暨市全民科学素质工作会议在会展中心召开。大会审议通过市科协主席周祥庆作的《围绕改革大局服务转型升级在实施创新驱动战略中更加奋发有为》工作报告。报告总结2016年全民科学素质工作情况，对2017年全民科学素质工作进行部署。大会表彰2016年科协科普工作先进集体、先进个人、优秀科普示范社区、科普活动优秀组织单位、星级学（协）会。市委副书记赵志强，副市长刘宏程，全民科学素质工作领导小组各成员单位，市科协六届委员会全体委员，各镇（街道）科协主席，学（协）会秘书长，社区科普大学校长，优秀科普项目负责人130余人参加会议。（周朝霞）

【青少年科技创新】 2017年，丹阳市举办第四届金钥匙团体赛，有近2万名学生参加。全市中小学参与江苏省青少年科技创新大赛，共送作品2199件，其中获国际金奖1项、获全国二等奖1项、获省一等奖9项、获省二等奖21项，获镇江市级学生个人特等奖86项、一等奖416项、二等奖1033项、三等奖516项，教师个人获一等奖3项、二等奖14项。有16个创新项目获国家实用新型专利。（周朝霞）

图 57 2017 年 11 月 8 日，丹阳市在广电演播大厅举办金钥匙科技竞赛团体决赛（周朝霞）

【建设“科技工作者之家”】 2017 年，丹阳市科协为增强科技工作者的吸引力和凝聚力，从加强学会建设入手，提高学会组织的服务水平。召开学会秘书长座谈会，深入学会调查研究，听取各学会对市科协的意见和建议，了解学会工作的重点和难点。5 月 30 日，开展全国科技工作者日主题科普活动。全年组织 11 家企业入网中国科协企业创新信息服务平台，提交 3 份企业科技信息应用案例报告。组织参加第二届江苏省科协青年会员创新创业大赛。推荐博昱科技（丹阳）有限公司为江苏省科协青年科技人才托举工程专家。推荐丹阳高新技术创新园、江苏东南生物科技有限公司、“合金工坊”众创空间为江苏省大众创业万众创新研究会单位会员，秦金锁、郑国强为个人会员。（周朝霞）

【科普宣传周（日）活动】 2017 年 5 月 20 日，丹阳市在市实验学校举办第二十九届科普宣传周暨戴伯韬科技节开幕式。活动邀请中国科学院老科学家科普演讲团成员周家汉教授在建山学校、练湖小学、市华南实验学校、市实验学校和珥陵小学，分别举办《神奇的爆破》高端科普报告会。全市各镇（街道）科协联合相关单位、科普基地举办各类科普活动 14 项。市科协联合市政协举办 120 余名科协专（兼）职干部培训班；联合丹阳日报社举办丹阳市第二届“健康家庭”评选活动和科普知识竞赛。9 月 16—22 日，围绕“创新驱动发展科学破除愚昧”主题与省、镇江市同步开展 2017 年江苏省全国科普日活动。（周朝霞）

图 58 2017 年 5 月 23 日，中国科学院院士周家汉教授在珥陵中心校作《神奇的爆破》科普报告（周朝霞）

【学会产学研活动】 2017 年，丹阳市各学会寻找合作源，搭建新平台，利用“厂会协作”“金桥工程”“讲比工程”等项目，推进企业“产学研”合作。与江苏省复合材料学会共建江苏省（丹阳）高性能金属复合材料创新创业服务示范基地。市农业协会开展新型职业农民培训 12 期 1309 人，举办农机操作手培训 8 期 325 人。市土木学会工程论证 60 余项，为企业解决疑难问题 10 余项。市环境科学学会举行庆祝“六五”世界环境日暨环境司法联动宣传活动。市农村专业技术协会联合会开展项目合作，争取院企合作项目 15 项、政府项目 36 项。市工程师学会对理事单位、团体会员单位及有关民营企业进行专业技术资格评审代理服务。市农村金融学会开展科普金融宣传 12 场，接受咨询群众 5 万人次。市畜牧兽医学会对各养殖场免费诊治和指导 300 余次，发放资料 3 万余份。市水产协会全年举办大型培训班 7 期、培训 800 人次，各种现场交流会 18 场 600 人次。市中药材发展协会开展“手牵手创新创业技术培训”，组织协会科技顾问团和创业导师开设培训课程，培训 318 人。市心理学会联合社区开展家长亲子教育指导讲座，组织骨干会员编写心理资料出版发行。（周朝霞）

文 联

【概况】 2017年，市文联深入生活，扎根人民，团结带领广大文艺工作者，服务全市发展，把握“出作品、出人才”工作主线，以惠民利民为出发点和落脚点，在文艺创作、文艺展演、文艺惠民等方面主动作为，全面展示丹阳经济社会发展取得的显著成绩，为丹阳市文艺事业繁荣发展作贡献。

开展主题活动。举办歌词作品征集、书法作品巡展、中国画双年展、丹阳女民间文艺家精品展等活动向中共十九大献礼。联合市文广新局、市教育局、市民政局、市科技局等部门举办诗词大赛、中小学艺术素养大赛、双拥工作摄影大赛、知识产权漫画大赛等活动，营造文艺氛围。春节前夕，组织市书协、美协、诗词楹联学会逾百人次，到农村、社区、企业开展“写春联送祝福”等惠民活动10余场次。元宵节举办“贺新春闹元宵”戏曲晚会。5月启动第五届送文艺下基层系列惠民活动，组织各文艺家协会举办大型文艺晚会、社区“全家福”拍摄、文学采风进乡村、诗词讲座进校园、书画笔会进企业等一系列活动。落实措施提高文艺创作热情，开展对重大文艺作品创作资助，扶持文艺精品力作。经市文联推荐上报，有3个集体创作文艺作品项目、2个个人创作文艺作品项目和9个重大文艺活动项目，获得市委宣传部签约。继续实施丹阳市第二届百名文艺新秀培养工程，组织文艺新秀外出采风、观看展览、资助培训、举办书画联展等活动。评选出9名优秀文艺新秀和9名合格文艺新秀，完成第二届文艺新秀培养任务。创建“丹阳文艺网”，展示全市文艺战线取得的成果，宣传文艺事业取得的成就，并成为文艺工作者展示交流和阅读文化艺术新闻资讯的平台。编辑出版《齐梁文艺》，为全市社会各界的文艺工作者和爱好者提供展示自我、创作和交流的平台。

（眭一惠）

【丹阳市主要文艺创作成果】 2017年，丹阳市文联各协会涌现一批创作成果。主要有：任钰方的小说《哥要出远门》获江苏省2017年度文学创作奖，并在《小说月报》、《小说选刊》、《福建文学》上刊登；任钰方的文学作品《仙境》刊登在《广州文艺》；蔡竹良的文学作品《心中的桑树》和《秋天的胡杨》获中华文艺全国文学创作大赛二等奖。陈清云的书法作品分别入选2017年江苏书法奖、2017年全国第二届行书展。徐俊的美术作品《盼》获江苏省第三届文华奖；徐俊的美术作品《花开时节》、朱玲湘的美术作品《窗里窗外》、林洁的美术作品《花鸟》入选江苏省第二届美术奖；在江苏省第六届新人美术作品展中，张卫民的美术作品《碧水绕村流》、陈建民的美术作品《硕果》获佳作奖，杭照军、徐军兰、韦海军、付波、徐建新、张国洪、蔡建良、殷丽君、王永生9人的作品入选或入展。丹阳市摄影家协会获2017年度江苏省摄影家协会先进基层协会；陆双美的摄影作品《快乐一家子》获江苏省“喜迎十九大、新江苏新辉煌”摄影作品大展金奖；马新生的摄影作品《人间仙境》在“大美泗洪·冬之幻”全国摄影作品征集中荣获优秀奖；林通华的摄影作品《警惕》获2017第十九届全国艺术摄影大赛花卉动物摄影类铜奖；吴苏南的摄影作品《牛是农家宝》入展第五届“普者黑杯”热土丘北全国摄影大展。邵同义的瓷刻《孟母断机教子图》、孙红芳的烙铁画《江南制造局》、赵军的二胡《高山流水》、田森跃的雕刻大叶紫檀《笔筒》、陈娇娜的正则绣《虔诚》、邹瑞荣的毛笔画《天下文章》、王凯和王剑秋的红木家具《夔龙纹宝座》分获中国（江苏）国际工艺美术精品博览交易会暨“艺博杯”工艺美术精品大奖赛金奖；姜黎被评为镇江市宣传文化系统第二期青年文化人才（文艺界）培养对象；市五中合唱团获江苏省第三届紫金合唱节少儿组铜奖；周国歧获第三届江苏省紫金合唱节比赛优秀创作奖。

（孙唯一）

人民武装

【概况】 2017 年，丹阳市人武部在镇江军分区党委和丹阳市委的领导下，按照“抓军队建设首先要从政治上看”的要求，本着“备战、整顿、改革、规划”的总基调，履行“六部职能”（当好应急应战的指挥部、地方党委的军事部、后备力量的建设部、同级政府的兵役部、军民融合的协调部、宝贵财富的服务部），围绕奏响“三声”（内部的和谐声、部属的满意声、上级的肯定声）、达到“三好”（把上级赋予的任务完成好、把单位的安全稳定维护好、把官兵职工的幸福指数保障好）的目标开展工作，以军事斗争准备为重点的各项工作稳步推进。（杨建军）

【镇江军分区点验丹阳民兵组织】 2017 年，丹阳市人武部从规范组织秩序、优化布局结构、改进方法手段、夯实基层基础等方面着手，推动民兵组织新型化、实战化、专业化，提高民兵预备役部队编组质量。4 月 14 日，镇江军分区政治部主任张惠峰到丹阳，对导墅镇和丹北镇应急民兵分队进行集中点验。丹阳市委常委、人武部政委陈文水和部长郭进文参加活动，100 余名民兵接受检阅并庄严宣誓。镇江军分区工作组对丹阳民兵整组工作予以肯定，要求民兵再接再厉，牢固树立国防观念，不断强化使命意识，不断加强训练演练，切实提高自身素质，认真履职尽责，充分发挥先锋作用，积极培育革命军人核心价值，为家乡建设做出新的更大贡献。（杨建军）

【周志斌到丹阳检查人武工作】 2017 年 5 月 3 日，江苏省军区副司令员周志斌一行到丹阳市检查指导人武工作。镇江及丹阳市军地领导曹寅、陈文水和丹阳市人武部部长郭进文陪同检查。周志斌一行看望慰问丹阳市人武部官兵，并仔细检查人武部值班室的环境建设、办公条件等，随后召开座谈会，听取有关工作报告。会后，工作组一行参观考察恒神公司，并对曲阿街道民兵整组工作进行抽查点验。（杨建军）

图 59 2017 年 5 月 3 日，江苏省军区副司令员周志斌（左一）一行到丹阳市检查指导人武工作 （杨建军）

【孟中康检查指导丹阳人武工作】 2017 年 6 月 15 日，江苏省军区政委孟中康少将带领工作组到丹阳市检查指导人武部工作。镇江及丹阳市领导张惠峰、陈文水和丹阳市人武部部长郭进文陪同检查。孟中康一行慰问市人武部官兵，检查市人武部值班室的环境建设、办公条件等，听取有关工作报告。他充分肯定市人武部的各项工作，认为丹阳市人武部班子团结，精神状态良好，工作思路清晰，积极投身地方建设，对上级布置的任务落实好，完成质量高。他希望全市人武部官兵安心、敬业，体现良好军事作风，继续加强思想建设，增强政治觉悟，提高凝聚力，克服艰难险阻，做好人民武装工作。（杨建军）

图60 2017年6月15日，江苏省军区政委孟中康（前）带领工作组到丹阳市检查指导人武部工作（杨建军）

【廉洁征兵监督员上岗履职】 2017年8月1日，丹阳市征兵办举行全市廉洁征兵监督员聘用仪式，首批廉洁征兵监督员上岗履职。市征兵领导小组副组长、市人武部部长郭进文向束妍、周建平、眭燕平等5名市廉洁征兵监督员颁发聘书。5名廉洁征兵监督员是从政协委员、人民教师、退休军人和应征青年家长等不同层面选拔的。廉洁征兵监督员将通过听取群众意见、参与跟踪检查、开展明察暗访等方式，重点监督征集部门和征兵工作人员廉洁征兵履职情况，主要包括是否擅自截留、挪用和私分征集名额，是否按规定要求确定预征对象，是否故意刁难应征青年及家长、违规收取费用，是否放宽、降低体格检查标准，是否按规定组织走访调查和政治考核，是否按规定集体、公开、择优定兵，是否按规定公开公示，是否接受应征青年及家长请吃和收受钱物等，全程跟踪监督全年的征兵工作，确保征兵工作全过程在阳光下运行。（杨建军）

【李迎久调研丹阳市征兵体检工作】 2017年8月2日，镇江军分区政委李迎久带领工作组到丹阳市征兵体检现场，看望体检工作人员和参检青年，调研指导丹阳市征兵体检工作。丹阳市领导陈文水、薛军民及人武部部长郭进文陪同调研。在体检现场，李迎久检查主检室、视力室等体检科室，询问了解体检进展情况和应征青年体检合格率等，对医务人员付出的辛劳表示感谢，并要求严把体检关，严格体检程序和标准，以高度负责的态度做好征兵体检，确保向部队输送优质兵员。（杨建军）

图61 2017年8月2日，镇江军分区政委李迎久（右二）带领工作组到丹阳市调研征兵体检工作（杨建军）

【预定新兵役前教育训练】 2017年8月，丹阳市人武部针对近年来少数新兵出现“吃苦意识不强、入伍动机不纯、难以适应部队环境”等问题，分批组织体检、政审双合格的预定新兵进行役前教育训练，有400名预定新兵受训。通过全员参加、全面考察、全程淘汰，让预定新兵真实体验军营生活，感受部队氛围，进一步端正入伍动机，提高适应能力。（杨建军）

【民兵应急连野外武装拉练】 为检验应急连民兵实战能力，提升队伍应急处置快速反应能力，培养有血性、能吃苦、重团结的战斗作风，2017年11月30日，丹阳市人武部组织民兵应急连60多名民兵，开展冬季野外适应性武装拉动训练。人武部给每名民兵统一配备步枪、行军背囊、水壶等超过20公斤的装备，从市民兵军事训练基地出发，徒步行进至司徒镇吴塘水库地域集结，完成规定课目后再徒步返回，全程30.4公里。中途设置快速反应、短途奔袭、信息传达等实战化训练课目。队伍从8时30分开始出发，历时7个多小时完成拉练任务。（杨建军）

图62　2017年11月30日，丹阳市人武部组织民兵应急连开展冬季野外适应性武装拉动训练（杨建军）

【战备规范化建设】　2017年12月26日，镇江军分区司令员曹寅、政委李迎久带领工作组到丹阳市导墅镇人武部，现场观摩基层武装部战备规范化建设成果。丹阳市领导陈文水、陈俊及人武部部长郭进文参加观摩。丹阳市按照先机关、后基层，重硬件、强软件的思路，推进基层战备规范化建设，市镇两级3年投入650万元支持战备规范化建设；在信息化内涵重点建设上，各基层单位加强办公室、资料室、活动室、战备器材库建设，实现硬件建设规范化、资料管理现代化、民兵工作制度化的要求。坚持"建管用一致"原则推动建设，按照先建先用、边建边用的要求，在实战化训练、演练中改进和完善设施，先后完成抗洪抢险、快速动员、反恐维稳等军地联合演练等任务。至年底，全市镇（区）、村（社区）的战备规范化建设任务基本完成。（杨建军）

武装警察

【概况】　2017年，武警丹阳中队坚持"有传统风尚、有内涵底蕴、有特色亮点、有安全底线"的建队模式，推进建设、补齐短板，依法管理、提升品质，提炼特色、打造亮点，完成以执勤处突为中心的各项工作任务。开展"党员带团员、干部带战士、士官带义务兵"活动，强化"三支队伍"模范带头作用。丹阳中队党支部被总队评为"先进基层党组织"。借助开展第一堂传统教育、第一次军人宣誓、第一次参观见学，强化官兵集体荣誉感和争先意识。弘扬英模朱留坤"无私舍小我，奉献为大家"、许杏虎"心中有祖国、生死大无畏"的优良传统，叫响"丹心向党、丹火铸钢、丹凤朝阳"的"三丹"精神，提高政治教育效果，增强政治工作威信。副中队长宋金龙在总队授课比赛中被评为十佳"四会"政治教员。坚持从严制度入手，落实干部查勤、规范骨干组勤、管好战士上勤，正规执勤秩序，中队全年未发生执勤事故。建成总队第一家租赁式综合训练场地。完成"8·24"事件机动备勤任务。2017年，中队在支队勤训轮换中综合成绩总评第一；在支队警犬训导员集训中考核成绩第一；在支队"魔鬼周"集训中，中队3人入围前十名受通报表扬，综合成绩名列支队执勤分队第一名。中队被武警江苏省总队评为"基层建设先进中队"，2人立三等功，9人受到嘉奖。（张东东）

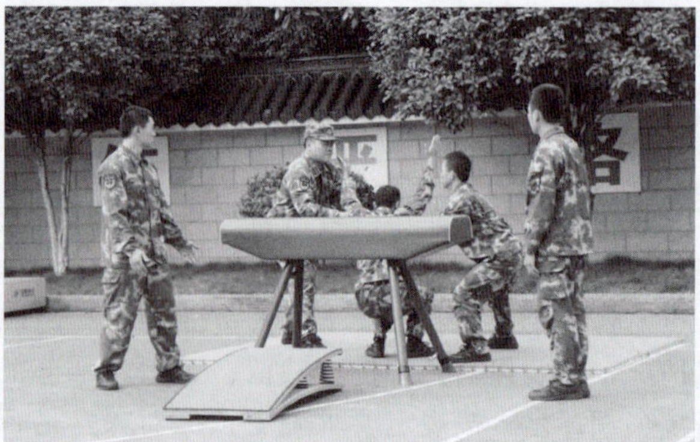

图63　武警丹阳中队官兵训练现场（张东东）

【武警综合训练场建成】　2017年6月，丹阳市建成武警江苏总队第一家租赁式综合训练场地，无偿租赁给武警丹阳中队训练。训练场地位于云阳镇石城路，总投资110万元，占地面积1.33公顷，设有擒敌、投弹、勤务、战术、器械、爬绳（杆）、攀登、400米障碍、射击预习、警犬训练10类训练场。（张东东）

图64　武警综合训练场地　（张东东）

消　防

【概况】　2017年，丹阳市公安消防大队先后开展夏季消防大检查、冬春火灾防控、群租房消防安全整治、高层建筑消防安全综合治理、电气火灾综合治理等专项行动，整治消防安全隐患，全市火灾起数大幅下降。完成省级挂牌督办重大火灾隐患整改。全年共检查社会单位5347家，督促整改火灾隐患7906处。积极组织全市公安派出所消防民警、社区民警开展消防业务培训，提升基层消防监督能力。开展"全民消防我代言"、消防"萌歌会"等宣传教育活动，组织全市中小学开展防灾减灾应急疏散教育演练，依托微型站、区域联防开展消防演练。全年丹阳市119消防指挥中心共接警793起，出动车辆1747车次，出动警力7992人次，抢救疏散遇险群众176人，保护财产价值2476.1万元，其中火警412起，比上年下降31.7%。各类抢险救援及社会救助381起，消防大队先后组织开展社会单位"六熟悉"780余次，制定、修订灭火作战预案105份，实战演练400余次，开展灭火救援研讨15次。2017年，地方消防业务经费比上年增长21.88%。（张　蔚）

图65　2017年，丹阳市公安消防大队开展消防宣传进社区活动　（张　蔚）

【横塘专职消防队】　丹阳市横塘专职消防队位于丹阳市高新技术产业开发区政府路，属二级乡镇政府专职消防队，营区占地面积5300平方米，建筑面积600平方米，已纳入119指挥调度系统，由丹阳市公安消防大队负责管理。2017年12月，丹阳市横塘专职消防队进驻执勤，有16名消防队员，2辆消防车（泡沫水罐消防车、水罐消防车各1辆，总载水量9吨、泡沫2吨）。（张　蔚）

图66　2017年12月，丹阳市横塘专职消防队进驻执勤　（张　蔚）

2017 年丹阳市火灾综合情况统计表

表 8

项目		火灾起数	所占比例（%）	死亡（人）	致伤（人）	直接损失（万元）
	合计	412	100	1	0	1586.08
一季度	小计	113	27.4	1	0	123.71
	1 月	56	13.6	0	0	64.63
	2 月	24	5.8	0	0	28.36
	3 月	33	8	1	0	30.72
二季度	小计	151	36.7	0	0	1188.71
	4 月	43	10.4	0	0	112.18
	5 月	60	14.6	0	0	72.42
	6 月	48	11.7	0	0	1004.11
三季度	小计	87	21.1	0	0	154.76
	7 月	33	8	0	0	68.52
	8 月	24	5.8	0	0	66.67
	9 月	30	7.3	0	0	19.57
四季度	小计	61	14.8	0	0	118.9
	10 月	23	5.6	0	0	35.08
	11 月	16	3.9	0	0	22.31
	12 月	22	5.3	0	0	61.51

说明：数据统计自 2017 年 1 月 1 日至 2017 年 12 月 31 日　（张　蔚）

人民防空

【概况】　2017 年，丹阳市围绕“体系完备、队伍健全、能力充分、融合发展”民防建设目标，按照“打牢基础、强练内功、补齐短板”的总体思路，推进民防工作融入经济社会和城市建设。市民防局获江苏省民防系统先进集体荣誉。

（民防办）

【省军区领导检查市民防工作】　2017 年 1 月 13 日，江苏省军区副参谋长鞠鑫、省民防局副局长彭万清到丹阳，检查民防工作。丹阳市委常委、人武部政委陈文水，人武部部长郭进文陪同。鞠鑫一行检查市民防局“两室两库”及“一中心、三部门”建设情况，参观人防应急指挥平台和地下指挥所。在听取民防工作情况汇报后，鞠鑫一行对丹阳市民防工作取得成绩充分肯定，勉励进一步发扬成绩，营造推进人防建设的良好氛围，主动对接全市经济社会发展，不断优化人防工程布点，进一步提升人防建设和管理的水平。

（民防办）

图 67　2017 年 1 月 13 日，江苏省军区副参谋长鞠鑫（右二）、省民防局副局长彭万清（左三）到丹阳检查民防工作

（民防办）

【国际民防日宣传周活动】　2017 年 3 月 1 日，是世界第 45 个国际民防日，也是中国加入国际民防组织第 26 个纪念日。为广泛传播和普及民防知识，提高广大市民的防灾减灾意识和防护技能，丹阳市民防局开展为期一周的“3·1 国际民防日”宣传活动。开展一次广场大型公益宣传活动；编排一档歌舞节目《红色的记忆》参加镇江市民防局汇演；印制一批法律法规知识宣传手册；制作一张民防发展成果视频碟片；在电视台、《丹阳日报》开设《民防之声》《民防之窗》栏目；在学校、居民小区举办一堂急救知识互动讲座；在镇区、社区更换一批民防知识宣传橱窗内容；开展一次民防应急设备展示活动。（民防办）

图 68　2017 年 3 月 1 日，丹阳市民防局在吾悦广场开展大型公益宣传活动

（民防办）

【民防应急技能培训活动】　2017 年 7 月 13 日，为增强民防队伍应急处置和自救互救能力，丹阳市民防局组织机关全体人员在市重点人口疏散基地（天地石刻园），开展为期一天的应急技能培训活动。活动按临时指挥所架设、水域营救、伤员救治等三个阶段进行，共设置理论授课、帐篷搭建、通讯电台架设、水面搜救、落水人员营救、检伤分类、包扎和伤员急救等 8 个训练课目。参训人员通过观摩学习和操作练习等方式，完成预设训练任务，达到预期的训练效果。（民防办）

图 69　2017 年 7 月 13 日，丹阳市民防局组织机关人员开展应急技能培训活动

（民防办）

【“9·18 宣传日”活动】　2017 年 9 月 18 日，丹阳市人武部与民防局联合在市人民广场举办第 17 个全民国防教育日和第 21 个民防法律法规宣传日活动。此次宣传活动，以宣传国防、民防法律法规知识为主题，开设国防、民防法律法规咨询台，解答和办结市民提出的有关国防、民防方面的问题，现场发放国防、民防宣传资料、民防知识手册 600 余份。宣传日还开展防空警报鸣放及演练活动，检验、提高防空防灾一体化建设水平和人民防空组织指挥能力，让广大群众了解、认知和掌握防空警报信号，进一步提高人民的国防观念、人防意识和防灾救灾意识。（民防办）

图 70 2017 年 9 月 18 日，丹阳市民防局组织公共资源交易中心、投资集团有限公司、物价局、化工行业专项整治办公室、锦昌物业等单位开展防空防灾疏散联合演练活动 （民防办）

政法·综治

【概况】 2017 年，丹阳市政法系统开展社会矛盾和安全隐患大排查大整治十大专项行动，依法整治治安重点地区 7 处、突出治安问题 23 件、各类安全隐患 6935 条。2017 年省考核公众安全感、法治满意度分别达 96%和 95%。圆满完成重大安保维稳任务。制定《关于为实体经济发展提供有力司法保障的意见》《加强公益诉讼协作配合办法》等文件，服务保障重点工程、重大项目有序推进。开展“清风行动”“崇法维信”等专项行动，维护经济金融秩序，整肃“老赖”现象。建立大数据指挥服务中心，出台《“雪亮工程”实施意见》。搭建社会矛盾纠纷多元化解平台，实现调解手段多元化、协作联动多渠道，调解纠纷 7476 件，调解成功率 99.5%。推进“星级平安村（社区）”创建，推动村（社区）网格化服务管理，提升基层社会治理能力。推进“法治惠民镇村行”工程，开展“以案释法”巡讲活动，组织实施法治惠民重点实事项目 19 件。打造“法律服务零距离”模式，建成省级法治文化建设示范点 4 个、市级示范点 22 个，法治文化广场 16 个，完善市镇两级公共法律服务中心，提供综合性、“一站式”服务。 （陈 静）

【市委政法委员会会议】 2017 年 1 月 4 日，中共丹阳市委政法委员会（扩大）会议召开。市委常委、市委政法委书记任剑平回顾总结 2016 年政法工作，部署 2017 年政法工作任务。他要求政法各部门看齐“系列讲话”，准确把握政法工作方向；对标“更高水平”，主动作为防风险，精准对接强服务，多措并举解难题，千方百计补短板，坚定不移推改革，推动政法工作高位求进；坚持治党与治警结合、当前与长远结合、上层与基层结合、严管与厚爱结合，强化政法队伍建设；落实“工作制度”，提升党管政法能力水平；深入细致做好各类矛盾纠纷排查化解工作，下好“先手棋”，打好主动仗，确保社会大局稳定。 （陈 静）

图 71 2017 年 1 月 4 日，中共丹阳市委政法委员会（扩大）会议召开 （陈 静）

【政法工作会议】 2017 年 3 月 3 日，丹阳市召开政法工作会议，全面部署政法、信访稳定工作。丹阳市委常委、市委政法委书记任剑平作《创新方法手段奋力担当作为全面提高新形势下做好政法工作的能力水平》工作报告。丹阳市委书记陈可可对政法工作和信访干部提出要求，强调要领会会议精神实质，增强做好政法工作的紧迫感和责任感；要狠抓重点关键，推动新形势下政法工作实现新发展；要强化公

平正义，在推进依法治市上展现新作为。会议对2016年度政法、信访工作先进集体和先进个人进行表彰。（陈　静）

图72　2017年3月3日，丹阳市全市政法工作会议召开　（陈　静）

【“法治惠民镇村行”工程】　自开展“法治惠民镇村（社区）行”工程以来，丹阳市聘任192人为村（社区）法治指导员。法治指导员结合各村（社区）实际制订指导工作计划，定期不定期开展专题调研、法治讲座、普法宣传、入户走访、矛盾化解等各种形式的指导活动，处级指导员对结对的镇（区、街道）指导近40次，村（社区）的指导员对村（社区）指导1270次。2017年4月27日，镇江市“法治惠民镇村行”工程座谈会在丹阳市召开，会上，丹阳市做总结和推广先进做法经验发言。（陈　静）

图73　2017年4月27日，镇江市“法治惠民镇村行”工程座谈会在丹阳市召开　（陈　静）

【金融风险防控工作】　2017年9月7日，丹阳市召开全市金融风险防控工作推进会。会议部署开展相关专项行动，成立涉金融案件专业化办案团队。排查出重点关注企业115家，侦办非法集资、恶意逃废债等涉众型经济案件58起，捣毁传销窝点24个，集中执行“围猎老赖”93次，发布失信被执行人名单7001名。政法部门结合自身职能，制定出台《关于为实体经济发展提供有力司法保障的意见》《加强公益诉讼协作配合办法》等文件，服务保障重点工程、重大项目有序推进。（陈　静）

【“以案释法”巡讲】　2017年9月8日—10月13日，丹阳市在12个镇（区、街道）开展“以案释法”进镇村、进企业、进校园巡讲活动。巡讲活动的主题是“学法明理、用法维善”，主要围绕基层的实际需求，采取“以案释法”形式进行，重点宣讲防范各种形式的金融集资诈骗和传销、农村矛盾纠纷调解的方式方法、安全生产、消防安全、交通法规、预防青少年违法犯罪等8个课题，通过巡讲在全市社会营造尊法、学法、守法、用法的氛围。

（陈　静）

图74　2017年，丹阳市开展“以案释法”进镇村、进企业、进校园巡讲活动。图为导墅镇专场报告会现场　（陈　静）

【创新网格化社会治理工作】　2017年12月12日，丹阳市召开创新网格化社会治理推进会，会议对丹阳市网格化社会治理工作进行部署。按照“人口规模适度、服务管理方便、资源配置有限、功能相对齐全”和“一格多元”的工作要求，在现行社区区划框架内，进一步优化社区网格设置。城市社区网格大体在400户左右，农村网格大体在300户左右，同时建立专属网格；每个网格配备一名网格长、专职网格员和若干名兼职网格员；在网格上建立党支部、党小组，发挥基层党组织政治引领作用。

（陈 静）

图 75 2017 年 12 月 12 日，丹阳市创新网格化社会治理推进会召开 （陈 静）

公 安

【概况】 2017 年，丹阳市公安机关推进维护稳定、服务中心、公安治理、科技强警、队伍建设等工作。做好中共十九大和“8·24”专项安保维稳工作。攻克“10·27”抢劫杀人案、“5·12”特大盗卖信息案等重大专案。新增违停探头140个、泊位1700余个，安装监控39233只，建成技防小区101个。组建“丹豹突击队”，建立“经侦微信服务群”。推进“五项基础管控集中攻坚”活动，创新“双实＋双色”人口管理模式，打造“安全屋”、飞达警务站等社区品牌。建设启用反诈骗工作室，推进人脸抓拍、“三侦”融合、酒精检测管理系统等创新项目。自主研发的实战平台被江苏省公安厅评为科技强警三等奖，“执法通”被镇江市以现场会形式推广。吕城派出所获江苏省公安厅“改革创新成果优秀奖”基层所队。推进“居住证”制度改革，打造“店小二式”车管所，建成后巷、司徒、导墅 3 个出入境分理点。“丹阳公安”微信公众号集成政策咨询、交管业务、自助移车等 14 项功能。完成所有办案场所同步录音录像“高清化”改造，搭建执法记录仪专管平台。建成派出所案管室，实行“1＋1＋N”工作模式。组织开展伤害类案件专项治理、突出执法问题“四项清理”排查整改等工作。2017 年，市公安局获部、省、市集体荣誉 85 项，537 人次受部、省、市表彰奖励。市公安局、巡特警大队和开发区派出所获记省公安厅集体二等功。南环路派出所获“全省公安优秀基层单位”，出入境“三化”服务获市“法治惠民实事项目”第一名。王国锋获记江苏省公安厅个人二等功，张伟、陈坚获评“全省优秀人民警察”。市公安局工会获镇江市“五一”劳动奖章，“蒲公英志愿者协会”和“警察妈妈工作室”关爱留守儿童活动获镇江市最具影响力慈善项目。

（张卫莺）

【基础防控提升】 2017 年，丹阳市公安局开展“五项基础管控集中攻坚”（五项基础管控是指出租房屋和流动人口管理、互联网危险物品信息管控、寄递行业安全监管、中小学幼儿园及周边秩序整治、视频监控联网应用）活动，排查化解矛盾纠纷 2536 起，整改隐患1531处，督促落实592家寄递物流、涉危涉爆等企事业单位主体责任，整改省督办眼镜城、市二院重大消防隐患。安装监控 39233 只，建成技防小区 101 个，23 个城区主要出入口、9个警务查报站监控智能升级，全市立体化信息化防控体系更趋严密，刑事警情比上年下降10.9％。

（张卫莺）

【“丹豹突击队”成立】 为深入推进公安特警

突击队专业化建设，进一步提高暴恐案事件、重大突发警情、规模群体性事件及其他突发公共安全事件应急处置能力，2017 年 9 月 29 日，丹阳市公安局举行集中升旗暨“丹豹突击队”授旗仪式，宣布“丹豹突击队”正式成立。至年底，“丹豹突击队”盘查可疑人员 18760 名、车辆 6942 辆，现场抓获各类违法犯罪人员 162 人，其中逃犯 43 名（本网 24 名、外网 19 名），涉嫌侵财人员 13 名，通过“关城门”查缉抓获 4 名涉嫌“两抢”人员。处置各类群体性事件 77 起，参与南师大中北学院开学典礼等重大活动安保 22 起。“丹豹突击队”在镇江市巡特警部门大比武竞赛中，获个人全能第一、三公里武装越野单项团体第一、团体总成绩第一的成绩。（张卫莺）

图 76　2017 年 9 月 29 日，丹阳市公安局举行集中升旗暨“丹豹突击队”授旗仪式（张卫莺）

【丹阳市禁毒教育馆建成】　2017 年 6 月 26 日，丹阳市禁毒教育馆建成并对外开放。该馆设于江苏省镇江未成年人社会实践基地内，由市公安局与教育局共同建设，馆室总面积 300 平方米，分为“青春无悔”和“禁毒有我”两个区域。通过图文介绍、实物展示、数字媒体、互动参与、仿真体验等教育方式，采用光电感应技术、多媒体技术等介绍相关毒品知识、危害、法律法规，旨在让参观者全方位认识毒品，提高对毒品的认知能力和辨别识别能力，引导青少年牢固树立“珍爱生命、远离毒品”的观念，通过“教育一名学生，带动一个家庭，影响整个社会”，形成全社会共同抵制毒品，齐心协力为禁毒斗争贡献力量的氛围，增强防毒拒毒的意识和能力。该馆成立以来，通过全市中小学生综合实践和军训活动，组织开展禁毒教育 188 次，9000 余名学生和部分社会人员接受禁毒知识教育。（张卫莺）

图 77　2017 年 6 月 26 日，丹阳市举行国际禁毒日集中宣传暨禁毒教育馆开馆仪式（张卫莺）

【破获假冒伪劣卷烟案】　2017 年 1 月 9 日，丹阳市公安局治安大队获取有人向居民销售假冒伪劣卷烟的线索，随即安排民警会同丹阳市市烟草专卖局稽查中队相关人员进行前期侦查。2 月 20 日上午，执法人员在丹阳市清馨家园当场查获运送香烟的犯罪嫌疑人黄某虎、黄某湖，并在其车库、车内查获玉溪、中华、云烟等 5 个品牌 1650 条伪劣卷烟。经查，2015 年 1 月以来，犯罪嫌疑人黄某虎伙同黄某湖多次从在广州做香烟生意的犯罪嫌疑人黄某霞等人处购买假中华等品牌的香烟，通过江苏华通物流公司的徐某先、徐某轩运输至丹阳，并销售给李某某、庄某某共 20 多人，销售金额

1000余万元。（张卫莺）

【破获网络卖淫案】 2017年3月18日晚，丹阳市公安局治安大队和南环路派出所民警悄悄进入锦豪大酒店；次日凌晨，抓获犯罪嫌疑人尹某某（男，56岁，丹阳人），扣押房间内的PS机、电脑、账本、避孕套等涉案物品，对涉嫌卖淫嫖娼的房间展开检查，查获卖淫女汤某、罗某、刘某，嫖客冷某、解某、姚某6人。对汤某、罗某、冷某、解某、姚某5人处以治安拘留处罚，尹某某涉嫌组织卖淫罪被刑事拘留。经查，2017年2月以来，犯罪嫌疑人尹某某组织提供数十次卖淫服务，获利数万元。（张卫莺）

【破获人体藏毒案】 2017年3月29日，丹阳市公安局禁毒大队在江苏省公安厅禁毒总队、镇江市公安局禁毒支队的支持配合下，在丹阳市云阳街道金色阳光大酒店705房间抓获利用人体藏毒运输毒品的犯罪嫌疑人马某某（男，35岁，安徽省凤阳县人），当场搜缴毒品海洛因52颗300余克。据马某某交待，2017年3月28日，其在缅甸受一缅甸毒贩指使，将65颗毒品海洛因吞服，辗转云南、湖南至丹阳。至抓获时，仍有13颗毒品海洛因未能排出。3月30日中午，禁毒大队在金色阳光大酒店旁阜阳桥上抓获前来“取货”的涉毒犯罪嫌疑人。（张卫莺）

【破获入室抢劫杀人案】 2017年10月27日，丹阳市公安局接到报警称：有一老人死在丹阳市曲阿街道大泊社区胡桥祈钦大队大潘甲村家中。接警后，大泊派出所民警现场处警。经了解，死者尹某某（男，74岁），躺在家中客厅内，头部有伤且有血迹，家中有翻动痕迹，多处有血迹，初步认定为入室抢劫杀人案。经过现场堪查、走访、技侦等手段，发现种某某有重大犯罪嫌疑。28日上午，侦查员在市曲阿街道大泊社区前葛村暂住地将犯罪嫌疑人种某某抓获。经审查，10月27日，犯罪嫌疑人种某某至大泊社区潘甲村，入室盗窃时被户主尹某某发现，遂采取被子蒙头、凳子砸头等手段将尹某某打死，抢走现金500余元。犯罪嫌疑人种某某还交待了10月26日在丹徒黄墟星旗村实施的一起入室抢劫的犯罪事实。（张卫莺）

【破获故意杀人案】 2017年5月5日，丹阳市公安局皇塘派出所接到吕某波电话报警，称其父亲吕某柱（男，75岁）被发现死在位于丹阳市皇塘镇常溧西路的家中，头部有血迹，怀疑他杀。接报后，皇塘派出所迅速组织警力赶至现场调查走访。民警通过对案发现场周边监控的分析研判，发现5月2日凌晨，有一名女子进入案发现场，形迹非常可疑。随后，办案民警将该女子视频截图提供给周边群众辨认，很快明确该女子为唐某仙（47岁，家住丹阳市皇塘镇丁桥村贺巷里）。5月5日晚，专案民警在犯罪嫌疑人唐某仙家中将其抓获。经审查，唐交待5月2日凌晨，其来到死者吕锁柱家中约会，后因琐事发生纠纷，唐采取掐脖子、塑料桶砸头等手段，致吕某柱死亡后逃离现场。

（张卫莺）

【破获统资联公司集资诈骗案】 2016年12月2日至2017年2月9日，丹阳市公安局经侦大队先后在常州市、南京市等地抓获犯罪嫌疑人张某玉、眭某川等19人，破获镇江市统资联电子商务有限公司集资诈骗案。经查，2015年2月以来，犯罪嫌疑人眭某川、张某玉、窦某新等人为骗取社会公众资金，先后注册成立镇江市统资联电子商务有限公司、丹阳市统资联股权投资基金（普通合伙）等公司，无任何实际生产经营活动，通过广告、宣传册、网络、传单、媒体、新店开业剪彩、口口相传、组织人员参观、设立集资点等方式向社会公众宣传，大力虚构其游戏软件开发、网上商城、房地产开发、新能源电动车等虚假生产经营项目和丰厚资金回报，骗取公众信任，以高额回报为诱饵，在全国各地开设“我爱生活我爱家”超市作为投单点向社会不特定公众非法集资。至案发，在江苏省内13个地市及重庆、江西、安徽、上海、山西、河北、浙江、四川等20余个省市设立“我爱我家”统资联超市170家，涉及集资人数9.5万余人，涉及金额达55亿余元，造成损失13亿余元。（张卫莺）

【破获汝康公司集资诈骗案】 2016年12月24日至2017年9月19日，丹阳市公安局经侦大队先后在镇江市润州区、丹阳市云阳街道等地抓获吴某庆、殷某南等15名犯罪嫌疑人，破获江苏汝康食品商贸有限公司集资诈骗案。经查，2014年2月以来，犯罪嫌疑人吴某庆、殷某南等人为骗取社会公众资金，借鉴扬州“宝缘”非法集资活动投资返利模式，设计出汝康投资返利模式，先后注册泸州汝康酒类销售有限公司、江苏汝康酒业有限公司、江苏汝康食品商贸有限公司等公司，无任何实际对外销售活动，通过广告、宣传册、网络、媒体、大型酒会活动、新店开业剪彩、口口相传等方式向公众宣传，大力展示其氨基酸系列酒、元宝枫系列产品、基金、养老产业等虚假生产经营项目和承诺高额回报，骗取社会公众集资款77亿余元。（张卫莺）

检　察

【概况】 2017年，丹阳市检察院围绕经济转型升级，突出打击涉众型经济犯罪，设立专业化办案组，依法办理一批非法集资金额达百亿元的案件。共批准立案、逮捕各类刑事案件380件462人，提起公诉906件1201人。办理陈某某故意杀人案，向某某等3人强迫卖淫致人死亡案，王某等17人聚众斗殴、寻衅滋事、非法拘禁案等一批重大恶性案件。依法严惩校园欺凌和性侵未成年人犯罪，结合办案开展“法治进校园”巡讲活动，在南京师范大学中北学院、丹阳市实验学校等地开展法治巡讲6次，发放宣传手册5000余本。依法妥善处置一起不服刑事判决、到多部门上访一年之久的刑事申诉案。开展风险排查研判，非法集资风险研判报告受镇江市领导批示肯定。联合市农委、环保等部门出台加强公益诉讼协作配合办法，设立丹阳市环境保护公益金专用账户，针对一起非法处置危险废物造成大气污染的案件，督促两名被告以种植树木的方式履行环境修复责任。固体废物污染公益诉讼案被评为全国环境公益诉讼十大典型案例。“行政执法检察监督平台”项目一期初步建成，并在环保、农委、食药监领域开展试运行。以案释法系列警示教育活动，被评为丹阳市首届十大法治实践优秀案例，犯罪预防中心被命名为“镇江市廉政教育基地”。市检察院获全国检察宣传先进单位、全国检察机关文明接待室、镇江市先进基层检察院等集体荣誉20余项。（杨　磊）

【法治反腐】 2017年，丹阳市检察院立案侦查贪污贿赂案件8件11人，其中百万元以上案件7件，贪污单笔案值最高达580万元，为国家挽回直接经济损失1300余万元。针对群众反映强烈的行政不作为、乱作为以及执法不严、司法不公等问题，立案侦查渎职犯罪案件4件6人，1件案件被评为江苏省十大优质案件。开展个案预防18件，受理行贿犯罪档案查询申请1762批次，涉及被查询单位1712件次，被查询个人4395件次。先后组织银行、教育、医疗卫生、交通、供电等重点行业和领域干部职工到警示教育基地接受警示教育20次2000余人次。（杨　磊）

图 78 丹阳市法制宣传教育基地暨丹阳市预防犯罪中心 （杨 磊）

【诉讼监督】 2017 年，丹阳市检察院整合资源，设立专职诉讼监督岗，加强监督制度建设，立案监督 3 人，追捕 3 人，追诉 2 人，提出抗诉 1 件并获改判，发出纠违通知书 8 份，建议行政机关移送涉嫌犯罪线索 11 件。办理各类民事行政诉讼监督案件 35 件。针对存在虚假诉讼的一起交通事故赔偿案，及时发出再审检察建议，被市法院采纳并获改判，对监督中发现的律师违规接受委托等情形，发出加强监管的检察建议被采纳。针对行政执法机关存在的行政违法行为以及执法不规范等问题，发出检察建议 11 份，办理的督促纠正行政部门违规收取 20 年城镇垃圾处理费案件被镇江市检察院评为十大保障民生典型案件。2 件刑事执行监督案件被评为江苏省检察机关羁押必要性审查精品案件和刑事执行检察精品案件。

（杨 磊）

法 院

【概况】 2017 年，丹阳市人民法院受理各类案件 26280 件，审执结 21698 件，比上年分别增长 2.24％和 13.12％，一线法官人均结案 333.82 件，比上年增加 29.36 件。审结各类刑事案件 931 件，比上年增长 3.44％；审结民商事案件 11743 件，比上年增长 3.81％；审结行政诉讼案件 198 件，比上年增长 43.48％；受理各类执行案件 10925 件，结案 8163 件，比上年分别增长 12.65％、30.86％。2017 年 8 月，市法院被最高人民法院政治部、人民法院新闻传媒总社通报表扬为司法宣传工作表现突出单位。

（李信华）

图 79 2017 年 1 月 26 日，丹阳市人民法院集中发放 132 名职工被拖欠工资

（李信华）

【“基本解决执行难”取得进展】 2017 年，丹阳市委发文支持执行工作，召开全市支持执行工作推进会，并建立联席会议制度，市人大主任会议专题审议法院执行工作，形成市委领导、人大监督、社会各界支持的执行大格局。市法院完善执行工作“团队化、信息化、规范化、集约化、常态化”建设，以规范高效处置被执行人财产为突破口，提高执行案件的质量、效率和效果。全年受理各类执行案件 10925 件，结案 8163 件，比上年分别增长 12.65％、30.86％。开展司法网拍 368 件，成交 146 笔，成交金额 2.96 亿元；开展 92 次凌晨执行行动，强制搜查 24 次，拘传 924 人，司法拘留 376 人；发布失信被执行人名单 7001 人（次），移送拒执犯罪线索 9 条。 （李信华）

图 80 2017 年 7 月 17 日，丹阳市人大代表调研“基本解决执行难”工作（李信华）

【“裁执分离”模式处理非诉行政执行案件】 2017 年，丹阳市人民法院采用“裁执分离”模式，对 211 件国土资源行政处罚非诉行政执行案件进行处理，法院对行政行为的合法性进行审查，有关事项由属地政府或市政府指定的行政机关组织实施，形成依法处理、多方支持的工作合力。对此类案件实行“裁执分离”，既有利于发挥司法专业优势、监督功能，又有利于发挥行政资源优势，对依法保护土地资源具有重要作用。（李信华）

【“道交案件网上数据一体化处理”平台开通】 2017 年，丹阳市人民法院推动打造“道路交通事故处理诉讼综合服务中心”升级版，促进道路交通事故纠纷及时化解，在江苏省率先开通“道交案件网上数据一体化处理”平台，推动道交纠纷网上办理，努力提升纠纷化解的透明度和及时性。该平台利用互联网技术和数据共享，为交通事故案件当事人提供损失确定、赔偿调解、法院诉讼和保险赔付等在线服务，实现道路交通事故纠纷的高效快捷、公平公正处理，做到一网办案、快速处理。（李信华）

【司法公开】 2017 年，丹阳市人民法院完善审判流程、裁判文书、执行信息、庭审活动“四大公开”平台建设，推进司法公开，让人民群众看得见、感受到公平正义。全年在中国裁判文书网公开文书 13165 篇，位居江苏省基层法院前十名；新增具备网络直播功能的法庭 15 个，直播庭审 977 件，比上年增长 675%；加强法院网站、微博、微信等自媒体建设和管理，召开新闻发布会 5 次，回应社会关切问题。（李信华）

图 81 2017 年 4 月 25 日，丹阳市人民法院召开知识产权司法保护新闻发布会（李信华）

2017 年丹阳市人民法院部门负责人名单

表 9

部门	负责人	部门	负责人
政治处	史　展	纪检组	刘玉兔
执行局	陈国鹰	监察室、审管办、研究室	刘利权
办公室	符向军	刑庭	戎莉俊
立案庭	耿振英	民一庭	吴国建

续表 9

部门	负责人	部门	负责人
少年家事庭	蒋玲芳	民二庭	刘绛昱
民三庭	吉立平	民四庭	葛家栋
行政庭	徐云方	审监庭	徐文元
行政科	陈文良	司法鉴定科	蔡兰娣
法警队	周维新	导墅法庭	姜　蔚
丹北法庭	戴秋汉	吕城法庭	戴志忠

（李信华）

司法行政

【概况】 2017 年，丹阳市司法局认真开展人民调解、法治宣传、社区矫正和公共法律服务等工作，印发《加强国家机关“谁执法谁普法”责任制实施办法》，明确普法责任主体和责任清单。开展矛盾纠纷排查调处“百日会战”专项活动，完成维稳任务。开展“电话预约”调解，在 500 户以上的居民小区设立人民调解工作室，方便群众就近调解社会矛盾。开展“2017 春风行动”“聚焦富民·法护打工路”“爱在暖冬·法护夕阳”以及“司法开放日”“法治体验日”“国家宪法日宣誓”等活动。做好“两平台”（生活法律风险提示平台和法律服务机构人员信用信息查询平台）“三减免”（对符合特定条件的人群，予以减少法律援助证明材料，减少公证材料和减免办理公证费用的惠民举措）“四拓展”（向企业拓展、向村居拓展、向人员聚集区拓展和向家庭拓展），在市公共法律服务中心设立镇江首家“公证家事法律服务站”，为当事人依法解决家事提供更加便捷、贴心的综合性一站式法律服务。新建商会商事纠纷调委会、知识产权纠纷调委会和物业纠纷人民调解调委会。丹阳电视台民生频道调委会被评为全国模范调解委员会。丹阳市司法局代表队获镇江市首届法律服务工作者辩论赛冠军。 （司法局）

图 82　2017 年 6 月 7 日，丹阳市司法局组织律师、公证员、调解员等党员志愿者走进社区为居民提供法律服务　（司法局）

【公证家事法律服务站】 2017 年 3 月 15 日，镇江首个公证家事法律服务站——丹阳市公证家事法律服务站在丹阳市公证处正式挂牌成立。该服务站结合公证监督、证明、沟通、服务的职能优势，整合心理咨询、家事纠纷调解等功能，为公证当事人解决家务事提供更加便捷、贴心的综合性一站式公证法律服务。丹阳市公证家事法律服务站的服务范围主要包括公民人身关系、财产关系、家庭关系的公证服务以及家事纠纷调解、心理咨询等，还提供代为搜集证据、代办过户手续、上门服务等延伸性服务。 （司法局）

图83　2017年11月8日，丹阳市司法局通过“法律维权讲堂”形式为老年人提供法律服务　（司法局）

【特殊人群监管】　2017年，丹阳市推行入矫强化班集训，对新入矫和严重违规受到处罚的社区服刑人员进行短期集训教育，采取“一珍惜、二明确、三增强”为主要内容的“五步教学法”（上好“紧箍咒”、架好“高压线”、划好“分水岭”、打好“组合拳”、引好“矫正路”）和社区矫正网监队伍“六巡查”（每日定位巡查、衔接接收巡查、矫正小组方案巡查、外出请假销假巡查、日常监管活动巡查、外围数据推送巡查），从源头上杜绝社区矫正安全监管风险，预防和减少社区服刑人员重新违法犯罪。　（司法局）

【电话预约调解服务】　2017年，丹阳市司法局为及时化解矛盾纠纷，方便广大人民群众，为群众提供多种形式的调解服务，在全市推行电话预约调解服务。市司法局将市、镇（区、街道）以及专业性等调委会预约调解电话通过电视、网站等平台向公众公布，市民只要拨打相应的电话，就可以向专业性调委会或所在辖区的镇（区、街道）调委会预约调解。至年底，全市通过电话预约成功调解纠纷50余起。　（司法局）

【“公证田野行”活动】　2017年，丹阳市公证处依托全市12个基层司法所设立公证联络点，启动巡回办证服务制度，将服务向农村基层延伸，以打造“最前沿公证窗口”为目标，开展“公证田野行”系列活动，让农民群众在家门口就能享受优质高效的公证服务。至年底，“公证田野行”系列活动走进全市80余个村（居），发放公证宣传材料5000余份，解答农民群众法律咨询2000余个，现场受理公证申请100余件，为农民节省公证费用10余万元。　（司法局）

【司法日活动】　2017年4月8日，丹阳市司法局组织开展“司法日”联动宣传活动，围绕“法治惠民·12348在行动”主题，全市12个基层司法所组织律师、公证员、调解员、基层法律工作者等法律服务志愿者为群众提供现场法律咨询和法律服务。司法行政系统法律服务志愿者通过发放12348调查问卷，面对面座谈，发放印有“12348”“法润进万家”字样的购物袋、扑克牌等普法宣传物品，现场解答群众法律问题等形式，扩大普法志愿活动和12348平台的群众知晓率、应用率，提升司法行政的社会影响力。　（司法局）

图84　2017年12月29日，“12348法律服务队”为农民工提供依法维权法律服务　（司法局）

农林·水利

栏目编辑 夷朝霞

农林综述

【概况】 2017 年，丹阳市农业和农村经济持续向好。全市实现农业总产值 87.54 亿元，比上年增长 1.04%；农业增加值 61.99 亿元，比上年增长 1.7%；农民人均可支配收入 23603 元，比上年增长 8.7%。粮食种植面积 7.02 万公顷，总产 49.68 万吨；蔬菜播种面积 1.83 万公顷，总产量 57.23 万吨，总产值 15.68 亿元；新增高效设施农业面积 633.27 公顷，新增蔬菜基地面积 103.67 公顷。推进粮食生产全面机械化，丹阳被评为全国第二批率先基本实现农作物生产全程机械化示范县。组织司徒、珥陵、延陵 3 个乡镇依托省级丹阳现代农业产业园区，重新调整园区发展规划，制定三年（2018—2020）实施方案，出台相关发展政策，被评为（第一批）省级现代农业产业示范园。司徒、珥陵、吕城 3 个省级园区被农业部评为创业创新示范基地。 （季梦琦）

【信息进村入户整省推进示范县创建工程】 2017 年，丹阳市结合农业部全面推进信息进村入户要求，实施信息进村入户整省推进示范县创建工程，按照“六有”（有场所、有人员、有设备、有宽带、有网页、有持续运营能力）标准，打造益农信息社全覆盖工程，在全市 168 个行政村建设益农信息社，打通农业信息服务“最后一公里”，50 家益农信息社示范站和 118 家标准站全部建成并投入运营。

（季梦琦）

图 85 2017 年 7 月 21 日，全国农业系统财政支农政策改革创新培训班学员到丹阳参观交流 （季梦琦）

【构建生猪屠宰储运和鲜肉配送体系】 2017 年，丹阳市深入推进生猪屠宰行业清理整顿工作。通过政府主导，多部门联动，丹阳市乡镇小型不合格生猪屠宰场全部关闭到位，于 7 月 6 日通过省农委考评组的考核验收，丹阳市生猪屠宰行业清理整顿工作任务全面完成。在全市建立鲜肉冷链配送体系，在重点镇（区）设立生猪屠宰储运和鲜肉配送点，实施鲜肉冷链配送。通过市肉联厂集中检疫、定点屠宰、鲜肉配送，

提升丹阳市肉品安全保障水平。（季梦琦）

图 86　2017 年 12 月 12 日，丹阳市举办农产品电子商务暨益农信息社信息员培训班（季梦琦）

·粮油种植·

【概况】 2017 年，丹阳市粮食种植面积 7.02 万公顷，总产 49.68 万吨，分别比上年减少 1200 公顷、增加 3.52 万吨。夏粮面积 3.30 万公顷，亩单产 321.2 公斤（公顷单产 4818 公斤），总产 15.89 万吨，分别比上年减少 1000 公顷、增加 19.8 公斤、增加 0.5 万吨。其中小麦种植面积 3.20 万公顷、亩单产 325 公斤（公顷单产 4875 公斤）、总产 15.60 万吨，分别比上年减少 1100 公顷、增加 20.8 公斤、增加 0.5 万吨。油菜种植面积 0.35 万公顷，亩单产 155 公斤（公顷单产 2325 公斤），总产 0.72 万吨，分别比上年减少 140 公顷、增加 1.8 公斤、减少 20 万公斤。秋粮面积 3.72 万公顷，亩单产 605.2 公斤（公顷单产 9078 公斤），总产 33791 万公斤，分别比上年减 200 公顷、减少 0.1 公斤、减少 186 万公斤。其中水稻种植面积 3.5 万公顷，单产 629.4 公斤，总产 33.07 万吨，分别比上年减少 200 公顷、增加 0.9 公斤、减少 0.14 万吨。（赵玉兰）

【粮食高产增效项目创建】 2017 年，丹阳市建立 3 个小麦绿色高产高效创建示范片，建立 5 个水稻绿色高产高效创建示范片。水稻绿色高产高效示范片全面推广应用“氮钾肥”“康宽”“禾技”等高效肥料和农药，推广“春泉矮壮丰”等新型抗逆增产生化产品。试验示范缓、控释肥在水稻生产上的应用，建立 2 个机插施肥一体化肥料示范方，探讨机插、施肥一体化的可行性和不同缓控释肥在节本和增效上的比较，实现水稻绿色高产高效目标，带动全市大面积平衡增产。小麦、水稻示范片产量等指标均达到项目创建的要求，顺利通过专家组的测产验收。（赵玉兰）

图 87　2017 年 4 月 13 日，全省小麦赤霉病现场指导会在丹阳召开（季梦琦）

【实施稻田综合种养补助项目】 2017 年，丹阳市继续实施江苏省稻田综合种养补助项目，探索稻虾、稻鱼、稻鳖等种养模式，寻求复合效益。全市符合补助条件的规模稻田综合种养面积 269.13 公顷，建立 3 个 13.33 公顷以上的示范基地。稻鸭共作以生产绿色、有机优质食味品质稻米为主，亩效益比常规稻生产高 300 元—2000 元，稻虾、稻鳖、稻鱼共作等种养模式稻米收入较少，以养殖收入为主，如不计算基础设施投入，稻虾共作每亩净效益约 2000 元、稻鱼共作约 1500 元、稻鳖共作净收益更高。（赵玉兰）

图 88 2017 年 10 月 11 日，丹阳市召开 2017 年水稻新品种观摩暨秋播工作布置会 （季梦琦）

• 林　业 •

【概况】 2017 年，丹阳市完成造林面积 447.64 公顷，其中，成片造林 253.69 公顷、四旁植树 60.11 万株，更新和完善农田林网控制面积 2000 公顷，森林抚育面积 1067 公顷。办理林木采伐证 119 份，救助猫头鹰、白鹭、夜鹭、红隼等鸟类 12 只。清理疏通防火通道、隔离带 5 公里，清理坟区、林下可燃物 20 公顷，建防火通道 2.2 公里，购置和更新防火设备一批，全年未发生森林火灾。增设太阳能诱虫测报灯 20 台，开展杨树食叶害虫注干防治 1 次、喷雾防治 3 次，主要林业有害生物成灾率控制在 2‰以下。 （陈　坚）

【林业有害生物防控】 2017 年，丹阳市组织开展 3 次林业病虫害统防统治工作，防治面积 800 公顷次。完善林业监测体系，加强美国白蛾监测。全年开展美国白蛾专项巡查 56 次，监测覆盖面积 186.67 公顷。全年新办产地检疫证书 18 份。加强松材线虫病疫木利用监管，开展专项执法检查 6 次，定点疫木利用企业常规检查 11 次，全市未发现违规违法利用疫木情况。 （陈　坚）

• 蚕桑业 •

【概况】 2017 年，丹阳市饲养蚕种 124 张，总产茧 4958 公斤，平均每张产茧 39.5 公斤，总产值 19.41 万元，平均每公斤茧价 39.6 元，张产值 1555.75 元。其中，春蚕饲养 72 张，生产蚕茧 3060 公斤，平均每张产茧 42.5 公斤，平均每公斤茧价 38 元，总产值 11.63 万元，张产值 1615 元；秋蚕饲养 52 张，产茧 1898 公斤，平均每张产茧 36.5 公斤，总产值 7.78 万元，平均每公斤茧价 41 元，张产值 1496.5 元。 （臧丽娟）

【共建院士工作站】 2017 年，西南大学向仲怀院士与丹阳市云阳街道田园圣树合作社签约共建院士工作站。工作站为丹阳市突破“一粒茧一根丝”的传统产业模式，充分利用桑树的营养功能和生态功能，做大做强桑树多元化利用产业作探索，形成丹阳市蚕桑生产新特色，助推蚕桑产业转型升级。 （臧丽娟）

• 蔬菜园艺业 •

【概况】 2017 年，丹阳市常年蔬菜种植面积 5824 公顷，全年蔬菜播种面积 1.83 万公顷，总产量 29.90 万吨，总产值 15.68 亿元。年产干茶 4030 吨，茶叶总产值 5210 万元。果品产量 7708 吨，产值 6917.7 万元。新增高效设施农业面积 633.27 公顷，新增蔬菜基地面积 103.67 公顷。在江苏省第十二届“中茶杯”名优茶评比活动中，丹阳市江苏吟春碧芽股份有限公司选送的“吟春碧芽”牌吟春碧芽茶叶和特等奖和 2017 中国茶业科技年会金奖。 （王辉琼）

【休闲观光农业】 丹阳市休闲观光农业从

2005年起步，成为一种从农业中延伸出来的新业态。全市有经营休闲农业企业、生态园等经营主体有53家，其中，农业观光采摘园17个，休闲农庄36个。2017年，丹阳市休闲观光农业取得较大成绩。丹阳市皇塘大南庄村被评为江苏省级休闲观光农业示范村，丹阳市现代生态水产养殖场申报的创意农园被评为江苏省主题创意农园；江苏超力生态农业发展有限公司、江苏万新农业科技发展有限公司分获全国休闲农业与乡村旅游三星级、四星级示范企业。（王辉琮）

·畜牧业·

【概况】 2017年，丹阳市畜牧业转型升级，开展省级生态健康养殖示范场创建，创建并通过验收生态健康养殖示范场2个。通过科技入户工作指导示范户与辐射户，以点带面，以少带多，以优带差，在全市范围内指导推广新技术、新品种、新模式。全年，生猪出栏25.04万头，年末生猪存栏15.68万头。家禽出栏1516万羽，年末家禽存栏217.7万羽。山羊出栏1.5万只，年末存栏0.78万只。奶牛存栏510头。生猪养殖大中型规模比重达65.39%。（邹晓强）

图89 2017年4月6日，镇江市春季农业生产暨畜禽养殖污染治理现场推进会在丹阳召开 （季梦琦）

【畜禽粪污治理】 2017年，丹阳市统筹推进生态环境保护和畜牧业持续健康发展，按照江苏省委省政府“263”专项行动方案精神和《加快推进畜禽养殖区域布局调整优化和养殖污染治理工作指导意见》要求，丹阳市继续推进畜禽养殖污染防治工作，优化畜禽养殖区域布局，开展禁养区关闭搬迁和非禁养区畜禽规模养殖场治理。至6月底，全市禁养区514家养殖场（户）全部清栏关闭，并通过市级联合验收；至10月底，非禁养区769家养殖场（户），关闭94家，治理673家，整治率为99.74%。至12月29日，208家省规模养殖场通过市级联合检查认定180家，治理率为86.54%。（邹晓强）

·水产业·

【概况】 2017年，丹阳市水产养殖面积7423公顷，与2016年持平，水产品总产量4.20万吨，比上年增加1060吨；水产业一产产值11.66亿元，比上年增加584万元，其中特种水产养殖面积4103公顷，占比55.3%。由于出现一次近10天持续极端高温天气和两次大暴雨，部分塘口有一定损失，对河蟹生长影响较大；病害较往年增多，产量和规格不如往年。全年未发生重大水产品质量安全和渔业安全生产事件。全年水产保持平稳增长态势。（陈佳栋）

【调整养殖结构】 丹阳市水产业多年来一直保持成鱼、青虾和河蟹三大主要养殖品种。成鱼价格稳中有升，2017年涨幅明显，全市成鱼养殖面积保持稳定，约3333.33公顷；青虾养殖面积稳中有升，从2016年的2000公顷增长到2200公顷，且价格坚挺；河蟹养殖面积增长较快，主要是新增提水养殖河蟹，面积达133.33余公顷；小龙虾养殖面积从2016年200公顷增长到266.67公顷，各镇区普遍试养稻渔综合种养，其中访仙镇和导墅镇各有一处6.67公顷以上连片试养面积。（陈佳栋）

【提升水产养殖管理技术】 2017年，丹阳市开展养殖管理技术培训。全市集中大型培训7次、700余人次，分镇区培训20余场次、600余人次，塘口互动交流及入户百余次，开展3天职业渔民培训，培训120人次，外出学习观摩考察11次、80人次，其中专程考察溧阳青虾专养、金坛河蟹“小精高”、苏北大面积精养和工厂化养殖。引进“太湖1号”青虾原种2500余公斤、“长江1号”大眼幼体1500余公斤，青虾和河蟹多地出现高产高效典型，为全面提升水产现代化技术水平和能力奠定基础。

（陈佳栋）

农业机械

【概况】 2017年，丹阳市农业机械总动力37.94万千瓦，农业机械原值6.83亿元。全年农机购置投入8502万元，其中各级财政补贴资金投入2648.8万元。全年新增大中型拖拉机80台、秸秆还田机241台、高速插秧机263台、步进式插秧机10台、高效植保机116台、复式播种机176台、粮食烘干机170台、联合收割机72台。全市农机化水平达90.7%，其中，粮食生产机械化水平达95.13%，畜牧业机械化水平达52.5%，渔业机械化水平达57.2%，林果业机械化水平达50.4%，设施农业机械化水平达46.7%，农产品初加工机械化水平达49.0%。全市完成机插秧2.94万公顷，占水稻实际总面积83%，完成秸秆机械化还田4.76万公顷。全市建有农机合作社181个，农业机械服务组织作业面积占机械化作业总面积80%，大中型机具加入合作社比例达85%，农业机械户加入农业机械合作社比例达76%，农业劳动力占全社会从业人员比例达20%。

（鲁秋忠）

2017年丹阳市农业机械保有量统计表

表10

项目	单位	2017年保有量
农业机械总动力	万千瓦	37.936
一、耕作机械	—	—
1. 大中型拖拉机	台	2147
大中型拖拉机配套农具	台	5506
2. 小型拖拉机	台	1570
小型拖拉机配套农具	台	5978
3. 水稻插秧机	台	2457
其中：乘坐式	台	1401
二、排灌动力机械	台	10586
三、收获机械	—	—
1. 联合收割机	台	821
2. 油菜收获机	台	260
四、植保机械	台	4210
五、农产品初加工机械	—	—
1. 粮食加工机械	台	1952

续表 10

项目	单位	2017 年保有量
2. 谷物烘干机械	台	720
3. 油料加工机械	台	265
4. 果蔬加工机械	台	263
5. 茶叶加工机械	台	262
六、保鲜储藏机械	台	776
七、渔业机械	—	—
1. 增氧机	台	7875
2. 投饵机	台	6125
八、塑料大棚	平方米	14207100
九、挤奶机	台	68
十、运输机械	—	—
1. 农用运输车	台	1595
2. 农用挂车	台	195
十一、农业机械原值	万元	68265

（鲁秋忠）

农业综合开发

【概况】 2017 年，丹阳市依据“十三五”规划，坚持生态优先、三产互动、品牌带动的原则，推进一二三产业融合发展、协调发展，提高农业开发成效。发挥农业综合开发投入的导向作用，推进农业供给侧结构性改革，应对新一轮农业综合开发管理体制机制改革。全年立项国家农业综合开发高标准农田建设项目 1 个（珥陵镇黄埝村），总投资 751 万元，建设面积 333.33 公顷。实施省级丘陵山区农业综合开发项目 3 个，分别为：丹阳市经济开发区建山农业生态园建设项目、丹阳市丰硕果树种植基地建设项目、江苏品山花木基地扩建项目，项目总投资 686.28 万元，其中财政资金 475 万元，群众和单位自筹 211.28 万元，项目建设规模 274.87 公顷。立项产业化发展贷款贴息项目 3 个，分别为：丹阳市 3.3 万吨小麦加工原料收购流动资金贷款贴息项目，落实流动资金贷款贴息贷款额 5950 万元，计划财政贴息额 108 万元（项目单位：江苏省丹玉集团有限公司）；丹阳市 6 万吨小麦粉加工原料收购流动资金贷款贴息项目，落实流动资金贷款贴息贷款额 3260 万元，计划财政贴息额 50 万元（项目单位：金麦面粉有限公司）；丹阳市 6 万吨小麦粉加工原料收购流动资金贷款贴息项目，落实流动资金贷款贴息贷款额 4730 万元，计划财政贴息额 60 万元（项目单位：丹阳市恒新面粉有限公司）。（尹　星）

【现代农业园区建设】 2017 年，丹阳市开展国家级农业园区创建和省级现代农业产业示范园创建，司徒省级园区创建为江苏省第一批现代农业产业示范园。吕城、珥陵两个省级农产品加工集中区公共服务平台开工建设，云阳现代园艺产业园公共服务中心主体工程完工。8 个镇江市重点建设农业园区新增固定资产投资 5.11 亿元，比上年增长 11.2%；实现园区农

业产值 167.51 亿元，同比增长 10.9%，新增规模经营面积 233.33 公顷。 （丁汉平）

2017 年丹阳市重点建设农业园区情况一览表

表 11

园区名称	地点	园区总产值（亿元）	固定资产投资（亿元）	新增规模经营主体（个）	新增规模经营面积（公顷）
江苏省丹阳现代农业产业园区	司徒镇	6.28	0.87	2	71.33
江苏丹阳粮油加工贸易集中区	吕城镇	72.6	0.64	1	6
丹阳市齐梁茶林产业园区	开发区	45.3	0.63	2	53.33
丹阳市现代园艺产业园	高新区	2.37	0.45	1	47
丹阳市珥陵农产品加工园区	珥陵镇	30.9	0.91	2	11.67
丹阳市皇塘现代渔业产业园区	皇塘镇	2.57	0.503	2	10
丹阳市访仙现代果林产业园	访仙镇	3.4	0.47	1	23.33
丹阳市后巷现代林苗产业园区	丹北镇	4.09	0.64	1	10.67
合计		167.51	5.113	12	233.33

（丁汉平）

图 90 丹阳市农委开展农业执法“夏季百日行动” （季梦琦）

水 利

【概况】 2017 年，丹阳市实现水利投资近 15 亿元，投资量、工程规模均创历史新高。完成九曲河整治、九曲河码头专项整治、防洪除涝工程和水环境整治；完成 2017 年度重点县项目、2016 年度中小河流疏浚整治以及新增千亿斤粮食产能项目；开工建设三陵河流域防洪除涝工程，并完成工程形象进度 30%，全年新增千亿斤粮食产能项目完成 85%；新孟河延伸拓浚工程（丹阳段）征地拆迁基本结束，河道主体工程施工图全部完成；大吴塘水库等 5 座省级小型水库规范化管理单位通过复核验收；长江堤防工程安全运行管理工作通过水利部检查；有效应对“6·10”“9·25”强降雨袭击，最大限度降低灾情损失；小型水利工程管理体制改革通过镇江市级验收，基本建立长效管理、运行、保障、监督体制和机制；全面完成骨干河道、9 座水库、九曲河枢纽工程等管理范围划定工作；农业水价综合改革工作有序推进，出台《丹阳市农业用水精准补贴办法和节水奖励办法》，水权制度初步建立；河长制工作全面推行，三级河长全部落实到位；落实最严格水资源管理制度，丹阳市通过江苏省节水型社会示范区创建工作的验收；创成镇江市级节水型学校 12 个、省级节水型学校 3 个、丹阳市节水型教育基地 1 个。 （魏红军）

【落实河长制】 河长制是以保护水资源、防治水污染、改善水环境、修复水生态为主要任务，通过构建责任明确、协调有序、监管严格、保护有力的河湖管理保护机制，维护河湖健康生态、实现河湖功能永续利用的保障制度。2017年，丹阳市按照上级部署，落实《丹阳市全面推行河长制工作方案》，细化工作任务，强化工作举措，取得实效，将“河长制”转化为“河长治”。全市镇级以上主要河道122条、630多公里，主要村级河道（二级沟）510条、980公里，9座小水库和1座湖泊实现河长制全覆盖。总河长、河长全部设立到位。明确市级总河长、副总河长和13位市级河长，各镇（区、街道）相应明确镇、村两级河长。全市639条（座）河湖库（河段）落实16位市级河长、141位镇级河长、267位村级河长，市、镇、村三级河长组织体系全面建立。河长公示牌全面设置。制作河道管护牌、划界告示牌，在河湖位置共安装河长公示牌560块，公示河道名称、基本情况、河长姓名、河长职责、管护目标、监督电话、微信公众号等内容。市、镇两级河长办建立。成立市级领导小组，设立丹阳市河长制工作办公室，市河长办设在市水利局，与市河道处合署办公。全市12个镇（区、街道）相应成立河长制工作领导小组，建立镇级河长办公室。河长积极履职。市级河长开展巡河38人次，完成两轮巡河，签发“河长交办单”6张，落实整改任务10余项；镇级河长开展巡河共430人次，村级河长按照每周1次的频率进行日常巡河；市、镇二级河长将巡河中发现的问题形成交办单，跟踪落实，基本做到件件有落实、事事有回应。（魏红军）

图91　2017年1月19日，中央电视台到丹阳采访丹阳市水利局领导　（魏红军）

【九曲河开坝通水】　2017年5月25日，丹阳市九曲河整治工程通过江苏省安全度汛技术检查，26日，九曲河正式开坝通水。九曲河整治工程总投资6.15亿元，拓浚河道25.7公里，开挖土方114万立方米，新建混凝土挡墙37.8公里，拆建、加固沿线穿堤涵闸108座，拆建跨河桥梁1座，枢纽江口段新建助航设施等。工程自2016年10月26日断航筑坝至2017年5月26日开坝通水，用时199天。建设过程中，引进“代建制”，实行第三方安全生产评价，推行互联网＋工程建设管理，实行日报告制，使用无人机监控管理。（魏红军）

【防汛“天眼”系统】　2017年，丹阳市防汛监控系统新增421个视频点，将全市重要堤防、泵站、水闸、水库等画面实时传入防汛信息中心。丹阳市防汛监控系统除市防指设立信息中心外，12个乡镇全部建立分中心，实现市镇两级信息共享。通过监控系统，各级防指可以及时掌握管辖范围的工情、水情，针对不同情况，第一时间远程会商、科学调度、指挥抢险。同时，视频监控系统与“河长制”相结合，强化河道管护、河道巡查和日常监管。（魏红军）

【三陵河闸站开工建设】　2017年10月24日，三陵河流域防洪除涝工程全面开工，总投资3933万元，工程主要在三陵河入丹金漕河口新建1座设计抽排涝流量每秒24立方米、自排流量每秒94.25立方米的闸站结合排涝站，维修改造涵闸8座和相关配套附属设施，解决原三陵河分散排涝不能形成合力的问题。工程完工后，三陵河闸站将成为丹阳市第二大排涝站，仅次于九曲河枢纽。（魏红军）

【创成江苏省节水型社会示范区】　2017年11月8日，丹阳市通过江苏省节水型社会示范区创建工作验收，是镇江市首个通过验收的县级单位，得分在全省年内通过验收的7个县市区中最高。丹阳市高度重视节水型社会建设工作，将水资源节约和保护列入政府目标考核，完善节水管理制度，强化节水减排，创建一批高水平节水载体，节水成效显著，万元地区生产总值用水量降低到 39.1 立方米，万元工业增加值用水量降低到 6.07 立方米，农田灌溉水有效利用系数提高到 0.646，主要节水指标达到节水型社会示范区建设目标。（魏红军）

【水利重点工程】 2017 年，丹阳市水利重大工程分完工项目和在建项目二类。

一、完成的重点工程建设项目 7 项：（一）太湖流域湖西区九曲河整治工程。河道疏浚 25.69 公里，新建挡墙 39.59 公里，拆建、加固沿线穿堤涵闸 81 座，拆建跨河桥梁 1 座，新建 8 个船坞和 1 个船墩，批复概算 61460 万元，2016 年 10 月 26 日断航筑坝，11 月 8 日开工建设，2017 年 12 月完成批复工程量。（二）2017 年小型农田水利重点县项目。批复概算 3836 万元，在司徒、云阳、延陵、珥陵等镇（街道）进行农村水利基础设施建设，2017 年 2 月开工建设，2017 年 11 月完工。（三）2016 年新增千亿斤粮食产能规划田间工程。批复概算 1500 万元，2016 年 9 月开工建设，2017 年 1 月完工。（四）丹阳市上新河堤防加固工程。主要建设任务包括：堤防加固 5.06 公里，重建泵站 5 座，改造沿线涵闸 8 座，更换机电设备 1 座，批复概算 5100 万元，2016 年 3 月开工建设，2017 年 6 月完工。（五）2016 年中小河流疏浚整治工程。批复概算 8000 万元，疏浚河道 263 条 313 公里，新建改建配套建筑物 1019 座，2016 年 12 月开工建设，2017 年 5 月完工。（六）2017 年水环境整治工程。批复概算 1000 万元，打通北沟河，清淤整治鹤溪河、弯河，2017 年 4 月开工建设，2017 年 12 月完工。（七）2017 年防洪除涝工程。批复概算 3763 万元，实施鹤溪河堤防加固，导墅集镇、珥陵东里、延陵东俞庄、丹北镇解家等排涝站，老西门桥扩孔（该工程交由市建设局负责）等工程，2017 年 4 月开工建设，2017 年 12 月完工。

二、在建工程 3 项：（一）新孟河延伸拓浚工程镇江市境内工程。工程新开河道 6.59 公里，新筑堤防工程 7.86 公里，外围水系调整等，批复投资 111188 万元，2016 年 10 月开始外围水系调整工程施工。（二）2017 年新增千亿斤粮食产能规划田间工程。批复概算 1500 万元，2017 年 11 月开始施工。（三）三陵河流域防洪除涝工程。批复概算 3933 万元，工程主要为新建排涝站 1 座及河道清淤，2017 年 10 月开工建设。（魏红军）

2007 年丹阳市水利（总）站、直属单位负责人一览表

表 12

单位	负责人	单位	负责人
开发区水利站	贡仁俊	云阳水利站	马国生
司徒水利站	戴云方	延陵水利站	王文伟
珥陵水利站	钱国正	导墅水利站	李冬辉
皇塘水利站	袁士华	吕城水利站	马芳洪
陵口水利站	汪银平	访仙水利站	叶永强
新桥水利站	马春虎	界牌水利站	朱玉平
后巷水利站	张木云	埤城水利站	郦华
九曲河枢纽管理处	虞旭升	长江堤防管理处	郑国宝
抗旱排涝处	许一新	河道管理处	潘志新
大吴塘水库管理所	戴云方	泰山水库管理所	贡仁俊

（魏红军）

制 造 业

栏目编辑 尹宏蔚

综 述

【概况】 2017年，丹阳市加快实施《中国制造2025丹阳行动计划》和《2015－2020丹阳智能制造推广计划》等“5＋2”行动计划，推动制造业向产业链和价值链中高端迈进，制造业转型升级取得实效。制造业主要指标稳中有进。2017年，丹阳市实现工业总产值2649.54亿元，比上年增长12％；规模以上工业增加值516.56亿元，比上年增长7.6％；规模以上工业企业698家，规模以上工业主营业务收入2115.45亿元，比上年增长12％；工业企业利润124.33亿元，比上年增长7.4％，利润率8.4％；完成工业投资501.48亿元，比上年增长6.3％；完成技改投资201.2亿元，比上年增长14.1％；完成工业用电量62.13亿千瓦时，比上年增长11.6％。“两化融合”深入推进。完成两化融合管理体系省级贯标试点企业8家，其中江苏彤明高科汽车电器有限公司和江苏辰阳电子有限公司获工信部国家贯标试点称号；省两化深度融合创新示范企业1家、试点企业3家。企业两化融合指数95，信息化发展水平指数91.25。创成一批智能车间。启动丹阳市级智能车间申报工作，7家企业入选丹阳市示范智能车间，3家企业入选省级示范智能车间。去产能步伐加快。4家企业申报退出低端低效产能项目，完成设备拆除和现场验收；2家“僵尸企业”完成工商注销。创成国家级“绿色工厂”。明月光学眼镜有限公司获批国家首批“绿色工厂”创建示范单位。产业发展载体不断提升。产业园区各项基础设施加快推进，园区的承载能力和产业集聚效应进一步放大，丹阳眼镜风尚小镇入选省级特色小镇。

（秦叶红）

【丹化集团技改投入5000余万元】 2017年，丹化集团技改投入5000余万元，先后成立国家烟气脱硫工程技术中心催化材料技术研究分中心、省煤基生物降解塑料工程技术研究中心，加速推进科技进步进程。公司研发的“高性能煤制乙二醇催化剂关键技术研究及产业化应用”项目获镇江市科技进步一等奖、江苏省科技进步三等奖；“聚乙醇酸（PGA）工业化装置”项目建成试车，为国内首家年产3000吨的聚乙醇酸（PGA）工业化装置；稀硝酸还原再生制备亚硝酸甲酯催化剂项目应用于通辽金煤化工有限公司年产煤制乙二醇20万吨装置，使含酸废水量大幅减少，实现工艺技术优化；开发的乙醇甲酯（MG）催化剂、新型缓释肥一草酰胺中试生产等3个项目进入应用阶

段。　（潘发明）

图 92　丹化集团醋酐车间　（潘发明）

【智能仿生假手技术被认定为国家生产标准】2017 年，丹阳假肢厂有限公司投入 160 万元，与上海交通大学、哈尔滨工业大学等高校进行产学研合作，推进产品研发智能化进程。其中，“灵巧假肢及其神经信息通道重建技术”研发项目获国家技术发明奖，开发的“智能仿生假手”生产工艺和流程标准，被认定为国家“智能仿生假手”生产标准。　（潘发明）

图 93　丹阳假肢厂电子装配车间　（潘发明）

【丹盛公司获国家纺织产品开发贡献奖】2017 年，丹盛纺织有限公司投入 1100 余万元，引进日本丰田 JAT－810 型喷气织机 20 台，与江南大学联合对前织和喷织生产线进行 MES 系统的生产管控信息化提升，推进新品研发工程。全年开发纱线和服装面料新品 1000 余只，年新品产值率达 82%，自主开发的新品“可溶变变色多组分针织炫彩面料”获江苏省高新技术产品，“多组分纤维混纺与交织生产关键技术”获中国纺织工业联合会“纺织之光”2017 年纺织行业新技术推广项目，企业被中国纺织工业联合会授予产品开发贡献奖。　（潘发明）

图 94　丹盛纺织有限公司喷织车间　（潘发明）

传 统 产 业

【眼镜产业】　眼镜是丹阳产业集群特征最为明显的传统产业，也是丹阳的“城市烫金名片”。全市从事眼镜行业及相关配套的工贸企业有 2000 多家，眼镜生产企业近 600 家，从业人员 7 万多人。丹阳年产镜架 1 亿副，各类镜片 3 亿副，占全国总产量的 80%，占全球总产量的 50%，是全球最大的眼镜生产基地。2017 年，丹阳全市眼镜产业实现销售收入 86.86 亿元（不含丹阳眼镜城数据）。丹阳眼镜风尚小镇入选省级特色小镇。　（秦叶红）

【汽车及零部件产业】　汽车零部件产业是丹

阳的特色产业和支柱产业，被列入江苏省重点培育的100个产业集群，是全国重要的汽车零部件生产基地之一。丹阳建有汽车零部件产业园、日本汽车零部件产业园两大专业化产业园区，整车及零部件生产企业主要集中在丹北镇、界牌镇、访仙镇、开发区等镇（区），企业总量超过1000家，从业人员5万余人。2017年，全市汽车及零部件产业实现销售收入217.11亿元。（秦叶红）

【五金工具及特钢冶炼产业】 丹阳素有“五金工具之乡”之称，现有生产五金工具企业500余家，从业人员5万多人，是亚洲最大的钻头和锯片生产基地，各类钻头在国内市场占有率达60%，国际市场占有率达50%；金刚石锯片的国内占有率达55%，国际市场占有率达40%。2017年2月14日，江苏省丹阳出口五金工具质量安全示范区获全国首个国家级出口五金工具质量安全示范区称号。2017年，全市五金工具及特钢冶炼产业实现销售收入414.28亿元。（秦叶红）

【建材及木制品加工业】 丹阳市的木业产业形成造林、板材、地板、装饰板材、板材专用胶、木门、家具等较为完整的产业链，以“圣象”“肯帝亚”等为代表的木材加工企业开发的智能家居制品、智能木屋、功能性强化地板以及绿色环保、综合利用复合新型板材等前沿产品绿色环保，市场占有率较高。2017年，全市木材加工业实现销售收入205.32亿元。

（秦叶红）

【鞋服家纺产业】 丹阳市鞋服家纺企业抢抓“互联网+”发展新机遇，探索线上线下的电子商务模式，导墅镇和皇塘镇获全国“家纺名镇”称号，白兔村获“电商村”称号，“堂皇家纺”获全国著名商标称号。2017年，全市鞋服家纺业实现销售收入约84.63亿元，产品主要包括家纺寝具、内衣服饰、母婴用品、户外旅游产品等。（秦叶红）

新兴产业

【概况】 2017年，丹阳市完成新兴产业销售817.59亿元，比上年增长12.54%。其中，新材料、新能源、电子信息、新医药、先进装备制造产业分别完成销售236.01亿元、27.09亿元、58.94亿元、112.52亿元、383.03亿元，分别比上年增长12.04%、4.94%、6.67%、10.71%、14.98%。（秦叶红）

【新材料产业】 丹阳市以图南合金、恒神碳纤维、呈飞精密合金、大力神铝业等重点企业为代表，建成涵盖高性能金属材料、高端纤维材料、高分子复合材料等门类齐全的综合性新材料产业体系，成为全国最大的碳纤维及其复合材料制品生产基地，形成全国最大的高温合金企业集群。2017年，新材料产业实现销售收入236.01亿元。（秦叶红）

【生物医药和医疗器械产业】 丹阳从事生物医药和医疗器械生产的企业50余家，代表企业有鱼跃医疗、云阳药业、双峰格雷斯海姆等公司，主要产品包括新型医用材料、新型药品、新型医药包装、医用影像设备及可穿戴、远程诊疗等移动医疗设备。2017年，丹阳市生物医药和医疗器械产业实现销售收入112.52亿元。（秦叶红）

【高端装备制造产业】 丹阳高端装备制造业主要包括航空航天装备、农机装备、先进轨道交通装备等，代表企业有沃得农机等。随着国内外经济形势的回暖以及装备制造产业市场需求增多，2017年，丹阳市高端装备制造产业实现销售收入383.03亿元。（秦叶红）

现代服务业

栏目编辑 尹宏蔚

综 述

【概况】 2017年，丹阳市继续推进现代服务业集约、集中、集聚发展，围绕园区项目推进、平台建设、市场化运作等开展工作，提升全市服务业产业集聚水平，推进中国（丹阳）国际眼镜城、贤桥商贸集中区、水晶山旅游度假区、江苏萧梁物流园、华东建材市场五大服务业集聚区建设。全市服务业占地区生产总值比重45.5%，实现增加值577.76亿元；服务业规模以上固定资产投资增幅约5%；社会消费品零售总额增幅约10.7%，物流业增加值约84亿元，增幅约11.5%；新增服务业列统企业12家，重点服务业企业6家。全市服务业实现投资191.23亿元，比上年增长4.7%，占全社会投资比重达27.2%。全市服务业实现税收34.49亿元，比上年增长2.2%，服务业税收占财政收入比重为19.2%，比上年下降8.8个百分点。分行业看，批零住餐业所占比重最大，占服务业增加值的22.6%，比上年下降0.4个百分点；其次为房地产业，占服务业增加值的11.1%，比上年提高0.8个百分点；第三为金融业，占服务业增加值的10.3%，比上年下降0.1个百分点。 （秦叶红）

【服务业建设项目】 2017年，丹阳市建设江苏省级服务业重点项目2个、镇江市级服务业重点项目7个，丹阳市级服务业重点项目22个。至年底，省级服务业重点项目中，丹阳国际汽配城项目完成一标段6.2万平方米主体施工，完成投资3.5亿元；江苏萧梁物流园完成园区发展规划修编，进行招投标，完成投资2.5亿元。镇江市级服务业重点项目均开工建设，开工率100%，总投资43.5亿元，实际完成投资40.5亿元，占年计划93.1%。丹阳市级服务业重点项目开工建设17个，开工率77.3%，完成投资56亿元，占年计划73%。 （秦叶红）

生活服务业

【概况】 2017年，丹阳市重点抓好丹阳眼镜风尚小镇、季子吴文化旅游风情小镇、名人故居和红色旅游项目等服务产业消费项目，促进消费提质升级，增强消费对经济增长的拉动作用。推荐丹阳市老年公寓、红叶颐馨园等健康养老机构申报江苏省级示范性养老机构，推进全市养老产业发展。 （秦叶红）

【房产销售面积下降房价上涨】 2017年，丹阳市房产出现销售面积下降，整体房价明显上升的“量价”背离现象。全年商品房销售面积125.76万平方米，比上年下降16.3%，其中住宅销售面积111.8万平方米，比上年下降16.8%。商品房销售额109.89亿元，比上年增长30.2%，其中住宅销售91.66亿元，比上年增长33.5%。住宅类平均单价每平方米8198元，商品房空置面积110.85万平方米，比上年增长38.0%，其中住宅空置面积63.1万平方米，比上年增长43.3%，空置面积大幅增长。

（秦叶红）

生产服务业

【概况】 2017年，丹阳市继续推进现代物流、工业设计等生产性服务业建设。加快生产性服务业发展，江苏宏马物流在全国中小企业股份转让系统（新三板）挂牌上市；飓风物流获江苏省首批“无车承运”资质、“省级智慧物流示范企业”称号。

中国（丹阳）国际眼镜城集聚区完成固定资产投资增幅16%，应税营业收入增幅10%，入库税收增幅20%。完成眼镜城相关村组拆迁、室外广场改造、室内公共部位出新、停车场硬化等工作。完成智慧商城微商平台搭建工作，引进微商分销新模式，3家商家入驻天猫、京东等电商平台。引进丹阳特产并完成游客接待中心的筹建工作。启动交通综合枢纽工程项目建设。完成丹阳眼镜特色小镇基础设施建设及项目运营方面的招商计划。完成扶持新族品牌贸易展示区建设，承办第二届验光配镜大赛，新增列统企业5家。

顺应制造业服务化的发展趋势，发挥服务型制造企业的示范效应，组织申报省级服务型制造示范企业、省级工业设计中心，推动企业从制造环节向研发、设计、品牌等价值链高端的攀升。江苏天宏机械工业有限公司、江苏迅捷装具科技有限公司获江苏省服务型制造示范企业称号。江苏仅一联合智造有限公司、江苏迅捷装具科技有限公司工业设计中心获省级工业设计中心称号。鱼跃YH－580正压呼吸机、堂皇“文鹓彩凤”床上用品套件分别获2017年江苏省工业设计产品银奖、铜奖。（秦叶红）

【丹阳眼镜城集聚区获批“省生产性服务业集聚区示范区”】 中国（丹阳）国际眼镜城自2007年获批江苏省级现代服务业集聚区以来，依靠眼镜产业和市场资源，围绕打造国家级商贸旅游区的目标，加大产业“三集”发展工作力度，加快园区建设步伐，为丹阳实现传统制造业的转型升级发挥推动作用。丹阳眼镜城有商户1000余家，从业人员5000余人，市场年交易额近60亿元。全年旅游、商务客源达120万人次，形成以丹阳眼镜城为核心，集商贸、研发、物流、会展、商务和文化为一体的现代服务业集聚区，成为中国最大的眼镜商贸交易采购中心和眼镜价格发布中心。丹阳眼镜城先后获“全国百强市场”“江苏旅游十大新地标”“江苏省转型升级示范市场”“江苏省正版正货示范街区”等荣誉。2016年11月，丹阳眼镜城集聚区被江苏省发改委认定为首批“江苏省生产性服务业集聚示范区”之一，也是镇江地区唯一一家成功入选的集聚区。 （罗 玲）

图95 中国（丹阳）国际眼镜城南广场

（罗 玲）

经科贸活动及信息

栏目编辑 夷朝霞

重要活动

【重点项目集中开工】 2017年，丹阳市排定镇江市重点产业类项目44个、总投资600多亿元，丹阳市重点产业类项目206个、总投资1000多亿元。2017年2月11—12日，丹阳市7个重点产业类项目参加全省重大项目集中开工。丹阳市领导分组到现场参加各镇（区、街道）的项目开工。

11日，市领导陈可可、黄春年、赵志强、李忠法、沈岳方、赵立群、金夕龙、周东明、刘宏程参加江苏肯帝亚木业有限公司年产4000万平方米超级地板生产线新建项目的开工仪式。该项目前期投资11.7亿元，征用土地21.33公顷，新建厂房22万平方米，将引进PVC底片生产线、透明片生产线、木塑板材生产线、PVC地板热压机和自动连续生产线等先进设备。生产线新建项目完成后，每年可新增销售收入30多亿元、新增利税超5亿元。

12日，市领导陈可可、李忠法、符卫国、钱留梅参加上海电驱动公司年产20万台（套）电动汽车通用底盘项目的开工仪式。该项目占地24.67公顷，总投资15亿元，建设周期约3年，到2019年底全面建成达产，可形成年销售50亿元、纳税逾6亿元。市领导黄春年、金夕龙、蒋明辉、沈留海参加江苏冰城氢能科技有限公司氢燃料电池产业化项目的开工仪式。该项目将新建厂房2万余平方米，形成年产3万千瓦规模的燃料电池发电机成套生产能力，项目达产后可实现年销售收入2.5亿元。市领导赵志强出席江苏申阳电梯部件有限公司年产6000吨直升电梯地坎生产线项目的开工仪式。该项目总投资6500万元，建设年产6000吨直升电梯地坎生产线，计划新建标准化厂房1.2万平方米，投产后可年增销售2.1亿元、利税2300万元。市领导赵立群参加坤华汽配有限公司年产20万套新能源汽车配件项目的开工仪式。该项目征地2.67公顷，计划新建生产及辅助用房4万平方米，总投资1.5亿元。项目达产后，可实现年产新能源汽车配件20万套，年销售额4.12亿元，利税7300万元。市领导周东明参加江苏乔安宸医用进出口有限公司年产300万套医用推车装配生产线项目开工仪式。该项目总投资2亿元，新建厂房及办公研发楼约4万平方米，其中一期新建厂房1.5万平方米，一期达产后可实现年产80万套各类医用推车。市领导刘宏程参加吕城镇河北农贸市场项目开工仪式。该项目是吕城镇重点民生工程，总投资1亿元，占地2公顷，一期建筑面积2.5万平方米，其中规划建设商铺86户、机动车泊位 190 个、非机动车停车位 1250 个。市场内部细分商铺、蔬菜、果品、粮油、水产、家禽等区域，能够满足群众的生产经营和消费需求。（史志办）

【中国眼镜产业电子商务交易平台上线】 2017 年 5 月 16 日，中国眼镜产业电子商务交易平台上线仪式在丹阳开发区科创园举行，丹阳市领导陈可可、黄春年、刘宏程以及北京网库集团负责人参加上线仪式。上线仪式上，市长黄春年表示，丹阳眼镜产业正面临转型升级的重要“窗口期”，借助“互联网＋”的力量，实现眼镜产业“专、精、特、新”化发展，是眼镜产业努力的方向。黄春年希望眼镜产业电子商务交易平台能够为丹阳眼镜产业发展注入新动能，并以平台的成功运作为基础，全面提升丹阳市实体产业的电子商务应用水平。眼镜产业是丹阳的支柱产业，丹阳是全球最大的眼镜生产基地，年产镜片 2.5 亿副、镜架 1.5 亿副；有各类眼镜生产企业近千家，并有万新、海昌、明月光学等一批知名企业。北京网库集团主要致力于为生产制造加工企业提供基于在线采购的综合 B2B 服务。此次开发区和网库集团合作建设的中国眼镜产业电子商务交易平台旨在全面提升丹阳市实体产业电子商务应用水平，引导实体产业走“专、精、特、新”创新发展之路，打造国内具有影响力的实体产业电子商务集聚区。（史志办）

【丹阳和江苏理工学院科技人才对接活动】 2017 年 5 月 25 日，丹阳市领导杜官军、陈中建率领市委组织部、市科技局、市人社局、皇塘镇及部分企业负责人到江苏理工学院开展科技人才对接活动。在校地交流对接会上，江苏理工学院党委书记王建华、副校长周全法等先后介绍学校基本情况和科研成果。市委常委、组织部部长、统战部部长杜官军就丹阳市产业发展与科技人才政策作专题介绍。丹阳市曾 7 次被评为“江苏省人才工作先进县市”，人才综合竞争力列全省县（市）区第 7 名。2016 年，丹阳市启动实施“丹凤朝阳”人才计划，计划用 5 年时间引进和支持 200 名以上海内外高层次人才到丹阳创新创业。杜官军表示，此次开展高校科技人才对接活动，旨在深入建立合作平台与互动机制，通过产学研合作促使丹阳市资源优势、产业优势转化为现实生产力，推动经济加快转型升级。副市长陈中建向江苏理工学院“高校毕业生就业和人才引进合作基地”授牌，江苏理工学院向丹阳市部分企业“产学研合作基地”授牌。活动举办校企交流对接会，丹阳市部分企业在学校进行专场招聘。（史志办）

【特种新材料专题推介会】 2017 年 7 月 5 日，由丹阳高新区、宿迁高新区、南京理工大学承办的特种新材料专题推介会在南京国际博览中心举行，数十位国际国内新材料领域的权威专家、大院大所、科研团队、部分创投机构和 200 多家企业代表参加推介会。丹阳市领导黄春年、金夕龙、刘宏程出席活动。丹阳市市长黄春年介绍丹阳市工业经济基本情况。自 2002 年被认定为国家火炬计划新材料产业基地以来，丹阳新材料产业快速发展，成为引领经济发展的新增长点。丹阳市新材料产业规模以上企业有 100 多家，2016 年全行业实现销售收入 460 亿元。2014 年丹阳市被工信部授予“国家新型工业化军民结合产业示范基地”。为进一步助推新材料产业发展，丹阳市积极对接“中国制造 2025”，制定“丹阳行动计划”，谋划在今后几年，重点发展国内领先、世界先进的碳纤维及复合材料、特种合金材料、高性能树脂材料、光扩散膜材料等产业，加快研发先进熔炼、凝固成型、型材加工、高效合成等新材料制备关键技术和装备，积极发展军民共用特种新材料，加快技术双向转移。将全力打造航空航天新材料产业基地和国家军民融合示范基地，力争形成一个千亿级的产业板块和国内新材料产业高地。黄春年希望通过此次推介会进一步加强丹阳与各高校院所之间的合作交流，实现合作双赢，推动共同发展。推介会其间，丹阳市形成签约项目25项，部分重点项目进行现场签约。推介会上，中国工程院院士、北京航空航天大学的王华明作主旨报告，鱼跃集团南京研发公司总经理郑洪喆作“医疗器械行业新材料应用报告”，俄罗斯自然科学院院士格里果利耶维奇、上海交通大学教授张荻、英国伦敦布鲁内尔大学教授冀守勋、南京理工大学教授徐锋、南京工业大学教授崔升5位特种新材料领域的权威专家作技术成果推介。（史志办）

【国际低碳大会招商会】 2017年9月26日，丹阳市举行2017国际低碳（镇江）大会丹阳分会场主题招商推介会，重点推介一批园区和载体，签约一批绿色制造业项目，推动产业向生态社区集聚、向绿色制造转型，实现经济健康发展。镇江及丹阳市领导孙晓南、朱云峰、陈可可、黄春年、赵志强、赵立群、金夕龙、周东明、蒋明辉、刘宏程、黄俊杰等出席会议。丹阳市委书记陈可可表示，此次以“生态社区·绿色制造”为主题进行招商推介，专门安排精密制造产业园等绿色园区重点推介，挑选一批符合低碳主题的项目集中签约，表明丹阳市推动产业转型升级、加快构建新型制造体系的决心和方向。他希望与会嘉宾多了解丹阳，加强交流合作，帮助“牵线搭桥”，加快形成绿色项目集聚丹阳、优质资本汇聚丹阳、低碳产业引领丹阳的发展局面。招商会上，丹阳市重点推介丹凤科技小镇、沿江装备制造产业园、军民融合产业园、萧梁物流园、生命科学产业园、眼镜时光小镇和精密制造产业园7个绿色低碳园区，并举行重点项目签约仪式，一批绿色制造业项目集中签约。本次签约项目体量大、科技含量高、利用资金形式多元化、外资来源渠道广。（史志办）

图96 丹阳市委书记陈可可在国际低碳大会招商会上致辞（史志办）

【参加镇江（深圳）现代服务业恳谈会】 2017年11月6—8日，丹阳市组团参加2017中国镇江（深圳）现代服务业恳谈会。会议前，市领导黄春年、金夕龙、符卫国、刘宏程分组带队拜访部分企业和客商，就现代服务业项目进行推介。6日，市领导黄春年、符卫国带领住建局、国土局、规划局等部门负责人拜访港华投资有限公司。港华燃气执行董事暨行政总裁黄维义介绍企业运行情况，并希望双方能深度合作，进一步促进当地经济发展。黄春年表示，此次拜访，是听取港华燃气对丹阳政府的意见建议以及下一步的发展愿景，希望双方能在推动燃气进农村等项目开展合作。7日，市长黄春年拜访深圳环宇企业集团，寻求合作机会。黄春年希望环宇集团考虑在丹阳布局，推动双方在军民融合产业的深层次合作。同日，黄春年、金夕龙到宝能科技园和广东拓扑中润科技发展有限公司，就产城融合、纳米材料研发项目进行洽谈，双方就纳米材料工程技术应用研发中心项目的具体事项进行对接交流。8日，市领导金夕龙、符卫国及丹阳市邀请的10位客商共同参加由镇江市在深圳举办的现代服务业恳谈会。120多名嘉宾出席恳谈会，20个项目集中签约，总投资达361.2亿元。其中，丹阳市纳米材料工程技术应用研发中心项目、天然气应急气源及输配项目高压管道工程和节能ADB智能大灯的研发、生产、销售项目3个项目现场签约。其间，市领导符卫国、刘宏程拜访深圳市铁汉生态环境股份有限公司、华强北国际创客中心、航天控股跨境物流公司、大族激光科技产业集团股份有限公司等多家单位，就相关合作事宜进行恳谈。（史志办）

【高端装备和先进制造技术丹阳峰会】 2017年12月1日，丹阳市举办以“引领创新·智汇丹阳”为主题的国家“千人计划”专家高端装备与先进制造技术丹阳峰会，为企业和海内外顶尖人才搭建对接平台，推动众多人才与丹阳企业家交流合作，转移转化重大科技成果，进一步提升丹阳市高端装备与先进制造技术水平。中国工程院院士、西安交通大学精密工程研究所所长蒋庄德，国家“千人计划”专家联谊会工程与材料专委会副主任、南方科技大学教授朱强，江苏省产业技术研究院院长、长江学者特聘教授刘庆，广东工业大学党委书记、校长陈新，国家“千人计划”特聘专家、哈尔滨工业大学教授程凯以及35名高端装备与先进制造技术领域的“千人计划”专家学者，部分军工科研所和国内知名装备制造企业负责人参加峰会。丹阳市领导陈可可、黄春年、李忠法、沈岳方、金夕龙、杜官军、韩静慧、刘宏程、王亚利、钱留梅以及100多家市规模企业、高新技术企业、装备制造领域企业负责人出席活动。峰会上，丹阳市市长黄春年表示，在经济转型升级日趋深入的背景下，丹阳先进装备制造产业的发展更加依赖科技创新，而科技创新离不开强有力的智力支持和人才支撑。希望各位专家一如既往地支持关心丹阳的发展，特别是为丹阳先进装备制造产业的发展“问诊把脉”。丹阳将全力以赴地支持各位专家在丹阳的发展合作，努力实现装备制造领域的最新科技成果在丹阳转化推广，让更多丹阳企业的产品在更广领域拓展应用。在主题论坛中，蒋庄德、刘庆、陈新、程凯分别作《我国精密超精密加工装备的需求和发展》《江苏省及长三角地区高端制造产业发展现状与展望》《新一代半导体功能器件封装精密装备及工艺新挑战》《超精密机床设计与超精密加工技术应用》等主题报告。峰会活动上，市长黄春年与南方科技大学教授朱强分别代表丹阳市人民政府和国家“千人计划”专家联谊会工程与材料专委会签订战略合作协议；江苏省产业技术研究院副院长李世收、副市长刘宏程、鱼跃集团总裁吴光明共同签订江苏省医疗器械联合创新中心共建协议；北京建筑大学教授周惠兴、广东工业大学教授伍尚华、英国焊接研究所副所长石功奇3位国家“千人计划”特聘专家分别与江苏工大金凯高端装备制造公司、江苏仅一联合智造公司、江苏立新焊接材料公司签订合作协议。（眭　琛）

图97　2017年12月1日，丹阳市举办国家“千人计划”专家高端装备与先进制造技术丹阳峰会（眭　琛）

企业及科技信息

【鱼跃集团与南师大签订合作协议】 2017年2月27日，鱼跃集团与南京师范大学举行捐赠合作签约仪式。镇江及丹阳市领导夏锦文、郭建、陈可可、黄春年、金夕龙、李莉珺、陈中建、贺云华，以及南京师范大学党委书记宋永忠，南京师范大学党委副书记、校长胡敏强等出席签约仪式。签约仪式上，胡敏强向鱼跃集团董事长吴光明颁发南京师范大学名誉教授聘任证书，并共同签订合作协议。鱼跃集团向南京师范大学捐赠5000万元公益基金。宋永忠表示，此次双方本着“协同创新、优势互补、互惠互利、共同发展”的原则，以实现“资源共享，共赢发展”为目标达成战略合作，将进一步提升双方在各自领域的品牌优势和综合竞争力。学校将精心谋划、积极落实双方合作协议的具体事项，与鱼跃集团在各个业务领域扎实开展实质性的交流合作，实现互利共赢。

（史志办）

【江苏省眼镜光学标准化技术委员会在丹阳成立】 2017年3月6日，江苏省眼镜光学标准化技术委员会在丹阳成立，该委员会将成为眼镜光学标准的制订修订、审核以及宣传与推广的重要平台，促进丹阳市乃至江苏眼镜产业的发展。江苏省质量技术监督局副局长张前，丹阳市市长黄春年、副市长孙沪兵出席成立会议。张前与长黄春年共同为江苏省眼镜光学标准化技术委员会揭牌，并授予印章。新成立的标委会将根据全省标准制定工作的需要，发展一批热心眼镜标准工作的单位、个人进入技术委员会，使之成为江苏省标准制定与实施的中坚力量，逐步建成覆盖全省眼镜行业的标准人才队伍。标委会将组织委员深入基层，开展眼镜需求调查，努力跟踪学术前沿，把标准研制的实用性、先进性和科学性结合在一起，形成江苏省眼镜标准的特色和亮点。省眼镜光学标准化技术委员会将密切关注眼镜光学标准工作中出现的新情况、新问题，加强前瞻性、预见性、系统性研究，切实发挥好“智囊团”的作用。黄春年指出，江苏省眼镜光学标准化技术委员会在丹阳成立，为丹阳市搭建重要平台，丹阳市将利用该平台促进整个丹阳眼镜产业的转型升级。发挥好标委会在标准的制定、审核、宣传、评估等方面的引领作用，不断提高眼镜质量，让消费者获得实惠。 （史志办）

【飓风股份公司和镇江国控集团战略合作】 2017年5月26日，飓风股份公司与镇江国有投资控股集团有限公司、镇江领军人才基金签订投资合作协议，双方通过战略投资合作，推动飓风股份加快全国物流市场、网络化布局、平台研发、专业人才团队建设以及公司上市步伐。丹阳市领导黄春年、赵立群、周东明以及镇江国控集团董事长周毅、副总经理蒋金署参加活动。镇江国有投资控股集团有限公司围绕重点产业发展、金融服务、资产管理三大板块，建立国有资本流动平台，组织实施重大产业投资活动。飓风股份致力于专业一站式第三方物流服务，于2013年自主研发一站式OTO物流平台。飓风股份此轮融资5065万元，镇江国控集团和领军人才基金本次投资总额合计4000万元。丹阳市市长黄春年表示，丹阳民营企业具有很强的市场活力，发展前景远大，飓风股份的创业创新精神正体现民营经济的整体质态，希望国控集团今后更多地与丹阳民营企业合作，也希望飓风股份通过企业自身的发展实现双赢。镇江国控集团董事长周毅表示，飓风股份体现丹阳民营企业的发展水平，国控集团有部分项目在丹阳推进，希望双方进一步加大合作，将国有优势和民营企业优势有效结合，推动双方共同发展。 （史志办）

【印度加强芯项目落户丹阳】 2017年5月27日，印度AKSH公司加强芯项目落户丹阳开发区。丹阳市副市长刘宏程与印度AKSH公司负责人出席该项目签约仪式。印度AKSH公司组建于1986年，主要从事的生产业务包括光纤、光缆、纤维强化塑料棒等，同时还提供一站式电子政务服务、网络电视服务和光纤到户服务。此次签约的加强芯项目主要产品为纤维强化塑料棒，该产品具有重量轻、拉伸强度优越、防止光缆弯曲等多重优点。签约后，印度AKSH公司将在开发区设立纤维强化塑料棒制造工厂，一期注册资本800万美元，总投资

2000万美元，待正式投产后将会有10条生产线，年产300万公里纤维强化塑料棒，对于推动丹阳产业结构的优化升级、提升丹阳在苏南经济圈中的地位具有重要意义。（史志办）

【3个园区入选全国农村创业创新园区】 2017年6月，农业部公布全国首批农村创业创新园区（基地）目录，丹阳市有3个农业园区（基地）入选，分别为江苏省丹阳市珥陵农产品加工园区、江苏省丹阳市粮油加工贸易集中区和江苏省丹阳市现代农业产业园。农村创业创新园区（基地）是返乡下乡本乡人员创业创新的重要载体和平台。丹阳市入选的3个农业园区（基地）均为省级农业产业园区或农产品加工园区。丹阳市以此为依托，按照“政府搭建平台、平台聚集资源、资源服务创业”的总体思路和“创设一套政策、搭建一批平台、培育一批带头人、总结一批模式、构建一个服务体系”的工作布局，积极推动农村创业创新园区（基地）建设，进一步强化产业引导、政策集成、典型示范、公共服务，激活各类城乡生产资源要素，将现代科技、生产方式和经营理念引入农村，全面发展新产业新业态新模式，推动农村一二三产业融合发展，促进农民创业就业增收，为农业供给侧结构性改革、农村发展新动能培育提供支撑。（史志办）

【大赛璐公司点火具项目投产】 2017年11月10日，大赛璐安全技术（江苏）有限公司点火具项目首条生产线正式投产。2017年11月9日，丹阳市举行大赛璐“十周年暨开工纪念”仪式，工信部安全生产司司长金鑫、日本国驻上海总领事馆总领事片山和之、日本大赛璐株式会社总裁札場操参加活动，镇江及丹阳市领导惠建林、詹立风、陈可可、赵立群、周东明、刘宏程、沈留海出席活动。大赛璐安全系统（江苏）有限公司是由日本株式会社大赛璐2004年在丹阳投资兴建，公司汽车安全气囊用气体发生器项目于2006年10月正式开始商业生产。日本大赛璐集团在丹阳市投资的点火具项目，自筹备以来进展顺利，先后取得营业执照、成立大赛璐安全技术（江苏）有限公司。新公司总投资2800万美元，注册资金1120万美元。（史志办）

【江苏省地板质量提升推进会】 2017年11月23日，江苏省地板产品质量提升现场推进会在丹阳召开。江苏省质监局副局长冯新南、中国质量万里行促进会副会长兼秘书长高伯海、中国林产业协会副会长吕斌，镇江及丹阳市领导詹立风、黄春年、孙沪兵参加会议。与会人员先后观摩圣象家居体验馆和肯帝亚木业有限公司，观看丹阳地板产品质量提升宣传片。丹阳市市长黄春年向与会人员介绍丹阳市经济社会发展情况，表示将木制品行业转型升级作为全市制造业壮大发展的重要战略部署，积极为企业产品质量提升提供高效优质服务。丹阳市地板生产企业市场竞争优势突出，圣象、肯帝亚强化木地板连续多年分列全国销量第一、第二。2016年，丹阳地板企业在国家监督抽查和市级抽查中产品合格率均达100%。（史志办）

【丹阳眼镜城创业孵化基地入选省级示范基地】 2017年12月，江苏省公布全省65家省级创业示范基地名单，丹阳眼镜城创业孵化基地成为省级创业孵化示范基地。丹阳眼镜城创业孵化基地于2014年9月正式落户，孵化面积1.3万平方米，基地设有电商服务中心，配备专职工作人员21人，为入驻企业提供完善的公共基础设施保障和服务平台。基地出台一系列电商优惠政策，对入驻电商实体实行3年租金、水电费全免，为符合政策的电商给予一次性创业补贴、创业担保贷款，开展创业培训等。（史志办）

企业融资上市

栏目编辑 尹宏蔚

【概况】 2017 年，丹阳市制定《关于全力打造资本市场“丹阳板块”的若干政策意见》和《2017 年全力打造资本市场“丹阳板块”的工作意见》，通过营造氛围、典型引路、政策扶持、强化服务等措施，按照“尽快上市一批、加快推进一批、不断储备一批”的工作思路，推进企业上市挂牌工作。全年新增上市、挂牌企业 19 家，新增直接融资近 10 亿元。花王股份 3.3 亿元可转债在证监会审核，新泉股份 4.5 亿元可转债获批准。至年底，全市共有各类上市、挂牌企业 65 家，累计募集资金 143.89 亿元。 （秦叶红）

【企业兼并重组】 2017 年，丹阳市积极鼓励企业利用资本市场兼并重组，提升品牌价值，获得先进技术和人才，扩展业务范围，增强竞争能力。全年有重点兼并重组项目 7 起，涉及资金 64.75 亿元。其中，鱼跃医疗与鱼跃科技出资 2654.74 万美元收购美国美诺 38.66%股权，鱼跃科技出资 56.38 亿元收购云南白药集团股份有限公司 10%股权，鱼跃医疗出资 500 万元收购上海优科骨科器材有限公司 100%股权；花王股份出资 2.52 亿元收购郑州水务 60%股权，出资 1.44 亿元收购中维国际 80%股权；丹和醋业将 70%股权以 4027 万元注入佛山海天味业；谊善车灯将 56%的股权以 2.2 亿元注入广州鸿利智汇集团。 （秦叶红）

【“新泉股份”在上交所主板上市】 2017 年 3 月 17 日，江苏新泉汽车饰件股份有限公司在上海证券交易所主板上市（股票代码：603179）。江苏新泉汽车饰件公司成立于 2001 年 4 月 28 日，拥有 11 个分公司，专业从事汽车内、外饰件系统零部件及模具的设计、制造及销售，自营和代理各类商品及技术的进出口业务，是全国百家优秀汽车零部件供应商之一，为众多汽车品牌的一级配套商。（秦叶红）

图 98 2017 年 3 月 17 日，江苏新泉汽车饰件股份有限公司在上海证券交易所主板上市 （秦叶红）

【“宏马物流”在新三板挂牌】 2017年3月24日，江苏宏马物流股份有限公司在新三板挂牌（股票代码：871201)。宏马物流公司成立于2001年，办公仓储面积20000余平方米，拥有企业员工232人，有各类运输车辆70余辆，设有十多家分公司，主要从事仓储、运输、供应链管理、供应链集成等第三方物流业务。公司是江苏省重点物流企业、丹阳市物流协会会长单位、江苏省现代服务企业联合会理事单位，获“五十强场站”“五十佳质量信誉企业”“镇江市物流企业（基地）十强”“江苏省快货企业”“江苏省交通物流行业质量诚信单位”等荣誉。（秦叶红）

图99　江苏宏马物流股份有限公司

（潘伏洋）

【“天宏机械”在江苏省股权交易中心挂牌】 2017年12月7日，江苏天宏机械工业有限公司在江苏省股权交易中心挂牌（股票代码：691730)。天宏机械公司位于丹阳市访仙镇窦庄工业园区，主要生产铝合金铸造设备、相关辅助设备和铝合金车轮制造专用设备、精密机械（CNC数控车床和加工中心）的工装夹具，服务于汽车零部件、高铁零部件、机械设备制造等行业，2011年开始研发自动化生产线（TH－165型工业搬运机器人的应用、系统集成和简易机械手的研发制造），重点研发智能机器人应用和系统集成、锻压行业、铝车轮加工行业和机床的自动上下料系统。（秦叶红）

【“锋泰工具”在江苏省股权交易中心挂牌】 2017年12月7日，江苏锋泰工具有限公司在江苏省股权交易中心挂牌（股票代码691739)。锋泰工具公司成立于2011年1月，位于丹阳开发区，主要开发生产适应市场需要的各种规格金刚石工具产品，产品远销欧洲、美洲、大洋洲、澳洲、中东及东南亚等世界30多个国家和地区，年生产能力达1800万片。（秦叶红）

图100　江苏锋泰工具有限公司

（潘伏洋）

综合管理

栏目编辑　尹宏蔚

综合经济管理

【概况】　2017 年，丹阳市综合经济实力保持全国百强县第 18 位，工业实力上升至第 15 位。实现工业总产值 2649.54 亿元，比上年增长 12%；规模以上工业增加值 516.56 亿元，比上年增长 7.6%；规模以上工业企业 698 家，规模以上工业主营业务收入 2115.45 亿元，比上年增长 12%；工业企业利润 124.33 亿元，比上年增长 7.4%，利润率 8.4%；完成工业投资 501.48 亿元，比上年增长 6.3%；完成技改投资 201.2 亿元，比上年增长 14.1%；完成工业用电量 62.13 亿千瓦时，比上年增长 11.6%。　（秦叶红）

【项目建设】　2017 年，丹阳市加快项目建设，重点项目有序推进。产业类项目中，44 个省市级重点产业项目完成投资，总投资 50 亿元的鱼跃生命健康产业园初具规模，新招引敏一产业园等一批项目，产业类实际利用外资 3.6 亿美元。城建类项目中，93 个城建类重点项目有 86 个项目开工，北二环互通立交、丹阳火车站站房改造等 48 个项目（包括子项目）竣工；30 个城建类重点竣工项目全部开工建设，完成年度投资 21 亿元，丹句路拓宽改造（一期）、运河丹阳城区段景观建设等 25 个项目（包括子项目）竣工。　（秦叶红）

【产业结构优化】　2017 年，丹阳市通过加大技改投入、加快两化融合、推进智能车间建设和推动服务业制造业深度融合发展，产业结构得到优化。全市完成技改投入 201.2 亿元，比上年增长 14.1%。江苏天工集团有限公司、江苏沃得机电集团有限公司等 28 家企业申报江苏省经信委工业企业技术改造综合奖补资金项目，22 个项目获得省级资金扶持。天工工具模具钢及切削工具二期项目、江苏鼎泰高速列车制动盘等 26 个市级重点技改项目完成投资 32.9 亿元，17 个项目竣工投产。江苏明月光电科技有限公司等 8 家企业申报江苏省两化融合管理体系贯标试点，其中江苏彤明高科汽车有限公司和江苏辰阳电子有限公司获得工信部国家贯标试点称号；江苏丹毛纺织股份有限公司、江苏仅一联合智造有限公司获工信部颁发的两化融合管理体系贯标认定证书。16 家企业申报江苏省融合创新试点示范企业，其中江苏沃得农业机械有限公司获评 2017 江苏省互联网与工业融合创新示范工程示范企业，江苏宏马物流股份有限公司等 3 家企业获评试点企业。至年底，丹阳市企业两化融合指数达 95，信息化发展水平指数达 91.25，两化融合水平处于镇江地区前列。江苏顺发电器有限公司、常诚车业江苏有限公司、丹阳谊善车灯设备制造有限公司、江苏天工集团有限公司、江苏富新电子照明科技有限公司、丹阳市裕桥精密元件有限公司、江苏飞达钻头股份有限公司 7 家企业入选丹阳市示范智能车间；大亚车轮制造有限公司等3家企业成功入选省级示范智能车间。至年底，丹阳市建成省级示范智能车间11家、市级示范智能车间5家、县级示范智能车间19家，27家企业获智能制造项目补助资金1438万元。新兴产业实现销售收入817.59亿元，增长12.5%，服务业占国内生产总值比重45.5%。服务业和制造业实现深度融合发展，丹阳仅一包装设备有限公司获批省级工业设计中心，江苏鱼跃医疗设备股份有限公司YH－580正压呼吸机、堂皇集团“文鹌彩凤”床上用品套件分别获2017年江苏省工业设计产品银奖、铜奖，江苏迅捷装具科技有限公司获评省级服务型制造示范企业，至年底，全市有省级服务型制造示范企业3家。推进“三集”园区各项基础设施建设，园区的承载能力和产业集聚效应进一步放大。丹阳眼镜风尚小镇入选省级特色小镇，配套建设有序推进。 （秦叶红）

【供给侧结构性改革】 2017年，丹阳市深入推进供给侧结构性改革。完成全年化工整治工作，全市35家申报转型升级项目的涂料企业有22家通过审核；完成34家涂料企业的现场评估、27家企业资产评估及补偿政策情况审核；签订停产协议的39家、补贴协议的4家、补偿协议的22家。4家企业申报退出低端低效产能项目，完成设备拆除和现场验收。2家“僵尸企业”完成工商注销。制定《2017年丹阳市关于进一步降低实体经济企业成本的实施方案》，相关部门、镇（区、街道）加强服务，帮助企业享受政策，2017年，全市降低实体经济企业成本近45.5亿元。全年完成上市挂牌企业19家，其中新泉股份在上交所主板上市，宏马物流在新三板挂牌，17家企业在江苏省股权交易中心挂牌。推进低碳城市建设。重点推进15个节能改造和循环经济重点项目建设，完工9个项目；推进天然气热电联产，《丹阳市热电联产规划（2017－2020）》取得江苏省能源局批复意见并经市政府批准实施，华海燃机热电联产项目入选省建设计划；推进光伏项目建设，全年完成屋顶光伏项目备案75兆瓦，并网容量60兆瓦。 （秦叶红）

【企业服务】 2017年，丹阳市制定《关于全力打造资本市场“丹阳板块”的若干政策意见》，进一步鼓励企业进军资本市场，打造资本市场“丹阳板块”。制定《丹阳市产业投资引导基金管理暂行办法》，推动设立产业基金，引导优质产业资本、项目、技术和人才向丹阳集聚。开展暖企大走访活动，走访企业8559家，覆盖率97.8%，共梳理“暖企惠民”大走访问题9231个，解决7963个，问题解决率86.3%。围绕智能制造、两化融合、军民融合、节能减排、化工整治、现代服务业等经济转型升级主要领域，帮助企业开展项目申报，做好跟踪服务，共向上争取资金4.33亿元。 （秦叶红）

2017年丹阳市工业总产值前100名企业

表13 单位：万元

单位名称	排名	实绩
江苏沃得机电集团有限公司	1	2769805
江苏天工集团有限公司	2	2642696
大亚科技集团有限公司	3	1959330
丹阳龙江钢铁有限公司	4	658773

续表 13

单位名称	排名	实绩
大力神科技集团	5	365278
江苏鑫海铜业有限公司	6	356069
江苏飞达控股集团有限公司	7	333399
江苏晶工工具有限公司	8	249710
江苏鱼跃医疗设备股份有限公司	9	223359
江苏肯帝亚木业有限公司	10	203773
大赛璐安全系统（江苏）有限公司	11	170263
江苏长丰科技集团	12	142171
恒宝股份有限公司	13	139630
江苏美乐集团	14	134413
江苏瑞美福实业有限公司	15	102696
海昌隐形眼镜有限公司	16	94700
江苏辰阳电子有限公司	17	83154
江苏中彩印务有限公司	18	79318
江苏新泉汽车饰件股份有限公司	19	71049
江苏锐升新材料有限公司	20	70328
江苏超力电器有限公司	21	70245
江苏申阳电梯部件有限公司	22	65044
江苏万新光学有限公司	23	60117
迅驰车业江苏有限公司	24	53053

续表 13

单位名称	排名	实绩
丹阳荣嘉精密机械有限公司	25	49712
江苏华凯比克希线束有限公司	26	48885
江苏彤明高科汽车电器有限公司	27	48248
江苏丹毛纺织股份有限公司	28	48237
江苏堂皇集团有限公司	29	46326
江苏华力金属材料有限公司	30	46305
江苏福荣制衣有限公司	31	46000
丹阳市助剂化工厂有限公司	32	43384
吉凯恩（丹阳）工业有限公司	33	42856
汉高（江苏）汽车零部件有限公司	34	41005
丹阳港华燃气有限公司	35	40445
丹阳谊善车灯设备制造有限公司	36	37500
江苏明月光电科技有限公司	37	36054
江苏图南合金股份有限公司	38	35602
江苏三鑫铝业有限公司	39	35200
江苏恒神股份有限公司	40	34878
江苏通达纸业有限公司	41	34367
江苏海德莱特汽车部件有限公司	42	32155
江苏新昌汽车部件有限公司	43	31919
江苏淘镜有限公司	44	31407

续表 13

单位名称	排名	实绩
江苏同力机械有限公司	45	31343
江苏林泉汽车装饰件有限公司	46	31259
江苏仅一联合智造有限公司	47	30650
江苏创力电梯部件有限公司	48	30541
江苏飞亚金属制品有限公司	49	30425
常诚车业江苏有限公司	50	30136
江苏新通达电子科技股份有限公司	51	29984
丹阳市万隆化工有限公司	52	29715
江苏亿诺车辆部件有限公司	53	29579
江苏恒宏包装有限公司	54	29237
江苏彤明车灯有限公司	55	28925
江苏河阳线缆有限公司	56	28792
江苏卡威汽车工业集团股份有限公司	57	28668
丹阳市华一医疗器械有限公司	58	27191
丹阳市丹盛纺织有限公司	59	27189
江苏文光车辆附件有限公司	60	26669
镇江威尔耐车轮制造有限公司	61	26280
江苏科新汽车装饰件有限公司	62	25977
江苏秦龙汽车科技有限公司	63	25160
江苏优立光学眼镜有限公司	64	24580

续表 13

单位名称	排名	实绩
丹阳市永达模塑有限公司	65	23587
江苏海伦隐形眼镜有限公司	66	23501
丹阳镇威汽配有限公司	67	22982
江苏金聚合金材料有限公司	68	22916
丹阳金城配件有限公司	69	22910
江苏科信光电科技有限公司	70	22300
江苏乐能电池股份有限公司	71	22105
丹阳新华美塑料有限公司	72	22010
丹阳润泰纺织有限公司	73	20955
双峰格雷斯海姆医药玻璃（丹阳）有限公司	74	20751
江苏江南面粉集团有限公司	75	19818
江苏晨光偶联剂有限公司	76	19642
江苏富新电子照明科技有限公司	77	18991
江苏绿叶锅炉有限公司	78	18755
鸿运汽车有限公司	79	18634
江苏华洪药业科技有限公司	80	18551
江苏巨贸医疗设备有限公司	81	18377
丹阳市新美龙汽车软饰件有限公司	82	18337
帝宝交通器材（丹阳）有限公司	83	18260
丹阳市永泰纺织有限公司	84	18169
冈田精机丹阳有限公司	85	17902

续表 13

单位名称	排名	实绩
丹阳市金业来车辆装饰件有限公司	86	17717
江苏天宏机械工业有限公司	87	17369
江苏宏达电气有限公司	88	17350
江苏捷飞机电有限公司	89	17200
丹阳市同乐面粉有限公司	90	17197
江苏丰裕工具有限公司	91	16896
江苏万乐复合材料有限公司	92	16875
江苏锋泰工具有限公司	93	16430
易佰得（丹阳）光学有限公司	94	15880
丹阳水务集团有限公司	95	15862
江苏安得利新材料科技有限公司	96	15733
江苏东方汽车装饰件有限公司	97	15090
江苏安智欣电子科技有限公司	98	14955
江苏晨宇车业有限公司	99	14899
丹阳市车船装饰件有限公司	100	14365

（统计局）

物价管理

【概况】 2017 年，丹阳市坚持市场为导向、放管结合、稳中求进的原则，加快价格改革，完善重点领域价格形成机制。全年居民消费价格指数累计上涨 1.2%，比上年减少 0.5%，低于年初确定的 3%的预期调控目标。依法规范价格行为，查处价格违法案件 19 件，实施经济制裁 95.2 万元。树立“群众利益无小事”的服务理念，受理价格投诉举报 283 件，为消费者挽回经济损失 101.84 万元。优化价格公共服务，357 省道吕城段、丹句路第一标段等 8 个工程完成拆迁评估，完成北河沿土地征收审核工作。开展涉税、涉案价格认定，完成各类价格认定 857 件，标的金额 27.42 亿元。市物价局获丹阳市依法行政成绩突出单位、镇江市价格先进集体等荣誉。（冯智超）

【物价调控工作】 2017 年，丹阳市制定“推改革、稳物价、促发展、强监管、优服务”工作要点，出台《价格调控目标责任制实施意见》《丹阳市价格异动应急预案》，明确13家价格成员单位的稳价保供任务和价格异动应急组织指挥体系的职责、监测预警、应急响应、后期处置、演习演练等要求。开展“平价商店建设规范年”活动，通过对全市平价商店价格执行情况以及上报数据的及时率、准确率进行考核，直接“摘牌”、取消资格考核中不及格平价商店4家。为提升价格监测数据的准确性，市物价局就价格监测数据共享等事宜与国家统计局丹阳调查队进行沟通对接，按照“相互支持，充分共享”原则，达成“监测中优化采价方式、形成资源互补，每月定期沟通、互通数据”等建设性意见，上报各类报表880多期、分析材料25篇、近万条监测数据，编发《价格内参》33期。在全市30个社区内定时更新54种重要民生商品价格。至年底，全市有平价商店7家，共销售平价蔬菜293.15万公斤，为市民节约支出141.18万元。（冯智超）

图101　2017年6月21日，丹阳市召开价格异动应急预案专家评审会　（冯智超）

【价格改革工作】　2017年，丹阳市继续落实清费减负政策，重点在五个方面进行价格改革。（一）严格落实清费减负政策。全年取消、停征收费项目27项，降低收费标准4项，船舶过闸费实行下降10%的优惠政策，每年为企业和群众减负6000多万元。调整《行政事业性收费目录》和《政府定价的经营服务性收费目录》，涉及行政事业性收费45项，涉及政府定价的经营服务性收费66项。（二）开展农业水价综合改革。农业用水价原则上实行政府定价，确定用水价格由原来的按用水面积计算改为按用水量计算，区别粮食作物、经济作物、养殖业等用水类型，分别制定用水价格。明确在核定的农业水价之外，不得再收取其他任何农业水费。尝试建立农业用水精准补贴机制，保证此次改革不增加农民负担。（三）推动生猪定点屠宰制度改革。开展生猪定点屠宰服务成本监审，调整市生猪定点屠宰收费标准，确定鲜肉配送过程中发生的运输等费用的收费方式，确保猪肉产品稳定供应。（四）推行家庭医疗签约服务制度。市物价部门印发《2017年家庭医生签约服务工作方案》，合理确定签约服务收费标准，全市有18家医院参与签约，签约315150人次。（五）完成中小学服务性收费审批权转变工作。明确服务收费中伙食费由原备案制改成审批制，未经核准不得收费或调整，强调本年度各学校伙食费报批标准不得超过原备案标准。市物价部门完成58所中小学、51所幼儿园伙食费的核定工作。（冯智超）

图102　2017年12月15日，丹阳市物价部门在珥陵镇召开农水价格改革座谈会，听取基层意见　（冯智超）

【价格监管工作】　2017年，丹阳市坚持住房居住属性，严格执行新建商品住房销售价格备案制度，对全市新建商品房的申报价格进行备案审核，累计备案普通住宅商品房面积535284.25平方米，平均价格为每平方米8680

元，与12家商品房销售企业签订价格诚信承诺书，确保商品房销售企业在销售过程中严格遵行备案制度。采取分片包干的检查方式，建立定人、定岗、定责的网格化市场监管制度，做好重大节假日市场价格巡查工作，出动检查人员500多人次，对600多家经营者价格政策执行情况进行检查，帮助30多家存在问题的经营单位进行整改。开展医药、涉企、商品房销售、教育收费等专项检查，查处价格违法案件19件，实施经济制裁95.2万元。丹阳市佳洁环卫服务有限公司、江苏有线网络发展有限责任公司丹阳分公司获“江苏省价格诚信单位”。（冯智超）

【价格服务工作】 2017年，丹阳市物价部门坚持服务为先的理念，做好四项价格服务工作。（一）重点项目。对357省道吕城段、丹句路第一标段、胡高路丹北段和开发区段、司徒吴塘水库前村等8项拆迁工程进行评估，完成北河沿土地征收审核工作，完成粮食局、海事处、省丹中等单位变卖资产和房屋租赁的价格认定。（二）中心工作。与税务部门互联互通、定点监测采集价格信息，完成64个小区的商品房价格调整认定工作，新增8个小区的标准样板房数据，更新存量房交易纳税数据库数据232条。对国土、公安、市场监管等执法部门涉案财产价格进行认定，协助执法部门打击非法采矿、假冒伪劣等违法行为。全年完成各类价格认定857件，认定标的27.42亿元。（三）农业生产。开展“江苏成本”APP安装调试培训工作，协助农调户上报各类农本信息数据。完成小麦、粳稻生产和小规模生猪饲养农本调查工作，做好汛期农作物产量的成本收益预测工作。开展“价格服务进农户”活动，将9个一般户和10个规模户作为服务重点对象，通过发布农产品成本调查资料和监测信息，指导和帮助农户开展成本、收益比较分析。（四）群众生活。成立丹阳市价格纠纷人民调解委员会，依托12358平台，对价格举报中涉及价格争议的事项进行联合调解。开展“暖企惠民大走访”活动，对710户农户和450户居民进行生产、生活情况调查，帮助群众解决各类价格问题。（冯智超）

市场监督管理

【概况】 2017年，丹阳市构建以信息归集共享为基础、信息公示为手段、信用监管为核心的新型市场监管制度，进一步推广应用市场监管信息平台，将“提高市场监管信息平台运行效果”列入市政府重点工作任务，纳入绩效考核。应用“市场监管双随机抽查”软件，开展双随机抽查两次，对882家企业进行“全面体检”并及时公示，对157家企业年报公示信息进行第三方审计。继续加强商标品牌培育，全市拥有驰名商标23件、马德里商标国际注册56件。2017年，丹阳市获江苏省商标战略实施示范县（金风奖），圣象集团有限公司获江苏省商标战略实施示范企业（金帆奖），江苏肯帝亚木业有限公司获江苏省质量奖，江苏鱼跃医疗设备股份有限公司获镇江市质量奖。全年获批国家级标准化试点项目1个，省级标准化试点项目3个。江苏省眼镜光学标准化技术委员会在丹阳成立，实现丹阳标准化技术组织“零”突破。丹阳市眼镜商会主导起草的全省首个“近视太阳镜”团体标准正式发布，填补国家标准体系的空白。（温勇杰）

图103 2017年3月24日，国家标准委员会调研丹阳眼镜标准化工作汇报会在丹阳召开（温勇杰）

【工商登记制度改革】　2017年，丹阳市市场监管部门推进开办企业3个工作日内完成工商登记制度，实现企业名称预先核准0.5个工作日办结，设立登记0.5个工作日办结。依托“E办事”平台，推进“不见面审批”网上登记业务。推广“政银合作”和“政企合作”模式，与工商银行合作试点全程电子化登记，与丹阳农商银行试点企业登记全程无偿代办，与中国邮政合作实现营业执照的快递送达。引进自主证照服务一体机，发出镇江市首张自助申领的个体工商户营业执照。全市日均新增市场主体40户，市场主体总数达85206户。

（温勇杰）

【执法维权】　2017年，丹阳市市场监管部门围绕民生热点、难点问题，开展市场监管执法。打击严重扰乱市场秩序的违法行为。制定《老年人消费品欺诈和虚假宣传整治方案》，组织召开老年人消费座谈会，并在媒体刊登老年人消费权益保护的消费警示，广泛宣传老年人消费维权知识。加大对涉嫌非法集资市场主体的监管力度，约谈相关企业63户、列入经营异常名录43户。对全市63家拥有中频炉的企业进行逐一排查，查处并督促2家违规生产“地条钢”的企业整改到位。全年共办理行政执法案件169件，罚没款入库316万余元，受理消费者投诉、举报2741次，挽回消费者损失196万余元。（温勇杰）

【食品药品药械监管】　2017年，丹阳市市场监管部门运用许可认证、跟踪监督、飞行检查等手段加强食品生产监管。实现白酒和食品添加剂行业电子追溯系统全覆盖。建成覆盖监管分支机构、农贸市场的快检室53个。推进“放心餐桌”“明厨亮灶”和餐饮安全示范区建设。开展丹阳市食品安全事故（Ⅳ级）应急演练，提高食品安全事故的应急准备和组织协调能力。实施药品和医疗器械生产、经营质量管理规范，完善安全风险防控机制，排查生产、流通环节风险，实现药品、高风险医疗器械生产企业监管全覆盖。全年未发生重大食品药品安全事故。创建省级“食品安全示范市”，市政府将食品安全工作纳入政府目标考核。

（温勇杰）

图104　2017年4月6日，丹阳市召开“文明经商诚信经营”示范店表彰大会

（温勇杰）

【特种设备监管】　2017年，丹阳市市场监管部门宣传贯彻新的《特种设备使用管理规则》，下发《2017年度特种设备使用单位现场监督检查计划》，完成现场监督检查单位164家，发现和整改安全隐患30余条。规范设备使用登记，新增注册锅炉68台、压力容器416台、电梯706台、起重机械482台、厂内车辆197台。对气瓶、电梯、叉车、燃煤锅炉等特种设备进行安全监管整治，检查充装气瓶1250只，查获过期瓶6只、报废瓶3只，对2家涉嫌违法充装过期钢瓶的气站进行立案查处；对全市54个住宅小区108台电梯进行现场检查，发现和整改安全隐患27件；排查叉车安全隐患20件；排查注销35吨以下燃煤锅炉20余台。开展特种设备安全月、安全生产大检查、涉危化品特种设备安全整治、安全隐患大排查整治专项行动，排查特种设备使用安全隐患123条，下达特种设备安全监察指令书28份，立案查处违法行为3起。全年未发生较大特种设备安全事故。

（温勇杰）

·消费者权益保护·

【概况】 2017年，丹阳市消费者委员会围绕“网络诚信、消费无忧”主题，履行消费维权职责，维护广大消费者的根本利益，认真受理消费者投诉，调解消费纠纷，化解矛盾，产生较好的社会效应。制定《2017年处理消费者投诉举报程序问题工作意见》，以保障投诉举报信息系统运行流畅，消费者权益得到及时保护。全年接受各类咨询2100人次，受理消费投诉1753件，调解成功1565件，为消费者挽回经济损失270余万元。全市有消委会分会12个，村镇投诉站185个，公用及大型商贸企业投诉站9个，行业投诉站3个，实现消费维权网络全覆盖。开展“消法”进社区、进学校、进商场宣传，编印《3·15纪念专刊》5000份，从维权案例分析、消费警示提示、投诉热点报告等内容展示消费维权工作，在多家媒体宣传科学消费理念、消费维权知识，报道消费维权稿件36篇。联合多部门对城区商贸服务业进行专项检查。全年出动检查执法人员300人次、执法车辆60台次，共检查经营户500余家，对16家存在问题的市场主体交主管部门立案处理。 （温勇杰）

【消费者权益保护日宣传活动】 2017年3月15日，丹阳市市场监管局举办主题为“网络诚信、消费无忧”现场大型宣传咨询活动，纪念“3·15”国际消费者权益保护日。此次宣传活动，在八佰伴卖场（原华地百货）设立1个主会场，在各镇主要街道设立13个分会场，共制作产品质量、专项整治、食品药品安全、典型案例、消费小常识等方面宣传展板14块，发放宣传资料20000余份，接受消费者咨询600余人次，现场登记消费者投诉10起。通过现场受理消费者投诉举报、分发宣传资料、现场讲解等方式向广大群众宣传法律法规、消费维权、辨识假冒伪劣商品、网络消费安全、防范传销等知识，提高消费者维护自身权益的意识和能力，倡导经营者在网络经济时代诚信经营，增强网络经营者的责任意识，自觉保护网络消费者合法权益。 （温勇杰）

图105 2017年3月15日，丹阳市市场监管局举办“网络诚信、消费无忧”现场大型宣传咨询活动。图为八佰伴卖场主会场 （温勇杰）

国土资源管理

【概况】 2017年，丹阳市践行保护资源、节约集约、维护权益、改革创新工作总要求，实施“两保一调”（保护、保障和调控）新机制，推进“七项突破”（更大范围资源统筹配置实现突破、城乡土地高效利用实现突破、耕地占补平衡落实实现突破、“矿地融合”内涵深化实现突破、“四全”服务品牌提升实现突破、“互联网＋国土资源”应用实现突破、强基固本工程建设实现突破），较好完成国土资源管理各项工作任务。全年上报建设用地603.2公顷，其中农用地501.67公顷，保障新孟河、357省道、122省道等省市重大基础设施项目用地286.67公顷、产业项目用地需求313.33公顷，创近五年新高。供应土地590.4公顷，消化存量未供土地256.6公顷。公开出让经营性用地31宗、面积111.06公顷，出让地价45亿元。完成耕地占补平衡项目49个和增减挂钩项目3个，新增耕地168.93公顷。持续推进管山片区废弃矿山整治工程，山体复绿基本完成。全年颁发不动产权证书35530本、证明16420本，查询58809人次。全年未发生因地质灾害涉及群众生命财产安全事件。（周玄究）

【规范基础测绘成果建设与使用】 2017年1月20日，丹阳市《数字丹阳地理空间框架建设应用与运行维护管理办法》（下称《办法》）施行。《办法》的施行将进一步规范基础测绘成果建设与使用，提升基础测绘成果的应用水平和服务能力。《办法》规定数字丹阳地理空间框架由市政府统一组织建设，各有关单位和社会公众根据权限及所在的网络环境共享使用，明确国土资源、发改、财政、规划、住建、公安、民政等部门职责与分工，就空间框架的建设管理，数据的更新交换共享，系统应用维护、监督与管理等进行详细规定。

（周玄究）

【表彰亩均纳税先进工业企业】 丹阳市“以地控税、以税控地”，建立以“亩产税收”和集约节约用地为导向的评价机制，加大对亩产税收贡献大、符合产业转型升级方向企业的扶持力度，促进土地资源集约节约利用。2017年2月4日，市委、市政府公开表彰2016年度纳税先进企业，张榜公布2016年工业企业亩均纳税前20强。江苏仅一包装技术有限公司以每亩纳税294.708万元位列第一。

（周玄究）

【乡镇不动产交易和登记工作业务培训】 为更好地服务社会公众，进一步做好镇（街道）的不动产交易和登记工作，2017年2月22日，丹阳市国土和住建部门联合开展乡镇不动产交易和登记工作业务培训。各镇（街道）分管领导，不动产登记中心、房产管理处、国土分局、规划建设服务所（住建分局）的有关负责人和工作人员参加业务培训。培训重点解读市政府办印发的《关于做好镇（区、街道）不动产交易和登记工作的通知》，明确各相关部门职责，梳理企事业单位不动产首次登记以及农房交易登记具体办理流程。

（周玄究）

图106 2017年2月22日，丹阳市国土、住建部门联合开展镇（街道）不动产交易和登记工作业务培训 （周玄究）

【地质灾害隐患大排查活动】 2017年年初，丹阳市开展地质灾害隐患大排查活动。至3月底，按照“属地管理，分级负责”的原则，各镇区、街道和国土、水利、交通、旅游等有关部门抽调业务人员组成排查工作组，对全市境内镇村、医院、学校、集市、旅游景区等人口密集区和公路、铁路等交通干线沿线、矿山、水利设施，各类工程施工区、重点建设工程区、工业园区以及涉及地质灾害的各类安全隐患点进行全面排查，重点排查地质灾害隐患的地点、类型、威胁对象及范围、危害程度、发展变化情况以及各重要隐患点的防灾预案、防灾措施、预测预报责任制的建立、落实等情况。5月，丹阳市通报3处经地质灾害隐患点调查发现的重点地质灾害险情，相关部门、属地政府及时采取措施，现场设置警示牌，将避险卡、明白卡发放到位，采取工程治理或者搬迁避让措施，保证地质灾害危险区内居民的生命和财产安全。 （周玄究）

图 107　2017 年 6 月 16 日，丹阳市排查工作组在丹北镇天王寺开展地质灾害隐患大排查　（周玄究）

【地质调查成果科普平台建成】　为引导全社会节约资源，倡导绿色生活，2017 年 4 月 21 日，第 48 个“世界地球日”暨丹阳地质调查成果科普平台开放仪式在丹阳市国土资源局不动产登记服务厅举行，通过地质调查成果科普宣传形式，让公众了解丹阳地质环境演变历史以及资源状况，提高保护资源爱护地球的意识。现场嘉宾和市民近 100 人共同观看地质沙盘模型、科普系统、宣传视频演示和世界地球日科普展板。　（周玄究）

【改进耕地占补平衡工作】　2017 年，丹阳市政府印发《关于进一步改进耕地占补平衡工作的通知》(下称《通知》)。《通知》要求认真贯彻中央、省加强耕地保护和改进占补平衡相关要求，建立“党委领导、政府负责、部门协同、公众参与、上下联动”的耕地保护共同责任机制，严格落实建设占用耕地“占一补一、先补后占、占优补优、占水田补水田”的占补平衡制度，确保耕地保护目标责任和省级统筹补充耕地指标任务的顺利完成。明确 2017 年起，建库验收纳入补充耕地备选库项目，可由属地镇(区、街道)自行使用、自行调剂使用或市级收购储备使用，制定向省级有偿统筹、市内有偿调剂使用补充耕地指标的操作办法和资金管理规定。在加强生态环境保护和修复，实现土地生态环境综合整治的前提下，有序推进土地综合整治项目的实施，开展补充耕地指标省级有偿统筹，各镇(区、街道)之间，各镇区、街道与项目建设责任单位之间有偿调剂使用，更好地体现耕地后备资源价值。镇(区、街道)和集体经济组织所得的补充耕地调剂资金优先用于本行政区划内耕地保护、基本农田保护责任的落实和高标准农田建设，优先用于耕地质量的提高以及农业基础设施的投入。　（周玄究）

【永久基本农田划定】　2017 年，丹阳市按照耕地数量、质量、生态三位一体保护原则，完成全域永久基本农田划定落地块、明责任、设标志、建表册、入图库等各项工作任务。共划定基本农田面积 4.25 万公顷，逐级签订永久基本农田保护目标责任书 2277 份，发放永久基本农田保护明白卡 3000 份，设立永久基本农田保护牌 58 块和界桩 30 个，编制表册和图件，建立数据库。通过此次永久基本农田划定，结合城镇地质综合调查成果，富硒土地、绿色农业适宜土地、与现状基本农田集中连片的耕地、道路两侧被占用的优质耕地优先划入，基本农田保护规模、集中连片程度、耕地质量和地力等均有不同程度提高，为提高丹阳耕地综合生产能力、稳定全市粮食生产水平夯实土地要素基础。　（周玄究）

图 108　永久基本农田保护界桩　（周玄究）

【农村建设用地调查】　2017 年 6 月 21 日，丹阳市政府召开会议专题部署农村建设用地调查工作。此次调查工作，主要包括农村地籍更新调查、农村建设用地利用状况以及农村不动产权籍调查试点，同时建立农村建设用地数据库，进一步摸清全市农村建设用地现状和权属状况，为推进农村土地综合整治，实施节约集约用地“双提升”，全面推进不动产登记提供基础资料。至年底，完成农村村庄地籍调查、农村建设用地利用状况调查和数据库建设，在界牌镇开展不动产权籍调查试点。（周玄究）

【土地利用总体规划调整方案获省政府批准】

丹阳市于2015年启动土地利用总体规划调整完善工作，在规划调整过程中，反复征求各方意见建议，通过听证、征求意见、专家论证、网上公示等环节扩大规划调整的公众参与度，广泛征求社会各界意见，提高规划的合理性和可操作性。2017年7月，丹阳市土地利用总体规划调整方案获江苏省政府批准。此次规划调整，落实“总体稳定、局部微调、应保尽保、量质并重、节约集约、优化结构、统筹兼顾、突出重点、加强协调、充分衔接”的要求，合理划定城镇开发边界、永久基本农田、生态保护三条红线和城镇、农业、生态三类空间。

（周玄究）

【高标准基本农田建设】 2017年，丹阳市围绕高标准农田建设目标任务，统筹推进、分类实施，做好新一轮土地整治规划编制，将拟实施的农村综合土地整治项目和未建成高标准基本农田区域有机结合，促进土地整治项目布局、任务安排与土地利用总体规划、新增粮食产能规划、农田水利建设、节水灌溉、农业综合开发等相关规划的衔接，建成一批“集中连片”的高标准农田，优先将高标准农田建设项目落地于划定的永久基本农田范围内，改善项目区农业耕作条件。至年底，高标准农田上图入库项目119个，上图规模3.22万公顷，完成整治规划任务。（周玄究）

【城区级别基准地价调整】 2017年10月16日，丹阳市政府公布实施调整更新后的城区级别基准地价。此次公布的基准地价的基准日为2017年1月1日。城区开发程度为六通一平的一级商服用地每公顷9000万元，一级住宅用地每公顷4669.95万元，五通一平的一级工业用地每公顷634.95万元，每公顷比上年分别上涨30万元、150万元和4.95万元。

（周玄究）

【明确房地登记用途不一致和未载明处置办法】

2017年12月，丹阳市政府明确房地登记用途不一致和未载明处置办法，解决城区、集镇范围内特别是老小区土地、房屋登记用途不一致和未载明的问题，维护不动产权利人的合法权益。该办法适用于2008年7月1日《房屋登记办法》正式施行前城市建成区和建制镇范围内的土地和房屋，按照“尊重历史、便民利民，依法依规、分类处置”的原则，分为房地用途不一致的和房地用途未载明的两种情况分别规定确定用途、补办出让及不动产登记的办法。房地用途不一致的原则上依据土地批准用途或规划许可内容进行不动产登记，统一用途；房屋登记用途或规划部门的规划用途为商业（门市）或商住，土地登记用途或批准用途为住宅的，可由权利人提出申请按照商业（门市）或商住用途补办出让后再办理不动产登记。因历史原因，经房地产开发公司开发建设的老小区门面房无土地批准用途或规划许可等相关材料，且原土地、房屋登记用途亦未明确的，由权利人提出申请后，注明不动产现状实际用途，并参考相邻户室不动产权利登记情况及片区规划定位补办出让后，再办理不动产登记。

（周玄究）

统 计 管 理

【概况】 2017年，丹阳市以提高统计数据质量为中心，加强新常态统计监测工作，提升统计服务水平和政府统计公信力。市统计部门开展工业、贸易、服务业、投资、房地产、建筑业等各专业年定报工作，严把基层数据的审核和评估，做好统计定期报表工作，严格执行制度，做到随报随审，出现问题及时解决，保证各项统计数据真实准确。建立重点专业、重点指标监测机制，对120余个重点工业企业运行情况跟踪监测，及时预警研判。建立园区统计报表月度、季度经济运行分析制度，对主要指标完成情况、趋势预测等进行分析，并提出合理有效的对策建议。开展走访调研文化企业等活动，探索文化产业发展新的突破口，促进文化产业统计基层基础工作。与商务部门协调建立重点企业分析例会和统计监测单位，推进“条块结合、齐抓共管”共促贸易统计上台阶的工作机制，提高统计服务水平和质量。做好1‰人口抽样调查各项工作，选聘调查人员，精心组织培训和宣传发动，确保调查顺利开展。完成“三农普”阶段性工作任务，共登记农户15.8万户、规模户2291户、农业经营单位1199家、12个涉农乡镇街道158个村。继续巩固基层统计“八有八化”成果。推进村(居)统计规范化建设。开展“十个主题”活动，提高全市统计系统基层基础工作水平。开展评选全市最佳统计团队、十佳工业统计单位、十佳服务业贸易单位、十佳建筑房地产单位、十佳基层统计单位、全市统计系统十大标兵活动，在全市统计系统树立典型，营造比学赶超，创先争优的氛围。组织市镇两级78名统计干部参加统计业务能力提升培训班。编印《丹阳市党员干部学统计知识、懂统计法规》简明手册5100余册。加强统计法律法规宣传。制作统计法律法规知识宣传栏2期，送统计宣传片下乡128场。建立和完善政府统计机构顾问制度，与律师事务所签订法律顾问服务合同，明确服务的内容和范围，为重大决策和统计依法行政提供法律咨询意见。 （徐宇进）

【统计法规知识竞赛】 为深入学习贯彻《中华人民共和国统计法实施条例》，营造“懂法规，真统计”的良好氛围，提高广大统计人员的法律法规意识，2017年9月19日，丹阳市举办统计法规知识竞赛决赛，有6个镇（街道）代表队参加决赛。决赛采用现场竞答的方式进行，分为必答题、抢答题、风险题、附加题4个环节。陵口镇代表队获一等奖，导墅镇、延陵镇代表队获二等奖，界牌镇、曲阿街道、丹阳高新区代表队获三等奖。百余名镇（街道）统计站、企事业单位、村（社区）统计人员观看比赛。 （徐宇进）

审计管理

【概况】 2017年，丹阳市以审计监督全覆盖为导向，发挥审计监督职能。全年对57个单位进行审计，查出主要问题金额14115万元。完成工程决算项目36个，送审金额14.96亿元，核减工程决算2.93亿元。审计政府交办投资审计项目28个；完成审计署政策跟踪和保障房跟踪审计项目2个；配合镇江市审计局实施审计项目4个，派员参加镇江市审计局审计项目3个。2个审计项目获镇江市优秀项目，1个审计项目获江苏省优秀项目。 （吴铁俊）

【预算执行审计】 2017年，丹阳市审计部门加强预算执行审计工作。围绕《中华人民共和国预算法》，强化对“四本预算”的全口径监督，重点关注财政收支真实合法效益、地方政府性债务管理和专项资金绩效等，促使全市预算管理更加健全。市政府出台《关于加强丹阳市国有企业资产处置监督管理的意见》《丹阳市国有企业投资管理暂行办法》和《丹阳市国有企业经营投资失误和资产损失责任追究暂行办法》，进一步规范资产处置、规范国企投资等行为。 （吴铁俊）

【专项资金审计】 2017年，市审计部门按照突出重点、完善制度要求，围绕医疗保险资金、学前教育资金、扶贫资金、生态资金等群众关注的热点问题进行审计和审计调查，以加强专项资金审计。通过延伸核对资金的最终落脚点，调查了解人民群众满意度，分析项目发挥的民生绩效，揭露项目资金管理过程中存在问题，促使资金规范运行，切实维护人民群众

切身利益。（吴铁俊）

【重点工程审计】 2017年，丹阳市审计部门加强重点工程审计，完成工程决算项目36个，送审金额14.96亿元，核减工程决算2.93亿元。通过重点工程审计，发现政府投资项目建设中一些共性问题，分析产生原因并提出审计建议，促使政府完善投资建设领域规章制度，政府在采纳审计建议后出台《关于加强政府投资工程建设项目变更审核监督暂行规定》，达到有效遏制工程随意变更和违规变更现象。

（吴铁俊）

【经济责任审计】 2017年，丹阳市审计部门根据市政府交办、组织部门委托，对市城管、农委、卫计委等10个部门领导开展经济责任审计。通过经济责任审计，查出管理不规范资金10506万元，提出审计建议16条。并通过开展对延陵镇主要领导自然资产责任审计，积极探索对领导干部的自然资产责任审计。

（吴铁俊）

劳动就业管理

【概况】 2017年，丹阳市城镇新增就业1.73万人，其中促进城镇失业人员再就业8600人，扶持就业困难人员再就业710人，城镇登记失业率2.28%。全市帮扶1870人成功创业，创业带动就业8407人，为270名创业者发放创业担保贷款2660万元，财政贴息103.69万元。依托基层人社服务平台，上门入户开展就业援助，开展精准动态管理、就业帮扶、创业帮扶、技能培训等行动，实现“就业一人、脱贫一人、幸福一家”。建立“困难群体就业援助定点企业”，与餐饮龙头企业、保安公司、物业公司等16家劳动密集型企业签订就业援助协议，帮扶710名就业困难人员实现再就业，通过政府购买公益性岗位，解决107名下岗失业志愿兵再就业问题。组织和参与创富大赛、创业成果展、创业帮扶“3+1”、金秋创业行、创业就业社区行等品牌创业活动，多层次培育创业典型。陵口镇、丹阳高新科技园以及谭巷村等16个社区通过省级创业型街道（乡镇）、社区（村）和园区验收。开展创业示范基地创建活动，认定丹阳市级创业孵化基地3家。围绕丹阳眼镜“特色小镇”建设，做亮“互联网+眼镜电商”创业品牌，丹阳眼镜创业孵化基地入选省级创业示范基地。开展“春风行动”、就业援助月、“人社服务360—乡村行”、丹阳——富平定向劳务对接等活动，依托“互联网+人社服务”体系，打造“互联网+就业创业”云平台，畅通就业渠道，促进供需有效对接，全市新增农村劳动力转移3315人。全年向312家企业发放失业保险稳岗补贴1063.63万元，惠及3.7万余名职工，支持和鼓励企业不裁员、少裁员，稳定就业岗位。全年实名制登记1139名离校未就业高校毕业生，为1629人次提供职业指导、就业信息等公共就业服务，633人享受就业扶持政策，帮扶成功就业1104人，就业率达到96%。组织30名未就业高校毕业生参加创业培训班，培训合格后的学员在创业场所支持、提供创业担保贷款、税收优惠等方面享受创业支持。（朱君芬）

【就业招聘会】 2017年2月11日，为应对春节过后求职和用工高峰。丹阳市社保局在人力资源市场举办“春风行动”大型就业招聘会。招聘会共有160家用人单位携5072个岗位进场招聘，4961名求职者进场应聘，达成用工意向的1755人，累计发放各类宣传资料6000余份。

（朱君芬）

安全生产监督管理

【概况】 2017年，丹阳市按照“党政同责、一岗双责、齐抓共管、失职追责”的要求，推动安全生产责任“三级五覆盖”。制定《丹阳市有关部门和单位及镇（区、街道）安全生产工作职责规定》，明确镇（区、街道）和有关部门安全生产工作职责。市政府常务会议每月听取安全生产工作汇报，市委常委会每半年听取工作汇报，市安委会每季度召开安全生产工作例会，研究部署安全生产工作，对各镇（区、街道）、各主管部门全面落实安全生产责任进行指导督察，强化安全生产措施。制定《关于进一步加强基层安监机构规范化建设工作的实施方案》，加强基层安监机构规范化建设。继续开展安全生产社会化服务，投入300余万元，12个镇（区、街道）和6个部门引入社会专业服务机构和专家力量参与安全生产检查，形成对安全生产"政、企、社"齐抓共管模式。加强重点节假日安全生产应急值守，对重点领域、重要岗位实行24小时值班和领导干部带班制度。开展应急预案修订工作，完善各项应急预案，并邀请专家对预案进行评审。开展火灾事故、燃气泄漏事故、道路交通事故综合应急演练。提高突发安全生产事故应急处置能力，全年应急处置生产安全突发事件32起。（市安监局）

图109　2017年6月16日，丹阳市开展第16个全国"安全生产月"广场宣传咨询日活动（市安监局）

【落实企业安全生产主体责任】 2017年，丹阳市根据《2017年深化企业安全生产主体责任落实工作实施方案》要求，开展全面落实企业主体责任工作。对全市所有企业普查建档，做到"一企一档""一行业一台账""一镇街区一册"，实现监管"网格化、实名制"。继续推进安全生产标准化建设。全市有745家企业完成安全生产标准化达标创建，其中三级标准化达标复审企业387家，小微企业安全生产标准化达标358家，在重点监管企业和高危行业企业实现安全生产标准化建设全覆盖。强化安全生产宣传教育和培训，利用"安全生产月""安全生产万里行"等活动的契机，发放安全生产手册，宣传安全生产法律法规，提高全民安全意识，同时，组织各类安全培训，依法对5072名企业主要负责人、安全生产管理人员及特种作业人员进行安全培训考核。（市安监局）

【安全生产隐患排查治理】 2017年，丹阳市开展安全生产大检查和重点行业领域专项整治。安全生产大检查方面，在春节、国庆节、十九大等重要时段开展全市安全生产大检查，对全市危险化学品生产运输、冶金铸造、燃气、烟花爆竹批发等42家重点企业实行驻点监管。市安委办会同公安、监察、市场监管等部门组成6个巡查组，对大整治情况开展督察。7—10月，集中开展为期三个月的安全生产排查整治，覆盖全市所有地区、生产经营单位、人员密集场所，确定17个重点行业领域，检查生产经营单位7865家，排查各类安全隐患6935条，整改6866条（整改率99%），出具各类停工通知书、整改指令书1200余份。重点行业领域专项整治方面，开展建筑工程领域防高处坠落、防坍塌专项整治，道路交通领域"两客一危"专项整治，危险化学品综合治理，工贸领域冶金铸造、受限空间专项整治，人员密集场所、集体宿舍（出租屋）聚居场所消防安全专项整治。对东门冷库使用液氨制冷和第二人民医院病房楼消防设施不全存在重大隐患进行挂牌督办，消除隐患。完成沿江电镀环保整治园区、龙江钢铁有限公司等一批规模以上企业互联网+安全生产平台建设，帮助指导企业开展隐患自查自改，解决企业"怎么查、查什么、如何改"的问题。（市安监局）

【安全生产执法】 2017年，丹阳市转变安全生产执法理念，由以前的重检查轻执法的“常规监管”向重执法、分类分级检查的“主动执法”转变，树立“十次检查不如一次执法”的理念。把防控事故作为重点，采取明察暗访、随机抽查、检查与执法相结合等方式，打击违法违规行为。同时，对企业落实安全生产主体责任开展专项执法，对无证无照、不符合安全生产基本条件，安全管理人员缺失，安全责任制度缺失，安全投入、安全培训、应急救援不到位，现场管理混乱的企业，严肃查处。加强行政执法和责任追究力度。2017年安全生产实施行政处罚145起，处罚金额392.34万元，其中事前处罚120起，处罚金额112万元；事故处罚25起，处罚金额280.34万元，追究刑事责任5人，给予党纪政纪处理8人。定期在网站对事故单位以及重大行政处罚公开曝光，对事故频发的镇区及部门实行约谈和通报。制定《丹阳市安全生产诚信“红黑榜”发布及奖惩制度》，将企业安全生产诚信记录纳入诚信体系，定期公布守信和失信企业，让企业一处失信，处处受限。将企业法人安全生产履职情况作为基层人大代表、政协委员推荐审核项，对申报企业科技项目补助资金的企业实行生产安全事故一票否决制，进一步完善安全生产诚信约束机制，健全诚信激励和失信惩戒机制。

（市安监局）

供电供热管理

【概况】 2017年，国网丹阳市供电公司以“改革攻坚年”活动为主线，狠抓安全生产和优质服务，打造坚强智能电网，企业保持良好发展态势。全年全社会用电量79.47亿千瓦时，比上年增长11.14%，调度最高用电负荷139.37万千瓦，比上年增长6.12%。至2017年年底，公司实现连续安全运行9712天。丹阳市供电公司获江苏省五一劳动奖状、2017年度先进集体等荣誉。丹阳兴联热电有限公司完成发电量8997.55万千瓦时，厂用电耗率17.55%，发电标煤耗每千瓦时419.8克，供汽量30.34万吨，供热水2.15万吨。

（刘　培　姜红艳）

【电网建设】 2017年，丹阳市供电公司完成2019年电网项目前期工作和2020年电网项目系统设计，按期投运500千伏访仙变5号主变增容、220千伏云林变新建、220千伏金凤—永胜线路环接入访仙变、110千伏建山变改造工程及110千伏普善变新建项目，新增变电容量133.15万千瓦。配合开展镇江燃机送出220千伏输变电工程建设工作，按序时推进110千伏锦湖变新建工程。加大配农网建设力度，完成配农网建设资金3.38亿元，新上10千伏线路16条，新增配变712台、配电房59座，改造低压线路561公里。完成源网荷系统39户建成用户负控签约工作，可控负荷8.8万千瓦。完善应急管理体系，备有16支应急抢修队伍和2支外协应急队伍。各类应急物资、车辆齐备，落实应急值班管理，畅通信息报送渠道，提升处置突发事件能力，累计出动各类抢修人员800余人次、车辆300余台次。

（刘　培）

【供电服务】 2017年，丹阳市供电公司落实政府重点项目公司领导挂钩机制，全过程跟踪、督办、考评闭环管理。完成南师大中北学院的接电工程。配合开展241、122省道等交通工程涉及杆线迁移、下地工作；升级改造356个老旧小区线路，对1万余个车库装表接电，彻底解决“飞线”现象。走访延陵镇宝林村、云阳桥社区及沃得等企业，解决18个用电困难问题。推进“互联网+”应用，推广业务线上办理模式。深化“两个替代”的落地，做好16个分布式光伏发电并网服务工作，推广电锅炉、电窑炉30台，替代容量1万余千瓦。建成永安站和南师大中北学院站等2个电动汽车充电站，解决电动汽车“充电难”问题，助推新能源汽车发展。

（刘　培）

【普善输变电工程】 2017年12月7日，位于丹阳市开发区普善村的110千伏普善变电站正式投运。该变电站按照无人值班变电站标准设计建造，总投资5572万元，占地面积0.49公顷，本期投运31.5兆伏安主变器1组，110千伏出线2回，10千伏出线13回。远景规划建设为50兆伏安主变器3组，110千伏出线4回、10千伏出线24回。该工程的投运，完善普善片区10千伏配电网配网构架，加强与110千伏路巷变、110千伏荆林变之间的联系，有效提升开发区区域内的供电能力。 （刘 培）

图110 110千伏普善输变电工程

（刘 培）

海关监督管理

【概况】 2017年，镇江海关驻丹阳办事处办理新注册企业267家，比上年增长16.59%，设立加工贸易合同177份，比上年下降20.27%；设立金额17358万美元，比上年下降5.96%；核销结案手册210份，比上年下降17.32%，报核及时率、结案及时率等考核指标优良；办理报关单619份，与上年持平；征收税款880万元，比上年下降54.94%；中期核查企业9家，移交一般案件3起、简易案件3起。 （办事处）

【海关监管】 2017年，镇江海关驻丹阳办事处抓精细管理，提高业务质效。提升加工贸易监管质量。围绕“加工贸易监管质量测评指标”，加强实际监管；强化监控及查改，推进业务工作规范管理；收集材料数据，充实和完善企业加工贸易管理档案库。夯实企管管理基础。做好“三证合一”“一照一码”报关单位注册登记改革工作，完成267家报关单位注册登记；实施企业年报工作和巡查工作，有1066家企业完成年报，10家企业完成巡查工作；抓好企业认证工作，对天工集团、大赛璐公司申请高级认证进行政策指导，规范出具企业信用证明，全年为辖区企业出具信用证明12份。落实综合治税工作。加强内外部信息分析与应用，关注鞋服等小微企业经营风险；强化协作，加大源头控税措施；严格依法治税，重点加强边角料、残次品核销核算，确保应收尽收。加强核查后续管理。做好对象选取及风险分析，提高核查的质量和效能。完成9家公司企业中期核查，下厂作业26次，实施现场调研、巡查等任务；移交3起一般违规案件，办理3起简易案件。改变思维助推加工贸易改革。4家加工贸易改革试点企业顺利运作，1家企业参加单耗自核试点，1家企业参加加贸自主管理改革试点。 （办事处）

【海关服务】 2017年，镇江海关驻丹阳办事处加强对外贸易数据分析，及时通报外贸企业进出口情况，为丹阳的经济决策做好参谋；把进出口统计数据的单元深入到经济主管部门、乡镇、企业，增强海关统计分析的适时性、专业性和前瞻性，为丹阳外贸高质量发展提供数据支撑。对丹阳锯片业提出锯片商品归类全国各口岸不一致问题进行情况汇总，形成调研报告，促成南京海关对丹阳企业金刚石锯片税则归类调研工作；贴近地方发展特点及企业对海关政策需求，组织召开海关政策宣讲会，加强航空、汽车配件、军民合作等各类产业园区指导和跟踪服务。配合跨境电商服务试点，与南京海关协商形成跨境邮件转关运输监管办法，配合丹阳商务局开展跨境电商前期准备工作，推动电商企业与物流企业的联手合作，拓宽丹阳眼镜出口物流渠道。助推萧梁物流园铁路货站场海关监管所建设，推进飓风物流公司参与海铁联运报关。（办事处）

出入境检验检疫管理

【概况】 2017年，镇江出入境检验检疫局丹阳办事处围绕“减环节、优流程、压时限、降成本、提效率”的总体要求，加强检验检疫流程管控，提高检验检疫验放通关效率，提高检验检疫人员的服务质量。通过检验检疫实验室信息管理系统，核查流程时限，责任到人，加强受理、施检、出证、通关等各项工作流程控制。落实“暖企惠民”大走访活动，深入企业一线进行工作调研，梳理问题36件，现场办公解决问题16件，事后帮助企业解决19件。举办两次产地证申领员培训班，参培人员100名。继续执行免收出口商品法检费用等政策，全年各类原产地证书为企业减免国外关税1800万美元。（办事处）

【检验执法】 2017年，出入境检验检疫局丹阳办事处加强危险化学品安全综合治理。针对企业对出口危险货物包装的相关法规和标准不熟悉，办事处对出口危险货物的企业及人员进行进出口危险化学品及其包装法规、标准的宣贯和培训，提高其质量安全意识，督促其切实履行主体责任，对企业检测周期进行降档，要求生产企业吸取教训，查找隐患，总结经验，确保生产产品符合质量要求，避免质量安全事故的发生。做好危险品包装生产企业的检验监管，强化危险品包装生产企业的周期检测工作，全年检出两批不合格危险品包装。（办事处）

【服务地方经济】 2017年，出入境检验检疫局丹阳办事处推进出口五金工具质量安全示范区建设，围绕“示范区＋”，开创政企校三方联合的建设格局。先后多次召开推进会，达成丹阳市与武汉大学质量院合作意向，制定丹阳出口五金工具产业质量发展战略研究与实施方案，启动项目研究工作。完善《丹阳出口五金工具国家级质量安全示范区建设工作方案》，列出所需准备的见证材料清单以及整改事项。出台《镇江检验检疫局丹阳出口五金工具国家级质量安全示范区建设工作推进计划》和任务分解表，进行区内企业每年的产品抽检工作，开展质量提升活动。对辖区内出口消费品情况开展调查，对主要出口消费品生产企业生产情况、品牌建设情况进行现场调研，了解企业生产线配置、产品标准选用、质量控制能力及内外销市场分布等基本状况，遴选丹阳消费品“三同企业”2家。开展出口企业遭受国外技术性贸易措施影响调查工作，对辖区内工贸企业2017年遭遇国外技术性贸易措施影响情况以及自贸伙伴国技术性贸易措施影响调查情况进行抽样调查。开展出口产品退运调查工作，加强企业的现场质量管理水平，提升企业质量意识。辅导需实施无纸化的企业自愿向检务部门提交申请表和承诺书，在电子监管系统中完成辖区内企业信息的维护。为企业举办原产地证申领员培训专场1次，宣传自贸协定优惠政策，讲解基本原产地证申领知识。帮助重点帮扶企业在“单一窗口”网站注册申领账号，适应新系统的录入技巧和注意点，并全程追踪企业前期签发证书的申报，使企业第一时间享受政策红利。办签证人员与企业申领员建立季度沟通机制，及时互通各类数据，为下一步帮扶计划的制定和调整提供依据。（办事处）

环境保护

栏目编辑 夷朝霞

【概况】 2017年，丹阳市环境保护工作以减少煤炭消费总量和减少落后化工产能为重点；从源头上为生态环境减负；针对生态文明建设问题最突出、与群众生活联系最紧密、百姓反映最强烈的六方面问题，重点治理太湖水环境、生活垃圾、黑臭水体、畜禽养殖污染、挥发性有机物污染和环境隐患；提升生态保护水平、提升环境经济政策调控水平、提升环境监管执法水平，为生态文明建设提供坚实保障（简称“263”专项行动）。水环境治理、污染减排、化工电镀行业整治等各项环保工作成效明显，开展新一轮土壤污染防治前期工作，以中央环保督察整改为契机，解决一批突出环境信访问题。 （杭 颖）

图111 2017年4月12日，丹阳市环保局在凤凰新村社区开展低碳绿色生活宣传 （杭 颖）

【实施“263”专项行动】 2017年，丹阳市从三个方面开展“263”专项行动。“两减”方面。推进丹阳龙江钢铁有限公司高炉喷吹无烟煤等4个项目建设；实施热电联产，《丹阳市热电联产规划（2017—2020）》获批准实施；港华燃气扩大天然气管网的覆盖范围，实施“金屋顶”计划，建成51兆瓦光伏电站；推进10蒸吨以下燃煤锅炉整治，全年实际完成整治45台，实际完成削减煤炭量19.2万吨；开展涂料化工生产企业整治，全市39家涂料企业签订停产协议。“六治”方面。对重点河流域沿岸涉水企业进行拉网式排查，实施水环境专项整治；实施水环境整治工程，对重点河道清淤疏浚；对“小散乱污”污染点源、畜禽养殖点和挥发性有机化合物企业整治，取缔“小散乱污”点源382家，关闭、拆除禁养区畜禽养殖场共514家，完成97家挥发性有机化合物企业的治理工作。“三提升”方面。开展生态文明建设示范镇村建设，延陵镇、司徒镇和吕城镇通过江苏省生态文明建设示范镇省级考核，延陵镇九里村和司徒镇屯甸村通过江苏省生态文明建设示范村省级考核。全面启动特色田园乡村建设，延陵镇柳茹村、九里村、西庄湖村列入江苏省特色田园乡村试点村庄，《丹阳市特色田园乡村建设规划设计方案》在编。 （杭 颖）

【落实中央环保督察组交办信访件】 2017年，丹阳市对中央环保督察组交办的37件环境信访件逐一落实，对2016年销号的30件环境信访件开展“回头看”，防止问题死灰复燃。针对10月26日江苏省委第六巡视组向丹阳市反馈的“践行绿色发展理念不到位，2016年中央环保督察组交办的37件环境问题举报，有7件仍未销号”问题，市环保局成立整改工作领导小组，由局领导带案下访，编制中央环保督察交办环境信访整改销号工作方案。对能够立行立改的，2017年底完成整改；对难以短期完成整改的，明确整改时间节点，确保销号工作按序推进。（杭 颖）

【水环境治理】 2017年，丹阳市开展九曲河流域、鹤溪河流域及司徒新河等流域水环境专项整治。通过整治，鹤溪河省考断面水质已由劣Ⅴ类提升到Ⅲ类。完成全市62家树脂镜片生产企业二氯甲烷的替代工作，督促司徒镇45家眼镜企业安装废水处理设施，40家企业完成接管。江苏卫视《263在行动》专题曝光的丹阳市存在的环境问题，全部整改到位。2017年，丹阳市共有6个项目列入水污染物减排计划，市环保局推进水环境整治工程，按月调度太湖目标责任状项目进展，督促各责任单位加快项目实施。实施中小河道疏浚以及12条黑臭水体整治，12条河流中5条河道清淤完成，3条河道部分完成，延陵庄湖湿地建设工程（一期）基本完成。全年市3个国考断面，达标率为100%；5个省考断面，达标率为80%；丹阳市饮用水源地水质达标率为100%。（杭 颖）

【污染减排】 2017年，丹阳市开展排污权有偿使用。对通过环评审批且有工业废水排放的新改扩建项目排污单位新增化学需氧量指标，全部按每吨每年4500元的收费标准征收有偿使用费。30家新改扩建企业申购化学需氧量13.97吨，上缴有偿使用费6.29万元。在化工、电镀和酸洗等行业重点企业中推行清洁生产，完成2016年第十一批清洁生产审核重点企业的评估验收工作。企业实施清洁生产审核方案143个，投入资金2516万元，新增经济效益30028万元，节水150万立方米，节电86.18万千瓦时，节煤2270吨，减排工业废水化学需氧量0.38吨，减排二氧化硫96.99吨、烟尘56.23吨。2017年，第十三批清洁生产审核的10家重点企业完成清洁生产审核报告，计划在2018年3月底全部完成清洁审核评估验收工作。空气质量稳定达标。开展火电、钢铁等重点企业废气治理设施提标改造、燃煤锅炉整治以及机动车淘汰等方面工作，空气质量得到改善；夏秋两季秸秆禁烧工作实现秸秆禁烧“零火点”；完成江苏发展大会和冬季空气质量保障任务。2017年，全市环境空气二级以上天数比例达84.32%，PM2.5浓度较上年下降2.1%。全年完成镇江市下达的化学需氧量削减561.9吨和氨氮削减77.7吨两项减排任务。（杭 颖）

【土壤污染防治】 2017年，丹阳市开展土壤污染防治工作。开展污染土壤的布点与排查工作。完成446家土壤污染重点行业企业、1个工业园区、2个土壤污染问题突出区域的空间位置遥感核实和周边农用地布点工作。完成对关闭搬迁化工企业遗留地块污染排查工作的任务，共调查遗留地块209处。开展土壤及农产品的检测工作。完成农用地土壤及农产品协同采样，推进实验室分析测试工作，完善土壤污染防治重点工程项目库建设。开展土壤相关方案、规划的编制工作。完成《丹阳市土壤污染防治工作方案》《产粮大县土壤环境保护方案》的编制工作，《丹阳市土壤污染治理与修复规划》在编。（杭 颖）

【化工电镀行业整治】 2017年，丹阳市电镀园区标准厂房区域企业39家，通过验收核查复产38家；自建厂房区域企业7家，验收核查生产6家；园区内违法生产线28条和违法工段26个全部完成拆除工作。园区环保所共督察企业540余厂次，出动人员约1600人次，立案查处2家，罚款4万元。园区环保硬件基本整改结束。（杭 颖）

【环境执法】 2017年，丹阳市从5个方面加强环境执法力度。日常督察监管。加强对102家排污企业的日常监管。自4季度起，正式启用双随机抽查系统，并与移动执法系统结合，随即抽取检查人员和排污企业。对重点企业，按照每季度重点排污单位总数 25%的比例抽取，一般排污单位，按照市环境监察人员人数，每季度抽取 60 家。全年，督察企业 2206 厂次，出动监察人员 5723 人次，排污费入账金额 1599.84 万元，立案查处环境违法案件 43 件，处罚金额 215 万余元；下达责令整改通知书 136 份，限产停产 93 家，查封违法企业 55 家，取缔关闭 34 家（包括加工点）。开展专项执法行动。开展镜片行业、玻纤（网纱）行业、化工行业、砖瓦行业、铝氧化行业、涂料行业、涉重污染源等专项执法检查；按照上级要求完成太湖流域安全度夏交叉执法专项检查、秋冬季节大气污染防治交叉互查专项检查、工业污染源全面达标排放、港口码头混凝土专项执法检查、纳污坑塘专项排查等专项行动。完善司法联动机制。市环保局、公安局、检察院联合开展 7 起环境案件司法联动，其中 2 起非法排放污染物案移送公安行政拘留。加强危废安全处置监管。强化危废规范化管理督察考核，切实提升规范化管理水平。危险废物转移现场核查 45 家，危险废物管理计划备案 272 家。五是加强放射源监督管理。市辐射单位许可证监管单位有 47 家，2017 年受理变更申请 7 家，新办许可证 4 家，重新申领许可证 3 家，完成 2 家企业、5 家卫生院验收工作。

（杭　颖）

图 112　2017 年 8 月 26 日，丹阳市环保局在独山村开展“暖企惠民”大走访活动

（杭　颖）

【水环境质量】　京杭运河丹阳段。2017 年京杭运河丹阳段 5 个监测断面（王家桥、练湖砖瓦厂、人民桥、宝塔湾、吕城）执行国家《地表水环境质量标准》（GB3838－2002）Ⅲ类标准。选取的地表水水质评价指标为《地表水环境质量标准》（GB3838－2002）表 14 中除水温、总氮、粪大肠菌群以外的 21 项指标进行分析评价，即 pH、溶解氧、高锰酸盐指数、化学需氧量、五日生化需氧量、挥发酚、总磷、铜、锌、氟化物、硒、氰化物、砷、汞、镉、铅、六价铬、石油类、氨氮、硫化物、阴离子表面活性剂。监测结果表明：2017 年京杭运河丹阳段王家桥、练湖砖瓦厂、宝塔湾和吕城断面现状水质达到《地表水环境质量标准》（GB3838－2002）Ⅲ类标准，人民桥断面现状水质达到地表水环境质量标准》（GB3838－2002）Ⅳ类标准，较 2016 年水质，人民桥断面水质类别下降一个级别，由Ⅲ类水质下降为Ⅳ类水质；宝塔湾断面水质类别上升一个级别，由Ⅳ类水质上升为Ⅲ类水质；王家桥、练湖砖瓦厂、吕城断面水质类别与上年持平，监测结果详见表 14。

国考、省考断面水环境质量。丹阳市地表水国考断面 3 个，分别为九曲河林家闸断面、京杭运河吕城断面、丹金溧漕河黄埝桥断面。地表水省考断面 5 个，分别为丹金溧漕河前塍庄断面、鹤溪河殷家桥（蒋士镇）断面、泥炭河泥炭桥断面、通济河紫阳桥断面、香草河蒋甲桥断面。监测结果表明：2017 年丹阳市地表水国考断面Ⅰ－Ⅲ类水比例为 100%，水质达标率为 100%；省考断面Ⅰ－Ⅲ类水比例为 40%，水质达标率为 80%，未达标的断面为香草河蒋甲桥断面，详见表 15。2017 年丹阳市地表水国考、省考断面Ⅰ～Ⅲ类水质较 2016 年减少 23.2%，整体水质较 2016 年有所下降，详见表 16。

城市饮用水水源。全市市区取水总量约 8700 万吨，其中达标水量为 8700 万吨，达标水量所占比例为 100.0%。城市饮用水水源水质评价执行《地表水环境质量标准》（GB3838－2002）Ⅲ类标准，按照《地表水环境质量标准》（GB3838－2002）地表水环境质量标准基本项目标准限值的 20 项指标（水温、化学需氧量、总氮和粪大肠菌群不参与评价）、集中式生活饮用水地表水源地补充项目标准限值的 5 项补充项目和集中式生活饮用水地表水源地特定项目标准限值的 33 项优选特定项目，58 项指标评价（水温无评价标准、总氮不参与评价），达标情况详见表 17。（杭　颖）

【声环境质量】　2017 年，丹阳市环境监测站根据丹阳城区区域环境噪声、功能区噪声及交通干线噪声监测结果，对照国家城市环境综合整治定量考核标准进行评述：丹阳市区区域环境噪声等效声级平均值昼间为 56.0 分贝，较上一年度下降 0.3 分贝，声环境质量有所改善。丹阳市居民、文教区、二类混合区、工业集中区以及交通干线道路两侧功能区，昼、夜平均等级声级均达到相应标准要求。丹阳市区交通干线为 23 条，总长度为 40.46 公里，共布设监测点 23 个。监测结果表明，2017 年全市 23 个测点等效声级均低于 70 分贝，达到《声环境质量标准》（GB3096－2008）中 4 类标准，未有超标路段，全市交通噪声情况基本符合质量标准要求。（杭　颖）

【环境空气质量】　2017 年，丹阳市区环境空气自动监测站点 2 个（丹阳市环境监测站、自来水公司），降尘监测点 4 个（渔场、自来水公司、丹阳市环境监测站、微晶厂），降水监测点 3 个（自来水公司、丹阳市环境监测站、丹阳肇巷），硫酸盐化速率监测点 6 个（开发区管委会、自来水公司、微晶厂、丹阳市环境监测站、通泰桥、渔场）。监测结果见表 18。（杭　颖）

2017 年京杭运河丹阳段水环境质量统计表

表 14

河流名称	断面名称	水域功能类别	现状水质类别	水质状况	与上年同期相比
京杭运河丹阳段	王家桥	Ⅲ	Ⅲ	良好	持平
	练湖砖瓦厂	Ⅲ	Ⅲ	良好	持平
	人民桥	Ⅲ	Ⅳ	轻度污染	下降一个级别
	宝塔湾	Ⅲ	Ⅲ	良好	上升一个级别
	吕城	Ⅲ	Ⅲ	良好	持平

（杭　颖）

2017 年度太湖流域水质统计表

表 15

河流名称	断面名称	断面类型	水质目标	水质类别	断面水质状况	是否达标	备注
九曲河	林家闸	国考	Ⅱ	Ⅱ	优	是	国考断面：林家闸、吕城、黄埝桥数据由镇江市环境监测中心站提供。
京杭运河	吕城	国考	Ⅲ	Ⅲ	良好	是	
丹金溧漕河	黄埝桥	国考	Ⅳ	Ⅲ	良好	是	
丹金溧漕河	前滕庄	省考	Ⅲ	Ⅲ	良好	是	
鹤溪河	殷家桥（蒋墅镇）	省考	Ⅳ	Ⅳ	轻度污染	是	
泥炭河	泥炭桥	省考	Ⅴ	Ⅳ	轻度污染	是	
通济河	紫阳桥	省考	Ⅳ	Ⅲ	良好	是	
香草河	蒋甲桥	省考	Ⅲ	Ⅳ	轻度污染	否	

（杭　颖）

2016 年与 2017 年地表水国控、省考断面水质类别比例对比统计表

表 16

年度 水质类别比例	2016 年	2017 年
Ⅰ—Ⅲ类断面比例	85.7%	62.5%
Ⅳ类断面比例	14.3%	37.5%
Ⅴ类断面比例	0.0%	0.0%
劣Ⅴ类断面比例	0.0%	0.0%

（杭 颖）

2017 年市区饮用水源水质统计表

表 17

水源地名称	断面名称	水质类别	2017 年水质达标率	与去年同期比较
长江丹阳江心洲水源地	丹阳自来水厂取水口	Ⅲ	100%	持平

（杭 颖）

2017 年环境空气质量评价表

表 18

空气质量指标	国家标准（年均值）	2016 年均值	2017 年均值	2017 年环境空气质量评价
二氧化硫	0.06	0.020	0.018	达标，较上年污染减轻
二氧化氮	0.04	0.022	0.035	达标，较上年污染加重
可吸入颗粒物	0.07	0.059	0.049	达标，较上年污染减轻
细微颗粒物	0.035	0.049	0.046	不达标，较上年污染减轻
臭氧	0.160（8 小时平均）	0.085	0.102	达标，较上年污染加重
一氧化碳	4.0（日均值）	1.069	0.881	达标，较上年污染减轻
降尘	对照点年均值加 3	4.70	5.50	达标，较上年污染加重
硫酸盐化速率	0.25（参考数据）	0.09	0.18	达标，较上年有所加重

说明：1. 降尘量在本地清洁点实测值的基础上增加 3 吨/平方公里·月为评价标准；

2. 降尘量单位：吨/平方公里·月；硫酸盐化速率单位：mg·SO_3/100cm^2·碱片；

3. 二氧化硫、二氧化氮、可吸入颗粒物、细微颗粒物、臭氧、一氧化碳单位：mg/m^3（标准状态），为空气自动监测值。臭氧无年均值标准，参照日最大 8 小时均值，一氧化碳无年均值标准，参照 24 小时平均值；

4. 对照点不参加均值计算。

（杭 颖）

城镇建设

栏目编辑 尹宏蔚

城市建设

【概况】 2017年，丹阳市住房和城乡建设局组织实施城建重点工程20项，总投资7.39亿元。至年底，工程竣工9项、在建6项、前期准备5项，完成投资5.36亿元，其中供水管网3000万元、污水管网2194.39万元、内城河生态修复3500万元。完成115个村庄污水治理，房屋征收1项42户、面积0.6万平方米；完成棚户区住房改造1070套，发放租赁补贴15.99万元，对40户申请购买经济适用住房户发放准购证；公积金累计归集余额21.55亿元，贷款余额24.85亿元；配合实施拆迁项目2个349户；实施"美丽镇村"建设项目7项。完成建安工作量65.69亿元，竣工产值37.63亿元，创建镇江市级标准化文明示范工地21个、丹阳市级标准化文明示范工地58个，接待处理89起民工工资上访事件；完成房地产开发投资53.94亿元，商品房销售面积81.94万平方米，发放预销售许可证51份；完成房产转移登记5303份，房产测绘面积375万平方米，房产网上备案15335套，销售经济适用房123套；新报监工程291个，竣工备案180个工程；完成招投标监管项目456个；工程造价备查181项，备案38项；受理行政案件315件，其中立案223件、结案223件；完成审查施工图项目448个，抗震设防验收187个，节能验收191个；对11个住宅物业项目的前期物业管理开展招投标活动，归集住宅专项维修资金1.17亿元；受理新建房屋白蚁预防工程107项，蚁害灭治施工187处。完成"美丽宜居镇""美丽宜居村"创建工作，做好国家和省级传统村落保护工作；制售自来水6800万立方米，处理污水3700万吨，处置污泥19000吨；推行"煤改气"工作，天然气管网建设总长度达863公里，销售天然气1.55亿立方米；完成建设工程质量检测产值3831万元；完成工程建设工程编审业务235个，出具评估报告64个。

（张晶晶）

图113　2017年12月13日，丹阳市市长黄春年（左二）等市领导察看河沿路建设工程　（张晶晶）

【2017年城建重点工程】 2017年，丹阳市城建重点工程依据建设进度分三大类。

一、完成工程建设9项：（一）河沿路工

程。长590米，宽7—9米，总投资1600万元，2017年5月开工建设，2017年12月竣工。（二）水关路改造工程。长750米，宽29—32米，总投资600万元，2017年3月开工建设，2017年5月竣工。（三）丹句路一期工程。长1500米，宽40米，总投资5500万元，2017年3月开工建设，2018年1月竣工。（四）北二环路改造工程。长3880米，宽54米，总投资2.7亿元（住建部分含征收拆迁），2017年6月开工建设，2018年1月竣工。（五）东风村两条道路改造工程。中心路长617米，南一路长738米，宽4—6米，总投资920万元，2017年5月开工建设，2017年10月竣工。（六）新桥西路工程。长360米，宽16米，总投资600万元，2016年3月开工建设，2017年12月竣工。（七）老西门桥维修加固工程。桥梁长29.5米，宽5.6米，高7.7米，总投资1208万元，2017年5月开工建设，2017年12月竣工。（八）西门运河与西内城河的重点段景观提升工程。总投资3000万元，2017年9月开工建设，2017年12月竣工。（九）华南新二村（政府经济适用住房小区）改造。共5幢，改造面积2万平方米，总投资581万元，2017年6月开工建设，2017年8月竣工。

二、在建工程6项：（一）姜家园路拓宽改造工程。长2250米（其中，千家乐至南门大街段长476米宽14米，南门大街至西环路段长1394米宽27.5米，西环路至241省道长400米宽27米），总投资7500万元，2015年8月开工建设。（二）南门大街道路工程。长482米，总投资1251万元，2015年8月开工建设。（三）大南门街工程。长400米，宽30米，总投资900万元，2017年10月开工建设。（四）万善园二村改造工程。共20栋，改造面积7.2万平方米，总投资1600万元，2017年8月开工建设。（五）西门城楼工程。建筑面积980平方米，总投资1200万元，2017年9月开工建设。（六）老城区排涝工程。对江南人家片区、西庄片区、芳草苑小区、丹金人家片区修复闸阀，新建管道、泵站等，总投资2378万元。2017年3月开工建设。

三、前期准备工程7项：（一）南门外大街、南门大街及西门大街片区改造工程，总投资4000万元。（二）华阳路、华南路改造工程。其中华阳路长653米，华南路长805米，工程总投资1000万元。（三）丹凤北路北延工程。长800米，宽36米，总投资5750万元。（四）城河北路北延工程。长1000米，其中新建道路长600米、宽38米，改造部分长400米、宽9米，总投资2000万元。（五）香草河人行桥建设工程。长56.1米，宽11米，总投资780万元。（六）麻巷门桥重建工程。重建全长33米，宽29米，总投资850万元。（七）丹阳市夕阳红康体服务中心建设工程。总占地面积6803平方米，总投资2350万元。

（张　艾）

图114　2017年12月底，丹句路拓宽改造工程竣工通车　（张晶晶）

·公用事业·

【城市供水】 2017年，丹阳市完成自来水售水量6797万立方米，自来水销售收入1.53亿元，供水设施基础建设投入6689万元。全年自来水水质综合合格率100%。至年底，自来水用户总数374060户，其中乡镇用户189057户。投资3000万元，完成后巷、新桥等片区20公里配水管网及5079户进行管网改造；完成357省道、丹句路、运河路、丝绸路等20条道路水管技改工程；完成美乐花园、昆仑华府、锦绣熙城、界牌新农村四期、华都锦城幸福里等14个新住宅小区自来水安装工程；完成龙凤山庄、千家乐华阳苑、新民路双井苑、马家庄、东风新区、大桥南苑、大考场北环路北区、城北北环路南化肥路、东北香草新村、交通局南侧怡心花园、文化城等11个老旧小区的管网改造工程。2017年，水务集团有限公司获江苏省“廉政文化示范点”、江苏省住房和城乡建设系统“模范职工之家”、2016年度镇江市六型职工之家示范点、2014—2016年度丹阳市文明单位、丹阳市“五一劳动奖状”等荣誉。 （周　琳）

【长湾水厂深度处理改造工程】 2017年5月，丹阳市投资9414万元，对长湾水厂进行深度处理改造。长湾水厂规划供水规模每天40万立方米，现阶段供水规模为每天20万立方米，改造工程分为土建和设备安装主体项目，预计2018年投入运行。2017年底，整个项目主体工程完成，完成土建合同工作量的95%。改造后的水厂具备深度处理能力。 （周　琳）

图115　长湾水厂自来水深度处理建设工程全景 （张晶晶）

【城市污水处理】 2017年，丹阳市完成江苏省住建厅下达的“太湖治理目标责任书”建设污水收集管网15公里的目标任务，总投资2194.39万元，共完成污水管道施工21.59公里。投资3500万元，完成公园河、警钟河、联巷河段3.2公里的内城河生态修复工程，敷设内城河补水管道，消除黑臭水体现象。完成污水处理3801万吨，日均10.41万吨，化学需氧量削减量5175吨，安全处置污泥20626吨，全市污水处理设施总负荷率71.28%。出水各项指标均能达到《城镇污水处理厂污染物排放标准》GB18918—2002一级A类标准。进行排水执法检查48次，审核环评接管意向企业33家，办理排水许可证1户。 （周　琳）

图116　小东门桥广场南侧内城河整治效果 （张晶晶）

【村庄生活污水治理工程】 丹阳市被列入江苏省农村生活污水治理首批16个示范县之一，根据《丹阳市新一轮村庄生活污水治理专项规划》，至“十三五”末，全市将逐年推进规划发展村庄及撤并乡镇集镇区所在地村庄生活污水治理全覆盖工作，共388个村庄44011户，中标价7.77亿元。2017年，工程总投资9500万元，120个村庄进场施工，完成115个村庄治理，共敷设污水管道287.91公里。

（周　琳）

图117　吕城大荆村投入使用的村庄生活污水处理设施 （张晶晶）

【房屋征收】 2017年，丹阳市启动实施城河北路二期三期（河沿路段）房屋征收项目，完成征收户数42户、面积0.6万平方米，完成投资0.44亿元。配合实施火车站片区改造（邹家村片区、聂家村片区）2个拆迁项目，完成拆迁户数349户、面积8.6万平方米，共完成投资5.32亿元。 （罗文娟）

【燃气管理】 2017年，丹阳市有燃气企业19家，其中管道燃气企业1家、液化天然气汽车加气站2座、瓶装燃气企业16家。拥有3570立方米的液化石油气储罐容量，有22万只液化气钢瓶，液化气供应2.2万吨。为加强安全生产建设，瓶装燃气企业投入近650万元用于气站技术改造、设备设施的检测检验。全市有90辆公交车和460辆出租车改用天然气，年供气量550万立方米。2017年，丹阳港华燃气有限公司实现天然气销售1.55亿立方米，新增工商业用户128家、累计858家，新增居民用户13400户、累计121000户，成功入户安检79520户，投入590万元用于安全生产管理，连续10年实现安全平稳供气。 （俞海萍）

图118 2017年6月20日，丹阳市燃管处联合市市场监管局，对埤城江苏唯益液化气场站安全设施、技改现场等情况进行检查 （张晶晶）

·工程管理·

【工程招标投标管理】 2017年，丹阳市建设工程招标投标管理办公室强化政府投资项目管理，探索切实有效的监管方式，规范建设施工、监理、设计等工程的招标、发包监管。完成招投标监管项目456个，其中公开招标232个、建筑面积101.82万平方米、工程造价12.82亿元，直接发包222个、建筑面积223.05万平方米、工程造价27.99亿元，邀请招标2个、工程造价6.73亿元。 （束国栋）

【工程质量检测】 2017年，丹阳市建设工程质量检测中心经上级部门评审，符合《检验检测机构资质认定评审准则》的各项要求，具备申请承检的10大类86个产品484个项目参数范围内的检测能力，能够承担第三方公正性检测工作，并增加2个产品17个项目参数的检测能力，中心的检测技术能力和水平在全省同行业同级别中处于领先水平。为不断提高检测工作水平，规范检测行为，中心委派专人参加国家、省、市有关部门及检测机构间组织的各项能力验证、检测培训和实验室比对工作。至年底，完成材料检测报告产值3792.92万元，其中，完成检测报告产值2497.45万元，检测批次53136，不合格数442，不合格率为0.9%。签订桩基检测合同71份，完成桩基检测报告产值1295.47万元。 （姜叶荞）

【工程质量监督】 2017年，丹阳市建设工程质量监督站新报监工程291个、面积203.98万平方米。主体验收工程224个，竣工备案工程180个、面积158.85万平方米。发出整改通知书115份，发出停工通知书3份，处理投诉48起。为强化参建各方主体的质量责任意识，设立竣工永久性责任标牌273个，签订五方责任主体工程质量终身责任承诺书291份。节能验收191个、面积209.44万平方米。保障性住房新报监工程20个、面积9.68万平方米，竣工工程33个、面积13.13万平方米。市政工程新报监33个、投资49231.22万元，竣工17个、投资14879.26万元。华都锦城23栋工程、帝宝交通器材（丹阳）有限公司1－6栋等25个项目被评为2017年度丹阳市“凤凰杯”优质工程，江苏云阳集团药业有限公司质检楼、办公楼，国信宜和18栋等21个工程项目被评为2017年度镇江市“金山杯”优质工程，新建后巷中心幼儿园分园工程、滨河凤凰城33栋和35栋等56个工程被评为2017年镇江市市级优质结构工程。（彭　琴）

图119　2017年11月21日，丹阳市建设工程质量提升活动现场观摩会在万善上院举行（张晶晶）

【工程抗震审图】　2017年，丹阳市抗震办、安信审图咨询中心制定《加强装配式建筑工程管理的若干意见》《勘察、设计单位年度信用积分等级管理办法》，执行送审施工图建设项目，将装配式建筑和成品住房纳入绿色建筑设计方案审查范围。对全市参建各方责任主体，在工程项目中执行绿色建筑法规设计标准的行为和分部工程实体质量进行二次绿色建筑专项检查，并将建筑节能材料、产品抽样检查、建立健全建筑节能信息及时向社会通报。全年完成施工图审查项目459个，审查面积312.72万平方米。其中，审查出违反强条数369条，违反强标数2630条。节能工程验收项目200个面积192.67万平方米。抗震办工程验收主体182个面积319.89万平方米，竣工项目135个面积271.98平方米。（柴亚芬）

图120　2017年6月2日，丹阳市住建局“绿色建筑”专项检查组在荣城国际施工现场对建筑外墙保温材料进行随机抽样检测（张晶晶）

【工程造价管理】　2017年，丹阳市建设工程造价管理处对全市施工企业关于建筑工程发承包计价手册进行网络化管理，办理建筑企业发承包计价手册网络化信息入库及延续24家。开展造价咨询合同备案工作，备案144项工程，合同规范率达96%。对三家咨询企业进行行业诚信自律综合考评。备查38项备案工程、181项公开招标工程，查处7项备案工程不规范计价行为、33项公开招标工程不规范计价行为。采集市建筑行业各工种工资数据4次。发布材料预警信息4次。答疑计价咨询8次。办理外地咨询企业延续申请备案1家。建立互联网＋信息测报体系，实现预测、预报、预警动态监管机制，提升造价信息公共服务能力。发布工程造价信息12期。全市有187家单位征订造价信息刊物，比上年同期增长47%。（王锁花）

·建筑业管理·

【概况】　2017年，丹阳市完成建安工作量65.69亿元，竣工产值37.63亿元。发放施工许可证219项，工程竣工备案办结84项。申报省级标准化文明示范工地5个，创建镇江市级标准化文明示范工地21个、丹阳市级标准化文明示范工地58个。加强企业资质和安全生产许可证管理，受理建筑业企业资质首次申请

28 项、安全生产许可证首次申请 21 项、安全生产许可证延期 24 项。举办各类职业培训班 26 期，培训人数 3867 人。办理安全报监项目 210 个，办理监理、勘察、设计、施工合同备案共 799 份，建设工程项目现场管理人员在岗无线定位 1289 人次。办理建筑起重设备产权登记 54 台，其中塔吊 45 台、施工电梯 9 台。办理设备使用登记 190 台。检查违章工程 271 项，立案查处 271 项，依法下达整改、停工通知书共 204 份。 （李淑娟）

图 121　2017 年 3 月 21 日，全市建筑业工作会议召开，会议对规范建筑市场秩序、强化建筑业安全生产、注重标后督察、落实农民工工资清欠、开展文明城市创建等工作作动员部署 （张晶晶）

【建筑工地环境综合整治】 2017 年，丹阳市建管处将施工现场文明城市创建工作作为工作重点，通过动员、布置、检查、落实、整改等一系列措施，施工现场环境有了较大改观。对城区、开发区 63 个在建工程项目的施工围挡、场地硬化、冲洗设备、生活区卫生进行了完善、整改，新增建筑工地围墙 1730 米，围墙刷白 2290 米，增设围墙公益广告 1442 幅，清洗围墙公益广告 2095 幅，新增宣传标语 780 幅，新建建筑工地门楼 31 个，新增车辆进出冲洗设施 32 套，施工现场内新增道路硬化 1590 米，清理建筑垃圾 850 车，裸土覆盖 16600 平方米，清除建筑工地小广告 5188 余条，整治建筑工地食堂 19 个、生活区 14 个，完成数字城管 82 项。 （李淑娟）

图 122　2017 年 6 月 28 日，丹阳市建管处召开全市建筑工程安全生产文明施工现场观摩会。图为参会人员观看冲洗设备 （张晶晶）

【农民工工资清欠】 2017 年，丹阳市建管处定期对全市在建工程进行农民工工资检查摸底，主要对在建工程的进度、工程款的支付、农民工工资的支付和资金缺口的情况进行调查摸底。全年布置落实专项检查 4 次，接待处理各类民工工资上访投诉 89 起，涉及金额 11501.82 万元，接待处理率 100%，没有发生重大群体事件。 （李淑娟）

【安全生产专项整治】 2017 年，丹阳市建管处加强对危险性较大分部分项工程的管理，对发现的一般、较大、重大安全隐患，采取责成有关责任单位立即整改、限期整改、停工整改等有效措施，及时消除隐患。在超危大工程实施过程中，要求参与论证的专家到现场进行指导检查，并留有相应记录，加强危险性较大分部分项工程的全过程跟踪监管。通过开展建筑工地施工扬尘专项治理，督促在建工程的建设、施工、监理等各方主体做好工地围档、道路硬化、裸土覆盖、易扬尘建筑材料及建筑垃圾覆盖、出入口车辆冲洗等工作，确保管控到位。加强施工消防安全监管，对在建工程施工作业区、员工集中生活宿舍区和材料存放仓库等易发生火灾区域进行专项整治。与总承包企业签订安全生产目标责任状，全年召开4次安全生产工作会议，落实各方安全生产主体责任，部署施工安全生产、标后督察、扬尘治理等工作。开展了4次专项检查，重点检查施工企业项目管理人员在岗情况，施工现场安全生产隐患排查情况、起重机械设备的安全使用情况等，对检查出的问题及时进行通报，责令施工单位限期进行整改。参加了3次综合执法大检查，重点检查在建工程参建各方的市场行为，安全生产、文明施工、总分包合同管理等情况，综合大检查发出安全隐患整改通知书49份，局部停工通知书31份。（李淑娟）

图123 丹阳市建管处执法人员在荣城国际施工现场进行检查（张晶晶）

2017年丹阳市有资质建筑业企业

表19

企业名称	资质类别 主项	资质类别 增项	法定代表人	地址
江苏云阳集团有限公司	建筑工程一级	起重设备安装三级 消防设施工程一级 建筑装修装饰二级 地基基础二级	马志尔	丹阳市西环路2－1号
江苏丹建集团有限公司	建筑工程一级	建筑装修装饰工程二级 起重设备安装三级 地基基础三级	厉洪法	丹凤北路39号
江苏丹凤集团有限公司	建筑工程一级	起重设备安装三级 消防设施工程二级 建筑装修装饰二级	尹根法	丹金路999号
江苏天坤集团建筑工程有限公司	建筑工程一级	起重设备安装三级 建筑装修装饰一级	黄敏科	丹阳市中山路7－20号
丹阳市广厦建筑工程有限公司	建筑工程一级	建筑装修装饰二级	眭建新	华南新村6－1号
丹阳市建筑安装工程有限公司	建筑工程二级	市政公用工程三级 地基基础工程起重三级 设备安装工程三级 建筑装修装饰工程二级	荆留祥	丹凤南路30号
江苏新溪建设工程有限公司	建筑工程二级	市政公用工程三级 电子与智能化二级 建筑装修装饰二级	王新民	丹延路18号

续表 19

企业名称	资质类别		法定代表人	地址
	主项	增项		
丹阳市东方建筑工程有限公司	建筑工程二级	市政公用工程三级 防水防腐保温工程二级 建筑装修装饰二级 钢结构工程三级	邵　平	丹阳市石城路 1 号
丹阳市宏昌建筑工程有限公司	建筑工程二级	市政公用工程三级	陈辉林	西环路 6 号
江苏新昌建筑工程有限公司	建筑工程二级	建筑装修装饰二级 市政公用工程三级 施工劳务	潘正军	丹句路 2 号
江苏金鑫建设工程有限公司	建筑工程二级	建筑装修装饰二级	王建华	丹阳市开发区东方路 65 号
江苏东日建业有限公司	建筑工程二级	市政公用工程三级	贡　杰	丹阳市司徒镇明众商住楼 4 室、19 室
江苏界牌建设发展有限公司	建筑工程二级	市政公用工程三级 地基基础工程二级 钢结构工程三级	邵一飞	界牌镇
江苏金化建设工程有限公司	建筑工程二级	—	钟建祥	丹阳市延陵镇
江苏润嘉建筑工程有限公司	建筑工程二级	—	殷泽华	新家园小区综合楼四楼
东尼集团有限公司	建筑装修装饰一级 钢结构工程二级 市政公用工程三级 建筑装修装饰二级	—	张银钟	丹阳市南郊沪宁二级公路东侧
江苏练湖建设集团有限公司	建筑工程二级	建筑装修装饰二级	景振国	丹阳市练湖北环路南侧
江苏埃菲尔建设工程有限公司	建筑工程二级	—	杨纪财	开发大道 100 号
江苏恒韬建筑工程有限公司	建筑工程二级	市政公用工程三级	万小强	开发区八经路东侧
江苏知民建筑工程有限公司	建筑工程二级	市政公用工程三级	陈　宏	丹阳市界牌镇灯城大街北
丹阳市行宫建筑安装有限公司	建筑工程三级	—	罗学军	丹阳市延陵镇行宫胜利路 5 号
丹阳市华昌建筑安装装潢工程有限公司	建筑工程三级	—	汤金坤	丹阳市齐梁路 16 号
丹阳市珥陵建筑工程有限公司	建筑工程三级	市政公用工程三级 起重设备安装三级	陈培元	珥陵镇
丹阳市荆林建筑工程有限公司	建筑工程三级	—	郦玉传	丹阳市云阳镇金陵西路 220 号
丹阳市中丹建设工程有限公司	建筑工程三级	—	朱天生	南门外凤凰工业集中区

续表 19

企业名称	资质类别		法定代表人	地址
	主项	增项		
江苏益良建筑工程有限公司	建筑工程三级	地基基础工程叁级 建筑装修装饰二级	眭福林	丹句路1号
丹阳市阳光建设工程有限公司	建筑工程三级	市政公用工程三级	佟　骏	西环路129号
江苏苏江建设工程有限公司	建筑工程三级	市政公用工程三级	邬玉辉	丹阳市开发区立曜路2号
江苏一诺建设工程有限公司	建筑工程三级	—	宋祖胜	丹阳市后巷镇飞达村
江苏富恒建设工程有限公司	建筑工程三级	防水防腐保温工程二级 建筑装修装饰二级	陈俊华	后巷振兴大街
江苏中隆建设工程有限公司	建筑工程三级	地基基础三级	郦俊军	丹阳市丹金路333号
江苏龙庆建设发展有限公司	建筑工程三级	市政公用工程三级	丁根新	丹阳市丹北镇后巷嘉山村
丹阳市埤城建筑工程有限公司	建筑工程三级	市政公用工程三级	韦冬云	丹北镇埤城城中村
丹阳中晟建设有限公司	建筑工程三级	市政公用工程三级	汤维康	云阳镇振兴路999号
江苏一平建设工程有限公司	建筑工程三级	—	吉锁宝	丹阳市后巷镇中心南路
江苏乐美建设有限公司	建筑工程三级	市政公用工程三级	赵云辉	丹阳市司徒镇观鹤南路新白鹤商贸市场2幢1#2#门市房
江苏曲阳建设工程有限公司	建筑工程三级	—	窦正松	丹阳市界牌镇红旗路
江苏佳阳建设工程有限公司	建筑工程三级	—	贺黎光	导墅镇金鹤路
江苏欣曜建设工程有限公司	建筑工程三级	—	张伟民	陵口镇
江苏安阳建工有限公司	建筑工程三级	市政公用工程三级 地基基础三级钢 结构工程三级	陈　浩	丹阳市西环路24号
丹阳市新桥建筑工程有限公司	建筑工程三级	市政公用工程三级	陆荣庆	丹北镇新桥为民西路
江苏润德建设工程有限公司	建筑工程三级	地基基础三级	卜奎国	丹阳市开发区普善人家8幢108—109
江苏石磊建设工程有限公司	建筑工程三级	市政公用工程三级	朱正伟	丹阳市西环路98号
丹阳市导墅建筑工程有限公司	建筑工程三级	—	徐新华	丹阳市导墅镇金鹤路
江苏中强钢结构有限公司	钢结构二级	建筑工程三级	陶方兵	丹阳市陵口镇留墅工业园
江苏裕康建设有限公司	建筑工程三级	市政公用工程三级	陈志祥	丹阳市司徒镇东风村

续表 19

企业名称	资质类别		法定代表人	地址
	主项	增项		
江苏辰先建设集团有限公司	建筑工程三级	施工劳务	蔡 伟	丹阳市开发区长段 2 组
江苏祥飞建筑工程有限公司	建筑工程三级	—	王国祥	云阳街道横塘东马场村
江苏瀚和建设工程有限公司	建筑工程三级	市政公用工程三级	张纵虎	丹阳市云阳街道振兴路 1 号
江苏路景建筑工程有限公司	建筑工程三级	—	杭新华	丹阳市云阳镇大桥新村附属楼 4 号
江苏友泰建设工程有限公司	建筑工程三级	—	尹建农	丹阳市开发区东方商城 6 幢 011 室
丹阳市柳茹建设工程有限公司	建筑工程三级	市政公用总承包三级	张建国	丹阳市开发区葛丹公路（宏福物流园内）
丹阳京宏建设工程有限公司	建筑工程三级	—	蒋 京	丹阳市导墅镇新征路
丹阳市银达建设工程有限公司	建筑工程三级	—	潘银军	丹阳市丹北镇新桥为民路 28 号
江苏风华建设工程有限公司	建筑工程三级	市政公用总承包三级	蒋小忠	丹阳市北苑路 58 号（史巷社区内）
江苏金荣建设工程发展有限公司	建筑工程三级	—	王锁荣	丹阳市延陵镇凤凰工业园区
丹阳市诚明建设工程有限公司	建筑工程三级	—	王禄成	丹阳市开发区缇香花园 4—1—101
江苏东日基础工程有限公司	地基与基础一级	建筑工程三级 市政公用总承包三级 施工劳务 建筑装修装饰二级	陶东立	丹阳市丹伏路 888 号
江苏晶锐装饰工程有限公司	建筑装修装饰二级 建筑幕墙工程二级	建筑幕墙工程二级 建筑工程三级 市政公用总承包三级	何继泽	丹阳市华东建材市场 4 号精品馆 3 楼
江苏棵棵树装饰工程有限公司	建筑装修装饰二级	建筑工程三级	张冬青	江苏省丹阳市丹句路 9 号
江苏浪成装饰科技有限公司	建筑装修装饰一级	建筑工程三级 市政公用总承包三级	王青连	开发区北苑路 28 号
江苏乐美建设有限公司	建筑工程三级	市政公用总承包三级	赵云辉	丹阳市云阳街道华都锦城 90 幢
江苏丹阳市政建设有限公司	市政公用工程一级	水利水电三级 地基基础三级 建筑工程三级 建筑装修装饰二级	王志强	西环路

续表 19

企业名称	资质类别		法定代表人	地址
	主项	增项		
花王生态工程股份有限公司	市政公用工程二级	园林绿化一级 建筑工程三级 古建筑专业承包二级 城市及道路照明三级 水利水电三级	肖国强	丹阳市南二环路 99 号
江苏华德工程建设有限公司	市政公用工程二级	公路工程三级 水利水电工程二级 地基基础工程三级 起重设备安装工程三级 桥梁工程二级建 筑装修装饰工程二级 建筑工程三级	汪小华	天禄路 1 号
江苏通行工程建设有限公司	市政公用工程二级	公路路面工程三级	周红兵	丹阳市开发区前艾荆前路
江苏骏达市政建设工程有限公司	市政公用工程二级	建筑工程三级	马立华	司徒镇全州东风中心（村）003 号
江苏云阳集团市政建设有限公司	市政公用工程二级	—	马志尔	丹阳市西环路 2—1 号
丹阳市丹凤市政建设工程有限公司	市政公用工程二级	—	尹根法	丹金路 999 号
江苏丹建集团市政园林有限公司	市政公用工程二级	—	厉洪法	延陵镇联兴村
江苏安定建设工程有限公司	市政公用工程二级	建筑工程二级 建筑装修装饰二级	周其山	丹阳市界牌镇金谛商贸城
丹阳市经济开发区基建工程有限公司	市政公用工程三级	—	朱国良	开发区开发大道
江苏三宏建设工程有限公司	市政公用工程三级	—	钱明东	丹阳市司徒镇张寺村
江苏恒畅建设工程有限公司	市政公用工程三级	—	毛国平	丹桂园北区综合楼 1 号
丹阳市朝阳城市管理养护有限公司	市政公用工程三级	—	薛勇军	丹阳市西环路 104 号
江苏易通达工程有限公司	市政公用工程三级	地基基础三级	吉海军	丹阳市开发区立曜路 1 号总部经济园 A406（恒大城对面）
丹阳市建中工程建设有限公司	市政公用工程三级	—	唐双夕	丹阳市麦溪镇蒯庄 312 国道路旁

续表 19

企业名称	资质类别		法定代表人	地址
	主项	增项		
江苏路腾建设工程有限公司	市政公用工程三级	—	刘路宝	开发区海宇花园 2 幢 211—311 室
江苏天亮园林建设有限公司	市政公用工程三级	—	曾和宝	云阳镇何甲许王甲
江苏润江建设工程有限公司	市政公用工程三级	—	韦建华	新市口交通大厦十楼
丹阳市巨龙建设工程有限公司	市政公用工程三级	—	朱陈军	埤城镇尧巷村 101 省道二十公里处
丹阳市水润安装工程有限公司	市政公用工程三级	—	贾玉峰	云阳路西侧
丹阳市振昌市政工程有限公司	市政公用工程三级	—	眭建新	新民中路 61 号
江苏瑞青市政工程有限公司	市政公用工程三级	—	丁瑞清	东方路丹阳日报社八楼
丹阳市飞龙市政工程有限公司	市政公用工程三级	—	袁雄伟	丹阳市云阳镇横塘中心街 66 号
江苏文和市政工程有限公司	市政公用工程三级	—	邓文捷	丹阳市云阳镇前艾胜利村
丹阳市宏源建筑配套工程有限公司	市政公用工程三级	—	李　丹	丹阳市南环路 68 号
镇江市美林建设工程有限公司	市政公用工程三级	建筑工程三级 建筑装修装饰二级	庄　霖	丹阳市开发区东方盛世 2 栋 18 室
江苏宏艺园林建设工程有限公司	市政公用工程三级	建筑工程二级 建筑装修装饰二级 建筑幕墙工程二级 防水防腐保温工程二级	韩同斌	丹阳市云阳镇振兴路 6 号
江苏茅东建设工程有限公司	市政公用工程三级	建筑工程三级	谭国辉	延陵镇行宫永昌路 888 号
江苏祥睿建设工程有限公司	市政公用工程三级	建筑装修装饰工程二级 起重设备安装工程三级 建筑工程三级	金　祥	丹阳市新世纪花园 86 号门市
丹阳市和美建设工程有限公司	市政公用工程三级	建筑工程三级	恽小明	后巷镇高桥
江苏生太环境建设集团有限公司	市政公用工程三级	古建筑工程三级 建筑工程三级	陈锁金	丹阳市新市口交通综合大厦北楼二单元十楼
江苏卓泓市政建设有限公司	市政公用工程三级	—	林国伟	丹阳市华南新村 90 幢 2 室

续表 19

企 业 名 称	资质类别		法定代表人	地 址
	主项	增项		
丹阳市禹升工程建设有限公司	市政公用工程三级	—	梅巍飞	丹阳市开发区齐梁路26号万通大厦11楼
江苏超能电力工程有限公司	送变电工程三级	市政公用工程三级 电子与智能化工程二级	许云彪	丹阳市丹金路158号
镇江市东汇建设工程有限公司	市政公用工程三级	—	王伟东	丹阳市延陵镇联兴村122省道南侧
丹阳市瑞禹水利工程有限公司	水利水电工程三级	市政公用工程三级	许一新	水关西路顶头
丹阳市佳景园林工程有限公司	市政公用工程三级	—	陈英华	丹阳市开发区紫荆花园3幢101室
镇江市振越电气有限公司	电力工程总承包三级	—	任 军	丹阳市司徒镇全州村
江苏天豪输变电有限公司	电力工程总承包三级	—	吴仁辉	丹阳市开发区通港路天工工业园区 A7—1
江苏万富建设工程有限公司	电力工程总承包三级	—	陈 平	丹阳市云阳街道丹金路西侧
江苏中灌水利工程有限公司	水利水电工程三级	—	马志尔	丹阳市西环路2—1号
江苏美雅建设有限公司	建筑装修装饰二级	水利水电工程三级	冷海辉	丹阳市澳都花城门市房
丹阳市宏龙建有限公司	公路工程总承包二级	—	冷小洪	丹阳市后巷镇九曲河大桥旁
江苏合发集团有限责任公司	1. 建筑装修装饰一级 2. 建筑幕墙工程一级 3. 钢结构工程二级 4. 防水防腐保温工程二级		荆夕坤	皇塘镇
江苏埃菲尔钢结构有限公司	钢结构一级		杨纪财	丹阳市开发区八经路东侧
江苏东华装潢有限公司	1. 建筑幕墙工程一级 2. 建筑装修装饰工程一级 3. 钢结构工程三级 4. 电子与智能化工程二级		李 侣	丹阳市开发区北苑路29号
江苏华日照明器材有限公司	1. 城市及道路照明工程一级 2. 建筑机电安装工程三级		张跃庭	界牌镇安乐工业园
江苏恒业交通工程有限公司	公路交通工程（公路安全设施分项）一级		张川良	丹阳市开发区市门第一路双庙

续表 19

企业名称	资质类别		法定代表人	地址
	主项	增项		
江苏润达交通养护有限公司	公路交通工程一级		王春良	丹阳市南门丹延路 6 号
丹阳市金盛道路电力设施制造有限公司	城市及道路照明工程一级		殷根娣	丹阳市界牌镇永红路 18 号
丹阳市建筑装潢工程有限公司	建筑装修装饰二级		周国林	丹阳市新市口交通广场三楼
江苏浪潮装饰工程有限公司	建筑装修装饰二级		姜培明	健康路 3 号
江苏名典装饰发展有限公司	建筑装修装饰二级 电子与智能化二级 建筑机电安装三级		李志令	丹阳市开发区丽都国际 17 楼
江苏创宏建筑有限公司	起重设备安装三级		赵金良	南郊二级公路旁
江苏宏海装饰工程有限公司	1. 建筑装修装饰工程二级 2. 电子与智能化工程二级 3. 建筑幕墙工程二级		贡一敏	缇香花园 20—22
江苏云洋建筑新材料有限公司	防水防腐保温工程二级		陈东升	丹阳市北二环化工路北段
江苏金骏马装饰安装有限公司	建筑装修装饰二级		马志尔	丹阳市西环路 2—1 号
江苏丽新建筑装饰安装有限公司	建筑装修装饰二级		李小平	丹阳市丹凤北路 39 号对面
江苏新海装饰设计工程有限公司	建筑装修装饰二级		李生海	丹阳市云阳街道振兴路 1 号新海大厦 9F
江苏浪晴装饰有限公司	建筑装修装饰二级		黄献军	丹阳市振兴路 1 号
丹阳市飞力工程有限公司	建筑装修装饰二级		陈　飞	丹阳市丹北镇埤城益民路 17 号
丹阳邦尼装饰有限公司	建筑装修装饰二级		邵建华	开发区金陵西路 110 老森林家具旁
江苏嘉宝装饰工程有限公司	建筑装修装饰二级		眭卫平	丹阳市丹金路益阳国际机电城 2#25 号
江苏依云装饰工程有限公司	建筑装修装饰二级		王云忠	万善园二村 41 号门市房
丹阳市金品装饰工程有限公司	建筑装修装饰二级		丁美琴	丹阳市开发区 241 省道东北二纬路南
江苏绿岛装饰工程有限公司	建筑装修装饰二级		李志俊	丹阳市芳草苑 4 幢 6 号门市
丹阳欧强建设工程有限公司	建筑装修装饰二级		戎美华	丹阳市丹北镇高桥村
丹阳市大洋铝塑有限公司	幕墙二级		虞伟忠	新桥木桥工业园

续表19

企业名称	资质类别 主项	资质类别 增项	法定代表人	地址
江苏仝发装饰工程有限公司	幕墙二级		缪家平	丹阳市皇塘镇
丹阳市华川装饰材料有限公司	幕墙二级		殷双川	丹阳市云阳镇三城村
丹阳市建安钢构人防工程有限公司	1. 钢结构二级 2. 建筑机电安装工程三级		汤维康	云阳镇振兴路999号
江苏会洋钢构有限公司	钢结构二级		燕小军	云阳开发区振新路
江苏惠创智能系统发展有限公司	1. 建筑机电安装工程三级 2. 电子与智能化工程二级 3. 消防设施工程二级 4. 建筑装修装饰二级 5. 城市道路照明专业承包三级		洪爱琴	丹阳市丹句路101号
江苏正通宏泰股份有限公司	1. 防水防腐保温二级 2. 建筑机电安装三级 3. 环保工程三级		胡俊华	丹阳市云阳开发区
丹阳市博盛电子工程有限公司	电子与智能化二级		方志强	南桥花园3栋A8A9门市房
江苏运通路桥工程有限公司	1. 公路路面工程二级 2. 公路路基工程二级		陆国泉	丹阳市市门第一路许岗村
丹阳市华东照明灯具有限公司	城市及道路照明工程二级		王纪龙	界牌灯城大街2号
江苏新鹏飞路灯照明科技有限公司	城市及道路照明工程二级		王常荣	界牌镇北大街
江苏星乐照明科技有限公司	城市及道路照明工程二级		孙巧根	界牌安乐村
丹阳市安源消防科技工程有限公司	消防设施工程二级		张琦莉	丹凤北路180号
丹阳市飞远消防安装工程有限公司	消防设施工程二级		石国英	云阳镇华南新村小区88幢第六号门市
江苏广利消防设备安装有限公司	消防设施工程二级		殷红云	开发区华昌综合楼东401室
丹阳美含桩基工程有限公司	地基与基础工程三级		周美仙	开发区荆村桥村
丹阳市振南桩基有限公司	地基基础工程三级		景科俊	景阳花园1号楼
江苏盛德基础工程有限公司	地基基础工程三级		卜奎国	云阳镇新香草苑31幢9室

续表 19

企业名称	资质类别		法定代表人	地址
	主项	增项		
江苏光宏建筑工程有限公司	地基与基础三级		陈　宏	丹阳市界牌镇灯城大街北
丹阳市飞达钢结构有限公司	钢结构三级		赵　俊	丹阳市后巷镇飞达工业园内
江苏云阳集团钢结构有限公司	钢结构三级		马志尔	丹阳市西环路 2－1 号
丹阳市飞翔恒达钢结构有限公司	钢结构三级		徐春辉	丹阳市埤城镇常六工业园
丹阳市中坚钢结构工程有限公司	钢结构三级		龚洪丰	丹阳市丹北镇后巷马屯村
丹阳市明威建设工程有限公司	水利水电工程三级		马明芳	丹阳市开发区商业街A街 63 号
江苏鱼跃医疗设备股份有限公司	机电设备安装三级		吴光明	云阳工业园
丹阳市金丹电气安装有限公司	机电设备安装三级		谭国华	丹阳市北环路 12 号
江苏远华暖通工程有限公司	机电设备安装三级		潘东良	景泽园小区 9 幢第 13 号门市房
江苏凯利控股集团有限公司	机电设备安装三级		秦泽伟	丹阳市城河路 69 号
丹阳市鑫博建筑机械有限公司	起重设备安装三级		易　波	皇塘镇
丹阳市国正机械安装有限公司	起重设备安装三级		王国正	丹阳市云阳镇李甲村
镇江市汇中设备工程有限公司	机电设备安装三级		丁国新	丹阳市西环路 98 号
	电子与智能化工程二级			
	消防设施工程二级			
丹阳中恒开关有限公司	机电设备安装三级		袁全平	丹阳市开发区练湖工业园天元路 188 号
镇江科信冷暖设备有限公司	机电设备安装三级		刘　军	丹阳市众悦华成 8 幢 06 室
江苏日月路灯制造有限公司	城市道路照明专业承包三级		施俊华	丹阳市丹北镇新桥上游路上游桥北
江苏华城照明灯具灯杆有限公司	城市道路照明专业承包三级		王志芳	界牌安乐工业园
丹阳市盛美照明器材有限公司	城市道路照明专业承包三级		施菊美	界牌芭山工业园
江苏光华莱特照明有限公司	城市道路照明专业承包三级		唐光华	界牌灯城大街北
江苏福尔特照明电器有限公司	城市道路照明专业承包三级		陆　勇	界牌镇中工业园
江苏恒源照明有限公司	城市道路照明专业承包三级		张纪元	界牌北大街西首

续表19

企业名称	资质类别		法定代表人	地址
	主项	增项		
江苏明珑照明有限公司	城市道路照明专业承包三级		张明富	界牌黑木桥工业园
江苏亨辉建设工程有限公司	公路路基工程专业承包三级		胡玲芳	丹阳市开发区平楼下1幢121、221室
丹阳市长友建筑劳务服务有限公司	施工劳务		史小军	丹阳市界牌镇富民西路华联路灯厂对面
丹阳市三泰劳务有限公司	施工劳务		韩同斌	丹阳市迈村村南三环南侧
丹阳市华红劳务派遣有限公司	施工劳务		郦伟红	丹阳市云阳街道鑫福苑二期2栋15号
江苏彬城劳务有限公司	施工劳务、模板脚手架		郭林芳	丹阳市云阳街道新世纪花园门市66室66（2）号
江苏省金荣建筑安装劳务有限公司	施工劳务		王锁荣	延陵广电站内
镇江市天鸿建筑劳务有限公司	施工劳务		邬玉辉	万善园二村建材综合楼
江苏省中铭建筑工程有限公司	施工劳务		史建伟	珥陵丈山河滨路10号
丹阳市宏昌建筑辅助工程有限公司	模版脚手架		陈富荣	延陵镇葛家村联兴村王府大酒店向前600米左右
丹阳市访仙建筑工程有限公司	施工劳务		高定芳	访仙镇
丹阳市大泊房屋建筑工程公司	施工劳务		贺耀东	大泊镇
丹阳市海鑫砌筑劳务有限公司	施工劳务		袁海平	窦庄镇
江苏齐众劳务有限公司	施工劳务		潘辉军	丹阳市云阳街道江南人家9幢2单元1102室
丹阳市创业建筑工程有限公司	施工劳务		陈国俊	丹阳市云阳街道北环路29号
江苏志宏建筑劳务有限公司	施工劳务、模版脚手架		沈志红	丹阳市云阳镇交通综合楼北楼2单元502室
丹阳市淳阳混凝土有限公司	预拌混凝土		董和娣	访仙镇杨城村
江苏名和建设有限公司	预拌混凝土		潘朝晖	埤城越岭
江苏建宇混凝土有限公司	预拌混凝土		张　琰	开发区
江苏兴澳混凝土有限公司	预拌混凝土		吴正青	河阳工业园
丹阳市新航混凝土有限公司	预拌混凝土		赵庆青	埤城祈钦

续表 19

企业名称	资质类别		法定代表人	地址
	主项	增项		
丹阳市和达混凝土搅拌有限公司	预拌混凝土		张锁方	香草河南岸北庄段
江苏远宏混凝土有限公司	预拌混凝土		孙权芳	高桥
江苏云阳集团混凝土有限公司	预拌混凝土		马　进	开发区
江苏博宇砼制品有限公司	预拌混凝土		何建刚	界牌
江苏广隆建设有限公司	预拌混凝土		韩网兆	云阳镇青阳村
江苏永兴伟业有限公司	预拌混凝土		张书平	吕城
丹阳市佳固新型建筑材料有限公司	预拌混凝土		谢荣荣	丹阳市云阳镇迈村村委会 88 号
江苏润澳新型建材有限公司	预拌混凝土		吴正青	丹阳市珥陵镇珥城村
江苏锐光砼业有限公司	预拌混凝土		郭　波	新桥镇
丹阳市丹凤混凝土有限公司	预拌混凝土		卞　江	丹阳市化工路 6 号

（李淑娟）

·房产管理·

【概况】 2017 年，丹阳市不动产登记实现“一窗受理，集成服务”改革，落实服务承诺制、首问负责制、一次性告知制。全年完成商品房交易 15905 套。全市所有商品房实行网上合同备案，签署网上合同备案 15905 份，总面积 1771951 平方米，配合不动产中心的发证工作，完成配图 21384 份，完成测绘面积 397 万平方米。完成二手房交易资金监管协议 44 份，监管金额 2605.7 万元，签订自担风险声明书 4781 份。发放房屋租赁登记备案证明 13 份。排查直管公房 1.5 万平方米，查出安全隐患 170 余起，按轻重缓急进行维修。至年底，所有直管公房结构稳定安全，门窗电线完好，无危房或存在安全隐患的房屋。完成危房鉴定 152 宗，面积 2.2 万平方米。销售经济适用房 40 套，完成“惠和苑”9 号楼（88 套）中北学院宿舍楼装修。（张　晴）

图 124　丹阳市房管处在雨季到来之前开展直管公房安全排查工作　（张晶晶）

【白蚁防治】　2017年，丹阳市白蚁防治所取消征收涉企白蚁防治费，拓展白蚁灭治、装饰预防、园林绿化防治、其他有害生物治理等业务，发放《涉企白蚁防治告知书》，安排专人值守热线电话，通过媒体播放白蚁灾情提示，提升全社会白蚁防治意识。共签订新建房屋白蚁预防合同107份，涉及房屋205栋141.56万平方米，施工151.87万平方米。介入服务工程23个项目，房屋32栋。受理白蚁灾害报告331个，勘察314处2.72万平方米，完成灭治施工187处1.65万平方米。　（王腊桂）

图125　为提高从业人员的业务技能，丹阳市白蚁防治所组织开展找白蚁比赛活动　（张晶晶）

【物业管理】　2017年，丹阳市政府出台《丹阳市老旧住宅小区长效物业管理财政奖补资金管理办法》，在完成老旧小区物业管理全覆盖的基础上，保障长效管理。全市有住宅小区440个（含封闭式住宅小区、零散楼栋、单位建房等），总建筑面积2400万平方米。其中，云阳街道老旧住宅小区246个、曲阿街道79个、司徒镇10个、延陵镇8个。至年底，全市有57家物业服务企业。指导并监督天悦名城、凤凰国际、凤凰郡、滨河凤凰新城等11个住宅物业项目的前期物业管理招投标工作，招标总建筑面积195万平方米，前期物业管理项目招投标率达100%。完成11个项目的物业管理区域、标前、中标、物业服务合同、物业服务用房、物业承接查验备案。归集住宅专项维修资金1.17亿元，比上年增长18%，使用维修资金592万元，归集使用安全率达100%。　（倪　涛）

图126　2017年11月15日，丹阳市物业管理办公室工作人员到华都锦城社区开展物业法律法规宣传活动　（张晶晶）

·住房公积金管理·

【概况】　2017年，丹阳市新增实行住房公积金制度单位101个，比上年增长13.48%，新增开户职工人数9051人，比上年增长24.70%。累计设立住房公积金账户的单位有1738个，开户职工人数94251人，月平均缴存人数59229人，比上年增长5.37%。归集住房公积金79881.71万元，比上年增长21.58%，累计住房公积金归集51.11亿元，归集余额21.73亿元。办理职工住房公积金提取140461笔（含转出），比上年增长15.86%，提取额56606.81万元，比上年增长27.53%，提取率为70.86%，比上年上升3.30%，累计办理公积金提取29.38亿元。发放个人住房公积金贷款74819.65万元，比上年增长30.43%；贷款户数2455户，比上年增长23.37%；贷款投放率93.66%，比上年增长6.35%；个贷比率为116.24%，比上年增长10.04%；直接推动住房消费面积约30.99万平方米。回收贷款28290.69万元，比上年增长17.91%；贷款逾期户9户，逾期金额26.69万元，贷款逾期率为0.11‰，比上年下降0.01‰。累计发放贷款25628户，贷款发放总额44.94亿元；贷款余额25.25亿元，比上年增加22.59%。通过银行办理授信贷款3亿元，归还贷款1.2亿元，授信贷款成本支出704.81万元。累计办理授信贷款4.3亿元，归还贷款1.5亿元，授信资金成本支出824.87万元，在用授信贷款余额2.8亿元。住房公积金资金使用率为106.90%，比上年增长4.11%；住房公积金资金运用率为116.24%，比上年增长10.04%；现金净流量负23068.29万元，比上年增长99.93%。取得业务收入7628.27万元，比上年增长21.08%；发生业务支出3999.86万元，比上年增长15.91%，实现增值收益3628.42万元，比上年增长27.33%，增值收益率1.76%，比上年增长0.20%。提取廉租住房补充资金1091.12万元，累计提取廉租住房补充资金10181.84万元。丹阳分中心获“镇江市住房公积金管理先进单位”“镇江市财政局课题调研成果奖”等荣誉。 （彭国水）

【“商转公”贴息贷款政策重启】 “商转公”贷款是指将已经购得住房的商业银行贷款转化为住房公积金贷款，根据“商转公”贴息政策，贴息差额按照不高于商业贷款基准利率与公积金贷款利率的差额进行测算。2017年11月，丹阳市公积金中心为让符合“商转公”贷款条件的职工享受公积金贷款优惠，重启“商转公”贴息贷款政策，并配套出台利率补贴的“商转公”贴息政策，至年底，受理商业住房贴息贷款申请160户，商业住房贴息贷款4958.75万元，贴息金额60.34万元。全年审批发放贴息962户，商业住房贴息贷款总额27656.85万元，贴息金额359.32万元。 （华小寅）

·住房制度改革·

【概况】 2017年，丹阳市出台《关于进一步加强我市转业志愿兵（士官）家庭住房保障工作的通知》，与镇江市人民政府签订2017年住房保障工作目标责任书，调整住房（租金）补贴政策，制订《关于调整2017年市区住房保障有关标准的通知》，让符合条件的住房困难群体“应保尽保”，全面落实住房保障工作目标任务。全年棚户区改造（含货币化安置）新开工1500套，基本建成1600套，其中棚户区改造（含货币化安置）基本建成1200套、公共租赁住房基本建成400套。购买10套廉租住房，发放27户廉租住房租赁补贴15.99万元。审核通过40户经济适用住房申请户，发放准购证。审核房改房上市交易504户、建筑面积37564平方米，收取住房解困基金140.38万元。 （江　源）

房地产开发

【概况】 2017年，丹阳市区范围内完成商品房开发投资57.14亿元，商品房施工面积582.53万平方米。商品房新开工面积102.19万平方米，商品房竣工面积116.4万平方米。商品房销售面积168.66万平方米。全市城乡有69个具备资质的房地产开发企业。其中，一级资质企业1个，二级（含暂二）资质企业51个，三级（含暂三）资质企业15个，四级资质企业2个。 （束　玲）

图127　2017年10月12日，丹阳市住建局组织全市建筑施工企业、建筑设计企业、监理企业相关人员开展装配式建筑施工培训及观摩会。参培人员参观句容建华建材集团，了解该集团的预制楼板、预制墙板生产线，感受企业先进的生产技术和创新理念 （张晶晶）

【市区住房保障有关标准调整】 2017年，丹阳市政府根据市经济社会发展情况，按照2016年人均支配收入比例，制订《关于调整2017年市区住房保障有关标准的通知》，让符合条件的住房困难群体“应保得保”。具体内容为：（一）低收入标准申请家庭人均可支配月收入由1450元（含）以下调整为1500元（含）以下。（二）中等偏下收入标准申请家庭人均可支配月收入由2000元（含）以下调整为2300元（含）以下。（三）对经济适用住房申请人户籍区域要求由“家庭成员均具有本市建成区城镇户口”调整为本市建成区（含城中村）、云阳街道办、曲阿街道办户籍范围内，且家庭成员中有一方具有上述范围户籍的即可申请。（江　源）

【住房（租金）补贴调整】 2017年1月1日起，丹阳市实施新的住房（租金）补贴。实施对象为市各相关单位在编在职人员及离退休人员。实施标准为：（一）老职工和离退休职工（1998年11月30日及之前参加工作）租金补贴发放比例调整为15%，新职工（1998年12月1日及以后参加工作）逐月发放的住房补贴比例调整为18%。该比例为最高上限不可突破。（二）新职工逐月住房补贴发放方式由专户储存调整为随职工工资按月发放。已缴入住房公积金专户管理的住房补贴，仍按原规定办理。（江　源）

2017年丹阳市房地产开发企业

表20

企业名称	法定代表人	注册资本（万元）	资质等级
丹阳市天怡房屋建设开发有限责任公司	陆　群	5000	一
丹阳市天波房地产开发有限公司	丁国年	7000	二
江苏天坤集团有限公司	凌　云	6800	暂二
丹阳市嘉源房地产开发有限公司	裴连汉	5000	二
丹阳市通泰地产开发有限公司	尹根法	10000	二
江苏天坤集团房地产开发有限公司	刘成林	2000	暂二
丹阳新金泉房产开发有限公司	陈柏全	1067	暂三
江苏云阳集团房地产开发有限公司	马　进	12000	二
江苏丹建集团房屋开发有限公司	厉洪法	2000	暂二
丹阳市华昌房屋开发有限公司	宗福林	800	暂二
丹阳市金鑫房地产开发有限公司	王建华	2000	暂二
丹阳市新欣房地产开发有限公司	陈国云	800	暂三
丹阳市华甸置业发展有限公司	杨冬苟	800	暂三
江苏天正置业有限公司	潘正军	10000	暂二
丹阳市德欣房地产有限公司	韩建山	10000	暂二
丹阳市东升房地产开发有限公司	陈玉林	800	暂三

续表 20

企业名称	法定代表人	注册资本（万元）	资质等级
丹阳金鹰天地实业有限公司	冯卓明	8000 万美元	暂二
丹阳市经济适用住房发展中心	葛春留	1010	暂三
江苏美亚房地产开发有限公司	王翔宇	2000	暂二
丹阳市界牌宏森新农村房地产开发有限公司	袁立成	2000	二
丹阳金必顺房地产开发有限公司	刘晓涛	2200 万美元	暂二
江苏明众房地产开发有限公司	梅金和	2000	暂二
江苏卓越置业有限公司	孟国云	3333	暂二
丹阳市新嘉源房地产开发有限公司	裴连汉	16000	暂二
江苏合发鑫煌房地产开发有限公司	荆夕坤	2500	暂二
丹阳恒大置业有限公司	陈　凯	73494.2	暂二
江苏万新置业有限公司	魏荣云	800	暂三
江苏星帝置业有限公司	魏爱英	5000	暂二
丹阳信达房地产开发有限公司	杜少华	44158.23	暂二
丹阳金桥房地产开发有限公司	王松梅	2000	暂二
江苏中润置业投资有限公司	甘叶宝	2000	暂二
丹阳南雄房地产开发有限公司	陈增良	3500	暂二
江苏中合新农农产品市场有限公司	詹天骏	10000	暂二
丹阳市安居工程建设投资有限公司	陈震彦	3000	暂二
镇江中州置业有限公司	陈传丛	5000	暂三
丹阳明元房地产开发有限公司	卢亚雄	6000 万美元	暂二
丹阳碧桂园房地产开发有限公司	杨文杰	4998 万美元	暂二
江苏博皓房地产开发有限公司	余金钟	2000	暂二
丹阳市佳景地产开发有限公司	毛双文	2000	暂二
丹阳恒鸿置业有限公司	吴志文	2000	暂二
江苏粤港置业发展有限公司	谈强华	2000	暂二
丹阳国信嘉源房地产开发有限公司	徐志远	10000	暂二
丹阳市华东建材城有限公司	罗恒斌	8000	暂二

续表 20

企业名称	法定代表人	注册资本（万元）	资质等级
江苏元龙房地产开发有限公司	郭　健	30000	暂二
丹阳市瀚博房屋开发有限公司	彭春芳	2000	暂二
丹阳中昆房地产开发有限公司	梅金和	2000	暂二
丹阳宝龙房地产开发有限公司	张訸国	1000	暂三
丹阳新城宏盛房地产发展有限公司	王振华	7500 万美元	暂二
大亚科技集团有限公司	陈晓龙	10000	暂二
丹阳高新区安居房开发有限公司	夏银宏	3000	暂二
江苏长鑫房地产开发有限公司	刘　鑫	800	暂三
丹阳五洲梦想置业发展有限公司	赵　玮	3000	暂三
丹阳市益阳置业有限公司	樊建树	2000	暂三
丹阳市金鼎投资有限公司	吴国栋	80000	暂二
江苏融锦置业发展有限公司	陈　惠	4512.65 万美元	二
江苏风翔房地产发展有限公司	陈秀芳	800 万美元	暂二
丹阳阳光房地产开发有限公司	佟　骏	800	暂三
丹阳市英东房地产开发有限公司	吴东方	1000	暂三
丹阳市曲阿安居工程建设开发有限公司	陈银仙	1000	暂二
丹阳市嘉禾置业有限公司	陈智强	1000	暂三
丹阳中南锦腾房地产开发有限公司	徐小兵	2000	暂二
丹阳市天源房屋建设开发有限公司	陆　云	900	暂二
丹阳爱家房地产有限公司	李惠珍	1000	暂二
丹阳碧成房地产开发有限公司	杨文杰	1100	暂二
丹阳中南房地产开发有限公司	徐小兵	2000	暂二
丹阳市弘阳置业有限公司	何　捷	2000	暂二
丹阳市吕豪房地产开发有限公司	李火正	888	暂三
丹阳市导墅房地产开发有限公司	姜玉方	400	四
丹阳市珥陵房地产开发公司	张国俊	100	四

（束　玲）

镇村建设管理

【概况】 2017年，丹阳市出台《丹阳市2017年创建镇江市美丽宜居镇村实施方案》，明确责任主体、资金结构、推进计划和考核机制，所有项目按规划编制、项目招标、实施推进、达标验收四个阶段推进，不定期开展专项督查，及时将督察情况通报至市政府以及各任务镇区和相关部门精心打造美丽宜居镇村。至年底，珥陵镇夏甲村、陵口镇胡良村通过江苏省级美丽乡村考评验收，实现“滨水、绿化、人文”景观浑然一体，村庄环境焕然一新。江苏省级康居乡村陵口镇杨家村以现有村庄格局为依托，完成对村庄环境整治提升建设任务，使人居环境基本达到干净、整洁、宜居，并具有地方特色。镇江市美丽宜居镇延陵镇和3个镇江市美丽宜居村庄（延陵镇贺甲村、访仙镇鸾集翔村、丹北镇雀梅墩村）围绕保护自然景观、挖掘人文底蕴，加强绿化美化，建设成为有历史记忆、地域特色、民族风格、宜居宜游的美丽镇村。 （吴 洁）

图128 2017年4月6日，丹阳市住建局召开全市村镇建设工作会议 （张晶晶）

【传统村落保护工程】 2017年，丹阳市推进延陵镇九里村、柳茹村两个中国传统村落保护发展项目，重点改善基础设施、公共环境和人居环境，合理保护村庄文化遗产，打造生活居住、文化展示、休闲旅游等功能，形成“有风景、有生活、有文化”的传统村落，至年底，传统村落保护工程完成建设任务，总投资1990万元。 （吴 洁）

【农村人居环境调查】 2017年，丹阳市继续开展农村人居环境调查工作。此次调查以行政村为单位，按照一村一表采集4类42项调查指标以及10项照片信息。各镇（区、街道）成立专门调查小组，落实工作责任，按序时进度开展调查工作，并及时在信息系统内完善调查数据。至年底，农村人居环境调查完成录入工作。 （吴 洁）

城镇管理

【概况】 2017年，丹阳市推进精美城市创建行动，结合全国文明城市创建要求，加强精细管理，开展环境整治。全市排定22个城市环境综合整治项目，总投资4500万元，主要对西庄、上庄等6个城中村，南桥花园、大桥南苑、香草新村等10个老旧小区，孙家弄、练湖路等4条背街小巷以及金宛新村、海会新村两处低洼易淹片区道路、排水、立面、屋顶进行全面改造和出新，较好地解决城市环境薄弱区域的“脏乱差”问题。 （浦月梅）

图129 改造后的丹幸路延伸段 （浦月梅）

【城市市容管理】 2017年，丹阳市根据全国文明城市创建20项重点工作部署，倒排时序进度，实行挂图作战，全面清理城市卫生死角，落实精细化环卫保洁，转运生活垃圾 21.3 万余吨。加强基础设施管养力度，维修城区沥青路面 1.4 万平方米、人行道 2.5 万平方米，疏通下水管网 330 余公里，清运建筑装潢垃圾 2.3 万余吨，对东方红桥、华南桥、尹公桥等 9 座桥梁加固维修。改善城市水环境，打捞杂草、漂浮垃圾 600 余吨。新装路灯 980 余套，主次干道、商业大街设置道旗、灯箱公益广告 670 余块，城区广场公园设置公益广告 520 余块。全年共开展市容秩序集中整治 280 余次，取缔各类摊点 5100 余个，现场整改店外经营 3900 余户，清理乱牵乱挂、乱堆乱放 1500 余处。拆除违法建设总面积 1.1 万余平方米、围墙 720 余米。查处违章渣土运输车辆 120 余次。打击违法张贴行为，清理“牛皮癣”小广告 35 万余张。完成全市 365 个老旧小区的“电力线、通信线、有线电视线”的清理规范工作。

（浦月梅）

图 130　运河路人行道维修现场

（浦月梅）

【数字城管】　2017 年，丹阳市数字化城管信息平台完成升级改造，疑难案件处置制度、案件分析会议制度、潜在问题前置式管理制度更加健全，极大提升案件处置效率，网格化、数字化、精细化管理水平有新的提高。综合运用现代信息技术，对全市 33 个责任网格和 21 个责任单位进行全覆盖督察，突出学校、农贸市场等重点区域以及春节、国庆等重点时段的督察工作。推动城市管理重心下移，起草《乡镇管理绩效考核实施办法》，主动对接相关单位征求意见，调动各镇（区）积极性，提高乡镇环境管理水平。至年底，数字城管发现问题 41241 件，处置 40511 件，处置率达 98.23%，按期处置率为 96.58%。

（浦月梅）

图 131　丹阳市数字化城市管理监督指挥中心

（浦月梅）

【城管重点工程】　2017 年，丹阳市实施城管重点工程 7 项。（一）上善雅苑片区配套道路建设工程。该项目包含新建丝绸路延伸段、南二环大桥辅路等 3 条道路，改善了南二环路及万善片区的交通通行状况。（二）内城河景观改造（新北门桥—迎春桥）工程。该项目对迎春桥—新北门桥的部分内城河进行河滨步道景观改造，共设置慢行系统、休闲观景、文化宣传、绿化亮化等设施。（三）城市绿化提升工程。该项目对迎宾路、241 省道、122 省道、北二环路、丹句路的中分带、侧分带、两侧绿带及路口节点绿化进行改造，建设面积 15 万平方米，城市出入口及沿线道路绿化品质明显提升。（四）城市立面提升工程。该项目对华阳苑片区、白云街片区、中山路、122 省道进行墙体立面出新及夜景亮化改造。（五）停车场建设工程。该项目新增停车泊位 1600 个，进一步缓解城市停车难问题。（六）公共自行车站点建设工程。该项目新增站点 100 个，投放公共自行车 2000 辆，城市交通微循环更加畅通。（七）新河景观改造工程。该项目对西门运河—312 国道的新河沿岸两侧进行景观提升，设置慢行系统、绿化亮化、景观小品等设施。（浦月梅）

图 132 提档升级改造后的 122 省道绿化带（浦月梅）

【村庄环境管理】 2017 年，丹阳市进一步健全村庄环境长效管理制度，完善市、镇、村三级管理网络。市城管局联合多部门对非正规垃圾堆放点进行摸排调查，推进农村生活垃圾分类试点工作，农村生活垃圾临时堆放得到有效规范。按照“日督察、月考核、季兑现”的方式，突出集镇范围，国道、省道沿线等重点，对全市 12 个镇（区）的 2828 个自然村实行常态化管理。全年下发整改通知书 100 余份，发现各类问题 600 余条，整改到位率达 95%以上。（浦月梅）

图 133 访仙草塘村美丽乡村风貌（浦月梅）

城镇规划

【概况】 2017 年，丹阳市组织编制《南师大中北学院片区城市设计及控制性详细规划》《火车站片区控制性详细规划》《丹阳大亚片区控制性详细规划》，编制完成《241 省道西侧地块城市设计及控制性详细规划》，修改完善《丹东路汽车零部件产业园布局规划》优化方案；编制形成《丹阳市历史文化保护规划》《丹阳市城市停车设施规划》等专项规划；完成 241 省道（河阳出入口一南三环）、122 省道（花王公司一普善片区）、北二环路及迎宾路的绿化景观整治提升规划；结合旧城改造对老城区路网进行规划整治，编制华阳路、华南路、阜阳路、兴业路、城河路北延等多项道路方案，优化城市路网结构。全年划定丹棉片区旧城改造、北二环路改造、内城河景观改造、大运河丹阳城区段两侧景观改造 4 个项目房屋征收范围。核发“一书二证”422 份，其中，选址意见书 45 份，建设用地规划许可证 191 份，建设工程规划许可证 186 份。（徐 涛）

【编制丹阳市历史文化保护规划】 丹阳历史悠久、文物众多，被誉为“江南文物之邦”，有全国重点文物保护单位 11 处、省级文物保护单位 9 处、市级文物保护单位 11 处、县级文物保护单位 90 处。为进一步塑造丹阳市城市特色、弘扬城市历史文化、提升城市文化品位，市规划局按照丹阳市“文化之城”建设要求，启动《丹阳市历史文化保护规划》编制工作，该规划形成中间成果，根据会议及部门反馈意见进行完善。（徐 涛）

【创建省级示范城建档案馆】 丹阳市城建档案馆自完成搬迁改造以来，不断加强馆库硬件建设力度，规范业务工作程序，提高行政服务效率。2017 年，整理工程竣工档案 3721 卷，收集各类图书、期刊资料 68 册，完成馆藏档案数字化文图 170 万张，馆藏档案数字化率达

72%。接待外来查阅档案人员 294 人次，调阅案卷 505 卷册，为城乡建设、工程备案、房产办理、司法取证等提供凭证依据，取得良好的社会效益。12 月，丹阳市城建档案馆以 99.1 的高分创建成为江苏省示范城建档案馆。（徐　涛）

图 134　2017 年 12 月 8 日，丹阳市城建档案馆创省级示范馆现场评议会（徐　涛）

【规委会规范运作】　2017 年，丹阳市规划局依据《丹阳市规划委员会工作规程》，强化公众参与，优化工作流程，提高创新意识，保障决策的科学性与前瞻性，全市规划建筑方案质量得到显著提升。规委会全年组织召开专家咨询会 16 次，审查车站路北延工程、凤熹台小区设计方案等规划建筑方案 44 项，通过 41 项；召开规委会审查会 10 次，审查丹阳开发区水系及生态景观、丹阳市中医院新院区等规划建筑方案 48 项，通过 44 项。（徐　涛）

图 135　2017 年 9 月 21 日，丹阳市规划委员会召开第二十八次规划审查会（徐　涛）

【镇村规划编制】　2017 年，丹阳市开展新一轮镇总体规划的修编工作。至年底，延陵镇、皇塘镇、吕城镇、导墅镇、陵口镇、访仙镇总体规划通过专家论证，按照专家意见进行修改完善；司徒镇总体规划等待论证；珥陵镇总体规划在编；滨江新城总体规划进入前期调研。1 个省级美丽乡村（访仙草塘村）及 3 个镇江市美丽宜居村庄（访仙鸾集翔村、延陵贺甲村、丹北雀梅墩村）规划方案通过专家论证。《访仙镇萧家村传统村落保护规划》编制完成，通过专家论证。（徐　涛）

图 136　丹阳市延陵镇贺甲村五星广场效果图（徐　涛）

【北二环道路改造方案】　北二环路作为丹阳市城区北部一条重要的城市主干道，承载市形象和门户展示功能，为进一步提升道路通行能力，完善全市结构性主干路网，市规划局组织编制《丹阳市北二环道路改造方案》，2017 年年初，方案通过专家论证。北二环路西起西二环路，东至迎宾路，道路全长约 4.3 公里，道路红线宽度为 54 米。（徐　涛）

图 137　北二环路鸟瞰图（徐　涛）

交通运输综述

【概况】 2017年，丹阳市交通运输完成建设投资13亿元，实施交通重点工程22项。北二环路及其下穿立交、车站路北延建成通车，南三环东延开工建设，实现主城外围大循环，城市主干道功能更完善。围绕宁镇扬一体化和扬子江城市群发展战略，镇丹高速、122省道、357省道开工建设，基本形成外联一体大交通体系。丹北镇中心西路、胡高路改造，通港公路延伸，通港路城市化改造等工程开工建设。丹界线、丹延线、埤导线3条县道大修。全年完成农村公路提档升级25条61公里，成功创成首批“四好农村路”全国示范县。实施公交优先战略，滨江新城汽车客运站、珥陵客运站等一批首末站建设逐步完善。持续加大公交车运力，新增新能源公交车50辆。境内公路完成客运周转量44509万人公里、货运周转量19.40亿吨公里，铁路完成运输收入28141.7万元，水路货物运输通过量1.01亿吨。配合南京城市规划院编制《丹阳市城乡公交一体化优化方案研究》和《云阳大桥改造期间公交绕行方案》。

（邹学伟）

【苏南运河“四改三”丹阳城区段项目通过验收】 2017年12月29日，江苏省交通运输厅组织苏南运河“四改三”丹阳城区段及剩余桥梁工程交工验收。验收组通过实地查看工程现场，查阅工程档案资料等方式详细了解工程建设情况，一致认为该工程档案真实完善，工程符合设计要求，质量合格，同意通过交工验收。苏南运河丹阳城区段整治项目投资6000万元，整治后由原先的四级航道改为三级航道，航道口宽90米，底宽60米，通航能力显著增强。与苏南运河“四改三”丹阳城区段项目配套的折柳大桥、吕城桥、中山桥、陵口大桥、新泰定桥5座桥梁全部竣工。“四改三”后将丹阳城区段航道建设与城镇发展、居民生活休闲相融合，积极打造沿河水景观风光带，体现航道绿色、低碳特点以及服务功能。

（蒋春葆）

【丹金溧漕河丹阳段航道整治工程获省级交通优质工程】 2017年11月28日，丹金溧漕河丹阳段航道整治工程获年度“江苏交通优质工程”，为镇江市范围内仅有获此奖项目。丹金溧漕河丹阳段航道整治工程全长18.44公里，航道项目（不包括跨河桥梁）概算投资4.8亿元，全线按照三级航道标准整治。工程于2014年3月开工建设，2015年12月17日通过交工验收。工程交工通航试运行两年来运行良好，技术尺度符合规范，岸堤安全稳定，航道条件显著改善，船舶通行能力全面提升，船舶通过等级从300吨提升至1000吨，满足船舶流量和船舶大型化、标准化发展需求。同时，航道二

级护坡上大面积种植香根草等植物，固土护坡效果明显，生态景观得以提升。（蒋春葆）

【苏南运河丹阳城区段景观工程首期项目建成】 2017年，丹阳市依托苏南运河镇江段“四改三”提档升级后大运河穿越城区的区位优势，谋划做大做活“水韵丹阳”大文章，计划总投资1.72亿元，重点建设城区南二环大桥至北二环大桥大运河两侧4公里绿化景观和道路。作为年度30个城建基础设施类重点竣工项目之一，首期项目为以运河为中心的集运动和休闲一体的临河景观公园，投资7600万元，设计总面积23.4公顷，工程内容主要包括一级挡墙、花岗岩艺术栏杆、滨河人行步道、观景平台、公园、管理用房等。该工程于4月开工建设，12月底初步建成。（蒋春葆）

图138　2017年12月9日，江苏省交运厅检查组检查苏南运河丹阳城区景观工程（邹学伟）

【丹阳东—上海港海铁联运班列首发】 2017年8月16日，丹阳东—上海港海铁联运班列正式从铁路丹阳东站首发，运行6小时后到达目的地上海港。海铁联运具有“一次申报、一次查验、一次放行”的快捷通关优势，单次发箱数量可达100个，与传统运输模式相比成本降低15%，且不受天气与交通情况影响，更为安全高效。这一班列的运行，标志沪宁线通向海外的又一条新通道开启。这是上海铁路局海铁联运班列首次在省内县级市发车，为丹阳及周边地区开辟一条经济、便捷、安全、绿色的快速物流新通道。（眭　昕）

【完成交通运输基本名录库填报】 2017年，市运管处为全面推进交通运输统计改革和落实《交通运输统计发展纲要》，在交通运输部启动“一套表”联网直报和交通运输基本名录库建设后，于8月完成全市企业数据收集、审核、上报。名录库建设范围为全市公路、水路、出租、场站、公交运输企业，填报内容包括企业名录库和船舶名录库两部分，其中企业名录库具体包括单位名称、经营许可证编号、车船场站数量及单位联系人、联系方式等20项信息，船舶名录库具体包括船名、船籍港、船舶功率、船舶经营业户名称、所有权归属业户名称等27项信息。（眭　昕）

【汽车综合性能检测实现“三检合一”】 2017年9月8日，丹阳市首家具备交通、公安、环保“三检合一”能力的专业化机动车检测机构——丹阳市宏天汽车综合性能检测中心正式运营安检、环检业务。宏天汽车综合性能检测中心拥有4条先进全自动检测线，实现检测系统数字化通讯，能满足不同型号车辆检测，是丹阳市机动车检测行业中设备配备比较先进、检测能力较强的企业，通过一站式实现交通部门综合性能检测、公安部门安全性能检测、环保部门尾气检测“三检合一”，为全市私家车“年检”和营运车辆“年审”提供极大便利。（眭　昕）

【完成农村客运成品油价格补助资金发放】 2017年，市运管处根据江苏省财政厅、江苏省交通运输厅《关于下达2016年度农村客运出租车等行业成品油价格补助资金的通知》有关要求，完成2016年度农村客运成品油价格补助资金526万元的发放工作。全市申报2016年农村客运车辆193辆，累计行驶里程1490.91万公里，消耗柴油242.78万升、天然气61.78万立方米。（眭　昕）

铁路运输

【概况】 2017年，铁路丹阳地区各站围绕“深化改革发展，建设现代化运输企业”目标定位，推进铁路基础建设，完善各类便民利民服务举措，不断满足丹阳地区旅客出行需求，同时抓好运输组织工作，提高企业经营效益，促进区域经济发展。全年完成运输收入28141.7万元，比上年增加1460万元，增长5.5%。其中，丹阳站客运收入约19250万元，丹阳北站客运收入约4500万元，丹阳东货运收入约4400万元。旅客发送321.65万人次，比上年增加22.38万人次，增长7.5%。其中，丹阳城际站296.37万人次，丹阳北站25.28万人次。丹阳东货物发送23.01万吨，比上年增加2.21万吨。 （袁小平）

2017年铁路丹阳地区主要运输任务和技术指标

表21

项目	单位	计划	实绩	比上年增长（%）
旅客发送量	万人次	324	321.65	7.5
货物发送量	万吨	22	23.01	10.6
客运收入	万元	24820	28141.7	5.5
货运收入	万元	—	4392.22	9.3
日均装车	车	—	29	-3.3
日均卸车	车	—	10	16.4
货车静载重	吨/车	—	21.8	14.7
货车停留时间	时/次	18.5	20.8	6.7

（袁小平）

【部分停运旅客列车恢复办客】 2017年1月11日，新建成的丹阳火车站南广场1号站台投入使用，部分因改造停运的旅客列车恢复办客。其中，乘坐停靠成都、鹰潭、哈尔滨、齐齐哈尔等方向的4趟普速列车旅客，购票和进站迁至北广场城际站过渡，出站为南广场临时出站口。北广场城际站临时承担同时办理高铁和普速列车的售票、候车、乘降等职能。 （袁小平）

【丹阳站列车开行变化】 2017年，上海铁路局为贯彻落实“强基达标、提质增效”工作主题，适应客货运输市场变化并挖掘运力资源，提高能力利用和装备运用效率，发挥运行图对运输供给侧结构性改革的推动作用，不断拓展铁路客运市场，实现增收节支提效，先后6次调整并实施新的列车运行图。新图实施后，丹阳城际站开行旅客列车61对（含周末开行的2列及高峰线临客4列），上行60列（含周末开行的1列及高峰线临客3列），下行62列（含周末开行的1列及高峰线临客1列）；既有站开行办客旅客列车8.5对（上行10列，下行7列）；京沪高铁丹阳北站日开行高铁5趟至北京南站、3趟至天津南站、5趟至郑州东站、1趟至丹东站。 （袁小平）

公路运输

【概况】 2017年，丹阳市拥有等级公路里程2243.62公里，占总里程的100%。其中，高速公路42.56公里、一级公路316.99公里、二级公路352.12公里、三级公路270.45公里、四级公路1261.50公里。全年完成境内公路客运量678万人次、客运周转量44509万人公里，比上年分别降低10.9%、7.2%；公路货运量1719万吨、货运周转量19.40亿吨公里，比上年分别增长8.6%、9.7%。

全市有公交线路79条、公交线路总里程1279.1公里；在营公交车361辆，日发班次1619班；等级客运站7座、公交首末站12座；出租汽车497辆，其中出租汽车公司7家171辆，个体出租汽车326辆；货运车辆5199辆，其中大型货运车辆1993辆，中小型货运车辆3206辆；全市有各类机动车维修企业251家。

完善三级公交网络，开通2条城市公交免费线路，调整优化5条城市公交线路，开通丹阳市首条定制公交班线（丹阳一界牌）和首条毗邻公交线路（丹阳司徒一丹徒上党）及2条运游结合客运线路。推进智能公交建设，61座新建公交候车亭显示屏、电路、网络、智能控制终端安装到位，城市公交车载智能调度终端安装123台，车载智能调度、电子站牌管理、掌上公交APP等系统软件加速开发。

深化驾培服务模式改革，新增3家驾校，累计投入预约培训车辆65辆，全市所有驾校提供“预约培训、先培后付”服务。规范驾校收费行为，全市驾校全部完成物价收费备案。深化出租汽车改革，完善个体巡游出租汽车经营权变更事项。规范网约车发展，制定《丹阳市网络预约出租汽车经营服务管理实施细则（试行）》。

推进运力结构优化，发展专用货车365辆，淘汰老旧货车185辆。新增1家维修救援网络单位，填补丹北地区维修救援网络单位空白。全市“绿色汽修”示范企业增至13家。在行业节能减排中起到较好示范带头作用。

（眭　昕　朱江辉）

【交通民生工程建设】 2017年，丹阳市大力推进交通民生工程建设。投资9253万元，安排农村公路提档升级计划25条，共计61.22公里；投资2.1亿元，实施丹界线、丹延线、埤导线3条县道维修，共计14.23公里；投资1750万元，改造访仙大桥、土桥、窦庄大桥3座桥2408平方米；投资1700万元，实施货场路东延及埤导线连接线1.68公里；投资1500万元，实施重点交叉口渠化11处。（朱江辉）

图139　2017年，丹阳市大力推进交通民生工程建设。图为改造中的丹界线

（朱江辉）

【延陵镇公路提档升级】 2017年，为加快茅山老区发展，推进精准扶贫，丹阳市对延陵镇公路实施提档升级建设，并于12月底完工。该项目投资859万元，建设里程6.44公里，项目的完工进一步提升农村公路安全条件、通畅水平和沿线环境，为逐步实现城乡交通运输一体化、加快老区建设提供有力支撑和保障。

（朱江辉）

【优化重点交叉口导流】 2017年，丹阳市公路处针对机动车保有量不断增加，上下班高峰期部分国道、省道和县道交叉口路段经常出现拥堵现象和安全隐患加大的情况，优化交叉口标线设计、改善通行条件、推动城乡交通一体化建设，先后对市312国道、241省道、112省道及丹延线等重要路线的11处道路交叉口进行渠化改造，通过改造，优化重点交叉口导流，改善群众出行条件。（朱江辉）

【建成桥涵管理信息系统】 2017年，丹阳市总投资600余万元在全省范围内率先建成农村公路桥梁管理与健康信息系统。实施内容包括北二环大桥的结构安全监测系统及全市 296 座农村公路桥梁的养护数据中心建设，并对九曲河沿线 6 座公路桥梁桩基病害进行维修处置。这一系统的建成有效提升全市的桥涵管理水平。（朱江辉）

【首块“无车承运”牌照发放】　2017 年 7 月 27 日，镇江市首块“无车承运”经营许可证牌照由丹阳市运管处发放给市飓风物流股份有限公司。该公司位于丹阳市界牌镇，定位于整车普货公路运输市场，锁定服务大中型生产制造企业，并从传统的运输经营模式转型为第三方物流企业，及时确立轻资产 OTO 商业模式，依托自主研发的智能一站式智运通 OTO 物流平台，为大中型生产制造企业提供透明高效的物流服务。（眭　昕）

【丹阳至界牌定制公交线路开通】　2017 年 5 月 18 日，丹阳首次投入 17 辆 13+1 座金龙海格商务电车，开通运营丹阳城际站至界牌汽车站定制公交线路，把行驶路线的主动权完全交由乘客，实现专车、专线、专座的舒适环境。车站定制公交，实行一票制 10 元价格，运营时间为每日 7 点至 22 点，班次间隔 15—20 分钟，流水发班，满足不同层次旅客个性化出行需求，顺应未来公交发展新理念、新模式。（眭　昕）

【滨江新城客运站启用】　2017 年 6 月 12 日，丹阳市滨江新城客运站启用并试运行。滨江新城客运站位于丹北镇通港公路南侧，占地面积 2.33 公顷，总建筑面积 4204.71 平方米，其中站房建筑面积 3396.33 平方米，总投资约 3600 万元。该站按二级客运站标准建设，具备公交首末站、出租车候客区、机票代售点等功能，设计日均旅客发送量 5000 人次。至 2017 年年底，站内运营车辆 85 辆（含长途客运及公交车辆），线路 50 条，日发班次 160 班，日发运量 1000 人次。（眭　昕）

【珥陵大桥通车】　2017 年 10 月 25 日，横跨丹金溧漕河的丹阳新建珥陵大桥正式通车，方便沿线群众出行，为当地经济社会发展提供交通支撑。原老珥陵桥因丹金溧漕河航道丹阳段“五改三”工程，桥梁的净宽、净高等技术尺度不能满足航道等级提升后的通航要求。新桥由镇江市干线航道建设指挥部委托丹阳市政府代建，并被列入丹阳市 2017 年优先通车计划。新改建的珥陵大桥总投资 1900 万元，全长 208 米，主跨为钢桁架梁结构，按总宽 10 米、净宽 9 米、净高 7 米的二级公路桥梁标准设计。（蒋春葆）

【吕城大桥全线完工】　2017 年 10 月 31 日，苏南运河三级航道整治工程桥梁项目—丹阳吕城大桥全线完工。新建吕城大桥位于丹阳市吕城镇，是联通吕城镇南北交通的重要通道，总投资 4500 万元，双向 4 车道，全长 884 米。该工程于 2014 年 10 月进场施工，2016 年 12 月完成桥右幅交工通行，2017 年 3 月老桥拆除，10 月大桥全线贯通。（蒋春葆）

水路运输

【概况】　2017 年，苏南运河丹阳段全长 29.33 公里，升级至国家三级航道标准，能常年通过 1000 吨级船队。全年船舶流量 167090 万艘次，货物运输通过量 1.01 亿吨。市海事部门发挥海事水上搜救职能，全年“12395”接处警 54 次，救助遇险船舶 21 艘，援助船员 46 人，挽回直接经济损失 2357.77 万元。主动配合和协助多项重点涉水工程施工维护，支撑大交通建设。全面推进“263 行动”和水污染防治，开展打击固体废物违法转移专项行动。全年督促 535 艘船舶送交船舶生活垃圾，依法受理 37 艘次载运危险品船舶，安全监管 18030

吨装卸危化品货物，保证2612艘次危化品运输船舶安全通过辖区，拆解29艘老旧和过闸小吨位船舶。创新监管举措，引入镇江华东安全科学研究院为第三方安全检查机构进行安全检查，保障全市境内水上交通形势安全稳定。市航道处航政考核连续3年在镇江市航道系统名列前茅。（殷惠娟 蒋春葆）

【推进海事行政执法】 2017年，按照江苏省地方海事试点执法改革模式要求，市海事部门进一步强化指挥中心监管、预警、服务、指挥、监督五大职能，推进电子监控与船艇巡航深入结合，通过注重船舶动态高频监听、强化违法行为视频抓拍等达到行政执法、现场巡航与应急搜救一体化效果。组建“丹阳市内河水上交通指挥中心”，把实施船舶进出港报告制度作为推动船舶动态监管新手段。全年，办理行政许可37件、行政处罚2254件，其中一般程序328件、简易程序1926件，未发生错案和行政复议案件。完成6517艘次船舶进出港报告和145个辖区内港口泊位信息维护工作。

（殷惠娟）

【首个航道通航条件影响评价项目通过审查】 2017年9月27日，镇江市航道管理处召开云阳大桥燃气管道改建穿越京杭运河航道通航条件影响评价报告审查会，经专家讨论予以通过，此为丹阳市首个航道通航条件影响评价项目。丹阳市航道管理部门自2015年3月1日《中华人民共和国航道法》颁布实施以来，重视宣传贯彻，不断完善和推进涉航项目的航道通航条件影响评价工作，确保法律法规落地运行，以保障全市水运事业健康有序发展。

（陈承家 蒋春葆）

【内河船型标准化工作完成】 2017年7月，丹阳市第二航运公司1艘老旧船舶和4艘过闸小吨位运输船舶在丹阳市新泰船舶修造有限公司拆解完毕，标志着丹阳市2016—2017年内河船型标准化工作顺利结束。2016—2017年，丹阳市申请船舶拆改18艘，其中小吨位船舶14艘、老旧运输船舶4艘。（蒋春葆）

【内河航道首座岸电工程开工】 2017年11月6日，丹阳市内河航道首座岸电工程开工。岸电工程位于苏南运河丹阳锚泊区，一期项目计划建设8套岸电装置，能同时向32艘船舶提供直供国家电网电能，预计2018年6月底投入使用。相比传统船用柴油发电机自行发电，岸电具有降低设备维护成本、减少船舶靠港期间有害气体排放、消除设备运行产生的噪声污染等优势，作为国家“绿色交通”战略的探索实践，陆续在全国部分大型港口码头、水上服务区等地推广运用。丹阳锚泊区位于苏南运河沪蓉高速公路桥南侧，建有总长度400米的船舶专用泊位。丹阳市交通航道部门联合国家电网镇江大照集团公司，通过在航道用地范围内建设岸电装置系统，利用电网直供电能代替传统的自备发电机组供电，船民只需通过增设一个转换接头便可启用，且全省联网通用。

（蒋春葆）

【钱仁东救助落水船员】 2017年6月23日，市交运局海事处云阳执法中队接警，“豫信货11233”船上有1名女船员在苏南运河26公里处不慎落水，请求海事出艇救援。值班人员接警后驾驶1131海巡艇赶赴出事水域，在简单询问落水情况后，海巡艇立即在事发水域搜救。当发现漂浮水面的落水者情况危急时，海事人员钱仁东跳入水中，和落水者家属齐力将其救助上艇，并对落水者进行心肺复苏直至120救护车赶到。（殷惠娟 陈金卫）

【救助船舶脱险】 2017年9月26日，市海事处接船民报警，丹阳香草河桥水域1艘空船发生险情，工作人员立即赶赴现场。在了解了遇事船舶由于停靠期间遭遇较大水流，造成缆绳断裂船舶失控冲向香草河桥，影响了桥梁安全和洪流下泄情况后，工作人员立即协助船员展开施救。在施救无果情况下，又紧急联系社会救助力量，调用两台大型挖机展开施救，使得遇事船舶成功脱险，驶往安全港区停靠。

（殷惠娟　邱文强）

图 140　2017 年 9 月 26 日，市交运局海事处接警，救助 1 艘搁浅船舶　（殷惠娟）

交通管理

【概况】　2017 年，丹阳市加强重点领域运输市场整治，先后开展客运、出租汽车客运和驾培市场专项整治，助推全市“全国文明城市”创建成功。强化运输市场日常监管，不断提高执法效能，全年出动执法人员 7200 余人次，查处道路运输各类违法违章案件 633 起，其中出租汽车客运违章案件 61 起，打击非法营运汽车 44 辆。与具备管辖权的江苏省高速公路管理局对接，并与镇江路政执法大队、高速公路镇江交警支队开展联合执法，对高速公路出入口“黑车”和串线经营客车实施集中整治。探索非现场执法方式，在市高速出入口、城际广场等客运集散地安装高清视频取证设备，通过视频取证处理客运车辆违章 26 件。组织开展打击非法网约车专项行动，严查私家车通过互联网打车软件进行非法揽客违法行为，查处非法网约车 31 辆。加强动态监控监管，定期召开联席会议，开展联合检查 3 次，修订《丹阳市运管系统突发事件应急预案》，购置应急防爆泵 1 台，参与 2 起危化品运输事故应急处置，完成救援处置任务。

指导督促宏天汽车综合性能检测中心实施升级改造，实现交通、公安、环保“三检合一”。推进“放管服”改革，对运输许可、“两证”审验业务实施流程再造，取消辖区乡镇交管所初审环节，直接由窗口一头受理、一站办结。大力推行业务办理“不见面”模式，尽量提供网上办理渠道，并在经营业户自愿选择前提下，通过邮寄、快递方式送达相关证件。

严格执行“一车三方”监管制度，定期召开联席会议，开展联合检查。组织全市 5 家客运企业、6 家危险品运输企业、1 家危险品运输车辆维修企业举办道路运输“安全生产月”联合应急演练暨安防技能竞赛，行业防灾避险和应急处置能力显著增强。　（眭　昕）

【公路行业安全监管和应急处置】　2017 年，丹阳市按照上级部门要求，大力推进平安公路、责任体系等建设，做好春运、全国“两会”“五一”、十九大等重要节假日和重大活动期间的安全生产工作，全面提升公路行业安全监管和应急处置能力。推进路网管理与应急处置能力建设，健全路警联勤联动应急机制。印发《丹阳市路政与交警联勤联动工作方案》，进一步细化恶劣天气、交通事故等路警联勤联动应急措施。全年，及时处置危化品泄露、特大暴风雨、重大交通事故交通阻断、汛期路面积水影响通行 4 次应急事件。　（眭　昕）

【规范超限治理】　2017 年，丹阳市持续规范超限治理工作。加强源头治超，发放各类图例、服务手册约 3000 份，把宣传教育贯彻到治超工作全过程。加强执法人员教育考核，防止违法违规行为。常态化开展区域内路警联动治超活动，多次联合交警部门召开路警联勤联动工作会议，健全路面治超执法联合机制，强化执法管控力度，特别针对胡高路区域，强化路警配合，打击车辆非法改装、超限超载等违法行为。加强“公路动态称重检测系统”使用管理，全年寄出车辆超限“告知函”46份，监控路段超限车辆超限率由3%下降至1%。路政、交警联合治超检查检测货运车辆1444辆次，查处违法货车270辆次，路政实施卸驳载吨位数3133.46吨，交警依法罚款金额18.81万元，记分732分。（眭　昕）

图141　2017年，丹阳市持续规范超限治理工作。图为2017年4—5月法制宣传月期间，路政、交警部门联合开展治超行动

（眭　昕）

【公路环境综合整治】　2017年，市公路管理部门结合丹阳市文明城市创建，以国省干线、通镇区县道为整治重点，先后组织开展公路“非标”整治、桥梁隐蔽部位违法占用、“路田分家”等专项整治活动。根据前期调查情况，组织完成241省道、122省道城区段绿化补植10.3万平方米；按照“政府牵头、部门联合”的公路环境整治模式，联合丹北镇对胡高路片区进行环境综合整治，完成308省道、丹界线、开界线绿化补植、节点改造7.5万平方米，拆除垃圾房300座，整治沟塘87处，清理垃圾55吨；联合云阳街道对辖区内普通国、省道及农村公路进行路域环境整治，拆除垃圾房18个，清运垃圾40吨，整治沟塘26处，清除公路沿线墙面、电线杆广告3000平方米，清理路肩、整修边坡135公里，实施“路田分家”12941米，清除公路用地范围内堆物放料1055立方米。通过环境综合专项整治，公路沿线路容路貌明显提升。（朱江辉）

邮　政

【概况】　2017年，丹阳邮政部门发挥邮政普遍服务功能，全面深化改革，加快转型发展，推进邮政现代化建设。全市邮政行业营业网点35处，其中城市网点8处、农村网点27处。投递班组28个。邮政信筒信箱36个，邮政报刊亭6处。邮政行业汽车30辆，邮路119条，投递总里程每天6550公里。全年完成业务收入1.69亿元，比上年增长20.35%，其中，代理金融业务收入1.06亿元，比上年增长12.03%；邮务类业务收入5981万元，比上年增长25.49%。邮务类业务中，函件专业完成收入782万元，比上年增长34.91%；发行专业完成收入909万元，比上年增长4.97%；集邮专业完成收入589万元，比上年增长42.27%；信息与代理业务完成收入512万元，比上年下降13.83%。分销业务完成销售收入964万元，比上年增长106.87%。包裹快递专业完成收入2223万元，比上年增长20.58%。

（施晓青）

【中国邮政速递丹阳营业部】　2017年，中国邮政速递丹阳营业部下设8个揽投部，工作人员120名，51辆送货车具。营业部主营EMS标准快件业务，以轻小件为主。因平均资费和服务要求相对较高，客户群与普通快递业稍有区别，主要面向政府机关、大型企事业单位、

中高端群体等。全年实现业务收入 3800 万元，比上年增长 20%。（施晓青）

【投递网优化方案】 2017 年，中国邮政丹阳分公司实施投递网优化方案，将原云林、珥陵投递部合并成珥陵投递部，投递部由原来的 29 个优化为 28 个，在报刊投递流转额、快包投递量上更加合理化，并将在 2018 年进行推广。根据江苏省邮政公司投递网点建设要求，新建作业场地作业分隔明确，投递段均面积 14 平方米。（施晓青）

【线上线下融合综合服务平台】 2017 年，中国邮政丹阳分公司围绕镇江市公司《农村电商三年发展规划》，线上线下融合打造综合服务平台。年末，累计建成加盟店 363 家，邮掌柜会员数量 3.13 万个，建成村邮站 171 家，示范点 2 个，实现加盟店、村邮站建设全市行政村全覆盖。中国邮政丹阳分公司以村邮站、邮乐加盟店为载体，主要提供邮政普遍服务、公共服务、志愿者服务三项内容。支局长是村邮站的负责人，投递员是村邮站的联络员，村民不出村就能享受寄信、代收电费、提供手机充值卡等便利服务。（施晓青）

【吉年“酉”福大客户品鉴会】 2017 年 1 月 19 日，中国邮政丹阳分公司举办吉年“酉”福大客户品鉴会，丹阳邮政大客户、集邮协会成员、金银制品收藏爱好者等 150 余人参加此次活动。本次品鉴会产品多样，现场展出难得一见的“文革票”、第一轮“金猴”、第二轮生肖大版票、金银制品等上百余种单品。现场邀请国内资深收藏品专家赵凯作集邮邮票、钱币收藏、黄金投资等知识讲座。（施晓青）

【《丹凤朝阳》邮票珍藏册】 2017 年，中国邮政丹阳分公司为做好《凤》（文物）特种邮票发行，在邮票发行前夕，先后走访当地历史文化研究会、博物馆，收集相关资料，了解与“凤”有关的丹阳地名、非物质文化遗产，在此基础上与江苏省邮政公司联合开发《丹凤朝阳》邮票珍藏册 3000 册。《丹凤朝阳》邮册将丹阳城市与凤文物巧妙结合，体现城市文化底蕴，并将《凤》（文物）特种邮票融入其中，深受集邮爱好者喜爱。（施晓青）

【邮银共建“人民币反假邮路工程”】 2017 年，中国邮政丹阳分公司联合市人行、邮储银行联合举办“人民币反假邮路”活动，邮银共建“人民币反假邮路工程”。活动通过组织投递员开展反假币知识培训，发挥投递员反假宣传员作用，将反假货币宣传资料和现金服务业务通过邮政投递实现“进校园、进企业、进社区、进集市、进农村”，构建反假货币宣传全面、长效、迅捷的网络化模式。结合邮政“送电影下乡”“加盟店路演”“健康知识讲座”等常态化金融宣传活动，普及人民币反假系列知识。邮银双方通过共建，充分利用邮政服务和投递员优势，提高人民币反假成效。（施晓青）

【《镇江红色金融钱币专题博物馆》邮册】 2017 年，中国邮政丹阳分公司抓住丹阳红色金融钱币专题博物馆 12 月 1 日开馆契机，发挥集邮优势，主动参与地方活动，了解客户庆典需求，成功开发《镇江红色金融钱币专题博物馆》邮票珍藏册 1500 册。该邮册以新四军十大银行红色货币展馆和华东财经委旧址陈列馆为线索，精心设计，图文并茂地展示丹阳红色金融的独特历史价值，并在纪念馆开展红色系列专题邮票展览，展出 32 框红色系列主题邮票。（施晓青）

信息化发展

栏目编辑 陈春芳

【概况】 截至2017年底，丹阳市互联网接入建设端口29.5万个。个人宽带接入用户数25.9万个；企业宽带接入用户数5.4万个。4G移动用户数79.2万户；IPTV数15.6万户。全市城区FTTH（光纤入户）覆盖率95.5%，乡镇FTTH覆盖率92.32%，农村FTTH覆盖率34.66%。建成Wi-Fi热点470个，开通AP（带射频的设备）2767个，覆盖城区车站、酒店、主干道等大部分公共场所。

丹阳各部门网站采用集约化方式全部整合至“中国丹阳”网站群，网站以栏目形式存在。政府数据中心基础设施建设完成80%，完成政务云建设前期筹备，预计2018年下半年正式建成并投入使用。智慧城市建设有序推进，完成智慧停车项目一期规划的市内核心区域837个路内停车位信息化建设，全力打造全市静态交通大数据平台和市民停车APP服务平台。

围绕智能制造、两化融合经济转型升级主要领域，积极主动帮助企业开展项目申报，做好跟踪服务，全年向上争取资金4.33亿元。

（秦叶红）

【两化融合】 2017年，丹阳进一步推进两化融合工作，制造业企业两化融合水平不断提高。完成两化融合管理体系省级贯标试点企业8家，省两化深度融合创新示范企业1家、试点企业3家。企业两化融合指数95，信息化发展水平指数91.25。

两化融合体系贯标。组织全市14家企业进行江苏省两化融合管理体系贯标试点申报，江苏明月光电科技有限公司等8家企业获通过，其中，江苏彤明高科汽车有限公司、江苏辰阳电子有限公司获工信部国家贯标试点称号。江苏丹毛纺织股份有限公司、江苏仅一联合制造有限公司获工信部颁发的两化融合管理体系贯标认定证书。

试点示范工程。组织全市16家企业进行省融合创新试点示范申报，其中江苏沃得农业机械有限公司获2017年江苏省互联网与工业融合创新示范工程示范企业，江苏宏马物流股份有限公司等3家企业获试点企业。

图142 2017年10月12日，丹阳市发改经信委组织乡镇两化融合负责人到江阴市海澜集团考察培训 （秦叶红）

企业互联网提升。组织江苏丹毛纺织股份有限公司等 11 家符合要求企业申报企业互联网化提升项目，11 个项目全部入选省级转型升级项目库，共获资金 980 万元。（秦叶红）

【推进“互联网＋”工作】 2017 年，丹阳市紧抓“互联网＋”发展机遇，探索各种模式，引导企业改变思路，适应新形势需求。全市深入推进产业互联网融合创新，构建政府数据中心和面向市民的融合服务平台、面向企业的双创平台、面向城市管理者的管理平台，有序推进智慧丹阳进程。丹阳国际汽配城搭建电子商务和物联网服务平台，采用“汽配城＋工厂＋互联网”新营销模式，打造汽车外观件、灯具、塑料件等优势产品数据库系统和跨境电商平台，拓展全球市场，助力传统企业转型升级。江苏天工国际产业园区互联网＋智慧能源系统储能项目一期建成，储能系统接入省电网储能互动平台，实现多重应用价值和收益叠加，缩短投资回报期，提升综合利用效率，储能电量度数预期为每天 10 万度，每年可为天工国际节省电费上百万元。（秦叶红）

【电子商务】 2017 年，丹阳市电子商务发展迅猛，全市电商企业超 200 家，电商交易额超 70 亿元。天工国际、鱼跃科技、圣象集团、堂皇集团、肯帝亚木业等一批规模企业积极开展电子商务业务，全年线上销售均超亿元，其中鱼跃科技超 11 亿元。成立丹阳市眼镜电商协会和农产品电商协会。

开展电子商务示范体系创建。继皇塘镇、导墅镇后，珥陵镇获省级电商示范镇，皇塘镇获省级电商十强镇。白兔村、皇塘村、积庆村获省级电商示范村。皇塘村、导墅村、护国村、张埝村获镇江市农村电子商务示范村。全市示范镇、村数量均居全镇江第一。堂皇集团、鱼跃医疗获省级电商示范企业，鱼跃医疗获商务部认定国家级电商示范企业，丹阳眼镜城电子商务集聚区获省级电商示范园区，皇塘镇蒋墅村，吕城镇运河村，云阳街道横塘村、花园村入选中国淘宝村。

阿里巴巴丹阳产业带和中国质造丹阳眼镜馆运行良好，大力推动眼镜产业线上销售，丹阳产业带入驻企业超 200 家，线上交易达 2 亿元。筹备建设京东丹阳特色馆，入驻的丹阳特色产品进行招商。在调研基础上，根据各镇区产业特点，全市筹划打造更多特色电子商务集聚区，通过举办 4 次阿里巴巴诚信通专题培训，增强丹阳企业拓展线上市场能力。在丹阳市电子商务孵化基地开展 2017 年度“青壳汇”镇江青年电商创业就业公益培训班，加强青年电商创业就业基础理论、实践操作、专业技能培养。

依托镇江市跨境贸易电子商务监管中心建设完成运营，丹阳眼镜、家纺、医疗器械等行业更多企业将获得通关便利。（蒋弋旻）

2017 年丹阳市皇塘镇电子商务企业情况

表 22

企业名称	销售产品类型	起始年度	网店户数	企业从业人员	电商从业人员	电子商务交易金额（万元）
江苏堂皇集团有限公司	床上用品	2010	8	800	65	13000
江苏宝优乐时装有限公司	内衣	2012	1	120	10	2500
丹阳市皇塘镇舒美文胸厂	内衣	2011	4	75	12	1700
江苏澳丹奴家纺有限公司	床上用品	2012	1	230	8	1000

续表 22

企业名称	销售产品类型	起始年度	网店户数	企业从业人员	电商从业人员	电子商务交易金额（万元）
丹阳市世外源野营用品有限公司	旅游用品	2012	1	170	3	1100
江苏婷妃时装有限公司	内衣	2011	5	600	60	3000
丹阳市霞琪内衣有限公司	内衣	2010	5	350	55	1500
丹阳市广杰旅游用品厂	旅游用品	2011	1	105	15	1000
江苏元景假日旅游制品有限公司	旅游用品	2012	3	520	8	600
丹阳市皇塘镇宝孕妃内衣厂	内衣	2012	1	20	3	10
丹阳市枫亦娇家纺有限公司	内衣	2008	1	45	3	300
丹阳市婷峰文胸服饰有限公司	内衣	2012	1	300	4	300
丹阳市爱婴居纺织品有限公司	母婴用品	2012	1	45	6	100
丹阳市皇塘镇英姿文胸厂	内衣	2012	1	30	4	230
丹阳市亚华户外用品有限公司	旅游用品	2013	1	70	5	100
丹阳市皇塘镇伊伦服饰厂	内衣	2013	1	60	4	70
丹阳市澳兰多家纺有限公司	床上用品	2014	6	40	4	100
丹阳市皇塘镇华峰文胸内衣厂	内衣	2012	1	45	5	160
丹阳市朝峰针织制衣有限公司	内衣	2013	1	75	5	200
丹阳市皇塘镇苏丽内衣文胸厂	内衣	2008	3	30	6	200
丹阳市皇塘镇舒美文胸厂	内衣	2013	2	50	16	300

（蒋弋旻）

2017 年丹阳市导墅镇园区电商企业情况

表 23

企业名称	销售产品类型	起始年度	网店户数	企业从业人员	电商从业人员	电子商务交易金额（万元）
江苏圣罗兰寝品有限公司	床上用品	2010	8	192	13	14000
江苏安华旅游用品有限公司	旅游用品	2012	1	173	10	4500
江苏爱伦家纺有限公司	床上用品	2011	4	195	10	4100

续表 23

企业名称	销售产品类型	起始年度	网店户数	企业从业人员	电商从业人员	电子商务交易金额（万元）
江苏佩尔家纺有限公司	床上用品	2012	1	218	9	3800
江苏澳帆旅游用品有限公司	旅游用品	2011	5	186	9	1800
江苏利隆户外用品有限公司	旅游用品	2010	5	185	9	1767
丹阳市丽娜寝品有限公司	床上用品	2011	1	175	8	1211
江苏诚泰旅游用品有限公司	旅游用品	2012	3	176	7	1189
丹阳兰蝶家饰用品有限公司	床上用品	2012	1	172	6	980
江苏新感觉户外用品有限公司	旅游用品	2010	1	171	4	800
丹阳市正阳旅游用品厂	旅游用品	2012	1	155	3	500
丹阳市木禾旅游用品有限公司	旅游用品	2012	1	152	2	430

（蒋弋旻）

2017 年丹阳市珥陵镇电商协会成员情况

表 24

企业名称型	法人	销售产品类型	企业从业人员	电商从业人员	电子商务交易额（万元）	备注
江苏上一道科技股份有限公司	陈网俊	食品	95	20	1500	会长
镇江丹和醋业有限公司	史荣炳	醋	55	8	800	副会长
镇江丹玉食品有限公司	史荣炳	食品	50	6	500	副会长
江苏怡华光学眼镜有限公司	陈立军	眼镜	72	10	600	副会长
江苏海一比真光学镜片有限公司	崔金善	镜片	95	10	700	副会长
镇江市恒城醋业有限公司	魏　白	醋	10	3	200	成员
江苏格瑞特纺织品有限公司	葛恒林	服装	3	1	68	成员
丹阳市金億野营用品有限公司	洪伟铭	户外用品	45	12	400	成员
丹阳市捷鹭服装有限公司	蒋纪武	服装	120	20	600	成员
镇江市驰香调味品有限公司	马云汉	醋	12	3	100	成员
江苏苏帛制衣有限公司	吴云飞	服装	105	18	800	成员
江苏清禾光学眼镜有限公司	陈立军	眼镜	70	18	750	成员

续表 24

企业名称型	法人	销售产品类型	企业从业人员	电商从业人员	电子商务交易额（万元）	备注
丹阳市明盈服饰辅料厂	祁小明	服装	16	5	240	成员
丹阳市源山食品有限公司	盛秀文	食品	12	4	200	成员

（蒋弋旻）

【中国电信股份有限公司丹阳分公司】 2017年，丹阳电信公司完成2期800M重耕网络建设工程。开通站点261个；用于解决高铁沿线及区域内高流量扇区的2.1G网络扩容扇区120个；解决农村信号补盲及新建小区深度覆盖区域的1.8G网络24个站；完成17个室分的4G改造和9个新建室分开通工作；开通华地、邮政等AWIF的API96个；建设开通校园Wi-Fi的AP473个。全年铜退19万线对公里，实现铜退约835吨。FTTB设备退网322台；DSLAM设备退网120套，丹阳电信进入“全光网”运营时代。

发挥技术、人才、网络优势，落实“宽带丹阳”“无线丹阳”战略，助力“智慧丹阳”建设，光纤覆盖率达100%，城市公共区域Wi-Fi全覆盖。通过实施互联网＋战略，建成丹阳卫计委及医院医卫云平台、沃得企业信息化平台、超力电器数据中心等信息化平台，推进智慧应用，建设智慧丹阳。

与丹阳市政务服务管理办公室合作，将丹阳市12345政府热线建设成全媒体服务和大数据智能分析智慧中心、协同办事服务平台、服务效能监督平台、大数据运用分析平台、提供决策服务的创新平台四大应用平台，由热线向在线跨越和由咨询向协同办事跨越。新增与江苏省、镇江市12345平台的数据对接，打通数据壁垒，实现镇江市与丹阳市的数据信息互联互通、充分共享。

配合丹阳市卫计委将区域卫生信息化由2.0升级到3.0版本，构建全市医疗信息服务网络，形成公共卫生信息化发展格局。

（奚小莉）

【中国移动丹阳分公司】 2017年，中国移动丹阳分公司有员工185人，设有营业厅、专营与特约代理点280个（处）。全年建设基站217个，累计建设室外站点1031个和室内站点374个，实现丹阳4G网络全覆盖。客户规模72万户、宽带用户13万户、互联网电视用户10万户。

参与市政府“蓝天卫士”项目建设，依托移动通信基站搭建监控系统，实现对基站周围数公里范围农田的监控，实时监控焚烧秸秆现象，并能向巡查人员即时推送违法信息。至2017年底，全市建设“蓝天卫士”监控点位115个，基本覆盖丹阳全境所有农田密集地区。

参与数字化城市管理系统项目改造升级。采用“一级监督、二级指挥、分别处置”运行模式，系统覆盖老城区、开发区，部分覆盖练湖区域、司徒镇区域、延陵镇区域，面积约25.75平方公里。数字城管系统部件分为5大类（公用设施、交通设施、市容环境设施、园林绿化设施、其他部件），65小类；事件分为6大类（市容环境类、宣传广告类、施工管理类、突发事件类、街面秩序类、其他事件），84小类。

与市国土资源部门合作建设的国土资源综合动态智能监管平台项目2017年1月通过项目初验，3月通过项目终验。国土资源综合动态智能监管平台是一套集视频监控、智能预警、指挥调度、防盗报警为一体的智能国土资源信息系统，能够为指挥中心提供准确、及时的现场信息，并且对国土资源有效监控，实施土地保护和监护。2017年市移动公司开通物联网卡23万张，新增物联网链接数9万个。拓展鱼跃医疗智慧血压计物联网项目、康尚智能血压计和诊疗一体机项目。

（丁　伟）

财政·税务

栏目编辑 陈春芳

财　　政

【概况】 2017 年，丹阳市化解“营改增”对财政收入造成的困难，抓收入组织，完成一般公共预算收入 61 亿元，列全省第 12 位。全年争取上级补助收入 11.98 亿元，新增债券 12 亿元，盘活存量资金 1.53 亿元。完成一般公共预算支出 82.88 亿元，通过优化结构，统筹协调，保障民生及全市各项重点支出需求。压缩一般性支出，全市“三公”经费 2567 万元，比上年下降 25.92%；会议费、培训费 2710 万元，比上年下降 1%；政府采购节支率 10.3%。财政收支稳定在合理区间。（王宏梅）

【财政资金保障民生】 2017 年，丹阳市财政资金用于保障民生支出占一般公共预算支出的 79.48%。全面落实强农惠农政策。全年发放农机购置补贴、耕地地力保护补贴 8060 万元，受益农民 14.31 万户；拨付资金 3.2 亿元支持新孟河延伸拓浚、九曲河整治工程，安排资金 1.1 亿元，支持丹金溧漕河桥梁工程，投入资金 1.33 亿元，支持小型农田水利重点县、城乡公交一体化建设及农村公路提档升级；安排各类农村基础设施和社会事业资金 9800 余万元，提升农村公共服务均等化水平，拨付农业综合开发资金 2004 万元，开展农业基础设施建设；完善社会保障体系，提高居民养老、医保财政补贴标准，全年投入新农保 2.43 亿元、城乡居民医疗保险 2.58 亿元，发放城乡低保、临时救助、困难补贴、重残补贴、尊老金等 1.25 亿元；基本公共卫生服务投入 5881 万元，人均补助标准提高至 60 元，投入资金 2.02 亿元，巩固基本药物制度和医疗卫生机构综合改革；发放失业保险稳岗津贴 1016 万元，惠及职工 35401 人。支持教育事业发展。拨付 8782 万元用于学生公用经费，生均高于省定标准 10%；落实各类扶困助学政策，发放学生困难补助 1954 万元；拨付 5600 万元用于新建学校和学校现代化（含 8 所智慧校园）设施设备投入及农村合格幼儿园建设；投入 3.57 亿元用于偿还学校建设欠款、集资、BT 建设等各类历史债务。全力保障市委市政府各项中心工作资金需求。拨付 1715 万元用于全国文明城市创建；投入 1.84 亿元，用于环境污染防治专项行动等支出；投入 1940 万元，用于市政基础设施维护、老旧及安置小区的物业与路灯节能改造；设立镇级财力保障资金，全年投入 4000 万元，保障乡镇基本建设。（王宏梅）

【扶持实体经济】 2017 年，丹阳市财政采取全方位措施，扶持实体经济健康发展。落实减税降费政策，营造良好发展环境。通过全面推行“营改增”、落实小微企业税收优惠减免政策、组织开展涉企收费清理规范活动等，全年净减税 5.2 亿元，降费约 3 亿元。发挥资金杠杆效应，培植地方税源，在调整和完善财政奖补政策上，投入4.34亿元促进重点企业、传统产业转型升级。投入1000万元，助推企业上市，支持重点骨干企业健康可持续发展。投入科技创新基金1.13亿元、人才专项资金3725万元，引导企业科技化发展。实施个人购房消费奖励政策，兑现奖励2722万元。全力保障公积金贷款发放，支持市民住房改善需求。（王宏梅）

图143 2017年12月4日，市财政系统在市民广场举办财政政策宣传活动（王宏梅）

【创新服务发展方式】 2017年，市财政系统创新服务发展方式，发挥资金引领作用。大力开展PPP项目申报，共争取丹阳眼镜风尚小镇等5个项目进入江苏省财政厅PPP项目库。鼓励金融资本支持实体经济，投入1400万元设立科技型中小企业风险池，撬动1.4亿元银行授信扶持企业发展。投入2300万元，设立“苏科贷”，截至2017年年底，入库企业8家，备案12家，发放贷款1.05亿元，解决部分科技型企业的融资“难、贵”问题。（王宏梅）

【改革提高财政管理水平】 2017年，市财政系统在改革提高科学化精细化管理上不断尝试新做法。深入推进预决算公开。明确预算公开细节，硬化预算约束，从严管理上级专项资金申报、审核和分配、执行，及时清理收回存量资金。推进国库集中支付电子化改革。集中支付电子化系统2017年9月上线，规范管理，提高业务办理效率。加强财政监督。全年，对涉及教育、社保、交通、农业、城建等领域14个项目进行绩效评价，总计金额7.47亿元。加强国有资产管理。高质量完成行政事业单位资产和政府资产年报的统计和上报，加强行政事业单位资产配置与处置日常监管，及时纠正13起违规资产配置事项，涉及采购金额849.25万元。制定《关于对丹阳投资集团有限公司考核评价和薪酬管理的实施意见》等3个综合性文件，对企业国有资产进行清产核资，摸清国企家底，强化对投资集团等市属企业投融资及产权监管，履行出资人职责。（王宏梅）

【防范化解政府性债务风险】 2017年，市财政系统多举措防范化解政府性债务风险。加强对全市债务工作统一领导，出台丹阳市债务管理系列文件，进一步明确全市政府性债务及融资平台公司债务管理及监督办法。制定并有效落实债务化解方案，通过一般预算财力、政府性基金财力、资产处置变现等化解存量债务，各债务单位每月按时向市财政上报《丹阳市全口径债务化解方案落实情况月报表》。建立融资平台公司债务管理系统，规范融资平台公司举债融资行为，其收支列入预算管理，举借债务强制按审批流程报批。（王宏梅）

国　税

【概况】 2017年，丹阳市国税系统全年组织国税收入65.09亿元，比上年增收12.7亿元，增长24.3%；完成公共预算收入30.1亿元，比上年增收9.1亿元、增长43.5%；落实优惠政策规模突破50亿元，达56.13亿元，比上年增长39.84%，其中，提退税款4.77亿元，出口退免税21.84亿元，征前减免23.9亿元，固定资产抵扣5.59亿元，有效发挥稳增长、促改革、调结构、惠民生的税收职能作用。收入方面，主体税种全线增长。增值税完成50.93

亿元，比上年增长26.15%，增收10.56亿元，其中直接征收41.88亿元，比上年增长29.37%，增收9.5亿元；四大行业“营改增”收入8.01亿元（建筑业2.3亿元、金融业1.68亿元、房地产业3.05亿元、生活服务业0.98亿元），剔除“营改增”四大行业征收时期上的不可比因素，比上年增长16.59%，增收4.82亿元，全市经济发展稳步上行态势明显。所得税因大企业股份减持净增收8133万元及钢铁行业受国家去产能结构性调整行业利润拉升两大因素影响，税收增长突出，累计入库所得税11.22亿元，比上年增长20.86%，增收1.94亿元。传统产业增收多于减收，全市16个传统行业实现国税收入实绩45.19亿元，比上年增长18.25%。全市增值税一般纳税人申报销售收入1937亿元，比上年增长11.87%，其中工业企业销售收入1290.5亿元，比上年增长14.34%，完成年增长6%的目标任务，制造业实体经济发展势头良好。固定资产进项抵扣完成5.6亿元，比上年增长24.25%，完成全年15%增幅目标任务。市国税系统获国家级文明单位。（任珏方）

丹阳市国税系统组织收入完成情况表

表25　　单位：万元

项目	累计入库	增减比率%	增减额
税收收入合计	650579.2	24.33	127326.0
完成公共预算收入	301147.6	43.5	91283.6
一、国内增值税	509373.1	26.15	105603.2
1. 直接征收	418873.1	29.37	95103.2
（1）一般增值税	322122.4	14.16	39959.6
（2）改征增值税	96750.7	132.53	55143.6
改征增值税（县区分成）	95010.2	140.98	55582.9
改征增值税（省级分成）	1740.5	-20.15	-439.3
2. 免抵调库	90500.0	13.13	10500.0
二、企业所得税	112228.0	20.86	19370.5
内资企业所得税	46851.2	22.97	8752.6
涉外企业所得税	65376.8	19.39	10617.9
三、国内消费税	4054.1	9.14	339.5
四、车辆购置税	24923.6	8.79	2013.2

（任珏方）

丹阳市传统产业全年国税收入

表 26

行业	税收收入合计			其中：增值税含调库			其中：企业所得税		
	本期	同期	增减%	本期	同期	增减%	本期	同期	增减%
汽车制造业	87639	85145	2.93	63411	67077	-5.47	24228	18068	34.09
批发业	76141	34059	123.56	67918	27505	146.93	8223	6554	25.47
仪器仪表制造业	51533	45079	14.32	40081	34279	16.93	11452	10800	6.04
金属制品业	39114	38210	2.37	35975	36724	-2.04	3139	1486	111.24
专用设备制造业	34307	33603	2.10	21290	25621	-16.90	13017	7982	63.08
通用设备制造业	26711	24295	9.94	21937	21354	2.73	4774	2941	62.33
木材加工和木、竹、藤、棕、草制品业	23927	18528	29.14	17718	14468	22.46	6209	4060	52.93
黑色金属冶炼和压延加工业	23824	8197	190.64	14194	6071	133.80	9630	2126	352.96
电力、热力生产和供应业	13940	19921	-30.02	13940	19921	-30.02	—	—	—
电气机械和器材制造业	12864	13878	-7.31	10998	11387	-3.42	1866	2491	-25.09
橡胶和塑料制品业	11827	12166	-2.79	10349	10208	1.38	1478	1958	-24.51
纺织服装、服饰业	10952	10592	3.40	10535	10180	3.49	417	412	1.21
纺织业	10583	9121	16.03	10215	8788	16.24	368	333	10.51
其他制造业	10279	11117	-7.54	9177	8500	7.96	1102	2617	-57.89
零售业	9620	8426	14.17	7929	7194	10.22	1691	1232	37.26
化学原料和化学制品制造业	8675	9843	-11.87	7976	8918	-10.56	699	925	-24.43
重点行业合计	451936	382180	18.25	363643	318195	14.28	88293	63985	37.99
占全市合计%	72.71	76.94	-4.23	71.39	78.78	-7.39	78.67	68.91	9.77
全市合计	621601	496735	25.14	509373	403878	26.12	112228	92857	20.86

（任珏方）

【纳税服务】 2017年，丹阳市国税系统全面落实“放管服”要求，不断优化营商环境。规范各类备案行为，简化审批类备案程序，确立58项备案类行政权力事项，加快简政放权，激发市场活力。全面推进“体验式”服务厅功能转型，推广电子税务局使用。全年9100户次纳税人发票“网上申领、邮递送达”。后台审核各类线上办税申请8791条，提高办税效率。推进国地税合作，消除办税难点，22个合作大项目实现到位。组织纳税培训47场次，6000多户纳税人从中受益。特服电话接通20390次，接通率96.8%。

（任珏方）

【兑现各类税收优惠56.13亿元】 2017年，

市国税系统在常年坚持的组织收入原则不动摇基础上，积极落实兑现鼓励高新技术、支持三农、改善民生以及促进小微企业发展等税收优惠政策，有力促进全市经济和社会事业的发展。全年，累计兑现各类税收优惠56.13亿元（占国税全年收入实绩的86.28%），比上年增长39.84%，增加16亿元，其中征前减免各类税款23.9亿元，比上年增长74.47%；先征后退各类税款4.77亿元，比上年增长12.19%，增加1.41亿元；出口退抵税21.84亿元，比上年增长17.61%，多退抵3.26亿元；固定资产进项抵扣税款5.6亿元，比上年增长24.25%，增加1.1亿元。（任珏方）

【出口免抵销售增幅明显】 2017年，丹阳市出口免抵退销售收入127.4亿元，比上年增长12.28%，比镇江市平均增幅8.93%高3.35个百分点，比全省平均增幅13.09%低0.81个百分点，增幅明显。分季度看，4个季度分别增长9.95%、12.29%、10.95%，15.88%，出口形势年底拉升态势明显，优于2016年的增长2.2%、2015年的增长3.3%、2014年的增长3%。

（任珏方）

丹阳市销售排名前二十行业

表27　　单位：万元

行业名称	销售收入		
	本期	同期	增减%
批发业	3195204	3197070	-0.06
汽车制造业	2339924	2092937	11.8
黑色金属冶炼和压延加工业	1570788	832047	88.79
金属制品业	1360337	1187040	14.6
专用设备制造业	1203418	1169105	2.93
有色金属冶炼和压延加工业	843830	653103	29.2
仪器仪表制造业	637660	599454	6.37
通用设备制造业	624483	621738	0.44
零售业	578100	559952	3.24
房地产业	536521	118813	351.57
木材加工和木、竹、藤、棕、草制品业	474122	385662	22.94
电气机械和器材制造业	468122	450331	3.95
橡胶和塑料制品业	381048	326103	16.85
其他制造业	359810	274616	31.02
纺织业	357825	313708	14.06
农业	328237	719479	-54.38
化学原料和化学制品制造业	317265	312097	1.66

续表 27

行业名称	销售收入		
	本期	同期	增减%
造纸和纸制品业	298050	161423	84.64
纺织服装、服饰业	290797	274912	5.78
计算机、通信和其他电子设备制造业	237394	247209	-3.97
重点行业小计	16402935	14496799	13.15
占全市合计%	84.70	83.74	1.14
全市合计	19366797	17311107	11.87

（任珏方）

各镇（区）2017年国税工商税收完成情况

表 28 单位：万元

项目 镇区	中央50% 县区50% 增值税	其中：改征 增值税	中央50% 省50% 增值税	企业 所得税	消费税	税收小计	公共预 算收入	免抵 调库	出口 退税
合计	507633	95010	1740	112228	4054	625655	298591	90500	127892
云阳	64312	26375	242	4195	553	69301	33834	4310	14401
司徒	37591	5031	31	17935	5	55561	25854	14686	11292
延陵	13475	1998	18	2111	2	15606	7582	2797	9565
珥陵	5855	657	—	608	—	6462	3170	453	699
陵口	8175	457	3	287	—	8465	4202	598	1510
皇塘	16778	1089	6	2299	1	19083	9308	2868	3235
导墅	12384	396	3	451	4	12842	6372	1144	2190
吕城	15834	448	—	926	—	16761	8288	4824	4138
访仙	14988	498	0	698	—	15686	7773	3247	2615
开发区	168251	44750	1406	48311	3480	221447	103450	30605	44426
丹北	125382	11477	30	31794	1	157207	75408	21523	24300
界牌	24609	1831	1	2614	10	27233	13350	3444	9520

（任珏方）

地　　税

【概况】 2017年，丹阳市地税系统完成总收入49.04亿元，比上年增长4.6%。其中，完成税收收入25.39亿元，公共财政预算收入20.81亿元，比上年增收7437万元，增长3.71%。入库社会保险费20.57亿元，比上年增收2.24亿元，增长12.23%。获江苏省政府残工委“2016年按比例安排残疾人就业工作优秀单位”，镇江市地税局年度考核绩效总分、特别加分排名首位，镇江市地税系统先进单位，丹阳市2017年度“争先创优”活动评议执法单位第一名，丹阳市依法行政工作成绩突出单位等荣誉。

（陈爱芹）

【组织收入实现新突破】 2017年，市地税系统通过多项举措实现组织收入新突破。建立“三级收入预警机制”，不断完善综合收入分析体系，加强重点税源监控分析管理，着重反映重点税源企业收入特点、行业结构、税负状况、税源潜力等。构建税种精细化、专业化管理机制，加强房产、土地两税管理，上线“以地控税”管理系统。加强土地增值税预征、清算以及尾盘销售管理，清算比例90%以上。自主开发“自然人税收主题数据库”，按照“一户一档”原则，有效提升自然人税收管理服务质效，该做法获《新华日报》、江苏省地税局网站、《镇江日报》等推介。强化欠税管理，完善欠税管理工作流程，将欠税失信行为与纳税信用等级评定挂钩，逐户明确征信风险，有效遏制恶意欠税蔓延势头。

（陈爱芹）

【创新征管模式】 2017年，市地税系统在深化改革中提升效能，不断创新税收征管模式。完善机构设置和职能配置，实现“征、评、查”环节相对集中，“管”环节相对分散的完整新型管理体系。推行分级分类管理，合理划分纳税人类型，结合“营改增”后地税机关职能变化，按照“规模＋行业”重新对纳税人进行分类，集约化使用管理资源。深化综合治理，与市财政、国税部门全方位推进国地税个体管理合作，规范国地税通办业务，设立通办窗口，便利纳税人。实现国税窗口代开环节代征地方税收，与市法院、国税局建立涉税信息共享及税费征管协作机制，规范征管秩序，推进社会诚信体系建设。

（陈爱芹）

【深化信息管税】 2017年，市地税系统深化信息管税，数据管理取得新成效。以风险管理为导向，积极探索税收大数据处理应用，构建数据应用格局。建立风险任务统筹和分类风险应对机制，对风险级别较低纳税人、一般税源户采取常规管理措施，对风险级别较高纳税人和重点税源户风险应对职能进行统筹，通过团队化运作模式，提升风险管理专业化水平和实战能力，全年全系统推送中等风险任务909户，风险应对入库税款1.06亿元，风险应对贡献率4.44%。开发“本地化数据仓库”，提升数据治税质效，通过采集和完善历史涉税信息，按征收、监控、分析等类别进行存储，实现存量信息和增量信息增值利用。加强内外部信息综合利用，重点对国土、房管部门建立数据库以来土地、房屋信息比对，识别风险信息1397条，应对入库房产、土地两税709万元。构建档案资源增值利用新机制，定期归集江苏省地税局“电子档案管理系统”信息，通过分析归档电子数据中“变更税务登记”模块，应对入库税款2487万元，加收滞纳金27万元。（陈爱芹）

【纳税服务提升】 2017年，市地税系统在原有基础上持续提升纳税服务建设。深入开展暖企大走访，通过服务性调研从地方税收视角分析企业经济运行态势、未来发展趋势，帮助企业排忧解难，服务实体经济发展。持续推进国地税共建办税服务厅建设，设置综合办税窗口，实现无缝对接零时差退税。优化房产交易涉税流程，实现不动产登记“一窗受理、集成服务”。探索纳税服务质量定期评价反馈制度，实现纳税服务投诉多渠道接收、同一平台处理、全程监控督办。市地税局报送的《江苏省丹阳地税局深化“放管服”不断优化发展环境》被国家税务总局《税务简报》专刊刊载。 （陈爱芹）

图 144 2017 年，市地税系统深入开展“暖企惠民大走访”活动 （陈爱芹）

【依法治税】 2017 年，市地税局通过完善制度规范执法，依法治税取得新进展。推进执法规范化和标准化，在适应地方税体系特点基础上，不断完善新征管体制和“金三”系统上线后的执法流程规范化建设，全面推进执法过程全记录，落实税收执法全程留痕管理，建立标准化部门职责清单和办事流程清单。开展法治税务建设年活动，建立内部风险控制机制。归纳收集近年来地税典型行政执法案例，开展行政指导，报送的《抽茧剥丝，去伪存真一揭开外籍个人股权转让价格迷雾》案例获江苏省地税系统国际税收案例评选一等奖。落实税收优惠政策，加强与市科技局等部门配合，全年减免税 10.40 亿元，创历史新高。 （陈爱芹）

公共资源交易

【概况】 2017 年，丹阳市公共资源交易推进交易行为规范化，强化优质服务。全年组织各类进场交易活动 4653 次，其中，工程（含水利）交易 380 次，交易总额 32.17 亿元，节资额 2.84 亿元，节资率 8.83%；产权交易 234 次，交易总额 0.38 亿元，溢价 0.0174 亿元，溢价率 4.77%；国土交易 106 次，交易总额 59.18 亿元，溢价 16.10 亿元，溢价率 37.37%；农村产权交易 644 笔，交易总额 1.65 亿元，溢价 1188 万元；政府采购交易 2838 宗，交易总额 2.75 亿元，节资额 0.24 亿元，节约率 8.04%。全市公共资源交易工作全年零质疑、零投诉。

交易中心网站累计访问量 800 余万次，平均日访问量 25000 余次；在各类网站发布招投标交易信息 6000 余条；完成评委抽取 600 多次，400 余个工程（采购）项目使用语音通知系统进行评委抽取与通知，64 个综合因素工程项目通过省 5.0 监管系统进行远程评委抽取。

交易中心定期与市住建、规划、水利等有关部门召开工作联席会议，协调工作过程存在问题。做好“曲韵江南”“中北学院”等重点工程项目。突出做好民生项目，规范乡镇招标采购。

（章宁康）

【农村产权交易建设】 2017 年，丹阳市积极推进农村产权交易建设，提升乡镇产权交易业务水平。年初，丹阳市委提出“建立农村产权流转交易市场”，推动农村产权流转交易公开、公正、规范运行，全市各镇（街道）相继成立农村产权交易服务中心，出台农村产权交易工作实施意见，按照农村产权交易中心的建设要求，基本做到“六有”（有人员、有场所、有牌子、有台账、有信息服务平台、有档案）。举办农村产权服务平台软件操作培训班，规范操作，提升业务水平。农村产权交易项目按江苏省农村产权交易信息服务平台操作流程规范交易，产权交易各环节手续完备，项目附件上传资料齐全，合同按时签订，内容规范。 （章宁康）

金　融

栏目编辑 陈春芳

综　述

【概况】 2017年，丹阳市金融系统围绕市委市政府的战略部署，因地制宜贯彻稳健中性货币政策，不断创新金融产品，改进金融服务手段，落实金融支持措施，服务金融稳定大局，守住不发生系统性、区域性金融风险底线，促进全市经济金融稳健发展。

全市拥有银行业金融机构19家。至12月末，金融机构各项本外币存款余额1126.52亿元，比年初增加64.43亿元，增长6.07%；各项本外币贷款余额1007.5亿元，比年初增加36.79亿元，增长3.79%。

全市拥有保险主体机构35家，其中，32家为保险协会会员单位。寿险业销售人员7958名（个险7111人，银邮847人），丹阳区域保险深度2.25%，保险密度每人2834元。保险业贯彻落实《国务院关于加快发展现代保险服务业的若干意见》和江苏省、镇江市政府的实施意见精神，充分发挥保险社会“稳定器”和经济发展“助推器”作用，在保险市场客户需求增长，进入保险市场主体不断扩大，保险产品更新及销售方式创新加大，居民收入攀升，银行业利息低迷等多因素推动下，保险业发展迅速，保费收入增长显著，且寿险类保费增长趋势高于财险类。全年，保险行业保费总收入28.34亿元，总保费年度增长19.53%，其中，财产险总保费7.55亿元，比上年增长5.1%，累计赔付4.76亿元，比上年增长7.64%；寿险总保费20.79亿元，比上年增长25.78%，累计赔付5.32亿元，比上年增长13.74%。

全市拥有证券营业部4家，在金融去杠杆向纵深推进，市场交易持续清淡背景下，光大证券丹阳营业部、西部证券丹阳营业部共完成股票基金交易金额639.05亿元。

全市拥有融资性担保公司2家，累计担保企业1008个，担保额93.6亿元，在保余额17.26亿元。

（丁静静　汪　芳）

2017年丹阳市全金融机构本外币信贷收支（存款）报表

表29　　单位：万元

来源项目名称	年末余额
一、各项存款	11265222
（一）境内存款	11247890

续表 29

来源项目名称	年末余额
1. 住户存款	6109405
（1）活期存款	1696828
（2）定期及其他存款	4412577
2. 非金融企业存款	3522424
（1）活期存款	1575126
（2）定期及其他存款	1947298
3. 广义政府存款	1597076
（1）财政性存款	30195
（2）机构团体存款	1566881
4. 非存款类金融机构存款	18985
（二）境外存款	17332
二、金融债券	—
其中：境外发行	—
三、卖出回购资产	—
四、借款及非存款类金融机构拆入	—
五、联行往来（净）	—
六、应付及暂收款	238921
七、各项准备	334158
八、所有者权益	339562
其中：实收资本	72403
九、其他	-448636
资金来源总计	11729227

（丁静静）

2017 年丹阳市全金融机构本外币信贷收支（贷款）报表

表 30　　单位：万元

来源项目名称	年末余额
一、各项贷款	10074977
（一）境内贷款	10074545

续表 30

来源项目名称	年末余额
1. 住户贷款	2117600
（1）短期贷款	509927
其中：消费贷款	151406
经营贷款	358521
（2）中长期贷款	1607673
其中：消费贷款	1505274
经营贷款	102399
2. 非金融企业及机关团体贷款	7956945
（1）短期贷款	4643147
（2）中长期贷款	3059617
（3）票据融资	224612
（4）融资租赁	—
（5）各项垫款	29569
3. 非存款类金融机构贷款	—
（二）境外贷款	432
二、债券投资	303565
其中：境外债券	—
三、股权及其他投资	263060
四、买入返售资产	—
五、存放非存款类金融机构款项	—
六、联行往来（净）	975071
其中：境内存放二级准备金	193619
七、金银占款	—
八、中央银行外汇占款	—
九、应收及预付款	70026
十、投资性房地产	—
十一、固定资产	42528
资金运用总计	11729227

（丁静静）

2017 年丹阳市辖区银行名录

表 31

名称	营业部地址
中国人民银行丹阳市支行	丹阳市开发区东方路 22 号
中国农业发展银行丹阳市支行	丹阳市开发区东方路 11 号
中国工商银行丹阳市支行	丹阳市云阳路 3 号
中国农业银行股份有限公司丹阳市支行	丹阳市云阳路 60 号
中国银行股份有限公司丹阳支行	丹阳市新民中路 11 号
中国建设银行丹阳支行	丹阳市云阳路 1 号
交通银行丹阳支行	丹阳市新民中路 17 号
江苏银行丹阳支行	丹阳市开发区迎春路 518 号
丹阳农商银行	丹阳市金陵西路 152 号
中国邮政储蓄银行丹阳市支行	丹阳市新民东路 43 号
丹阳保得村镇银行	丹阳市开发区东方路东方嘉园 6—8 栋
华夏银行丹阳支行	丹阳市新民东路 20 号
张家港农商银行丹阳支行	丹阳市开发区丹桂路 35 号
招商银行丹阳支行	丹阳市华阳路城市绿洲花园 1—3 号
浦发银行丹阳支行	丹阳市开发区凤凰路 85 号
中信银行丹阳支行	丹阳市开发区东方路报业大厦 1—2 层
民生银行丹阳支行	丹阳市金陵西路 181 号
兴业银行丹阳支行	丹阳市新民西路 279 号
江南农商银行丹阳支行	丹阳市丹凤北路 315 号
南京银行丹阳支行	丹阳市开发区兰陵路 9 号

（丁静静）

2017 年丹阳市财产保险机构名录

表 32

名称	地址
中国人民财产保险股份有限公司丹阳支公司	丹阳市云阳路 7 号
太平洋财产保险股份有限公司丹阳支公司	丹阳市城河路金虹花园 A 座
平安财产保险股份有限公司丹阳支公司	丹阳市开发区金陵西路 158 号邮政综合楼
中华联合财产保险公司丹阳支公司	丹阳市练湖场部对面
大地财产保险公司丹阳营销服务部	丹阳市西二环路海达家具南 800 米新飞彩钢 2 楼
紫金财产保险有限公司丹阳支公司	丹阳市开发区行政审批中心西侧
天安保险有限公司丹阳营销服务部	丹阳市练湖场部对面

续表 32

名称	地址
阳光财产保险有限公司丹阳营销服务部	丹阳市西门锦湖路 112 号
中国人寿财产保险公司丹阳支公司	丹阳市幸福小区 26 幢 120、121、122 室
永安财产保险有限公司丹阳营销服务部	丹阳市丹凤北路 315 号
长安责任保险股份有限公司丹阳支公司	丹阳市开发区东方路 22 号
中银财产保险股份有限公司丹阳支公司	丹阳市新民中路银杏苑 1 栋中国银行后 2 楼
华安财产保险股份有限公司丹阳营销服务部	丹阳市开发区东方路 25 号商务局 2 楼
安邦财产保险股份有限公司丹阳营销服务部	丹阳市中山路 194 号眼镜城 1—8 号
太平财产保险股份有限公司丹阳营销服务部	丹阳市开发区曲阿路 1 号
亚太财产保险股份有限公司丹阳支公司	丹阳市丹凤南路 1 号 2 楼
都邦财产保险股份有限公司丹阳支公司	丹阳市丹凤北路 315 号货运大厦 404、405 室

（汪　芳）

2017 年丹阳市人寿保险机构名录

表 33

名称	地址
中国人寿保险股份有限公司丹阳支公司	丹阳市新民中路 23 号
平安人寿保险股份有限公司丹阳服务部	丹阳市兰陵路丽都国际 4 楼
太平洋人寿保险股份有限公司丹阳支公司	丹阳市城河路金虹花园 A 座
新华人寿保险股份有限公司丹阳营销服务部	丹阳市新民东路东方大厦 5 楼
泰康人寿保险公司丹阳支公司	丹阳市金鹰写字楼 7 楼
华夏人寿保险股份有限公司丹阳营销服务部	丹阳市西苑公寓门市幢 14—20 室（新昌大厦 3、4 楼）
中国人民人寿保险股份有限公司丹阳支公司	丹阳市文化城 3 楼
太平人寿保险股份有限公司丹阳营销服务部	丹阳市金鹰写字楼 5 楼
阳光人寿保险股份有限公司丹阳支公司	丹阳市振兴路 1 号新海装饰城 8 楼
生命人寿保险股份有限公司丹阳营销服务部	丹阳市界牌中心街江心商贸有限公司 2 楼
长城人寿保险股份有限公司丹阳营销服务部	丹阳市老汽车站加油站对面
华泰人寿保险股份有限公司丹阳支公司	丹阳市兰陵路丽都国际 10 楼
信诚人寿保险股份有限公司丹阳营销服务部	丹阳市新民东路 20 号钱塘宾馆 7 层
信泰人寿保险股份有限公司丹阳营销服务部	丹阳市丹凤南路 21 号 4 楼
利安人寿保险股份有限公司丹阳营销服务部	丹阳市新民东路 20 号钱塘宾馆 5 楼

（汪　芳）

【镇江银监分局丹阳监管办】 2017年，丹阳银监办督促引导辖区银行业金融机构推动改革创新，提升金融服务水平，增强支持供给侧结构性改革动力，努力解决金融服务不平衡、不充分问题，防控和化解地方区域性风险，协助政府推进信用环境建设，持续打击逃废银行债务行为。

引领银行助推实体经济转型升级。根据地方政府有关部门出台的金融支持实体经济实施意见，对制造业贷款投放情况按月监测、按季通报，支持制造业企业转型发展。

支持农业供给侧结构性改革。督促辖内银行业金融机构支持新型农业经营主体，加大对绿色农业、循环农业等领域支持力度，年末，辖内各农村中小金融机构累计新发放新型农业主体贷款228户7.11亿元。加大对违规收费清理规范和督察，组织银行业金融机构开展自查自纠，通过循环贷款、主动续贷等方式，帮助满足贷款条件的企业减少贷款环节，降低融资成本。年末，辖区银行业大、中、小微企业综合融资成本分别降至4.2%、4.58%和5.71%。丹阳地区小微企业全年累计发放财政性小微企业周转贷款3375笔239.03亿元，为丹阳地区企业节约财务成本约1.18亿元。

持续发展普惠金融。加强小微企业金融服务监测与通报，引导银行业金融机构改进小微企业信贷流程，推进产品创新，降低小微企业融资成本。有序推动银行业金融机构开展“阳光金融普惠三农”服务品牌创建，年末，辖内农村中小金融机构建立农户经济档案13.21万户，建档覆盖面75%，授信户数6.88万户，用信户数0.73万户。继续推进基础金融服务“村村通”，设立乡镇及以下标准化网点49个，简易便民服务和流动服务网点146个，设置各类电子机具910台。

加强监管力度，有效防范化解信用风险。通过组织开展信用风险专项排查，督促银行业金融机构按要求做好自查、制定年度不良贷款管控目标等，全年处置化解不良贷款48.39亿元，其中，核销不良贷款13.52亿元，辖区不良贷款实现“双降”。组织辖区银行业金融机构对企业担保圈（链）贷款风险情况专项排查，梳理出担保圈链7个，涉及银行贷款担保金额32.41亿元。持续对辖区银行贷款逾期欠息情况、不良贷款情况进行监测，并向当地政府通报，辖区逾期欠息贷款比年初下降21.46亿元，降幅20.98%。

防控流动性案件风险。督促法人银行业金融机构建立现金流测算分析框架，按季开展压力测试，定期开展应急预案演练。推动村镇银行与主发起行签订流动性支持协议和重大风险化解处置承诺书，对农村商业银行开展2016年度信息科技风险监管评级，督促银行业金融机构切实做好重要时期网络安全保障工作。推动银行业金融机构落实轮岗监管要求和银行债权人委员会工作，达到银行业自身提高风控能力、维护金融债权目的。通过签定政银企联合公约和小微企业周转贷款等多种方式，防止风险继续扩散和蔓延，稳定企业融资环境。

组织开展风控责任落实情况专项检查和辖区银行业金融机构信用风险专项排查等，加强合规管理，落实风险防控责任，进一步增强银行业金融机构依法合规经营意识。 （王一良）

【中国人民银行丹阳市支行（国家外汇管理局丹阳市支局）】 2017年，市人民银行坚持稳中求进工作总基调，主动适应经济发展新常态，结合地方经济发展实际，落实供给侧结构性改革措施，执行稳健中性货币政策，推进金融改革创新，维护金融稳定，提高金融服务水平，服务支持地方经济发展。

举办政银企恳谈会，开展“暖企”走访等活动，与企业主动对接，全年政银企对接授信累计145.53亿元，切实增加对实体经济有效信贷供给。货币政策有效实施，推动《丹阳市新型农业经营主体保证保险贷款实施办法》出台，改进和完善对家庭农场等新型农业经营主体的金融服务。发挥货币政策工具撬动作用，为保得村镇银行和市农商行分别申请6000万元和3.45亿元支农再贷款。推动市政府制定《全力打造资本市场“丹阳板块”的若干政策意见》。

围绕守住不发生系统性、区域性金融风险底线，防范金融风险。全市各银行压降不良贷款 32.67 亿元，为企业提供周转贷 922 笔总金额 52.6 亿元，帮助企业规避贷款风险。组织签订《银行业金融机构维护金融生态公约》《支付结算业务自律公约》《丹阳市银行外汇业务和跨境人民币业务自律公约》，推动全市金融业加强自律。推动市政府成立政通投资基金，处置不良资产。配合丹阳市成立化解担保圈风险工作组，化解五大担保圈企业风险。成立化解乡镇企业金融风险工作小组，按照不同模式处置相关风险。参与百日打击恶意逃废债集中行动、百日金融案件执行集中行动、百日打击非法集资集中行动、金融惠企活动和集中化解担保圈风险活动。督促银行机构开辟协查绿色通道，加强对被执行人资金流向的监测，配合人民法院开展案件协查并推动成立金融审判庭。

建设普惠金融，全年约谈辖区 7 家承销机构负责人，梳理、分析国债发行存在问题。货金业务取得新进展，形成银行间相互调剂、公交公司和商户之间签订供需合同的自循环机制，安全出入库无差错。启动“人民币反假邮路”工程，建立覆盖到村、户的人民币反假网络体系。深化平安金融创建，以央行志愿者为主体，带动辖区银行机构深入社区开展金融知识宣传活动 24 次，受众 7000 余人次。

加大外汇业务监管与服务监测核查力度，防范跨境资金流动风险。市外汇管理局采取预警约谈、现场核查等办法，确保辖区外汇业务合规性。完成货物贸易现场核查企业 76 家，降级企业 15 家；开展服务贸易现场核查企业 20 家。完成外商投资企业存量权益登记工作。深化外汇服务创新，执行外汇新政支持企业跨境融资，全年外商直接投资企业现汇资本金入账登记 1.67 亿美元，比上年上升 12.48%，累计外债登记金额 7000 万美元。　（丁静静）

【中国农业发展银行丹阳市支行】　2017 年，市农发行履行农业政策性银行职能，支持农业供给侧改革和实体经济发展，各项工作稳步推进，信贷资产质量稳中向好。至年末，各项贷款余额 29.59 亿元，比年初减少 2.88 亿元；存款日均余额 12.69 亿元，比年初增加 2.32 亿元，增幅 18.29%。全年累放各类贷款 4.81 亿元，比上年减少 22.13 亿元，其中累放中长期贷款 0.3 亿元、流动资金贷款 1.35 亿元、粮棉油购销储贷款 3.16 亿元。全年账面利润 5700 万元，比上年增加 600 万元；中间业务收入 180 万元，与上年持平；外汇结算 1600 万美元，比上年增加 300 万美元。截至 12 月末，累计收回贷款 76959 万元，当年到期贷款收回率超 100%。

针对粮食流通体制改革不断深入，粮食收购资金供应和管理出现的新变化，持续做好粮油购销储信贷业务，确保在“不打白条”前提下防控风险，通过系列措施帮助企业落实贷款申报条件，争取贷款及时发放。全年累计投放收购资金贷款 10680 万元，支持企业收购小麦和稻谷。

做好项目贷款营销与精准扶贫业务，至年末，营销款额 17 亿元，其中棚改项目 2 个申请贷款 12 亿元，营销自营性项目 2 个申请贷款 5 亿元。丹阳市城乡一体化发展规划建设，结合项目建设进度投放贷款。引导贷款企业扶贫帮困，确保国家精准扶贫落到实处，截至 12 月末，累计投放扶贫贷款 5000 万元，与 5 个国定贫困人口建立扶贫帮扶协议。　（郭　诚）

图 145　2017 年 10 月 18 日，国家重点金融机构监事会主席于学军（中）、中国农业发展银行江苏省分行行长徐浩（前右一）等察看丹阳市农发行支持的九曲河水利整治项目　（郭　诚）

【中国工商银行丹阳市支行】　2017年，市工行按照丹阳市经济金融决策部署，深入推进供给侧结构性改革，聚焦金融支持实体经济发展和转型升级，创新金融产品和服务，主动防范金融风险。全年实现拨备前账面利润3.1亿元，本外币存款（含同业）余额68.26亿元，本外币贷款余额117.18亿元（不含贴现）。通过抓优质项目储备评估，优质项目贷款资源储备投放，促进资产业务可持续发展，全年新增项目贷款10.51亿元。借助政府营造的诚实守信氛围，打击逃废债行为，清收转化不良贷款，注重风控与质量管理，全年现金清收风险贷款4621万元，打包处置32户82898万元，诉讼77户，涉诉金额153515万元。（孙　悦）

【中国农业银行丹阳市支行】　2017年，市农行坚守服务“三农”政策，强化风险管理、服务实体经济等能力建设，推进经营理念、组织结构、盈利方式、业务流程、动力机制和商业模式六大转型，各项工作持续向好。至年末，各项存款余额171.3亿元，新增2.46亿元，其中新增个人资金和存款实现“双超”。加强信贷投放，各项贷款余额94.8亿元，比年初增加2.2亿元。推进客户、业务、网点转型，发展代理保险、网络金融等业务，首推本地同业城乡“刷脸取款”业务。服务地方经济发展，信贷投放采取利率优惠等措施，支持农业产业化龙头、高科技、“三农”及部分困难企业。加大城镇化和优质基础设施类项目支持，提升服务小微企业能力，以“苏微贷”“苏科贷”等政府增信产品为突破口，与开发区合作创新“丹微贷”、推广“金农贷”“农机贷”等惠农贷款产品，并落实全省首批“苏担通”等业务，缓解小微企业与“三农”客户融资难问题。快速压降不良信贷，加快存量处置，至年底，全行不良贷款余额1.6亿元，占比1.77%，分别比年初下降0.94亿元、0.99个百分点。（华元成）

【中国银行股份有限公司丹阳支行】　2017年，市中行履行国有银行经济责任，贯彻落实江苏省分行“攻坚突破发展年”各项战略要求，年末实现本外币一般性存款时点余额102.15亿元，比年初新增10.88亿元；本外币各类贷款余额73.24亿元，比年初新增3.55亿元，其中对公贷款43.89亿元、个人贷款3.74亿元，存贷款新增市场份额排名均居四大行第一。不良贷款和不良率持续“双降”，两项指标在四大行中最低。

立足服务地方经济建设，优化信贷结构，助力一批创新型、外向型、环保型、高科技、高附加值的制造企业做大做强，促进丹阳制造业转型升级。依托“中银税贷通”“苏科贷”“政银担”合作模式，精准服务中小微企业，落实监管机构要求。不断提升网点效能和特色化网点建设与个金转型，年内成功提升全功能网点1个，网点智能化柜台改造13个。辖内开发区支行单笔对私结售汇金额1618万欧元，列总行第一名，获总行战略贡献奖，府前支行智能服务和界牌支行对私结售汇产品获江苏省行战略贡献奖。

市支行获镇江辖内年度绩效考核排名第一、镇江市政府“信贷支农优秀单位”，辖内后巷支行获江苏省银行业协会“普惠金融乡镇网点文明规范服务五星级网点”，西环支行获江苏省分行“模范职工小家”。（眭丽萍）

【中国建设银行丹阳支行】　2017年，市建行围绕江苏省分行“夯基固本、转型创新、做大做优做强”工作部署，坚持精细管理、务实创新、提质增效，平稳有序推进各项工作。截至年末，实现拨备前利润3.3亿元，中间业务收入1.17亿元，一般性存款日均余额112.03亿元，新增11.26亿元，市场占比51.11%，列同业第一。其中，对公存款余额48.19亿元，新增6.31亿元，两项指标均列同业第一；储蓄存款余额63.84亿元，市场占比22.36%，新增4.95亿元，市场占比29.51%，两项指标均列同业第二。各类贷款余额103.38亿元，其中，个人贷款余额占比36.33%，列同业第一。

参与政府金融服务，与丹阳市政府、市人行共同推动普惠金融，分别在丹北镇、皇塘镇、陵口镇召开普惠金融银政企座谈会，向企业宣传“云税贷”“税易贷”等组合优化产品，缓解小微企业融资难、融资贵问题，为实体经济提供有效支持。开发网点柜面代收社保费业务，跟进落实网上银行、手机银行和自动柜员机渠道代收社保费功能，提前1个月完成首批9万余张社保卡发放工作。

市建行获“2014－2016年镇江市文明行业”、总行级优秀县域网点和青年文明号、江苏省行级反洗钱工作先进单位，开发区支行获江苏省银协授予的“江苏银行业普惠金融文明规范服务五星级网点”。（邓舒婷）

图146 2017年12月，市建行在丹北镇举办“普惠金融”银政企座谈会（邓舒婷）

【交通银行丹阳支行】 2017年，市交行贯彻落实全国金融工作会议精神，围绕服务实体经济、防控金融风险、深化金融改革，加强金融机制创新，全面提升服务实体经济能力，实现规模和效益平稳增长。至年末，支行人民币存款64.01亿元，各项贷款65.83亿元，其中公司业务贷款48.1亿元、小企业贷款6.83亿元、个人消费贷款10.9亿元，实现经营利润1.6亿元，不良率控制在2.81%。

积极与上级行争取贷款资源，支持实体经济。在制度允许范围内抢规模，确保重点行业、获政府支持企业贷款投放，其中，交银国信对丹阳绿城水利公司发放7亿元信托贷款、市交行向丹阳水务集团第二水源发放2亿元建设项目贷款。在保障刚性规模情况下对小微企业贷款存量客户实行“有保有压”授信策略，利用各种产品进行支持。推出以眼镜城商圈贷款和“财科贷”项目的特色金融产品，全年累计新增贷款18户，累计新增贷款投放13580万元。

市交行营业部获中国银行业文明规范服务五星级营业网点，眼镜城支行获江苏省银行业普惠金融文明规范服务五星级示范网点。

（毛卫华）

图147 市交行积极参加“金融知识进万家”公益活动（毛卫华）

【江苏银行丹阳支行】 2017年，江苏银行丹阳支行存贷款率稳定增长。至年底，各项存款27.6亿元，比年初增加10.5亿元。其中，单位存款17.8亿元，比年初增加8.8亿元；储蓄存款6.8亿元，比年初增加1.5亿元；保证金存款2.9亿元，比年初增加0.15亿元。各项贷款39.2亿元，比年初下降2.3亿元，其中，公司贷款31.4亿元，比年初下降4.6亿元；零售贷款7.8亿元，比年初增加2.2亿元。全年净利润432万元，比上年增加1220万元，实现扭亏为盈，经营效益明显好转。

丹阳支行通过持续开展慈善公益活动和“金融知识进万家”“3·15消费者权益保护宣传”等金融惠民活动，在全社会提升公众形象，增强社会影响力。参加丹阳首届“金融知识普及大赛”，获得第一名。丹阳支行先后获2016年度金融消费者权益保护工作A类单位、2014－2016年丹阳市文明单位、2017年执行外汇管理规定A类单位。（何云华）

【丹阳农商银行】 2017年，丹阳农商银行立足服务三农和小微企业，防控风险，进一步提高服务实体经济能力和水平。截至年末，各项存款余额247.68亿元，比年初增加16.03亿元，增幅6.92%；各项贷款余额183.22亿元，比年初增加13.81亿元，增幅8.15%，存贷款市场份额继续居丹阳金融机构之首。

加大信贷支持力度，破解小微企业信贷问题，创新“亲情贷”“税贷通”等产品，完成小微企业贷款目标，引导信贷资金流向实体经济。全行小微企业贷款余额156.26亿元，比年初增加12.65亿元，增幅8.81%，比各项贷款平均增幅高0.66个百分点；小微企业贷款户数6644户，比上年同期增加2048户；申贷获得率96.16%，比上年同期高0.11个百分点。

改善普惠金融，支持现代农业发展。加快推进“阳光金融”管理平台优化，全年“阳光金融”新增用信1114户，用信金额2.18亿元。以绿色金融为导向，加大产品和服务创新力度，积极办理绿色信贷业务，全年发放“阳光绿能贷”300笔1926万元。紧贴丹阳地区房地产交易升温实际，全年发放住房按揭类贷款783户2.97亿元。持续推进金融生态环境建设，全年配合法院执行局抓捕恶意逃废债行为人34名，促成和谈12起。 （陈秀芬）

【中国邮政储蓄银行丹阳市支行】 2017年，中国邮政储蓄银行丹阳市支行坚持守住不发生区域性金融风险底线，量质并举、稳中求进，实现各项存款余额82.9亿元，比年初增加11.08亿元，增幅15.43%；各类贷款余额35.98亿元，比年初增加3.98亿元，增幅12.47%。加强涉农企业、小微企业金融服务。成立三农事业部，设立小贷专业团队，加大中小农企产品推广工作；开展信贷大走访，在镇区街道召开58场推荐会，全年累计走访新客户756户。改善网点软硬环境，提高营业窗口整体服务。开展“平安金融”活动，加强风险内控，全年未发生重大安全事件、案件。 （裴丽娜）

图148 2017年2月21日，中国邮政储蓄银行丹阳市支行在延陵镇开展三农信贷推荐会 （裴丽娜）

【中国人民财产保险公司丹阳支公司】 2017年，市人保财险支公司实现保费收入3.48亿元，比上年增长9.4%。其中，车险完成保费收入26286万元，比上年增长10.74%；非车险（剔除大病）完成保费收入4480万元，比上年增长8.76%；农险完成保费2182万元，比上年增长4.4%。

为解决新型农业经营主体融资难、贷款贵问题，2014年起公司进行支农融资项目探索，至2017年，先后分别与市保得村镇银行合作推出“丹阳惠农贷”；与江苏银行合作推出“镇农贷”；与邮储银行合作推出“农业保险贷”；人保资金直投“人保惠农贷”。全年，为114户新型农业经营主体提供支农融资款5735万元，项目数量和规模均列全省第一，支农融资工作进入规模化发展阶段。保证保险创新获省农业软科学成果优秀奖。

7月丹阳遭受冰雹暴风雨袭击，公司迅速启动大灾应急预案，组成8个查勘定损小组处理各出险赔案，累计支付赔款5.5万元。

公司与市人民法院合作签署“执行无忧”悬赏保险。“执行悬赏保险”是申请执行人向人民法院提出悬赏申请，经人民法院决定同意，申请执行人向保险公司购买“悬赏保险”后，人民法院发布悬赏公告，举报人提供被执行人财产或下落线索的，可获得悬赏公告公布的悬赏金。 （孙 旭）

图 149 2017 年 9 月 28 日，丹阳市人民法院与市人保公司签署“执行无忧”悬赏保险合作协议 （孙 旭）

【中国人寿保险公司丹阳支公司】 2017 年，中国人寿保险丹阳支公司全年主要核心指标以长期超 30%的贡献度稳居镇江全辖系统首位。主要经营指标创新高，长期险首年标准保费 13097.7 万元，完成率 96.9%，比上年增长 38.8%；首年期交 27034 万元，完成率 104.3%，比上年增长 27%；10 年期交 15042 万元，完成率 95%，比上年增长 21%。大短险保费 4772 万元，完成率 101.35%。个险渠道实现 10 年期交 13767 万元，列全省县支公司第五名。银保渠道实现首年期交 5392 万元，列全省县支公司第五名，首年标保 1693 万元，列全省县支公司第五名。团险渠道实现大短险 4772.6 万元，完成率 101.3%，比上年增长 14.9%。全年寿险总保费占丹阳市场份额 50.9%。全年新单长险创费 3113.8 万元，比上年增长 8.8%。

在中心乡镇进行网点物理布局，对重点乡镇网点升级改造。借助中心乡镇网点平台，引入大短险专员区域化服务，实现个险、大短险专人负责专人服务工作模式，进一步扩延中心网点区域化经营职能。建立部门责任人考核制，年初与各部门负责人签定风险管控责任状，明确风险管控职责。常态化开展防范非法集资风险排查、侵犯公民信息排查、反洗钱等一系列风险工作。 （徐行燕）

【平安人寿保险公司丹阳营销服务部】 2017 年，平安人寿保险丹阳营销服务部加快产品和服务创新，有效防范化解风险，落实反洗钱工作，持续推动平安金融建设工作。全年实现保费收入 0.75 亿元，比上年增长 0.15 亿元，增长 25%。受理理赔案件 4098 件，其中赔付件数 4018 件，赔付案件占全部案件的 98.05%，赔付金额 2317.41 万元，拒赔案件 80 件，占比 1.95%。开展增员动作，不断扩大业务规模，年末代理人总数 727 人。不断创新服务，大力提升客户 NPS（考量客户对公司服务是否满意的核心指标）。在使用电话、电脑等服务平台基础上加强平安金管家 APP 开发，方便客户。不断升级理赔服务，推出客户申请理赔 30 分钟内结案的“闪赔”项目。积极开展自查，清查销毁违规印制纸质材料，召开合规学习会，宣导严禁非法集资，推进“平安金融”建设。（卜浩彦）

【光大证券丹阳营业部】 2017 年，光大证券丹阳营业部应对传统业务佣金继续下滑的不利因素，通过存量客户主动财富管理，驱动增量服务收入，同时参与股票质押业务，挖掘新的利润来源。全年完成 A 股基金交易量 406.05 亿元，营业收入在全公司排名第十九位，排镇江地区前列。完成股票质押业务 5 单。公司内部稽核被评为合规经营优秀营业部。（李晓君）

【西部证券丹阳营业部】 2017 年，资本市场依法全面从严监管，在金融去杠杆向纵深推进，市场交易持续清淡，证券国际化步伐加快等经营环境下，西部证券丹阳营业部推进精细化管理，同时执行投资者适当性管理规定，落实“双险双控”职责，严守合规经营底线。全年，A 股基金交易额 233 亿元，通道业务实现收入 1102 万元。营业部优化创新业务结构，发展融资融券、股权质押等中间业务，培育期权创新业务，引入多家新三板股份托管。西部证券丹阳营业部再次获反洗钱“A 级”荣誉，年度综合考评获上海分公司辖区营业部第二名。 （裔黎敏）

国内贸易

栏目编辑 孙晓霞

综述

【概况】 2017年，全市完成进出口总值27.75亿美元，比上年增长9.1%，其中出口完成23.79亿美元，比上年增长11.2%，进口3.96亿美元，比上年降低1.9%。出口总量在镇江各市区保持首位。丹阳市产业类实际利用外资40444.91万美元，制造业利用外资15132.66万美元，完成镇江市的考核指标。全市批准境外投资项目7个（其中4个增资项目），比上年减少5个，52家企业向24个国家或地区投资73个项目，中方协议投资额4.3亿美元。全市电子商务交易额超过70亿元。2017年，珥陵镇被评为省级电商示范镇，皇塘镇被评为省电商十强镇，全市拥有3个省级电商示范镇，至年底，示范镇、村数量均位居全镇江第一。全市推进“开办企业3个工作日内完成”，实现企业名称预先核准0.5个工作日办结，设立登记0.5个工作日办结。充分依托“E办事”平台，加快推进“不见面审批”，扩大网上登记业务范围。全市日均新增市场主体40户，市场主体总数85206户。全市拥有驰名商标23件，马德里商标国际注册56件，拥有量列镇江首位。卷烟销量3.46万箱，实现销售额13亿元，比上年增长3.36%，实现税利3.6亿元。全市国有粮食购销企业收购小麦7.2万吨，其中托市收购2.05万吨，入库秋粮4万余吨。推进“智能粮库”建设，投资127.5万元，在全市22个基层粮管所建设粮食收储信息化系统，投资177.2万元，完成西郊国家粮食储备库智能化升级，建成1个县级粮食综合信息管理平台。（朱蔚红）

【担保转贷资金服务】 2017年，丹阳市为提供担保、转贷资金服务，开辟担保渠道，成立江苏省信用担保公司丹阳分公司。至年底，该公司为丹阳中小微企业担保85笔，担保金额近20亿元。设立专项基金为企业转贷提供帮助。设立在丹阳农商行1亿元规模的中小微企业周转贷专项基金，累计为丹阳市企业提供2582笔159.49亿元转贷资金；设立在镇江农商行5000万元转贷资金为丹阳市企业提供1023笔87.53亿元转贷服务。（朱蔚红）

【打击恶意逃废债行为】 2017年，丹阳市为严厉打击恶意逃废债行为，开展“崇法维信”专项行动，创作小品《老赖现形记》在全市巡演，利用报纸、电视、法院微信公众号向社会公布《法院执行悬赏和限制高消费、出入境通告》。开辟金融审判绿色通道，明确民三庭为金融审判庭。至年底，丹阳市人民法院完全执行涉金融案件146多件，执行到位标的额3.2亿元，“老赖”挂上“全国失信被执行人名单”，开展“围猎老赖”凌晨集中执行行动99次。

（朱蔚红）

商 业

【概况】 2017年，丹阳市商贸系统实现商品销售总额4.3亿元，资产收益810万元，上缴国家税收197万元。丹阳市食品总公司落实江苏省《关于深入开展生猪屠宰行业清理整顿工作的通知》精神，2017年4月30日，关闭延陵、珥陵、导墅、皇塘、蒋墅、运河、吕城、高桥、新桥、埤城10个小型不合格乡镇生猪屠宰点，全市所有屠宰户纳入城区国家A级屠宰肉联厂定点屠宰。投入300余万元将原延陵、珥陵、导墅、吕城、皇塘、丹北高桥、丹北新桥7个屠宰场改造成生猪屠宰储运和鲜肉配送点。拓展自营业务，引进“重庆恒都牌”牛肉系列产品，“丹食”品牌入驻导墅世纪华联超市销售。全年进点屠宰生猪21.87万头，比上年增长2.8%，无害化处理病死猪344头，确保全市猪肉产品的安全。再生资源开发有限公司回收报废车辆650辆，其中报废汽车491辆、摩托车159辆，完成销售收入298万元。商业广场引进金润发生活超市，全年完成销售收入684万元、实现利润277.45万元。

（汤爱军）

【商贸资产经营与管理】 2017年，丹阳市商贸系统规范企业资产的经营与管理，出台《关于对国有（集体）资产出租的补充规定》，市食品总公司对关闭后的乡镇屠宰点进行实地考察和评估，视具体情况妥善处理，盘活闲置资产，使资产效益最大化；市商业总公司（托管中心）为确保资产的权属，参照2017年市政府第五十六期《关于政府性资产注入投资集团有关问题的会议纪要》有关精神，将位于新民中路7—9号的土地及房产注入市投资集团，签订房屋转让合同，完成西门综合商店的征收拆迁工作；收回商业大厦出租房产约2400平方米，进行整体招租，保证资金收入的稳定性；市饮服总公司对南门大街原办公用房进行招租，收回西门浴室的房产，通过政府公共交易平台招租，发挥资产效益；商业广场与金润发生活超市及93家个体工商户签订租赁协议，年租金收入超500万元。

（汤爱军）

供 销

【概况】 2017年，丹阳市供销社系统综合改革发展取得成效。新建吕城上阳塘和导墅东新2家农村综合服务社，建立丹阳市银飞植保专业合作社等6家合作社，举办2期农民经纪人培训班，培训学员215人次。10月，组织江南生物、嘉贤米业等农业龙头企业和专业合作社的50余种优质农产品参加由中华全国供销合作总社和江苏省人民政府在镇江主办的2016海峡两岸（江苏）名优农产品展销会。依托农资总公司等农资龙头企业，发挥系统农资供应传统优势，稳定农资市场价格，做好农资服务工作，确保农资供应不断档、不脱销、不误时，全年市供销社系统累计销售化肥12000余吨。围绕社有资产安全有效运营，对麦溪、窦庄等地的危旧资产及时进行维修，对前艾、云阳等社资产招租项目实行报批签约。在省总社2017年度综合业绩考评中，丹阳市供销合作社获省供销社“二十强供销社”荣誉（排名第10位），在镇江市社综合业绩考评中，丹阳市供销社获一等奖荣誉。

（许 卫）

【丹阳优质农产品参加海峡两岸（江苏）名优农产品展销会】 2017年10月15日，由江苏省政府、全国供销总社共同主办的2017海峡两岸（江苏）名优农产品展销会、江苏省经济薄弱地区扶贫项目招商和特色农展品展销会在丹阳市体育会展中心开幕。此次展会，丹阳市供销社组织7家农民专业合作社和农业龙头企业的100多种名优农产品参展，“康韵”食用菌、“田园圣树”桑叶草鸡蛋、“嘉贤”大米、“南翔”火龙果、“金丹阳”黄酒等优质农产品受到市民欢迎，现场销售20余万元。市供销社以展会为平台，多渠道开展产销对接，为参展企业搭建对接桥梁。（许　卫）

粮　食

【概况】 2017年，丹阳市粮食系统深化粮食供给侧改革，保障粮食安全和促进农民增收。全年申报核准8个托市库点。全市国有粮食购销企业收购小麦7.2万吨，其中托市收购2.05万吨。秋粮收购入库4万余吨，收购价高于其他收购主体。开展全市“粮食安全隐患大排查快整治严执法”集中行动，对在自查自纠阶段发现的34项问题隐患，整改薰蒸系留装置等安全隐患，投资18万元购置45套空气呼吸器。（陈军林）

【粮食收储基础设施建设】 2017年，丹阳市投资2500万元的朝阳粮管所2.5万吨新建粮库项目通过省级专家组论证，获525万元省级财政建设资金，完成征地、立项、图审和招标等手续；投资450万元的埤城粮管所5000吨仓容翻建项目、投资208万元的军粮供应站维修改造项目，完成主体施工；投资80余万元的珥陵、导墅、皇塘等10个库点的维修改造工程全部竣工，有效缓解仓容压力。推进“智能粮库”建设，投资127.5万元，在全市22个基层粮管所建设粮食收储信息化系统，投资177.2万元，完成西郊国家粮食储备库智能化升级，建成1个县级粮食综合信息管理平台，所有政策性粮食收购库点实现可视信息化全覆盖，初步形成统一、完整的粮食仓储管理数据中心，实现粮情自动化监控、库存实时监管、“一卡通”收购结算、网络电子商务等功能，促进粮食仓储节本增效。（陈军林）

烟　草

【概况】 2017年，丹阳市烟草专卖局查获各类涉烟违法案件219起，查获违法卷烟1.87万条，总案值462.32万元。其中20万元—50万元案件2起，50万元—100万元案件3起，符合国标网络案件1起。移送司法机关拘留10人，判刑5人。全年卷烟销量3.46万箱，比上年同期少销售166.32箱，降幅0.48%。完成卷烟销售额13亿元，比上年同期增加4374.98万元，增幅3.36%，实现税利3.6亿元。市烟草专卖局获省文明行业、省级巾帼文明岗、镇江烟草系统楷模单位等荣誉。（陈　欣）

【网络案件】 2016年1月，丹阳市烟草专卖局在公安部门配合下，在丹阳高铁站查获一起利用铁路运输的无证运输卷烟案件，案值104万元。该案受到江苏省烟草专卖局通令嘉奖，2017年5月经法院判决生效后，被江苏省烟草专卖局认定为网络案件。（陈　欣）

盐　业

【概况】 2017年，丹阳盐务局（公司）按照“转型发展”工作主线和市场化经营机制要求，以食盐主营业务为中心、以开拓非盐为辅助，在食盐市场监管、食盐销售网络建设、大包装食盐及工业盐供应和非盐商品经营等工作中取得成绩。市盐务公司销售盐产品7728.22吨，其中销售小包装食盐3989.76吨，销售小工业盐 1402 吨，销售行业用盐 2441.4 吨，销售收入 1663.85 万元。市盐务公司在“3·15 消费者权益日”和“5·15 防治碘缺乏病日”期间进学校、进社区开展各类宣传推广活动，提高人民群众的食盐安全意识，营造良好的食盐消费环境。盐政部门协调公安、工商、食药监、卫计委等部门开展专项整治，坚持管销结合，严厉打击食盐违法犯法行为，查处各类盐业违法案件 48 件，查处违法盐产品 71.56 吨，没收违法盐产品 13.14 吨，较好地维护丹阳食盐市场的安全与稳定。

（李　源）

【“防治碘缺乏病日”宣传活动】　2017 年 5 月 15 日，是中国第 24 个“防治碘缺乏病日”。为消除碘缺乏病起到宣传作用，丹阳盐务局联合卫生防疫、电台、电视台、报社等新闻媒体走进丹阳市练湖新城小区，向广大市民进行碘缺乏病知识宣传并现场讲解如何识别真假碘盐和人体缺碘造成的危害。在丹阳市练湖小学四（2）班老师的配合下，对同学们从家中带来的食盐进行检测，重点讲解人体缺碘特别是对青少年的危害性和合理补碘的重要性，并播放碘知识宣传动画片。

（李　源）

专业市场

【概况】　至 2017 年底，丹阳市市场服务中心管辖范围内注册登记的各类市场有 27 个，其中农副产品 25 个，主要涉及农产品销售及批发，工业消费品专业市场 2 个，主要涉及服装百货、小商品、家具等。市场成交额近 10 亿元，其中万家欢市场超 1.7 亿元，千家乐市场 3.4 亿元。

（管益辉）

2017 年丹阳市专业市场基本情况

表 34

市场名称	市场交易方式	建设总投资（万元）	设计摊位数	设计门店数（个）	建筑面积（平方米）	占地面积（平方米）
丹阳市市场服务中心里庄市场	零售	6	88	1	0.00	680.00
丹阳市市场服务中心吕城吕蒙市场	零售	15	196	1	39.90	1285.00
丹阳市市场服务中心珥陵市场	零售	65.00	322	0	176.80	3365.00
丹阳市市场服务中心延陵东进市场	零售	36.00	64	7	103.38	2450.00
丹阳市市场服务中心行宫市场	零售	6.00	70	1	0.00	886.00
丹阳市市场服务中心麦溪市场	零售	3.00	50	0	107.00	600.00
丹阳市市场服务中心千家乐市场	批发兼零售	1282.00	220	93	12255.00	14600.00
丹阳市市场服务中心万家欢小商品市场	零售	1560.00	0	94	12148.23	13426.70
丹阳市市场服务中心家家乐市场	零售	826.00	120	10	924.29	3800.00

续表 34

市场名称	市场交易方式	建设总投资（万元）	设计摊位数	设计门店数（个）	建筑面积（平方米）	占地面积（平方米）
丹阳市市场服务中心运河兴运市场	零售	16.00	73	3	76.90	698.00
丹阳市市场服务中心折柳万家市场	零售	8.00	80	0	0.00	998.00
丹阳市市场服务中心后巷市场	零售	36.00	243	3	183.30	2894.70
丹阳市市场服务中心陵口农家乐市场	零售	15.00	60	3	48.60	1760.00
丹阳市市场服务中心张埝市场	零售	3.00	30	2	0.00	200.00
丹阳市市场服务中心高桥市场	零售	28.00	156	0	46.80	3102.00
丹阳市市场服务中心蒋墅市场	零售	192.00	105	17	1810.66	5021.00
丹阳市市场服务中心界牌市场	零售	30.00	270	0	17.64	2067.00
丹阳市市场服务中心埤城市场	零售	280.00	60	56	1724.00	4268.50
丹阳市市场服务中心访仙市场	零售	46.00	80	0	32.40	1436.00
丹阳市市场服务中心窦庄市场	零售	10.00	68	0	44.00	546.00
丹阳市市场服务中心百家兴市场	零售	400.00	360	80	1800.00	6000.00
丹阳市市场服务中心前艾市场	零售	8.00	105	0	0.00	2300.00
丹阳市市场服务中心全家福市场	零售	136.00	316	34	616.80	2029.80
丹阳市市场服务中心皇塘市场	零售	110.00	350	0	91.20	5024.80
丹阳市市场服务中心不夜城	零售	90.00	0	96	0.00	1300.00
丹阳市市场服务中心朝阳市场	批发	41.00	0	2	139.46	1200.00
丹阳市市场服务中心江南明珠市场	批发兼零售	106.00	80	10	887.20	4360.00

（管益辉）

经济贸易与技术合作

栏目编辑 尹宏蔚

对外及对港澳台经济贸易

【概况】 2017年，丹阳市完成进出口总值27.75亿美元，比上年增长9.1%。其中，出口完成23.79亿美元，比上年增长11.2%；进口3.96亿美元，比上年降低1.9%。外贸运行表现出四个主要特点：（一）以基地带产业、以产业扩市场、以市场促提升的竞争格局和竞争优势逐渐形成。丹阳市被国家商务部、行业商会及江苏省商务厅认定为国家科技兴贸创新基地、中国眼镜出口基地、中国汽车零部件出口基地、中国桅灯出口基地和江苏省五金工具出口基地。（二）针对国际贸易风险增加、摩擦加剧的新态势，市商务部门发挥自身优势和服务功能，引领外贸企业积极应对贸易摩擦，维护出口企业跨国竞争的合法权益，预警防范能力提升，丹阳市在全省29个进出口公平贸易预警点中占有2个点。（三）拓展俄罗斯、南亚、中东、非洲、拉美等新兴经济体市场，深度拓展东盟等自贸区市场潜力，同时巩固和扩大对欧美等发达经济体市场的开拓力度。组织境外展会50场，参展企业超162家，拓展市场范围遍及五大洲近20个国家和地区。此外，有近100家企业参加广交会，参展人数超160人。（四）出口信用保险有效防范外贸风险，全市参加出口信用保险外贸企业130家，投保总额超6.5亿美元。（赵 慧）

【获评9个国际知名品牌】 丹阳市积极引导企业大力实施出口品牌战略，把增强自主品牌建设作为转变外贸增长方式的重要工作之一，并从政策上鼓励和支持企业不断强化品牌意识，提升出口品牌建设的整体水平。2017年，在江苏省商务厅公布的“2017－2019年度江苏省重点培育和发展的国际知名品牌”名单中，丹阳市9个品牌入选。入选品牌分别是天工工具“TG”牌、沃得植保“WORLD”牌、肯帝亚木业“肯帝亚”牌、圣象集团“圣象”牌、鱼跃医疗“YUWELL”牌、飞达钻头“FEIDA飞达”牌、锋泰工具“锋泰”牌、华昌工具“华昌”牌、友和工具“XLD”牌。其中江苏天工工具有限公司被评为江苏省重点培育和发展的国际知名品牌领军企业。（郝 璐）

【新增外贸备案登记企业320家】 自实施《对外贸易经营者备案登记办法》以来，丹阳市对外贸易备案登记企业持续增长。2017年，丹阳市新增备案登记企业320家，至年底，全市进出口备案登记企业突破2523家。（赵 慧）

【国家级出口五金工具质量安全示范区创建】 五金工具产业是丹阳市五大传统产业之一，产业主要集聚在丹北镇。2008年3月18日，位于丹北镇的出口五金工具产业集聚监管示范区正式挂牌运作，成为全国首家出口工业产品产业集聚监管示范区。2015年4月，丹阳市推动五金工具产业集聚监管示范区提档升级，启动国家级出口五金工具质量安全示范区创建工作。首批入区企业32家，出口量占同类产品出口总量的80%；示范区内拥有中国驰名商标2个，产品认定为"中国名牌产品"、江苏省著名商标4个，高新技术企业4家，新增省级出口名牌3个，拥有发明专利26项，示范区内企业各类抽查合格率达96%以上。2017年2月14日，　丹阳市出口五金工具质量安全示范区获国家质检总局公布的第四批国家级出口工业产品质量安全示范区称号。　（胡志杰）

图150　2017年1月12日，丹阳市出口五金工具质量安全示范区验收总结会召开（胡志杰）

2017年丹阳市进出口额前10位的企业

表35

序号	企业名称	进出口（万美元）	比上年增长（%）
1	江苏天工工具有限公司	19127.8	16.8
2	大赛璐安全系统（江苏）有限公司	22176.7	40.8
3	江苏锐升新材料有限公司	6423.1	-12.9
4	江苏福荣服装有限公司	5191.2	-28.0
5	江苏肯帝亚木业有限公司	5437.9	-1.4
6	恒宝股份有限公司	3892.4	-23.2
7	江苏沃得农业机械有限公司	4539.4	-1.3
8	大亚车轮股份有限公司	6348.0	45.6
9	丹阳圣西诺眼镜有限公司	3806.8	-10.7
10	江苏大力神科技股份有限公司	8648.6	105.7

（赵　慧）

2017年丹阳市出口额前5位的目的地国家（地区）

表36

序号	国别/地区	出口额（万美元）	比上年增长（%）
1	美国	64034	4.3

续表 36

序号	国别/地区	出口额（万美元）	比上年增长（%）
2	欧盟	38661	13.5
3	东盟	26863	22.6
4	日本	26039	24.8
5	拉美	16948	19.5

（赵　慧）

2017 年丹阳市各责任单位进出口完成情况

表 37

单位	进出口（万美元）	出口（万美元）	进口（万美元）
合计	277523	237912	39611
开发区	89959.1	79931.0	10027.7
丹北镇	72858.3	57676.9	15181.7
云阳街道	27096.7	21745.3	5351.8
司徒镇	29867.8	25137.8	4730.3
延陵镇	13486.6	13011.7	474.9
珥陵镇	1449.6	1106.9	342.8
导墅镇	4163.4	3961.9	201.4
皇塘镇	6806.1	6622.2	183.7
吕城镇	8707.0	8426.8	280.7
陵口镇	1595.8	1550.2	45.9
访仙镇	6321.7	5838.3	483.5
界牌镇	15140.1	12833.0	2307.3
教育局	68.8	68.8	0.0

（赵　慧）

对外及对港澳台经济技术合作

【概况】　2017 年，丹阳市批准境外投资项目 7 个（其中 4 个增资项目），比上年减少 5 个，中方协议投资额 6664.6 万美元，比上年增长 25%；至年底，全市有 52 家企业向 24 个国家或地区投资 73 个项目，中方协议投资额 4.3 亿美元。企业境外投资额比上年增长 25%，上市公司跨国并购成为企业“走出去”的新亮点，江苏鱼跃医疗设备股份有限公司连续进行两起海外并购，丰富产品种类，提升技术水准和品牌影响力，提高企业在国际市场的竞争力。

（唐晓春　丁黎明）

【外派劳务人数下降】 由于国内劳动工资较快增长，而出国劳务的工资收入增加缓慢，劳务人员出国打工的意愿下降，外派劳务招工难的问题比较突出，丹阳市外派劳务人数连续几年大幅下降。2017 年，全市外派出国劳务 86 人，比上年降低 20%。（唐晓春　丁黎明）

【155 家企业参加秋季广交会】 2017 年 10 月 15 日，丹阳市 155 家企业经申报获批参加 122 届广交会，共获得广交会展位 155 个，其中一般展位 143 个、品牌展位 12 个；一期展位 114 个、二期展位 7 个、三期展位 34 个。展品主要集中在五金、工具、汽配、建材、电子、照明、家用电气、通用机械、农机、家居用品、食品、体育及旅游休闲用品和家纺产业。参加广交会对丹阳外贸企业的发展壮大、品牌展示和宣传推广起到推动作用，为中小企业企业加快走出去步伐、开拓国际市场和自身发展壮大提供良机。（朱荣祥）

2017 年丹阳市对外及对港澳台投资情况

表 38

境内投资主体	所属镇区	投资国（地区）	境外公司名称	经营范围	中方协议投资额（万美元）	批准日期	备注
江苏鱼跃医疗设备股份有限公司	云阳街道	德国	鱼跃（德国）有限责任公司	医疗器械的生产销售，对其他公司进行投资及投资管理	2112.8	2017 年 2 月	增资
江苏新通达电子科技股份有限公司	丹北镇	德国	DG 汽车有限责任公司	汽车零部件进口	3.7159	2017 年 4 月	增资
江苏中印彩投资有限公司	皇塘镇	中国香港	中彩（香港）国际投资有限公司	项目投资与进出口贸易	600	2017 年 4 月	增资
江苏鱼跃医疗设备股份有限公司	云阳街道	开曼群岛	美诺医疗	医疗器械的生产销售	2655	2017 年 5 月	—
圣象集团有限公司	开发区	美国	圣象集团（美国）有限公司	地板的销售及相关技术、物流服务	800	2017 年 6 月	增资
江苏丹毛纺织股份有限公司	吕城镇	美国	美国柯科纳公司	纺织品的开发	125	2017 年 6 月	—
丹阳市永泰纺织有限公司	云阳街道	越南	越南永泰环保特纤科技责任有限公司	生产人造纱，棉纱	368.05	2017 年 11 月	—
合计	—	—	—	—	6664.5659	—	—

（唐晓春　丁黎明）

利用外资

【概况】 2017 年，丹阳市产业类实际利用外资 40444.91 万美元，完成实际利用外资工作指标的 101.11%，完成镇江下达考核指标的 112.35%。制造业利用外资 15132.66 万美元，完成镇江下达考核指标的 100.88%。主要特点：从备案项目看，规模较大。协议注册外资 26182.44 万美元，其中新备案外资项目 28 个，增资外资项目 17 个，其中协议注册外资 500 万美元以上项目（含增资项目）11 个，协议注册外资 23563.02 万美元，占 90.00%。从备案项目类型看，呈多元化趋势。备案外商投资企业 28 家，其中制造业项目 11 家，占 39.29%；服务业项目 17 家，占 60.71%。服务业项目中贸易类项目 11 家，咨询管理项目 2 家，建设类项目 2 家，环境治理项目 1 家，其他类 1 家。从实到外资构成看，新备案项目成主力。新备案项目实到外资 31772.35 万美元，占比 78.56%。新备案项目实到外资在 3000 万美元以上的项目有 3 家；新备案项目实到外资在 1000 万美元—3000 万美元以上的项目有 3 个；新备案项目实到外资在 500 万美元—1000 万美元以上的项目有 1 个。从实到外资产业分析，服务业项目占比较高。实到外资中，服务业项目到账外资 25312.25 万美元，占 62.58%；制造业项目到账外资 15132.66 万美元，占 37.42%。外资项目经营呈健康发展态势。全市通过联合申报的外商投资企业有 451 家，外商投资企业自营进出口 12.3 亿美元，占全市出口的比重达 44.33%；外商投资企业自营出口 9.4 亿美元，占全市出口的比重达 39.5%；外商投资企业自营进口 2.91 亿美元，占全市出口的比重达 73.4%。涉外税收收入 16.39 亿元。

（李文秀　邵志萍）

2017 年丹阳市利用外资实绩

表 39　　单位：万美元

单位	实际利用外资				制造业利用外资				项目个数		
	考核指标	12 月实绩	1—12 月实绩	完成%	考核指标	12 月实绩	1—12 月实绩	完成%	新设	增资	减资
全市合计	40000	6031.94	40444.91	101.11	15000	6031.94	15132.66	100.88	28	17	6
开发区	18000	4017.83	14992.16	83.29	—	4017.83	7632.16	—	12	8	3
丹北镇	6000	2014.11	4623.33	77.06	—	2014.11	4431.15	—	1	5	—
丹阳高新区（云阳街道）	8000	—	6676.93	83.46	—	—	76.93	—	5	1	1
司徒镇	1500	—	248.54	16.57	—	—	248.54	—	4	1	1
界牌镇	1000	—	150	15.00	—	—	150	—	1	1	—
吕城镇	1000	—	—	—	—	—	—	—	1	—	—
皇塘镇	1000	—	—	—	—	—	—	—	—	1	—
延陵镇	1000	—	—	—	—	—	—	—	—	—	—
导墅镇	500	—	—	—	—	—	—	—	1	—	—
访仙镇	500	—	—	—	—	—	—	—	1	—	1
陵口镇	500	—	—	—	—	—	—	—	—	—	—
珥陵镇	500	—	30	6.00	—	—	—	—	1	—	—
练湖度假区	1000	—	—	—	—	—	—	—	—	—	—
投资集团	5000	—	7350	147.00	—	—	—	—	1	—	—

续表 39

单位	实际利用外资				制造业利用外资				项目个数		
	考核指标	12月实绩	1—12月实绩	完成%	考核指标	12月实绩	1—12月实绩	完成%	新设	增资	减资
其他	—	—	6373.95	—	—	—	2593.88	—	—	—	—

（邵志萍）

企业选介

【吉凯恩(丹阳)工业有限公司】 GKN集团(吉凯恩英国)创建于1759年,至今有255年历史。集团设吉凯恩传动系统、吉凯恩粉末冶金、吉凯恩航宇和吉凯恩陆地系统四个事业部门,主要服务于汽车、航空航天和陆地系统市场。吉凯恩粉末冶金在中国有两家子公司,其中一家位于江苏丹阳——吉凯恩(丹阳)工业有限公司。公司于2006年3月成立,位于丹阳市经济开发区,有员工340多人,其中各类技术人员达50人。公司成为GKN粉末冶金在海外成长快业绩好的公司之一。主要为汽车发动机、变速箱、车身及底盘应用提供精密粉末冶金部件,年销售额达2.2亿元。 （李文秀 邵志萍）

图151 吉凯恩(丹阳)工业有限公司

（李文秀 邵志萍）

【海昌隐形眼镜有限公司】 海昌隐形眼镜有限公司成立于1995年,位于丹阳市司徒镇,注册资本5631.89万美元,为台港澳独资有限责任公司。公司是集研发、生产、销售、物流配送为一体的世界第六大隐形眼镜及护理液专业生产企业,是中国眼镜协会常务理事单位之一。2012年4月,公司以集团名义在台湾挂牌上市。公司旗下的"海昌""海俪恩"等品牌成为国内外知名度高的隐形眼镜品牌。公司专业生产隐形眼镜及其护理用液,产品都属三类医疗器械。拥有经国家食品药品监督管理总局核发的医疗器械注册证82张。有中国大陆注册商标1000多件,境外注册商标有80多件,商标注册量居江苏省前五位;拥有驰名商标、江苏省著名商标、江苏名牌产品。2017年,公司投入6000万元用于研发,拥有发明专利13件,专利申请7件,其中有2件PCT申请。2017年,公司销售额14亿元,税收1.7亿元,外贸出口570万美元,中国市场占有率达45%。

（李文秀 邵志萍）

图152 海昌隐形眼镜有限公司

（李文秀 邵志萍）

科技·防灾

栏目编辑 陈春芳

科技综述

【概况】 2017年，丹阳市继续深化科技体制改革，实施科技创新驱动发展战略，参与苏南自主创新示范区及高新区建设，培育创新主体，建设创新服务体系，重视民生科技，增强科技创新在全市经济转型升级发展中的支撑引领作用。全年完成高新技术产值996亿元，占规模工业产值的45.3%；研发经费投入占比2.56%，比上年提高0.15%。

提升区域创新能力，增强企业核心竞争力。市科技局实施知识产权战略，建设产业技术公共研发平台，多方位提升全市区域创新能力，助推产业转型升级和新兴产业培育。引导企业加大研发投入，督促企业单独列支研发费用，落实相关税收优惠政策。全年完成加计扣除备案587项，研发总投入近24亿元，比上年增长近50%，56个企业获省财政企业研究开发费奖励1719.14万元，在全省县（市）中位列第五。

产业技术公共研发平台招引持续推进。围绕丹阳市优势产业发展方向、共性和关键技术问题、市场需求导向三个方面，引进搭建产业技术公共研发平台和运营一批新型产业应用技术研发机构，启动建设运营丹阳市科技创新中心。全年，孵化企业实现销售收入8172.6万元，税收512.219万元，研发投入3294.1万元，知识产权申请109个，发明专利42个，发明专利占比38.5%。并就西北工业大学飞行器结构完整性技术重点实验室长三角结构强度检测中心、钛铝合金联合开发中心、市汽车零部件产业技术研究院等重大项目进行前期对接和相关准备，为丹阳传统产业转型升级和新兴产业培育壮大奠定基础。

实现科技与金融融合。全市增加高新创投规模至7900万元，丹阳市军民融合产业基金规模至2.35亿元，投资丹阳市内军民融合优质企业。拓宽企业创新多元化融资渠道，与江苏省科技厅合作开展“苏科贷”工作，设立风险补偿专项资金2300万元，新增科技贷款备案10490万元，累计为全市120个（次）科技型中小微企业发放科技贷款超4亿元。

（眭　琛）

【大院大所丹阳行暨新材料专题产学研合作成果推介洽谈会】 在江苏省委省政府“大院大所江苏行”活动统一部署下，2017年7月6日，丹阳市委市政府在市会展中心举办“大院大所丹阳行暨新材料专题产学研合作成果推介洽谈会”，海内外51所著名高校及研究院的近百名专家教授应邀与会。洽谈会上，北京航空航天大学王华明院士、上海交通大学王鸿华教授、英国伦敦布鲁内尔大学冀守勋教授分别作《重大装备大型结构件增材制造及材料基础问题和影响》《金属材料的仿生复合化》《超强铝合金在汽车上的应用》主旨报告。各高等院校和研究所共发布推介近200项最新科技成果，签约项目30余项，12个项目在洽谈会上集中签约。洽谈会期间，组织专家实地走访丹阳市新材料产业代表企业和重点科技创新平台，与企业对接洽谈。（眭　琛）

图153　2017年7月6日，丹阳市在市会展中心举办“大院大所丹阳行暨新材料专题产学研合作成果推介洽谈会”（眭　琛）

科技管理

【概况】　2017年，丹阳市科技创新管理坚持需求导向、问题导向、效果导向，着力破解体制性障碍、结构性矛盾和政策性问题，继续深化科技体制改革。加强众创空间、科技企业孵化器等创业载体建设。对标苏南，先后制定科技创新、科技金融促进政策。在此基础上，围绕江苏省政府《关于加快推进产业科技创新中心和创新型省份建设的若干政策措施》和镇江市《关于“聚力创新”六条政策措施》，细化出台相关配套政策和管理办法，制定《关于聚力创新深化改革的若干政策措施》，初步形成系统、规范性的驱动发展创新政策体系。进一步优化调整全市科技创新政策，探索奖励和运行后补助等方式，加大覆盖企业初创、成长、发展等不同阶段的政策支持力度，加快构建企业为主体、市场为导向、产学研深度融合的技术创新体系管理。（眭　琛）

【科技体制改革】　2017年，丹阳市科技管理围绕供给侧结构改革，创新科技体制。出台系列政策措施，优化调整全市科技创新政策，为创新型企业提供精准及时的政策扶持。启动150万元规模科技创新券。立足传统产业升级和新兴产业发展，引导建立和完善创业孵化平台，为科技型中小企业提供专业化、网络化的链条式服务，同时为创新型企业提供重要阵地。新增眼镜城视觉健康和丹阳高性能合金材料产业园2个省级孵化器、1个省级生物医疗科技产业园、2个市级众创空间。至年底，全市拥有省级以上孵化器4个、省科技产业园2个、市级以上众创空间9个、孵化面积54万平方米。（眭　琛）

【科技与金融融合】　2017年，丹阳市加强科技管理，持续促进科技与金融融合。通过将江苏省科技成果转化风险补偿资金贷款—“苏科贷”，助力科技型小微企业发展。该项目2010年开展，截至2017年年底，先后有江苏银行等4家银行参与合作，设立风险补偿资金池2300万元，累计支持120多家科技型小微企业获得4亿元低息贷款。（眭　琛）

科技创新

【概况】　2017年，丹阳市发挥企业在技术创新中的主体作用，围绕重点产业发展和有市场竞争力的新产品进行开发。市科技局引导企业承担国家、省市级科技计划项目，提高科技型企业承载科技项目能力，以项目促技术提升，完善产业链布局。全年，组织申报省科技计划项目64项，获立项43项，争取省级以上资金资助4407万元；承担镇江市级项目22项，获项目资金资助814万元，比上年增加500余万元；实施本级科技发展专项计划，筛选立项入库项目37项，后补助项目51项。培育创新型企业成效显著。按照省政府科技创新政策，丹阳市设立高新技术企业培育资金，加快培育具备先发优势的创新型企业。2017年，全市获批省高新技术入库培育企业46个，获184万元省培育资金支持；新增高新技术企业32个，通过率居镇江首位，高于全省平均水平，有效高新技术企业数 186 个；新增省高新技术产品 63 个，通过率 85%，比上年增长近 8%。企业研发平台建有率提高。通过优化资源配置，强化政策支持，推动企业建设研发机构，增强创新能力。全市新增市级以上企业研发机构 27 个，其中，江苏东南生物科技有限公司获国家级示范院士工作站；新增省工程技术研究中心 4 个、省研究生工作站 6 个。全市规模工业企业研发机构建有率达 39.6%，并有 6 个企业研发机构获评为“优秀省工程技术研究中心”。大力招才引才。全市引进市级以上各类创新创业人才 70 余人，比上年增长 16.7%，其中，省“双创” 9 人、镇江金山英才 24 人。丹阳市研发人员与劳动力之比为 1.25∶100。科技宣传与培训。为落实省政府科技创新政策，开展现场宣讲、专场培训、专项辅导等宣传培训工作，发放各类政策资料 2000 册，组织培训班 10 余次，走访企业 300 余个。（眭 琛）

【科技创新服务中心建设】 2017 年，丹阳市以建成科技创新服务示范区为契机，启动建设具有“科技创新服务区、产业公共技术服务平台集聚区、企业研发总部集中区、科技企业孵化器与众创空间示范区”四大功能的高新技术创业服务中心。中心面向高新区、科技小镇布局，为争取和承接更多公共科技服务，下设 9 个分中心，引进入驻各类中介机构 20 余个，管理服务全市上百个科技型企业。丹阳市科技创新服务中心为丹阳成为江苏科技服务特色示范基地、江苏省技术产权交易市场高性能合金材料行业分中心和江苏省（丹阳）高性能合金研究院获评省百强优秀服务机构提供重要的服务保障。（眭 琛）

科技民生

【概况】 2017 年，丹阳市科技民生工作围绕地方病防治研究、环保技术研究、农业公共技术服务、农村科技示范等民生问题，支持社会事业与农业领域的科技创新，推进农业科技园、农产品深加工建设运营。强化对外交流合作，与中国农业大学、北京航空航天大学等 7 所院校合作，联合建立丹阳市农产品深加工研发中心，并建立农产品检验检测实验室，检测农产品残留农药和有害物质，推进农业清洁生产。依托东南大学、中科院等 6 个国内机构，建立丹阳市环境生态修复生物技术中心，重点解决全市河流水环境治理、水产养殖的水质处理、耕地土壤改善等农业生产技术难题。全市农业园区实现产值 162 亿元，比上年增长 8.5%，珥陵农产品加工园区、吕城粮油加工贸易集中区和司徒现代农业产业园入选全国首批农村创业创新园区。（眭 琛）

【生物技术原位治理丹阳鹤溪河水质工程】 2016 年，丹阳市政府因丹阳鹤溪河水质自动检测站检测的河水氨氮、高锰酸盐、总磷等数据多处出现远高于往年的异常情况，被环保部苏南督察中心约谈。市相关部门与乡镇紧急委托江苏东南生物科技有限公司采用复合微生物技术对鹤溪河进行水环境整治。工程于 2016 年 11 月开始进行原位治理，其间 2017 年的 5、6、7、8 月因汛期水量较大而中断治理，9 月恢复治理至 11 月止。经治理后的鹤溪河水质改善明显，基本达到Ⅲ类水质要求（地表水环境质量标准）。（眭 琛）

知识产权

【概况】 2017 年，丹阳市继续实施知识产权强市战略，充分发挥知识产权在产业发展和创新型城市建设中的引领作用，营造激励创造、保护产权的制度环境。知识产权创造、运用能力不断提升，专利申请总量 7459 件；发明专利申请 3216 件；专利授权总量 3425 件，其中，发明专利授权 478 件；万人发明专利 17.75 件，比上年提升 25%。深化知识产权试点示范工作和知识产权国标创建单位培育工作取得成功，丹阳高新区获批为省知识产权试点园区，新增 1 个国家知识产权示范企业，培育国标创建单位 21 个。组织企业申报各类项目，江苏乐能、大亚等5个企业获中国专利奖优秀奖，丹毛、海昌2个企业获省级知识产权战略推进计划项目（一般项目）立项。中国镇江丹阳（眼镜）知识产权快速维权中心上线运行。南京知识产权法院丹阳巡回审判庭揭牌，全年受理专利侵权纠纷和查处假冒专利违法案件212件（其中，专利侵权纠纷案件77件，假冒案件135件）。 （眭 琛）

【知识产权专题培训】 2017年12月1日，丹阳知识产权局协同市开发区管委会、市眼镜商会，组织市眼镜城30余家商户和15家眼镜企业代表举办开发区眼镜企业知识产权培训会。培训会就如何预防和规避眼镜知识产权侵权，以及遇到眼镜知识产权侵权诉讼应当如何积极应诉问题进行培训。通过专题培训，提升全市眼镜行业知识产权保护水平，提高眼镜商户专利维权与诉讼能力，有效帮助眼镜企业规避专利侵权问题，降低经济损失。 （眭 琛）

图154 2017年12月1日，丹阳市知识产权局组织开发区眼镜企业开展知识产权培训 （眭 琛）

2017年丹阳市新增国家级高新技术企业

表40

类别	企业名称	级别
工业	江苏新绿能科技有限公司	国家级
工业	江苏大亚铝业有限公司	国家级
工业	江苏富新电子照明科技有限公司	国家级
工业	江苏宏马物流股份有限公司	国家级
工业	江苏科力机械有限公司	国家级
工业	镇江市和云工业废水处置有限公司	国家级
工业	江苏欧密科技有限公司	国家级
工业	江苏梦得新材料科技有限公司	国家级
工业	江苏秦龙汽车科技有限公司	国家级
工业	江苏长诚档案设备有限公司	国家级
工业	常诚车业江苏有限公司	国家级
工业	江苏超力散热器有限公司	国家级
工业	江苏未来轨道交通装备股份有限公司	国家级
工业	江苏冰城氢能科技有限公司	国家级
工业	江苏鸿凯医疗科技有限公司	国家级
工业	江苏新江南炉业科技有限公司	国家级
工业	丹阳市雷登智能科技有限公司	国家级

续表 40

类别	企业名称	级别
工业	江苏巨贸医疗设备有限公司	国家级
工业	丹阳双峰玻璃有限公司	国家级
工业	江苏建丰装饰纸有限公司	国家级
工业	江苏卡威汽车工业集团股份有限公司	国家级
工业	江苏远燕医疗设备有限公司	国家级
工业	镇江视伟光学有限公司	国家级
工业	丹阳市联铖汽车配件有限公司	国家级
工业	丹阳市华一医疗器械有限公司	国家级
工业	江苏安智欣电子科技有限公司	国家级
农业	江苏碧云天科技有限公司	国家级
工业	江苏华凯比克希线束有限公司	国家级
工业	丹阳市荣飞自动化设备有限公司	国家级
工业	江苏江南上一道科技股份有限公司	国家级

（眭　琛）

2017 年丹阳市获省重大成果转化项目

表 41

项目名称	实施单位	项目内容	项目期限	总投资（万元）	总拨款（万元）
面向互联网安全支付的有源可视蓝牙智能卡研发及产业化	恒宝股份有限公司	目标产品为面向互联网安全支付的有源可视蓝牙智能卡，是一种融合了生物识别、蓝牙、二维码等技术，集成了柔性显示屏、超薄锂电池、薄膜按键等精密器件的智能卡。目标产品统一了线上和线下交易通道，以独立的智能卡硬件保证了互联网支付的安全，可广泛应用于银行、移动支付、公共交通、水电煤、校园、会员卡等领域，解决了支付宝、手机银行等线上大额资金交易的安全和便捷问题。	2017 年 4 月—2020 年 3 月	5000	600（后补助）

（眭　琛）

2017 年丹阳市新增省级以上高新技术产品

表 42

项目编号	项目名称	单位
171181G0050N	智能听装柔性生产系统	江苏仅一包装技术有限公司
171181G0051N	医用中硼硅玻璃管制注射剂瓶	双峰格雷斯海姆医药玻璃（丹阳）有限公司
171181G0052W	一种带有双室保温炉的低压铸造机	江苏天宏机械工业有限公司
171181G0053N	乘用车副仪表板	江苏林泉汽车装饰件有限公司
171181G0054N	复合表板实木复合地板	大亚（江苏）地板有限公司

续表 42

项目编号	项目名称	单位
171181G0055N	U 型降噪电动扶梯围裙板	江苏申阳电梯部件有限公司
171181G0056N	全 LED 的自适用前照灯（AFS）	江苏彤明高科汽车电器有限公司
171181G0057N	客车智能环保风道行李架	丹阳市光华汽车内饰件有限公司
171181G0058W	带正面保护结构的汽车轮毂	大亚车轮制造有限公司
171181G0059N	超净排放超超临界电站锅炉	江苏绿叶锅炉有限公司
171181G0060N	汽车保险杠	丹阳市国美汽配有限公司
171181G0061N	Aurora 系列多参数监护仪	江苏康尚生物医疗科技有限公司
171181G0062W	高性能镀膜防雾树脂眼镜片	视悦光学有限公司
171181G0063N	高光镭射接装纸	江苏大亚新型包装材料有限公司
171181G0064N	模块化列车给卫系统	江苏未来轨道交通装备股份有限公司
171181G0065N	高寒无霜节能型轨道列车车窗	江苏申阳交通装备有限公司
171181G0066N	独立均压式医用级制氧机	江苏巨贸医疗设备有限公司
171181G0067N	基于 LED 的汽车前后组合灯	丹阳谊善车灯设备制造有限公司
171181G0068N	带有冷却管稳固结构的汽车用散热器	江苏超力散热器有限公司
171181G0069N	公交车全景式铝合金风道	丹阳市金业来车辆装饰件有限公司
171181G0070N	超薄电力电容器铝箔	江苏大亚铝业有限公司
171181G0137N	低硼硅玻璃管制注射剂瓶	双峰格雷斯海姆医药玻璃（丹阳）有限公司
171181G0138N	可溶变变色多组分针织炫彩纱及面料	丹阳市丹盛纺织有限公司
171112G0139N	燃煤锅炉节能省煤器	江苏汇能锅炉有限公司
171181G0140N	断桥隔热式空调冷冻机型材	江苏凯伦铝业有限公司
171181G0141N	年产 2 万吨 N 甲基吡咯烷酮压力容器	江苏绿叶锅炉有限公司
171181G0142N	一种机器人自动上下料系统	江苏天宏自动化科技有限公司
171181G0143N	一种轮毂切钻一体专用卧式夹具	江苏天宏自动化科技有限公司
171181G0144N	无氧铜绞线（0.05－70sqmm）	江苏鑫海铜业有限公司
171181G0145N	高产量化精制 52%氯化石蜡	丹阳市助剂化工厂有限公司
171181G0146N	新型轻质铝合金梯级	江苏飞亚金属制品有限公司
171181G0147N	海洋船舶用浸水保温型救生服	江苏华燕船舶装备有限公司
171181G0148N	现代船舶正压式空气呼吸器	江苏华燕船舶装备有限公司
171181G0149N	击剑防护服	丹阳市斯鲍特体育用品有限公司
171181G0207N	高性能复合 ABS 板材	丹阳市新美龙汽车软饰件有限公司
171181G0208N	CAN 总线数字化汽车仪表	江苏新通达电子科技股份有限公司
171181G0209W	高品质模具钢锻材	江苏天工工具有限公司
171181G0210W	高品质模具钢扁钢	江苏天工工具有限公司
171181G0211N	电动吸引器	江苏鱼跃医疗设备股份有限公司

续表 42

项目编号	项目名称	单位
171181G0212N	低吸胀防潮地板基材	大亚人造板集团有限公司
171181G0213N	凸轮驱动式汽车真空泵	江苏梅花机械有限公司
171181G0214W	隐形眼镜护理液	海昌隐形眼镜有限公司
171181G0215N	卷扬过放保护装置（三圈保护器）	丹阳市长江汽车部件有限公司
171181G0216N	超硬防水膜透镜	丹阳丹耀光学有限公司
171181G0217N	双面反射偏芯透镜	丹阳丹耀光学有限公司
171181G0218N	磷酸铁锂动力电池正极材料	江苏乐能电池股份有限公司
171181G0219N	直流变频热泵冷热水系统	江苏双志新能源有限公司
171181G0220N	中高折射率防紫外线光学树脂单体	江苏可奥熙光学材料科技有限公司
171181G0221N	冷轧深冲带钢	江苏华久辐条制造有限公司
171181G0222N	HCU 半自动尿液分析仪	江苏康尚生物医疗科技有限公司
171181G0223N	高强度吸能式防飞溅汽车挡泥板	江苏科新汽车装饰件有限公司
171181G0224N	高均匀性低密度抗冲击变色镜片	江苏全真光学科技股份有限公司
171181G0225W	全自动喷油双螺杆空气压缩机	釜玛机械（江苏）有限公司
171181G0226N	新型高强度玻璃奶瓶	丹阳双峰玻璃有限公司
171181G0227N	抗紫外线防蓝光防辐射的树脂镜片	江苏瑞尔光学有限公司
171181G0290N	汽车冷却用无刷直流电动水泵	江苏超力电器有限公司
171181G0291N	多功能后组合灯总成（后组合灯）	丹阳市长江汽车部件有限公司
171181G0292N	涡喷消防车	江苏卡威专用汽车制造有限公司
171181G0293W	抗疲劳内渐进多焦点镜片	江苏淘镜有限公司
171181G0294W	高摩尔折射度光学树脂单体	江苏可奥熙光学材料科技有限公司
171181G0295N	RFID（射频）实时监控型智能档案柜	江苏迅捷装具科技有限公司
171181G0296N	旋转加热式滚筒炉	江苏新江南炉业科技有限公司
171181G0297N	绿色节能气循环隐框玻璃幕墙	江苏合发集团有限责任公司
171181G0298N	低硼硅玻璃管制注射剂瓶	兆丰（丹阳）新型药用包材有限公司

（眭　琛）

2017 年丹阳市获江苏省科技成果转化风险补偿专项资金贷款项目（备案）

表 43

项目名称	单位	贷款（备案）金额（万元）	期限
苏科贷 1	丹阳市科瑞特粉末新材料有限公司	300	1 年期
苏科贷 1	丹阳市凯鑫合金材料有限公司	170	1 年期
苏科贷 1	丹阳市宇恒户外用品有限公司	150	1 年期
苏科贷 1	丹阳琦瑞机械有限公司	300	1 年期

续表 43

项目名称	单位	贷款（备案）金额（万元）	期限
苏科贷 1	江苏利普机械有限公司	300	1 年期
苏科贷 1	江苏宏图激光科技有限公司	150	1 年期
苏科贷 2	江苏图南合金股份有限公司	1500	1 年期
苏科贷 2	江苏汇能锅炉有限公司	2000	1 年期
苏科贷 2	江苏申阳电梯部件有限公司	2000	1 年期
苏科贷 2	江苏法拉电子有限公司	2000	1 年期
苏科贷 2	江苏江南生物科技有限公司	650	1 年期
苏科贷 2	江苏天元金属粉末有限公司	970	1 年期

（眭　琛）

2017 年丹阳市新增江苏省支撑计划项目

表 44

项目编号	项目名称	申报单位	资金支持（万元）
BE2017130	轨道交通车辆用全热交换器关键技术研发	江苏知民通风设备有限公司	120
BE2017131	汽车无刷直流电机驱动电动空调关键技术研发	江苏晨宇车业有限公司	120
BE2017132	第二代接触网悬挂状态智能检测监测装置（4C）关键技术的研发	江苏新绿能科技有限公司	120
BE2017133	智能网联影像车灯的研发	江苏彤明高科汽车电器有限公司	120
BE2017134	超薄型保温吸音纳米复合材料的研究与开发	丹阳市宇晟纺织有限公司	120

（眭　琛）

防震减灾

【概况】 2017 年，丹阳市做实地震科普知识宣传、监测预报、震害预防和应急救援等防震减灾基础工作。新创建一个省级地震安全示范社区和一所地震科普示范学校。获全省防震减灾综合评比优秀奖、连续 9 年镇江综合评比第一名。市地震部门加强地震监测预报。利用现有观测手段，做好各种数据的采集和设备维护，确保各种数据的完整性和准确性。加强对 4 个宏观观测站 8 名宏观观测员的指导和管理，提升宏观观测员业务能力。加强防震减灾宣传，提升公众防震减灾意识。利用防灾减灾日、唐山大地震纪念日、科普宣传周等重要时间段开展防震减灾法律法规和科普知识宣传；联合市应急办、广电集团等 10 家单位在延陵镇开展纪念第九个全国“防灾减灾日”系列活动；与市广播电台合作开设《防震减灾》栏目，每周 1 期 3 档，累计播出 550 期；组织参加全国防震减灾科普讲解大赛；联合市丹剧团和凤凰艺术团自编自演防震减灾文艺节目，深入社区、乡村广泛宣传；利用张挂横幅、电子显示屏、出租车滚动宣传、展板巡展、手机短信、微信群等多种宣传方式，提高媒体宣传效果。

（张先才）

【地震震害预防】 2017年，丹阳市在加强地震震害预防上不断推出新举措。推进多部门联合审批和网上模拟审批，通过加强对行政审批中心地震窗口的管理和协调，及时做好进驻审批中心审批事项清理和规范以及传统纸质审批到网上模拟审批转换衔接。按照国家地震局《中国地震动参数区划图》（GB 18306—2015）标准要求，对一般建设工程直接按照7度进行抗震设防，对学校、医院等人员密集场所全部提高一档进行抗震设防，对重大建设和生命线工程进行专门地震安全性评价工作告知服务。全年，进行抗震设防要求审核项目18个，进行地震安全性评价告知服务重大建设工程4个。 （张先才）

【地震应急救援工作】 2017年，丹阳市持续完善抗震救灾指挥工作机制，加强地震应急救援。对全市防震减灾工作联席会议成员单位进行实时调整，完善防震减灾工作领导机制。重新修订《丹阳市地震应急预案》，邀请江苏省、镇江市有关专家和各相关部门分管领导对《丹阳市地震应急预案》进行专门评审，进一步明确各成员单位职能，有效提升该预案科学性和可操作性。结合地震科普示范学校和地震安全示范社区创建，联合教育局及相关街道社区，重点在学校和社区进行地震科普知识宣传和应急疏散演练，提高居民和师生地震应急处置和救援能力，全年举办防震减灾科普知识讲座4次、地震疏散演练3场。指导江南人家社区和丹阳市实验小学创建省级地震安全示范社区和地震科普示范学校。 （张先才）

气　　象

【概况】 2017年，丹阳市依靠科技创新，加快现代气象业务体系建设和深化各项改革，进一步提升现代公共气象服务能力，加强防灾减灾应急保障，提升气象防灾减灾能力与服务水平，完善气象灾害防御体系。重新修订《丹阳市气象灾害应急预案》，加快推进突发事件预警信息发布平台建设，建立丹阳市预警信息发布业务流程，建设公共气象服务标准体系。气象服务准确及时，加强值守，密切监视天气变化，并加强与省、市气象局的天气会商。向市农委、民政、安监、城管等相关部门和市各企事业单位进行专项气象服务，在重大节假日、中高考、春运期间发布相应的专题天气情况报告。全年发布重要天气报告33份、夏收夏种服务和特色农气象服务材料9期、灾害性天气预警信息38次，启动气象灾害应急响应2次。由政府主导、部门联动、社会参与的气象防灾减灾机制初步形成。与市政府应急办、国土、水利、农业等部门形成常态化联防机制，初步建立覆盖全市所有乡镇的气象信息员队伍。气象科普及气象灾害知识宣传进社区、进学校、进乡村、进企业初见成效。3月23日，市气象局联合丹阳电视台、市摄影家协会开展世界气象日系列纪念活动。气象综合监测能力明显提升。建设双套运行自动站，气象监测全部实现自动化，全市建有覆盖所有乡镇5要素新型自动气象观测站15个、高速公路交通气象站点1个、农业小气候站2个、科普气象站2个，并配备GPS/MET探测仪、自动土壤水分观测仪、能见度仪等先进专业设备，所有仪器设备运行正常，资料传输及时，在防汛减灾和关键农事季节提供准确的气象数据。

（孔志平）

【防雷安全监管】 2017年是国务院防雷安全体制改革的第一年，也是防雷减灾技术服务市场开放的第一年，丹阳市气象局做好防雷安全监管工作，依法履行防雷安全监管职责，落实市政府下达的安全生产责任。及时将普通住宅防雷装置设计、施工监督、竣工验收职能移交给市住建局。继续做好危化企业防雷装置设计、施工监督、竣工验收工作，制定切实可行的安全监管方案，推行“政府主导，部门联动，社会参与”的安全监管机制。强化责任意识，夯实重点行业和单位的防雷安全监管基础。与市安监局联合抽查易燃易爆及危化企业4家，发现安全隐患7处，全部发出整改通知书并完成整改。 （孔志平）

教 育

栏目编辑 赵卫宁

综 述

【概况】 2017年，丹阳市以办好人民满意教育为导向，精准施策，精准落实，推进教育现代化新发展。

教育投入。2017年，市财政教育预算17.31亿元，增长5.94%，财政决算17.79亿元，增长5.83%；镇区街道和省下拨“地方政府债务置换资金”合计5.82亿元，全年总投入23.61亿元。改扩建中小学8所、幼儿园8所，消险面近5.30万平方米。

队伍建设。新进编教师164人。全市有幼儿教师1603人、小学教师3411人、初中教师2322人、高中教师1134人、职业教育教师353人，有高级教师2332人，正高级教师7人。实施“好老师行动计划”，1人获省最美职教教师提名奖，69人获镇江市级先进称号。340人通过镇江市教学骨干评审，50人通过镇江高级职称终审。340人通过“135（1年入门，3年过关、5年胜任）考核”。5人获镇江市班主任基本功比赛一等奖，2人获省青年教师教学基本功一等奖、5人获二等奖。在教育部“一师一优课，一课一名师”活动中，获镇江市级优课874节、部级优课25节，晒课及优课数均列全省、镇江市前列。

教育改革。市教育行政部门承担“依法治教改革试点区”省级课题和“职业教育混合所有制改革”“教育督导制度改革”2个镇江市级课题及10个丹阳市教育综合改革重点项目。学校上报内涵创新项目102个。申报教育教学成果60个，共评选出成果奖23个。9所学校申报创建省级课程基地，3所学校通过镇江市德育研究基地项目现场答辩。

创建工作。开展全国中小学责任督学挂牌督导创新县、省平安校园建设示范县创建工作，新创省基础教育装备示范县。全年新创成省优质园4所、镇江市优质园5所。创成智慧校园8所、省市优秀网站学校10所。创成全国学校体育工作示范校1所，23所学校成功创成全国校园足球示范校。5所学校被评为五好小公民主题教育活动全国示范学校。11所学校通过镇江市节水型学校验收、3家单位通过省级验收。

教育成果。全年教育教学取得新的成果。以高考为标志的教学成果显著，本一及本二达线率分别超全省计划9.6个百分点和24.4个百分点。1名学生获镇江市理科状元，9名学生被清华、北大录取，全市高中毕业率98.5%，各项核心数据均处于全省第一方阵。职业教育省对口单招考试本科达线82人，占镇江市47%，职业学校毕业率100%。在技能大赛中获得全国一等奖1个、省一等奖2个；在奥林匹克学科竞赛中，获全国一等奖9人、省一等奖45人。1名学生被评为江苏省美德少年。

行风建设。开展学校教育行风评议活动，社会各界1500余人参加评议，平均满意率

97.08%，6所学校获丹阳市市级机关“优质效能服务科室（窗口）”，占全市所有评选份额的50%。在第三方满意度调查中，学生对教师的师德满意度为94.64%，学生、社会对学校的满意度为94.11%，学校对政府管理与服务的满意度为93.70%。至年底，全市有江苏省文明校园4所、镇江市文明校园28所、丹阳市文明校园75所。

教育服务。市教育局实施教育惠民项目，全年资助学生24806人次1954.34万元。高中、中职、学前教育免学费4711人978.4万元。丹阳市学生资助工作获全省绩效评价“优秀”等第。实施外来务工子女入学、贫困生资助、校企合作服务经济、教育资源向社会开放等惠民行动。

教育现代化。继续推进教育现代化建设，增强综合实力。6所学校、33家单位分别通过教育现代化“双创”和“回头看”现场验收。全市有119所学校（幼儿园、社区教育中心）、12个镇（街道）创成镇江市教育现代化先进单位，学校创成比例97.8%，镇创成比例100%。2016年度教育现代化监测综合得分91.6分，比上年提高1.12分，列全省106个县（市、区）第10位。 （袁军辉）

【中北学院丹阳校区启用】 南京师范大学中北学院成立于1999年，由南京师范大学与南京师范大学教育发展基金会共同主办，是首批经教育部批准成立的独立学院和经江苏省批准成立的公益性事业单位。学院有在校生8000余人，设人文系、外语系、经济与管理系、公共管理系、信息科学与技术系、工学系、美术系、音乐系和强化培养部8系1部36个本科专业，涉文、理、工、艺、体等门类。2015年5月，丹阳市人民政府与南京师范大学签署合作共建南京师范大学中北学院丹阳校区协议。南京师范大学中北学院有仙林和丹阳两个校区，2017年9月开始，丹阳校区启用，每年招收一年级新生在丹阳校区学习，2016年及以前入学的学生仍在南京仙林校区学习直至毕业，2020年9月全部迁址丹阳办学。 （刘子焕）

图155 从2017年9月起，南京师范大学中北学院丹阳校区录取学生到校报到 （刘子焕）

【职业教育混合所有制改革】 2016年至2017年，丹阳市贯彻落实《国务院关于加快发展现代职业教育的决定》精神，启动“引导支持社会力量兴办职业教育，探索发展股份制、混合所有制职业院校，允许以资本、知识、技术、管理等要素参与办学”的职业教育混合所有制改革工作。江苏省丹阳中等专业学校先行先试，以校企共建学校“实训基地”和“创业基地”作为混合所有制改革的突破口，根据学校专业结构，与“中国电信股份有限公司丹阳分公司”共建计算机网络专业实训基地，与“丹阳市景航汽车销售服务有限公司”共建市场营销、汽修专业实训基地，与“华住酒店集团”（原汉庭连锁酒店）共建烹饪、酒店服务管理专业实训基地。学校与专业部共建验光配镜学生创业基地、计算机平面设计学生创业基地。该校的改革试行，为全市职业技术类学校推行混合所有制改革提供可借鉴的经验和做法。 （钱文彦）

【市华南实验学校东校区投入使用】 由于城市南扩，丹阳市华南实验学校施教区范围不断扩大，社会对优质教育的需求与校舍严重不足的矛盾日益突出。2017年，丹阳市政府将原江苏省中等专业学校校舍改建为市华南实验学校“东校区”。当年秋季，东校区投入使用，市华南实验学校形成“一校两区”格局。市华南实验学校“东校区”为小学部，占地5.67公顷，有57个教学班、3500名学生；“西校区”（原校区）为中学部，占地9.33公顷，有69个教学班、3500名学生。“一校两区”全面开启“五四分段”“九年一贯”新教育教学模式。

（孙书平）

【2名学生作品获国际发明金奖】 2017年6月14日，省丹中学生王渊奇和周天琦的参赛作品“防烧干报警及自动熄火装置”在第三十二届美国匹兹堡国际发明展上获国际金奖。美国匹兹堡国际发明展是国际三大发明展之一，已举办31届。在“一带一路”国际合作的背景下，中国发明代表团派出120名青少年携90项发明作品与全球60余个国家的发明家共同展示发明成果。镇江地区唯一入选的参赛队省丹中代表队携发明作品参展。王渊奇和周天琦的参赛作品“防烧干报警及自动熄火装置”凭借独特新颖的创意设计、规范的论文阐述和从容睿智的现场答辩一举夺得金奖。“防烧干报警及自动熄火装置”是一种干烧自动报警并熄火的装置，该装置操作便利、成本低廉、耐用性高，对保障生命和财产安全具有良好可靠性，该设计获得国家发明专利。（周建中）

教育局局管教育单位负责人

表45

单 位	负责人	单 位	负责人
省丹中	朱禾勤	正则小学	赵辛辰
吕叔湘中学	邹立忠	丹凤实验小学	宗 立
第三中学	王立新	特殊教育中心	刘永维
云阳学校	丁叶俊	练湖中心校	陈国钰
第五中学	林辉民	司徒中心校	陆志才
第六中学	姜丹敏	全州学校	步扬健
实验学校	诸华平	行宫中心校	王永辉
华南实验学校	王旭平	云林学校	陆伟平
丹阳中等专业学校	黄 晨	麦溪中心校	孙军荣
教师发展中心	戎年中	横塘中心校	虞岳明
技工学校	黄 晨	珥陵中心校	王火平
河阳学校	郦仲兴	里庄中心校	钱明辉
司徒初中	吉红军	蒋墅中心校	韩华平
行宫中学	邹正良	匡亚明小学	蔡建良
延陵学校	石广生	折柳中心校	许 瑄

续表 45

单　位	负责人	单　位	负责人
麦溪初中	刘　忠	陵口中心校	朱学军
横塘初中	眭国俊	吕城中心校	庞永红
珥陵高中	魏洪平	运河中心校	蒋永健
珥陵初中	钟东华	窦庄中心校	周晓军
里庄初中	王辉国	访仙中心校	谭习龙
吴塘实验学校	黄长祎	前艾中心校	曾金志
导墅初中	黄春方	马相伯学校	王国胜
折柳初中	顾　杰	建山学校	孙诚华
陵口中学	陆小峰	埤城中心校	单哲波
吕城初中	庄天方	新桥中心校	陈全福
运河初中	吴勇俊	界牌中心校	李　强
窦庄初中	方锁云	新区实小	钱志强
访仙中学	欧阳忠	新区幼儿园	顾丽琴
前艾初中	陈玉武	云阳幼儿园	韦云华
荆林学校	束双林	正则幼儿园	吴益斐
埤城初中	杨勇杰	云阳第一中心幼儿园	王巧玲
后巷学校	严东彪	后巷幼儿园	张丽华
新桥初中	高礼平	新桥幼儿园	汪　晔
界牌初中	冷文跃	界牌幼儿园	景清华
实验小学	蒋红军		

（袁军辉）

中北学院丹阳校区

【概况】 南京师范大学中北学院丹阳校区（下称“丹阳中北学院”）是2015年丹阳市政府与南京师范大学合作共建的高校。丹阳中北学院坐落于丹阳市正德路8号，占地总面积60公顷，规划总建筑面积38.75万平方米，总投资约29亿元，于2017年启动建设，一期工程于2017年9月投入使用，二期工程将于2019年7月交付使用。丹阳中北学院设8系1部36本科专业，涉及文、理、工、艺、体等门类。丹阳中北学院基础设施完备，教学科研条件优越，是现代化的智慧校园、生态校园、人文校园、低碳校园、开放校园。丹阳中北学院与南京师范大学其他院（部）共享学校的图书资料、实验设施、体育场馆、学生公寓等教育教学资源。2017年9月，丹阳中北学院大一招生2000余名。 （刘子焕）

【丹阳中北学院举行开学典礼和揭牌仪式】 2017年9月12日，南京师范大学丹阳中北学院举行开学典礼和校区揭牌仪式。江苏省副省长王江、省政府副秘书长陆留生、省教育厅副厅长朱卫国，镇江市及丹阳市领导惠建林、郭建、孙晓南、陈可可、黄春年和丹阳中北学院领导出席典礼活动。活动举办丹阳中北学院“鱼跃楼”揭牌活动，2017年2月，鱼跃集团向南师大捐赠5000万元，设立公益基金。2017级新生开学典礼在丹阳中北学院体育场举行，南师大副校长张序余主持开学典礼。校长陈国祥致辞，他希望学生肩负起“南师人”、“中北人”应有的责任，发扬南师大的优良传统，铭记校训，意气风发地迎接大学生活，用青春书写华丽篇章。丹阳市市长黄春年介绍丹阳的人文历史以及经济社会发展情况，希望学生做一个品德高尚、学有所长、有团队精神、有社会责任感的人。活动邀请中科院院士、南京大学教授吴培亨和苏州大学教授王建军分别给新生作专题讲座。 （刘子焕）

图156　2017年9月12日，南京师范大学丹阳中北学院举行开学典礼和校区揭牌仪式 （刘子焕）

丹阳市教师发展中心

【概况】 2017年，丹阳市教师发展中心履行“研究、指导、服务、管理”职能，打造区域教育优质均衡特色发展品牌，努力办人民满意的教育。构建人才培养基地。围绕“丹阳好老师”项目目标，启动“立德工程”“青蓝工程”“领航工程”“助力工程”四大工程。各学段各学科的教科研训一体工作，通过“名教师工作室”和市级学科中心组建设，带动课堂教学研究和教师队伍建设。编纂《丹阳教育》和《研训简报》，宣传丹阳市基础教育事业发展的成功案例，引领全市基础教育有序发展。创新干训工作。围绕专业、专长、专家主线，开展校长岗位能力和骨干校长培养，完成校长高级研修、成功校长案例等研究任务，为全面提高教育质量提供专业指导和人才支撑。加强教育研究，全面服务丹阳市教育教学工作。完善“教科研训一体”工作机制，同步推进《县级教师发展中心“教科研一体”建设的行动研究》《教育云环境下学与教的创新策略研究》《区域推进活力课堂建设的深化研究》3个江苏省教育科学规划重点课题的研究。落实丹阳市《关于全面提升教育教学质量工作任务分解的通知》，建立全学段、全学科质量全覆盖监测体系，加强检测和监控，质量监测得到普遍认可。开展智慧校园建设，探索基于大数据背景下的课堂教学评价数据的分析与研究，实施精准教学，提高常态课堂教学质量。完善学生整体合格率、优秀率及综合素养的评价制度与内容，通过全面提高教学质量，落实中小学生“减负”。 （王剑沁）

【四大工程】 2017年，市教师发展中心围绕师资队伍建设，开展“立德工程”“青蓝工程”“领航工程”“助力工程”四大工程。“立德工程”：重在加强教师师德规范教育，落实中小学、幼儿园教师师德行为“十个严禁”，完善师德评议机制，并强化结果运用。“青蓝工程”：加大青年教师的培养力度，突出“135”（1年入门、3年过关、5年胜任）考证结果运用，让优秀骨干脱颖而出。“领航工程”：协助市教育局组织镇江市和丹阳市学科带头人评选，督促各级各类拔尖人才认真履职。“助力工程”：落实丹阳市中小学、幼儿园教师培训“十项规定”，组织开展各项国培、省培、市培及教师发展中心组织的专业培训和公修知识培训，组织开展校长成长研修班，组织园长综合素养班、德育副校长班、后勤副校长班、各学段学科教师培训班、专题培训班等培训活动，同时加强对学校开展的校本培训的管理与指导。 （王剑沁）

【教学创新模式探索】 2017年，市教师发展中心为发挥教学研究能力强的优势，在各学段教学开展创新模式探索。学前段以《3－6岁儿童学习与发展指南》为指引，从科学安排“幼儿一日活动”为切入点，推进幼儿园课程游戏化建设，以项目共同体形式，推进不同层次幼儿园的内涵建设，全面提升保教质量。义务教育段落实省教育厅2017年修订的“江苏省义务教育课程设置实验方案”，规范开设课程，组织教师研训，聚焦学生核心素养的形成与发展，提高义务教育学段的教育教学质量。高中教育段研究与实施新高考方案，深化普通高中教学研究和特色建设，开展围绕师资队伍建设和教学质量提升的教科研训活动，配合高中学校建设优质学科，提升省级课程基地建设水平，巩固和提高高中学校的育人质量。职业教育段协助开展教育教学的诊断与改进工作，提高专业学科的核心竞争力，并帮助建设职教师资队伍，为职业教育的可持续发展提供师资支持。 （王剑沁）

江苏省丹阳高级中学

【概况】 省丹中是国家级示范高中、省四星级普通高中。2017年，学校在课程结构改革、课堂教学改革、创新人才培养等方面取得新的成绩。师德教育和教师培养走向深入。在全社会开展学生、家长师德满意度问卷调查，及时整改和处理反馈问题。开展青年教师培养的“青蓝工程”和“1358工程”（1年入门，3年过关、5年胜任、8年成才），为37位青年教师和21位年轻班主任配备导师。加强名师培养，一批教师从单一学科型提高为跨学科、有创新能力的多能型教师，全年有10人次在省市教师业务竞赛中获奖。素质教育落到实处。开展文明创建工作和文化育人工程，结合丹阳市文明城市创建，通过校园班级宣传阵地，让文明理念根植于师生心中。建设精品社团，发挥“江苏省青少年发明家摇篮”作用，组织学生开展科技创新活动。2名学生的科技发明获得国际发明联展金奖，1名教师的发明获全国二等奖、江苏省一等奖，3名学生的科技创新获全国二等奖、江苏省一等奖，1名学生获得世界机器人锦标赛铜奖。推进项目化学习，为具有创新潜质的学生提供适合的教育平台，促进学生创造性思维和创造性人格的发展。强化初高中创新人才培养衔接，组织开展初中生科技营、信息学夏令营、优秀生冬令营活动，加强与各学段的交流与合作。与高校对接，请高校老师到校指导学生活动，组织学生入高校参观学习、参与课题研究。学校《项目化学习的科学建构和有效实施》课题被评为江苏省基础教育前瞻性实验项目，1项实验项目获市资助。突出国家课程的校本化实施，建设有本校特点的“四年一贯”的课程体系建设，突出选修课程、活动课程的开发和实施，培养学生兴趣爱好和个性特长。构建完善的创新人才培养方案与课程体系。学校承担的省“十二五”规划课题“拔尖创新人才早期培养路径及实践探索”和立项课题“大成文化的研究”结题。稳固高考领先优势，2017高考，本一本二达线率、各学科均分、高分段人数均列镇江市第一，有9

人被北京大学、清华大学录取；省学业水平必修科目考试合格率99.6%。开展阳光体育活动，推进体育选项教学和足球进校园工作。在镇江市第十五届运动会上，校代表队获9金4银3铜，列高中组第一名，金牌数第一，奖牌总数第一，有7人10项达国家二级运动员水平。全国击剑冠军赛上，学生杨洋代表江苏省队出战女子佩剑团体比赛，获团体金牌。

（周建中）

【2名学生获“北斗领航梦想”活动全国赛一等奖】 2017年4月至12月，省丹中学生王筱远和丁皓参加由中国科协青少年科技中心、中国卫星导航系统管理办公室主办的2017年“北斗领航梦想”全国青少年科技实践系列活动，“笔架山气象站”作品获“北斗智慧生活”工程师活动全国一等奖。“北斗领航梦想”活动通过组织广大学生开展北斗科技实践系列活动，普及北斗卫星导航知识、激发广大青少年对北斗科技的兴趣，培养青少年的科学精神和探究能力。在教师丁洪良的指导下，王筱远、丁皓制作“笔架山气象站”，利用北斗导航设备对丹阳4公里的运河风光带进行数据监测，并根据监测数据撰写调查报告，对苏南运河丹阳城区段景观工程和市民健身活动提出建议。

（周建中）

图157 省丹中学生王筱远和丁皓在2017年“北斗领航梦想”全国青少年科技实践系列活动中获一等奖 （周建中）

【参加“STEM＋领导力”培训】 2017年7月16日，为期一周的暑期“国际容领STEM＋领导力”（STEM为科学、技术、工程、数学英文单词首个字母的集合）培训活动在丹徒区文化艺术中心结束。活动由容爱基金会国际容领中心主办，镇江市教育局承办。培训内容主要为领导力圆桌会议和“STEM＋挑战”两个方面，旨在培养青年学生的国际视野、领导力、道德情怀和行为品格。省丹中60名学员顺利完成培训，省丹中代表队在决赛中获第一名。

（周建中）

吕叔湘中学

【概况】 吕叔湘中学是江苏省四星级高中，现有教学班47个、在校学生2203人、教职工270人，其中专任教师244人。2017年学校获得镇江市中小学学生社团建设优秀学校、镇江市中小学心理健康教育特色学校、镇江市校园篮球比赛高中男子组冠军、丹阳市教育局未成年人思想道德建设先进集体、丹阳市教育局基础教育工作先进集体、丹阳市教育局教育信息化先进集体等荣誉。

（袁东波）

【贡振华获江苏省体育与健康优秀课评比一等奖】 2017年4月26日，在江苏省高中体育与健康优秀课评比活动上，吕叔湘中学教师贡振华执教《耐久跑》一课，获2017年江苏省高中体育与健康优秀课评比一等奖。此次评比活动由江苏省教科院主办，全省分为规定项目（足球）和自选项目比赛两项内容。全省13个市、省体育学科网29位选手参加评比和赛课。活动由15节规定项目和14节自选项目组成。

（袁东波）

【中科院语言所到吕叔湘中学调研】 2017年12月20日，中国社会科学院语言研究所党委书记刘晖春、党办主任兼办公室主任白长茂、句法语义室副主任完权一行到吕叔湘中学调研《现代汉语词典》在中学语文教学中的使用情况，丹阳市副市长贺云华陪同调研。吕叔湘曾任中国社会科学院语言研究所所长，主编《现代汉语词典》。此次调研为将要编纂发行的学生版《现代汉语词典》提供实践层面的资料。

（袁东波）

丹阳市第三中学

【概况】 2017 年，丹阳市第三中学有教学班 30 个、在校学生 970 人、教职工 159 人。学校以“转变、落实、提升”为工作总要求，围绕“做一个阳光的中国人”的办学理念，努力办人民满意的教育。学校深入实施课改，推进“导学展练”小班化小组合作学习模式。4 月，“丹阳市张步青名教师工作室”在三中挂牌，承担丹阳市初中物理教师的指导培养和部分教科研活动。9 位教师被评为第七批镇江市级骨干教师，2 名教师获丹阳市赛课评比一等奖。学校被评为全国校园足球特色学校、镇江市智慧校园、丹阳市文明校园，通过镇江市教育现代化“回头看”检查。（毛红艳）

【社团活动】 2017 年，市三中社团活动取得丰厚成果，2 名学生参加全国信息学奥林匹克联赛复赛（普及组）分别获一等奖和二等奖，3 名学生参加江苏省二十四届科技模型赛获二等奖。学校取得江苏省二十四届科技模型赛团体二等奖、丹阳市第四届金钥匙科技竞赛团体一等奖（初中组）、丹阳市诗歌大赛第二名、丹阳市男子足球联赛亚军、丹阳市男篮第三名等荣誉。为使学生有符合自身特长与爱好的更多的选择，在原有社团课的基础上，学校新设茶道、瑜伽、太极、国学、礼仪等 19 门社团课，邀请丹阳市传统文化协会的教师为学生授课，受到学生欢迎。（毛红艳）

图 158　2017 年 11 月 8 日，市三中代表队在丹阳市金钥匙科技竞赛团体决赛中，获初中组一等奖

（毛红艳）

丹阳市云阳学校

【概况】 2017 年，丹阳市云阳学校有 9 个年级、79 个班级、在校学生 3558 人、专任教师 283 人。学校以建设现代化学校为总目标，深度推进“自然分材”教学改革，提升学校办学质量。创新家长学校的办学形式，拓展家长学校办学空间，深化家长学校的办学内涵，家长学校申报的第二批镇江市德育教育实践基地项目通过中期评估，被推荐为 2018 年镇江市家校合育试点学校。学校获得全国主题教育征文活动示范校、江苏省中小学教师优秀论文评选组织奖、镇江市节水型学校、镇江市预防青少年违法犯罪工作先进集体、镇江市中小学生朗读大赛优秀组织奖等多项荣誉。（唐　红）

【江苏省二星级档案室创建】 2017 年 6 月始，学校配合档案工作人员将 2009 年云阳中学和云阳中心校合并以来的各类档案分类整理、收集。学校馆藏档案共 2090 件，其中文书档案 1493 件、会计档案 203 卷、设备基建档案 43 卷、实物档案 57 件、照片档案 10 册计 600 张、光盘档案 2 册。11 月，学校通过省二星级档案

的验收。（唐 红）

【通过镇江市智慧校园验收】 2017年，市云阳学校贯彻落实《江苏省智慧教育三年行动计划（2015—2017年）》等各项工作，整合优化校园网络系统，实现教学、科研、管理等各区域的宽带高速网络全覆盖，面向全体师生提供基本网络服务和软件服务。在校园内建立电子身份及统一认证系统，构建工具化的学习环境和智能化工作环境，实现教师教研、学生学习、教务管理和评价、家校沟通、学校安全管理的智能化。全体教职工能熟练运用各类设施设备，从管理、学习和服务等方面，发挥信息化技术在学校教育教学管理与评价等方面的作用。12月，学校通过镇江市智慧校园评估工作专家组验收，被授予“镇江市智慧校园”称号。（唐 红）

丹阳市第五中学

【概况】 丹阳市第五中学是江苏省四星级高中。2017年有51个教学班、2400余名学生、276名教职工。学校以建设高品质高中为办学方向，推进校园文化建设、教师队伍建设和优质课堂建设，深入实施素质教育，创新学校管理，打造书香校园，丰富教育内涵，提高教育质量。全年创建工作成绩显著，被教育部命名为全国青少年校园篮球特色学校，获得江苏省节水先进单位、江苏省中小学优秀校园网站荣誉。（孙玉林）

【探究德育工作新机制】 2017年，市五中推出多项举措，建立起富有校本特色的德育工作体系。学校成立德育工作领导小组，建立由班主任为骨干，教职员工全员参与、全程指导、全面关心学生健康成长的育人机制。坚持“立德树人”的理念，开展以社会主义核心价值观为重点的系列主题教育活动。利用中秋节、教师节等传统节日、纪念日，组织系列主题教育实践活动，做到周周有主题，活动安排系列化。重视心理健康教育工作，配有1名专职心理教师、4名兼职教师，组建心理馨语室、团体辅导室等，定期对学生心理状况进行检测和分析，及时化解学生的心理问题。建设德育宣传教育阵地，利用网络与家长架起教育学生的桥梁，开展戒除网瘾等主题教育活动，营造网络安全良好氛围。建立健全家长委员会制度，完善学校、家庭、社会三结合教育网络，多渠道征求家长意见，汲取家长的合理化建议。开展德育协作片活动，与市区各高中和开发区各中小学、幼儿园联系，施行系统联动教育机制，与市交警中队等合作，加大学校周边环境的管控和治理，确保校园安全。（孙玉林）

【教师队伍建设】 2017年，市五中加强教师队伍建设，实施青年教师培养的“青蓝工程”、教师培训的“助力工程”和拔尖人才的“领航工程”，教师队伍素质不断提升，涌现出一批新时期课堂教学改革积极分子。在2017年班主任基本功大赛中，1人获江苏省三等奖、镇江市一等奖、丹阳市一等奖；2人分获丹阳市二、三等奖。1人获丹阳市“十佳班主任”称号；13人获丹阳市马相伯教育育才奖优秀班主任奖。2017年底，学校拥有特级教师、正高级教师2人，高级教师118人，镇江市学科带头人4人，镇江市骨干教师16人，丹阳市学科带头人50人，丹阳市骨干教师39人。（孙玉林）

【科研兴校工程】 2017年，市五中加强课题研究，开展教育科研活动，提高教科研对教育发展的贡献率与支撑度。完成丹阳市2016年“十三五”第一批小课题结题、2017年“十三五”第二批小课题申报、“活力课堂”优秀研究成果评比、镇江“十三五”备案课题的中期汇报、市级以上优秀论文评比等工作。“基于问题生成的动态课堂的实践研究”成果获2017年江苏省教学成果奖二等奖。成功申报国家级德育课题“校本研究在心理健康教育德育领域的实践研究”。江苏省教育科学“十二五”规划立项课题“基于‘教师即研究者’的实践研究”取得阶段性成果，省教育科学“十三五”规划立项课题“高中学生数学核心素养培育的实践研究”于7月开题实施，18项镇江市课题研究立项。32篇论文参加江苏省评比，1篇获一等奖、15篇获二等奖、16篇获三等奖。眭金祥教师工作室和孔帮新教师工作室成为丹阳市第三批名师工作室。（孙玉林）

【特色教育建设】 2017年，市五中从发展“品位教育”入手，提高特色办学水平。学校“梦之韵”合唱团在第三届江苏省紫金合唱节上获铜奖；学校省级科学教育课程基地全面建成并投入使用，校代表队在2017年江苏省金钥匙仿生机器人创意大赛中获创意特等奖和综合特等奖，学校被授予江苏省金钥匙机器人训练基地，获2017年全国中小学电脑制作活动（江苏赛区）团体二等奖，学生科技作品“北斗智慧航母”获全国青少年科技实践活动一等奖；校田径队获2017年镇江市中小学运动会高中组总分第二名，在镇江市2017年高三学生身体素质检测中获总分第一名。11月，学校被教育部首批命名为全国青少年校园篮球特色学校。（孙玉林）

丹阳市第六中学

【概况】 丹阳市第六中学是江苏省四星级普通高中，2017年有教学班60个（含12个新疆班）、学生2700余人，教职工286人。学校拥有江苏省一级图书馆、江苏省标准化实验室、镇江市A级学校食堂、镇江市信息化先进学校以及多功能体艺馆、塑胶田径场、标准学生公寓等现代化教育设施。学校围绕“优质、特色、稳定”的发展目标，坚持立德树人，不断深化改革，学校现代教育发展水平稳步提升。学校获全国国防教育特色学校、镇江市中小学优秀校园网站、镇江市自制教育先进学校等多项荣誉。（朱丹平）

【足球特色教育】 校园足球是市六中的教育特色。2017年，市六中投入专项资金，购买相关足球教学和训练器材，为校园足球的全面普及提供物质保障。开设足球课程，在学生中普及足球知识，将足球操与大课间活动相融合，落实好“阳光体育一小时”要求。学校女足获“2017年省长杯校园足球联赛”团体一等奖、江苏省省长杯亚军，男足获“2017年江苏省校园笼式足球”苏南区冠军、“镇江市青少年笼式足球”联赛冠军。（朱丹平）

【“书香文化”校园建设】 2017年，市六中开辟读书专栏、读书廊道、读报栏、图书角等专项阵地，书香校园建设氛围浓厚。学校举办第五届读书节，开展各类读书促进活动，举办文化系列讲座、图书跳蚤市场、经典诵读比赛、名著知识竞赛、读书板报评选、名著封面设计大赛等系列活动，让学生享受阅读，分享读书快乐。学校获得“镇江市书香校园”称号。（朱丹平）

丹阳市华南实验学校

【概况】 丹阳市华南实验学校是“九年一贯制”学校，2017年有126个教学班、7000名学生、专任教师381名，设丹阳市名教师工作室5个、镇江市名教师工作室1个。学校践行“山水教育”新理念，全面实施素质教育。2017年度中考，有290人被省丹中录取，小学毕业会考综合考评全市第一。调研科目成绩均名列全市前茅。在省市各类学科竞赛中，共有1028人次获一、二等奖。推进德育改革，建设德育工作网络，以“一班一品”为平台，整合德育资源，提高德育教育成效。深化教学改革。必修课程贯彻教学“五认真”（认真备课，认真上课，认真辅导，认真批改作业，认真检测备课)，以“双基、能力、素养、训练”教学手段，提升“常态课”课堂生态质量；校本课程改革，以学科活动为载体，以体卫艺课程改革为基础，提升人文化水平。加强师资队伍建设。以学科发展为导向，强化师资培训；以课题研究为平台，促进教师学科发展，12名教师获得省评优课一等奖，13名青年教师获省市基本功大赛一、二等奖，12名教师入选市学科领军人物，3名教师成为丹阳市第五批特级教师后备班成员。开展校际交流，全年有海南、宁夏、新疆等地校长与骨干教师到校跟岗培训，学校选派10多位教师到江西、云南、新疆、陕西等地上公开课、作专题讲座。寒暑假期间，组织学生赴德国、日本、新加坡、韩国、中国台湾和广州、哈尔滨等地开展游学交流活动。学校获江苏省“十三五”科学教育综合示范学校、江苏省初中物理教学研究基地学校、江苏省优秀中学共青团组织、镇江市文明单位、镇江市智慧校园等荣誉。 (孙书平)

【社团建设研究】 2017年，丹阳市华南实验学校“百团大战”社团研究从“兴趣化发展”到“课程化实施”阶段。5月，由镇江市教育局牵头，镇江市及辖市、区13所中小学校成立社团联盟，市华南实验学校被确立为镇江市德育实践基地学校。7月，经层层遴选、专家答辩，“聚智养品：区域学生社团联盟活动平台建设”被确立为江苏省中小学品格提升工程，并在中期考核评估中获A级等第。全年，在省市以上大型活动中，市华南实验学校作专题展示10场次，获镇江市教学成果一等奖。

(孙书平)

【学科建设成果】 2017年，市华南实验学校深化教育改革，实施素质教育，学生综合素养多元发展。11月，在超8万名选手参与的“扬子晚报杯”作文大赛中，市华南实验学校有213名选手晋级复赛，21名选手参加现场决赛，6人获优等奖。“中学生与社会”作文大赛现场决赛6人获省一、二等奖；文学社团在各类报刊发表习作316篇。在2017年江苏省“小数报·小小数学家”竞赛中，34人获省一等奖，占全市56.7%。艺术类社团在小学生艺术素养大赛上，器乐、绘画获省级奖项300余个；科技类社团获省级奖141人次，获发明专利4项。在江苏省“金钥匙杯”校园智力竞技上，市华南学校代表队获团体一等奖，有6人获省一等奖。在江苏省第十六届青少年电子技师大赛上，市华南学校代表队有8人获一等奖、2人获二等奖。围棋社团获丹阳市小学围棋比赛第一名。信奥社团在全国青少年信息学奥林匹克竞赛中，4人获全国一等奖、1人获二等奖，在省级比赛中5人获一等奖、11人获二等奖、37人获三等奖。体育类社团获2017年丹阳市田径运动会团体总分第二名，初中篮球队获镇江市校园篮球联赛第一名，校足球队获丹阳市初中男子足球总决赛冠军。

(孙书平)

江苏省丹阳中等专业学校

【概况】 江苏省丹阳中等专业学校是国家中等职业教育改革发展示范校、江苏省高水平现代化职业学校。2017年，学校结合丹阳地方经济特点，设机电、商贸、信息和综合高中4个专业部。其中，省示范品牌专业电子技术应用、机电技术应用、计算机网络技术、会计、数控技术应用对接丹阳市支柱产业，省特色专业眼视光与配镜对接丹阳市眼镜特色产业。学校有109教学班、4494名学生、392名教师。推进现代职教体系建设，有高职衔“3+3”分段培养项目7个、中职与普通本科“3+4”分段培养项目2个，承办江苏联合职业技术学院五年制高职专业2个。保持对口高考优势，2017年对口高考，68人达本科线，达线率21%，6个专业获得镇江市状元。实施精准支教和社会服务。学校与陕西子长县、陕西富平县、云南丽江市、云南普洱市开展东西部协作，54 名普洱市学生到校求学；开展退伍士兵技能培训、社会人员中高级定级考核等。建设师资队伍，多名教师获得省、市、县级荣誉。学校获江苏省中小学心理健康教育特色学校、江苏省中等职业学校“文明风采”竞赛组织奖、江苏省中小学“校园心理剧”创作示范学校、江苏省中小学优秀校园网站、江苏省职业学校创业能力大赛优秀组织奖、江苏省职业学校“优秀办赛学校”等荣誉。（钱文彦）

【退伍军人培训班】 2017 年 9 月至 12 月，江苏省丹阳中等专业学校开办退伍军人培训班。培训班开设维修电工、产品设计与制造、汽车维修与保养、中式烹调、中西面点、眼镜验光与配镜等专业工种。经过 3 个月的培训，所有学员培训合格，获得国家职业资格证书（五级）。（钱文彦）

丹阳市技工学校

【概况】 丹阳市技工学校是通过 ISO9001 国际质量体系论证的省（部）级重点技工学校，在丹阳市职教园独立办学，与江苏省丹阳市中等专业学校共享教学资源，错位发展。2017 年有 15 个教学班、486 名学生、57 名教职工。开拓性做好招生就业工作。学校在充分调研的基础上，有针对性地制定招生计划，新招学生 248 人。各专业部协作，安排 3 个班级学生到企业顶岗实习。与江苏新通达电子科技股份有限公司、江苏申阳集团等企业达成引企入校、校企合作、共同招生、共同培养人才的合作意向。教育教学与时俱进，瞄准企业需求，开设汽车检测与维修、铁路客运服务、焊接加工、模具制造、数控加工、电气自动化等专业。教育教学执行国家课程计划，开齐开足各类课程。开展社会创业培训服务。与市人社局合作，培训在校学生 100 人、离校未就业大学生 30 人；与东方国际公司合作，完成 20 名赴日劳务人员培训工作；与超力电器有限公司合作，对该公司 300 余员工进行职业技能培训。坚持教科研训一体化。开启省级课题子课题“本土教育家教育思想对技校生励志教育的研究”研究工作。2 名教师的论文获江苏省二等奖；2 名教师的论文分获江苏省教学成果一等奖、二等奖；1 名教师的论文获镇江市一等奖；2 名教师的论文获镇江市二等奖。（丁忠明）

【实训基地建设】 丹阳市技工学校前期投入 1500 余万元建设教学设施和添置实训设备。学校拥有 GSK、FANUC 数控车床，西门子立式加工中心、铣床；现代化网络型可编程序控制器、单片机、变频器综合技能实训室；模块式柔性自动化生产线实训室；电子实训室；电工实训室以及车工、焊接、钳工、缝纫等实习车间。2017 年，学校投入 253 万元新建汽车维修实训基地，新购汽修设备，满足汽修专业学生的实习实训需要。（丁忠明）

丹阳市第八中学

【概况】 丹阳市第八中学是江苏省示范性初中。2017 年有 42 个教学班、2530 名学生、146 名教职工。学校制定新的三年发展规划，健全教育教学管理制度，汇编《丹阳市第八中学制度汇编》。建设校园文化，投入近 20 万元，整修校园景点、建设校园艺术教育长廊和教室文化，营造优良育人环境。做好教师培养，聘请华师大安桂清教授定期到校举行“全程合作教学模式”理论讲座，组织教师到江苏外国语学校、上海新黄浦实验学校学习，提高教师的教学水平。1 人获江苏省基础教育青年教师教学基本功大赛初中地理一等奖；3 人获丹阳市第三届初中物理实验教学技能大赛一等奖，4 人获丹阳市教学能手奖，1 人获 2017 年丹阳市“喜迎十九大”教师书画展一等奖。教科研工作以丹阳市“活力课堂”建设为契机，以打造“全程合作教学模式”为主题，营造教育教学新优势。“全程合作教学模式”在 2017 年丹阳市区域品牌推进会上获得广泛赞誉。学校 2 个省级课题《艺术特色的个性化研究》和

《新课改背景下初中师生互动模式的研究》结题。2017年，学校获得镇江市中小学学生社团建设优秀学校、关心下一代工作委员会先进集体、镇江市文明单位、镇江市先进单位、丹阳市红领巾读书征文优秀组织奖、丹阳市文明校园、镇江市中小学教育装备管理与使用先进学校、镇江市艺术教育特色学校、江苏省红十字示范学校等荣誉。（傅晓霞）

【德育教育工作】 2017年，市八中坚持“育人为本、德育为先”的教育理念，规划研究三个年级、不同阶段的德育工作内容，构建具有年级特色的德育内容体系，“镇江市心理特色校园”创建活动得到检查专家和领导的好评。以各类活动为载体，提高德育实效。开展丰富多彩的文体活动，寓思想道德教育于活动中。发挥学校板报、橱窗、广播站、文学社、团委等阵地作用，开展夏令营、手抄报比赛、诗歌创作大赛、书信征文比赛、入团仪式等活动，增强校园文化环境的感染力。在江苏大亚集团建立社会实践基地，开展学生社会实践活动。邀请市交运局、市民防局、市关心下一代工作委员会等单位人员到校举办科普知识和革命传统教育讲座。完善个人、学校、家庭、社会“四结合”育人网络建设，运用“家校联系卡”“校信通”“家长委员会”，营造社会性育人环境。（傅晓霞）

【教学工作创新】 2017年，市八中创新教学工作，在执行新课时计划过程中，结合丹阳市推进“活力课堂”建设，积极探索倡导自主、合作、探究的“全程合作教学模式”。健全教学管理制度和教学质量的综合评价体系，每月进行一次情况汇总、反思和调整，达到优化课堂教学目的。加强教研组、备课组建设，增强团队合作意识和群体合作精神。增加信息技术、图书、艺术和实验室等设备的投入，教育技术装备达到省标要求。整合信息技术与学科课程，学校成为丹阳市假日网校学科资源研发基地。教学工作创新取得成效，初中升学率、巩固率分别在98%以上和99%以上。（傅晓霞）

丹阳市第九中学

【概况】 丹阳市第九中学是江苏省示范初中、镇江市教育现代化初中、镇江市教育现代化先进学校。2017年有教学班28个、在校学生1400余人、教职员工133人。学校以“上善若水”为办学理念，抓学生养成教育，组织开展“五好小公民”读书活动、小黑板文化建设、校园文化艺术节、阳光体育节、科技节、学生巧手比赛、美善学生评选等主题教育活动，培养学生文明行为，促进学生健康成长。学校推进高效课堂建设，打造“崇善课堂”教学模式，举办面向镇江市范围的第七届教学节，组织青年教师教学比赛等活动，教学质量不断提高，2017年有53.2%的毕业生考入江苏省四星级高中。学校完善“一月一比赛一讲座”校本培训机制，提升教师的师德素养和专业技能，1名教师获江苏省青年教师微课评比一等奖，3名教师获镇江市教学比赛奖，6名教师获丹阳市教学基本功比赛一、二、三等奖。学校重视课题研究，1个省级课题、2个镇江市级课题研究取得阶段性成果并得到推广。学校获得第二十届全国青少年五好小公民“阳光校园·我们是好伙伴”主题教育读书活动示范学校、江苏省第十届中学生武术锦标赛团体一等奖、江苏省二星级档案室、镇江市文明单位、镇江市中小学学生社团建设优秀学校等多项荣誉。（蔡　斌）

【获省中学生武术锦标赛团体一等奖】 2017年，市九中大力推进“武术文化”特色建设活动，武术队多次参加省市比赛，取得好成绩。11月24至26日，在由江苏省教育厅和江苏省体育局主办的江苏省第十届中学生武术锦标赛中，丹阳九中武术队发挥出色，在60支参赛队中脱颖而出，取得团体一等奖、单项二金一

银的佳绩，并被授予“体育道德风尚奖”。市九中连续十届获得江苏省中学生武术比赛团体一等奖殊荣。 （蔡 斌）

图 159 2017 年 11 月 24—26 日，市九中参加江苏省第十届中学生武术锦标赛，连续第十次获团体一等奖 （蔡 斌）

丹阳市实验学校

【概况】 丹阳市实验学校是一所“九年一贯制”自主管理试点学校。2017 年，学校有教学班 93 个、学生 5102 人、专任教师 323 人。学校以“自然、自主、自在”为办学理念，围绕“健康人、文明人、责任人、学习人、幸福人”的培养目标，创建优质均衡特色教育品牌，推进内涵建设，开展本土教育家戴伯韬教育思想研究，不断提升学校办学品位。坚持自我规划、自主管理、自我完善的“三自”育人方针，德育为先的教育实践，形成德育教育特色。德育课题“创班花文化特色，班花名人德育特色鲜明”获丹阳市内涵发展创新项目优秀成果奖。推进教育国际化，与马来西亚古晋三小成功结对。素质教育取得多项成果，学校获江苏省校园智力竞技活动团体二等奖，有 10 余名学生获江苏省青少年各类科技大赛特等奖和一等奖、省作文竞赛一等奖、中小学生艺术素养大赛一等奖。学校创建成为镇江市青少年之家、镇江市智慧校园、镇江市艺术特色学校和诗词校园。学校获全国和谐教育名校、全国科研兴校示范基地、全国青少年校园足球特色学校、江苏省最具影响力初中、江苏省课程建设特色学校等 40 余项荣誉。 （王红雨）

【与马来西亚古晋中华小学第三校结对】 2017 年 7 月 29 日，镇江市教育考察团到马来西亚古晋市访问考察。访问会上，丹阳市实验学校与马来西亚古晋中华小学第三校举行结对签约仪式。镇江市教育考察团团长、镇江市人大常委会副主任张洪水，镇江市教育局局长、党委书记刘元良等出席签约仪式。市实验学校与马方小学结对，有利于学校未来推进教育国际化进程。7 月 30 日，马来西亚古晋市众多媒体报道结对签约的消息。 （王红雨）

图 160 2017 年 11 月 23—24 日，市实验学校校长诸华平在“三自教育”研讨会上致辞，向与会人员介绍学校“三自教育”办学经验 （王红雨）

【承办江苏省德育联盟研讨活动】 2017 年 11 月 23 日至 24 日，江苏省教育学会“名校文化研究中心”德育联盟“三自教育”研讨会在丹阳市实验学校举行，省德育研究联盟学校、省学校管理联盟学校、作文教学研究联盟学校、非联盟基地学校的领导以及丹阳市各中小学德育副校长、德育主任和班主任代表等近 300 人参加研讨活动。23 日，与会代表参观丹阳市实验学校的书法、篆刻、无人机和机器人社团等特色社团展示，参观戴伯韬陈列馆。丹阳市实验学校社团展示诵读、太极拳和太极刀表演、心理剧表演等节目，并展示了联合班会、德育微型课的“班花德育”特色。丹阳市实验学校校长诸华平向与会人员介绍学校“三自教育”的思考和实践，与会者分享办学经验。

（王红雨）

丹阳市实验小学

【概况】 2017 年，丹阳市实验小学有 54 个教学班、2313 名学生、172 名教师。学校发展紧抓师生发展中心，遵循学生的身心发展规律和教育教学规律，落实《江苏省义务教育学校办学标准》《义务教育学校管理标准》《中国学生发展核心素养》，实践自能课堂，推进自能教育，培育本色儿童，办“公平、惠民、生态”的现代义务教育。学校获全国校园足球特色学校、全国作文教学先进单位、全国组块教学实验学校、江苏省优秀红领巾小社团、江苏省“传统文化与中小学古诗文教学研究”项目基地学校、镇江市五好小公民主题教育活动先进集体、镇江市少先队工作先进单位等荣誉。

（江志伟）

【举办省规划课题汇报活动】 丹阳市实验小学承担江苏省教育科学“十二五”规划《“鸣凤文化”浸润“本色儿童”成长的校本实践研究》课题研究。2017 年 3 月 30 日，该校举办课题阶段性研究成果汇报活动，与会人员听取市实验小学开放语文课、德育综合实践课、“鸣凤文化探索”等课题阶段汇报。镇江教科所所长徐明认为，书院文化和革命文化是丹阳实小的独有特色，要紧抓特色，弘扬“鸣凤文化”，成就“本色人生”，培养“本色儿童”。

（江志伟）

【张学伟胡小慧名师工作室启动】 2017 年 6 月 7 日，丹阳市实验小学“张学伟名师工作室”“胡小慧名师工作室”启动。市教育局、市教师发展中心、市华南实验学校代表以及两工作室成员共 30 余人参加启动仪式。启动仪式上，张学伟、胡小慧详细解读工作室方案，明确工作室的发展目标、活动举措等。工作室的成立，将聚集优秀教师组成师德优良、业务精湛的学科团队，服务丹阳义务教育发展。

（江志伟）

【承办江苏省教研室重大项目课题研讨会】 2017 年 10 月 26—27 日，江苏省教研室重大研究项目《传统文化与中小学古诗文教学研究》课题研讨会在丹阳市实验小学举行。研讨会由江苏省教研室主办，镇江市教研室、丹阳市教师发展中心协办，丹阳市实验小学、张学伟语文工作室承办。江苏省教育学会副会长叶水涛、江苏省小学语文教研员李亮、《小学教学设计》主编王冬精、有关项目组核心单位、基地学校代表以及各地市属小学语文教师共 300 多人参加研讨活动。研讨会研讨的主题是依循各年段学生的特点，探寻各年段古诗文教学路径，提高古诗文教学效率。8 名江苏省知名教师分别展示不同年段的古诗文教学。研讨人员从课程设计、教学策略、目标确定、内容选择、方式设计等方面作深入探讨。 （江志伟）

图 161 2017 年 10 月 26 日，在《传统文化与中小学古诗文教学研究》课题研讨会上，丹阳市实验小学学生以仿古表演形式，向参研人员展示学校的研究成果

（徐留军）

文化·新闻

栏目编辑 孙晓霞

文　化

【概况】　2017年，丹阳市文化事业取得新进展。镇江红色钱币专题博物馆免费对外开放，张家大院、三吕（吕凤子、吕叔湘、吕澂）故居布展工程持续进行。以创建“文明丹阳”“书香丹阳”“诚信丹阳”为目标，开展品牌文化活动。丹阳市获“江苏省文物安全综合管理实验区”，市文广新局被江苏省第一次全国可移动文物普查领导小组授予“第一次全国可移动文物普查先进单位”，被江苏省新闻出版广电局命名为“新闻出版依法行政示范点”，江苏省哲学社会科学界联合会授予丹阳市总前委旧址纪念馆为江苏省社会科学普及示范基地，文化行政综合执法大队行政案卷被市法制办评为“二等奖”，吕城镇被省“扫黄办”确定为基层“扫黄打非”省级示范点。市文广新局在第八届江浙沪文物行政执法业务培训班上作《加大行政执法与安全监管力度，让文物保护工作迈上新台阶》的主题发言。市文广新局参加“国保单位（石窟寺及石刻类）保护管理机构负责人培训班”作经验交流发言。（眭　杰）

【镇江红色金融钱币专题博物馆开馆】　2017年12月1日，镇江红色金融钱币专题博物馆正式免费对社会开放，丹阳市领导陈可可、黄春年、赵立群、李莉珺及中国钱币博物馆馆长周卫荣、中国人民银行南京分行行长郭新明等参加开馆仪式。开馆仪式上，中国人民银行镇江市中心支行副行长孙雯代表镇江市钱币协会向丹阳市捐赠新四军10家银行货币。镇江红色金融钱币专题博物馆位于丹阳市中山路与城河路交界处原陆姓宅院内，占地面积1357平方米，布展面积850平方米。馆内主要展示镇江丹阳惠农银行在内的新四军10家银行历史功绩，分为两大展区，实物藏品分生活用品、办公用品、书籍、制币工具、各类钱币、家具六大类，包含抗战时期新四军10家银行抗币、国民政府法币、日伪中储券等167张，其他各类实物展品20余件。（眭　杰）

·群众文化·

【概况】　2017年，丹阳市以服务基层、服务群众、服务发展为核心，推进市、镇、村三级文化阵地建设。推进市级重点文化修缮、保护、利用工程，开放镇江红色钱币专题博物馆，布展张家大院、三吕故居。构建文化馆总分馆服务体系。以延陵镇、导墅镇、吕城镇、丹北镇4家文化馆分馆为示范点，在全市12个镇（街道）建设12家文化馆分馆和微信公众平台。市文化馆按片区到各乡镇，并聘请12位业余文艺骨干，配送到各乡镇担任分馆文化指导员，为乡镇提供最新的文化资讯及文艺辅导，开展72次艺术普及活动。建设图书馆总分馆，在各镇（街道）、行政村建设193家图书馆分馆，编录30万册图书目录。对全市280余名书屋负责人、图书管理员举办7场培训，实现图书馆分馆通借通还。加入“江苏省少儿数字图书馆”，推进少儿数字阅读服务。市图书馆举办全市知识竞赛、摄影大赛等11次主题活动。开展品牌文化活动。市文化馆举办迎春文艺晚会、元宵灯谜竞猜、青少年才艺大赛。开展“戏曲惠民月”活动，邀请江苏省演艺集团、宁波小百花等省内外知名演出团体到丹阳表演。市总前委旧址纪念馆举办“邓小平同志经典图片展”“2017春季旧式婚书及珍贵契约文书展”等6次专题展览。市博物馆、市总前委旧址纪念馆组织文化展览进社区、学校、企业、军营活动。市美术馆举办“丹阳市女书画家作品邀请展”等主题活动6次，书画家义务“写春联送春联”活动连续举办十余年。现代丹剧《丹凤朝阳》剧本三稿基本脱稿。至年底，丹阳市以“艺术之源”全民艺术普及为载体，开展讲座、培训、赛事、展览等多项艺术活动107场，培育艺术品牌2个、艺术培训基地10个、艺术普及团队40个、艺术普及骨干70名。全年送戏下乡156场，送书17万册，送电影下乡2400场。　（眭　杰）

【中华诗词大赛】　2017年，丹阳市投资90余万元，举办“阅读·文明”丹阳市中华诗词大赛，赛题围绕中华优秀古诗词、习近平引用过的古诗词以及与镇江、丹阳有关的经典诗词等，比赛分初赛15场、半决赛2场、决赛1场，历时半年时间。通过比赛激发广大市民的阅读兴趣，营造自觉读书、热爱读书的氛围，形成良好的读书风尚和文明素养，为建设文明丹阳、和谐丹阳提供强大的精神动力。

（张　丹）

【“月映丹心”中秋诵读会】　2017年9月28日，丹阳市举办2017年“月映丹心”中秋诵读会。诵读会以丹阳市王华、张雅琴、钱云宝、方美芳等9位人物为典型，创作现代诗歌8首，邀请丹阳市朗诵爱好者和艺术团队进行朗诵艺术展示。以音诗舞歌等形式弘扬先进典型（敬业奉献好人3人、敬老孝亲好人1人、助人为乐好人3人、关爱留守儿童好人1人、实业报国好人1人）的高尚品德和崇高精神，进一步凝聚人心，激发团结奋进的力量，为建设“强富美高”的新丹阳注入新的精神动力。　（张　丹）

【“戏迷乐”戏曲演唱大赛】　2017年12月，丹阳市举办第四届“戏迷乐”戏曲演唱大赛。该大赛是以宣传贯彻中共十九大精神为主线，以社会主义核心价值观为引领，以“戏迷乐”为主题，通过搭建百姓舞台、展示群众风采，培育文化形态，引导群众在参与中自我表现、自我教育、自我服务，不断提升广大人民群众昂扬向上的文化氛围。大赛有140余人报名参加，初赛分城区、东部片区、南部片区、西部片区4个片区进行，筛选优秀选手进行决赛。

（张　丹）

【“人无信不立”系列活动】　2017年5月8日，丹阳市在延陵镇举办“人无信不立”系列文化活动暨省级“非遗”项目《九里季子庙会》宣传保护系列活动。编创独具丹阳本土特色、以“诚信”为主题的文艺节目，新创舞蹈《吴祭古风》《美落子》《玲珑刻纸女》《最美诚信》、配乐诗朗诵《诚信礼赞》、小品《怪谁呢》、啷当小戏《啷哩格啷》。5月以后，每周一场，在各乡镇进行巡演，通过巡演，“诚信文化”在广度和深度上得到延伸，为丹阳市推进全国文明城市创建提供精神支持。6月8—16日文化遗产日期间，在规划展示馆举办“人无信不立”手工技艺大赛精品展，展示全市围绕“诚信”素材创作的“非遗”手工技艺精品。7月，举办“人无信不立”读书征文比赛，收到全市征文20余篇。8月2日，在文化城举办“人无信不立”故事演讲比赛，有14名选手参加比赛。　（荆　红）

【“冬日缤纷——‘非遗’走进纪念馆”主题活动】　2017年，为进一步宣传非物质文化遗产，让未成年人近距离了解“非遗”的魅力，展示“非遗”传承人风采，丹阳市委宣传部、丹阳市总前委旧址纪念馆、童星小主持联合举办的“冬日缤纷——‘非遗’走进纪念馆”活动1月14日在丹阳总前委旧址纪念馆举行。活动特别邀请江苏省非物质文化遗产“赵军二胡”“石贝乱针绣”传承人到纪念馆向30余位学生和家长宣讲“非遗”知识，活动增强孩子们的民族自豪感，引导其自觉参与非物质文化遗产的保护。（王玉娟）

【“五进”主题教育活动】 2017年，丹阳市开展“五进”主题教育活动。3月6日，丹阳新城吾悦广场开展旧式婚书及珍贵契约文书展，展示孙国武收藏的近百张珍贵的明代、清代契约，清代卖身契约，日本侵华期间的契约支票及清代、民国、解放初期、文革时期的结婚证。党风廉政建设巡回展以党风、廉政建设为主线，通过280余幅翔实而珍贵的历史图片、文物文献，展现抗战时期中国共产党党风廉政建设的光辉成就。丹阳市总前委旧址纪念馆、丹阳市博物馆、丹阳市怡情轩博物馆联合走进丹阳市实验学校开展“5·18”国际博物馆日宣传活动。8月1日，丹阳总前委旧址纪念馆与镇江博物馆、茅山新四军纪念馆联合走进驻镇江部队，开展文化拥军系列活动，丰富基层官兵的文化生活。“七彩夏日——红色精神代代传”送展览进社区暑期教育活动，组织42块展板，展现革命先烈的英勇事迹。（王玉娟）

【邓小平经典图片展】 2017年，由中共丹阳市委宣传部、丹阳市文广新局、四川广安邓小平故居陈列馆主办的《我是中国人民的儿子——邓小平同志经典图片展》在丹阳市总前委旧址纪念馆开展。丹阳曾经是邓小平生活、工作过的地方。68年前，以邓小平为书记的总前委在丹阳，全面部署解放、接管上海的各项准备工作。展览突出“人民之子”主题，共分为《走出广安》《戎马生涯》《艰辛探索》《非常岁月》《开创伟业》《生活情趣》6个部分，展出邓小平经典图片118张。（王玉娟）

【女民间艺术家精品展】 2017年9月27日，由丹阳市委宣传部、丹阳市文联、丹阳市妇联、丹阳市文广新局联合主办的“巾帼巧工”丹阳女民间艺术家精品展在丹阳市总前委旧址纪念馆开展。展览以正则绣、天鹅绒雕花、邮票拼贴画、泥塑、烙铁画、剪纸6个代表丹阳文化的经典项目为主题，展示具有地方特色和民俗特色的艺术创新作品，体现丹阳地区各种“非遗”项目所具有的历史性与时代感，有益丹阳人接触当地传统工艺与技艺，增强对非物质文化遗产宣传、保护和传承的意识。（王玉娟）

各镇（区、街道）文体中心负责人

表46

镇（区、街道）	负责人	镇（区、街道）	负责人
开发区文体中心	毛晓红	皇塘镇文体中心	姜建红
云阳街道文体中心	张玲芳	吕城镇文体中心	张丹萍
司徒镇文体中心	王木荣	陵口镇文体中心	吴东伟
延陵镇文体中心	张冬花	访仙镇文体中心	蒋国炎
珥陵镇文体中心	王丽萍	界牌镇文体中心	黄　跃
导墅镇文体中心	王　晖	丹北镇文体中心	戎贺彪

（张　丹）

·文物保护管理·

【概况】 2017年，为贯彻江苏省政府《关于进一步加强文物工作的实施意见》和《江苏省“十三五”文物事业发展规划》，丹阳市夯实文物工作基础，健全文物保护相关法律法规，先后制定《丹阳市文物安全突发事件应急预案》《丹阳市文物保护工程施工图审核制度》，对文保单位“两线”划定。普查文物《告教育界同胞书》在扬州博物馆对外展出，丹阳籍新四军胡文杰烈士的遗物——公文包选送到北京参加“背负着民族的希望——纪念新四军成立80周年回顾展”。丹阳市成为江苏省文物安全综合管理试验区，丹阳市文广新局获江苏省“一普”先进集体荣誉。丹阳市总前委旧址纪念馆挂牌成为武警镇江市支队红色教育基地、丹阳公安消防大队首个思想政治教育基地，丹阳市总前委旧址纪念馆与丹阳市实验小学签署“校馆衔接”研学基地联盟协议书。

（范玉珊　王玉娟）

【物质文化遗产保护】 2017年，丹阳市以创建“江苏省文物安全综合管理实验区”为目标，全面提升全市文物安全工作，成立丹阳市文物保护协会，共同推进丹阳市文物及历史文化名城的保护。对老西门桥加固维修方案进行专家论证，指导吕城镇对丹阳市级文保单位吕城张家大院进行原址复建，对丹阳市级文保单位玉乳泉进行保护方案编制。组织实施省保单位狮子山土墩墓群考古勘探工作。推动古村落保护工作，组织萧家村古村落保护方案论证会。丹阳市博物馆丰富馆藏，接收镇江考古队移交的丹阳市考古文物244件。（眭　杰）

【抢救保护非物质文化遗产】 2017年，丹阳市组织省级“非遗”项目《乱针绣》和《天鹅绒织造技艺》开展中长期保护规划编制工作。传承弘扬丹阳季子诚信文化，举办“人无信不力”“非遗”宣传系列活动，宣传、保护省级“非遗”项目《九里季子庙会》。活动含专场文艺演出及巡演12场、手工技艺大赛及展演、读书征文比赛、“非遗”进校园等5大系列板块，收到良好的社会效果。（眭　杰）

·文化市场管理·

【概况】 2017年，丹阳市以“抓文化市场管理，促社会繁荣稳定”为中心，强化文化市场监管，促进文化市场繁荣。文化市场监管工作坚持审批与监管两手抓，实施证照联动机制，加强事中事后监管。加强市场巡查，推动互联网上网服务营业场所和歌舞娱乐场所转型升级，完成娱乐经营场所年检换证工作。加强丹阳市社会艺术水平考级市场监管，定期进行文化娱乐场所安全生产隐患排查，努力促进丹阳市文化市场健康有序发展。至年底，丹阳市上网服务营业场所106家、歌舞娱乐场所56家、游艺娱乐场所131家。（倪忠琴）

【文化市场执法】 2017年，丹阳市文化行政综合执法大队开展“扫黄打非”五大专项行动、“假日”文化市场专项检查行动、农村庙会市场“净演”行动、出版物“净化”行动、保护知识产权“4·26”集中执法行动、学校周边社会文化环境专项整治行动、游戏经营场所专项整治行动、娱乐市场消防安全排查行动、文化市场夏季安全生产百日大检查行动、农村“小耳朵”拆除专项行动、文物保护单位巡查行动、春季中小学教辅材料出版发行专项检查行动和取缔无证印刷企业专项行动，通过执法行动，有效预防和打击违法违规行为。至年底，丹阳市文广新局出动行政执法人员5500余人次，收缴各类侵权盗版音像制品3200余张，查缴涉嫌淫秽色情光盘112张、侵权盗版图书264本（册），没收无证经营游戏机26台、赌博机11台、电路板18块，没收非法安装的广播电视接收设备232余套，依法取缔无证无照经营的游戏室5家、歌舞厅1家、音像书摊点7家、演出小团队2家、黑网吧1家，函告消防部门责令改正1家，遏制各种丑恶现象的

滋生和蔓延。 （刘 强）

图书事业

【概况】 2017年，丹阳市图书馆总藏书量649421册，报纸100种，杂志550种，年新增图书115265册，持证读者总数23176人，流通人次145976人。至年底，丹阳市图书馆利用馆藏资源，充分发挥图书馆的职能作用，为广大读者提供优质服务，开展主题教育读书活动21次，参加人次20116人，开展讲座4次，参加人次875人。全年送书下乡1.5万册。市图书馆开展少儿猜谜、诗歌诵读会、摄影大赛、公益书法讲座、知识竞赛等系列活动。 （孙 晓）

【新华书店】 2017年，丹阳新华书店全年完成营业收入5227万元，实现利润228万元，超额完成集团公司下达的量化指标。图书发行取得增长，教材发行完成4010万元，确保实现"课前到书，人手一册"；发行十九大等政治读物20余万册；发动员工开展无店铺销售700余万元。完成治理结构调整工作，书店名称改为江苏凤凰新华书店集团有限公司丹阳分公司；丹阳书城完成升级改造，投入100余万元对电梯、空调、照明设备等进行更换，店堂布局进行调整，购书环境得到提升。 （王国民）

广播电视

【概况】 2017年，丹阳市广电集团坚持"深入转型、深度融合"的发展理念，统筹推进各项工作。全年共完成经营创收5191.1万元，比上年增长12.19%。广播电视抓好"全国文明城市创建""暖企惠民大走访"等重大主题宣传，重点推出《创建全国文明城市，做文明有礼丹阳人》《暖企惠民大走访，两聚一高大落实》等系列专栏40余个。公益广告注重原创，全年拍摄制作各类主题公益广告105条，《廉政全家篇》《廉政宝宝》分别获省廉政广告二等奖和三等奖。在中央电视台用稿16条，在江苏卫视用稿241条，在镇江台用稿50条，连续21年获"江苏电视新闻繁荣奖"。在年度镇江市政府奖创优评比中，有27件作品获奖，在省政府奖创优评比中，有5件作品获奖。广播剧《布衣先生》获省第十届精神文明建设"五个一工程"优秀作品奖。持续推进新媒体品牌战略，丹阳手机台总访问量突破800万人次，在全国200余家省、市、县手机台中，丹阳手机台综合指标列第42位，获中广联合会和轻快云平台共同颁发的"年度最具创新力手机台"荣誉。"丹阳帮"粉丝量突破5万人，在全国县级广电微信号百强榜排名最高列第3位。 （赵 俊）

【坚持正确的宣传政治方向】 2017年，丹阳市广电集团坚持正确政治方向不动摇，成立安全播出领导小组，制定《十九大安全播出保障手册》，通过国家广电总局安全大检查。制定《丹阳广电迎接党的十九大宣传方案》，全媒体策划并推出《砥砺奋进的五年》《丹阳记忆》《家书的故事》等系列专题专栏，取得覆盖全市、影响周边、贯穿全年的良好效果。派出报道小组到北京，连线开设《直通北京》栏目，围绕丹阳市十九大党代表方美芳、丹阳人在北京等主题，第一时间发回报道10余篇，得到上级领导和媒体的肯定。 （赵 俊）

【举办公益文化活动】 2017年，丹阳市广电集团举办公益文化活动，丰富群众业余文化生活。全年举办"5·20"公益演唱会、"文明新风进社区，和谐邻里伴我行"、广场舞大赛、丹阳公安向人民汇报会、金融知识进万家、"听民声、集民智、解民忧——12345政府公共服务平台开办五周年暨行风热线户外直播"、新年音乐会、丹阳市各界人士迎新年茶话会、第四届帐篷节等活动82场次。 （赵 俊）

【广电事业建设】 2017年，丹阳市广电集团加强广电事业建设。聘请张军、李未两位院士成立全国首家智慧城市双院士工作站，组建成立丹阳市智慧城市投资建设有限公司。PPP一期项目稳步实施，市政府专题会议同意大数据中心项目落户广电集团；智慧停车项目完成老城区4条试点路段、9个公共停车场信息化改造，着手准备开发区区域项目落地。完成应急广播项目市平台、两个乡镇镇村平台安装调试工作。无线数字地面电视覆盖工程进入试运行完善阶段。投入129万元，完成演播厅50平方米边屏、人民广场80平方米户外大屏建设项目；投入85万元，购置电台音频直播车；投入180万元，实施高清频道播控系统建设项目；投入200余万元，对播出、发射、供配电等机房的设施和系统进行升级改造。（赵　俊）

2017年丹阳电视台在中央电视台用稿情况

表47

篇目	用稿栏目	时间
江苏丹阳：酒驾引发事故被查后竟拳击交警	中央电视台13套 朝闻天下	2月8日
香茹菌棒的三大创新	中央电视台7套 科技苑	2月20日
江苏丹阳：警方夜袭聚众吸毒窝点辅警身负刀伤制服“瘾君子”	中央电视台12套 热线	3月16日
世界水日：绿色发展全面推行河长制	中央电视台1套 新闻联播	3月23日
“马蹄”出土记	中央电视台10套 我爱发明	4月5日
为中国实业代言——锻造中国工业脊梁	中央电视台2套 对话	4月30日
江苏：“网格化”党建提升服务	中央电视台1套 新闻联播	5月6日
未来眼镜行业潜力巨大	中央电视台2套 交易时间	5月11日
江苏丹阳：省事少爬一层楼多人被困电梯	中央电视台13套 新闻直播间	8月11日
军民融合向未来：勇闯新材料“禁区”	中央电视台2套 经济半小时	9月16日
养老消费调查（三）：老年消费品有多少	中央电视台2套 消费主张	11月1日
江苏丹阳：面包车超载被查	中央电视台13套 24小时	11月9日
鱼米之乡庆丰收	中央电视台7套 乡土	12月8日

（赵　俊）

江苏有线丹阳分公司

【概况】　江苏有线丹阳分公司主营业务包括数字电视、付费电视、高清电视、互动电视、宽带上网、集团数据专线及视频监控、视频会议等。丹阳分公司共有频道174个，其中基本频道75个、付费频道59个、高清频道35个，实现近百个频道的7天24小时回看，另有上海文广、江苏互动等海量点播，同时提供“智慧社区”“智慧家庭”等服务功能。2017年，江苏有线丹阳分公司坚持“聚力主业、聚焦创新、稳中求进、稳中求好”的指导思想，不断强化组织建设、能力建设和作风建设，建立和完善现代企业管理体系，提升职工素质和为民服务水平，推动公司各项事业发展，取得良好的社会效益和经济效益。公司获全国妇联授予的“全国巾帼文明岗”、镇江市“模范职工之家”、丹阳市组织工作先进集体等荣誉。公司承建的丹阳公安实战平台获省公安厅颁发的“科技强警奖”。（张建新）

【4K 智能机顶盒研发成功】 2017 年 10 月，江苏有线丹阳分公司 4K 智能机顶盒研发成功推向市场。该项目自 2016 年 11 月启动，由江苏有线丹阳分公司联合深圳创维数字、深圳同洲电子、南京捷得成、南京邦联等单位共同实施；项目经过一年的论证、研发、评审、定型，在全省有线电视行业率先推出 4K 智能机顶盒产品。它拥有全新酷炫 UI 界面，强大的多媒体处理能力，具备家庭网关功能，在看电视的同时满足上网的需求。它集成所有的机顶盒业务，承载丹阳智慧社区所有功能，满足数字电视用户看电视、用电视和玩电视的个性化需求和高品质视听享受。（张建新）

图 162　2017 年 10 月，“4K 智能机顶盒”研发成功推向市场（张建新）

【社会面视频监控建设】 2017 年，江苏有线丹阳分公司新建社会面高清监控探头 2000 余个，市场占有率 95%以上；所有监控视频图像实时推送至公安部门，为丹阳市社会治安综合治理、建设平安丹阳发挥作用。公司承建的丹阳公安实战平台获省公安厅颁发的“科技强警奖”。至年底，该公司有纪委谈话室、水利、文物保护、交通、闲置土地、休闲步道及广场等监控，进一步完善社会面视频监控网络体系，提高丹阳技防城建设。（张建新）

【智慧社区项目取得突破】 2017 年，借助 4K 智能机顶盒平台，江苏有线丹阳分公司“智慧社区”建设项目呈现出创新发展、功能完善、实用多元的新趋势。镇、村两级智慧社区平台，根据区域需求，定制不同内容，实现个性化服务，及时发布本镇本村新闻、党建动态、经济动态、办事指南、村务公开、镇村风貌等，有效促进基层政务工作的信息化，构筑基层政府和百姓之间的沟通桥梁。智慧社区中的“广电看家”“居家养老”“智慧残联”等板块贴近百姓生活，满足现代社会需求。公司在全省率先推广“益农信息社”“农村产权交易信息服务平台”等智慧社区项目，服务“三农”，促进农民增收致富。（张建新）

图 163　2017 年 10 月 20 日，全省信息进村入户整省推进示范工作推进会在丹阳市召开（张建新）

丹阳日报社

【概况】 2017 年，丹阳日报社把围绕中心、服务大局作为办报第一责任，强化对全市中心工作的宣传力度。在创建文明城市、“263”专项整治、城建交通重点工程建设、暖企惠民大走访、十九大宣传等方面，创新报道手段，彰显传播效果，体现《丹阳日报》主流媒体的引导力、影响力、传播力、公信力。在服务民生上，围绕“民生最关注”“民生身边事”“生活服务”以及“社区周刊”等版面，关注凡人小事，报道普通群众，至年底，《丹阳日报》帮助群众反映和解决各类问题300余个。在新媒体建设方面，通过打造微信、微博、丹阳新闻网、APP、手机报、电商等多个新媒体平台，巩固1+N（一张报纸+N个新媒体平台）的传播格局，推进媒体深度融合发展。《丹阳日报》官方网站丹阳新闻网首页活跃浏览量维持在每天2万人次左右，《丹阳日报》“新鲜客户端”下载量每天3万人次左右，《丹阳日报》微博粉丝数13万人以上、微信粉丝突破15万人。报纸发行压力逐年递增，《丹阳日报》坚持邮发和自发两轨制运行，确保《丹阳日报》平均期发行量稳定在2.8万至3万份区间。

（报　宣）

【宣传十九大精神】　2017年，在中共十九大召开前两个多月，《丹阳日报》推出“喜迎十九大奋进看丹阳”新闻专题，开设“砥砺奋进的五年”“我家这五年”“喜迎十九大，空中看变化，感受新成就”等子栏目，综合运用全媒体技术，以消息、图表、系列报道、新闻述评等方式，多角度、全景式、深层次展示中共十八大以来全市经济和社会各项事业发展的历程，反映五年来人民生产生活的变化，为中共十九大的召开营造舆论氛围和社会环境。其中，《喜迎十九大空中看丹阳》特刊被中国报业协会评为“中国报业十九大融合传播优秀作品十佳（报纸类）”，是县（市）报中唯一一件获“十佳”的作品。10月18日，中共十九大开幕，《丹阳日报》及时做好会议期间的各类报道。安排记者和丹阳市十九大代表方美芳保持连线，推出“亲历十九大方美芳每日说‘心’词”专栏。开设“十九大报告你最关心啥”系列报道。十九大闭幕后，《丹阳日报》及时组织策划做好学习宣传贯彻党的十九大具体精神的报道，开设“学习贯彻十九大精神建设强富美高新丹阳”专栏。（报　宣）

【发展报业“全媒化”】　2017年，《丹阳日报》新媒体、微博、微信客户端“两微一端”建设平台初具规模，有效覆盖人群超过35万人。新媒体各平台粉丝数达新高。截至2017年12月22日，《丹阳日报》微信粉丝数15万人，领先丹阳其他媒体自媒体。微博粉丝13.5万人。丹阳新闻网和《丹阳日报》新鲜客户端稳定发展。丹阳新闻网今日头条号粉丝数1.3万人。技术和外包输出范围更广。《丹阳日报》新媒体发展部对“丹阳发布”提供整套技术和外包服务。技术支撑计20余次，并帮助丹阳发布开发和完善网络问政平台。除“丹阳发布”外，对中国丹阳网等网站提供部分或整体外包服务，其中由丹阳新闻网提供技术支撑的丹阳市人民医院网站被评为“全国卫计系统优秀医院宣传平台”奖项。创意和专题制作。《丹阳日报》新媒体发展部对丹阳文明城市创建进行多轮创意，收到较好的效果，其中两件新媒体作品在县市报好新闻评选中获一等奖和二等奖。有多篇新媒体稿件入选丹阳市委宣传部网信中心评出的“好篇章”。丹阳新闻网被批准为第三批“全国百家公布违法和不良信息举报电话”网站。9月中旬，《丹阳日报》被省报协授予“江苏报业年度融合发展先进单位”。

（报　宣）

图164　2017年11月，《丹阳日报》两个经营项目获2017年度全国县市区域报经营成功案例金奖，党组书记朱青华（右一）上台领奖　（报　宣）

《丹阳日报》2016 年度获奖作品目录

表 48

篇 目	奖项	作 者
通讯： 一只搪瓷缸，传递了 11 任党委书记	江苏省报纸优秀作品二等奖 中国县市区域报新闻奖一等奖 江苏省县市报好新闻荣誉奖 镇江报纸好新闻一等奖	尹 媛 周德传 熊新燕
消息： 我市水产养殖户勤写“池塘管理日记”	江苏省报纸优秀作品三等奖 镇江报纸好新闻二等奖	龚佩玉 蒋须俊
消息： 一村民依法维护自己“神圣一票”	中国县市区域报新闻奖一等奖 江苏省县市报新闻奖一等奖 镇江报纸好新闻一等奖	贺丽华
微信公众号、新闻客户端： 丹阳 2030 年规划你知道吗？	中国县市区域报新闻奖一等奖	汤 鹄 周 娜 贡国庆
通讯： 这一诺，信守八年情动丹阳	中国县市区域报新闻奖二等奖 镇江报纸好新闻三等奖	束丽娜 王鹏翔
通讯： 三件遗物让我们读懂他！	中国县市区域报新闻奖二等奖 江苏省县市报新闻奖二等奖	眭维民 周德传
通讯： “他是党的好干部，我们来送他最后一程！”	中国县市区域报新闻奖二等奖 镇江报纸好新闻三等奖	彭忆严 蒋须俊
通讯： 农村土地流转新问题该如何化解？	中国县市区域报新闻奖二等奖 镇江报纸好新闻三等奖	丁汉平 蒋须俊 龚佩玉
网络新闻专题： 同心同德，励精图治	中国县市区域报新闻奖二等奖	汤 鹄 张玉峰
通讯： 骨灰撒河中，亲情留心间	中国县市区域报新闻奖三等奖	孙 琳 唐莞滢
通讯： “小微信群”释放“大家庭爱”	中国县市区域报新闻奖三等奖 江苏省县市报新闻奖二等奖 镇江报纸好新闻三等奖	张 敏 王孝风
消息： 丹阳新农民研发出国内首台荸荠采集机	中国县市区域报新闻奖三等奖	蒋须俊 萧也平
系列报道：“丹阳孝子”黄银龙系列报道	江苏省县市报新闻奖三等奖 镇江报纸好新闻二等奖	李 潇 王国禹
新闻版面：8 月 24 日第 1 版	中国县市区域报新闻奖三等奖 江苏省县市报新闻奖好版面	符云莹
好标题：脚踩积水问民生 一枝一叶总关情	江苏省县市报新闻奖好标题	许 静
摄影：老人倒地受伤 众人齐力救助	江苏省县市报新闻奖三等奖	萧也平

（报 宣）

2017 年中央级媒体录用丹阳日报社稿件情况

表 49

作品名称	时间	媒体名称
救了“身病”再治“心病”——芒果商贩的“丹阳奇遇”	4 月 9 日	新华社
丹阳站派出所查获一名在逃人员	7 月 28 日	新华社
酒驾肇事出逃大半年　丹阳铁警布控终落网	10 月 17 日	新华社
江苏丹阳：封缸酒“冬酿”开启	11 月 2 日	新华社
一个党员企业家的报国梦	11 月 7 日	人民日报
国产碳纤维产业，不能忘了这个人	8 月 23 日	光明日报
丹阳特种新材料迎来科技助推器	7 月 11 日	科技日报
足球让丹阳校园充满活力	3 月 1 日	中国体育报
施丹晖迎来生命的怒放	8 月 18 日	中国体育报
江苏丹阳获评国家级出口五金示范区	5 月 19 日	中国工业报

（报　宣）

2017 年海外媒体录用丹阳日报社稿件情况

表 50

作品名称	时间	媒体名称
丹盛纺织获江苏省纺织行业首张低碳产品认证证书	12 月 12 日	香港商报
朱小坤获评“第三届中国制造 2025 年度影响力人物”	12 月 12 日	香港商报
江苏丹阳文化产业项目首获国家级专项资金扶持	12 月 13 日	香港商报
上海医药集团首个外建疫苗仓库落户江苏丹阳	12 月 13 日	香港商报
2017 医药包装新产品新技术评选丹阳双峰玻璃一项目获一等奖	12 月 14 日	香港商报
丹阳制造走俏美国	12 月 14 日	香港商报

（报　宣）

2017 年《新华日报》录用丹阳日报社稿件情况

表 51

作品名称	时间	媒体名称
碧水蓝天，提升丹阳百姓获得感	1 月 4 日	新华日报一版
丹阳：坚持绿色引领推动转型创新发展	3 月 10 日	新华日报

续表 51

作品名称	时间	媒体名称
真情实招推进“八个全覆盖”	3 月 28 日	新华日报一版
让金融活水流入实体经济	4 月 15 日	新华日报
调整种养结构，农民最愁销路	4 月 21 日	新华日报
上海眼镜展丹阳当主角	4 月 29 日	新华日报
丹阳金保工程省内异地就医正式开通	4 月 29 日	新华日报
张大妈家有了“书记热线”	5 月 27 日	新华日报
电缆上劲舞一朵“木兰花”	6 月 1 日	新华日报
丹阳“麦溪张氏”寻找失落族人	6 月 7 日	新华日报
丹阳举行马相伯学术研讨会	6 月 19 日	新华日报
孩子考上大学父亲专程感谢“丹阳”	6 月 28 日	新华日报
丹阳“草菇大王”获全省最大笔 3000 万元险资贷款	7 月 10 日	新华日报
丹阳：全民创建升温度文明新风扑面来	8 月 3 日	新华日报
丹阳首座全户内智能变电站投运	9 月 6 日	新华日报
江苏首推施工许可电子证书	9 月 8 日	新华日报
丹阳举行生态社区绿色制造主题招商	9 月 27 日	新华日报
丹阳“五事联动”增强群众获得感	10 月 14 日	新华日报
丹阳创新实干书写精彩华章	10 月 17 日	新华日报
丹阳供电公司：当好工匠，给千家万户送光明	10 月 22 日	新华日报
方美芳代表：让精益求精成为一种习惯	11 月 5 日	新华日报
丹阳：建精美丹阳城做精致丹阳人	11 月 18 日	新华日报
全省地板行业发布质量倡议书	11 月 24 日	新华日报
46 亿元“磨”出一根“中国丝”	11 月 28 日	新华日报

（报　宣）

卫生·体育

栏目编辑 赵卫宁

卫　生

【概况】 2017年，丹阳市明确“十三五”期间卫生和计划生育发展目标和主要任务，完成“十三五”卫生与健康、区域卫生、医疗卫生机构设置、城市社区卫生服务机构建设、妇幼健康事业发展、人口健康信息化发展6个规划。推进卒中、胸痛、创伤救治、孕产妇危急重症救治、新生儿危急重症救治5个中心建设。

市第二人民医院新大楼、丹凤社区卫生服务中心投入使用；市人民医院综合大楼土建完成，市精神病防治院、访仙镇卫生院、皇塘镇卫生院建设接近竣工；市中医院迁建完成规划选址，市血站（急救站、曲阿社区卫生服务中心）、司徒镇卫生院易地新建，延陵镇卫生院麦溪分院原址新建项目完成前期手续。对总投资额在1000万元以上的卫生计生项目实行政府全过程代建“交钥匙”工程。投入800万元用于卫生信息化建设，成为江苏省首家国家新版基层医院管理系统在基层全覆盖的地区，全市人口健康信息平台通过江苏省三级平台测评。建成预约挂号、家庭医生签约服务、电子病历、双向转诊、家庭医生巡诊一体机、传染病和慢五病报告等系统，实现患者医药费异地结算。部分医院陆续开通挂号、缴费、发药等自助服务。

全年完成门急诊422.15万人次，增长6.7%；出院9.36万人次，增长4.5%；总收入18.76亿元，其中业务收入14.89亿元，增长7.8%；全市基层医疗机构诊疗量占总诊疗人次的比例达42%；公立医院、基层医疗卫生机构财政投入分别增加2000万元、5500万元；总资产23.4亿元，净资产18.4亿元，比年初增加1.1亿元，资产负债率为21.2%。全系统收支结构得到优化，资产结构较为合理，自主发展能力较强，固定资产投资增加明显。

（刘志华）

【公立医院改革】 2017年，丹阳市成立公立医院管理委员会，制定公立医院综合改革补助资金暂行办法，出台公立医院绩效考核实施方案和薪酬制度改革实施意见。绩效考核方面，调整基层医疗卫生机构、基本公共卫生项目绩效考核分配办法，统一基本公卫项目和家庭医生签约服务劳务费发放标准，激发医疗机构运行活力和医务人员的内生动力。改革后，基层医疗卫生机构门急诊人次增长较大，共完成177.85万人次，比上年增加17万人次，增长10.5%；出院病人超2万人次，比上年增加2941人次，增长17.2%。家庭医生签约方面，新增5个收费健康服务包，新建管理家庭团队179个，培养市级慢病首席医师34名，开设全科一专科联合门诊34个，电子实名签约31.53万人次，履约率100%。全市人群签约服务覆盖率32.12%，重点人群签约服务覆盖率

60.92%。（刘志华）

【医院管理】 2017 年，丹阳市落实改善医疗服务行动计划各项举措，第三方调查综合满意度为 96.74%。练湖社区卫生服务中心创建成为全国优质服务示范中心，新桥、珥陵镇卫生院创建成为全国群众满意的乡镇卫生院。全年建成镇江市级及以上临床重点专科 12 个；申报各类基金、科研、重点专项 49 项；进行公开招聘 4 次，录用医学类等毕业生 143 人，定向培养医学生 20 人。监管医疗机构不合理处方、不合理医疗费用，促进医疗机构合理用药，控制医药费用增长。采供血目标全面完成，无经血传染病例发生。深化平安医院创建活动，全面落实第三方调解机制，受理医患纠纷 46 例，调解 32 例，成功 30 例。贯彻落实《中华人民共和国中医药法》，新建标准化基层中医馆 3 家，练湖社区卫生服务中心成为省级中医药特色示范中心，市中医院通过三级乙等中医医院复审。（刘志华）

丹阳市医疗机构主要负责人

表 52

单位名称	负责人	单位名称	负责人
市人民医院	林翼金	开发区胡桥社区卫生服务中心	徐正放
市中医院	卢建平	司徒镇卫生院	胡建军
市第二人民医院	罗江波	延陵镇卫生院	王林雷
市云阳人民医院	孙玉胜	珥陵镇卫生院	姚小军
市精神病防治院	尹日飞	导墅镇卫生院	张松青
市疾病预防控制中心	王志坚	皇塘镇卫生院	林国平
市卫生监督所	陈建新	吕城镇卫生院	谭小洪
市血站	毕磊	陵口镇卫生院	丁晓俊
市妇幼保健计划生育服务中心	钱梅仙	访仙镇卫生院	杨　斌
云阳镇丹凤社区卫生服务中心	冷坚强	丹北镇埤城卫生院	朱国华
云阳镇横塘社区卫生服务中心	尹日飞	丹北镇后巷卫生院	赵春俊
开发区荆林社区卫生服务中心	马春华	丹北镇新桥卫生院	李卫平
开发区练湖社区卫生服务中心	章国龙	界牌镇卫生院	秦亚平

（刘志华）

·公共卫生·

【概况】 2017 年，丹阳市全面落实 12 类 46 项基本公共卫生服务项目，对项目实施基本公卫项目清单制度、“双绩效双考核”制度和问题整改追踪制度，确保各项指标达到或超过国家规定标准。公共卫生服务补助标准增加至每人 60 元。有序开展骨质疏松社区综合防控、青少年心理干预、肺癌早诊早治 3 个创新试点项目。全面落实“健康镇江”“健康丹阳”工作，皇塘和珥陵镇通过省卫生镇复审，延陵镇九里村等 16 个江苏省卫生村通过镇江市级验收。完成 500 户农村改厕任务。全市城乡环境整洁行动通过镇江市级暗访检查。司徒镇建成省健康镇，云阳人民医院等 10 家单位建成省级“健康细胞”工程点。（陈永忠）

【疾病控制】 2017 年，丹阳市报告法定甲乙类传染病1190例（甲类传染病0病例），报告发病率120.88/10万，比上年上升8.02%，初步完成医疗机构医院管理系统传染病管理报告信息化建设。扩大免疫规划，11种疫苗的合格接种率均超95%；在完善五类门诊建设的基础上，新建数字化门诊2家，推广预防接种APP客户端和预防接种异常反应补充保险。提高艾滋病宣传教育针对性，扩大宣传教育覆盖面，完善部门协作机制，创新高危行为干预方式，落实免费抗病毒治疗政策，借助社会组织参与艾滋病防治基金项目支撑，充分发挥“丹阳市健康360组”作用。继续落实中盖项目“三新一加强”（新的实验室诊断技术、新的患者管理技术和新的经费筹资模式，加强结核病防治服务体系，全面探索结核病防治新策略）措施。开展患者电子药盒服药管理和黄嘌呤磷酸核糖基转移酶耐药检测；推行结核病分级诊疗试点工作，完成结核病症状和胸片筛查87981人，开展肺结核患者签约服务268例；拓展肺结核医保与救助政策，将保肝药等纳入报销范围，为耐药患者提供6个月的最基本关怀服务；高度重视学校肺结核疫情，对高中入学新生开展结核杆菌纯蛋白衍生物筛查，确保无二代病例发生。血防工作坚持防治结合，查螺1391.78万平方米、药物灭螺294.30万平方米，血清学查病12238人、病原学查病1621人，未检出血吸虫病感染者。持续巩固消除疟疾达标成果，完成疟疾发热、疑似疟疾发热、不明原因发热病人血检2712人，检出输入性恶性疟1例，未发现本地感染疟疾病例。慢病防控工作坚持长效管理，在高血压、糖尿病患者规范管理试点基础上，结合签约服务、分级诊疗等打造9个高血压、9个糖尿病患者规范管理精品村，共计管理目标数分别达1694人、964人，高血压和糖尿病患者规范管理率分别达93.3%和92.1%。全年采集水质样品347份，项目合格率为100%。职业病危害因素监测76家、检测作业点321个，职业健康检查单位359家、体检14929人，射线装置检测11家17台、个人剂量检测925人次。打造“健康邮路”，动员市民参加讲座。组织开展健康素养巡讲18次，参与讲座1500余人次。（谈　枫）

图165　2017年12月1日世界艾滋病日，市疾控中心组织相关人员进社区开展防艾宣传　（谈　枫）

【卫生监督】　2017年，丹阳市共出动卫生监督员832人次，检查各类单位5046户次、责令整改475户次，行政处罚73起，罚款总计42.9万元。办理各类卫生行政审批服务事项1680件；受理投诉举报34起，及时回复率100%；完成中高考重大活动卫生保障任务2次，开展突发公共卫生事件应急演练1次；全面完成国家下达的“双随机”（随机抽取检查对象，随机选派执法检查人员）监督抽检任务。监督抽检样品435件，合格样品339件，合格率78%；举办普法宣传培训活动10期，参加监督员和管理对象1.5万人次，发放宣传资料4万份。2017年，丹阳市卫生监督所获江苏省基层卫生监督工作先进集体、镇江市爱国卫生先进集体、镇江市卫生监督执法技能竞赛团体二等奖、镇江法制办案卷评比行政许可三等奖。（沈俊伶）

·爱国卫生·

【概况】　2017年，丹阳市投入省、市、县三级改厕补助资金57万元，新增无害化卫生户厕300户，“三格式”改生态式200户，农村无害化卫生户厕普及率96.63%。全年检测水样323份，水样合格率100%，项目合格率100%。云阳街道大钱村、横塘村，司徒镇吴塘村、丁庄村、屯甸村，延陵镇利民村、九里村、麦溪村，珥陵镇黄埝村，导墅镇东新村，皇塘镇鹤溪村，吕城镇西墅村，丹北镇镇北社区，曲阿街道荆林村、晓星村、史巷村 16 个村通过江苏省卫生村复审，获得重新确认命名。皇塘镇、珥陵镇顺利通过省卫生镇复审。继续巩固省灭鼠、灭蟑、灭蝇先进城市成果，组织开展春秋季灭鼠，夏秋季灭蚊蝇、灭蟑螂活动，主要病媒生物密度控制在标准以内。完成 390 户健康素养监测项目任务，城乡居民健康素养水平进一步提升。强化医疗卫生系统、公共场所、餐饮单位控烟工作，继续推进“健康镇江”行动项目，建成江苏省健康促进医院 2 个、数字化预防接种门诊 1 个、省级健康单位 1 个、健康镇 1 个、健康村 1 个。（伍传宏）

·妇幼健康·

【概况】 2017 年，丹阳市地区婴儿活产数 8138 例，孕产妇系统管理率 87.45%，高危孕妇管理率及住院分娩率 100%，有 1 例孕产妇死亡。3 岁以下儿童系统管理人数 21719 人，系统管理率 90.72%。5 岁以下儿童死亡率 5.28‰，新生儿出生缺陷发生率 4.42‰。继续对全市孕产妇保健、0－6 岁儿童保健、计划生育技术、助产技术、产前诊断、产前筛查、补服叶酸和“两癌”检查 7 个项目实施分级服务。至年底，基本建立妇幼健康分级服务制度，分级项目占辖区内服务总量的 70%以上（产前诊断/产前筛查除外）。丹阳市对照评审标准开展孕产妇和新生儿危急重症救治中心自评和创建，市人民医院被命名为镇江市县级孕产妇危急重症救治中心和新生儿危急重症救治中心。（张 嵘）

【家庭医生签约服务】 为进一步加强高危儿管理，提高出生人口素质和儿童健康水平，丹阳市从 2017 年 6 月起，对基层医疗机构转诊的高危儿进行视力筛查、听力筛查、血常规检测、髋关节 B 超发育筛查、必要时心脏彩超筛查、定期随访和发育评估、三级妇幼保健机构转诊服务、普通人群服务等提供免费家庭医生签约服务，截至 12 月底，成功签约 503 例。（张 嵘）

【妇幼保健行业监管】 2017 年，丹阳市依法开展助产技术、计划生育技术、婚前医学检查等专项技术人员考核工作，规范全市托幼机构卫生保健、病残儿鉴定、计划生育手术并发症和出生医学证明等妇幼健康法律证件管理。对全市 58 所托幼机构进行卫生保健工作评估检查，对所有托幼机构进行现场业务指导、知识培训，规范卫生保健管理，卫生保健合格率 100%。（张 嵘）

·计划生育·

【概况】 2017 年，丹阳市全面落实两孩政策，本地户籍共出生 3996 人，符合政策生育率 100%，出生率 4.86‰，出生缺陷发生率小于 4‰，实行生育登记人员 4332 人，其中一孩 2620 人，二孩 1712 人，再生育审批 88 例。企业退休职工独生子女父母一次性奖励对象 1790 人，城镇非从业居民独生子女父母一次性奖励对象 411 人，新增部分农村计划生育奖励对象 7904 人、特扶对象 185 人，全市计划生育奖扶对象达 48448 人，特扶对象 1641 人，发放计生奖励和特扶资金 5999 万元。1817 名计划生育失独和伤残父母及伤残本人建档并投保住院护工服务险。加强流动人口技术服务等卫生计生均等化服务，全市流入育龄妇女 38987 人，流出已婚育龄妇女 8779 人，全年网上核查流动人口信息 16158 余条，向户籍地通报避孕节育信息 158 条，办理婚育证明 14 人。开展“把健康带回家”流动人口卫生计生关怀关爱专项行动。组织健康教育巡讲进学校、进企业、进社区 25 场，义诊咨询活动 18 场，发放健康包 2570 个，广播电视专题报道 2 次。流动人口基本公共服务率 85%以上，流动人口管理服务率 98%。加大“两非”案件查处，全市出生人口男女性别比 106∶100。（刘志华）

【妇女健康服务】 2017年，丹阳市有3300名农村孕产妇获得住院分娩补助，完成率100%，5663名农村妇女补服叶酸，完成率102.96%。农村妇女30010人完成宫颈癌和乳腺癌检查，完成率100.03%；孕产妇艾滋病、梅毒、乙肝表面抗原检测率100%。2245对新婚夫妇进行免费婚前医学检查，免费婚检率为85.04%。免费孕前优生健康检查3009对，完成率100.3%，查出高风险人群676人。上报避孕药具不良反应事件732例，不良反应率915例/百万人口。 （张 嵘）

·红十字会·

【概况】 2017年，丹阳市红十字会建立健全基层红十字基层组织。会同市教育局理顺更名、合并学校的红十字组织，开展爱心“一元捐”活动，师生共计捐款95588.9元，共资助贫困学生130人、大病学生23人。申报创建省级红十字示范校和镇江市级示范校各1所。结合社会实际开展应急救护、博爱家园、博爱项目、志愿服务等重点工作，通过媒体大力宣传红十字精神及核心业务。新闻报道《一份陌生又浓烈的“母子缘”》《帮弘扬：爱心髓缘，接力生命》获江苏省第五届“博爱杯”红十字好新闻评选三等奖，《母爱在奉献中升华》获得优秀奖。依托基层红十字会组织，在云阳街道社区综合服务中心建立红十字“博爱家园”阵地，设立红十字工作站、志愿服务队、红十字办公室、应急救护培训室、红十字阅览室等。红十字志愿服务工作呈现新的发展局面。组建有专业技能的养老照护志愿服务队，在社区开展养老照护知识普及，开展以医疗保健、精神慰籍、文体娱乐、生活照料等为内容的服务。开展各类关爱活动。春节前，市红十字会开展博爱送万家活动，向城区22个社区居委会、社会福利中心、精神病防治院的困难人群发放生活物资；六一前夕，市红十字会组织市卫计委、农工党开展关爱孤残儿童活动，志愿者慰问孤残儿童；开展关爱空巢老人活动，定期上门为老人进行义诊服务和健康知识咨询服务。开展无偿献血、造血干细胞捐献、遗体器官捐献工作，全年完成造血干细胞血样采集110份、再动员22个、高分辨3个。组织家属参加公祭活动，完成遗体捐献登记7人。市红十字会的造血干细胞捐献服务工作获镇江市红十字会综合评定一等奖。 （王 琦）

【应急救护宣传培训】 2017年，丹阳市红十字会开展应急救护知识宣传。“5·8”红十字日期间，组织冠名红十字医院、学校等10家单位，10000余人参加中国红十字总会举办的应急救护知识竞赛；5月10日，与市应急办、市地震局、市民防局、市消防大队等多家单位联合在延陵镇举办大型广场宣传活动，发放救护培训宣传折页、书籍，救护师现场演练心肺复苏，吸引大批市民观看学习。开展应急救护培训进机关、进社区、进农村、进学校、进企业工作，全年完成初级救护员培训1036人，普及性培训12137人。建立应急救护师资管理群，成立师资志愿服务队，培训师资6人，其中4人参加省红十字会组织的初训，2人参加省红十字会组织的复训。 （王 琦）

图166 2017年5月10日，丹阳市红十字会救护师在延陵镇开展应急救护知识宣传，向群众传授急救技能 （王 琦）

【博爱项目】 2017年，丹阳市红十字会申报“关爱精神残疾者”项目，对社区的50户精神残疾困难家庭进行帮扶和照顾，得到省红十字会的项目经费支持。该项目结合云阳街道社区、红十字博爱家园、红十字医院等社会资源开展精神残疾者及家属的照顾服务工作，通过精神健康教育、医务关爱计划、社区照顾等方式使精神残疾者及其家庭得到多元化的服务，促进社区对精神残疾者的接纳与包容，营造和谐的社会环境。（王　琦）

·医政管理·

【概况】 2017 年，丹阳市共有医疗卫生计生机构 255 个。其中，等级医院 4 个，卫生院 12 个，城市社区卫生服务中心 5 个，妇幼保健院、精神病防治院、采供血机构（镇江市中心血站丹阳分站）、疾病控制中心及卫生监督机构各 1 个，其余为医疗机构的下设分支机构、个体诊所、民营医疗机构等。2017 年，全市常住人口为 98.02 万人（其中户籍人 81.1 万人），住院病人手术 26787 人次，比上年减少 1.11%；全市医疗机构拥有医疗床位 3324 张，每千人口床位数 3.39 张，其中，市立医院床位 2001 张、卫生院床位 675 张、社区卫生服务中心床位 448 张、民营医疗机构床位 518 张，床位使用率 76.89%，比上年增长 1.94%。执业医师和执业助理医师 1961 人，每千人口执业（助理）医师数约 2 人；注册护士 1961 人，每千人口注册护士数约 2 人。2017 年共完成 232 家医疗机构的校验工作，设置审批 13 家医疗机构，完成执业登记 6 家。（赵锁军）

【农村卫生】 2017 年，丹阳市出台《丹阳市 2017 年家庭医生签约服务工作方案》，启动家庭医生签约服务工作，建立以“3＋X”（由 3 人以上的社区卫生服务机构的全科医生、社区护士、预防保健人员，加“X”名集团医院医生、护士、行政人员和社区卫生服务志愿者）家庭健康责任团队为基础，以基层医疗卫生机构为平台，二三级医院、专业公共卫生机构为支撑，以部门联动为保障，群众需求为导向，为全市居民提供连续性、个性化、综合性健康服务责任团队 177 个。丹阳市 18 家参与签约服务的医疗机构共完成 31.53 万人次的签约，其中，免费包超 27.38 万人次、收费包 7835 人次、重点人群 19.50 万人次；家庭医生签约服务人群覆盖率 32.12%，重点人群签约服务覆盖率 61.18%，因病致贫户、计划生育特殊家庭签约服务覆盖率 100%。联合病房纵深推进。在练湖社区卫生服务中心康复联合病房、吕城镇卫生院的中医肛肠联合病房、界牌镇卫生院的儿科联合病房整体运行情况良好的基础上，又启动市中医院与荆林社区卫生服务中心肿瘤联合病房建设，不断促进城区优质资源下沉。完成 20 名农村订单定向医学生的招录工作。11 个基层特色专科发展态势良好，延陵东皇、珥陵祥里省级示范村卫生室创建工作通过省级验收。（赵锁军）

【无偿献血】 2017 年，丹阳市无偿献全血 8547 人次，献血量达 2.9 吨，比上年增长 18.33%；捐献机采血小板 3748 人次、5881 个治疗量，比上年增长 6.06%；粒细胞捐献 71 个单位；制备冷沉淀 8276.5 个单位，比上年增长 1.21%。全市临床用血：红细胞类 2.53 吨，比上年增长 15.15%，机采血小板 888 个治疗量，比上年增长 23.85%，共检测标本 11490 份，合格 11385 份，比上年增长 12.34%；成分用血比例保持 100%。贯彻落实用血返还血费报销新政策，全年共计报销 222 人次、2.08 万元。市血站的工作得到省内审专家充分认可。（杭　焰）

·丹阳市人民医院·

【概况】 2017 年，丹阳市人民医院实现业务收入 6.43 亿元，比上年增长 9.35%。全年出院人数 41320 人次，比上年增加 4.6%；门急诊 102.49 万人次，比上年增加 11.5%；手术 19381 例，比上年增长 10.3%。床位使用率 99.4%；平均住院日 7.6 天，比上年减少 0.2 天；危重病人抢救成功率 96.6%。市人民医院发挥新媒体优势，利用医院官方网站、微信公众号平台在医院与政府、医院与患者、医院与职工间架起桥梁，构建和谐医院，促进医疗卫生事业发展。2017年，市人民医院网站和形象宣传片获全国卫生计生系统优秀官方网站奖和中国医院最佳形象宣传片最佳人气奖；微电影《一封家书》获第三届江苏医院微型电影节最佳故事片奖和优秀作品奖。市人民医院获省、市、县级科研立项7项，获江苏省卫计委医学新技术引进二等奖1项、镇江市卫计委医学新技术引进二等奖1项、丹阳市科技进步一等奖1项，取得国家专利12项，在科学引文索引上发表论文9篇、中华级论文4篇。医院获江苏省健康促进医院、江苏省巾帼文明岗、2014—2016年度丹阳市文明单位等荣誉。

（张玉梅　仇昇平）

【获全国“改善医疗服务”两项大奖】　2017年，市人民医院开展“进一步改善医疗服务行动计划”，通过一系列创新服务举措方便群众就医，提升医疗服务质量，切实改善人民群众的就医感受。在2017年1月17日由国家卫生计生委医政医管局与《健康报》联合召开的“2016进一步改善医疗服务行动计划”典型经验宣传推广会上，丹阳市人民医院获“2016改善医疗服务示范医院”称号，院长林翼金被评为“2016改善医疗服务优秀管理者”。（张玉梅　仇昇平）

【专科建设】　2017年，市人民医院围绕“专科建设能力提升年”主题活动，进一步加强专科建设，鼓励技术创新、科研创新，推进5个救治中心建设。经过有序推进，胸痛救治中心通过中国胸痛中心认证工作委员会认证；卒中中心整合神经内科、神经外科优势资源，开展脑血管造影、早期溶栓、取栓等多项技术；创伤救治中心以急诊、创伤救治专科救治团队多学科合作的模式，使创伤患者从院前急救到院内急诊救治、创伤专科救治、多学科协作救治有快捷无缝救治通道，得到快捷、专业、有效的救治。孕产妇危急重症救治中心和新生儿危急重症救治中心为镇江市县级中心。心内科被确定为省级临床重点专科建设单位。

（张玉梅　仇昇平）

【智慧型医院建设】　2017年，丹阳市人民医院加快软件开发和硬件投入，通过“互联网＋”医疗模式打造智慧型医院，改变群众就医模式，方便患者就医，医疗服务质量和效率得到改善。利用互联网系统，实现网上预约、网上查询、远程会诊、微信诊室等便捷网上服务。挂号预约服务平台包括医院微信、医院网站、支付宝预约、南京都市圈12320、丹阳数字电视、电话预约、诊间预约、出院复诊预约等9种预约挂号方式；实行自助挂号、自助缴费、床边结算、签到取药、自助打印报告、微信和支付宝支付等一系列自助服务；推出“诊间结算”服务，门诊所有医生工作站安装医保社保读卡器，病人可由接诊医生直接完成缴费。全院覆盖WIFI无线网、候诊排队叫号系统；医务人员在诊疗过程中使用移动查房、移动护理，使医疗质量、安全、效率均得到显著提高。通过医院微信公众号，提供医疗信息查询和推送服务，患者可与医生交流互动。

（张玉梅　仇昇平）

【与南京医科大学医政学院签署合作协议】　2017年5月23日，丹阳市人民医院与南京医科大学医政学院举行合作签约仪式。签约双方将在卫生管理人才培养、医院管理科学研究、教学实习等方面紧密合作。医院依托南京医科大学医政学院强大的师资背景和先进的教学理念，突出重点，从本科生教学、研究生联合培养、发展教研基地等方面加强多层次交流，为医院培养更多实用型、管理型人才，有效提升医院综合实力，为区域群众提供更加有效便捷的医疗服务，共同促进管理教学共赢发展。

（张玉梅　仇昇平）

【丁兆平博士工作室揭牌】　2017年7月18日，市人民医院举行“德国杜塞尔多夫大学丁兆平博士工作室”签约揭牌仪式。丹阳市委常委、副市长孙沪兵出席揭牌仪式。以德国杜塞尔多夫大学分子心脏病学研究所终身研究员丁兆平博士命名的“德国杜塞尔多夫大学丁兆平博士工作室”落户市人民医院，对加强医院心血管内科建设，培养骨干人才队伍，提高科研能力具有重要意义。医院以此为契机，与德国杜塞尔多夫大学分子心脏病学研究所及上海第二军医大学长海医院的科研资源相对接，借势发展，构筑科研高地，服务区域群众，推动新技术开展和诊疗服务水平提升。

（张玉梅　仇昇平）

【承办3D手术直播演示会】 2017年12月21日，由镇江市医学会外科分会胃肠外科学组主办、丹阳市人民医院承办的镇江地区第一届胃肠外科3D手术演示会在丹阳市人民医院举行。胃肠外科的医生在3D显示下通过腔镜为直肠癌患者施行腹腔镜微创手术，镇江及辖市区医院的百余名外科医生在医院的学术报告厅内同步观摩手术现场直播。演示会通过手术演示共同探讨手术技巧与方法、术中意外处理和手术团队建设，推动镇江市地区微创外科操作技术水平提高，并为创新性地开展学术活动提供新的方向。（张玉梅　仇昇平）

【JIC认证工作】 为了加强医院内涵建设，提升医疗质量，降低医疗风险，保障患者安全，使医院管理向国际先进水平看齐，2017年6月19日，丹阳市人民医院举行JIC认证启动仪式，医院近200人在JIC认证启动签字墙上签名宣誓。JIC认证是全世界公认的医疗服务标准，代表医院服务和医院管理的最高水平，也是世界卫生组织认可的认证模式。医院聘请上海康程医院管理咨询有限公司担任培训指导，力争通过一年的努力，通过JIC国际认证。

（张玉梅　仇昇平）

【承办江苏省创伤骨科实用技术推广及新进展研讨会】 2017年9月8—10日，丹阳市人民医院承办江苏省创伤骨科实用技术推广及新进展研讨会。本次研讨会邀请国际内固定协会理事及国际内固定协会亚太组织发展委员会主席、中华医学会骨科分会副主任委员刘璠教授，亚洲创伤骨科学会副主席、中华医学会上海创伤分会主任委员王秋根教授，江苏省医学会创伤医学分会主任委员李翔教授、副主任委员蒋纯志教授等10位著名专家作骨科诊治领域的新理论、新思路、新技术专题学术报告，包括丹阳市人民医院12位骨科医生在内的300余名骨科医生交流骨科领域的最前沿信息。

（张玉梅　仇昇平）

【科研团队获国家自然科学基金立项】 2017年，市人民医院为提高整体科研水平，为群众的健康提供更好服务，从引进高级人才、培养内部科研人才、完善硬件设施等方面打造良好的科研平台，进行科研项目培育。8月，市人民医院分子生物学实验室王立晖博士团队申报的“microRNA－4458调控DAPK1在微囊藻毒素－LR诱发前列腺癌潜在风险中的作用及机制研究”科研项目通过国家自然科学基金委员组织的立项评审，获得国家自然科学青年基金资助，实现市人民医院国家自然基金项目的“零”突破。（张玉梅　仇昇平）

·丹阳市中医院·

【概况】 2017年，丹阳市中医院通过三级乙等中医院复评，制度化、规范化、标准化、精细化管理水平得以进一步提高。丹阳市中医院易地新建项目规划方案通过审定。全年完成门急诊54.1万人次，比上年增长2.97%；出院人次共14116人次，比上年增长3.05%；业务收入2.83亿元，比上年增长5.60%。加强医保、农保费用总控管理，降低诊疗药占比和均次费用比上年继续下降。2017年完成江苏省级继续教育项目1项、镇江市继续教育项目4项。全年申报江苏省科技厅项目1项、江苏省中医药局项目4项、镇江市科技局项目1项、丹阳市科技局科研项目5项，开展技术创新5项。全院发表各类学术论文100余篇，其中国家级核心期刊10余篇。肿瘤科的“益气生血汤防

治恶性肿瘤化疗后骨髓抑制的临床研究”项目获第九届江苏中医药科学技术奖、中药房被江苏省妇联授予巾帼文明示范岗。（董洪根）

【厚植中医药特色优势】 2017年，市中医院举办“第七届膏方节”，加强与细化中医药特色指标考核，鼓励开展常用中医医疗技术和非药物中医诊疗项目，推进中医临床路径工作与中医优势病种的开展，提高用中医思维认识疾病、诊治疾病的能力，有17个科室54种病种实施临床路径。全院共开展12项中医护理技术，开展29种中医护理方案。全年中药饮片销售增长10.01%。注重中医重点特色专科的内涵建设，2017年重点专科投入180万元，全面提高技术水平，6个中医重点专科特色优势明显提升，脑病科通过江苏省基层中医特色专科建设项目的初步评审。发挥名中医、镇江市“169工程”和丹阳市“312五期工程”科技骨干的技术引领作用。全年引进本科以上人才28名，其中硕士4人，1人获在职研究生硕士学位，7人参加镇江市高层次中医经典人才培训班学习，1人获第四届“江苏省中医药优秀青年之星”。（董洪根）

【提升医疗服务能力】 2017年，市中医院根据《医疗质量管理办法》和新的18项医疗核心制度，抓好核心制度贯彻落实，注重环节管理，确保医疗安全。全院所有病区开展优质护理服务，病区患者满意度98.9%。投入101.79万元，完成门诊诊室、病房、体检中心、中医综合治疗区等方面出新改造，不断优化流程与布局，优化服务环境。投入700多万元购入一批高端诊疗设备。投入300余万元，完成医院银医自助、移动扫码支付、门诊就诊叫号等新系统，提升医院信息化服务水平，群众就医感受明显改善，社会满意度明显提高。（董洪根）

【通过三级乙等中医院复评】 2017年，丹阳市中医院将三级乙等中医院复评列为重点工作，全院上下同心协力，精心准备。院部与科室签订复评迎检责任状，进行工作任务分解，做到责任到人，措施到位。全院各科共计完成台账637本、471盒，充分展示医院五年的工作成果。2017年8月，市中医院通过三级乙等中医医院复评。（董洪根）

图167 2017年8月14—15日，丹阳市中医院三级乙等中医院复评工作现场（董洪根）

·丹阳市第二人民医院·

【概况】 2017年，丹阳市第二人民医院暨丹阳市妇幼保健院全年门急诊42.27万人次（含体检），出院7588人次，实现经济收入13109.17万元（含财政拨款1199.42万元），药占比30.21%。医院成立医疗服务质量监控小组，抓医护质量，加强临床医师管理及病案质量控制，每月两次对住院病历环节质量、门诊病历、门诊处方、医技申请单、医技报告单、合理用药等进行全面质量检查考核。全年无重大医疗事故纠纷发生，医院的综合满意度95%。各科室开展新技术、新项目10余项，在国内医学杂志上发表各类论文80余篇。全院共有200余人参加省内外的各项学术活动。12月8日，医院新门急诊大楼投入使用。（夏　毅）

·丹阳市云阳人民医院·

【概况】 2017年，丹阳市云阳人民医院发挥儿科、口腔科、老年康复中心优势，全面落实医改工作任务，通过二级医院评审。整合医疗资源，分离丹凤社区卫生服务中心，在界牌卫生院成立口腔专科。全年门急诊 44.94 万人次，出院 1.11 万人次，业务收入 1.58 亿元，年住院病人手术 1951 例，其中三、四级手术 580 例。内科的《快速鉴别老年慢性阻塞性肺病病原体的血清标志物研究》成功立项，全年在国家级及省级刊物上发表论文 53 篇。开展各类创建活动、科室管理年活动，“品管圈”工作获国家卫生计生委成本与价格监测先进医院荣誉，“彩虹圈”在镇江市医院药学“品管圈”大赛上获三等奖，妇产科护理单元被授予 2015—2016 年度丹阳市卫生计生系统市级青年文明号。 （彭云妹）

体 育

【概况】 2017 年，丹阳市依照“大体育、大服务、大健康”的体育工作思路，改革创新体育事业，推进全民健身公共服务体系基础建设，备战江苏省第十九届运动会，科学谋划群众体育、竞技体育、体育产业等各项工作，取得新的成绩。全市有体育产业企业 372 家，年销售体育彩票 2 亿多元。获 2013—2016 年度全国群众体育先进单位、第十五届全国篮球城市交流活动集体一等奖、江苏省青少年足球锦标赛（女子丙组）第一名、江苏省县级组（甲组）田径比赛团体总分第三名等荣誉。 （贺媛华）

【丹阳市体育工作会议】 2017 年 3 月 15 日，丹阳市体育工作会议在市会展中心召开，市领导李莉珺、韩静慧、贺云华、陈建红出席会议。会议总结 2016 年全市体育工作部署 2017 年体育工作。2016 年，丹阳市围绕全市经济社会发展大局，充分发挥体育在增强人民体质、建设和谐社会、促进城市经济发展等方面的独特作用。市体育部门统筹抓好公共体育服务、竞技体育训练、体育产业发展、体育赛事组织等各项工作，全市体育事业全面发展。2017 年是实施“十三五”体育发展规划的关键之年，丹阳市将继续深化改革，加快推进基础体育设施建设，全面推动全民健身事业发展，做好江苏省十九届运动会和镇江市十五届运动会的备战参赛工作，积极培育体育产业，以改革、创新、务实的精神推动体育工作的全面协调可持续发展。云阳街道、建山学校、木兰拳协会三家单位作交流发言。会议表彰 2016 年度丹阳市体育工作先进单位和先进个人。 （贺媛华）

图 168 2017 年 3 月 15 日，丹阳市全市体育工作会议在市会展中心召开（贺媛华）

【公共体育设施建设】 2017 年，丹阳市落实“城乡公共体育设施三年提升计划”，扶持乡镇体育场馆建设。全市新建 3 个体育小公园，初步形成市、镇、村三级体育公园体系，建设 3 个乡镇（区、街道）多功能运动场和 2 个笼式足球场、1 个拆装式泳池，新建和升级 90 条健身路径，新建更新 80 副篮球架和 50 张室外乒乓球桌，完成 5 公里健身步道建设。提高现有体育场馆利用率，承办和举办省、市体育赛事和文娱活动 100 余场；向镇（区、街道）以及学校体育场馆提供维修资金，开放闲置场馆，实现资源合理利用。 （贺媛华）

·群众体育·

【概况】 2017 年，丹阳市群众体育事业发展良好，全民健身活动丰富多彩。市体育局组织开展篮球、足球、羽毛球、乒乓球四大联赛以及其他群体性赛事，广大市民踊跃参与，“会健身、想健身”热潮兴起；以全民健身日大展示为载体，在全市推广健身气功，举办健身气功展示活动百余场。丹阳市承办“舞动中国广场舞（江苏赛区）”比赛。丹阳市参加镇江市第十五届运动会，取得良好成绩。全市新增3个AAA级以上和1个AAAA级体育类社会组织。丹阳市承（举）办社会体育指导员培训班8期，完成300余名社会体育指导员的等级评定工作。开展社会体育指导员讲师团“科学健身指导基层行”活动，服务群众2万人次。推进“教体融合”工作，组织举办中小学生篮球赛和校园足球比赛等，推动业余训练和少儿体校建设，健全业余训练网络体系。整合全市业余训练单位和队伍，在训人数220人，完善青少年体育后备人才奖励管理办法，加强体育人才输送。竞技体育实力增强，丹阳市获省县级组田径比赛（甲组）团体第三名、江苏省青少年足球锦标赛（女子丙组）第一名，江苏省青少年摔跤锦标赛1块金牌和2块银牌、江苏省校园足球比赛高中组第二名、镇江市校园足球比赛3块金牌；参加镇江市第十五届运动会青少部比赛获金牌总数第一、团体总分第二名的好成绩。 （贺媛华）

【省老体节丹阳分会场启动仪式】 2017年3月29日，2017年江苏省老年人体育节丹阳分会场启动仪式暨基层老年体育健身特色项目展示大会在珥陵镇体育馆举行。启动仪式由市体育局、市民政局、市老年人体育协会主办，珥陵镇人民政府承办，南京银行丹阳支行协办。丹阳市四套班子分管领导，市体育局、市民政局、市老年人体育协会负责人与1000余位老年人观看丹阳基层老年特色体育健身项目展示。全市城乡基层站点、乡镇村庄、街道社区的12个特色老年健身团队300余人展演老年体育健身项目建设成果。 （贺媛华）

【老年人健身项目展示】 2017年4月18日，丹阳市以“创建文明城市，争做文明有礼丹阳人”为主题的第十六届“南京银行杯”老年人健身项目展示大会在市人民广场举行，多支百人基层团队登台展示，吸引市民观看。展示大会由市委宣传部、市体育局、市民政局、市老干部局、市老年人体育协会主办，市老年人体育协会指导中心承办，南京银行丹阳支行协办。展示大会得到全市基层老年健身组织的广泛响应和热情参与，每个健身项目都有近百人上台展示，反映丹阳市创建老年人健身项目之乡活动在基层受到广大市民积极响应。 （贺媛华）

图169 2017年4月18日，丹阳市第十六届“南京银行杯”老年人健身项目展示大会在市人民广场举行 （贺媛华）

【健身气功比赛】 2017年8月8日，丹阳市首届健身气功大赛在延陵镇体育馆开幕，全市有16支代表队参赛。云阳街道代表队获比赛一等奖。市领导李莉珺、韩静慧、贺云华、陈建红参加活动。全民健身日活动的大赛主题是“我要上全运，幸福中国人”。比赛围绕八段锦健身气功的演练，为即将举行的全运会加油助威。八段锦健身气功由八节组成，体式动作古朴高雅，通过练习能达到强身健体的功效。 （贺媛华）

【中欧象棋对抗赛】 2017年9月6日，由江苏省体育局国际交流中心、丹阳市体育局主办的“腾讯天天象棋”杯中欧象棋对抗赛在市新世纪国际大酒店举行。德国、芬兰的5名象棋国际高手与丹阳市的5名象棋爱好者比赛。丹阳市参赛的 5 名选手是丹阳市象棋界比赛前六名的选手，德国的卢卡斯、芬兰的邓明高曾获全球双人赛的第三名与第七名。经过两轮比赛，丹阳队以七胜一和两负的成绩胜欧洲联队。（贺媛华）

【承办 2017 年“舞动中国—广场舞联赛”】 2017 年 9 月 23－24 日，2017 年“舞动中国—广场舞联赛”（江苏赛区）在丹阳市奥体馆举行。比赛由国家体育总局体操运动管理中心、全国排舞广场舞推广中心联合主办，江苏省体育社会体育管理中心、丹阳市人民政府等联合承办。竞赛按国家体育总局体操运动管理中心颁布的《2017－2020 年全国广场舞竞赛评分规则》进行评分。丹阳市艺轩艺术培训中心中年组获自选曲目一等获。（贺媛华）

图 170　2017 年 9 月 24 日，“舞动中国—广场舞联赛”（江苏赛区）现场（贺媛华）

·体育赛事·

【中小学生篮球赛】 2017 年，丹阳市体育局和市教育局联合主办“2017 年丹阳市中小学生篮球比赛”。初中男子组比赛于 3 月 24－26 日举行，市实验学校、市华南实验学校、市第三中学分获前三名。初中女子组比赛于 4 月 15－16 日举行，市云阳学校、市里庄中学、市新桥中学分获前三名。小学女子组比赛于 4 月 12－13 日举行，后巷实验学校、新桥小学、珥陵小学分获前三名。小学男子组比赛于 4 月 22－23 日举行，后巷实验学校、司徒小学、匡亚明小学分获前三名。（贺媛华）

【校园足球比赛】 2017 年，丹阳市校园足球比赛从 3 月 24 日开始，共有 97 个球队参赛，总人数 1017 人。比赛分初中男子组、初中女子组、小学男子甲组与乙组、小学女子甲组与乙组 6 个组别。经过 73 天比赛，初中男子组前三名分别由华南实验学校、第三中学、运河中学获得；初中女子组前三名分别由云阳学校、折柳中学、第九中学获得；小学男子甲组前三名分别由新桥小学、埤城小学、界牌小学获得；小学女子甲组前三名分别由云阳学校、练湖小学、后巷小学获得；小学男子乙组前三名分别由建山学校、窦庄小学和丹凤小学获得；小学女子乙组前三名分别由练湖中心校、云阳学校和市建山学校获得。（贺媛华）

【承办江苏省青少年篮球锦标赛】 2017 年 7 月 20 日，江苏省青少年（U14）篮球锦标赛在丹阳市奥体中心体育馆和镇江高专体育馆举行。经过 5 天比赛，于 7 月 25 日结束。南京队、常州队、苏州队分获男子组一、二、三名，苏州队、徐州队、南京队分获女子组前三名。“U14”赛事代表江苏省青少年篮球项目的最高水平。比赛由江苏省体育局、江苏省教育厅等单位联合主办，丹阳市人民政府承办，全省 11 个市、17 支代表队、200 余名运动员参加比赛。（贺媛华）

【承办江苏省青少年足球锦标赛】 2017 年 8 月 27 日，2017 年江苏省青少年足球锦标赛（女子丙组）在丹阳市人民体育场开赛。经过三天比赛，于 8 月 30 日结束。比赛采用国际足联最新颁布的足球竞赛规则评判，镇江代表队、苏州代表队、常州代表队分获一、二、三名。比赛由江苏省体育局、江苏省教育厅等主办，丹阳市人民政府承办。泰州、镇江、连云港、无锡、常州、徐州、苏州、淮安、盐城、南通、宿迁 11 市的 11 支代表队参加比赛。（贺媛华）

民政工作

【概况】 2017年，丹阳市制定《丹阳市开展“救急难”工作实施方案》，建立“主动发现、快速响应”网络体系，出台新的《丹阳市医疗救助办法》，救助对象扩展到10类，将建档立卡的低收入家庭纳入医疗救助保障范围。城乡居民最低生活保障标准从每人每月625元调整提高到655元，全年发放低保金2992万元，惠及救助对象4872人。“三无”老人供养标准从每人每年15430元提高到16661元，“五保”集中和分散供养标准分别从每人每年9000元和8000元提高到9800元和9500元。全年临时救助260人次，发放救助金100余万元。开展低保专项整治行动，全年新增城乡低保156户281人，核销610户1130人。做好涉农资金各项数据录入准备工作，确保涉农资金精准使用。全市创成13个国家级综合减灾示范社区，5个省级综合减灾示范社区和1个省级综合减灾示范镇。完成村民“微自治”和“一规五制”双试点工作并通过验收。推行“政社互动”，推行率100%。全年培育发展46个社会组织，清退注销社会团体8个。市级公益慈善孵化基地投入运营，7家小型社会组织入驻，并开展30场公益活动。组织第二届公益创投大赛，投入87万元，资助20个公益创投项目，资助弱势群体300余万元，活动惠及4000余人次。

制定出台《关于支持整合改造闲置社会资源发展养老服务的通知》《丹阳市关于加快发展养老服务业的实施意见》《丹阳市镇（区、街道）级“居家养老综合服务中心”暨“残疾人之家”建设实施及运行方案》《丹阳市政府购买居家养老服务实施细则（试行）》等文件，养老服务体系建设有新突破。丹阳市第二家民办护理院——丹凤温馨园开业，养老机构内设护理院纳入基本医疗保险定点管理范围，养老机构综合责任保险实现全覆盖。新增日间照料中心1个，助餐点31个，养老床位311张。完成全市15家敬老院的升级改造和消防改造任务，社会福利中心老年公寓大楼维修改造工程完工。丹阳市获评“省级居家和社区养老创新示范市”，获得省级奖励性资金475万元；市老年公寓、红叶颐馨园获评“省级示范性养老机构”。

完成残疾人两项补贴交接工作，实施困难残疾人生活补贴和重度残疾人护理补贴制度，发放重残生活补贴5548.6万元，惠及8044人；发放护理补贴493.1万元，惠及4448人。全年老年人意外保险费增加176万元，比上年增长7%。为2.9万名老年人发放尊老金2010.6万元。发放孤儿养育费98.74万元、困境儿童生活费6.42万元。办理收养登记47件。以政府购买服务的形式，对全市262名农村留守儿童进行全面评估，信息全部录入江苏省未成年保护信息系统。落实农村留守儿童委托监护责任，开展“合力监护，相伴成长”系列活动。全市福彩销售1.5亿元，募集福彩公益金1436万元。

推进“七创”省级双拥模范城创建工作。开展丹阳最美军嫂评选、文艺下基层巡演、寻找最美退役士兵等双拥宣传活动，建设双拥公园、双拥长廊、双拥街、武警水电部队和超力生态园军民共建示范基地。开展转业志愿兵（士官）大走访活动，建立部分军队退役人员群体稳定和权益保障工作专班，落实退役士兵优抚安置和培训就业工作。举办2场退伍军人招聘会，85人正式上岗。审批发放下岗失业志愿兵（士官）困难补助415人，发放困难补助金123.57万元。组织优抚对象参加优抚体系活动4151人次，发放抚恤补助证4000余本。协调出台退役人员村官培养工程计划和转业志愿兵（士官）住房保障优惠政策。完成218名退役士兵职业技能培训工作，结业率100%，获证率98.56%。

全年办理婚姻登记10634对，离婚率比上年下降8.6%。市救助站完成改造搬迁，创新动员社会力量完善生活无着流浪乞讨人员发现机制，落实“夏日送清凉”“寒冬送温暖”等专项救助活动，全年救助城市生活无着的流浪乞讨人员660人次。新建和整合、扩建镇级公益性骨灰堂6个，完成观音山公墓周边环境整治工作。按照全民惠民殡葬和节地生态安葬奖补政策，减免基本丧葬费1140万元。开展第二次全国地名普查、地名公共服务和平安边界创建工作，命名小区7个、道路396条、桥梁9座。

（周文华　孙燕霞）

【婚姻登记处新址启用】 2017年3月13日，丹阳市婚姻登记处新址正式启用。婚姻登记处新址位于开发区齐梁路万通大厦十楼，按照国家AAA级登记机关标准配置，总面积760余平方米，增设叫号系统，设置服务中心和家庭辅导室。婚姻登记处在2017年市级机关优质效能服务科室（窗口）评比中获第一名，并获“丹阳市文明单位”称号。

（周文华　孙燕霞）

图171　丹阳市婚姻登记处内景

（周文华　孙燕霞）

社会保障

【概况】 2017年，丹阳市继续推进五险合一征缴，参保企业6555家，实施五险合并征缴2958家，江苏省内及镇江市异地就医系统、省外异地就医系统、电子档案系统上线。拟定参加机关事业单位养老保险人员核定、参保登记工作方案，统一政策口径、操作流程和培训方案，印制机关事业单位养老保险政策汇编。建立预缴和催缴联动机制，采取“四到位”（宣传到位、责任到位、措施到位和监督到位）的方法，推进城乡居民养老保险续缴工作。全年共有参保登记单位382家，在职人员17668人，退休人员8832人，迁移省系统206家。新增参保人员1192人次，累计参保人数26万人次，参保率100%。征缴保费6474万元，基础性养老金发放15.7万人，基础养老金领取率100%。

（朱君芬）

【社会保障卡管理】 2017年，丹阳市为确保参保单位个人信息完整、唯一和准确，保证人员就业登记、社保参保等其他业务开展，实现数据统一扎口管理、人员信息全面详细登记。优化制卡业务，规范发卡流程，为办事群众提供更优质快捷高效的服务。至年底，市社会保障卡个人信息采集与确认数累计74.58万人，年度新增持卡人数11.55万人，处理问题数据2.32万人次，社保卡累计持卡人数69.38万

人，社保卡金融功能激活率95%以上，超额完成镇江市考核任务数。（朱君芬）

【被征地农民社会保障】 2017年，丹阳市继续发动各镇（区）、街道人社中心和村（社区）力量，深入项目涉及村组，将被征地农民社会保障新政策内容用通俗易懂的方式对群众进行讲解，确保被征地农民保障工作有序推进。全年按新政策到款项目90个，筹集资金3.94亿元，纳入社会保障6067人次，其中纳入企业职工基本养老保险3303人次，纳入被征地农民养老金待遇1828人次。（朱君芬）

【维权维稳工作】 2017年，丹阳市建立预防和解决拖欠农民工工资机制，落实“属地管理、分级负责、谁主管谁负责”的主体责任，加大企业欠薪维权维稳工作力度，加强服务指导和日常巡查，开展农民工工资支付、人力资源市场清理整顿、规范劳务派遣等专项检查。全年检查用人单位1721个，补签劳动合同3055份，立案查处劳动监察案件402件，法定期限内结案率100%，调处简单劳资矛盾236件，处理突发事件7起，追讨劳动者工资811万元。审查用人单位报送书面材料2995件，涉及劳动者16.34万人。追回拖欠职工工资3100万元，其中农民工工资2176万元。处理劳动争议案件2223件，结案2220件，结案率达99.9%，按期结案率100%。（朱君芬）

医疗保险

【概况】 2017年，丹阳市制定《丹阳市城乡居民基本医疗保险实施办法》和市属改制企业身份置换人员医保解决办法，对《丹阳市职工基本医疗保险实施办法》进行调整和完善。实施异地就医实时结算，推进结算支付方式改革，加快护理保险试点工作，开展健康扶贫工程。升级改造智能监控系统，建立医师库规范诊疗行为，实施民主监督机制，完善内控审核制度，持续开展反欺诈“亮剑行动”，强化医保监管的能力和水平，打击骗保行为，堵塞医保基金漏洞。2017年，全市基本医保参保人数79.7万人，其中职工医保20.5万人，居民医保7.6万人，新农合51.6万人，医保基金征缴10.2亿元，医保基金滚存节余8.5亿元。（王　平）

【市医保护理专家库成立】 2017年5月2日，为进一步提升丹阳市基本医疗保险护理水平，发挥医保护理专家在完善政策制度、定点护理院评审、护理院参保人员入院评估、阶段性评价的审核等方面的作用，丹阳市医保中心成立丹阳市医保护理专家库，加强对定点护理院护理行为的监督，提高市医保管理的科学化、规范化、专业化水平。至年底，医保护理专家库有专家19名。（王　平）

慈善事业

【概况】 2017年，丹阳市市镇村三级慈善组织资金收入3798.84万元，其中捐赠收入2211.83万元，增值收入1587.01万元。慈善救助支出2665.92万元，救助困难群众28336人次。至年底，慈善资产余额2.22亿元。（市慈善总会）

【慈善助学项目】 2017年，丹阳市继续实施慈善助学项目，助学项目支出346.85万元。其中投入228.25万元，资助422名贫困家庭大学生；投入45.6万元，资助210名贫困家庭高中生；投入20万元，资助特殊教育学校100名残疾学生；慈善总会与慈善教育分会共同投入45万元，资助家境特困的135名义务教育阶段学生；与团市委合作开办“合力亲护、快乐成长”义务教育阶段公益活动班，投入8万元，资助困难家庭小学生700名；投入30万元，与新疆建设兵团农四师合作救助困难家庭学生。（市慈善总会）

图 172 2017 年 8 月 25 日，丹阳市慈善总会举行“助力千名学子成才工程”助学金发放仪式 （市慈善总会）

【慈善助困项目】 2017 年，丹阳市继续实施慈善助困项目，助困项目支出 869.02 万元。对于低保类、建档立卡户和低收入家庭，因重大疾病和意外事故等造成紧迫性、临时性困难的，经过审核给予慈善临时救助，全年临时救助支出 397.02 万元，救助困难群众 761 人次，连续第三年比上年增长 50%以上。投入 160 万元，实施“情暖丹阳助困工程”，对全市 4134 个低保、低收入类特困家庭，发放生活困难补助金。投入 292 万元，对 1366 名低保类、建档立卡户和低收入困难对象，根据不同困难程度发放慈善救助金。开展“党内关爱送温暖”行动，投入 20 万元，资助 200 名生活困难老党员。 （市慈善总会）

【慈善助医项目】 2017 年，丹阳市继续实施慈善助医项目，助医项目支出 520.65 万元。投入 201.1 万元，实施“大病救助工程”，对上年住院治疗的 652 名低保类（含建档立卡户）、低收入类大病患者可报医疗费用经新农合医保报销、大病保险、医疗救助后，低保类个人自付在 1 万元以上、低收入类个人自付在 2 万元以上的，分别给予其自付部分 20%、10%的慈善大病救助。与市卫计委、民政局、财政局、医保中心联合出台《丹阳慈善助医低保类特困对象实施方案》，对全市低保类（含建档立卡户）贫困对象住院、慢性白血病和肾透析门诊治疗的，实行医疗同步结算平台一站式即时结算慈善助医，对住院及慢性白血病门诊助医对象可报医疗费用经医保报销、大病保险和医疗救助后的个人自付部分，慈善资金救助 20%，对门诊肾透析治疗的助医对象慈善资金救助 30%，助医对象 1684 人次，发放慈善助医金 112.63 万元。对 16 个低保类慢性白血病患者年底测算发放慈善救助金 1.35 万元。出台《2017 年度低收入大病对象慈善助医实施方案》，投入 205.57 万元，对 626 名低收入大病患者可报医疗费用经医保报销、大病保险后个人自付部分给予 10%的慈善助医。

（市慈善总会）

图 173 2017 年 9 月 29 日，丹阳市举行慈善助医低保类特困对象启动仪式

（市慈善总会）

【慈善义工工作】 2017 年，丹阳市慈善总会有慈善公益组织 4 个、慈善义工团队 16 个、注册义工 1332 人。开展助学、助老、助残、助孤等扶贫济困服务，组织义工服务活动 2657 场次，参加服务义工 12296 人次，累计服务时间 43960 小时，投入资金 191.55 万元，投放衣物等 26158 件，受服务群众 38345 人次。义工服务团队内筹资金 133.14 万元，接受社会捐赠资金 39.39 万元，吸引 92 个商家投资 18.34 万元参与公益服务。 （市慈善总会）

民族宗教

【概况】 2017 年，丹阳市民族宗教工作以管理促规范，稳定促和谐，提升宗教场所管理水平和为民族宗教界服务水平，为新形势下全市

民族宗教领域的和谐稳定作出新贡献。继续推进海会寺工程建设，11 栋主体建设基础设施完成，实现功能性使用。丹阳市基督教三自爱国运动委员会第七次代表大会召开，选举产生新一届基督教三自爱国运动委员会委员及领导班子。加强宗教场所技防建设，与江苏有线丹阳分公司签订租控协议，全市有 10 处宗教活动场所安装技防系统，安装视频探头并联网 64 个。（倪国义）

图 174　2017 年 5 月 5 日，丹阳市委常委、组织部部长、统战部部长杜官军一行到六中调研新疆班　（倪国义）

【宗教活动场所统一代码制度实施】　为贯彻落实《国务院关于批转发展改革委等部门〈法人和其他组织统一社会信用代码制度建设总体方案〉的通知》《省政府办公厅关于转发省信用办江苏省法人和其他组织统一社会信用代码制度实施办法的通知》要求，按照国家宗教局全面推进宗教活动场所统一社会信用代码制度改革工作部署，宗教活动场所实施统一代码制度，将宗教活动场所登记证、组织机构代码证“两证合一”，为转变政府职能、提升行政效能、减轻宗教活动场所负担奠定基础。2018 年起，江苏省原登记宗教活动场所的组织机构代码证和登记证停止使用。丹阳 41 个宗教活动场所全部更换新组织机构代码证。（倪国义）

【清真食品检查和清真食品补贴发放工作】　2017 年，丹阳市根据《江苏省清真食品监督保护条例》，市民族宗教局与市统战部联合下发《关于开展全市清真食品管理专项检查的通知》，在全市组织开展清真食品管理检查。确定重点清真餐饮网点、学校、企业、商场超市、农贸市场清真食品摊点等检查范围，明确以各镇自查整改为主，市民宗局抽查督察为辅的活动方式，做好发放对象登记、资格审核、资金发放等准备工作，做到摸清实情，一户不漏。至年底，全市符合清真饮食补贴申领条件的有 324 人，发放总金额 46176 元。（倪国义）

【规范少数民族发展项目资金】　2017 年，丹阳市为更好地规范少数民族发展项目资金的使用，认真组织学习《江苏省少数民族发展资金管理办法》《关于开展中央财政扶贫资金专项检查的通知》等文件，规范市少数民族发展项目资金管理。依据《中央财政专项扶贫资金管理办法》《江苏省少数民族发展资金管理办法》，重点对十三五期间，中央、省拨付的少数民族发展资金管理使用情况、项目实施情况进行自查，发现问题及时整改，确保专款专用，进一步发挥专项资金的使用效率，最大限度地发挥资金投入的经济效益和社会效益。确定丹阳皇塘镇宏图村苗木和珥陵中仙钢架大棚特色产业为市少数民族发展资金投入重点。

（倪国义）

图 175　2017 年 12 月 5 日，丹阳市财政局工作人员检查少数民族发展建设项目资金使用情况　（倪国义）

旅　　游

【概况】 2017年，丹阳市推进重点旅游项目建设，加强旅游质量管理，开展旅游宣传推介。规范旅行社组团合同、用车合同，提升旅游从业人员安全意识，定期开展旅游市场安全专项检查，加大旅游行业违法违规经营行为的整治力度，打击扰乱旅游市场秩序的行为。加强旅游从业人员对《中华人民共和国旅游法》等法律法规和行业标准的学习，组织导游人员的年审培训，加强导游员的培训和管理。与《丹阳日报》、丹阳广播电视台、《中国旅游报》和《华东旅游报》等媒体合作，发布丹阳市旅游资源和旅游信息，播报丹阳旅游新时讯。组织参加国际旅游交易会、南京度假旅游展览会、高雄旅游展览会、“宁镇扬马都市圈”赴厦门深圳旅游说明会等旅游促销活动。举办丹阳旅游读本《在丹阳，行走于千年光阴》发布会和读书分享会，通过活动以及智慧新媒体的发布，宣传丹阳文化旅游资源。（侯范文）

图176　2017年5月19—22日，丹阳市组团参加海峡两岸高雄旅展　（侯范文）

【重点旅游项目建设】 2017年，丹阳市建设6项重点旅游项目。（一）丹阳眼镜时尚小镇项目（丹阳国际眼镜城三期项目）。开展运河风光带景观设计施工招标，完成眼镜城时尚小镇概念方案。（二）云阳大酒店项目。（三）季子吴文化旅游风情小镇项目（九里景区建设项目）。包括九里历史文化名村、贺甲村美丽乡村、战斗纪念馆布展、庄湖湿地等项目，凤凰山遗址公园的景观桥桩基、木栈道基础、景观桥承台施工、驳岸整理。（四）水晶山旅游度假区项目。包括镇丹高速公路和宕口整治、胡高路等工程建设。（五）名人故居和红色旅游项目。包括“三吕故居”修缮、华东财经委旧址布展装修、张家大院装修。（六）丹阳市演艺中心建设项目。（侯范文）

【旅游企业品牌创建】 2017年，丹阳市继续推进旅游企业品牌创建工作。丹阳翔天旅行社获评江苏省三星级旅行社；水中仙东雅国际酒店和山水旅行社被共青团江苏省省委授予“青年文明号”；万善公园、丹凤公园、金地闲庭氧吧等旅游厕所获评AA级旅游厕所，东江假日度假村、超力生态园旅游厕所获评A级旅游厕所。（侯范文）

关心下一代工作

【概况】 2017年，丹阳市围绕“学史立志、崇德向善”主题教育，开展“注重关爱、扶弱助贫、热心帮教”“三扶两创一助推”等工作。市关工委建立由16位热心青少年思想道德教育的人士组成课题研究和方案制作攻关小组，确立“重温长征路、永远跟党走”“责任在先、担当在行”“爱家乡，争当新一代丹阳人”“学史立志、崇德向善”等10个课题，组织1200多名“五老”、180多名在职教师以及42名大学生村官，对全市8万多名青少年进行“两史”教育，覆盖率95%以上。建成市、镇、村三级“关工”组织网络213个，专职人员1917人，实现组织网点全覆盖。开展“助学圆梦”

“蓓蕾行动”“合力监护、相伴成长”等活动，全年参与关爱留守儿童活动的“五老”人员1200余人，累计扶贫资金82万元。建立由2300多名“五老”人员组成的“预减”和“创零”工作志愿者队伍，组建34个关爱工作团、宣讲团和53支法制教育小分队，1300多名“五老”人员经培训上岗后常年坚守在义务监督岗位。整治校园周边场所18次，对17名失足青少年开展一对一帮教活动。成立“夕阳红”农业科技学校，师资由退休和在职的农技专家组成，培训内容涉及畜禽、园艺、水产、粮作、农机等各个专业，采取大范围集中授课，小范围实地指导以及一对一手拉手帮教相结合的模式，全年有万名青年农民从中受益。（陆国庆）

图177　2017年12月31日，丹阳市关工委大泊毛家社区辅导站组织实验学校学生进行书画培训。图为老同志辅导社区学生写毛笔字（市关工委）

【建成三级校外教育辅导网络】　2017年，丹阳市关工委建成总站、分站、家庭辅导点三级校外教育辅导网络。校外辅导站按照办公面积20平方米以上，活动用房面积300平方米以上标准建造，设电子阅览室、图书阅览室、活动室、谈心室，配备电脑6台、藏书8000册。全市各镇（区、街道）的校外辅导总站有700多名“五老”、400多名在职教师、60多名大学生村官和150多名志愿者。至年底，导墅镇、云阳街道2家校外辅导总站被评为省级示范辅导总站，毛家社区、前艾社区、延陵总站3家村级辅导站被评为镇江市级示范辅导站。（陆国庆）

见义勇为

【概况】　2017年，丹阳市召开见义勇为表彰奖励会议11场次，表彰奖励见义勇为人员764人次，颁发见义勇为奖金38.75万元。杨剑等6人被评为“镇江市见义勇为积极分子”，林建俊、蒯建军、戎宝成3人被评为“江苏省见义勇为最美投递员”，获江苏省见义勇为“绿叶奖”，朱金云被评为“江苏省见义勇为先进分子”，朱金杰等12人获镇江市见义勇为基金会专项表彰奖励，皇塘镇、导墅镇、司徒镇等12个基层站所获2016年度“丹阳市见义勇为工作先进集体”，杨建平、支琴美、王立金等16人获2016年度“见义勇为工作先进个人”。全年协助公安机关抓获各类违法犯罪嫌疑人339名，破获各类案件769起，救助重特大交通事故受伤及落水人员9名，扑救火险9起，救护遇险人员4名，为国家集体挽回经济损失316.79万余元。（蒋泽锋）

图178　2017年9月28日，丹阳市丹北镇埤城常兴村农民朱金云（右一）被江苏省政府授予“江苏省见义勇为先进分子”荣誉称号（蒋泽锋）

【辅警吕火忠擒毒贩】 2017年2月9日，吕城派出所民警发现，家住丹阳市皇塘镇蒋墅杨园里村的万某庆涉嫌容留他人吸食及贩卖毒品，辅警吕火忠等随办案民警和实习民警赶到丹阳市皇塘镇蒋墅杨园里村26号，发现嫌疑人住所大门紧闭。吕火忠配合民警将门踹开冲进室内，发现屋内有3名男子，其中1名男子手持尖刀乱刺乱舞，并将1名参加抓捕行动的实习民警逼至墙角。吕火忠立即扑上去夺该男子手上的尖刀，在搏斗中左腿部被尖刀刺伤，吕火忠毫不畏惧，紧紧抓住该男子手持尖刀的右手，该男子随即被合力制服，吕火忠随即被送医抢救治疗。经医生检查诊断，吕火忠右手、左腿被刀刺伤，伤口深达1.5厘米。辅警吕火忠勇擒持刀犯罪嫌疑人的事迹被《丹阳日报》《镇江日报》《扬子晚报》宣传报道。 （蒋泽锋）

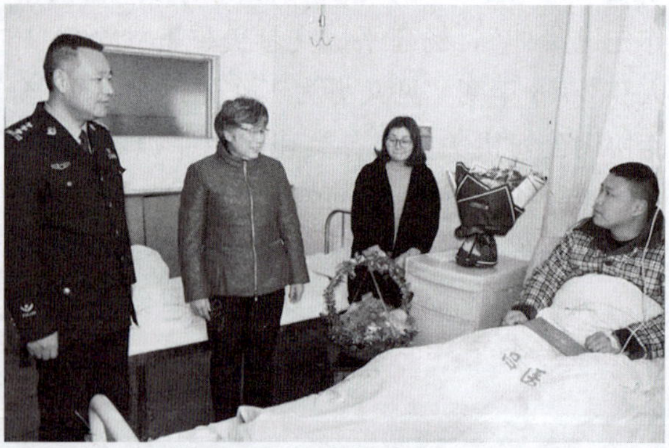

图179 丹阳市公安局、见义勇为基金会领导到医院看望吕火忠 （蒋泽锋）

【两村民火场救人】 2017年6月30日凌晨，正在丹阳市延陵镇家中睡觉的石荣生被妻子推醒，说屋外有异响，石荣生立即起床到门外查看，发现邻居潘书坤家着火了。屋内住着双腿行动不便的84岁老人潘书坤和瘫痪在床85岁的老伴蔡红娣，夫妇大喊“救命”。石荣生立即冲进屋内房间，抱起蔡红娣往屋外跑，本村村民王琪冲进去抱出潘书坤老人。将潘书坤老夫妇安顿后，石荣生、王琪两人又用井水灭火，与随后赶到的延陵派出所民警和消防队员一起将火险扑灭。 （蒋泽锋）

【陈书新施救受伤男子】 2016年9月26日，丹阳市导墅镇里庄白马村农民陈书新路过导墅镇后庄路，发现发生一起交通事故，肖书庆（男，67岁）双腿被侧翻的三轮摩托车压住，头部受伤淌着鲜血，情况危急。陈书新立即出手施救，并招呼路过此地的邹小南，合力将伤者的双腿从侧翻的三轮摩托车底下挪抬出来，然后，将伤者抬上自己的电瓶车，快速送到就近的导墅卫生院抢救，并联系到伤者家人。因伤者伤势危重，陈书新、邹小南协助将伤者送上120救护车转丹阳市人民医院抢救，并及时向吕城交警中队报警，协助调查交通事故案发情况。 （蒋泽锋）

残疾人事业

【概况】 2017年，丹阳市以完善残疾人事业“两个体系”建设为重点，强化服务，残疾人事业得到优质发展。开展重残护理补贴自理能力评估工作，保证护理补贴发放的公证、公平、公开。对全市1100名贫困残疾人进行慰问帮扶。为99名大、中、小学在校学生发放教育补贴4万余元。为383名残疾人发放燃油补贴99580元。对持证残疾人免费提供意外伤害保险，为400余名困难残疾人提供免费健康体检。新建7家“残疾人之家”，其中有3家开展残疾人辅助性就业工作的试点探索，帮扶30名残疾人。市残疾人托养中心对27名疾人进行全日制托养，镇级托养中心为75名残疾人开展日间照料服务。对2123户残疾人家庭进行无障碍环境改造，提供及配发辅助器具2123件。对69名0—6岁残疾儿童进行抢救性康复。为15名贫困精神病患者提供免费住院救助，对754名贫困精神病患者提供免费服药救助，贫困白内障患者免费施行复明手术154例。指导、扶持12家市级残疾人扶贫基地，帮扶120名残疾人进行辅助性就业。举办残疾人创业培训班，扶持58名残疾人进行创业。组织113名残疾人进行电脑、菌菇培埴、手工编织等实用技术培训。与市人社局联合组织12场残疾职工招聘会，63名残疾人就业上岗。对企业残疾人职工的权益保障情况进行调查摸底，维护残疾人职工的合法权益。组织30名残疾人运动员参加市残疾人乒乓球、象棋比赛。残疾人运动员郭瑾参加2017全国残疾人田径运动会，获跳远比赛第一名。（景银山）

【助残日活动】 2017年，丹阳市残疾人联合会在各类残疾人节日期间，围绕“推进残疾预防，健康成就小康”活动主题，举办讲座、咨询活动8场，投入39600元、向残疾人发放家庭无障碍改造辅助器具759件，捐赠7辆脑瘫轮椅，慰问66名残疾儿童，为全市218名0—16周岁的残疾儿童免费提供一份保险保障。（景银山）

图180 2017年8月25日是全国第一个“残疾预防日”，丹阳市残疾人联合会在万善公园开展“开展残疾预防减少残疾发生”宣传活动（景银山）

居民收支

【概况】 2017年，丹阳市城镇非私营单位在岗职工年平均工资72364元，比上年增加3920元，增长5.7%。其中国有经济单位和集体经济单位在岗职工平均工资分别为103365元、86503元，分别比上年增长18.4%、4.5%，其他经济单位在岗职工平均工资为59931元，比上年下降3.3%。（统计局）

【城镇常住居民人均可支配收入45151元】 2017年，丹阳市城镇常住居民人均可支配收入为45151元，比上年增加3498元，增长8.4%。其中工资性收入34743元，占76.9%；经营性净收入5193元，占11.5%；财产性净收入2597元，占5.8%；转移性净收入2618元，占5.8%（统计局）

【城镇常住居民人均生活消费支出23459元】 2017年，丹阳市城镇常住居民人均家庭生活消费支出23459元，比上年增长4.5%。其中食品烟酒支出7763元，占33.1%；衣着支出2757元，占11.8%；居住支出3588元，占15.3%；生活用品及服务支出1309元，占5.6%；交通通讯支出3210元，占13.7%；教育文化娱乐支出2800元，占11.9%；医疗保健支出1208元，占5.1%；其他用品及服务支出823元，占3.5%。（统计局）

【农村常住居民人均可支配收入23603元】 2017年，丹阳市农村常住居民人均可支配收入为23603元，比上年增加1897元，增长8.7%。其中工资性收入14627元，增长9.2%，占62%；家庭经营净收入6284元，增长4.4%，占26.6%；财产性净收入1181元，增长14.5%，占5%；转移性净收入1511元，增长19.9%，占6.4%。（统计局）

【农村常住居民人均生活消费支出20207元】 2017年，丹阳市农村居民人均生活消费支出20207元，比上年增长7.5%。其中食品烟酒支出6191元，占30.6%；衣着支出1521元，占7.5%；居住支出3489元，占17.3%；生活用品及服务支出1258元，占6.2%；交通和通讯支出3100元，占15.3%；教育文化娱乐支出2792元，占13.8%；医疗保健支出1255元，占6.2%；其他用品及服务支出601元，占3.0%。（统计局）

镇、区概况

栏目编辑 孙晓霞

司 徒 镇

【概况】 司徒镇位于丹阳市西郊，是全国知名的“眼镜之乡”。司徒镇为江苏省 20 个行政管理体制改革试点镇之一，是镇江市唯一的“强镇扩权”乡镇。镇域面积 91.73 平方公里，辖 10 个行政村、1 个社区、1 个居委会，年末总人口 46195 人。司徒镇交通、区位优势明显，沪蓉高速、312 国道、122 省道、丹西公路穿境而过，附近有沪蓉高速(丹阳西)入口和扬溧高速入口。2017 年实现地区生产总值 57.16 亿元，比上年增长 7.3%。公共财政收入 3.74 亿元，比上年增长 34.26%。工业应税销售 56.3 亿元，比上年增长 7.36%。规模以上固定资产投资 27.36 亿元，比上年增长 8.4%。规模以上工业增加值 18.83 亿元，比上年增长 10.1%。司徒镇拥有中国最大的树脂镜片生产企业江苏万新光学眼镜有限公司、中国最大的隐形眼镜企业海昌隐形眼镜有限公司、中国网络销售出口成品眼镜排名第一企业江苏淘镜有限公司。建有丹阳唯一的省级现代农业示范园区。2017 年度获国家卫生镇、全国文明城市创建工作有功单位等荣誉。

（卞露晗）

2017 年司徒镇主要经济社会指标

表 53

地区生产总值(亿元)	57.16	第三产业增加值(亿元)	23.2
财政总收入(亿元)	3.74	全镇总户数(户)	15458
实际利用外资(万美元)	249	全镇总人口(人)	46195
工业销售收入(亿元)	96.21	银行、信用社(个)	5
粮食总产量(吨)	33773	中小学校(所)	4
肉类总产量(吨)	4157	医院、卫生院(所)	2
水产品产量(吨)	5140	卫生室(个)	14
规模以上工业投入(亿元)	17.74	工业企业总数(个)	608
工业用电(亿千瓦小时)	2.6	个体工商户(户)	367
新增私营企业(户)	144	规模以上工业增加值(亿元)	18.83
工业应税销售(亿元)	56.3	规模以上固定资产投资(亿元)	27.36

（卞露晗）

2017 年司徒镇骨干企业情况

表 54

企业名称	法定代表人	工业产值（万元）	销售收入（万元）
江苏美乐集团	王国宝	134413	133164
海昌隐形眼镜有限公司	蔡国洲	94700	89981
江苏万新光学有限公司	汤龙保	60117	53492
江苏淘镜有限公司	章月缘	31407	29625
丹阳市万隆化工有限公司	史丽娟	29715	29351
江苏海伦隐形眼镜有限公司	蔡国洲	23501	22357
江苏金聚合金材料有限公司	吴晓金	22916	20109
易佰得(丹阳)光学有限公司	韩瑞毅	15880	15901
江苏东方光学有限公司	蔡国洲	15626	7334
江苏省中亚玻纤有限公司	杨云胜	7206	6622
江苏侨谊厨房设备有限公司	梅金和	6960	5682
江苏恒翔印务	王　翔	5454	4573
丹阳市瑞倍爱冷热疗产品有限公司	CURTISSCOTT	4191	4260
江苏御石新材料科技有限公司	谭　震	5328	3452

（卞露晗）

2017 年司徒镇行政村、居委会情况

表 55

行政村、居委会名称	书记姓名	主任姓名	总人口（人）	村集体收入（万元）	农民人均纯收入（元）
薛甲村	束红益	束红益	3185	143	—
张寺村	薛晓明	薛晓明	3149	137	—
培棠村	王雷军	王雷军	5157	172	—
丁庄村	杭和秀	杭和秀	3859	141	—
屯甸村	毛锁龙	毛锁龙	3102	166	—
谭巷村	谭来训	谭来训	4515	199	—
杏村村	周志贤	周志贤	3218	168	—
固村村	吴东方	吴东方	7440	312	—
吴塘村	朱荣良	朱荣良	3651	126	—
杏虎村	吴建新	吴建新	3218	162	—
东风社区	梅玉华	梅玉华	2877	272	—
光明路居委会	—	殷志贤	2010	—	—

（卞露晗）

【企业创新转型】 2017年，司徒镇抓住创新转型主线，实施企业转型提质。确定15个市级重点产业类项目。总投资7.7亿元、建筑面积8.27万平方米的5个新建项目：江苏松德生物科技有限公司、江苏瑞文新材料科技有限公司一期建成投产，黄金屋光学厂房主体竣工，江苏旭志光学眼镜有限公司一期厂房开工建设，上海陆家嘴公司休闲观光农业项目在建。总投资2.2亿元、建筑面积1.8万平方米的5个扩能推进项目：视悦光学有限公司、江苏万新光学有限公司、丹阳市力多光学眼镜有限公司、丹阳市华康乳胶有限公司、海昌隐形眼镜有限公司扩能项目投入使用。推进5个科技创新项目，江苏美乐集团总投资7.2亿元的共享单车和智能轮椅项目按进度推进。司徒镇与常州工学院签订全面战略合作协议，江苏鸿凯医疗科技有限公司、镇江视伟光学有限公司创成省高新技术企业，江苏金聚合金材料有限公司获省级工程技术中心和国家级工程技术分中心认定。江苏万新光学有限公司获“2017年度国家知识产权示范企业”荣誉，董事长汤龙保获“全国五一劳动奖章”。全镇入选镇江“金山英才”计划2人，入选丹阳“丹凤朝阳”计划3人。 （卞露晗）

【西城区综合整治】 2017年，司徒镇统筹镇村建设，加强马家庄、东风西城片区环境综合整治。新建2.1万平方米东风居民公园和马家庄健身综合广场。马家庄片区全面实现雨污分流，共拆除违章建筑76处2500余平方米，房屋外墙出新4万平方米，房前屋后场地硬化1.8万平方米，新修沥青路面6700平方米，自来水管网改造全部到位，管道燃气实现户户通。东风片区拆除违章建筑119处1640平方米，清理乱堆乱放377处，清理土地表面附属物、植物2.6万平方米，取缔关停废品收购点60家，完成南一路和中心路道路建设。完成华东建材城综合整治，增设公益广告牌750平方米，新建货车临时停车场2800平方米，改造绿化场地2500平方米。 （卞露晗）

【“三农”工作】 2017年，司徒镇“三农”工作成绩显著，现代农业产业园获省级首批农业产业示范园称号，3年争取上级扶持资金5000万元。进一步加大农业结构调整力度，引进杨梅、石榴、高档苗木等新品种33.33公顷。完成第三次全国农业普查工作。长江中下游农业综合试验站建设顺利推进。全年水利建设管理投入1875万元。全面推行“河长制”工作，全镇11条市级河道长86.2公里，管护优秀率98%以上，五龙河河道管护列全市第一，被丹阳网民评为全市“最美河道”。中小河流疏浚18条，总长度近19公里。全镇35座电灌站、75条二级沟实行专人管护。中央财政小农水重点县项目竣工。抢修防汛水利工程33处。农业面源污染治理项目通过省级验收。 （卞露晗）

【提升镇村环境】 2017年，司徒镇提升镇村环境，完成文明创建工作，被市委授予“文明创建有功单位”。结合文明城市创建，改善集镇面貌，完成集镇主要道口及道路沿线的增绿补绿和立面改造出新。修复破损路面40余处500余平方米。拆除、出新集镇破损店牌100余处。集镇区域划线增设停车位100余个，增设交通指示牌30个。开展“263”专项整治，全年新增污水管网18.6公里，维修沿河破损污水管网及检查井25处，更换鸭嘴阀16个。投资30余万元新建树脂镜片粉屑集中收集站，每月收集处置玻璃粉屑130吨、转运树脂镜片粉屑18吨。完成杏村“四格式”生态户厕改造试点工程。14个自然村实行分散式村庄污水治理。推进路灯亮化工程，总投资300余万元，在生态大道、观鹤北路、丹上线等主干道新增路灯589盏，重要路口节点新增中杆灯21盏。 （卞露晗）

【完善社会救助体系】 2017年，司徒镇完善社会救助体系，全年新增就业人数2168人，完成年度任务的112.33%，新增高技能人才90人，创业培训90人，劳动力培训700人，新办就业证1538份。全年发放民政资金650余万元。市、镇、村慈善组织共救助1069人次、金额127万元。发放残疾人补贴357万元。完成3.8万份社会保障卡的发放，序时进度位列全市第一。对严重精

神障碍患者监护人实行以奖代补政策，总计落实66人总金额13.8万元。（卞露晗）

延　陵　镇

【概况】 延陵镇位于丹阳市西南部，与丹徒、金坛接壤，属省级茅山革命老区，是丹阳四大古镇之一。全镇总面积116平方公里、耕地面积0.43万公顷、水面面积0.23万公顷，总人口6.7万人，辖13个行政村、2个社区居委会。全年完成地区生产总值48.2亿元，比上年增长7.3%；规模以上固定资产投资24.4亿元，比上年增长7%；新兴产业销售20.6亿元，比上年增长14.7%；新增定报企业6家。延陵镇历史文化底蕴深厚，境内有6000多年历史的凤凰山遗址、国家"AA"级九里风景区，是"董永与七仙女"民间传说的发源地，拥有国家级、省级"非遗"保护项目2个。区域内交通便捷，沪宁、扬溧两条高速公路和312国道、241省道、122省道、丹茅路、丹西路、丹宝路等交通干道交汇贯通。2017年，九里村获全国文明镇村和全省最美乡村荣誉，延陵镇获全省生态文明建设示范乡镇荣誉。（汤利杰）

2017年延陵镇主要经济社会指标

表56

地区生产总值(亿元)	48.2	注册合同外资(万美元)	0
财政总收入(亿元)	2.59	实际利用外资(万美元)	0
公共财政预算收入(亿元)	1.36	自营出口额(万美元)	13011.7
财政支出(亿元)	1.49	第三产业增加值(万元)	21.8
工农业总产值(亿元)	104.5	农民人均纯收入(元)	19978
产品销售收入(亿元)	101.6	全镇总户数(户)	21523
粮食总产量(吨)	7302	全镇总人口(人)	63251
油料总产量(吨)	639	全镇从业人员数(人)	45954
肉类总产量(吨)	2046	外来从业人员数(人)	3667
水产品产量(吨)	6723	各类科技人员数(人)	1361
规模以上工业投入(亿元)	24.4	农业技术人员数(人)	13
工业用电(万千瓦小时)	19657	银行、信用社(个)	5
工业企业总数(个)	525	中小学校(所)	5
私营企业数(个)	525	医院、卫生院(所)	1
个体工商户(户)	3264	卫生室(个)	13

（汤利杰）

2017年延陵镇骨干企业情况

表57

企业名称	法定代表人	工业增加值(万元)	销售收入(万元)
江苏福荣制衣有限公司	张锦云	11414.62	45658.48
江苏通达纸业有限公司	邹炳华	8591.70	34366.79
镇江威尔耐车轮制造有限公司	吴玲花	6322.71	25290.83

续表 57

企业名称	法定代表人	工业增加值（万元）	销售收入（万元）
江苏科信光电科技有限公司	张钊连	5551.37	22205.49
丹阳润泰纺织有限公司	王叶华	5238.70	20954.80
江苏巨贸医疗设备有限公司	姚　瑜	4594.18	18376.71
江苏安得利新材料科技有限公司	胡腊仙	3933.17	15732.66
江苏新万宝车业制造有限公司	王剑中	3444.86	13779.45
江苏万乐复合材料有限公司	徐卫国	3426.42	13705.68
丹阳佳润服装有限公司	潘荣汉	2947.64	11790.55
丹阳同泰化工机械有限公司	柏兆钰	2779.06	11116.23
江苏汇天机电科技有限公司	康海欣	2578.63	10314.53
丹阳市丹祈行业服装面料有限公司	吴洪连	2224.51	8898.04
诺德科技股份有限公司	钱志军	2204.11	8816.45
江苏北鸿实业有限公司	邓夏平	1830.48	7321.90
丹阳市飞轮气体阀门有限公司	鲁卫国	1707.97	6831.88
丹阳市文魁无纺织制品有限公司	张文魁	1514.54	6058.17
丹阳市恒新面粉有限公司	袁新芳	1350.50	5401.99
江苏华东空分设备制造有限公司	程　云	1300.39	5201.55
丹阳市丹祈纺织有限公司	张俊炎	1274.36	5097.42
丹阳依斯泰户外用品有限公司	林书炳	1043.17	4172.66
丹阳市恒成金属制品有限公司	邓留花	1008.83	4035.32
丹阳天之印数码打印材料有限公司	陈明鸣	953.44	3813.75
丹阳市布利斯旅游用品有限公司	邹云峰	932.38	3729.51
江苏新中信电器设备有限公司	韦冬良	813.25	3253.00
丹阳市富豪铜业有限公司	夏玉东	778.80	3115.19
江苏硕延光学眼镜有限公司	赵　勤	660.98	2643.91
丹阳海企宝德服装有限公司	吴应宏	615.51	2462.04
镇江市三汇包装有限公司	杭网锁	615.46	2461.85

续表 57

企业名称	法定代表人	工业增加值（万元）	销售收入（万元）
江苏长诚档案设备有限公司	韦辉明	603.41	2413.65
江苏昌瑞机械有限公司	贡瑞金	582.94	2331.77
江苏梅花机械有限公司	韦梅芳	560.58	2242.31
江苏虎劲新能源科技有限公司	陈发龙	535.71	2142.84
江苏华东炉业有限公司	薛建国	525.22	2100.89
江苏梦得新材料科技有限公司	杭冬良	503.11	2012.45

（汤利杰）

2017 年延陵镇行政村、居委会情况

表 58

行政村、居委会名称	书记姓名	主任姓名	总人口（人）	村集体收入（万元）	农民人均纯收入（元）
东皇村	東和平	東和平	3531	146	—
行宫村	马建国	马建国	6999	85	—
九里村	郦友良	郦友良	5385	156	—
大吕村	韦梅芳	韦梅芳	4829	76	—
联兴村	陈国连	吴永俊	8988	553	—
利民村	王保庚	王保庚	5354	80	—
麦溪村	张春保	张春保	5373	111	—
松卜村	吴欢欢	林云才	2814	84	—
柳茹村	何建军	何建军	2925	56	—
赵巷村	鲁卫国	鲁卫国	2917	57	—
延陵村	钟建荣	钟建荣	4783	82	—
延星村	陈芬照	陈芬照	3333	95	—
宝林村	魏红利	潘志成	4587	96	—
麦中路社区居委会	—	—	344	—	—
延陵社区居委会	—	张锁青	1089	—	—

（汤利杰）

【农业品牌创建】　2017 年，延陵镇秉承绿色发展理念，以争创全省“味稻小镇”为契机，大力推动特色稻米的地域品牌创建，着力提高知名度和美誉度。全镇有家庭农场 102 家，比上年增长 12 家。其中江苏省示范家庭农场 2 家，镇江市示范家庭农场 1 家。嘉贤米业获江苏省名牌产品称号，汇沁生态通过有机稻米认证，“延林牌”稻鸭大米和胜源种植合作社大

米通过绿色食品认证。（汤利杰）

【做强实体经济】 2017年，延陵镇聚焦实体经济发展，紧盯汽车零部件、新材料等优势产业，围绕“前延后伸、增粗拉长”的目标，强化招商引资，努力实现税源经济健康发展。环宇照明年产30万套LED路灯生产线建设项目竣工投产；德兴电力渔光互补项目完成升压站建设和太阳能板铺设；宏晔木业、万力冷轧完成厂房建设，设备陆续进场；双一机械、永兴化机厂房在建；天顺醋业、富华家具项目成为一批新的经济增长点。新增利鑫贸易、威尔耐车轮两家10亿元企业。新万宝车业投入6000万元建设整车生产线，润泰纺织投入1500万元上马自动化织布设备，飞轮气体阀门参与制定两项国家级行业标准，梅花机械、巨贸医疗并购重组。万乐复合、红叶颐馨园和梦得新材料通过镇江市知名商标认定。（汤利杰）

【镇村建设】 2017年，延陵镇实施美丽宜居镇建设工程。投资2457万元配合水务集团铺设太平南路、昌国中路、东进西路总长1500米污水管网；更换太平北路路牙和围墙砌筑，铺设丹延路至振兴路沥青路面、水管及路牙等道路设施；完成建设丹延路、太平路入口等多处景观。投资384万元实施贺甲美丽宜居村庄建设。运用贺甲战斗的历史文化资源，建成贺甲战斗陈列纪念馆，打造红色爱国主义教育基地；改善村庄基础设施，建设五星广场、便民服务中心、停车场及公厕、村内游园等场所，配套完善景观绿化、路面改造及路灯、雨污水管道等基础设施。贺甲自然村创成全省美丽宜居村。（汤利杰）

【改善民生保障】 2017年，延陵镇完善保障惠民体系。推进金保工程，发放社会保障卡49680张。完成城镇居民医保和新农合并轨工作，落实各类保障标准增长机制，完善五保、低保等优抚服务体系，1723名残疾人得到服务。开展13个村级慈善工作站资金募集工作。推进校安工程，延陵学校、麦溪中学等学校的一批教学设施新建工程完工。投入50万元完成延陵消防中队改造。组建延陵镇公共资源交易中心和农村产权交易服务中心，全年交易金额3700余万元，位列全市第一。开展暖企惠民大走访，收集并解决一批阻碍企业发展、困扰群众生活的实际难题。（汤利杰）

【举行季子铜像揭幕仪式】 2017年5月8日（农历丁酉年四月十三），延陵镇举行季子铜像揭幕仪式，以此纪念季子诞辰2593年。季子铜像由丹阳市政协捐赠。延陵镇以季子庙为核心，推进九里风景区建设，在村民搬迁、新村建设、道路及景区基础设施配套等方面做成一批实事，拉开景区发展的框架。扎实推进九里历史文化名村及中国传统村落保护工程，落实寻圣路、季子文化展示馆等重点项目，着力提升季子景区的整体形象。（汤利杰）

图181 2017年5月8日，由丹阳市政协捐赠的季子铜像揭幕（汤利杰）

珥 陵 镇

【概况】 珥陵镇位于丹阳市南郊，具有1400余年历史，原名二村，相传南朝梁武帝萧衍纳二村蔡氏为妃，赐予耳环，蔡氏去世，墓葬故里，由此得名。珥陵是丹阳市四大古镇之一，241省道、新241省道、丹西一级公路及丹金溧漕河贯穿境内。区域总面积83.65平方公里、耕地面积4835公顷、集镇面积3.5平方公里。辖10个行政村、1个社区居委会，年末总户数17460户、总人口49639人。2017年，全镇地区生产总值28.7亿元，一般公共预算收入4919万元，城乡居民人均可支配收入21245元。新庄夏甲村通过"镇江市美丽宜居村庄"验收并创成"江苏省美丽乡村"。成功创成全国农村创业创新园区(基地)，至年底，入园企业19家。被评为第三批江苏省农村电子商务示范镇。珥陵镇通过江苏省卫生镇复检，获江苏省发展散装水泥示范镇、镇江市教育现代化先进镇等荣誉。 (马秀琴)

2017年珥陵镇主要经济社会指标

表59

地区生产总值(亿元)	28.7	注册合同外资(万美元)	0
财政总收入(亿元)	0.77	实际利用外资(万美元)	30
公共财政预算收入(万元)	4919	自营出口额(万美元)	1106.9
财政支出(亿元)	0.82	第三产业增加值(万元)	144500
工农业总产值(亿元)	62.9	城乡居民人均可支配收入(元)	21245
产品销售收入(亿元)	43.2	全镇总户数(户)	17460
粮食总产量(吨)	54341	全镇总人口(人)	49639
油料总产量(吨)	487.1	全镇从业人员数(人)	28877
肉类总产量(吨)	1117	外来从业人员数(人)	1099
水果产量(吨)	98	各类科技人员数(人)	692
水产品产量(吨)	3488	农业技术人员数(人)	30
规模以上工业投入(亿元)	10.05	银行、信用社(个)	6
工业用电(万千瓦小时)	10532	中小学校(所)	5
工业企业总数(个)	30	医院、卫生院(所)	1
私营企业数(个)	958	卫生室(个)	11
个体工商户(户)	1518	职工人均工资(元)	36000

(马秀琴)

2017年珥陵镇骨干企业情况

表60

企业名称	法定代表人	工业增加值(万元)	销售收入(万元)
江苏汇能锅炉有限公司	陈云龙	9334.2	46671
江苏丹玉集团有限公司	史荣炳	5158.5	34390
江苏怡华光学眼镜有限公司	陈立军	3910.4	19552
冈田精机丹阳有限公司	陈　亮	2550	17000
江苏润澳新型建材有限公司	吴立忠	1791	9950

续表 60

企业名称	法定代表人	工业增加值（万元）	销售收入（万元）
丹阳正清曲面披覆有限公司	苏正刚	1207.4	6037
江苏上一道科技股份有限公司	廖小玲	936	5200
镇江丹和醋业有限公司	史荣炳	726.66	4037
丹阳鹏鹞污水处理有限公司	徐建新	634.5	3525
丹阳市江南面粉有限公司	杭建霞	669.6	3348
丹阳市兴丹纺织有限公司	孙金龙	478.08	2656
丹阳市华丝制衣有限公司	史锡荣	268.38	1491
丹阳市福龙寝品有限公司	蒋吉新	247.68	1376
丹阳市盛世鞋业有限公司	盛莉莉	269.6	1348
丹阳市凯迪线业有限公司	吉利美	220.5	1225

（马秀琴）

2017 年珥陵镇行政村、居委会情况

表 61

行政村、居委会名称	书记姓名	主任姓名	总人口（人）	村集体收入（万元）	农民人均纯收入（元）
护国村	苗国芳	苗国芳	5874	85.7	27782
珥城村	胡夫林	胡夫林	5091	87.5	32203
黄埝村	李兰定	李兰定	3792	81.2	25931
中仙村	谢明光	谢明光	5240	70.1	26615
积庆村	武明忠	武明忠	5481	80.1	25557
扶城村	吴明方	汤锁方	5710	87	27345
祥里村	陈建阳	陈建阳	3912	73.2	25273
丈山村	金向阳	李召书	4838	94.3	24208
新庄村	虞福贵	虞福贵	3773	80.3	25250
大施村	史光云	史冲云	4090	80.2	23553
新珥街社区居委会	—	巫楷骅	1838	—	—

（马秀琴）

【重点项目】 2017年，珥陵镇加强重点项目建设，8个市级重点产业类项目中，3个竣工投产，5个按序时推进。全年新招引项目6个，在谈项目4个，其中海天集团成功入股丹和醋业，新能源汽车零部件外资项目在国际低碳大会丹阳分会场成功签约。（马秀琴）

【社会事业】 2017年，珥陵镇投入20余万元建成珥陵镇残疾人之家，为残疾人搭建"一站式"惠残平台。落实各项社会保障政策，全年共计发放各类救助补助资金1560余万元，创成丹阳首个"镇江市低保规范化建设示范乡镇"。开展"扶贫帮户"达新标活动，实施危房改造14户，128户贫困户和146名贫困人口完成脱贫任务。珥陵中心幼儿园主体竣工。全年举办26场文艺活动，文体中心被评为镇江市五星级文化站。做好葛城、珥城遗址文物保护工作，葛城遗址进入第三批江苏省大遗址公示阶段。通过江苏省卫生镇复检，卫生院被国家卫计委评为年度群众满意的乡镇卫生院。（马秀琴）

【现代农业】 2017年，珥陵镇推进农业信息入户工程，在各村设立益农信息社，其中5个为示范站，提高农民现代信息技术应用水平。创成1家省级示范家庭农场和2家省级示范合作社。承担3个农业部绿色高产高效创建项目，包括3个千亩核心示范方、20个百亩示范方。推动农业品牌化、特色化发展，全镇获有机食品认证1个，绿色食品认证9个，3家单位被评定为省级农产品质量安全追溯管理示范单位。（马秀琴）

【科技创新】 2017年，珥陵申请各类专利310件，其中发明专利132件，授权发明专利30件，新增2家江苏省高新技术企业。推进"人才强镇"战略，引进高层次人才4名，入选"丹凤朝阳"计划1人。加快产学研合作，组织参加"大院大所丹阳行"活动，申报各类科技项目4个。（马秀琴）

【农业基础设施】 2017年，珥陵镇开展水利基础设施建设，完成投资950余万元的小型农田水利重点县项目建设，启动总投资750余万元的国家农业综合开发高标准农田建设项目。推进200公顷千亿斤产能末级沟渠建设项目。投资500余万元疏浚整治中小河流23条，新建配套建筑物129座。（马秀琴）

【珥陵大桥竣工通车】 2017年10月25日，珥陵大桥竣工通车。珥陵大桥横跨丹金溧漕河，总投资1900万元，全长208米，主跨为钢桁架梁结构，按总宽10米、净宽9米、净高7米的二级公路桥梁标准设计。珥陵大桥是沟通丹阳市新珥线县道的一座重要通道，竣工通车方便群众通行。（马秀琴）

【"263"专项行动】 2017年，珥陵镇推进"263"专项行动，解决一批群众反应强烈的环境问题。至年底，拆除燃煤锅炉3台，关闭化工企业1家，取缔4家小散乱污企业，完成禁养区内58家养殖场的关闭任务，非禁养区规范治理46家。（马秀琴）

导 墅 镇

【概况】 导墅镇位于丹阳市东南部，是鹤溪河畔的千年古镇，中国孔子学会前会长匡亚明故里。导墅镇自然资源丰富，水陆交通发达，古鹤溪河穿越全境，镇域内有312国道、340省道以及6号路等市级公路，纵横交错，贯穿全境。全镇总面积80.54平方公里，辖11个行政村、2个社区居委会，年末总户数16508户、总人口48482人。2017年，全镇地区生产总值46.01亿元，比上年增长5.1%；规模以上固定资产投资23.18亿元，比上年增长2.6%；规模以上工业增加值14.21亿元，比上年增长7.6%；公共财政预算收入10439万元，比上年增长4%；工业应税销售31.98亿元，比上年增长13.9%。导墅镇先后被授予全国千强镇、全国家纺名镇、江苏省文明镇、江苏省第一批教育现代化合格乡镇。2017年获江苏省农村电子商务示范镇、镇江市村庄环境长效管理先进集体、镇江市全

市征兵工作先进单位、镇江市见义勇为工作先进集体等荣誉。（眭小花）

2017 年导墅镇主要经济社会指标

表 62

地区生产总值(亿元)	46.01	注册合同外资(万美元)	—
财政总收入(万元)	17996	实际利用外资(万美元)	—
公共财政预算收入(万元)	10439	自营出口额(万美元)	562
财政支出(万元)	16875	第三产业增加值(亿元)	—
工农业总产值(亿元)	90.24	农民人均纯收入(元)	—
产品销售收入(亿元)	79.52	全镇总户数(户)	16508
粮食总产量(吨)	51051	全镇总人口(人)	48482
油料总产量(吨)	883	全镇从业人员数(人)	29568
肉类总产量(吨)	3628	外来从业人员数(人)	2403
水果产量(吨)	852	各类科技人员数(人)	50
水产品产量(吨)	5542	农业技术人员数(人)	—
规模以上工业投入(亿元)	23.18	银行、信用社(个)	6
工业用电(万千瓦时)	13762	中小学校(所)	4
工业企业总数(个)	662	医院、卫生所(所)	2
私营企业数(个)	662	卫生室(个)	24
个体工商户(户)	1775	职工人均工资(元)	36748

（眭小花）

2017 年导墅镇骨干企业情况

表 63

企业名称	法定代表人	工业增加值(万元)	销售收入(万元)
江苏申阳电梯部件有限公司	姜　奇	17253	68470
丹阳市永达模塑有限公司	贺　弥	5903	23424
鸿运汽车有限公司	蒋迁欢	4541	18028
江苏润阳伟业科技有限公司	蒋蔼其	2408	9574
江苏奥佩尔体育用品有限公司	曹加伟	2105	8365
江苏爱伦家纺有限公司	符惠琴	1872	7429
江苏贝斯特新型建材有限公司	陈岳良	1713	6810
江苏未来轨道交通装备股份有限公司	陈志军	1568	6201
江苏恒力炉业有限公司	祝　琦	1466	5835
江苏恒立弹簧有限公司	袁国平	1421	5604

续表 63

企业名称	法定代表人	工业增加值（万元）	销售收入（万元）
丹阳市丽娜寝品有限公司	仲国定	1342	5368
江苏锐特自控有限公司	张军平	1239	4956
江苏利隆户外用品有限公司	周国平	1085	4342
江苏澳帆旅游用品有限公司	祁建明	975	3886
江苏中凯金属科技有限公司	黄忠平	831	3311

（眭小花）

2017 年导墅镇行政村、居委会情况

表 64

行政村、居委会名称	书记姓名	主任姓名	总人口（人）	村集体收入（万元）	农民人均纯收入（元）
小华村	何金华	何金华	4985	65	—
大华村	仲建平	仲建平	3747	120	—
葩桥村	葛国全	葛国全	5392	89	—
下琴村	张建良	张建良	5807	65	—
导墅村	潘伟方	潘伟方	3184	74	—
后庄村	罗方平	罗方平	4685	56	—
东新村	王玉定	许云留	4983	50.5	—
东河村	汤国琦	汤国琦	3796	54	—
里庄村	徐建忠	徐建忠	3529	48	—
白马村	徐锁柱	王建新	3213	43	—
镇东村	段留华	段留华	3213	55.2	—
新征路居委会	—	尹俊华	1190	—	—
李庄桥居委会	—	眭小花	758	—	—

（眭小花）

【重点项目建设】 2017 年，导墅镇推进 11 个市重点项目建设，总投资 5.18 亿元，进度和竣工率均位居全市前列。通过产业招商、以商招商的形式，累计洽谈项目 18 个，成功签约晖俭汽车、早杰科技等 4 个重点项目。推进农业现代化，新增高效设施农业面积 66.67 公顷，新建高标准农田 133.33 公顷，新增“三品”数量 2 个、无公害农产品 4 个，粮食生产全程机械化率 90%，新技术、新品种推广率 98%。农业综合利用率 98%；坚持执行最严格耕地保护制度，基本农田

保护率98%以上，开展省级土地复垦整理项目，新增耕地面积12余公顷。（眭小花）

【优化净化金融环境】 2017年，导墅镇优化净化金融环境，累计协调15家涉险企业与银行达成协议，基本化解缓解担保圈内28家企业的出险问题，涉及金额4亿元。持续开展非法集资及传销风险排查工作。深入开展挂钩联系、暖企走访、银企合作等活动400余次，召开数十次各层面政、银、企座谈会，营造"亲商、安商、富商、助商"的良好氛围。引导、组织30家企业参加南京国际服装节、广州广交会等专场活动，帮助企业拓展交流平台和销售市场。鼓励企业开展创新创业活动，组织申报专利350余件，有效发明59件，其中4家企业在江苏股权交易中心顺利挂牌，江苏利隆户外用品有限公司获江苏省著名商标，江苏申阳集团获镇江市"科技小巨人"荣誉。（眭小花）

【集镇基础设施建设】 2017年，导墅镇为提高集镇基础设施品质，完成埤导线导墅段提升、鸿运路重建以及兴业路、匡镇线下琴赢庄段绿化等工程，维修破损道路1885平方米。完成丹金溧漕河"五改三"拆迁和安置房建设，匡亚明路安置房主体工程建设成功封顶；推进派出所易地建设工程、丹金闸桥新建工程、卫生院功能提升改造工程；新供电所交付并投入使用，投资1169万元新增变压器16台，增容14台，改造10千伏线路60.18千米；投入1855万元改造农电线路86.2千米，惠及农户2492家。改造、迁移供水管道800米。投资500万元疏浚整治农村二级沟28条28.51千米，新、改建沿线过路涵、排水涵等配套建筑物34座。增添停车位400余个。（眭小花）

【环境建设治理】 2017年，导墅镇推进"263"专项行动，完成7家企业挥发性有机物污染治理工作，取缔"小散乱污"企业4家。严把项目环保准入门槛，严格落实项目环评、安评，工作成效被《中国环境报》全文刊发。完成81家禁养区畜禽养殖场关闭工作，拆除畜禽养殖设施17万余平方米，完成非禁养区整治任务。开展新一轮农村生活污水收集整治，完成15个自然村的改造任务，新增自来水用户260家。推广清洁高效能源，为5家企业接通天然气。加强绿化造林及管护工作，新增造林面积33.33余公顷。落实77个黑臭沟塘整治，总面积20公顷。（眭小花）

【民生保障工作】 2017年，导墅镇民生保障水平提升，新增城镇就业427人，转移农村劳动力325人。联合19家企业开设3场专项招聘会，提供用工岗位500余个，初步达成协议300人。全面提升社会供养和福利体系，完善涉军优抚、五保、低保、社会救助和临时救助平台，累计发放救助资金400余万元，发放重残人员生活补贴和护理补贴460余万元。组织全镇残疾人基本信息核查工作，完成残联领导班子换届工作。举办"幸福导墅·文明乡村"等大型基层巡演活动，丰富群众文化需求。新增计生奖扶对象619名、特扶对象13名，累计发放奖励救助金385万元。持续提升医疗水平，为全镇46231人建立健康档案，完成家庭医生签约服务19809人。开展"扶村帮户"达新标活动，完成264户贫困户建档立卡和信息录入，4个经济薄弱村和178户贫困户脱贫，达标率分别为66.7%、67.4%。（眭小花）

皇 塘 镇

【概况】 皇塘古名黄塘，是一座具有2700多年历史古镇。皇塘镇位于丹阳市东南部，是丹阳市"南大门"、丹阳城市副中心，东临常州25公里，西邻金坛12公里，312国道、340省道贯穿全境，水、陆、空交通较为便利，具有较好的区位优势和良好的经济发展环境。全镇总面积80.54平方公里，户籍人口49775人、常住人口59128人，辖11个行政村、2个社区居委会，2017年，全镇地区生产总值74.92亿元，公共财政预算收入1.48亿元，农民人均可支配收入24585元。皇塘镇是全国重点镇、

中国家纺名镇、江苏省创新型试点乡镇、江苏　　电子商务示范镇。（徐　烈）

2017 年皇塘镇主要经济社会指标

表 65

地区生产总值(亿元)	74.92	注册合同外资(万美元)	—
财政总收入(亿元)	2.6	实际利用外资(万美元)	—
公共财政预算收入(亿元)	1.48	自营出口额(万美元)	—
财政支出(亿元)	1.65	第三产业增加值(亿元)	24.06
工农业总产值(亿元)	203.2	农民人均可支配收入(元)	24585
产品销售收入(亿元)	192.75	全镇总户数(户)	21001
粮食总产量(吨)	40087	全镇总人口(人)	59128
油料总产量(吨)	669	全镇从业人员数(人)	40585
肉类总产量(吨)	3960	外来从业人员数(人)	7723
水产品产量(吨)	5995	各类科技人员数(人)	2430
规模以上工业投入(亿元)	19.03	农业技术人员数(人)	10
工业用电(万千瓦小时)	23257	银行、信用社(个)	11
工业企业总数(个)	680	中小学校(所)	3
私营企业数(个)	608	医院、卫生院(所)	1
个体工商户(户)	3380	卫生室(个)	10

（徐　烈）

2017 年皇塘镇骨干企业情况

表 66

企业名称	法定代表人	工业增加值（万元）	销售收入（万元）
江苏鑫海铜业有限公司	汤金海	35532	355633
江苏合发集团有限责任公司	荆夕坤	15877	79386
江苏辰阳电子有限公司	何新友	19346	77612
江苏中彩印务有限公司	焦小林	19150	76598
丹阳荣嘉精密机械有限公司	殷来大	12339	50767
江苏堂皇集团有限公司	荆玉堂	12310	44644
丹阳市助剂化工厂有限公司	冯玉平	10648	42435
江苏绿叶锅炉有限公司	陈建平	4576	18755
江苏晨光偶联剂有限公司	丁建峰	4685	18749
江苏乐能电池股份有限公司	丁建民	4459	17838
江苏江南生物科技有限公司	姜建新	2670	12159

续表 66

企业名称	法定代表人	工业增加值（万元）	销售收入（万元）
丹阳市飞翔汽车配件有限公司	顾留平	2029	9223
江苏皇马国际贸易有限公司	宦小马	1125	9152
丹阳市鹏飞布厂	仇洪坤	2236	9041
江苏元景假日旅游制品有限公司	潘丽敏	2241	8985
丹阳市丽宏汽车部件有限公司	姜丽娟	2230	8922
丹阳港奇车辆部件有限公司	贺跃新	1928	7725
丹阳科隆电子线缆有限公司	朱增明	1586	6865
江苏腾飞纺织品有限公司	仇洪坤	1468	6675
中港包装制品江苏有限公司	罗　盛	1151	5004
江苏友邦纸业有限公司	吕国平	810	4044
丹阳市凯瑞宝纺织品有限公司	钱利民	806	3360
丹阳市红光彩印有限公司	王洪泉	665	3330
江苏鹤溪机械有限公司	虞国金	730	3322
江苏梦香家纺有限公司	吴国平	752	3200
兆丰(丹阳)新型药用包材有限公司	赵建军	696	3168
江苏港宏电线电缆有限公司	吴小明	760	3039
江苏利普机械有限公司	蒋　波	741	2963
丹阳市宏铸涂料有限公司	贺锁柱	728	2941
江苏美亚新型饰材有限公司	孙新福	725	2923

（徐　烈）

2017 年皇塘镇行政村、居委会情况

表 67

行政村、居委会名称	书记姓名	主任姓名	总人口（人）	村集体收入（万元）	农民人均纯收入（元）
皇塘村	张正明	张正明	3193	140	—
大南庄村	范金林	范金林	3315	90	—
白兔村	祝广庆	祝广庆	5857	95	—
丁桥村	戎伟仁	戎伟仁	6732	106	—
张埝村	严国荣	严国荣	4500	88	—
积善村	戴江华	戴江华	4207	70	—
宏图村	史锁明	史锁明	2973	81	—

续表 67

行政村、居委会名称	书记姓名	主任姓名	总人口（人）	村集体收入（万元）	农民人均纯收入（元）
鹤溪村	贺志新	贺志新	4101	138	—
蒋墅村	仇洪坤	仇洪坤	5035	84	—
滕村村	姜亚庆	姜亚庆	2543	87	—
后亭村	卫腊坤	卫腊坤	4753	99	—
新丰街社区居委会	杨新梅	杨新梅	1658	—	—
白鹤社区居委会	张和平	张和平	908	—	

（徐　烈）

【工业经济】　2017 年，皇塘镇工业经济稳步提升，工业销售 192.75 亿元，比上年增长 12.7%。全年新增私营企业 159 家、个体工商户 469 户。规模工业企业 49 家，亿元工业企业新增 1 家达 11 家，其中江苏鑫海铜业有限公司工业销售超 30 亿元。丹阳荣嘉精密机械有限公司、江苏辰阳电子有限公司、江苏绿叶锅炉有限公司、江苏堂皇集团有限公司、丹阳市助剂化工厂有限公司进入全市工业企业纳税 50 强。丹阳荣嘉精密机械有限公司车用防撞梁、变速箱高档汽配等 15 个年度投资 20.9 亿元的市级以上重点产业类项目基本竣工达产。江苏鑫海铜业有限公司、丹阳荣嘉精密机械有限公司、江苏乐能电池股份有限公司进入市重点主板上市后备企业名录。江苏绿叶锅炉有限公司成为上海电气锅炉制造基地，江苏堂皇集团有限公司完成品牌升级。

（徐　烈）

【企业创新转型】　2017 年，皇塘镇加强企业创新转型，确定 15 个市级重点产业类项目。总投资 41.95 亿元、建筑面积 28.67 万平方米的 8 个新建项目：江苏元景锂粉工业有限公司、丹阳科宁电力发展有限公司、江苏江南生物科技有限公司、丹阳市丽宏汽车部件有限公司、丹阳诚翔无纺布有限公司、聚福苑城市综合体二期项目建成投产，丹阳港奇车辆部件有限公司厂房开工建设、丹阳荣嘉精密机械有限公司各类车用防撞梁、变速箱等高档汽配项目征地及筹建工作有序推进。总投资 4.55 亿元、建筑面积 6.9 万平方米的 3 个扩能项目：江苏新世纪包装制品有限公司、江苏绿叶锅炉有限公司厂房建成投入使用，江苏鑫海铜业有限公司开展筹建工作。推进 4 个总投资 2.59 亿元的技术革新项目，丹阳荣嘉精密机械有限公司智能化车间改造、江苏乐能电池股份有限公司磷酸铁锂自动化生产线技改项目等完成设备采购和改造。江南生物科技有限公司入选国家级示范院士专家工作站，丹阳荣嘉精密机械有限公司、江苏辰阳电子有限公司获江苏省两化融合管理体系贯标试点企业称号，其中江苏辰阳电子有限公司被省推荐申报国家级试点企业。江苏安智欣电子科技有限公司被认定为国家级高新技术企业，江苏鑫海铜业有限公司、丹阳市助剂化工厂有限公司等企业的 8 项产品被认定为省级高新技术产品。全年申引进各类高层次人才 12 人，其中 4 人入选江苏省乡土人才“三带”行动计划，2 人入选镇江市“金山英才”计划，3 人入选丹阳市“丹凤朝阳”人才计划，成功申报高技能人才 154 人。新增专利申请数 388 件，专利授权数 263 件。江苏乐能电池股份有限公司获中国专利优秀奖并通过国家知识产权贯标体系认证。

（徐　烈）

【基础设施建设】　2017 年，皇塘镇加强基础设施建设。投资780余万元对鹤溪河、支溪河、大寨河、吕渎河4条河道和9条二级沟进行整治，疏浚里程总长28公里、土方31.15万立方米，新建配套建筑物60座。投资500余万元完成丁桥村皇塘河黄泥坝至闸头村段、张埝村支溪河钱甲桥段、白兔村东港河劳动桥段、后亭村鹤溪河上新桥段堤防加固和法治广场生态护岸工程。投资180余万元完成蒋墅集镇和鹤溪产业园园区路面及排水管网维修改造工程。投资110余万元完成敬老院消防设施改造。投资1200余万元完成八号横路西延、职中东路新建、蒋墅东庙头至殷家桥道路拓宽、六号路园区段西拓及亮化绿化等建设工程。（徐 烈）

【皇塘农民画集中展示】 2017年9月28日，由丹阳市委宣传部、市文广新局和皇塘镇党委政府主办，市文化馆承办的“七彩皇塘”皇塘农民画优秀作品展暨摄影图片展在丹阳市文化馆展出。此次展览是皇塘镇迄今举办的规模最大的农民画优秀作品和摄影佳作集中展示活动，从宣传发动到征稿历时4个月，收到农民画和摄影作品300余件。经过专家严格评选，60件农民画优秀作品和百余件摄影作品在文化城展出。作品多角度、多层面地反映几年来皇塘经济建设成就和社会巨变，展示皇塘农民画和摄影创作的整体实力和良好发展势头。（徐 烈）

【南翔火龙果文化旅游节】 2017年10月5日，为期两天的丹阳市第四届“世外源”帐篷大会暨首届南翔火龙果文化旅游节在皇塘镇大南庄村开幕。本届火龙果文化旅游节注重本土化、亲民性，将水果采摘、音乐派对、户外竞技、美味烧烤、名特优旅游品展、农产品展、摄影比赛等多项活动相结合，满足不同人群需求，凸显活动“运动、健康、文明、生态”理念，提升游客的体验感与参与感。（徐 烈）

吕 城 镇

【概况】 吕城镇地处丹阳市东南部，因三国时东吴大将吕蒙在此屯兵筑城而得名，距今1700多年历史。京杭大运河、沪宁城际铁路、沪蓉高速公路穿境而过，常州机场坐落境内，具备立体化交通格局。全镇总面积68平方公里，辖11个行政村、265个自然村、2个社区居委会。年末总户数16752户，总人口49432人。全年完成地区生产总值56.38亿元，比上年增长5.6%；工业应税销售42.3亿元，比上年增长13.26%；规模以上工业固定资产投资24.71亿元，比上年增长15.74%。工业以高温合金、轨道交通、轻纺、粮油加工、新材料5个行业为主，每个行业均有代表性龙头企业。镇内1平方公里高性能合金产业园核心区被镇江市确定为军民融合式高性能合金材料示范基地，享受国家级高新区政策。高效农业以花卉苗木、生态观光农业为主，以粮油加工为基础的农业产业化带动辐射能力较强。粮油加工贸易集中区被列为首批江苏省省级农产品加工集中区，有国家级6万吨食用油储备库以及大型粮食码头、省级粮食储备库各1座。吕城镇是全国千强镇、国家级生态乡镇、江苏省文明镇、江苏省重点中心镇、江苏省创新型乡镇、江苏省特色文化镇。（吴路平）

2017年吕城镇主要经济社会指标

表68

地区生产总值(亿元)	56.38	注册合同外资(万美元)	—
财政总收入(亿元)	2.22	实际利用外资(万美元)	—
公共财政收入(亿元)	1.26	自营出口额(万美元)	8426.8
财政总支出(亿元)	1.13	第三产业增加值(万元)	246000

续表 68

工农业总产值(亿元)	118.46	农民人均可支配收入(元)	28705
产品销售收入(亿元)	42.3	全镇总户数(户)	16752
粮食总产量(吨)	42604	全镇总人口(人)	49432
油料总产量(吨)	1129	全镇从业人员数(人)	32326
肉类总产量(吨)	564	外来从业人员数(人)	4744
水产品产量(吨)	1955	各类科技人员数(人)	961
规模以上工业投入(亿元)	21.02	农业技术人员数(人)	12
工业用电(万千瓦小时)	30293	金融机构网点数(个)	8
企业个数(个)	1116	学校总数(所)	4
私营企业个数(个)	1116	医院、卫生院(所)	2
个体工商户(户)	1300	卫生室(个)	9

(吴路平)

2017 年吕城镇骨干企业情况

表 69

企业名称	法定代表人	工业增加值(万元)	销售收入(万元)
江苏丹毛纺织股份有限公司	徐荣良	14858	46433
江苏图南合金股份有限公司	万柏方	10795	33945
丹阳市同乐面粉有限公司	张百平	3845	17476
江苏顺发电热材料有限公司	沙国伟	3460	12360
丹阳市华龙特钢有限公司	蒋明文	2976	10088
江苏兄弟合金有限公司	沙国兴	2745	9267
丹阳市龙鑫合金有限公司	王国年	2255	7831
万盛精密钣金江苏有限公司	万金生	2442	7674
丹阳市华强特殊钢厂	刘兴忠	2168	7274
江苏天元金属粉末有限公司	袁建国	1886	6329
丹阳市永兴面粉有限公司	张书平	945	5109
江苏鼎泰工程材料有限公司	陈国贤	1495	5048
丹阳市现代实业有限公司	卢炳芳	1586	5005

(吴路平)

2017 年吕城镇行政村、居委会情况

表 70

行政村、居委会名称	书记姓名	主任姓名	总人口（人）	村集体收入（万元）	农民人均纯收入（元）
虎墅村	徐荣力	徐荣力	6324	97.45	26194
西墅村	葛华虎	葛华虎	5483	85.15	29014
河南村	卢夕耀	卢夕耀	3654	87.62	29247
河北村	庄国兴	姜锁平	4327	82.36	28664
井园村	徐建卫	徐建卫	3771	76.19	28897
蔡塔村	陈国贤	郭伟平	4930	250.07	28897
花龙村	万柏方	张建国	4690	99.90	29014
中心村	袁建国	顾金敖	3268	162.8	29480
西符村	庄国祥	王建军	4600	80.77	28898
运河村	周金东	梅荣俊	3415	83.21	28664
留庄村	胡州平	胡州平	2220	70.48	28781
吕城镇街道办事处	—	高秀峰	3350	—	—
向阳居委会	—	王忠华	638	—	—

（吴路平）

【重点项目建设】 2017 年，吕城镇推进重点项目建设，抓好 11 个重点产业类项目，其中，省级重点项目 1 个、镇江市级重点项目 4 个、丹阳市级重点项目 6 个，项目开工率 100%，位居全市前列。重点产业类项目总投资 19.3 亿元，其中，投资 10 亿元的省级重点项目江苏图南合金股份有限公司航空用大型复杂薄壁高温合金结构件及不锈钢无缝管建设项目竣工投产，该公司正推进主板上市；总投资 2 亿元的镇江市级重点项目江苏鼎泰工程材料有限公司高速列车制动盘项目建成投产。（吴路平）

【企业转型升级】 2017 年，吕城镇加速企业转型升级。以智能化改造、品牌创建提升为突破口，重新塑造轻纺、粮油加工等特色传统产业。江苏丹毛纺织股份有限公司全年技改投入 3330 万元，成功申报省级信息化项目，新产品“调湿控温羽绒服”获“2017 年度纺织十大创新产品”称号；江苏班夫户外用品有限公司、江苏宏鑫隆家纺有限公司等户外装备生产企业坚持走出去、创品牌，打造中国最具竞争力的户外用品生产基地。以省级粮油贸易加工集中区为载体，以精深加工项目改造传统粮油加工业，发挥丹阳市同乐面粉有限公司、丹阳市永兴面粉有限公司等品牌效应、集聚效应，打好生态牌、科技牌。做好涂料企业整治工作。涂料化工行业是吕城镇传统支柱产业之一，吕城镇原有涂料企业近 50 家，经过 3 年整治还剩 34 家，至 2017 年年底，34 家涂料企业全部签订停产协议、补偿协议或补贴协议，部分企业转型投入新材料的研发、生产。以江苏图南合金股份有限公司、江苏鼎泰工程材料有限公司为龙头，重点打造高温合金、轨道交通等新兴产业。充分发挥军民融合示范园和轨道交通产业园两个核心园区的示范带动作用。江苏省高性能材料科创园创成省级科技企业孵化器。丹阳市凯鑫合金材料有限

公司获“2017 年镇江市创业示范基地”，江苏顺发电器有限公司创成镇江市智能车间。

（吴路平）

【科技创新】 2017 年，吕城镇持续推动企业科技创新。全年累计申报各级科技计划 80 余项，各级科技项目立项 30 余项。江苏图南合金股份有限公司入围“2017 江苏省创新型企业 100 强”，丹阳市龙鑫合金有限公司获省科技进步一等奖，创成江苏省镍基合金材料工程技术中心。新引进省双创人才计划 1 人、镇江“金山英才”领军人才 4 人、丹阳“丹凤朝阳”领军人才 9 人。17 人被评为 2017 年度丹阳市有突出贡献高级技能人才。与江苏省复合材料学会共建的“高性能金属复合材料创新创业服务示范基地”投入使用。（吴路平）

【“三农”工作】 2017 年，吕城镇“三农”工作取得成效。全年粮食播种面积 5333.33 公顷，粮食总产量 1.6 亿斤，比上年略增；农民人均可支配收入 31150 元，比上年增长 8.5%；专业化统防统治面积 836 公顷，比上年增长 23%。江苏丹阳粮油加工贸易集中区入选全国首批农村创业创新园区。河北村谭家塘村建成省级绿化“三化”示范村。试点开展稻田综合种养生产模式（稻鸭共作），示范效应明显。新增 5 个绿色产品、4 个无公害产品，3 个家庭农场进入省级示范家庭农场名录。完成 11 个行政村、359 个村民小组、10722 个农户的土地确权颁证、档案整理和市级验收工作。农村产权交易平台完成交易 29 笔，交易额 493.2 万元。（吴路平）

【镇村建设】 2017 年，吕城镇加强镇村建设，论证完善《吕城镇总体规划》《吕城镇“水利、水系、水景”总体规划》等相关规划。吕城公路大桥竣工通车，357 省道吕城段全面施工。创成首批“省级生态文明建设示范镇”，连续 4 年被评为“镇江市村庄环境长效管理先进集体”。投入 100 余万元实施吕城公路大桥、泰定桥、吕东大桥亮化工程。投入 500 余万元完成东西战备河、吕渎河和 14 条二级沟整治疏浚任务，获丹阳市水利建设“大禹杯”金杯。完成 15 个自然村的农村生活污水治理工程，虎墅大荆村作为省级生活污水治理现场会参观点，得到省市领导的高度评价。（吴路平）

图 182　2017 年 7 月 5 日，镇江市委书记惠建林（前中）视察江苏鼎泰工程材料有限公司（吴路平）

陵　口　镇

【概况】 陵口镇位于丹阳市东南部，交通便捷，区位优势突出，312 国道、122 省道、京沪铁路、沪蓉高速、京杭大运河穿境而过。镇政府驻地距离市区 9 公里，全镇总面积 64.5 平方公里，集镇面积 3 平方公里，耕地面积 3945 公顷。全镇辖 12 个行政村、2 个居委会，年末总人口 42745 人。全年完成地区生产总值 29.72 亿元，比上年增长 5.7%；规模以上固定资产投资 10.03 亿元，比上年增长 8.3%；规模以上工业增加值 3.25 亿元，比上年增长 8.4%；公共财政预算收入 0.7 亿元；工业应税销售 41.04 亿元，比上年增长 7.9%。全年新增发明专利授权 9 件、专利授权 255 件、专利申请 480 个，新引进镇江市“金山英才”计划领军人才 1 人、丹阳市“丹凤朝阳”计划领军人才 2 人。2017 年，陵口镇获中国生态经济强镇、江苏省环境优美乡镇、江苏省文明乡镇、镇江市卫生镇、镇江市教育现代化先进镇、镇江市电子商务示范镇、镇江市法治工作先进单位等荣誉。（龚　凯）

2017 年陵口镇主要经济社会指标

表 71

地区生产总值(亿元)	29.72	注册合同外资(万美元)	—
财政总收入(亿元)	1.1	实际利用外资(万美元)	—
公共财政预算收入(亿元)	0.7	自营出口额(万美元)	—
财政支出(亿元)	0.5	第三产业增加值(亿元)	15.84
工农业总产值(亿元)	—	农民人均纯收入(元)	32960
产品销售收入(亿元)	41.04	全镇总户数(户)	14811
粮食总产量(吨)	41887	全镇总人口(人)	42745
油料总产量(吨)	—	全镇从业人员数(人)	27659
肉类总产量(吨)	752	外来从业人员数(人)	1167
水产品产量(吨)	1486	各类科技人员数(人)	685
规模以上工业投入(亿元)	5.88	农业技术人员数(人)	13
工业用电(万千瓦时)	16664	银行、信用社(个)	6
工业企业总数(个)	332	中小学校(所)	4
私营企业数(个)	461	医院、卫生院(个)	1
个体工商户(户)	1782	卫生室(个)	6
高新技术企业数(个)	4	当前专利授权数(件)	255

(龚　凯)

2017 年陵口镇骨干企业情况

表 72

企业名称	法定代表人	工业增加值(万元)	销售收入(万元)
江苏丹通电气有限公司	孔东波	3261	9266
江苏金茂制链有限公司	束建平	2248	5813
丹阳市伟鹤祥线缆制造有限公司	束弘鹤	1375	5310
江苏华苏亚生物科技有限公司	钱夕荣	1541	5137
江苏丹乐鞋业有限公司	田锁如	1761	5098
江苏超峰工具有限公司	陈银福	1572	5092
江苏华晟电气科技有限公司	束荣辉	1693	4810
江苏金茂化纤股份有限公司	吴　健	1491	4653
丹阳柏盛服装有限公司	郦海荣	1245	3926

续表 72

企业名称	法定代表人	工业增加值（万元）	销售收入（万元）
江苏万奔汽车配件有限公司	张　华	1281	3863
江苏天乐金属制品有限公司	樊　平	1144	3809
丹阳飞亚服饰有限公司	黄火忠	1035	3224
江苏捷达机械有限公司	陈国宝	911	3037
丹阳市方达金属制品有限公司	印志方	876	2869
江苏双盛医疗器械有限公司	张双照	640	2251
丹阳信德电气设备有限公司	孔东波	751	2116

（龚　凯）

2017 年陵口镇行政村、居委会情况

表 73

行政村、居委会名称	书记姓名	主任姓名	总人口（人）	村集体收入（万元）	农民人均纯收入（元）
留墅村	陈林中	陈林中	2449	74.45	32309
乐善村	邹双定	邹双定	3044	103.67	32587
新庙村	蒋栋林	陈　睿	2356	81.96	33000
肇巷村	张伟民	张伟民	2302	82.25	33200
煦庄村	蔡国辉	孔　伟	3076	141.31	34510
陵口村	蒋朝辉	蒋朝辉	4495	88.16	32100
新陵村	倪玉惠	倪玉惠	5904	82.29	31878
漕塘村	周和宝	周和宝	4700	71.63	29354
折柳村	王新娣	王新娣	3432	79.80	29598
郑店村	黄东海	黄东海	4356	83.54	27002
居庄村	葛培正	葛培正	2287	71.00	32500
城墅村	黄建忠	黄建忠	2537	80.84	29841
陵口居委会	—	彭雪松	1236	—	—
折柳居委会	—	黄志良	571	—	—

（龚　凯）

【园区建设】　2017 年，陵口镇加强园区建设，创新陵口镇、丹投集团和开发区三方共建机制，整

合利用优势资源，对接港池码头、沪蓉高速丹阳东互通、京沪铁路、常州机场，打造"公铁水空"物流新港，实现物流园区功能延伸，吸引物流企业及配套产业入驻。启动皮鞋工业园二期工程，完成园区 11.33 公顷土地规划征用前期工作，利用皮鞋工业园区扩容，打造产业集聚、规模集中、辐射带动能力强、竞争力突出的产业集中区。免费提供 2000 平方米电商孵化基地，扶持乡镇电商产业发展，陵口电创园获首批"江苏省乡镇电子商务特色产业园"荣誉。　（龚　凯）

图 183　2017 年 8 月 30 日，丹阳市委书记陈可可（左三）带队赴陵口电创园，召开书记项目现场会　（龚　凯）

【基础设施建设】　2017 年，陵口镇完成新一轮全镇和土地利用总体规划，投资 2000 余万元建设萧梁路，完成陵口大桥、中山大桥辅道建设，做好 357 省道、南三环东延、埤导线建设项目属地协调工作，投资 300 余万元建成滨河路并全线通车。投资 160 万元完成 680 米冷东路建设，投资 120 万元完成 780 米折柳人渡桥接线工程。实施完成 9 个自然村生活污水治理工程，胡良村获"江苏省美丽乡村"荣誉，杨家村获"江苏省康居村"荣誉。　（龚　凯）

【"263"专项行动】　2017 年，陵口镇贯彻落实"两减六治三提升"工作部署，重点整治 5 家涉危涉污化工企业，签订关停协议 2 家，帮助 3 家企业引进新技术实现转型升级，拆除燃煤锅炉 2 台，实现减煤 20 余吨，关停 23 家"小、散、乱、污"企业和 1 家铸造企业。全面落实河长制管理规定，定期巡察域内水系，强化治理水环境和畜禽养殖污染，完成 22 条中小河流疏浚改造工程，整治非禁养区 62 家畜禽养殖场，完成涉太湖流域畜禽养殖及河道污染综合整治任务。　（龚　凯）

【环境整治】　2017 年，陵口镇结合全国文明城市创建活动，以创代建，不断开展镇容镇貌综合治理，将环境整治工作从集镇向村庄延伸，确保主干道两侧卫生全天候巡查清洁。针对违章搭建、占道经营、乱堆乱放、违规停车等行为开展专项整治 100 余次。整改纠正沿街商户违章 1200 余起，集中拆除不符合规定的广告灯箱、宣传牌，投入 50 余万元对集镇的背街小巷进行全面整治。　（龚　凯）

【社会保障】　2017 年，陵口镇社会保障持续投入，完成 189 户贫困人员建档立卡。全年发放低保金 207.65 万元、残疾补贴 384.18 万元、退伍人员安置金 122.95 万元、现役义务兵优待金 75 万元。开展社会保障金发放工作，"金保"工程信息采集完成率 96%，全市第一，新卡发放工作基本完成。投资 80 余万元完成敬老院消防改造工程，投资 50 余万元完成折柳菜市场危房改造工程。新增村民文体广场或文体设施 4 处，建设示范性综合文化服务中心（折柳村）1 个、优秀综合文化服务中心 2 个，新建体育小公园 3 处。　（龚　凯）

【海铁联运铁路首发】　2017 年 8 月 16 日，丹阳海铁联运铁路首发仪式在陵口镇萧梁物流园丹阳东货场内举行，活动由上海铁路局、丹阳市人民政府、中远海运集装箱运输有限公司、中铁集装箱运输有限责任公司四家单位联合举办，丹阳市陵口镇人民政府、丹阳飓风物流股份有限公司合作承办，镇江海关丹阳办事处和镇江检验检疫局丹阳办事处协办。丹阳飓风物流股份有限公司抓住海铁联运项目推进的机遇，配备专业国际物流团队，为客户提供铁路"一站式通关""订舱""保税仓库"等特色服务，实现出口货物在丹阳拼箱、装箱、查验、报关，进口货物在丹阳拆箱、报检，把在上海及其他港口办理的手续移到丹阳，使丹阳铁路货场成为内陆港，促进丹阳地区铁、水、公大运输物流新格局的快速形成，促进丹阳成为沪宁线上重要的物流节点和内陆港口。海铁联运项目的开展，使货物运输出海的时间大为缩短，与公路运输相比，节省成本15%左右。一站式通关，实现内陆地区与沿海港口的无缝衔接，实时响应用箱需求，提高物流时效性，降低企业资金占用率。（龚　凯）

图184　2017年8月16日，丹阳市海铁联运首发仪式在陵口镇萧梁物流园内举行

（龚　凯）

访　仙　镇

【概况】 访仙镇位于丹阳市东郊，东与常州新北区交界，镇域面积74平方公里，耕地面积4285公顷，辖11个行政村、2个社区居委会，年末总人口5.1万人。122省道、京沪高铁、沪蓉高速、九曲河穿镇而过。访仙镇历史悠久，具有深厚的历史文化底蕴，是丹阳市“四大古镇”之一。镇内有名的文物古迹有萧氏宗祠、窦庄庙、近月轩惨案旧址、汤通庆故居等。全年完成地区生产总值31.77亿元，工业销售53.99亿元，工业总产值68.47亿元，规模以上固定资产投资16.05亿元，公共财政收入10986万元，农村常住居民人均可支配收入24220元。访仙镇是全国千强镇、江苏省环境优美乡镇、江苏省卫生镇、江苏省文化体育强镇、江苏省汽摩配件优质产品生产示范区、江苏省全民健身活动先进单位、江苏省人口与计生服务窗口示范单位、江苏省农村道路管养及安保工程示范镇、镇江市法治镇、镇江市教育现代化乡镇，连续几年通过镇江市平安创建考核验收。（王丽君　张坚强）

2017年访仙镇主要经济社会指标

表74

地区生产总值(亿元)	31.77	合同利用外资(万美元)	—
公共财政收入(万元)	10986	实际利用外资(万美元)	—
工农业总产值(亿元)	112	自营出口额(万美元)	—
产品销售收入(亿元)	88	第三产业增加值(万元)	148500
粮食总产值(吨)	48345	三产从业人员(人)	6495
粮经种植比例	30:70	个体工商户(户)	2445
水果产量(吨)	495	电话总数(门)	14000
水产品产量(吨)	2156	电话普及率(%)	98
工业投入(万元)	160500	有线电视开通数(户)	17668
用电量(万千瓦小时)	20625	有线电视普及率(%)	90
工业企业总数(个)	1975	中小学校(所)	4

续表 74

三资企业数(个)	2	医院、卫生院(所)	1
私营企业数(个)	402	卫生室(个)	10
当年新办三资企业数(个)	—	职工年人均工资(元)	39600
人均储蓄存款(元)	26000	农村常住居民可支配收入(元)	24220

(王丽君　张坚强)

2017 年访仙镇骨干企业情况

表 75

企业名称	法定代表人	工业增加值(万元)	销售收入(万元)
江苏超力电器有限公司	沈中泉	27818	86820
江苏文光车辆附件有限公司	张文学	18577	65901
江苏潮华玻璃制品有限公司	王　华	12916	48842
江苏天宏机械工业有限公司	张培军	4405	17369
丹阳市车船装饰件有限公司	李　明	3643	13678
江苏文光模具技术有限公司	张文学	3474	13436
丹阳市光华汽车内饰件有限公司	张建蓉	2407	10866
江苏亚光车辆附件有限公司	高亚平	2390	10640
丹阳市金星光学仪器有限公司	胡汉民	2340	8969
丹阳丹耀光学有限公司	王　洪	1888	7480
丹阳市华通针织有限公司	刘伟华	1830	6129
江苏特耐奇工程塑业有限公司	朱建方	1693	6014
丹阳市飞越车辆附件有限公司	杨正炳	1552	5624
江苏新丽源南亚新材料有限公司	王　峰	1171	4708
江苏省德懿翔宇光电科技	刘荣坤	1153	4537
丹阳市俊帆汽车部件厂	杨伟英	1048	4024
江苏鑫通汽车部件有限公司	孙宝斌	1052	4012
丹阳市丹辉光学仪器厂	马云法	1010	3790
江苏玉宇电器有限公司	王玉良	974	3650
江苏永信光学仪器有限公司	季永红	1036	3485

续表 75

企业名称	法定代表人	工业增加值（万元）	销售收入（万元）
丹阳市宏达源汽车配件有限公司	孙洪方	832	3199
丹阳市永凯纺织有限公司	戎永建	839	3139
丹阳启德汽车零部件有限公司	唐彩萍	788	3104
丹阳市新海昱管道有限公司	袁炎新	786	2944
丹阳市毛蕾纺织有限公司	毛建军	623	2794
丹阳市中亿达汽车电子配件厂	孙国中	688	2445
江苏金昌实业有限公司	刘兆卿	505	2428
丹阳市朝阳窗纱厂	孙朝华	681	2294
丹阳市中翔包装材料有限公司	蒋建中	561	2161
丹阳飞跃丝绸网纱制造厂	孙国荣	550	2038
丹阳市锦瑞光学仪器有限公司	景全定	508	2002

（王丽君　张坚强）

2017 年访仙镇行政村、居委会情况

表 76

行政村、居委会名称	书记姓名	主任姓名	总人口（人）	村集体收入（万元）	农民人均纯收入（元）
访仙村	吴建华	许小林	6866	—	—
永丰村	邱勤华	邱勤华	3858	—	—
红光村	孙银炳	张国富	3413	—	—
独山村	孙友方	孙友方	4323	—	—
萧家村	戎洪初	肖荣庆	4838	—	—
双茆村	周小良	周小良	4776	—	—
窦庄村	王永炳	王永炳	4133	—	—
杨城村	周群良	周群良	3207	—	—
草塘村	束锁芳	束锁芳	3444	—	—
池塘村	马光益	马光益	3194	—	—
仁里村	潘书平	尹志辉	6038	—	—
访仙桥居委会	刘宏泉	王泽民	1452	—	—

续表 76

行政村、居委会名称	书记姓名	主任姓名	总人口（人）	村集体收入（万元）	农民人均纯收入（元）
永兴路居委会	刘生伟	刘生伟	646	—	—

（王丽君　张坚强）

【项目建设】 2017 年，访仙镇推进项目建设，实施重点项目 11 个，其中 8 个项目竣工投产。全年落实储备江苏标楷汽车科技有限公司、江苏康泰声学科技有限公司等 8 个重点项目，投资额达 7.6 亿元。江苏超力电器有限公司、江苏文光车辆附件有限公司 2 家企业成为省级两化融合试点示范企业。新增省“333 高层次人才”3 人，引进高层次人才团队 1 个，新增各类产品专利 206 件、发明专利授权 103 件，江苏天宏机械工业有限公司主导发布国家标准 1 个。

（王丽君　张坚强）

【改善镇村面貌】 2017 年，访仙镇改善镇村面貌，整治集镇交通秩序，改造农行及访仙中心校周边非机动车道，加大镇主干道、集贸市场等重要点位的日常管理，全镇新增设停车位 336 个，改善集镇的交通环境。实施“美化绿化”工程，完成集镇出入口环境改造，拆除房屋 6 户、面积 2300 平方米；投入 100 余万元，完成山海南路两侧绿化改造；投入 1300 余万元改造配变 26 台，改造低压线路 52.77 千米；邀请专业团队，完成九曲河沿线风光带规划设计；完成青龙沟整治，新建箱涵 60 米；新增分类垃圾箱 230 只。围绕全国文明城市创建，开展志愿者活动，组织志愿者行动 3600 余人次，新增大型公益广告 3 处，公益小品 2 处、宣传道旗 250 余杆，宣传墙画 200 余平方米。访仙大桥、土桥、窦庄大桥拆除重建工程竣工通车。全年完成镇村道路修补 3000 余平方米。草塘村创成镇江市美丽宜居乡村，红光鸾集翔村创建镇江市美丽宜居乡村，萧家村萧家巷开展省级传统村落保护工作。

（王丽君　张坚强）

【农业提档升级】 2017 年，访仙镇农业产业园区被列为镇江市 30 个、丹阳市 4 个重点农业产业园区之一，超力生态园创成全国休闲农业与乡村旅游星级企业，园区电商平台创新“电商＋党建”模式，特色农产品网上销售成效显著。经营主体发展壮大，培育以农业产业化龙头企业为核心、农民专业合作社为纽带、家庭农场为基础的现代农业产业模式，全年新增家庭农场 3 家、专业合作社 8 家。引导支持新型农业经营主体培育和创建品牌，新增无公害农产品基地 5 家。农业设施得到改善，完成全镇 34 座电灌站机电维护、渠道的整修养护、红光翻水站移建及配套输水渠道建设，做好“中小河流疏浚整治”工程，疏浚二级沟 36 条 52.85 公里。

（王丽君　张坚强）

【“263”专项行动】 2017 年，访仙镇推进“263”专项行动，解决一批群众反映强烈的环境问题。取缔“小散乱污”企业 31 家，治理挥发性有机物企业 17 家。关闭拆除禁养区畜禽养殖场 8 家，非禁养区规范治理 41 家。拆除 10 蒸吨及以下燃煤锅炉 46 台。全面推进河长制，加强黑臭水体整治，实施窦庄河、仁里河水体生物治理，完成 17 个自然村生活污水处理点建设。

（王丽君　张坚强）

【完善社会保障体系】 2017 年，访仙镇办理就业创业登记 1870 人，新增就业 1034 人，转移农村劳动力 276 人。配合市“金保工程”实施，完成社会保障卡发放 4.5 万张。改善中小学办学条件，窦庄幼儿园教学楼、访仙幼儿园分园、访仙中心校食堂及多功能楼投入使用。访仙卫生院易址新建工程基本完工。丰富群众文体活动，全年组织“诚信访仙 · 九曲放歌”专场文艺演出、“潮华杯”乒乓球比赛等各类文体活动 30 余场次，全年新建文体广场 5 块，新增篮球架 5 副、健身路径 6 套，更新篮球架 3 副。弱势群体保障水平不断提高。农村低保标准提高至每月655元，全年发放低保金235万元，发放各类救助资金70万元，发放各类残疾救助金400万元。加强村级慈善工作站建设，全年募集各类慈善捐款416万元，其中红光村慈善工作站募集捐款超90万元，萧家村及杨城村慈善工作站募集捐款超50万元。关注老龄事业，投入170余万元，对镇敬老院进行消防设施改造。开展"扶村帮户"达新标活动，累计5个经济薄弱村和121户贫困户实现"双达标"。

（王丽君　张坚强）

界　牌　镇

【概况】 界牌镇位于丹阳市东北角，东北与扬中市隔江相望，南与常州市交界，西与丹北镇接壤。界牌属于长江冲击平原，在1000多年前，是扬子江的一部分，后因江中泥沙淤积，陆地由笆斗山向四周逐步拓展，形成目前地域。界牌镇交通发达，122省道、滨江公路、常泰高速穿境而过。全镇总面积23.63平方公里，辖5个社区居委会，年末户籍人口22225人。全镇以汽车整车制造及汽摩配件、新材料、路灯等为支柱产业，有汽摩配件企业400家，与国内30多家大中型企业进行联合配套，形成较强的生产规模和能力。2017年实现地区生产总值75.3亿元，工业应税销售85.62亿元，公共财政预算收入2.47亿元。2006年起，界牌开启新型城镇化建设，界牌新村占地面积100公顷，总建筑面积147万平方米，被誉为"东方威尼斯"。界牌镇先后被评为全国农村教育综合改革先进镇、全国小城镇建设试点镇、江苏省新型示范小城镇、江苏省环境与经济协调发展示范镇、江苏省农村现代化示范镇、省级文明镇、镇江市首富镇、全国千强镇。

（庄资源）

2017年界牌镇主要经济社会指标

表77

地区生产总值(亿元)	75.3	注册合同外资(万美元)	—
财政总收入(亿元)	3.93	实际利用外资(万美元)	150
公共财政预算收入(亿元)	2.47	自营出口(万美元)	12833
财政支出(亿元)	2.82	第三产业增加值(万元)	32.35
工农业总产值(亿元)	162	农民人均可支配收入(元)	40555
产品销售收入(亿元)	139.72	全镇总户数(户)	13677
粮食总产量(吨)	6712	全镇总人口(人)	49759
油料总产量(吨)	23	全镇从业人员数(人)	34046
肉类总产量(吨)	157	外来从业人员数(人)	21113
水产品产量(吨)	752	各类科技人员数(人)	1860
规模以上工业投入(万元)	28.15	农业技术人员数(人)	5
工业用电(万千瓦小时)	43699	银行、信用社(个)	8
工业企业总数(个)	1105	中小学校(所)	2
私营企业数(个)	1279	医院、卫生院(所)	1
个体工商户(户)	5105	卫生室(个)	2

（庄资源）

2017 年界牌镇骨干企业情况

表 78

企业名称	法定代表人	工业增加值（万元）	销售收入（万元）
江苏瑞美福实业有限公司	唐旭明	21874	101738
江苏金胜汽摩排气系统有限公司	王礼生	7731	29735
丹阳新华美塑料有限公司	殷永祥	4388	20409
江苏彤明车灯有限公司	姚纪荣	7318	29271
江苏卡威汽车工业集团有限公司	孟明华	12010	54592
丹阳市金业来车辆装饰件有限公司	陈金芳	4225	16900
丹阳市新美龙汽车软饰件有限公司	柳顺龙	4570	18278
江苏飞亚金属制品有限公司	姚盛云	7371	29485
江苏海德莱特汽车部件有限公司	浦新华	7750	31000
丹阳镇威汽配有限公司	张传枝	6985	26864

（庄资源）

2017 年界牌镇行政村、居委会情况

表 79

行政村、居委会名称	书记姓名	主任姓名	总人口（人）	村集体收入（万元）	农民人均可支配收入（元）
界东社区	朱富顺	李明堂	5251	295	40555
界南社区	倪玉才	耿桃芬	3681	274	40555
界西社区	姚纪平	孟志斌	4002	497	40555
界北社区	姚玉林	柳激峰	4477	279	40555
界中社区	吴全康	乔　红	4814	346	40555

（庄资源）

【新孟河延伸拓浚工程】 新孟河延伸拓浚工程是国务院批复的《太湖流域水环境综合治理总体方案》中引排工程之一，是国家重点工程。根据设计，新孟河延伸拓浚工程从界牌镇境内穿境而过，全镇境内总长度 1560 米。2017 年，界牌镇实施新孟河延伸拓浚工程，成立界牌镇新孟河延伸拓浚工程建设指挥部，对镇域范围内的动迁情况摸排，制定详细工作方案，主要包括外围配套水系工程、主河道开挖工程和各类矛盾协调处理工作。至 2017 年年底，完成移民动迁安置工作，化解各类矛盾。新建柳泗港排涝站、立新排涝站，红卫排涝站主体工程全面施工。

（庄资源）

【民生工程建设】 2017 年，界牌镇加强民生工程建设，投资 3936 万元完成通港路延伸段、镇威大桥、红灯桥拓宽改造；投资 2683 万元完成东风路、旭日路、界牌东路重建并通车；投资 1467.8 万元完成界牌中心小学二期扩建工程，9 月 1 日投入使用；投资 850 万元完成芭斗山陵园工程；投资 222 万元完成敬老院消防改造工程施工；投资 360 万元完成灯城大街、宏森大道、

红旗西路、双丰路、界牌港绿化和景观灯改造。

（庄资源）

【推进河长制工作】 2017年，界牌镇以“263”专项整治工作为契机，以河长制工作为突破口，提升生态环境，重塑界牌形象。建立河长制配套制度，印发《界牌镇全面推行河长制工作方案》，制定界牌镇河长制工作制度和工作职责，制定《界牌农村二级沟管护考核细则》。设立河长公示牌33块，公示河长姓名、河长职责、举报电话，主动接受社会监督。编制“河长手册”“一河一策”行动计划，通过编制手册和行动计划，对河道进行摸排调查，建立河长制度信息平台。

（庄资源）

【防控金融风险】 2017年，界牌镇发挥政府协调作用，使银政企同向发力，对涉及155家企业按照“一企一策”原则，有针对性的提出解决方案，对换壳经营、恶意欠息的企业坚决打击，对诚信经营、信誉良好的企业主动向银行推荐，帮助获取资金，构建银企互信、共赢发展的局面。全年化解24笔逾期贷款16033.3万元，清收利息1133.19万元，新增贷款39笔1.3亿元。

（庄资源）

【外来人口摸排整治】 2017年，界牌镇施行网格化管理机制，开展出租房屋安全隐患集中整治，责任到组、任务到人，全程“留痕”。“两手抓”数据，对农民住房、企业、住宅楼、商铺逐一登记，汇总比对学生家庭信息，确保底数清、情况明。“谁检查、谁负责”，隐患即时整改。分类建立台账，统一录入平台，建成“大数据”。至2017年年底，排查出租房1340户，签订治安责任书1340份，登记承租户4718户、流动人口14673人，整治各类安全隐患255个。（庄资源）

丹北镇

【概况】 丹北镇总面积115.62平方公里，辖20个行政村、2个社区居委会，常住人口近17万人，丹北镇拥有5.68公里的长江夹江岸线资源、15.2平方公里的山林资源，是全国重点镇、全国文明镇，也是丹阳发展的“三大板块”之一。2017年，全镇实现地区生产总值251.28亿元，工业应税销售418.8亿元，一般公共预算收入9.26亿元。丹北镇有“汽车零部件之乡”“五金工具之乡”“新型机械之乡”特色产业的美称。作为江苏省创新型试点乡镇，全镇有国家级高新技术企业3家、省高新技术企业37家、省民营科技企业23家、省科技型中小企业12家，2017年研究和开发经费占地区生产总值比重2.46%。丹北镇有全国先进基层党组织书记张雅琴，全国劳模朱小坤、唐敖齐等先进人物。域内龙庆禅寺、白龙寺、齐梁石刻历史悠久。随着五洲梦想城、南雄中央广场、新天地等高端商贸综合体进驻，丹北镇现代商贸不断聚集。随着经济快速发展，丹北镇民生事业取得成效，整体通过丹阳市“省学前教育改革发展示范区”“省首批义务教育优质均衡发展市”的创建工作；非物质文化遗产传承有序，拥有江苏省非物质文化遗产1项、镇江市非物质文化遗产2项。城镇居民、农民收入持续增长，获“江苏省充分就业乡镇”荣誉。

（张金伟）

2017年丹北镇主要经济社会指标

表80

地区生产总值(亿元)	251.28	注册合同外资(万美元)	19000
财政总收入(亿元)	17.3	实际利用外资(万美元)	4623
公共财政预算收入(亿元)	9.26	自营出口额(万美元)	576769
财政支出(亿元)	6.4	第三产业增加值(亿元)	63.13

续表 80

工业总产值(亿元)	817.09	农民人均纯收入(元)	28514
工业销售收入(亿元)	760.87	全镇总户数(户)	33512
粮食总产量(吨)	37955	全镇总人口(人)	111122
油料总产量(吨)	700	全镇从业人员数(人)	72161
肉类总产量(吨)	1621	外来从业人员数(人)	30330
水产品产量(吨)	2278	各类科技人员数(人)	5128
规模以上工业投入(亿元)	102.01	农业技术人员数(人)	13
工业用电(万千瓦时)	250675	银行、信用社(个)	18
工业企业总数(个)	1955	中小学校(所)	6
私营企业数(个)	4723	医院、卫生所(所)	4
个体工商户(个)	7137	卫生室(个)	18

(张金伟)

2017 年丹北镇骨干企业情况

表 81

企业名称	法定代表人	工业增加值(万元)	销售收入(万元)
江苏沃得集团	王伟耀	680061	2666906
江苏天工集团	朱小坤	659414	2585938
江苏飞达集团	朱国平	95967	376342
大赛璐安全系统(江苏)有限公司	神康裕	43504	170604
江苏长丰集团	朱建农	39292	154085
江苏晶工工具有限公司	朱昌宏	39155	153551
江苏新泉汽车饰件有限公司	唐志华	18717	73399
江苏华凯比克希线束有限公司	顾步良	13645	53511
汉高(江苏)汽车零部件有限公司	FarukArig	10399	40781
丹阳谊善车灯设备制造有限公司	郭志强	8965	35158
江苏新昌汽车部件有限公司	王琴芳	8168	32030
江苏林泉汽车装饰有限公司	陈建林	7811	30630
江苏常诚汽车部件有限公司	常国民	7625	29900

续表 81

企业名称	法定代表人	工业增加值（万元）	销售收入（万元）
江苏亿诺车辆部件有限公司	程葛军	7545	29589
江苏新通达电子科技股份有限公司	徐锁璋	7310	28666
江苏富新电子照明科技有限公司	陆俊娟	4753	18638
江苏远宏混泥土有限公司	孙权芳	4093	16054

（张全伟）

2017 年丹北镇行政村、居委会情况

表 82

行政村、居委会名称	书记姓名	主任姓名	总人口（人）	村集体收入（万元）	农民人均纯收入（元）
埤城村	王敏胜	杨　琴	3100	169	29866
城中村	郑志伟	郑　喜	4105	100	28379
常兴村	朱昌宏	朱卫国	4307	236	36497
尧巷村	严木云	严木云	3350	375	25348
西丰村	陈苏萍	杨阿金	4274	200	27366
宝山村	吴海宝	殷国强	1315	116	25467
东方村	张　伟	吴　翔	2853	257	28812
前巷村	朱金鹏	朱金鹏	4150	2219	50453
丰裕村	夏菊娣	刘宇楼	1986	77	34661
飞达村	邵国林	顾奇华	5193	802	34931
新弄村	陈建胜	蒋志芳	3714	66	31111
济德村	王庭开	王庭开	3685	118	33153
高桥村	戎全福	戎全福	3111	261	25940
管山村	管德荣	管二平	4503	80	23862
群楼村	张伟民	陈　俊	2608	308	43129
新巷村	冷朝鲜	李　俊	4180	247	34633
姚家弄	王国青	陆国胜	2166	596	42498
金桥村	范秀琴	陈建芬	4068	966	43436
长春村	唐国庆	陆志军	2708	93	46037
滨江村	方道民	郭洪涛	3148	154	37049

续表 82

行政村、居委会名称	书记姓名	主任姓名	总人口（人）	村集体收入（万元）	农民人均纯收入（元）
中心社区	彭海波	彭龙国	3177	44	35103
新桥社区	邹泽清	张建卫	4092	342	49466

（张金伟）

【重点项目】 2017 年，丹北镇排定市级重点产业类项目 35 个，总投资 70.95 亿元。其中技改项目 10 个，总投资 3.35 亿元；镇江市重点产业类项目 6 个，总投资 35.5 亿元。项目建设呈现出规模以上工业投资占比和新兴产业比重较大、汽车零部件项目推进速度快等特点。35 个市级重点产业项目中，开工项目 26 个，开工率 74.29%，完成总投资 23.47 亿元，完成计划投资 81.19%。其中，江苏沃得农业机械有限公司总投资 8 亿元年产 5 万台 50 马力以下轮式拖拉机项目、江苏天工工具有限公司总投资 5 亿元年产 30 万套硬质合金工具项目、丹阳东岳汽车部件有限公司总投资 1.5 亿元年产 10 万套高档汽车灯具项目、常诚车业（江苏）有限公司总投资 5000 万元年产 10 万套汽车车灯项目等 9 个项目竣工。迅驰车业江苏有限公司总投资 5 亿元年产 100 万套汽车 LED 灯具项目、江苏飞达工具股份有限公司总投资 1 亿元年产 20 万支特种钻头项目、丹阳市利旺车辆部件有限公司总投资 8000 万元年产 3 万套新能源车用液化气罐生产线项目、江苏新昌汽车饰件有限公司总投资 4000 万元的汽车饰件自动化生产线项目等 9 个项目进入设备调试阶段。推进项目建设进度，对帝宝仓储等 3 个低于序时进度的项目快速推进，确保按进度完成；对凌青电子、鼎昌车业等 6 个进入模拟审批程序的亿元产业类项目加快对接，确保开工建设；对信利电子、广飞模具、苏洋电器等 6 个亿元产业类项目加快与国土部门对接，尽快进入模拟审批程序。（张金伟）

【迅驰车业公司产品创新】 迅驰车业江苏有限公司是集研发、生产于一体，专业制造汽车灯具的高新技术企业，2008 年投产。2017 年实现销售 6 亿元。迅驰公司产品覆盖商务车、轿车、轻型商务车、重型商用车等全系列灯具。迅驰车业公司抓住 LED 大灯由高级车向中级车配备的趋势，利用自有的实验中心，设计开发全 LED 前大灯。随着车灯智能化的发展，迅驰车业公司自主开发第二代自适应远光灯功能的矩阵式前组合灯，通过车内相机、红外感应、激光测距等信号采集系统，研发出具有主动安全技术智能的前照灯。（张金伟）

【飓风物流获“无车承运”许可证】 2017 年，丹阳市运管处向丹北镇的丹阳飓风物流股份有限公司，发放镇江市范围内第一张“无车承运”经营许可证。丹阳飓风物流股份有限公司被省交通运输厅确定为省级道路货运无车承运人试点企业，经专家论证，上报成为交通运输部备案试点企业。飓风物流公司自 2013 年起向无车承运人模式转型升级，自主研发“智运通物流公共信息平台”，实现智能调度、总价抢单、在线结算、在线支付、诚信评价等多种功能，对交易、运输、结算等各个环节进行全程透明化动态管理，强化运输过程的安全监管。至年底，“智运通物流公共信息平台”注册用户 4 万多条，系统撮合日均成交近 300 单。（张金伟）

【“三治理一挂牌”专项整治行动】 2017 年，丹北镇开展“三治理一挂牌”专项整治行动，整治行动从 2017 年 6 月至 12 月。成立全镇农村基层不正之风和腐败问题“三治理一挂牌”专项行动领导小组，负责统筹协调督促推进各项任务，专项行动实行镇长负责制，党政领导、分工干部包村制，抓好组织落实。镇纪委督促各村（居）及相关部门落实主体责任，细化治理工作措施。对专项行动推进缓慢，问题查处和整改不力的，实行派员督导，严肃问责。村（居）及相关部门梳理完善扶贫及涉农项目资金管理、农村产权交易、农村集体“三资”管理等制度。积极探索创新，及时总结工作经验，查找不足，建立健全遏制不正之风和腐败问题的长效机制。（张金伟）

【举办第二十九届科普宣传周活动】 2017年5月26日，由丹阳市丹北镇政府主办、丹北镇科协、社区教育中心科普大学承办的第二十九届科普宣传周活动在丹北镇白龙寺生态园举行。丹阳市科协、丹北镇党委政府相关部门负责人、镇村科普志愿者等40余人参与活动。26日，特邀专家陈燕军开展“绿色生活，低碳出行”主题讲座，倡议争做“低碳环保、绿色出行”的宣传者、践行者、倡导者。讲座结束后，与会人员浏览科普展板，到白龙寺科普教育基地，参观科普生态园和建山学校“金凤凰科普体验馆”。（张金伟）

图185　2017年5月26日，丹北镇举办第二十九届科普宣传活动　（张金伟）

【人大代表统一接待选民日活动】 2017年11月10日，丹北镇举办镇江市五级人大代表统一接待选民日活动。活动设立3个接待点，有省、镇江、丹阳以及丹北镇的31名人大代表，128名选民代表参加活动。会前，选民代表们进行广泛走访，收集整理群众关心、社会期盼解决的意见建议，并在现场向人大代表进行反映，代表们耐心倾听、记录，并针对部分问题进行解答。会后，经人大办汇总梳理，此次代表接待选民日活动共收集关于集镇管理、文教卫生、养老医疗、城建环保等方面的意见建议56条，现场解答27条。（张金伟）

图186　2017年11月10日，镇江市五级人大代表统一接待选民日活动在丹北镇举行　（张金伟）

丹阳高新区（云阳街道）

【概况】 丹阳高新区（云阳街道）位于丹阳市区，筹建于2013年，于2016年5月获省政府批准，升格为江苏省丹阳高新技术产业开发区。丹阳高新区规划面积175.85平方公里，常住人口20余万人，辖16个行政村、21个社区居委会、1个社区服务中心。2017年完成地区生产总值230.85亿元，比上年增长7.2%；规模以上固定资产投资51.79亿元，比上年增长8.6%；规模以上工业增加值34.18亿元，比上年增长11.7%；公共财政预算收入9.18亿元，工业应税销售76.5亿元，完成年度目标任务；实际利用外资6676.93万美元，完成比例居全市第一。丹阳高新区立足成为全市产业转型升级和新兴产业培育的主阵地，重点做好载体建设。2017年，高新区总投资3亿元，完成丹南、丹路、丹联、丹珥110千伏高压杆线迁改工作；完成华苑路、产业路2条道路建设；完成文明城市创建4个绿化工程；完成凰嘉苑综合用房等基础及配套设施建设；完成人才公寓一期8000平方米装修，人才公寓食堂正式使用。2017年获江苏省大众创业万众创新示范基地、江苏省创业型园区、江苏省知识产权试点园区等荣誉。（蒋　琳）

2017年丹阳高新区主要经济社会指标

表 83

地区生产总值(亿元)	230.85	注册合同外资(万美元)	9976.93
财政总收入(亿元)	15.32	实际利用外资(万美元)	6676.93
公共财政预算收入(亿元)	9.18	自营出口额(万美元)	21745.3
财政支出(亿元)	3.4	第三产业增加值(亿元)	—
工农业总产值(亿元)	—	农民人均纯收入(元)	28834
产品销售收入(亿元)	157.95	街道总户数(户)	79518
粮食总产量(吨)	29678	街道总人口(人)	238554
油料总产量(吨)	—	街道从业人员数(人)	122676
肉类总产量(吨)	805	外来从业人员数(人)	25892
水产品产量(吨)	1872	各类科技人员数(人)	6670
规模以上工业投入(亿元)	30.28	农业技术人员数(人)	18
工业用电(万千瓦小时)	97036	银行、信用社(个)	20
工业企业总数(个)	691	中小学校(所)	26
私营企业数(个)	4236	医院、卫生院(个)	6
个体工商户(户)	16602	卫生室(个)	15
高新技术企业数(个)	19	当前专利授权数(件)	473

(蒋　琳)

2017年丹阳高新区骨干企业情况

表 84

企业名称	法定代表人	工业增加值(万元)	销售收入(万元)
江苏鱼跃医疗设备股份有限公司	吴光明	56979	223359
恒宝股份有限公司	钱　京	40674	131885
丹阳丹京华尔服装有限公司	肖国平	2772	10665
江苏鑫丰源装饰材料有限公司	胡建平	2256	8669
江苏奥尔帝光学眼镜有限公司	韩同军	2261	8047
丹阳法拉电子有限公司	夏　杰	1639	7600
江苏昊泰气体设备科技有限公司	林新生	1535	5903
江苏迅捷装具科技有限公司	贡仲林	1517	5418
丹阳市亚邦精密机械有限公司	任一平	1214	4495

(蒋　琳)

2017年丹阳高新区行政村、居委会情况

表85

行政村、居委会名称	书记姓名	主任姓名	总人口（人）	村集体收入（万元）	农民人均纯收入（元）
城南村	马志尔	张冬英	4752	336	31282
城北村	王建国	周正富	1151	683	29006
九房村	景腊敏	王　平	3262	296	30012
迈村村	王金和	景陆俊	2339	159	28982
石城村	钱保元	李正花	2062	420	28837
汤甲村	韩同军	汤乐益	1333	163	28895
双合村	景建军	马木俊	3519	134	28365
永福村	尹夕炳	徐元忠	3468	118	28025
天元村	潘大治	张国宝	3990	114	28598
东马场村	张玉平	张冬生	4856	252	28654
留雁村	冷荣俊	冷林华	1640	434	28628
大圣村	眭林辉	眭小军	3422	291	28402
汉皇村	眭越江	许和平	2445	107	28413
花园村	眭越江	蔡梅芳	2420	117	28320
大钱村	印　浩	印　浩	4126	81	28521
横塘村	张建平	胡辉强	3320	95	28391
云阳桥社区	马艳琴	朱长华	10086	—	—
新民中路社区	戎秀娟	—	4337	—	—
中山路社区	钱彩霞	钱彩霞	6267	—	—
华南新村社区	李淑君	—	16590	—	—
市民广场社区	张二青	吴爱芳	2857	—	—
凤凰新村社区	马慧芳	王　丹	10119	—	—
兴隆苑社区	韦　涛	韦　涛	15650	—	—
水关路东社区	史正华	姚　静	6573	—	—
大定船社区	蒋成平	张淑宁	7928	—	—
太阳城社区	眭云宝	孙　倩	16060	—	—
西门大街社区	王　丹	张　赟	11108	—	—
阜阳社区	李　晨	—	6672	—	—

续表 85

行政村、居委会名称	书记姓名	主任姓名	总人口（人）	村集体收入（万元）	农民人均纯收入（元）
朝阳新村社区	周建平	—	5390	—	—
凤美新村社区	赵玉华	赵玉华	6595	—	—
化肥路社区	赵伟花	王海燕	6665	—	—
公园新村社区	陶瑞国	陈明跃	4643	—	—
白云街社区	郭蓓蓓	朱　军	3662	—	—
万善园社区	蔡　静	岳　蕾	9140	—	—
江南人家社区	蒋爱华	贡振华	11556	—	—
华都锦城社区	巴斌兵	巴斌兵	8731	—	—
锦尚名都社区	束慧娟	张　翔	19820	—	—
社区服务中心	林　波	—	—	—	

（蒋　琳）

【基础设施建设】 2017 年，丹阳高新区加强基础设施建设，总投资 7100.5 万元。其中投资 1810 万元改造华苑路，总里程 1.15 千米。新开工建设振兴路、新丰路。投资 190 万元完成城南村组绿化、122 省道南侧绿化、九房村组绿化及 241 省道和南三环两侧绿化，增绿化面积 265000 平方米；建设城南村安巷组健身场地面积 810 平方米；投资 251 万元完成产业路道路工程、绿化、交安等配套工程；投资 4000 万元完成 110 千伏线路迁改工程；投资 400 万元新建振兴路邓家桥西北侧雨水管工程；投资 10.5 万元完成庆丰路东延雨污水管外接工程，解决锦绣路段东侧入驻企业的排水问题；投资 179 万元完成华苑路、庆丰路和产业路等道路工程配套的路灯亮化工程；投资 260 万元在高新区 7 个路口新增设全套监控设施设备，规范道路交通秩序。

（蒋　琳）

【科技创新】 2017 年，丹阳高新区提升科技创新数据，新认定国家科技型中小企业 8 家，省级瞪羚企业（成长性好、具有跳跃式发展态势的高新技术企业）1 家，高新技术企业 8 家，市科技小巨人鉴定入库 1 家；申报成功并认定省级研究生工作站 1 家，省级科技企业孵化器 1 家；入选省“双创人才”计划 1 人，镇江“金山英才”计划 5 人，丹阳市千人计划工作站 1 家；申报各类产品专利 869 件，其中发明专利 430 件；专利授权共计 473 件，其中发明专利授权 47 件；拥有 PCT 专利 1 项，入选省知识产权计划专利 2 个，丹阳市知识产权战略推进计划立项企业 1 家。

（蒋　琳）

【承办“中国江苏大院大所合作对接会——新材料专题推介活动”】 2017 年 7 月 5 日，丹阳高新区在南京国际博览中心五号馆承办“中国江苏大院大所合作对接会——新材料专题推介活动”。活动邀请国内外材料领域大院大所 50 家、国际国内高层次专家约 90 余人、200 余家企业参加，此次活动达成科技合作意向项目 50 余项，签署合作协议 11 项，其中丹阳高新区和中关村京港澳青年创新创业中心签订中关村京港澳（丹阳）青创中心合作项目，嫁接优质科创资源，助力产业转型升级。

（蒋　琳）

图 187 2017 年 7 月 5 日，丹阳高新区承办的“中国江苏大院大所合作对接会——新材料专题推介活动”在南京国际展览中心举行

（蒋 琳）

【农村产权交易】 2017 年，云阳街道农村产权交易取得进展，农村产权累计实现进场交易 140 笔，交易总金额 3186.4 万元，其中农村集体资产资源进场交易 119 笔，交易金额 1734.6 万元；涉农资金项目进场交易 17 笔，交易金额 1426.9 万元；其他类项目进场交易 4 笔，交易金额 24.9 万元。农村产权交易（服务）中心 5 次列入省级平台交易月（季）度之星。 （蒋 琳）

【丹凤小镇——科技研发谷项目入选江苏财政厅 PPP 项目库】 2017 年 9 月，丹凤小镇——科技研发谷项目入选 2017 年度第二批政府和社会资本合作（PPP）项目库。丹凤小镇一期建设用地 10 公顷，20 万平方米标准办公楼已建。初步集聚创新创业服务、新型研发机构、企业研发总部、新型产业加速器、金融商务及商业综合配套设施等各种资源。拥有省级科技企业孵化器 1 个，配套创业中心、孵化中心、实验工厂、成果展示、生活配套五大功能，配备共享会议室、商务中心、培训中心、众创咖啡中心等设施，入驻江苏省（丹阳）高性能合金材料研究院、北京航空航天大学丹阳研究院、西南交通大学轨道交通国家工程中心丹阳分中心等公益类公共技术平台 6 家，丹阳市高新技术创业投资有限公司、北航丹盛天使投资基金等创投机构 5 家，丹阳市高新技术创业服务有限公司等科技服务类企业 5 家。 （蒋 琳）

【江苏鱼跃医疗股份有限公司入选“2017 江苏省创新型企业 100 强”】 2017 年，江苏鱼跃医疗股份有限公司入选省科技发展战略研究院、省科技情报研究所发布的“2017 江苏省创新型企业 100 强”名单。江苏鱼跃医疗设备股份有限公司是国内最大的康复护理、医用供氧及医用临床系列医疗器械的专业生产企业。公司拥有 100 多项国家专利，被认定为江苏省高新技术企业、国家火炬计划重点高新技术企业，主要产品被认定为江苏省高新技术产品。 （蒋 琳）

【江苏中科四象激光科技有限公司获 2017 年度国家科学技术发明奖】 2017 年 1 月 8 日，国家科学技术奖励大会在北京举行。江苏中科四象激光科技有限公司的“光纤输出高功率全固态激光器关键技术及应用”项目获国家技术发明奖二等奖。江苏中科四象激光科技有限公司成立于 2010 年，由中国科学院半导体研究所和江苏天坤集团有限公司共同投资组建的高新技术企业，主要从事高功率全固态激光器及成套激光加工装备的研制、生产和销售。 （蒋 琳）

图 188 2017 年 1 月 8 日，江苏中科四象激光科技有限公司在国家科学技术奖励大会上获 2017 年度国家科学技术发明奖

（蒋 琳）

【全国文明城市创建】 2017 年，丹阳市进行全国文明城市创建并获成功。丹阳高新区在全国

文明城市创建中，累计投入3000余万元，开展“四问四促暖企惠民”大走访，走访农户10715户、居民37627户、企业877家，收集问题648件，问题解决率100%。并联合各社区志愿者和专业的美术人员在每个社区因地制宜设置宣传栏、宣传牌、宣传墙画等，墙面手绘画10万平方米，完成6个小区楼道手绘画，设立“邻里守望”宣传立牌150余个；对264个老旧小区的楼道、窗户、亮化改造，对近9000平方米的老旧小区楼道门窗进行更换，安装灭火器6846个，安装楼道便民信息栏4000余块，解决老旧小区居民的热点难点问题。（蒋　琳）

【江苏中凯达电控股份有限公司获“瞪羚企业”荣誉】　2017年11月6日，苏南国家自主创新示范区创新载体发布会在南京召开，江苏中凯达电控股份有限公司获苏南国家自主创新示范区瞪羚企业荣誉。江苏中凯达电控股份有限公司成立于2013年，是电力设备研发、生产、销售、服务于一体的省高新技术企业。中凯达研发团队技术能力雄厚，在南京、苏州成立研发基地，具有职称的工程技术人员和经济技术人员63人，是丹阳高新区重点项目推荐企业。（蒋　琳）

图189　2017年11月6日，江苏中凯达电控股份有限公司获“瞪羚企业”荣誉（蒋　琳）

【农村公路建设获奖】　2017年，云阳街道加大农村公路建设管理力度，“四好农村路”获丹阳市创建先进集体一等奖。全年投入1.14亿元用于农村道路建设；投入150万元用于生命安全防护工程，设置标志标线、警示桩、防护栏、爆闪灯、反光镜及减速带等，涉及所有镇村公交、校车途径的乡村道，总里程约25公里；投入250万元用于农村道路小修保养工程，实施道路破损维修、桥梁破损维修、路肩清理、树木刷白等，涉及8座农桥、105公里乡村道。云阳街道乡村道列养率100%，路面技术状况评定，乡村道优良率88.07%。（蒋　琳）

【丹阳高新区实施奖教办法】　2017年，丹阳高新区加大教育投入，促进区域教育优质均衡发展，制定《云阳街道奖教实施办法（试行）》，设立乐教奉献奖、优秀班主任奖、优秀教师奖、优秀学校奖、小学毕业班会考（小升初）教学质量奖、初中中考质量奖等奖项。2017年，丹阳高新区对2016—2017年高新区教育工作先进集体和个人进行表彰，发放奖教基金100万元。（蒋　琳）

图190　2017年9月7日，丹阳高新区庆祝第33个教师节暨2016—2017年教育表彰大会在华南实验学校新校区举行（蒋　琳）

【“263”专项行动】　2017年，云阳街道推进“263”（两减六治三提升）专项行动，成立“263”专项行动领导小组办公室，制定实施方案、重点工程及挂图作战任务清单。至年底，整治拆除燃煤锅炉6台，治理各类黑臭水体、二级沟30

处，禽养殖治理100户，其中禁养区59户、非禁养区41户，治理取缔各类环境隐患、无证加工点、小散乱污项目50余处，其中影响环境豆腐作坊11家、塑料粒子加工点6处、无证废品收购站点15处，其他各类环境隐患取缔项目20余处。（蒋　琳）

【迈村村获“2017中国最美村镇——宜居奖”】 2017年12月17日，2017中国最美村镇评选系列活动在上海举办，云阳街道迈村村获“2017中国最美村镇——宜居奖”。迈村村位于江苏丹阳南大门，多年来，该村以工匠精神打造宜居村镇，立足生态和宜居，发展绿色科技健康产业，修建社区基础设施，优化群众生活环境。（蒋　琳）

丹阳经济开发区（曲阿街道）

【概况】 丹阳经济开发区成立于1992年，1993年升格为省级经济技术开发区，是全省首批省级开发区之一。全区总面积178平方公里，辖20个行政村、18个社区。年末总户数45247户、总人口132413人。2017年，完成地区生产总值339.96亿元，比上年增长12.4%；规模以上固定资产投资185.7亿元，比上年增长5.7%；规模以上工业增加值151.4亿元，比上年增长12.3%；公共财政预算收入17.33亿元，工业应税销售349.1亿元；实际利用外资14992万美元。丹阳开发区建有生命科学产业园、汽车零部件产业园、精密制造产业园、航天航空产业园、科技创业园等特色园区，是丹阳重要的对外开放窗口、主要的工业经济集聚区、科技创新的引领区和城市建设的样板区，综合实力位居江苏省省级开发区第2位。2017年，获江苏省远教示范基地、省军区基层武装工作先进单位、镇江市劳动关系和谐达标企业示范镇区、镇江市纪检监察信访工作先进单位等荣誉。

（王　铸）

2017年开发区主要经济社会指标

表86

地区生产总值（亿元）	339.96	规模以上工业增加值（亿元）	151.4
财政总收入（亿元）	30.55	实际利用外资（万美元）	14992
公共财政预算收入（亿元）	17.33	自营出口额（万美元）	81366
财政支出（亿元）	9.46	第三产业增加值（万元）	1543903
工农业总产值（亿元）	756.88	农民人均可支配收入（元）	26909
产品销售收入（亿元）	656.11	总户数（户）	45247
粮食总产量（吨）	43200	总人口（人）	132413
油料总产量（吨）	1983	从业人员数（人）	85691
肉类总产量（吨）	565	外来从业人员数（人）	25110
水产品产量（吨）	4444	各类科技人员数（人）	3292
规模以上工业投入（亿元）	185.7	农业技术人员数（人）	15
工业用电（万千瓦小时）	171738	银行、信用社（个）	30
工业企业总数（个）	1456	中小学校（所）	12
私营企业数（个）	2546	医院、卫生院（所）	3
个体工商户（户）	101541	卫生室（个）	32

（王　铸）

2017 年开发区骨干企业情况

表 87

企业名称	法定代表人	工业增加值（万元）	销售收入（万元）
大亚科技集团有限公司	陈晓龙	460880	1739170
丹阳龙江钢铁有限公司	曾昭勇	173267	658810
江苏大力神科技集团	曹晓国	126530	490428
江苏肯帝亚木业有限公司	郦海星	50005	187989
江苏同力集团有限公司	李国平	27370	106916
江苏锐升新材料有限公司	郦国双	15424	60249
江苏彤明高科汽车电器有限公司	姚纪荣	13289	49220
吉凯恩(丹阳)工业有限公司	孙立宇	11399	42856
江苏明月光电科技有限公司	谢公晚	9205	35541
江苏仅一联合智造有限公司	吴立平	8259	30590
江苏河阳线缆有限公司	谭秋福	7116	27371
江苏优立光学有限公司	张加富	5513	21449
江苏恒神股份有限公司	钱　京	5274	20439
江苏捷飞机电有限公司	陈荣锁	4658	17916
双峰格雷斯海姆医药玻璃(丹阳)有限公司	Max Raster	4536	17929
江苏锋泰工具制造有限公司	邱新国	4238	16430
柯诺(江苏)木业有限公司	张国宪	3497	12952
江苏鸿晨集团有限公司	张加文	3337	12885
江苏华晟生物发电有限公司	王甲云	3015	11595
江苏奇一科技股份有限公司	朱华平	1047	4027

（王　铸）

2017 年开发区行政村、居委会情况

表 88

行政村、居委会名称	书记姓名	主任姓名	总人口（人）	村集体收入（万元）	农民人均可支配收入（元）
晓星村	眭社戈	眭富祥	1738	293.08	31302
石潭村	朱英争	眭建强	1407	76.77	29299
大泊岗村	夏国荣	杜红军	1706	185.04	31231
马陵村	吴霖刚	吴霖刚	2491	69.78	23765
镇北村	花国林	花国林	2552	60.38	24065
镇南村	王月萍	王月萍	2591	276.6	25575

续表 88

行政村、居委会名称	书记姓名	主任姓名	总人口（人）	村集体收入（万元）	农民人均可支配收入（元）
联观村	邵金凤	邵金凤	2439	187.62	24424
荆林村	胡佳平	胡佳平	6892	116.9	23511
东青村	马文跃	束国平	3611	52.5	23435
新民村	—	吴国辉	3528	57.68	24295
前艾村	虞云路	王胜俊	3864	66.69	24377
颜春村	徐金林	徐金林	2883	60.05	24130
祈钦村	徐双春	徐培军	2952	217.02	23939
胡桥村	周书明	束荣亭	4132	99.38	23626
大贡村	史国庆	贡国金	2916	136.1	24322
张巷村	陈兴福	刘华元	2825	79.22	23126
其林村	裴连汉	施扣宝	3139	73.59	22858
建山村	丁志峰	丁国平	2481	142.88	25242
河阳村	许梅红	许梅红	2080	109.56	22891
三桥村	刘剑锋	刘剑锋	2495	109.38	22040
普善社区	张东方	张东方	4114	214.62	25052
贺巷社区	吴建新	朱林林	2502	173.87	31690
车站社区	胡小锁	邱国民	6737	1391.86	—
善巷社区	毛宏良	毛宏良	4340	482.89	—
路巷社区	杭云锁	杭云锁	3470	113.47	—
双庙社区	聂明达	聂国强	7170	655.68	—
晓墟社区	刘建秋	刘建秋	4932	421.06	—
史巷社区	叶振龙	陈志然	4707	294.05	—
华甸社区	汤明亮	蒋夕金	7106	419.16	—
毛家社区	许建军	卢荣华	3698	118	—
永安社区	毛双文	赵金龙	3842	170.93	—
大泊社区	胡守铭	彭国南	1647	159.13	—
前进社区	周秋发	洪　权	2037	192.48	—
高楼社区	丁金平	丁金平	3479	328.26	—
嘉荟新城社区	王金根	朱秋林	3499	368.5	—
锦湖社区	朱正兰	杨国平	4848	—	—
练湖新城社区	朱俊杰	马建汉	5563	—	—
居安社区	朱东云	王小俊	—	—	—

（王　铸）

【基础设施建设】 2017年，丹阳开发区总投资约2.1亿元加强基础设施建设，完成32.3千米道路建设、4个老旧小区和集镇改造。其中：投资约8000万元改造迎春路延伸段；投资约5000万元改造迎春小区、丹桂园北区、伯威山庄等老旧小区，完成小区道路、雨污水管网、化粪池、绿化亮化等工程；完成河阳集镇道路、雨污水管网、路灯等配套设施改造。精密制造产业园"四纵三横"道路网全面贯通和优化，生命科学产业园完成"二纵二横"道路网，水电气管网等配套设施基本到位。年内完成胡桥新镇、河阳新城安置房交付980户1650套。 （王 铸）

【水环境综合治理】 2017年，丹阳开发区落实河长制，推进开发区水环境生态综合治理。计划总投资6亿元对区域内的晓墟河、老九曲河、三叉河、大泊河、毛家河、弯河等主要河道进行整治，工程包括控污截流、清淤、水工建设、桥梁、人行步道、景观绿化及配套设施。至年底，累计完成投资1.75亿元，完成工程拆迁量85%，完成老九曲河节制闸施工、大泊河水工施工、三叉河污水截流管网工程，大泊闸、兰陵闸、晓墟河闸施工在建。 （王 铸）

【丹阳眼镜指数发布】 2017年初，丹阳眼镜风尚小镇入选省级首批特色小镇。为引领眼镜风尚小镇开发建设，抢占眼镜行业指数制高点，6月，丹阳市邀请杭州数亮公司编制中国丹阳眼镜指数，11月，邀请业内专家对眼镜指数进行评价论证，12月，中国眼镜指数网站运行，眼镜指数开始试运行。待成熟正式运行后每月发布一次。这一指数的发布，有利于提升丹阳眼镜市场的影响力和知名度，有利于确立丹阳眼镜产业在全国眼镜市场上的话语权。 （王 铸）

【政银企对接会】 2017年，丹阳开发区管委会发挥行政协调作用，先后牵头人民银行、农业银行、交通银行、农商行举办3场政银企对接会，配合银行开展"金融业走进开发区"暖企活动，举办金融支持实体经济座谈会，打通银行和企业沟通的桥梁。在全市银行业走进开发区政银企合作恳谈会上，全市金融机构向开发区15家企业提供33.7亿元的信贷支持，有效化解开发区重点项目建设和实体经济资金紧张的难题。

（王 铸）

【"苏微贷"试点】 2017年，丹阳开发区管委会出资1000万元设立风险补偿基金，农业银行丹阳支行按1∶10比例安排1亿元信贷额度，尝试合作开展"苏微贷"试点。经双方联合审核后，可向单个企业放贷不超过500万元的贷款，有效解决辖区小微企业贷款难题。至年底，签订"苏微贷"合作协议，建立小微企业贷款项目库，首批获得农行丹阳支行信贷授信的企业有8家。 （王 铸）

【"党员政治小屋"】 2017年，丹阳开发区为增强党员政治规矩意识，在建山村打造全市第一家"党员政治生活小屋"。"小屋"内设党史墙、党示墙、党事墙、党誓墙、党愿墙五面墙和党员管理服务驿站、党群工作驿站、志愿者培训服务驿站"三个站"以及"党员讲学平台"，成为建山村党委开展组织生活的阵地、党员主动接受政治教育的基地。"以党员政治生活小屋为引领，厚植基层良好政治生态文化"为题的书记党建项目被评为"镇江市基层党建优质书记项目"。

（王 铸）

【科技人才招引】 2017年，丹阳开发区新认定高新技术企业10家、高新技术产品26个，申报市级以上各类科技计划60余项，成立市级以上企业研发机构2个，专利申请量2045件，专利授权总量871件。围绕四大重点产业，研究设立产业引导基金，保证科技人才和项目能引得进、留得住、见成效。全年引进中国工程院院士2人，成功申报省"双创计划"3人、镇江市"金山英才"计划2人、丹阳市"丹凤朝阳"计划9人。

（王 铸）

荣 誉

栏目编辑 尹宏蔚

县级以上荣誉

2017 年全国性荣誉

表 89

荣誉获得单位	荣 誉 名 称	授予单位或组织机构
丹阳市	全国文明城市	中央文明委
丹阳市	全国第二批率先基本实现农作物生产全程机械化示范县	农业部
市粮油加工贸易集中区	入围全国农村创业创新园区(基地)目录	农业部
吕城镇裕润粮油专业合作社	稻谷小麦获无公害产品证书	农业部产品质量安全中心
丹阳市	2016 年度国家知识产权示范城市工作先进集体	国家知识产权局
丹阳市	2017 年全国人才工作创新案例优秀奖	中国人才杂志社
市委组织部	“四有”民情服务处理机制获评第四届全国基层党建创新最佳案例	人民网·中国共产党新闻网 中国组织人事报 浦东干部学院
市总工会	市级工会财务工作先进单位	中华全国总工会
市总工会	职业互助保障工作优秀单位	中国职工保险互助会
市公安局指挥中心	全国青年文明号	共青团中央 公安部
丹阳日报社《喜迎十九大空中看丹阳》特刊	“中国报业十九大融合传播优秀作品十佳(报纸类)”	中国报协
丹阳日报社《当报业经营遇上眼镜电商》	“2017 年度全国县市区域报经营成功案例”金奖	中国县市报研究会
丹阳日报社《小小掼蛋赛掼出大影响》	“2017 年度全国县市区域报经营成功案例”金奖	中国县市报研究会
市工商联	全国五好县级工商联	全国工商联

续表 89

荣誉获得单位	荣 誉 名 称	授予单位或组织机构
市工商联	民企调查点工作优秀基层工商联	全国工商联
市政府教育督导室	全国中小学校责任督学挂牌督导创新县(市、区)	国务院教育督导委员会办公室
市五中	第一批全国青少年校园篮球特色学校	教育部
市体育局	2013—2016 年度全国群众体育先进单位	国家体育总局
丹阳市代表队	第十五届全国篮球城市交流比赛一等奖	国家体育总局篮球运动管理中心
市国税局	第五届全国文明单位	中央文明委
市广电集团民生频道人民调解委员会	全国模范人民调解委员会	司法部
市广电集团丹阳手机台	年度最具创新力手机台	中国广播电影电视社会组织联合会
市检察院	全国检察机关文明接待室	最高人民检察院
市检察院	全国检察宣传先进单位	最高人民检察院、检察日报社
云阳街道迈村村	中国最美村镇 50 强	中国最美村镇评选组委会
云阳街道凤美新村社区	国家级创建无邪教示范社区	国务院防范和处理邪教问题办公室
云阳街道云阳桥社区	国家级创建无邪教示范社区	国务院防范和处理邪教问题办公室
云阳街道大定船社区	国家级创建无邪教示范社区	国务院防范和处理邪教问题办公室
云阳街道朝阳新村	国家级创建无邪教示范社区	国务院防范和处理邪教问题办公室

（史志办）

2017 年省级荣誉

表 90

荣誉获得单位	荣 誉 名 称	授予单位或组织机构
曲阿街道人武部	基层武装工作先进单位	江苏省军区
皇塘镇	“平安江苏”微电影微视频优秀作品一等奖	江苏省委

（史志办）

【省级部门表彰的先进集体】

1. 省信访局表彰:市信访局
2. 省委组织部表彰:界牌镇党委
3. 省第一次全国可移动文物普查领导小组表彰:市文广新局
4. 省文化厅表彰:市文广新局
5. 省社科联表彰:市总前委旧址纪念馆
6. 省交运厅党组表彰:市公路处党总支　市航道处党支部
7. 省档案局表彰:市交运局　丹北镇财政分局　导墅镇财政分局　市财政局　陵口镇财政所　丹阳开发区财政所　访仙镇财政所　市中医院
8. 省交运厅运管局表彰:市运管处
9. 省司法厅表彰:市司法局　云阳街道朝阳新村社区
10. 省银行业协会表彰:丹阳农商

行荆林支行　丹阳农商行金鼎支行
11. 省农村信用联社表彰：丹阳农商行
12. 省金融办表彰：丹阳江苏银行
13. 省文广新局表彰：吕城镇
14. 省“扫黄打非”工作领导小组办公室表彰：吕城镇
15. 省科技厅表彰：市科技局　丹阳高新区　云阳街道中山路社区　云阳街道江南人家社区　云阳街道市民广场社区　云阳街道朝阳新村社区
16. 省科技厅、省知识产权局表彰：市知识产权局
17. 省知识产权局表彰：市知识产权局　中国镇江丹阳(眼镜)知识产权快速维权中心
18. 省级机关工委、省人社厅表彰：市委组织部　机关党支部
19. 省人才创新创业促进会表彰：人才创新创业促进会丹阳代表处
20. 省人社厅、省委农村工作领导小组办公室、省扶贫工作领导小组办公室表彰：市城乡统筹工作委员会
21. 省建设工会表彰：丹阳水务集团
22. 省住建厅表彰：丹阳水务集团(石城污水)　市五中　云阳街道华南新村社区
23. 省纪委表彰：丹阳水务集团
24. 省苏商发展促进会、省篮球协会表彰：丹阳水务集团
25. 团省委表彰：丹阳住房公积金管理中心
26. 省房地产业协会表彰：市天怡房屋建设开发有限责任公司
27. 省广播电视总台表彰：市建管处
28. 省白蚁防治协会表彰：市白蚁防治所
29. 省建设监理协会表彰：市建设监理中心有限公司
30. 省政府办公厅表彰：市政府办公室
31. 省总工会、省安监局表彰：市总工会
32. 省厂务公开协调小组办公室表彰：市总工会
33. 省物价局表彰：市佳洁环卫服务公司
34. 省建设工程(招投标)监管办、省建筑市场质量安全跟踪调查办、省施工企业管理协会表彰：市朝阳城市管理养护公司
35. 省公安厅表彰：市公安局　市公安局政治处　市巡特警大队　市公安局出入境大队　开发区派出所　南环路派出所　吕城派出所　市公安局警务保障室
36. 省总工会表彰：市公安局　市新孟河延伸拓浚工程建设处
37. 江苏名特优农产品交易会组委会办公室表彰：丹阳市
38. 省农委表彰：市农委　皇塘镇文体中心
39. 省农机局表彰：市农委
40. 省人社厅、省农委表彰：市农委科教科
41. 省农业行政执法总队表彰：市农林执法大队
42. 省渔业技术推广中心表彰：市水产技术推广站
43. 省妇联、省妇女“双学双比”“巾帼建功”活动领导小组表彰：市植保植检站　市人民医院十九病区　市中医院中药房
44. 省植保植检站表彰：市植保植检站
45. 省农机推广站表彰：市农机推广站
46. 省委组织部、省委宣传部表彰：丹阳市
47. 省报协表彰：丹阳日报社
48. 省县市报研究会表彰：丹阳日报社
49. 省妇联表彰：市妇联　云阳街道水关路东社区　市名流生态农庄　市田园圣树合作社
50. 省人社厅、省妇联表彰：市妇联　市广电集团“八姑娘帮你忙”巾帼志愿服务记者团
51. 省粮食行业协会表彰：丹阳市
52. 省教育厅表彰：丹阳市　市五中　云阳街道华南新村社区
53. 省教育厅、省科协表彰：市五中
54. 省委宣传部、省委外宣办、省文明办、　省教育厅表彰：市五中
55. 省教育厅、省科协、省文明办、省科技局、全国中小学生(江苏地区)金钥匙科技竞赛组委会表彰：市五中
56. 省青少年科技教育协会表彰：市五中
57. 省爱卫会表彰：市人民医院　云阳街道阜阳社区
58. 国家卫计委宣传司、健康报社表彰：市人民医院
59. 省医院协会表彰：市人民医院
60. 南通大学表彰：市人民医院
61. 省水利厅、省级机关事务管理局、省节水办表彰：市机关事务管理局
62. 省人社厅、省统计局、国家统计局江苏调查总队表彰：市统计局
63. 省物价局表彰：市物价局
64. 省体育局表彰：丹阳市代表队
65. 省国税局党建工作领导小组表彰：市国税局
66. 省人社厅、省国税局表彰：市国税局　市国税局第一分局
67. 省国税局表彰：市国税局
68. 省民政厅表彰：丹阳市　云阳街道中山路社区　云阳街道阜阳社区　云阳街道云阳桥社区　云阳街道水关路东社区　云阳街道华都锦城社区
69. 省福利彩票发行中心表彰：丹阳市
70. 省老龄委办公室表彰：市老龄委
71. 省老龄委、省人寿保险公司表彰：市老龄办
72. 省残工委表彰：丹阳地税局
73. 省地税局表彰：丹阳地税局

74. 省人大表彰：市人大机关
75. 省科协表彰：市科协
76. 省科协普及部表彰：市科协
77. 省防汛、防旱指挥部表彰：市水利局
78. 省水利厅、省财政厅表彰：市水利局
79. 省水利厅表彰：丹阳市
80. 省水利信息中心表彰：市水利局办公室
81. 省广播电视总台表彰：市广播电视集团(台)
82. 省委宣传部表彰：市广电集团广播剧《布衣先生》 皇塘镇
83. 省检察院表彰：市检察院
84. 省检察院刑事执行检察处表彰：市检察院
85. 省检察院反渎职侵权局表彰：市检察院
86. 省财政厅办公室表彰：市财政局
87. 省财政厅表彰：市财政局 市财政局党总支
88. 省人社厅、省工商局表彰：市市场监管局
89. 省食药监局表彰：市食药监局
90. 省工商局表彰：市市场监管局行政许可科 市市场监管局曲阿分局 市市场监管局
91. 省依法治省领导小组表彰：皇塘镇司法所 云阳街道水关路东社区
92. 省统计局表彰：云阳街道综合统计站
93. 省文明办、省关工委表彰：云阳街道青少年校外教育中心辅导站
94. 省人社厅表彰：云阳街道迈村村 云阳街道九房村 云阳街道城南村
95. 省文明委表彰：云阳街道华都锦城社区
96. 省卫计委表彰：云阳街道中山路社区
97. 省地震局表彰：云阳街道江南人家社区 云阳街道阜阳社区
98. 省综治委预防青少年违法犯罪领导小组、省综治办、省关工委表彰：云阳街道万善园社区 云阳街道凤美新村社区
99. 省消防总队表彰：云阳街道凤美新村社区
100. 省社会教育服务指导中心表彰：云阳街道阜阳社区
101. 省侨办表彰：云阳街道朝阳新村社区

(史志办)

2017 年镇江市级荣誉

表 91

荣誉获得单位	荣 誉 名 称	授予单位或组织机构
市信访局	党的十九大安保维稳工作集体二等功	镇江市委 镇江市政府
界牌镇	2013—2016 年镇江市社会治安综合治理先进集体	镇江市委 镇江市政府
市综治办皇塘镇综治办		
市交运局	2014—2016 年度镇江市级文明单位	镇江市委 镇江市政府
吕城派出所	“争创人民满意政法单位”先进集体	镇江市委 镇江市政府
市公安局出入境大队		
丹阳市代表队	镇江市第十五届运动会青少年代表团（金牌总数）第一	镇江市政府
丹阳市代表队	镇江市第十五届运动会青少部代表团（团体总分）第二	镇江市政府
天怡房屋建设开发有限责任公司	最具爱心慈善捐赠企业	镇江市政府

(史志办)

【镇江市级部门表彰的先进集体】

1. 镇江市纪委表彰：丹阳开发区纪工委
2. 镇江市征兵工作领导小组表彰：曲阿街道办事处 皇塘镇人武部
3. 镇江市信访工作联席会议表彰：界牌镇
4. 镇江司法局、镇江市人民调解协会表彰：界牌镇司法所

5. 镇江市委组织部表彰：界牌镇界中社区　市政务服务管理办公室　市广电集团新闻频道采访部
6. 镇江团市委表彰：界牌镇团委　市市容管理中心路灯管理所工程科　市农委科教科
7. 镇江市第一次全国可移动文物普查领导小组办公室、镇江市文物局表彰：市博物馆　市总前委旧址纪念馆
8. 镇江市“扫黄打非”工作领导小组表彰：市文化行政综合执法大队
9. 镇江市委党建工作领导小组表彰：市政务服务管理办公室
10. 镇江市交运局表彰：市交运局
11. 镇江市依法治市领导小组办公室表彰：市交运局　市检察院
12. 镇江市司法局表彰：市司法局　市公证处　界牌镇司法所
13. 镇江市司法局、镇江市人民协会表彰：市医患纠纷人民调解委员会　界牌镇人民调解委员会　访仙镇人民调解委员会　皇塘镇人民调解委员会　陵口镇人民调解委员会
14. 镇江市人行、镇江市金融学会表彰：丹阳农商行
15. 镇江银监分局办公室表彰：丹阳农商行
16. 镇江银行业协会表彰：丹阳农商行
17. 镇江市协调劳动关系三方委员会表彰：吕城镇
18. 镇江市总工会表彰：市凯鑫合金材料有限公司　市总工会　市绿洲废弃物处置中心　市公安局
19. 镇江市总工会经费审查委表彰：吕城镇工会　皇塘镇工会
20. 镇江市人社局表彰：吕城镇留庄村人社服务站　吕城镇井园村人社服务站　云阳街道
21. 镇江市体育局表彰：吕城镇文体中心舞蹈队　云阳街道
22. 镇江市科技局、镇江市统计局表彰：市科技局　云阳街道公园新村社区　云阳街道水关路东社区　云阳街道锦尚名都社区
23. 镇江市石油天然气管道保护工作领导小组表彰：市发改经信委
24. 镇江市新能源汽车推广应用领导小组表彰：市新能源汽车推广应用领导小组办公室
25. 镇江市履行禁止化学武器公约工作领导小组办公室表彰：市禁化武办
26. 镇江市经信委表彰：市发改经信委
27. 镇江市建设工程质量检测协会表彰：市检测中心
28. 镇江市住建局表彰：市建管处
29. 镇江市应急办表彰：市政府办公室
30. 镇江市政府办公室表彰：市政府办公室　皇塘镇
31. 镇江海关表彰：丹阳海关办公室
32. 镇江市城管局表彰：市佳洁环卫公司　市绿洲废弃物处置中心
33. 镇江市城管协调委员会表彰：市佳洁环卫公司
34. 镇江市城管（行政执法）局表彰：市诚诚城市公共设施服务中心
35. 镇江综治委表彰：市公安局
36. 镇江市妇联表彰：市公安局　云阳街道云阳桥社区
37. 镇江市委组织部表彰：市公安局政治处　市中医院　云阳街道江南人家社区　云阳街道华都锦城社区
38. 镇江市公安局表彰：市公安局政治处　市公安局经侦大队　市交警大队　市巡特警大队　和平桥派出所　开发区派出所　南环路派出所　吕城派出所
39. 镇江市产业“三集”发展推进领导小组表彰：丹阳市
40. 镇江市农委表彰：市农委　市农委生产科　市作栽站
41. 镇江市委宣传部、镇江市互联网协会表彰：丹阳日报微信公众号
42. 镇江市委台湾工作办公室、镇江市政府台湾事务办公室表彰：市台办
43. 镇江市妇联表彰：市妇联
44. 镇江市文明办、镇江市妇联、镇江市家庭教育研究会表彰：市妇联
45. 镇江市工商联表彰：市工商联
46. 镇江市教育局表彰：市五中
47. 镇江市第十五届运动会组委会表彰：市五中
48. 镇江市卫计委表彰：市人民医院　云阳街道华南新村社区　云阳街道凤美新村社区　云阳街道朝阳新村社区
49. 镇江市职工教育培训技能竞赛领导小组、镇江市卫计委表彰：市人民医院
50. 镇江市机关事务管理局表彰：市机关事务管理局
51. 镇江市环保局表彰：市环保局
52. 镇江市科技局、镇江市统计局表彰：市统计局
53. 镇江市物价局表彰：市物价局
54. 镇江市体育局表彰：市体育局
55. 省国税局办公室表彰：市国税局
56. 镇江市预防职务犯罪工作领

导小组表彰：市国税局

57. 镇江市老龄委、镇江人寿保险公司表彰：市老龄办

58. 镇江市综治委预防青少年违法犯罪工作领导小组表彰：市救助管理站

59. 镇江市地税局表彰：丹阳地税局　丹阳地税局稽查局　丹阳地税第十分局　丹阳地税第一分局　丹阳地税局第二分局

60. 镇江市城镇妇女“巾帼建功”活动领导小组、镇江市妇联表彰：市商务局外资料　市广电集团《八姑娘帮你忙》栏目组

61. 镇江市科协表彰：市科协

62. 镇江市法治宣传教育领导小组办公室表彰：市广电集团《法律在线》电台普法节目

63. 镇江市检察院表彰：市检察院　市检察院控申科　市检察院民行科

64. 镇江市政法委、镇江市依法治市领导小组办公室表彰：市检察院民行科

65. 镇江市纪委表彰：市检察院犯罪预防中心　云阳街道纪工委　云阳街道凤美新村社区

66. 镇江市财政局表彰：市财政局

67. 镇江市职业教育培训技能竞赛领导小组办公室、镇江市食品药品监管局、镇江市药学会表彰：市中医院

68. 镇江市医学会表彰：市中医院莲心图

69. 镇江市档案局表彰：市中医院

70. 镇江民主同盟表彰：市中医院支部

71. 镇江市工商局表彰：市市场监管局　市市场监管局界牌分局　市市场监管局司徒分局

72. 镇江市食品监管局表彰：市市场监管局

73. 镇江市食品安委会办公室、镇江市食药监局表彰：市市场监管局

74. 镇江市食药监局、镇江市工商局、镇江市质监局表彰：市市场监管局

75. 镇江团市委表彰：皇塘镇团委

76. 镇江市文广新局表彰：皇塘镇文体中心

77. 镇江市国家基层综合性文化服务中心建设试点工作领导小组表彰：皇塘镇文体中心

78. 镇江市治安综合治理办公室表彰：云阳街道　云阳街道综治办

79. 镇江市统计局表彰：云阳街道综合统计站

80. 镇江市民政局表彰：云阳街道太阳城社区　云阳街道大定船社区　（史志办）

2017 年丹阳市个人获国家级、部级荣誉

表 92

姓名	供职单位	荣誉名称	授予单位或组织机构
史玉秋	丹阳开发区管委会	从事档案工作三十年	国家档案局　中央档案馆
王小南	市科技局	2016 年度国家知识产权试点示范城市工作先进个人	国家知识产权局
陆勤勇	市公安局	2016—2017 年全国研制侦查破案能手	公安部
孙　毅	市公安局	2016 年打击整治假币违法犯罪专项行动成绩突出个人	公安部　中国人民银行
赵玉兰	市农委	全国农牧渔业丰收奖	农业部
赵永东 许　静	丹阳日报社	2017 年度全国县市区域百佳优秀报人	中国县市报研究会
林翼金	市人民医院	全国卫生计生系统先进工作者	人力资源和社会保障部　国家卫生计生委员会　国家中医药管理局
王立晖	市人民医院	国家自然科学基金资助项目(青年科学基金项目)	国家自然科学基金委员会
戴志忠	市体育局	2013—2016 年度全国群众体育先进个人	国家体育总局
林伟民	市第五中学	全国 2016—2017 年度“一师一优课、一课一名师”活动(部级优课)	教育部办公厅

续表 92

姓　名	供职单位	荣　誉　名　称	授予单位或组织机构
蒋红艳	市人民医院	全国优质护理表现突出护士	国家卫计委办公厅　国家中医药管理局办公室

（史志办）

2017年丹阳市个人获江苏省级荣誉

表 93

姓　名	供职单位	荣　誉　名　称	授予单位或组织机构
周国铭	市公安局	江苏省党的十九大安保先进个人	江苏省委　江苏省政府
眭越江	云阳街道	江苏省农村基层党建工作突出贡献奖	江苏省委　江苏省政府

（史志办）

【省级部门表彰的先进个人】

1. 省第一次全国可移动文物普查领导小组表彰：
郭　蓓
2. 省高级人民法院表彰：
王　俊
3. 省交运厅表彰：
唐明仙　孔琴妮　华亚琴
4. 省交运厅公路局表彰：
朱江慧
5. 省档案局表彰：
吴晓群
6. 省司法厅表彰：
李文斌
7. 省委农村工作领导小组办公室、省农村综合改革领导小组办公室表彰：
殷兆龙
8. 省政务服务管理办公室、省人社厅表彰：
裴晨霞
9. 省知识产权局表彰：
刘　杰
10. 省人才创新创业促进会表彰：
杜　赟
11. 省工商局、省网络安全和信息化领导小组等表彰：
赵顺群
12. 省白蚁防治协会表彰：
朱亚明　王腊桂
13. 省政府办公厅表彰：
张　燕
14. 南京海关表彰：
杨　慨
15. 团省委、省人社厅表彰：
盛云辉
16. 省公安厅表彰：
陈　俊　张　伟　陈　坚
毛为青　王国锋　薛伟方
王国俊　诸葛渊
17. 省委610办公室表彰：
毛国书
18. 江苏名特优农产品交易会组委会办公室表彰：
梁素芹　高慧琴
19. 省渔业技术推广中心表彰：
刘建华
20. 省林业局表彰：
邓颖敏
21. 省农委表彰：
洪　钟　陈　琼　张智浩
尚　元
22. 省农业广播电视学校表彰：
黄婉熙
23. 省职业农民培育指导站、江苏农村经济杂志社表彰：
黄婉熙
24. 省动物疫病预防控制中心表彰：
赵　琼
25. 省海洋与渔业局表彰：
刘建华　杭俊明
26. 国家粮食丰产科技工程江苏项目办公室表彰：
陆　菲　丁秀文
27. 省委组织部、省委宣传部表彰：
邹　晴
28. 省委宣传部表彰：
钱云宝　方美芳
29. 省县市报研究会表彰：
李傲辰　茅猛科　吴志云
张玉峰　符云莹
30. 省妇联、省妇女“双学双比”“巾帼建功”活动领导小组表彰：
姜　琪
31. 省粮食行业协会表彰：
姜文烨
32. 省教育厅表彰：
林伟民　侯建成　眭金祥
王元军　孔帮新　石　华
33. 省教育厅、省科协、省文明办、省科技厅表彰：
林伟民
34. 省电化教育馆、省中小学教研室表彰：
杨润强　支丽娟　杨宝强
匡　翔　杭辉军
35. 省青少年科技教育协会表彰：

石　华
36. 省护理学会、扬子晚报社表彰：
盛　洁
37. 省卫计委表彰：
丁明金　管辉球　毛须平
38. 省免疫学会、第三届云龙微生物与感染论坛表彰：
周文俊
39. 省妇女儿童工作委员会表彰：
周辉平
40. 省物价局、省价格协会表彰：
蒋云清　张林生　吴　延
景　锐
41. 省人社厅、省国税局表彰：
郁　磊　陈国政　周　璟
42. 省国税局表彰：
吴　平　蒯润兴　刘　方
巢汉成
43. 省残工委表彰：
周　亮
44. 省地税局表彰：
王　洁　吴建华
45. 省委大走访活动协调小组表彰：
眭仲辉
46. 省政法委、省依法治省领导小组办公室、省人社厅、省公务员局表彰：
王国新
47. 省政法委表彰：
汤裕品
48. 省水利信息中心表彰：
魏红军
49. 省太湖治理建设管理局表彰：
贡　涛　朱建详　张　峰
50. 省检察院表彰：
束利云
51. 省文明办表彰：
陶腊娣
52. 省中医药协会表彰：
马继恒
53. 省工商局表彰：
周　祥　殷建华　陈　斌
王国方

（史志办）

2017 年丹阳市个人获镇江市级荣誉

表 94

姓　名	供职单位	荣　誉　名　称	授予单位或组织机构
张叶宏	市公安局	党员先锋	镇江市委
杨洋阳	市五中	2017 年镇江市“十佳教师”	镇江市政府
徐　钟	市五中	第四师可克达拉市优秀援藏干部人才	中共第四师可克达拉市委
谢宏庆	市五中	第四师可克达拉市优秀援藏干部人才	中共第四师可克达拉市委
张佳俊	市委办公室	2013－2016 年全市社会治安综合治理先进个人（三等功）	镇江市委　镇江市政府
史云龙	市政法委	2013－2016 年全市社会治安综合治理先进个人（三等功）	镇江市委　镇江市政府
贡丽华	市政法委	2013－2016 年全市社会治安综合治理先进工作者	镇江市委　镇江市政府
任剑平	市政法委	全市十九大安保维稳工作个人二等功	镇江市委　镇江市政府

（史志办）

【镇江市级部门表彰的先进个人】
1. 镇江市信访工作联席会议表彰：
杨忠俊　朱伟界　麻连宝
宋建军　恽小平　许秋萍
周宏年
2. 镇江市征兵工作领导小组表彰：
王　栋　潘丽琴
3. 镇江市村庄环境长效管理联席会议办公室表彰：
朱军辉　曹俊忠　栾海平
朱中联　方　敏
4. 镇江市城管局表彰：
汤光辉　冷晓鸽
5. 镇江市第一次全国可移动文物普查领导小组办公室、镇江市文物局表彰：
朱丽娜　王国生　蒋　丹
王玉娟　孙国武　秦国良
6. 镇江市委宣传部表彰：
赵　鹏　吴鸿喜　刘　攀
赵凯林　蒋　萍
7. 镇江市“扫黄打非”工作领导小组表彰：
张　益
8. 镇江市委组织部、政法委、依法治市领导小组办公室表彰：
戴秋汉　丁云龙　韦晓华
孔荣正　刘　顺　贡晓燕
束雅娟　邹小花　陈国华
胡耀强　徐习文　徐中阳

蒋小平　鲁国仙　蔡玉芳
宗　伟　言　蓉　方红卫
蒋玉中

9.镇江市文明办表彰：
郦晓红　陶腊娣

10.镇江市交运局党委表彰：
孙佳飞　王　岩　胡忠华

11.镇江市交运局表彰：
唐云梅　尹银火　钟　辉
李生根　史明强　尹秀琪

12.镇江市档案局表彰：
周辉萍　李峥嵘　纪锁明
姜杰华　蒋金良　荆　益
陈　云　王子娇　周文峰
孙文辉　眭亚杰

13.镇江市政府办公室表彰：
唐云梅　赵　沛　郭　峰

14.镇江市委党建工作领导小组表彰：
唐云梅　庄　英

15.镇江市爱国卫生运动委员会表彰：
眭　昕　袁大敏

16.镇江市司法局表彰：
朱　磊　徐　芸　陆冬平
金　文　邵秀芳

17.镇江银监分局办公室表彰：
周荣海

18.镇江市人行办公室表彰：
蔡锦虎　王　辉　赵峰琴

19.镇江江苏银行表彰：
汤　楠　陈雅敏　何云华
朱海涛

20.镇江市科技局、镇江市统计局表彰：
丁　欢　张翠华

21.镇江苏南国家自主创新示范区“一区十四园”协同管理联席会议办公室表彰：
徐建芳

22.镇江市石油天然气管道保护工作领导小组表彰：
潘惠俊

23.镇江市目标管理考核领导小组办公室表彰：
吴卫东　陈　军

24.镇江市新能源汽车推广应用领导小组表彰：
史江涛

25.镇江民建表彰：
秦叶红

26.镇江市经信委表彰：
周　晶　景全连

27.镇江市住房公积金管理中心表彰：
徐雪华　诸葛娟雁

28.镇江市建设工程质量检测协会表彰：
管　娟　姜建彬　贡嘉杰
孙玉芳　高秋琴

29.镇江市住建局表彰：
束　俊　曾建国　周明良

30.镇江海关表彰：
易　斌　李天生　高文平
杨　慨

31.镇江市文明办、镇江市总工会表彰：
戴月华

32.镇江市城管（行政执法）局表彰：
郭红星　司马永辉　眭成俊
戴增辉　薛晓华　张才友
陈锁平

33.镇江市城管局表彰：
田梅林　王　伟　丁　芳

34.镇江市妇女儿童工作委员会表彰：
景建国　陈素琴

35.镇江市公安局、镇江市见义勇为基金表彰：
贺国红

36.镇江市预防职务犯罪工作领导小组表彰：
吴坚刚

37.镇江市公安局表彰：
洪国平　郭勇强　蒋惠琴
张　丹　张荣辉　杨林慧
吉伟伟　张越霖　袁　涛
张荣辉　毛泽民　周　航
陈　剑　韦国新　眭　毅
朱云峰　陈锁坤　冯璐斌
周国铭　王忠平　庄建华
张　寒　袁　健　王晓军
沈香玉　张　伟　毛丹霖
周海忠　潘亚斌　陈维嘉
眭伟涛　阮海军　何　佳
袁　斌　靳利滨　王　尧
张卫莺　陆　定　滕　达
郑洪宇　刘　扬　邱　勇
李晓鹭　郦利云　孙　毅
张　翔　张宇晖　袁志勇
葛永有　夏志伟　王　尧
宋　佩　王智芸　张　伟
姜志勇　虞　康　曹林玲
尹　泓　朱正芳　周其良

38.省农委办公室表彰：
范　磊　王丹萍

39.镇江市农委表彰：
洪　钟　张智浩　陈　琼
徐新宇

40.镇江市动物疫病预防控制中心表彰：
赵　琼　赵　莉　张智浩
林　杰

41.镇江市妇联表彰：
杨钰琛　徐镇芳　束　芳

42.镇江市教育局表彰：
眭金祥　王元军　李卫芬

43.镇江市卫计委表彰：
王树金　张东军　张元度
张　欢　孙小丽

44.镇江市爱卫会表彰：
马湘颖

45.南通大学医学院表彰：
唐剑锋

46.南通大学教务处表彰：
朱红涛

47.镇江市职工教育培训技能竞赛领导小组、镇江市卫计委表彰：
何嫦娥

48.镇江市总工会表彰：
吴秀敏

49.镇江市医学会表彰：
葛洪波　钱　颖　王　波

50.镇江市药学会表彰：
翟洪发　丁晓瑜

51.镇江市妇联、镇江市文广局表彰：
刘学庆

52. 镇江市机关事务管理局表彰：
张 桦 贡云义 唐红军
53. 镇江市环保局表彰：
汤梦云 何伟玉
54. 镇江市农普办表彰：
张 云
55. 镇江市统计局表彰：
周辉平 张辉芳 陈夕刚
56. 镇江市国税局表彰：
孙明亮 洪 宁 臧福全
吴 平 孙 兴 杨 亮
李 哲 任玉婷 张朝辉
马 亮 王剑秋 刘 方
巢汉成
57. 镇江市地税局表彰：
田山鹏 王 洁 袁松涛
束江平 张颖俊 汤成忠
田 亮 闵锁金 张 宇
王 东 束良俊 洪 琴
王双云 唐许斌 林 辉
徐华良 刘耀华 钱仁本
方建浩 朱爱华 陈夕龙
魏 辉 卢华俊 陈志龙
陈兆政 张菊慧 陈爱芹
刘天蓉 叶海燕
58. 镇江市委办表彰：
樊 梓
59. 镇江市检察院表彰：
吕 敏 张小军 张 磊
邱伟毅 郝庆富 宦琴仙
符 娟 谢安林 魏 巍
束利云 李玉栋 孟 强
马春艳 石白蕾
60. 镇江市检察院政治部表彰：
朱 玲
61. 镇江市农业保险工作领导小组表彰
单东兴 陈华金
62. 镇江市财政局表彰：
朱旭东
63. 省财政厅办公室表彰：
朱旭东
64. 镇江市护理学会表彰：
朱海霞
65. 镇江市食药监局表彰：
张燕芬 张彦平 孙艳飞
史柏芳 姜慧渊 陈俊杰
66. 镇江市职业教育培训技能竞赛领导小组办公室、镇江市食药监局、镇江市药学会表彰：
董 智 李 琴 杨 柳
67. 镇江市民主同盟表彰：
王 琦 王 刚 蔡成君
68. 镇江市工商局表彰：
郦春霞 张天文
69. 镇江市工商局党组表彰：
蔡伟峰 袁柱华
70. 镇江市食品安委会办公室、镇江市食药监局表彰：
马 莉 张利玲
71. 镇江市对口支援新疆生产建设兵团第四师前方指挥组表彰：
卢坚峰
72. 镇江市见义勇为基金表彰：
杨建平
73. 镇江市第三次全国农业普查领导小组表彰：
环鑫婷
74. 镇江市信访局表彰：
张玉春
75. 镇江市民政局表彰：
马月芳 （史志办）

丹阳市先进单位和个人

【2017 年丹阳市创建全国文明城市工作有功集体、有功个人、先进集体、先进个人和优秀志愿者】

1. 有功集体
宣传部 高新区 开发区 司徒镇 公安局 城管局 交运局 市场监管局 教育局 住建局
2. 有功个人
丁银林 于 斌 马 伟
马艳琴 韦立忠 吕锡南
刘建秋 刘翠萍 汤明亮
汤建俊 孙国武 贡丽娅
李敏芳 束克之 吴江华
吴晓东 张二青 陈 龙
陈锁坤 胡小锁 洪国平
徐 民 高火宝 郭 昱
葛雅林 董辉平 蒋新兰
谢正宝 谢春华 瞿煜国
3. 先进集体
市委办 市府办 市人大机关 市政协机关 纪委 组织部 机关工委 统战部 人社局 信访局 档案局 法制办 政务办 总工会 团市委 妇联 科协 工商联 政法委 人武部 法院 检察院 司法局 民政局 国土局 水利局 文广新局 卫计委 体育局 党校 文联 广电集团 丹阳日报社 发改经信委 科技局 规划局 民防局 旅游局 国调队 邮政局 电信公司 移动公司 联通公司 供电公司 环保局 财政局 投资集团 商务局 审计局 烟草总公司 人民银行 延陵镇 珥陵镇 导墅镇 皇塘镇 吕城镇 陵口镇 访仙镇 丹北镇 界牌镇
4. 先进个人
丁 伟 丁丽琴 丁 剑
于丽萍 马慧芳 马 巍
丰正明 王 磊 王小平
王小雪 王 文 王文伟
王 芳 王秀华 王国新
王金根 王建辉 王 倩
王 菲 王慧娟 韦梅生
毛丽华 毛宏良 毛晓红
尹金平 尹鹏程 邓丹俊
石东虎 卢夕耀 叶振龙
田锁春 史小东 史玉成

史华君 史丽娜 戎伟仁
戎秀娟 吉立平 夷朝霞
朱云山 朱文洁 朱正兰
朱华晓 朱军辉 朱防修
朱君仙 朱明刚 朱明国
朱学军 朱 峰 朱梦盼
朱 铭 朱燕萍 朱鑫豪
仲书芳 任小平 壮永康
刘 顺 刘 晶 刘广跃
刘志伟 刘建梅 刘 俊
刘雪梅 刘绪争 闫晓瑜
关 璐 江玉峰 汤光辉
汤丽文 汤 昊 汤 雯
许秋萍 许 新 孙 军
孙红娟 孙 芳 孙 飚
孙 佳 孙建国 孙秋硕
孙唯一 孙银炳 孙 琴
孙 煜 贡云霞 贡杰欣
贡秋臻 贡惠霞 贡锁忠
苏国庆 杜学斌 李正花
李 欢 李凯文 李科伟
李振兴 李淑君 李 溶
杨小玲 杨永久 杨钰琛
杨 慨 杨 磊 束文华
束利伟 束 彧 步东峰
步坚平 步坚平 步瑞生
肖彩芳 吴卫东 吴玉方
吴东方 吴兴春 吴如雷
吴松成 吴建祥 吴 涛
吴菱萍 吴福舟 邱玉定
何建国 何 峰 佘长欢
邹宏建 邹学伟 汪文兰
张 翔 张小斌 张卫星
张丹萍 张 平 张东方
张发良 张吉娣 张旭英
张 芸 张 杰 张 杰
张 杰 张明辉 张 凯
张建平 张建华 张荣良
张 俊 张荷英 张彩君
张 谦 张 燕 陆中华
陈三坤 陈小军 陈同胜
陈志明 陈志南 陈国连
陈 凯 陈学海 陈建华
陈胜华 陈素琴 陈 玺
陈梨辉 陈琴花 陈 锋
陈锦荣 陈新伟 陈黎明
陈 蕾 茅学军 林丹珏
林 欢 罗方臻 季明红
岳元林 周 彦 周晓东
郑 健 项 静 赵卫宁
赵仁朝 赵伯康 赵国栋
赵美群 赵磐石 赵 毅
胡云球 胡云萍 胡宏建
胡忠星 郦晓红 郦新建
钟卫明 姜小兵 姜文华
姜汝稳 姜志勇 姜志勇
姜 炜 姜辉群 恽 霞
宦 艳 祝宏伟 贺万里
贺国红 贺 强 秦夕林
秦炜娜 贾云飞 贾国瑞
顾文杰 顾立群 顾 君
钱卫东 钱琴芬 徐玉明
徐杏平 徐荣力 徐 莉
殷 鑫 卿媛媛 凌武刚
凌建红 栾海平 高夕海
高 峰 郭 捷 郭蓓蓓
郭 翠 唐云龙 唐启斌
唐林芳 诸葛钰 黄玉红
黄东海 黄亚勤 黄 成
曹俊忠 盛文庆 眭一惠
眭小燕 眭卫平 眭云宝
眭芬娣 眭 昕 眭 娅
眭 琛 崔 瑜 梁广阔
梁振若 彭 莉 彭 健
葛爱敏 董国华 董 薇
蒋 涛 蒋卫东 蒋 玉
蒋可华 蒋成平 蒋红军
蒋建平 蒋荣华 蒋 虹
蒋俊华 蒋洪坤 蒋朝辉
蒋惠琴 蒋澄瑜 景志鑫
景银山 景震华 傅志中
傅星辰 傅 辉 曾莹香
谢春荣 虞庆如 窦国胜
蔡 静 蔡 俊 蔡 蔚
臧 伟 裴柳辉 谭纵横
谭银香 樊 弢 颜建忠
潘卫芳 潘云兴 潘志军
潘国兴 潘国锋 薛勇军
薛 琴 戴跃年 魏一楼

5. 优秀志愿者

丁 臻 王友海 王叶鹏
王 华 史国川 史辉生
冯智超 吕振艳 朱 静
庄秋华 汤国兴 许 坚
孙文娟 贡云义 李冬云
李 莉 李 娟 李群雄
吴 延 吴军兴 吴红仙
邹 冬 冷春燕 张志平
张 杰 张佳伟 张建新
张孟然 陈军林 陈 凯
陈 欣 陈 强 杭珍珍
岳玉斌 孟宪玲 胡永峰
钟慧敏 施巧霞 姜 涛
费生荣 袁文伟 徐 斌
高宇航 郭 栋 郭勤学
康 勇 章宁鹏 梁福如
景银山 曾 俊

（史志办）

【2017 年丹阳市有突出贡献高级技能人才】

潘学龙 吴仲英 李东浩
陈建良 刘红美 秦 芳
戎辉霞 段 鹂 陆 霞
方美珑 许 斌 汤 晶
汤 洁 黄夷凌 林 虎
朱明法 朱 帅 陈玉姣
高玲玲 马玉琴 束亚婷
董光平 程锁芳 韩新忠
张锁平 眭桂芳 王金华
黄红仙 黄国英 蒋秀凤
刘 燕 庄琴娣 池翠芹
丁莉春 孙丹珠 郦占军
张 宏 刘 明 于 帅
有阳华 王文杰 许月兰
邓勇俊 戎 鹏 洪清娥
王大军 韦海峰 胡向阳
管新伟 孙建华

（史志办）

【2017 年度绩效考核先进单位】

1. “五位一体”建设和党建工作考核优胜镇

开发区（曲阿街道）　丹北镇　云阳街道　司徒镇

2. 重点工作考核先进单位

一等奖：丹北镇　开发区（曲阿街道）　司徒镇

二等奖：导墅镇　珥陵镇　延陵镇　访仙镇　皇塘镇　吕城镇　陵口镇

三等奖：云阳街道　界牌镇

3. 市级机关绩效考核先进单位

一等奖

第一组：组织部　纪委（监察局）　宣传部（文明办）

第二组：住建局　交运局　公安局　财政局

第三组：地税局　国税局　国土局

二等奖

第一组：总工会　市级机关工委　政法委（综治办）　广电集团　信访局

第二组：发改经信委　农委　水利局　城管局　教育局　人社局

第三组：国调队　供电公司　人民银行　气象局　中国银行

（史志办）

【2017 年度丹阳市优秀纳税企业】

一、特等奖（2017 年纳税总量 2 亿元以上的企业、2017 年纳税总量 1 亿元以上且亩均纳税位居前 10 名的企业）

1. 2017 年纳税总量 2 亿元以上的企业

大亚集团　沃得集团　天工集团　丹阳龙江钢铁有限公司

2. 2017 年纳税总量 1 亿元以上且亩均纳税位居前 10 名的企业

鱼跃集团　海昌隐形眼镜集团

二、一等奖（2017 年纳税总量 1 亿元以上的企业、2017 年纳税总量 5000 万元以上且亩均纳税位居前 10 名的企业）

1. 2017 年纳税总量 1 亿元以上的企业

国网江苏省电力有限公司丹阳市供电分公司　大赛璐安全系统（江苏）有限公司　美乐集团　万新集团　江苏同力机械有限公司　飞达集团

2. 2017 年纳税总量 5000 万元以上且亩均纳税位居前 10 名的企业

恒宝集团　江苏仅一联合智造有限公司　汉高（江苏）汽车零部件有限公司

三、二等奖（2017 年纳税总量 5000 万元以上的企业、2017 年纳税总量 3000 万元以上且亩均纳税位居前 10 名的企业）

1. 2017 年纳税总量 5000 万元以上的企业

丹阳市天怡房屋建设开发有限责任公司　丹阳新城宏盛房地产发展有限公司　肯帝亚集团　长丰纸业集团　丹阳中南房地产开发有限公司　镇江市烟草公司丹阳分公司　江苏元龙房地产开发有限公司　云阳集团　大力神集团

2. 2017 年纳税总量 3000 万元以上且亩均纳税位居前 10 名的企业

江苏华凯比克希线束有限公司　吉凯恩（丹阳）工业有限公司　丹阳荣嘉精密机械有限公司

四、三等奖（2017 年纳税总量 3000 万元以上的企业、2017 年纳税总量 2000 万元以上且亩均纳税位居前 10 名的企业）

1. 2017 年纳税总量 3000 万元以上的企业

江苏和合环保集团有限公司　丹阳国信嘉源房地产开发有限公司　丹凤集团　江苏明月光电科技有限公司　丹阳爱家房地产有限公司　江苏新泉汽车饰件股份有限公司　丹阳港华燃气有限公司　丹阳恒大置业有限公司　丹阳八佰伴商贸有限公司　江苏丹阳农村商业银行股份有限公司　花王生态工程股份有限公司

2. 2017 年纳税总量 2000 万元以上且亩均纳税位居前 10 名的企业

新天鸿光学有限公司

（史志办）

【2017 年度政法、信访工作先进集体和先进个人】

一、先进集体

1. 社会治安综合治理先进集体

导墅镇　司徒镇　丹北镇　市政府办　组织部　宣传部　公安局　信访局　安监局　卫计委

2. 平安建设先进集体

珥陵镇　界牌镇　吕城镇　人社局　司法局　民政局　住建局　城管局　市场监管局　人行

3. 法治创建先进集体

开发区 延陵镇 法制办 编办 机关工委 市委办 法院 检察院 政务办 地税局 财政局 发改经信委 教育局 人大法工委 农委

4. 信访工作先进集体

司徒镇 珥陵镇 导墅镇 界牌镇 延陵镇 人社局 医保中心 财政局 法院 检察院 公安局 农委 住建局 粮食局 市场监管局 教育局 卫计委 供电公司 信访局 工业资产总公司

二、先进个人

1、综治和平安建设先进个人

李青山 陈胜华 王泽民 韦芬琴 支琴美 姜 艳 徐平忠 贡晓晖 毛玲霞 曾祥明 韦国新 陈建华 蒋 萍 贺晓明 杨海荣

2. 法治创建先进个人

崔晓俊 邵 翔 焦建国 唐宁锋 史乐群 田国亮 任 涛 李浩琦 王云青 王文伟 朱青健 唐卫明 祝广洪 毛彩英 张诚熙

3. 公正为民执法先进个人

虞 韵 邹 亮 张 萌 邱伟毅 诸葛渊 肖亚军 王海圆 陈 剑 张 群 葛锐宇

4. 信访工作先进个人

李青山 张玉春 陈一骄 曹志斌 潘德法 裴意成 裴有喜 丁夕海 戎 钢 祖云峰 眭 颖 单旭芳 徐玉明 王 琼 邹 群 吴文俊 王秀青 陈莉萍 朱 琼 周俊杰

（史志办）

【2017 年度优质“效能服务部门、科室（窗口）标兵”】

一、优质“效能服务部门”

宣传部（文明办） 机关工委 组织部 发改经信委 交运局 住建局 农委 人社局 水利局 地税局 气象局 人民银行

二、优质“效能服务科室（窗口）”

民政局婚姻登记处 公安局指挥中心 实验学校 档案局保管利用科 政务办发改经信委窗口 省丹中 第六中学 吕叔湘中学 第五中学 人社局人力资源管理办公室 政务办卫计委窗口 华南实验学校

三、优质“效能服务标兵”

贺福红 叶崎毅 王贞娟 蒋惠琴 王康乐 丁夕海 马秀军 王辉琼 马旭琴 陆建平 蒋须俊 李凯文 包红琴 徐建芳 步 炜 束 翔 朱琴芬 王剑秋 蒋 彬 毛鸿雁

（史志办）

【2016—2017 年度优秀共产党员、优秀党务工作者和“六强”先进党组织】

一、优秀共产党员

马文跃 汤明亮 王金根 许建军 朱正兰 王 铸 朱 峰 黄东虹 许忠惠 郦科辉 唐云浩 林德意 洪 伟 马春斌 管双燕 蒋澄瑜 钱志强 顾祎平 马春华 李国平 许 彦 曹 旷 景腊敏 冷荣俊 眭林辉 蔡新辉 赵玉华 马慧芳 史正华 张淑宁 徐亚静 韩建宝 尹荣秀 黄荣强 曾惠泽 成 琛 冷 杰 马国生 陈 斌 张 辉 韦晓华 吴东方 窦姝琦 夏海波 唐启斌 陈三坤 裔国林 王 杨 蒋 伟 石 岩 毛辉明 张贺龙 马建国 潘志成 林云才 王秀平 吴建祥 徐云飞 赵春红 王文伟 刘 忠 郦友良 史玉军 徐乃峰 陈建阳 陈 笑 徐香玉 张朝民 眭健辉 汤红芳 王 锋 有辉平 李 波 罗方平 潘伟芳 徐建忠 朱防修 姜建群 张新华 万锁忠 张松青 蒋金良 蔡建良 任湖滨 贺志新 严国荣 祝广庆 徐 烈 丁金泉 黄长祎 何新友 焦小林 孙新福 殷来大 徐荣力 徐建卫 张玉成 柳 华 袁秋红 陈金仙 言雪梅 邹 辉 庞永红 王玉琪 张明锡 徐腊娥 丰 艳 高 峰 倪书坤 史菊花 束林先 范小伟 胡泽华 王丽君 周 强 刘克俊 印晓燕 李德兴 符 坚 司马建风 张达鑫 朱昌宏 郑志伟 戎全福 张 伟 陈建胜 吴海宝 唐国庆 彭海波 马春虎 臧星波 顾立群 陈全福 姜剑波 束泽润 唐敖齐 龚荣波 赵国荣 陈 亮 符 强 徐志敏

陈　娇　眭卫平　景清华
蒋里平　姚盛云　张光红
姚　峰　张　豪　戴峰俊
王俊香　赵俊忠　蔡振宇
祝广洪　戴　霞　张荷英
张骏洲　陈　彬　朱　雯
贺利平　赵顺良　王红康
陈　宇　刘　扬　郑洪宇
陈智俊　潘玉华　陈江萍
田　坤　景琳玲　王　强
吴永平　丁冬生　陈华丽
荆丽梦　周明良　包红琴
眭玉霞　许　新　蒋建平
眭敏燕　张　凯　宗小红
丁孟林　朱晨光　吉　军
金江静　吴良才　陈军林
韦须斌　程爱华　吴光平
栾国富　孙艳飞　贡向前
蔡海霞

二、优秀党务工作者

胡小锁　陈　瑶　诸华平
张艳君　傅文华　邵云才
张冬英　刘　顺　郭蓓蓓
孙　倩　徐成方　毛朝海
王志鹏　阮文良　符德荣
徐宝庆　张叶宏　姚小军
段留华　何金华　符丽君
戴路金　马学平　袁士华
顾金敖　路华新　张荣辉
张西雅　韦　婕　董铭智
吕立军　谭习龙　李立民
赵书民　郭　捷　朱　霞
杨华强　张志坚　蔡永胜
苏　垚　夏冬冉　闫晓瑜
周文华　邹晓强　张　洁
韦　扬　徐琦超　魏玉妹
束冬华　耿　赟　姜辉群
季明红　汝　萍　陈　翠

三、“六强”先进党组织

1.“六强”先进党（工）委

开发区党工委　高新区党工委　丹北镇党委　皇塘镇党委　延陵镇党委　吕城镇党委　陵口镇党委　市级机关工委　公安局党委　教育局党委　城管局党委　住建局党委　卫计委党委　农委党委　供电公司党委　广电集团党委

2.“六强”先进基层党组织

高楼社区党委　市实验学校党总支　车站社区党委　丹阳眼镜城党委　普善社区党委　大亚科技集团党委　迈村村党委　华都锦城社区党支部　汤甲村党总支　江苏恒宝股份有限公司党总支　云阳桥社区党委　杏村村党委　司徒中心小学党支部　东风社区党委　万新集团党委　利民村党总支　延陵镇卫生院党支部　延陵镇财政分局党支部　江苏北鸿实业有限公司党支部　丈山村党总支　江苏汇能锅炉有限公司党支部　珥陵水利站党支部　丹阳大圣服饰有限公司党支部　大华村党委　导墅镇派出所党支部　下琴村党委　江苏申阳集团党委　皇塘村党委　皇塘派出所党支部　后亭村党总支　江苏绿叶锅炉有限公司党支部　花龙村党委　吕城水利站党支部　河北村党委　江苏丹毛纺织股份有限公司党总支　陵口村党委　市国土局丹东分局党支部　人社中心党支部　江苏万奔汽车配件有限公司党支部　池塘村工商业党支部　访仙卫生院党支部　访仙派出所党支部　江苏超力电器有限公司超力党支部　飞达村党委　新桥卫生院党支部　前巷村党委　江苏沃得集团党委　姚家弄村党总支　江苏天工集团党委　界牌新村社区管委会党支部　江苏金长江环保汽摩消声器有限公司党支部　界牌镇农水站党支部　市总工会党支部　市财政局党总支　市水利局党总支　市档案局党支部　市机关事务管理局党总支　公安局政工党支部　公安局法制大队党支部　民政局机关党支部　康力公司党支部　市第六中学党总支　市实验小学党总支　市第九中学党支部　市图书馆党支部　市疾控中心党支部　广播电台党支部　丹阳水务集团党委　市房屋征收办公室党支部　朝阳城市管理养护有限公司党支部　公路管理处党总支　邮政公司金融业务部党支部　电信公司市场营销党支部　供电公司运维检修部党支部　工业资产经营管理总公司机关党支部　丹化集团党群党支部　丹阳市食品总公司党支部　粮食局机关党支部　江苏法拉电子有限公司党支部　农商银行陵口支行党支部　市场监管局机关第四党支部

（史志办）

统 计 资 料

栏目编辑 尹宏蔚

综 合

2017 年丹阳市行政区划、面积和人口

表 95

项 目	单位	2017 年	2016 年
一、行政区划	—	—	—
镇	个	10	10
街道	个	2	2
村民委员会	个	145	146
居民委员会	个	73	69
自然村	个	3584	3584
二、土地总面积	平方公里	1047.44	1047.44
三、全市总户数	户	277624	277963
全市总人口	人	808298	811460
其中:男性	人	399177	400891
女性	人	409121	410569
其中:乡村人口	人	445361	464696
城镇人口	人	362937	346764
年内出生人口	人	6698	5948
年内死亡人口	人	7541	5756

续表 95

项　目	单位	2017 年	2016 年
年内迁入人口	人	7201	7598
年内迁出人口	人	9520	8391
四、全市常住人口	万人	98.33	98.16
每平方公里人口密度	人	939	937

（统计局）

2017 年丹阳市城市人口和建设用地

表 96

项　目	单位	2017 年	2016 年
城区总户数	万户	11.07	10.97
城区总人口	万人	31.02	30.81
其中：城镇人口	万人	22.19	22.04
城区面积	平方公里	154.22	154.22
其中：建城区面积	平方公里	34.19	33.76
城市规划建设用地面积	平方公里	52.35	50.50
城市现状建设用地面积	平方公里	34.19	33.76
居住用地	平方公里	7.06	7.01
公共管理与公共服务用地	平方公里	5.70	5.65
商业服务业设施用地	平方公里	7.20	7.16
工业用地	平方公里	7.30	7.26
物流仓储用地	平方公里	0.80	0.80
道路与交通设施用地	平方公里	0.92	0.81
公用设施用地	平方公里	4.22	4.19
绿地与广场用地	平方公里	0.99	0.88
本年征用土地面积	平方公里	1.40	2.82
其中：耕地	平方公里	0.88	1.24

说明：本表数据来源于市住建局

（统计局）

2017年丹阳市地区生产总值构成项目(按当年价格计算)

表97　　　　单位:亿元

项　　目	2017年	2016年	2017年:2016年(±%)
地区生产总值	1233.27	1136.03	8.6
农、林、牧、渔业	61.99	60.60	2.3
农业	38.19	36.89	3.5
林业	1.24	1.21	2.5
畜牧业	5.81	6.41	-9.4
渔业	8.42	7.80	7.9
农、林、牧、渔服务业	8.33	8.29	0.5
工业	594.10	544.57	9.1
制造业	592.49	543.09	9.1
电力、燃气及水的生产和供应业	1.61	1.48	8.8
建筑业	24.74	23.00	7.6
批发和零售业	96.05	89.55	7.3
批发业	42.59	39.98	6.5
零售业	53.46	49.57	7.8
交通运输、仓储和邮政业	36.41	33.53	8.6
住宿和餐饮业	31.58	29.21	8.1
住宿业	3.72	3.62	2.8
餐饮业	27.86	25.59	8.9
信息传输、软件和信息技术服务业	15.35	12.22	25.6
金融业	57.50	53.88	6.7
货币金融服务	54.85	51.68	6.1
资本市场服务	0.30	0.28	7.1
保险业	2.35	1.92	22.4
房地产业	59.18	53.13	11.4
房地产开发经营业	30.96	28.92	7.1
物业管理业	3.96	3.69	7.3
房地产中介服务业	0.59	0.55	7.3
自有房地产经营活动	23.67	19.97	18.5
租赁和商务服务业	55.78	52.91	5.4

续表 97

项　　目	2017 年	2016 年	2017 年：2016 年(±%)
租赁业	1.38	1.33	3.8
商务服务业	54.40	51.58	5.5
科学研究和技术服务业	28.11	26.62	5.6
水利、环境和公共设施管理业	10.72	9.80	9.4
居民服务、修理和其他服务业	21.53	19.71	9.2
教育	35.31	31.37	12.6
卫生和社会工作	26.12	23.88	9.4
文化、体育和娱乐业	7.97	7.30	9.2
公共管理、社会保障和社会组织	70.83	64.76	9.4
第一产业	53.66	52.31	2.6
第二产业	618.84	567.57	9.0
第三产业	560.77	516.16	8.6

(统计局)

2017 年丹阳市地区生产总值构成项目(按不变价格计算)

表 98

单位:亿元

项　　目	2017 年	2016 年	2017 年：2016 年(±%)
地区生产总值	1250.21	1167.68	7.1
农、林、牧、渔业	60.15	59.14	1.7
农业	36.95	35.90	2.9
林业	1.20	1.21	-0.8
畜牧业	5.66	6.29	-10.0
渔业	8.20	7.32	12.0
农、林、牧、渔服务业	8.14	8.42	-3.3
工业	608.15	565.18	7.6
制造业	606.50	563.72	7.6
电力、燃气及水的生产和供应业	1.65	1.46	13.0
建筑业	24.57	23.40	5.0
批发和零售业	95.46	88.85	7.4
批发业	42.44	39.66	7.0

续表 98

项　　目	2017 年	2016 年	2017 年：2016 年(±%)
零售业	53.02	49.19	7.8
交通运输、仓储和邮政业	34.79	33.29	4.5
住宿和餐饮业	30.88	28.52	8.3
住宿业	3.69	3.64	1.4
餐饮业	27.19	24.88	9.3
信息传输、软件和信息技术服务业	18.41	13.85	32.9
金融业	56.55	53.59	5.5
货币金融服务	53.94	51.42	4.9
资本市场服务	0.30	0.28	5.4
保险业	2.31	1.89	22.3
房地产业	58.31	54.81	6.4
房地产开发经营业	32.25	30.14	7.0
物业管理业	4.12	3.80	8.4
房地产中介服务业	0.61	0.55	10.9
自有房地产经营活动	21.33	20.32	5.0
租赁和商务服务业	66.88	57.63	16.1
租赁业	1.65	1.45	14.1
商务服务业	65.23	56.18	16.1
科学研究和技术服务业	26.40	27.32	-3.4
水利、环境和公共设施管理业	10.07	10.06	0.1
居民服务、修理和其他服务业	25.82	20.92	23.4
教育	33.16	32.20	3.0
卫生和社会工作	24.53	24.51	0.1
文化、体育和娱乐业	9.56	7.95	20.3
公共管理、社会保障和社会组织	66.52	66.47	0.1
第一产业	52.01	50.72	2.5
第二产业	632.72	588.58	7.5
第三产业	565.48	528.38	7.0

（统计局）

2017 年丹阳市各镇(街道)地区生产总值

表 99

单位:亿元

项目	地区生产总值		第一产业		第二产业				第三产业		人均地区生产总值(元)
	实绩	增长±%	实绩	增长±%	实绩	增长±%	工业	建筑业	实绩	增长±%	
司徒镇	55.59	7.3	4.85	1.4	27.59	5.9	25.80	1.78	23.15	8.2	120034
延陵镇	47.02	6.7	6.49	0.8	19.41	7.8	15.94	3.47	21.11	8.7	73843
珥陵镇	27.96	5.2	4.03	0.9	9.91	3.4	9.31	0.60	14.03	6.7	55934
导墅镇	44.76	5.1	4.84	1.0	24.83	3.3	24.60	0.23	15.09	7.5	91772
皇塘镇	72.90	7.8	8.07	4.9	41.48	8.6	38.98	2.50	23.35	8.1	145552
吕城镇	54.73	5.6	3.21	1.6	28.10	3.1	27.75	0.35	23.42	6.7	110048
陵口镇	28.94	5.7	3.94	1.0	9.62	4.0	9.32	0.30	15.37	6.9	67312
访仙镇	30.90	5.0	3.39	1.7	13.10	2.1	13.00	0.10	14.41	7.1	61891
界牌镇	73.04	5.3	0.94	2.1	40.70	2.6	38.71	1.99	31.40	6.2	327555
丹北镇	243.50	8.3	3.94	4.5	178.28	10.6	176.06	2.22	61.27	4.9	316504
云阳街道	224.26	7.2	3.98	3.9	51.96	6.5	44.46	7.50	168.31	7.4	126492
曲阿街道	329.69	7.8	5.97	1.5	173.87	7.9	170.17	3.70	149.85	7.5	249998

(统计局)

2017 年丹阳市总人口和总户数

表 100

单位：户、人

项 目	年末总户数	年末总人口（人）			
		合计	性 别		其中：城镇人口
			男	女	
合计	277624	808298	399177	409121	362937
司徒镇	15458	46195	22473	23722	5066
延陵镇	21523	63251	31183	32068	18537
珥陵镇	17460	49639	24737	24902	6929
导墅镇	16508	48482	24347	24135	13723
皇塘镇	17621	49775	25032	24743	10799
吕城镇	16752	49432	24438	24994	15633
陵口镇	14811	42745	21185	21560	6302

续表 100

项　目	年末总户数	年末总人口（人）			
		合计	性　别		其中：城镇人口
			男	女	
访仙镇	16438	49667	24590	25077	12858
界牌镇	6395	22225	10898	11327	22225
丹北镇	23927	76694	37674	39020	28984
云阳街道	65484	177780	87529	90251	149280
曲阿街道	45247	132413	65091	67322	72601

说明：本表数据来源于市公安局　　　　（统计局）

2017 年丹阳市人口年龄构成

表 101　　　　单位：人

项目	年末总人口				
	合计	年龄			
		0—17 岁	18—34 岁	35—59 岁	60 岁及以上
合计	808298	96685	158826	340250	212537
司徒镇	46195	4753	8596	18736	14110
延陵镇	63251	5200	11979	26195	19877
珥陵镇	49639	4249	10269	20516	14605
导墅镇	48482	4277	9632	19983	14590
皇塘镇	49775	4668	9710	20696	14701
吕城镇	49432	4833	9426	20792	14381
陵口镇	42745	3817	8137	18178	12613
访仙镇	49667	4810	9457	21597	13803
界牌镇	22225	3871	4910	8603	4841
丹北镇	76694	9870	15745	31409	19670
云阳街道	177780	26943	33471	78146	39220
曲阿街道	132413	19394	27494	55399	30126

说明：本表数据来源于市公安局　　　　（统计局）

2017年丹阳市全部年末从业人员

表102 单位：人

项目	全部从业人员	女性	1. 在岗职工	2. 劳务派遣人员	3. 其他从业人员
一、按企业、事业、机关分	—	—	—	—	—
企业	63903	26986	61902	701	1300
事业	15722	8411	12228	1300	2194
机关	7584	3769	5583	186	1815
二、按国民经济行业分	—	—	—	—	—
农、林、牧、渔业	—	—	—	—	—
采矿业	—	—	—	—	—
制造业	50908	22231	50629	193	86
电力、煤气及水的生产和供应业	804	339	804	—	—
建筑业	1673	355	1465	74	134
交通运输业、仓储和邮政业	1243	227	877	209	157
信息传输、计算机服务和软件业	473	176	472	1	—
批发和零售业	1513	828	1468	22	23
住宿和餐饮业	219	185	219	—	—
金融业	3065	1423	2795	191	79
房地产业	709	343	674	12	23
租赁和商务服务业	1909	479	1627	9	273
科学研究、技术服务和地质勘查业	2558	1153	1133	523	902
水利、环境和公共设施管理业	1989	593	1474	4	511
居民服务和其他服务业	103	22	103	—	—
教育	8053	4198	7381	96	576
卫生、社会保障和社会福利业	5158	3223	3524	684	950
文化、体育和娱乐业	173	84	146	—	27
公共管理和社会组织	6659	3307	4922	169	1568

（统计局）

2017年丹阳市劳动工资主要指标

表103

项目	单位	全市合计	国有单位	集体单位	其他类型
一、年末职工人数	人	87209	25528	1707	59974
其中：女性	人	39166	12544	581	26041
(1) 在岗职工	人	79713	20020	1656	58037
(2) 劳务派遣人员	人	2187	1348	2	837
(3) 其他从业人员	人	5309	4160	49	1100
二、全部职工平均人数	人	88252	26847	1727	59678
(1) 在岗职工	人	80541	21328	1681	57532
(2) 劳务派遣人员	人	2313	1358	2	953
(3) 其他从业人员	人	5398	4161	44	1193
三、全部职工工资总额	千元	6219842	2522011	146945	3550886
(1) 在岗职工	千元	5875771	2273893	145435	3456443
(2) 劳务派遣人员	千元	119838	71056	150	48632
(3) 其他从业人员	千元	224233	177062	1360	45811
四、全部职工平均工资	元	70478	93940	85087	59501
(1) 在岗职工	元	72364	103365	86503	59931
(2) 其他从业人员	元	41540	42553	30909	38400
(3) 劳务派遣人员	元	51811	52324	75000	51030

（统计局）

工 商 业

2017年丹阳市工业总产值完成情况（按现价计算）

表104

单位：亿元

项目	2017年	2017年：2016年（±%）
全市合计	2649.54	12.0
司徒镇	115.77	11.2
延陵镇	83.46	11.6

续表 104

项　　目	2017 年	2017 年：2016 年（±%）
珥陵镇	50.83	7.7
导墅镇	82.03	8.0
皇塘镇	203.21	13.4
吕城镇	99.46	7.2
陵口镇	56.95	8.4
访仙镇	68.47	6.5
界牌镇	160.56	6.8
丹北镇	817.09	15.1
云阳街道	173.90	12.4
曲阿街道	737.81	11.8

（统计局）

2017 年丹阳市主要工业经济指标完成情况

表 105　　单位：亿元

项目	销售收入		利税总额	
	2017 年	增长（±%）	2017 年	增长（±%）
全市合计	2369.13	11.1	195.19	11.8
司徒镇	96.21	10.1	10.29	10.7
延陵镇	77.48	10.7	7.25	9.8
珥陵镇	43.20	7.3	2.25	4.7
导墅镇	64.19	6.8	4.42	7.4
皇塘镇	192.75	12.7	11.18	11.6
吕城镇	85.62	7.2	9.41	5.6
陵口镇	41.04	7.9	3.68	12.3
访仙镇	53.99	5.8	5.31	6.1
界牌镇	139.72	6.4	12.09	5.2
丹北镇	760.87	13.7	69.51	15.5

续表 105

项目	销售收入		利税总额	
	2017 年	增长（±%）	增长（±%）	2017 年
云阳街道	157.95	11.2	19.14	10.9
曲阿街道	656.11	10.8	40.66	12.0

（统计局）

2017 年丹阳市规模以上工业主要经济指标按所有制分组（一）

表 106

单位：个、万元、人

指标名称	企业单位数	亏损企业数	现价工业总产值	现价工业销售产值	工业增加值	应收账款	产成品	流动资产年平均余额	累计折旧
总计	698	103	21568830	21276542	5165617	2578989	1119199	9153564	4724998
在总计中 制造业	693	101	21491836	21199681	5135486	2557321	1116051	8945384	4631602
电力、热力、燃气及水生产和供应业	5	2	76993	76860	30131	21668	3148	208180	93397
在总计中 内资企业	569	77	16309879	16063221	3857383	1904278	890496	7282152	4073565
其中：国有企业	1	0	73189	71027	7622	10	1	187	3918
集体企业	6	1	25655	24959	6219	6731	1023	13139	2166
有限责任公司	39	3	2912580	2905642	526667	331968	165801	1378981	867144
股份有限公司	11	4	786572	790243	175395	170924	101971	776335	150906
私营企业	512	69	12511882	12271350	3141481	1394645	621701	5113510	3049432
在总计中 港、澳、台商投资企业	57	13	3240250	3213909	781117	413095	116623	1025725	316462
在总计中 外商投资企业	72	13	2018702	1999411	527117	261615	112080	845687	334971
在总计中 亏损企业	103	103	657556	629586	166880	170137	97722	724021	275893
在总计中 国有控股企业	4	0	130450	127601	35140	6109	4108	147461	62645
在总计中 大中型企业	113	12	16211371	16010264	3960012	1645542	869934	6532811	3974745
其中：大型企业	18	2	10820638	10694530	2582572	887426	596283	3928404	3198190
中型企业	95	10	5390734	5315734	1377439	758116	273651	2604407	776555
在总计中 小型企业	571	91	5298651	5208243	1191350	915091	246546	2577046	745174
在总计中 微型企业	14	0	58808	58035	14255	18356	2719	43708	5080

续表 106

指标名称	企业单位数	亏损企业数	现价工业总产值	现价工业销售产值	工业增加值	应收账款	产成品	流动资产年平均余额	累计折旧
在总计中 轻工业	283	42	4424100	4332059	1054972	762730	282918	2489396	719020
重工业	415	61	17144730	16944482	4110645	1816259	836281	6664168	4005978

（统计局）

2017 年丹阳市规模以上工业主要经济指标按所有制分组（二）

表 107 单位：个、万元、人

指标名称	固定资产合计	资产合计	负债合计	主营业务收入	主营业务成本	主营业务税金及附加	营业费用	管理费用
总计	3003503	14615392	7914965	20885505	17768299	62198	418581	965758
在总计中 制造业	2890156	14250529	7617936	20805059	17704678	61862	414381	958357
电力、热力、燃气及水生产和供应业	113347	364863	297029	80445	63622	337	4200	7400
在总计中 内资企业	2385994	11702902	6380034	15779522	13569947	52067	351598	673096
其中：国有企业	925	9160	250	56577	50866	33	213	123
集体企业	2103	16407	13113	25654	22805	86	407	1695
有限责任公司	368161	1961051	1471749	2686647	2302613	21023	137208	161713
股份有限公司	198616	1509529	429853	819723	689147	3043	30857	51931
私营企业	1816189	8206756	4465069	12190921	10504517	27883	182913	457635
在总计中 港、澳、台商投资企业	293815	1504471	746879	3141128	2616703	5471	25023	142613
在总计中 外商投资企业	323694	1408018	788052	1964855	1581649	4661	41960	150049
在总计中 亏损企业	479932	1513693	1084859	639134	581473	3781	23231	74361
在总计中 国有控股企业	63307	227028	185072	113347	95681	289	4894	3030
在总计中 大中型企业	2163667	10632676	5463631	15827751	13418752	46426	316504	706435
其中：大型企业	1098132	6308743	2975340	10549010	8945746	31850	216351	433580
中型企业	1065535	4323934	2488291	5278741	4473005	14576	100153	272855
在总计中 小型企业	834433	3925449	2407786	5006548	4303381	15634	101540	258187
在总计中 微型企业	5403	57267	43548	51205	46167	139	537	1136
在总计中 轻工业	916062	4408770	2294950	4110103	3450401	13638	110831	224875
重工业	2087441	10206622	5620015	16775401	14317899	48560	307750	740883

（统计局）

2017年丹阳市规模以上工业主要经济指标按所有制分组（三）

表108　　　　　　　　　　　　　　　　　　　　　　　　单位：个、万元、人

指标名称	财务费用	营业利润	利润总额	亏损企业亏损总额	利税总额	应交增值税	全部从业人员平均人数
总计	219791	1336164	1229670	62991	1753852	461556	164898
在总计中 制造业	217675	1330382	1221817	60597	1745417	461310	163739
电力、热力、燃气及水生产和供应业	2116	5782	7853	2393	8435	246	1159
在总计中 内资企业	191976	896509	866294	55410	1250190	331402	123888
其中：国有企业	4	5338	5338	0	5704	332	75
集体企业	598	64	55	359	849	709	582
有限责任公司	41254	52838	89802	617	192823	81999	20324
股份有限公司	8095	62762	70327	4355	92356	18987	6293
私营企业	142025	775506	700773	50079	958458	229376	96614
在总计中 港、澳、台商投资企业	15425	285902	232622	2490	323854	85762	19793
在总计中 外商投资企业	12390	153753	130755	5091	179807	44392	21217
在总计中 亏损企业	26200	－68096	－62991	62991	－49448	9761	17173
在总计中 国有控股企业	－1223	10862	11716	0	12732	728	1168
在总计中 大中型企业	164574	1072215	963687	42550	1372943	362654	104739
其中：大型企业	101409	747656	682687	5446	961740	247065	54556
中型企业	63165	324559	281000	37104	411203	115589	50183
在总计中 小型企业	54928	261017	263039	20440	377168	98243	59904
在总计中 微型企业	289	2932	2944	0	3741	659	255
在总计中 轻工业	49839	266898	256325	46013	386028	115849	52023
重工业	169952	1069266	973345	16977	1367824	345707	112875

（统计局）

2017年丹阳市全社会固定资产投资完成情况

表109 单位：亿元

项　　目	2017年	2016年	2017年：2016年（±%）
全社会固定资产投资	702.56	672.31	4.5
其中：工业投资	501.48	471.76	6.3
规模以上投资完成额	533.12	514.01	6.2
其中：工业投资	382.22	359.99	7.8
服务业投资	149.38	149.03	0.2
工业投资按投资规模分组	—	—	—
1.1亿元以上投资	126.49	167.20	-24.3
2.5000万元—1亿元投资	12.69	46.09	-72.5
3.1000万元—5000万元投资	242.67	146.05	66.2
4.500万元—1000万元投资	0.37	0.04	825.0
其他投资按投资规模分组	—	—	—
1.1亿元以上投资	106.70	66.16	61.3
2.5000万元—1亿元投资	7.42	39.90	-81.4
3.1000万元—5000万元投资	34.79	45.63	-23.8
4.500万元—1000万元投资	0.47	2.95	-84.0
按投资性质分组	—	—	—
1. 国有经济投资	45.81	29.50	55.3
2. 集体经济投资	2.01	6.85	-70.6
3. 私营个体经济投资	423.08	371.12	14.0
4. 其他经济类型投资	62.22	106.55	-41.6

（统计局）

2017年丹阳市规模以上固定资产投资完成情况

表110

项　目	单位	城镇固定资产投资			
		合计	工业投资	房地产投资	其他投资
本年完成投资	万元	5331226	3822225	776925	732076
一、构成：1. 建筑工程	万元	2965966	1737552	586942	641472
2. 安装工程	万元	203982	91421	105158	7403
3. 设备购置	万元	1900290	1842861	6190	51239
4. 其他费用	万元	260988	150391	78635	31962
二、房屋建筑面积	—	—	—	—	—
1. 本年施工房屋面积	万平方米	1031.97	292.35	635.53	104.09
2. 本年竣工房屋面积	万平方米	276.00	131.89	105.02	39.09
三、性质：1. 新建	万元	2064662	953489	776925	334248
2. 扩建	万元	1996450	1600889	—	395561
3. 改建	万元	917241	854705	—	62536
四、项目施工个数	个	932	732	44	156
项目竣工个数	个	781	623	24	134
五、本年新增固定资产	万元	4547402	3555972	346880	644550
六、资金来源	—	—	—	—	—
本年资金来源合计	万元	6509433	3759024	1936427	813982
1. 上年末结余资金	万元	821565	4080	817325	160
2. 本年资金来源小计	万元	5687868	3754944	1119102	813822
①国家预算内资金	万元	230128	5422		224706
②国内贷款	万元	510160	299853	174025	36282
③利用外资	万元	6269	6269	—	—
④自筹资金	万元	3965089	3412255	—	552834
⑤其他资金来源	万元	160677	31145	129532	—
本年各项应付款合计	万元	61163	50110	—	11053

（统计局）

2017 年丹阳市社会消费品零售总额

表 111 单位：亿元

项 目	2017 年	2016 年	2017 年：2016 年（±%）
社会消费品零售总额	349.23	315.61	10.7
一、按销售单位所在地分组	—	—	—
1. 城镇	329.68	297.37	10.9
其中：城区	218.38	197.98	10.3
2. 乡村	19.55	18.25	7.1
二、按行业分组	—	—	—
（一）批发业	31.26	25.80	21.1
1. 限额以上	16.27	12.62	29.0
2. 限额以下	14.99	13.19	13.7
（二）零售业	278.47	253.59	9.8
1. 限额以上	63.36	60.38	4.9
大个体	3.92	3.33	17.7
2. 限额以下	215.12	193.21	11.3
（三）住宿业	0.99	0.90	9.8
1. 限额以上	0.92	0.84	9.7
2. 限额以下	0.07	0.07	11.0
（四）餐饮业	38.50	35.32	9.0
1. 限额以上	8.83	8.10	9.0
大个体	6.48	5.77	12.4
2. 限额以下	29.67	27.22	9.0
三、按规模分	—	—	—
（一）限额以上小计	89.37	82.00	9.0
（二）限额以下小计	259.86	233.62	11.2

（统计局）

农 业

2017 年丹阳市农作物面积和产量

表 112

项 目	播种面积（亩）	单产（公斤）	总产量（吨）
农作物总播种面积	1255298	—	—
一、全年粮食作物合计	1053168	472	496849
1. 夏收粮食	494854	321	158940
（1）小麦	480300	325	156081

续表 112

项　　目	播种面积（亩）	单产（公斤）	总产量（吨）
（2）元麦	6064	214	1296
（3）大麦	690	230	159
（4）蚕豌豆	7800	180	1404
2. 秋收粮食合计	558315	605	337909
（1）稻谷	525523	629	330718
在稻谷中：a、糯稻	18934	564	10687
b、粳稻	506589	632	320031
（2）玉米	2775	298	827
（3）大豆（包括黑豆）	20856	190	3962
（4）绿豆	538	167	90
（5）红小豆	768	183	141
（6）薯类（5折1）	7855	276	2171
二、经济作物播种面积合计	52902		
1. 油料合计	52780	171	9043
（1）花生	4364	201	879
（2）油菜籽	46200	171	7881
（3）芝麻	2216	128	283
（4）其他油料	—	—	—
2. 药材（万元）	—	—	—
3. 棉花（皮棉）	—	—	—
4. 糖料（甘蔗）	—	—	—
5. 麻类小计	—	—	—
其中：黄红麻	—	—	—
6. 其他经济作物面积	122	—	—
三、其它农作物播种面积合计	149228	—	—
1. 绿肥	617	—	—
2. 青饲料	2745	—	—
其中：胡萝卜	—	—	—
3. 蔬菜	138120	2165	299047
其中：茭白	—	—	—
4. 瓜类	7350	1902	13977
（1）西瓜	3750	2086	7822
（2）甜瓜	1950	1321	2575
5. 其他一些主要农作物	196	—	—

续表 112

项　目	播种面积（亩）	单产（公斤）	总产量（吨）
（1）藕	123	2423	298
（2）慈菇	10	1800	18
（3）荸荠	27	1593	43
（4）菱角	36	528	19
6. 家庭育苗面积	200	—	—
附报：常年种植蔬菜的耕地面积	40670	—	—

（统计局）

2017 年丹阳市各镇（街道）农作物面积和产量（一）

表 113

项　目	农作物总播种面积	一、全年粮食作物合计			1. 夏收粮食			其中：小麦		
		面积（亩）	单产（公斤）	总产量（吨）	面积（亩）	单产（公斤）	总产量（吨）	面积（亩）	单产（公斤）	总产量（吨）
司徒镇	91654	72199	468	33773	33562	299	10050	33141	301	9970
延陵镇	149072	136353	498	67911	66070	337	22243	65708	337	22170
珥陵镇	119680	111206	489	54341	53397	319	17052	52881	320	16945
导墅镇	124939	108092	472	51051	51336	311	15952	48773	316	15425
皇塘镇	102952	79333	505	40087	33756	320	10787	32920	322	10608
吕城镇	121855	90942	468	42604	42766	328	14043	39410	341	13420
陵口镇	102864	89069	470	41887	43018	329	14150	41448	334	13843
访仙镇	124808	107545	450	48345	52467	315	16526	51375	318	16354
界牌镇	15660	14122	475	6712	6692	375	2512	6633	376	2491
丹北镇	95849	83137	448	37260	39955	326	13015	38545	331	12754
云阳街道	91574	65160	455	29678	30660	317	9731	29865	320	9550
曲阿街道	114391	96011	450	43200	41174	313	12879	39600	317	12551

说明：本表粮、棉、油产量为乡镇的汇总数　　（统计局）

2017 年丹阳市各镇（街道）农作物面积和产量（二）

表 114

项目	2. 秋收粮食合计			其中：稻谷			二、油料合计			其中：油菜籽		
	面积（亩）	单产（公斤）	总产量（吨）	面积（亩）	单产（公斤）	总产量（吨）	面积（亩）	单产（公斤）	总产量（吨）	面积（亩）	单产（公斤）	总产量（吨）
司徒镇	38637	614	23723	36109	641	23159	6168	177	1093	6068	178	1077
延陵镇	70283	650	45668	68294	662	45239	3241	161	522	2815	156	439
珥陵镇	57809	645	37289	55590	662	36811	2679	182	487	2207	185	409
导墅镇	56756	618	35099	53663	641	34410	5253	168	884	4689	172	805

续表 114

项目	2. 秋收粮食合计			其中：稻谷			二、油料合计			其中：油菜籽		
	面积（亩）	单产（公斤）	总产量（吨）	面积（亩）	单产（公斤）	总产量（吨）	面积（亩）	单产（公斤）	总产量（吨）	面积（亩）	单产（公斤）	总产量（吨）
皇塘镇	45577	643	29300	42698	670	28592	3652	171	623	3425	168	577
吕城镇	48176	593	28561	44571	623	27785	6870	164	1129	5337	166	884
陵口镇	46050	602	27736	43454	626	27221	4771	172	820	3436	173	593
访仙镇	55078	578	31819	52962	594	31436	2822	190	537	2269	181	411
界牌镇	7430	565	4200	6741	595	4014	89	191	17	89	191	17
丹北镇	43182	561	24245	39280	594	23321	4875	145	708	4474	144	643
云阳街道	34500	578	19947	32837	598	19635	3686	183	675	3361	187	629
曲阿街道	54837	553	30321	49325	590	29095	8674	179	1548	8031	174	1398

（统计局）

2017 年丹阳市农业机械、水利化情况

表 115

项　　目	单位	2017 年	2016 年	2017 年：2016 年（±%）
农用机械总动力	万千瓦	37.94	37.35	1.6
一、耕作机械	—	—	—	—
1. 大中型拖拉机	台/万千瓦	2147/11.11	2147/11.06	0/0.5
大中型拖拉机配套农具	部	5506	5456	0.9
2. 小型拖拉机	台/万千瓦	1570/1.20	1653/1.26	-5/-4.8
小型拖拉机配套农具	部	5978	5959	0.3
3. 机动水稻插秧机	台/万千瓦	2457/2.39	2307/2.24	10/16.7
二、农用排灌动力机械	台/万千瓦	10586/8.18	10486/8.14	1/0.5
其中：农用水泵	台	6320	6300	0.3
三、收获机械	台/万千瓦	—	—	—
联合收割机	台/万千瓦	1435/3.43	1405/3.35	2.1/2.4
机动脱粒机	台	550	600	-8.3
四、农副产品加工机械	—	—	—	—
粮食加工机械	部	1952	1852	5.4
棉花加工机械	部	—	—	—
油料加工机械	部	265	215	23.3
五、运输机械	—	—	—	—
农用运输车	辆/万千瓦	1595/1.25	1653/1.26	-3.5/-0.8
六、植保机械	—	—	—	—
机动喷雾（粉）器	部/万千瓦	4210/0.65	4187/0.64	0.5/1.6
七、畜牧业机械	—	—	—	—

续表 115

项　　目	单位	2017 年	2016 年	2017 年：2016 年（±%）
饲料粉碎机	部	1210	1125	7.6
八、渔业机械	—	—	—	—
增氧机	台/万千瓦	7875/1.74	7861/1.73	0.2/0.6
九、农业机械化作业	—	—	—	—
机耕面积	千公顷	69.52	69.51	平
机播面积	千公顷	62.45	61.51	1.5
其中：机播水稻	千公顷	3.10	4.55	-32.0
机插水稻	千公顷	29.25	29.15	0.3
机播三麦	千公顷	28.16	27.20	3.5
机电排灌面积	千公顷	41.27	41.27	平
机械植保面积	千公顷	69.52	69.52	平
机械收获面积	千公顷	68.06	69.52	-2.1
其中：机收水稻	千公顷	34.76	34.76	平
机收三麦	千公顷	31.36	31.36	平
十、有效灌溉面积	千公顷	50.00	49.73	0.5
节水灌溉面积	千公顷	36.77	35.44	3.8
十一、堤防达标长度	公里	103.45	28.45	263.6
十二、除涝面积	千公顷	51.08	—	—
十三、水土流失综合治理面积	千公顷	6.68	6.68	平
十四、已建成水库座数	座	9.00	9.00	平
已建成水库总库容	万立方米	1674.00	1674.00	平
十五、水利工程供水能力	万立方米	45563.00	44290.00	2.9
十六、固定机电排灌站	个	1019.00	943.00	8.1

（统计局）

居 民 收 支

2017 年丹阳市每百户城镇常住居民主要耐用消费品拥有情况

表 116

项目	单位	2017 年	2016 年
1. 摩托车	辆	29	24
2. 助力车	辆	159	174

续表 116

项目	单位	2017 年	2016 年
3. 家用汽车	辆	76	62
4. 洗衣机	台	110	110
5. 电冰箱	台	107	110
6. 彩色电视机	台	243	239
7. 家用电脑	台	113	120
8. 组合音响	套	38	38
9. 摄像机	架	10	9
10. 照相机	架	53	60
11. 中高档乐器	件	10	7
12. 微波炉	台	105	105
13. 空调器	台	272	258
14. 热水器	台	125	115
15. 消毒碗柜	台	15	15
17. 洗碗机	台	4	2
18. 健身器材	套	29	29
19. 固定电话	部	71	87
20. 移动电话	部	294	282

（统计局）

2017 年丹阳市城镇常住居民人均收支情况

表 117

单位：元

项目	2017 年	2016 年	2017 年：2016 年（±%）
人均可支配收入	45151	41653	8.4
工资性收入	34743	32145	8.1
经营净收入	5193	4936	5.2
财产净收入	2597	2187	18.7
转移净收入	2618	2385	9.8
人均消费性支出	23459	22452	4.5
食品烟酒	7763	7642	1.6
衣着	2757	2560	7.7
居住	3589	3195	12.3

续表 117

项目	2017 年	2016 年	2017 年：2016 年（±%）
生活用品及服务	1309	1190	10.0
交通通信	3210	3129	2.6
教育文化娱乐	2800	2725	2.8
医疗保健	1208	1195	1.1
其他用品和服务	823	816	0.9

（统计局）

2017 年丹阳市农村常住居民调查基本情况

表 118

项目	单位	2017 年	2016 年
一、调查户数	户	100	100
二、家庭常住人口	人	334	339
平均每户常住人口	人	3.34	3.39
三、整半劳动力	人	269	277
平均每户劳动力	人	2.69	2.77
外出务工劳动力	人	11	12
四、负担系数	人	1.24	1.22
五、劳动力文化程度	—	—	—
1. 文盲和半文盲人数	人	2	2
所占比例	%	0.74	0.72
2. 小学文化程度人数	人	38	38
所占比例	%	14.13	13.70
3. 初中文化程度人数	人	153	168
所占比例	%	56.88	60.60
4. 高中和中专文化程度人数	人	44	41
所占比例	%	16.36	14.80
5. 大专以上文化程度人数	人	32	28
所占比例	%	11.90	10.10
平均每人年可支配收入	元	23603	21706
平均每个劳动力年可支配收入	元	29306	26564
平均每人年生活费支出	元	20207	18791
平均每户年末住房面积	平方米	190	188

续表 118

项目	单位	2017 年	2016 年
平均每人年末住房面积	平方米	57	55.6
平均每户年末住房价值	元	395200	386700

（统计局）

2017 年丹阳市每百户农村常住居民家庭年末耐用消费品拥有量

表 119

项目	单位	2017 年	2016 年
1. 洗衣机	台	112	106
2. 电冰箱	台	114	111
3. 空调机	台	216	214
4. 抽油烟机	台	86	85
5. 健身器材	台	18	18
6. 微波炉	台	95	95
7. 热水器	台	118	117
8. 助力车	辆	169	165
9. 摩托车	辆	39	45
10. 汽车（生活用）	辆	65	55
11. 固定电话机	部	77	82
12. 移动电话	部	290	283
13. 彩色电视机	台	221	217
14. 照相机	架	20	25
15. 摄像机	台	3	3
16. 家用计算机	台	85	85
17. 中高档乐器	件	3	2

（统计局）

2017 年丹阳市各镇（街道）农村居民人均可支配收入情况

表 120

单位：元

项　　目	2017 年	2016 年	2017 年：2016 年（±%）
司徒镇	19716	19345	1.9
延陵镇	19978	17890	11.7

续表 120

项　　目	2017 年	2016 年	2017 年：2016 年（±%）
珥陵镇	21245	19233	10.5
导墅镇	21041	20788	1.2
皇塘镇	24585	22317	10.2
吕城镇	25347	22760	11.4
陵口镇	22707	20556	10.5
访仙镇	24220	22066	9.8
界牌镇	40555	37886	7.0
丹北镇	28514	26292	8.5
云阳街道	23770	21344	11.4
曲阿街道	19882	17382	14.4

（统计局）

2017 年丹阳市农村常住居民收支构成

表 121

单位：元

项　　目	2017 年	2016 年	2017 年：2016 年（±%）
可支配收入	23603	21706	8.7
工资性收入	14627	13398	9.2
经营净收入	6284	6016	4.5
财产净收入	1181	1032	14.4
转移净收入	1511	1260	19.9
生活消费支出	20207	18791	7.5
食品烟酒	6191	5795	6.8
衣着	1521	1329	14.4
居住	3489	3168	10.1
生活用品及服务	1258	1150	9.4
交通通信	3100	2993	3.6
教育文化娱乐	2792	2744	1.7
医疗保健	1255	1098	14.3
其他用品和服务	601	514	16.9
人均住房面积	57.0	55.6	2.5
恩格尔系数	30.6	30.8	−0.6
百户家庭电话拥有量	367	365	0.5
百户家庭电脑拥有量	85	85	0.0
百户家庭电视拥有量	221	217	1.8
百户家庭家用汽车拥有量	65.0	55.0	18.2

（统计局）

中共丹阳市委员会、丹阳市人民政府关于丹阳市生态环境保护制度综合改革实施方案

丹发〔2017〕66号 2017年5月26日

根据国家、省、镇江市关于生态环境保护制度综合改革的相关要求，为进一步推进改革相关工作，结合我市实际，制定本实施方案。

一、建立管控预防制度

（一）实行生态保护红线管控。落实国家、省、市关于主体功能区规划的相关意见要求，建立完善生态红线保护管理办法，严守生态红线，从空间管制和项目引进上落实生态领先的要求。

（二）推进产业园区规划环境影响评价。加快推进全市“6＋1”重点产业园区规划环境影响评价，以规划环评优化产业布局，控制行业总量规模，严格环境准入，促进产业转型升级。

（三）实施水生态环境功能分区。落实省、市关于水生态环境功能区划定以及相关要求，贯彻实施《江苏省水环境区域补偿实施办法（试行）》，深化“河长制”“断面长制”监管模式，开展以水生态环境功能保护为目标的分区、分级、分类、分期管理，实现流域环境管理模式转型。

二、改革环境监管制度

（四）优化建设项目环评程序。按照“精简行政许可、强化过程监管、统一执法标准、发挥市场作用”的原则，探索环评、排污许可和网格化管理等制度有机结合和深度融合，开展“一证式管理”。

（五）推行排污许可证一体化管理。根据江苏省排污许可证发放管理办法，按照属地管理原则，做好排污许可证分级发放及管理工作，重点排污单位申领A类排污许可证，一般排污单位申领B类排污许可证。做好排污许可与环境标准、总量控制、环境监测、环评、“三同时”验收、排污收费等制度对接，推动事前审批和事中事后监管的有机衔接，实现全过程监管。

（六）培育环境权益市场。继续推进排污权有偿使用和交易工作，参照2015年下发的《镇江市主要污染物排污权有偿使用和交易管理办法（试行）》和《镇江市主要污染物排污权有偿使用和交易管理办法（试行）实施细则》，在重点行业推行排污权有偿使用和交易试点，逐步推进全市重点行业排污权有偿使用收费。

（七）加强环境网格化监管。以市、镇（街道）、村为单元划分三级网格，通过“定区域、定任务、定职责”，实行重点监管对象和一般监管对象的差别化监管措施，构建全面覆盖的网格化环境监管体系。探索建立“双随机”抽查、环境问题查处信息公开反馈等监管制度，确保网格内排污单位得到有效监管、各类环境违法行为得到及时查处、群众反映强烈的突出环境问题得到有力解决，实现环境监管执法规范化、精细化。完善丹阳市突发环境事件应急管理办法，完善风险评估技术指标和管理制度、环境应急预案体系，规范突发环境事件调查处理，及时妥善处置突发环境事件。

三、深化管理体制改革

（八）强化责任机制。依据《江苏省生态环境保护工作责任规定（试行）》，坚持生态环境保护工作党政同责和一岗双责，明确我市各级党委（组）和政府及其有关部门、法院和检察院的生态环境保护工作责任，着力形成党委组织领导、政府具体实施、部门各司其职、社会广泛参与的环境监管格局。

（九）加强环境保护机构队伍建设。配合做好省以下环境保护机构监测监察执法垂直管理，规范和加强市、镇（区、街道）两级环境保护行政管理部门机构队伍，强化本行政区域环境保护工作统一监督管理职责，提升履行职责的能力；

（十）探索基层综合执法。将社会生活噪声污染、铝合金加工噪声污染、建筑施工噪声扬尘污染、餐饮服务业油烟噪声污染、露天焚烧秸秆落叶垃圾等烟尘污染等环境监管事项纳入综合行政执法，由市城市管理（行政执法）局统一监督管理，开展部门综合执法。加强环保行政执法与刑事司法衔接，严格执行涉嫌环境刑事犯罪案件移送标准。

四、建立社会共治制度

（十一）引导公众参与。完善以“群管、群评、群防、群控”和“千家评机关、万人评企业”为内容的“四群双评”预防监督工作机制，组织对环保重点监控企业进行评议，组织服务对象对环境行政执法行为进行满意度测评，把预防的视角、监督的触角延伸到企业和社会。

（十二）协调公共关系。建立环境舆情处置协调机制，加强环境舆情信息处理机构的建设，形成与省、镇江市三级联动，实现环境舆情信息的共享，建立环境舆情快速响应机制，及时发现舆情、处置负面舆情。

（十三）完善绿色奖惩政策。完善企业环保信用评价体系，实行环保信用联动激励与惩戒，支持金融机构实行差别化信贷政策，探索推行环保信用与差别化水价、电价相挂钩的收费政策。推动环境污染强制责任保险试点，扩大高风险企业投保环境污染责任险覆盖面。

（十四）推动环保服务社会化。探索建立“政府引导、市场主体、行业自律”的社会环境监测管理模式，开展社会环境检测机构业务能力登记管理，引导行业协会强化自律，创新环境监测事中、事后监管方法。

五、健全评价考核制度

（十五）完善绿色发展评估。完善绿色发展评估指标体系，建立健全全市绿色发展评估制度，开展第三方评估，推进生态资产促进经济发展绿色化。

（十六）强化责任追究。认真执行党政领导干部生态环境损害责任追究办法实施细则，用严格的制度保障责任落实。加大督察力度，对各镇（区、街道）组织开展督察，推动地方政府严格落实环境保护主体责任，切实解决突出的环境问题。

（十七）加强舆论引导。加大生态环境保护制度改革宣传力度，完善工作考核评价和激励机制，加强政策配套，形成鼓励改革创新的合力，最大限度调动各方面的积极性、主动性、创造性，营造想改革、谋改革、善改革的浓郁氛围。

中共丹阳市委员会、丹阳市人民政府关于丹阳市供给侧结构性改革实施方案

丹发〔2017〕67号 2017年5月26日

为扎实推进2017年供给侧结构性改革，特制定如下实施方案：

一、积极稳妥去产能

1. 推进化工整治。按照“263”和“四个一批”专项行动的要求，重点推进全市61家化工企业的关闭、转移和升级工作。

2. 淘汰落后和化解过剩产能。根据省经信委的文件要求，围绕轻工、机械、电镀等行业组织企业申报退出低端低效产能项目，计划淘汰低端低效产能项目5个。

3. 稳妥处置“僵尸企业”。根据镇江市去产能部署及下达我市的指标，计划出清“僵尸企业”2家以上。

二、防范风险去杠杆

积极推进企业上市。密切关注资本市场改革动向，并做好对接和衔接工作，组织起草《关于进一步做好2017年企业资本运营工作的实施意见》等政策意见，发挥好政策的导向和激励作用。继续积极推进上市、挂牌工作，计划全年新增各类上市挂牌企业8家以上，切实降低企业金融杠杆。

三、多措并举降成本

扎实推进降成本。修订完善《2016年丹阳市关于降低实体经济企业成本的实施方案》，通过结构性减税、降低社保成本、降低部分行政性收费等方式，在2016年的基础上再降低实体经济成本10亿元以上。

四、精准发力补短板

1. 补齐产业发展短板。继续推进智能制造，积极组织、辅导洪昌科技、天元粉末、辰阳电子等企业申报省级示范智能车间，力争新增省级示范智能车间2家以上。

2. 补齐城市建设短板。按照“进度上墙、目标量化、每月考核、定期督查”的项目推进机制，加快推进107个城乡建设重点项目和30个公开承诺重点竣工项目建设，确保市委市政府向社会承诺的蓝图早日变为现实。

3. 补齐生态短板。以“263”专项行动为主抓手，扎实推进低碳城市建设和国家循环经济示范市创建，组织重点企业开展节能审核和交易，推进荣嘉精密集中熔炼铸造生产线节能技术改造项目及光伏发电项目等12个节能改造和循环经济重点项目建设。

附件：2017年供给侧结构性改革任务表（略）

中共丹阳市委员会、丹阳市人民政府关于全力打造资本市场“丹阳板块”的若干政策意见

丹发〔2017〕70号 2017年6月7日

为贯彻落实“产业强市”发展战略，继续发挥政策激励作用，鼓励我市企业抢抓多层次资本市场发展机遇，加快上市挂牌步伐，利用资本市场做优做强，全力打造资本市场“丹阳板块”，市委、市政府结合丹阳实际，制定如下政策意见：

第一章 大力培植上市挂牌（重点）后备企业

第一条 本文件的上市公司是指在上交

所、深交所或境外证券交易所公开上市的股份有限公司；挂牌公司是指在全国中小企业股份转让系统（以下简称新三板）或江苏股权交易中心挂牌的（股份）有限公司。

第二条 上市挂牌后备企业（以下简称后备企业）的认定

经由各镇（区、街道）推荐申报，通过市企业资本运营工作办公室审核，并符合以下条件的，可认定为后备企业。

（一）在本市行政区域内注册设立，正常运行纳税，没有严重失信记录，现代企业制度基本建立，法人治理结构健全；

（二）企业生产经营主业符合国家产业政策；

（三）企业发展前景好，经营管理层具有开拓创新精神，具有上市潜力和意愿的企业。

按50家以上的规模实行动态管理，原则上每半年调整一次。

第三条 上市挂牌重点后备企业（以下简称重点后备企业）的认定

符合以下条件的后备企业提供相关证明材料，经由各镇（区、街道）推荐申报，通过市企业资本运营工作办公室审核，经市政府同意，可认定为重点后备企业。

（一）证券公司、会计师事务所、律师事务所已完成尽职调查，认定企业符合有关上市挂牌规则并提出企业上市挂牌规范性工作方案；

（二）企业已制定详细上市挂牌工作计划，成立专门工作班子且与证券公司、会计师事务所、律师事务所等中介机构正式签订上市挂牌协议并支付首笔费用，上市挂牌工作进入实质运作阶段。

市企业资本运营工作办公室备案批复后，后备企业成为重点后备企业，可以享受以下相关政策。

第二章 重点后备企业上市挂牌扶持政策

第四条 产权规范扶持政策

（一）有关产权手续补办。重点后备企业在规范重组过程中，涉及以前所上项目未有项目审批备案的、未按要求办理环评等相关手续的，相关部门按规定给予及时补办；涉及补办不动产权证的，在符合城乡规划的情况下，企业采取有关整改措施，按要求补充相关资料，相关部门依法处理后，给予办理；若企业现状与城乡规划不相符，对涉及规划、环保、国土等相关问题专题研究，经市政府同意后补办相关手续。

（二）用地指标的处置。在依法、规范、确保群众利益并符合土地利用总体规划的前提下，重点后备企业用地指标原则上进行如下处理：

1、涉及新增建设用地的，由市政府配给用地指标，国土部门按规定报批，采用出让方式供地；

2、涉及现有建设用地的，尊重历史、依法合规按土地现有性质完善手续。

第五条 资产变更税费扶持政策

（一）涉及办理不动产权证、产权登记、产权交易等各项地方本级服务性收费，一律免收。对已建成但无法取得不动产登记证的项目，由住建部门协助建设单位取得工程质量鉴定报告。

（二）企业为上市改制设立股份有限公司，同一控制人下进行合并、分立、股权转让等重组，涉及土地、房产等资产变更、过户所缴纳的流转税、契税、土地增值税等，按实征收后，市财政参照相当于所交税费的地方留成奖励给企业用于技术改造、科技创新、扩大再生产等。

（三）消防、安全和环保等部门在为重点后备企业办理相关手续时，所涉地方本级服务性收费予以免收。

（四）符合第四条第二款情况的重点后备企业应先足额缴纳出让金，再按照“收支两条线”原则，除征收国家规定的农业土地开发资金、国有土地收益基金、廉租住房保障资金、教育资金、农田水利建设资金等，市财政参照出让金净收益奖励给企业用于技术改造、科技创新、扩大再生产等。如国家对土地收益金有政策调整，则按新规定予以优惠支持。

第六条 财务规范扶持政策

重点后备企业在股份公司设立时，会计师事务所审计调整以前年度会计记录产生的增值应补交的企业所得税，先征收后，市财政参照相当于补交税款的地方留成部分，奖励给企业用于技术改造、科技创新、扩大再生产等。

第七条 互保问题处置扶持政策

重点后备企业涉及的互保问题，采取“一企一议”的办法为企业协调解决具体困难和问题。

第八条 保险扶持政策

企业按规定参加养保、医保等各种社会保险和缴纳住房公积金，应补交部分在考虑企业负担和职工利益时予以优惠处理。

第九条 股改募集资金扶持政策

（一）重点后备企业在上市挂牌准备过程中，将未分配利润、资本公积、盈余公积等转增为股本以及企业股权内部重组转让而缴纳的相关税收（除个人所得税外），先征收后，市财政参照相当于所交税款的地方留成部分，奖励给企业用于技术改造、科技创新、扩大再生产等。

（二）重点后备企业募集资金投资项目所需建设用地、环境容量、能源供应等要素优先解决。

第十条 人才扶持政策

参照市委组织部出台的人才政策执行。

第十一条 其他扶持政策

市政府各类专项引导、奖补资（基）金，在年度安排时优先支持重点后备企业；发改经信、科技等部门优先为重点后备企业向国家、省争取国债项目、高新技术产业化项目、科技成果转化资金等项目和扶持资金。

第三章 重点后备企业上市挂牌奖励政策

第十二条 上市重点后备企业奖励政策

重点后备企业中准备上市的企业自认定当年起，以上一年实际入库的企业所得税为基数，其所缴纳的企业所得税地方留成新增部分，由市财政奖励给企业用于技术改造、科技创新、扩大再生产等，连续奖励三年。成功上市后，奖励原企业法定代表人 300 万元。

第十三条 新三板挂牌重点后备企业奖励政策

企业完成新三板挂牌后，奖励原企业法定代表人 100 万元。新三板已挂牌企业启动上市工作自认定为上市重点后备企业当年起，享受上市重点后备企业奖励政策。

第十四条 江苏股权交易中心挂牌后备企业奖励政策

在江苏股权交易中心挂牌的后备企业一次性奖励企业法定代表人 5 万元。

第十五条 已挂牌企业转板挂牌或转板上市的，对企业法定代表人的奖励资金应扣除其在挂牌后已兑现的奖励。上市公司退市后重新上市，仍可享受上市相关政策。

第四章 鼓励企业利用资本市场开展兼并重组做优做强

第十六条 我市已上市或新三板已挂牌企业兼并重组本市企业的，享受国家有关兼并重组税收优惠政策后，其在收购实施过程中因资产变更、过户所涉及的税收（除个人所得税外），市财政参照税收地方留成部分进行奖励。在收购实施过程中所涉及的地方本级相关规费，市财政按其实缴数额给予相应奖励。

兼并重组成功后，市财政以每年实际入库企业所得税地方留成比上年新增部分为基数给企业进行奖励，连续奖励三年，第一年按 100%标准奖励，第二、第三年按 50%标准奖励。

已上市或新三板已挂牌企业兼并重组外市企业或在外市投资，并在本市设立管理中心、研发中心、销售中心和利润结算中心的，享受市总部经济发展政策。

已上市企业通过减持股份获取资金来开展兼并重组、对外投资等，市财政参照其减持股份在我市缴纳企业所得税地方留成 95%标准进行奖励。

第十七条 为鼓励我市企业利用资本市场开展兼并重组做优做强，对转让股权给市外企业（投资者），在本市缴纳企业所得税超过 200 万元的，参照缴纳企业所得税地方留成 70%标准进行奖励。对企业实际控制人关联企业间的股权转让不享受此政策。重点后备企业股改时，实际控制人关联企业间的股权转让按第五条政策执行。

通过并购重组等方式取得境内外上市公司股权并成为第一大股东且境内上市公司注册地、境外上市公司主要生产基地和纳税地在丹阳的，视同企业实现上市享受上市企业政策。

第十八条 丹阳市外上市公司将注册地迁入丹阳且对丹阳产业结构调整或招商引资有重大推进作用的，通过“一企一议”确定扶持政策。

第十九条 我市企业被市外境内上市公司整体或控股收购且生产地、纳税地保留在丹阳，市财政按照收购值的1%奖励企业原法定代表人，最高不超过100万元。企业被上市公司完成收购后，市财政以每年实际入库企业所得税地方留成比上年新增部分为基数给企业进行奖励，连续奖励三年，第一年按100%标准奖励，第二、第三年按50%标准奖励。

第五章 鼓励设立各类形式的投资基金

第二十条 在我市新设立基金公司注册资本实际到帐资金达1亿元以上的，奖励企业10万元；注册资本实际到帐资金达3亿元的，奖励企业20万元。

第二十一条 以合伙制形式设立的股权投资基金，根据合伙企业当年实际募集资金的规模，给予合伙企业委托的股权投资基金管理企业一次性落户奖励。募集实际到账资金达到1亿元，奖励企业10万元；募集实际到账资金达到3亿元，奖励企业30万元；募集实际到账资金达到5亿元，奖励企业50万元。

第二十二条 根据市外基金公司入驻我市具体情况，分别按照以下政策执行。

（一）在我市设立总部的基金公司，享受总部经济发展政策。

（二）在我市设立子公司的基金公司，企业在我市缴纳的税收（除个人所得税外）参照税收地方留成50%标准进行奖励。如果在我市有投资的，企业在我市缴纳的税收（除个人所得税外）参照税收地方留成70%标准进行奖励。

第二十三条 重点后备企业、已上市挂牌企业在进行定增时，市政府平台公司及我市投资基金同等条件下可参与定增。

第六章 相关政策有关要求

第二十四条 享受本政策的企业应签署承诺书和提供股东会决议，承诺自享受本政策起或上市挂牌后，五年内注册地不迁出本市。

第二十五条 企业在境内上市挂牌后，承诺本企业原始股东的股份须托管在我市证券公司营业部并在丹阳市减持退出，其收益应税款项必须在丹阳市交纳。

第二十六 条已享受以上政策在我市注册的股权投资基金承诺所持有的上市挂牌企业股份，须托管在我市证券公司营业部并在丹阳市减持退出，其收益应税款项必须在丹阳市交纳。

第二十七条 发现重点后备企业、后备企业和其他相关企业弄虚作假，骗取享受上市挂牌优惠政策，将由市企业资本运营工作办公室牵头，市法制办、财政局等部门配合，取消或收回企业所享受的本意见中的所有财政补助和奖励并补交按本意见减免的所有相关税费，同时将其作为失信信息纳入市公共信用信息服务平台，实行失信联合惩戒，三年内取消各类评优资格和各类财政奖补资金资格。对失职渎职、参与造假的公职人员按党纪政纪处理，涉及犯罪的移交司法机关。

第二十八条 企业上市募投项目以及上市挂牌企业再融资项目，应首先在本市范围内立项建设，加快企业转型升级步伐，切实提高企业核心竞争能力。确因市场、土地、资源、收购兼并等原因在本市范围外投资，则应向市企业资本运营工作办公室履行相关报备手续，并按总部经济的结构模式设置企业组织经营体系，壮大丹阳本部经济实力。

第七章 本政策兑现程序

第二十九条 本政策按照以下程序兑现（略）

第八章 附 则

第三十条 （略）

中共丹阳市委关于认真学习宣传贯彻党的十九大精神的通知（摘要）

丹发〔2017〕99号　2017年11月13日

根据中央、省和镇江市委要求，现就认真做好我市学习宣传贯彻十九大精神有关工作通知如下。

一、充分认识党的十九大的重大意义，进一步增强学习宣传贯彻党的十九大精神的自觉性坚定性（略）

二、认真组织好党的十九大精神的学习宣传工作，在全市迅速兴起学习宣传贯彻十九大精神的热潮

认真抓好学习培训。（略）

精心组织宣传阐释。（略）

集中开展宣讲活动。（略）

三、全面准确学习领会党的十九大精神，坚定自觉以习近平新时代中国特色社会主义思想统一思想和行动

学习领会党的十九大精神，着重把握《中共中央关于认真学习宣传贯彻党的十九大精神的决定》阐释的"十个深刻领会"和《中共江苏省委关于认真学习宣传贯彻党的十九大精神的通知》强调的"突出五个聚焦"。

"十个深刻领会"，就是要把握学习十九大精神的系统性要求，深刻领会党的十九大"不忘初心，牢记使命，高举中国特色社会主义伟大旗帜，决胜全面建成小康社会，夺取新时代中国特色社会主义伟大胜利，为实现中华民族伟大复兴的中国梦不懈奋斗"这个重大主题；深刻领会习近平新时代中国特色社会主义思想是对马克思列宁主义、毛泽东思想、邓小平理论、"三个代表"重要思想、科学发展观的继承和发展，是马克思主义中国化最新成果，是党和人民实践经验和集体智慧的结晶，是中国特色社会主义理论体系的重要组成部分，是全党全国人民为实现中华民族伟大复兴而奋斗的行动指南，必须长期坚持并不断发展；深刻领会党的十八大以来党和国家事业发生的历史性变革；深刻领会中国特色社会主义进入了新时代；深刻领会我国社会主要矛盾的变化；深刻领会新时代中国共产党的历史使命是进行伟大斗争、建设伟大工程、推进伟大事业、实现伟大梦想；深刻领会实现第一个百年奋斗目标和向第二个百年奋斗目标进军；深刻领会社会主义经济建设、政治建设、文化建设、社会建设、生态文明建设等方面的重大部署；深刻领会国防和军队建设、港澳台工作、外交工作的重大部署；深刻领会坚定不移全面从严治党的重大部署。

"突出五个聚焦"，就是要把握精髓和要义，把学习宣传贯彻十九大精神的着力点，聚焦到衷心拥戴习近平同志这个党中央的核心、全党的核心上，坚持不懈用习近平新时代中国特色社会主义思想武装头脑，做到思想上同心同向，坚决维护以习近平同志为核心的党中央权威和集中统一领导，做到政治上旗帜鲜明，坚决贯彻落实党的理论路线方针政策和中央决策部署，做到行动上紧紧跟随；聚焦到贯彻落实习近平新时代中国特色社会主义思想上，准确把握"八个明确"包含的丰富内涵和中国特色社会主义"14个坚持"的基本方略，全面贯彻党的基本理论、基本路线、基本方略；聚焦到充分认识中国特色社会主义进入新时代、我国社会主要矛盾已经转化为人民日益增长的美好生活需要和不平衡不充分的发展之间的矛盾等重大论断上，牢牢坚持党的基本路线这个党和国家的生命线、人民的幸福线；聚焦到贯彻落实十九大作出的重大决策部署上，扎实推进

“两聚一高”，确保高水平全面建成小康社会如期实现，立足实际，不失时机加强探索实践，在开启全面建设社会主义现代化新征程上迈出坚实步伐；聚焦到落实新时代党的建设总要求上，毫不动摇坚持和完善党的领导，全面推进党的政治建设、思想建设、组织建设、作风建设、纪律建设，把制度建设贯穿其中，切实增强全市各级党组织的政治领导力、思想引领力、群众组织力、社会号召力。

四、全力抓好党的十九大精神的贯彻落实，加快建设苏南现代化工贸名城

以十九大精神为指引全面加强党的领导。学习贯彻党的十九大精神，要推动全市各级党组织和广大党员干部更加牢固树立政治意识、大局意识、核心意识、看齐意识，严格遵守政治纪律和政治规矩，在政治立场、政治方向、政治原则、政治道路上同以习近平同志为核心的党中央保持高度一致，自觉维护以习近平同志为核心的党中央权威和集中统一领导，坚定自觉地把以习近平同志为核心的党中央决策部署落到实处。要充分发挥党委总揽全局、协调各方的作用，确保党始终成为中国特色社会主义事业的坚强领导核心。

以十九大精神为指引丰富完善思路举措。对照十九大精神，在吃透中央大政方针的基础上，对高水平全面建成小康社会、建设苏南现代化工贸名城的内涵、标准、要求等进行优化提升、丰富拓展，拿出扎实有力的实际行动，推出务实管用的工作措施，确保高水平全面建成小康社会得到全市人民认可、经得起历史和实践检验。要把高水平全面建成小康社会与现代化建设有机衔接起来，既扎实推进高水平全面建成小康社会实践，又积极探索符合中央精神、契合时代要求、体现丹阳特点的现代化之路，努力在决胜全面建成小康社会、开启全面建设社会主义现代化新征程上走在前列。

以十九大精神为指引切实推动改革发展。全面落实十九大提出的各项部署要求，更加注重经济的提质增效，坚定不移实施创新驱动核心战略和产业强市主导战略，扎实推动经济发展质量变革、效率变革、动力变革；更加注重民生的共建共享，着眼改善人民群众生活质量，既“拉高平均线”，又“抬高地平线”，更好满足人民日益增长的美好生活需要；更加注重环境的宜居宜业，全面贯彻节约优先、保护优先、自然恢复为主的方针，加快形成节约资源和保护环境的空间格局、产业结构、生产方式、生活方式；更加注重社会的和谐有序，持续推进社会文明程度和社会治理水平“两个提升”，全面打造法治环境、平安环境。

以十九大精神为指引推进全面从严治党。认真贯彻新时代党的建设总要求，始终绷紧从严从紧这根弦，把党的政治建设摆在首位，落实好管党治党责任，进一步推动形成风清气正的政治生态和干事创业的良好环境，为高水平全面建成小康社会、建设苏南现代化工贸名城提供坚强保证。坚持不懈用习近平新时代中国特色社会主义思想武装头脑，扎实开展“不忘初心、牢记使命”主题教育，推动全市党员干部更加自觉地为实现新时代党的历史使命不懈奋斗。认真落实好干部标准，打造适应时代要求、堪当发展重任、人民群众满意的高素质专业化干部人才队伍。全面增强执政本领，促进各级领导干部进一步增强学习本领、政治领导本领、改革创新本领、科学发展本领、依法执政本领、群众工作本领、狠抓落实本领、驾驭风险本领，积极主动作为，勇于攻坚克难，牢牢把握工作主动权。以提升组织力为重点，突出政治功能，加强基层组织建设，把各级党组织建设成为建设苏南现代化工贸名城的坚强战斗堡垒。持之以恒正风肃纪，努力夺取反腐败斗争压倒性胜利。

以十九大精神为指引做好当前各项工作。（略）

五、切实加强组织领导，不断把我市学习宣传贯彻工作推向深入（略）

各地各部门要及时将学习宣传贯彻党的十九大精神的情况报告市委。

中共丹阳市委员会、丹阳市人民政府《关于聚力创新深化改革的若干政策措施》的通知

丹发〔2017〕114号　2017年12月29日

为深入贯彻《省政府印发关于加快推进产业科技创新中心和创新型省份建设的若干政策措施的通知》精神，为全面落实新发展理念，大力实施创新驱动发展战略，加快推进创新型城市建设，着力构筑现代产业发展新高地，请认真贯彻执行《关于聚力创新深化改革的若干政策措施》

一、完善创新型企业培育机制

1. 加大创新型企业培育力度。按照国家高新技术企业、国家科技型中小企业、科技小巨人企业培育要求，设立丹阳市科技创新型企业培育资金，支持企业开展新产品、新技术、新工艺、新业态创新。集聚资源、集中力量，加快培育和打造一批占据主导地位、具备先发优势的创新型领军企业。

2. 支持企业增强自主研发能力。贯彻落实全省企业研发机构建设“百企示范、千企试点、万企行动”计划，支持企业承担省级以上研发机构建设任务，提高成果转化效率和技术自给率，按照省市县联动支持的要求给予相关配套支持。支持骨干企业、民营企业或新型研发机构牵头组建产业技术创新联盟、创办联合研发中心等，牵头承担各类科技计划和工程建设项目，符合条件的可登记为独立法人，或民办非企业社会团体。支持企业大力推进技术创新与商业模式创新、品牌创新的融合，创造更多新产品、新服务、新业态。

3. 扩大科技创新普惠政策受惠面。加快建立覆盖企业初创、成长、发展等不同阶段的政策支持体系，贯彻落实国家研发费用加计扣除、高新技术企业税收减免政策，引导激励企业加大研发投入，对获得江苏省企业研究开发费用省级财政奖励资金的企业给予配套奖励。

4. 鼓励企业开放创新。对国有企事业单位技术和管理人员参与国际创新合作交流活动，可根据工作需要，适当放宽因公出国（境）次数。拓展市产业专项资金使用范围，允许用于支持企业以获取新技术、知识产权、研发机构、高端人才和团队为目标的境外投资并购活动。鼓励企业在海外设立研发机构，支持雇佣外籍专家和研究人员。帮助简化企业研发用途设备和样本样品进出口、研发及管理人员出入境等手续，优化非贸付汇的办理流程。鼓励外资企业在丹阳建立研发机构或研发中心，支持研发机构或研发中心参与承担各类科技计划和平台建设。

二、健全区域创新能力要素体系

5. 加快开发区创新发展。进一步明确丹阳市开发区（含经开区和高新区）发展定位，出台开发区创新发展的相关政策，鼓励各类高端创新资源优先在开发区内集聚，各类科技计划优先支持开发区创新发展。加快全市科技园区建立公司化运作平台和管理机制，重点建设以平台开发、产业服务、科技基础设施建设、投融资服务为主的科技园区管理开发公司。实施科技园区管理机制改革提升，开展公司管理层股权激励试点工作。支持开发区依法依规调整区域范围，优先保障开发区重大创新项目用地需求，加大创新力度，提高创新效率。发挥苏南国家自主创新示范区辐射带动作用，设立苏南自主创新示范区建设和高新区建设配套专项资金。完善开发区创新驱动发展综合评价统计工作制度，实施创新绩效综合评价和奖励。

6. 推动创新人才引进和培养。大力实施“丹凤朝阳”人才计划，支持企业加大高层次人才引进力度，放宽年龄限制，探索建立柔性引才、星期天工程师等工作机制，运用优化环境引才、项目合作留才、联合培养育才等手

段，吸引各类人才来丹创新创业。对来丹工作的人才，按照人才分类管理，提供不同层次的全方位管理和服务。在人才居住、子女入学、医疗、社会保障等方面提供有效衔接。

7. 支持新型研发机构发展。新型研发机构在政府项目承担、职称评审、人才引进、建设用地、投融资等方面可享受国有科研机构待遇。市级重点建设和扶持发展的科研项目，缴纳房产税确有困难的，可向市政府申请减免房产税，经批准减免的持市政府批准的有关材料向税务机关备案。帮助符合条件的新型研发机构进口科研用品申请免征进口关税和进口环节增值税、消费税；从事科技研发的社会服务机构，允许发展国有资本和民间资本共同参与的非营利性新型产业技术研发组织。支持新型研发机构开展研发创新活动，具备独立法人条件的，对其上年度非财政经费支持的研发经费支出额度给予不超过20％的奖励，已享受其他各级财政研发费用补助的机构不重复奖励。

8. 完善创业载体建设推进机制。扩大市科技型创业企业孵育计划资金规模，探索建立科技企业孵化器绩效奖励制度，强化对中小型企业的孵育，对运行成效突出且园区给予资金安排的科技企业孵化器，市财政按因素法给予一定比例奖励。市各类政府投资引导基金，允许采取参股形式，引导众创空间、科技企业孵化器、民间投资机构等共同组建孵化投资基金，通过“孵化＋创投”的服务模式，对在孵创业项目进行天使投资，完善双创载体投融资功能。对符合土地利用总体规划和产业规划的孵化器新建和扩建项目，在土地利用计划指标中优先安排建设用地。创业苗圃、孵化器、加速器项目用地按照工业用地供地政策管理。在不改变土地用途和土地有偿使用合同约定投入产出等条件的前提下，科技企业孵化器使用的高标准厂房可以按幢、层等有固定界限的部分为基本单元分割登记、转让。创新孵化机制，推动国有科技企业孵化器股份制改造或委托专业团队管理运行。

9. 完善科技型中小企业金融服务体系。落实省科技成果转化风险补偿政策，鼓励银行业金融机构设立科技金融专营机构，鼓励银行对科技型中小微企业发放科技贷款，适当提高对科技型小微企业不良贷款比率的容忍度。建立合作银行考核机制，促进银行对小微企业的金融服务。根据省天使投资风险补偿资金管理办法，配套设立丹阳市天使投资补偿资金。建设市科技金融服务中心，完善科技金融“一站式”公共服务平台。

10. 优化科技金融服务模式。按照国家、省、市部署和试点要求，积极开展投贷联动试点，鼓励符合条件的银行业金融机构在依法合规、风险可控前提下，与创业投资、股权投资机构等实现投贷联动，大力支持科技创新型企业发展。鼓励科技型中小微企业利用科技保险融资增信和分担创新风险，加快推进各类知识产权保险。完善创业投资引导机制，落实省天使投资引导资金政策，对出现投资损失的项目，市财政按照实际发生损失额的一定比例给予支持。整合和完善各类创业投资引导基金，健全向社会资本适度让利的基金收益分配机制。对符合条件的创投企业采取股权投资方式投资未上市的中小高新技术企业，按照国家有关规定落实税收优惠政策。

11. 加快创业企业挂牌上市步伐。抓住当前国家提高直接融资比重以促进多层次资本市场健康发展的历史性机遇，做好创新创业企业上市培育工作，鼓励和支持创新创业企业加快与资本市场对接；按照《关于全力打造资本市场“丹阳板块”的若干政策意见》（丹发〔2017〕70号）支持创新创业企业上市或到新三板、区域性股权交易中心挂牌。

三、构筑良好创新创业环境

12. 改革科研项目经费管理机制。减少对创新项目实施的直接干预，赋予创新人才和团队更大人财物支配权、技术路线决策权。简化财政科研项目预算编制，在项目总预算不变的情况下，将直接费用中多数科目预算调剂权下放给项目承担单位。间接费用核定比例可以提高到不超过直接费用扣除设备购置费的一定比例：500万元以下的部分为20％，500万元至1000万元的部分为15％，1000万元以上的部分为13%，且间接费用的绩效支出纳入项目承担单位绩效工资总量管理，不计入项目承担单位绩效工资总额基数。加大对科研人员的激励力度，取消绩效支出比例限制，重点向一线科研人员倾斜，突出工作实绩，体现人才价值。对劳务费不设比例限制，参与项目的研究生、博士后、访问学者及聘用的研究人员、科研辅助人员等均可参照当地科学研究和技术服务业从业人员平均工资水平，根据其在项目研究中承担的工作任务确定劳务费，其社会保险补助纳入劳务费科目列支。项目实施期间，年度剩余资金可结转下一年度使用。项目完成任务目标并通过验收后，结余资金按规定留归项目承担单位使用，在2年内由项目承担单位统筹安排用于科研活动的直接支出，2年后未使用完的按规定收回。完善差旅会议管理，新型研发机构可根据工作需要，合理研究制定差旅费管理办法，确定业务性会议规模和开支标准等。简化科研仪器设备采购管理，新型研发机构对集中采购目录内的项目可自行采购和选择评审专家。对进口仪器设备实行备案制。新型研发机构以市场委托方式取得的横向经费，纳入单位财务统一管理，由项目承担单位按照委托方要求或合同约定管理使用。

13. 着力清除创新创业障碍。继续深化行政审批改革，最大限度降低大众创业万众创新市场准入门槛，所有行政审批事项严格按法定时限做到“零超时”。建立职业资格目录清单管理制度，清理减少准入类职业资格并严格管理。持续推进商事制度改革，在全面实施企业“三证合一”基础上，再整合社会保险登记证和统计登记证，实现“五证合一、一照一码”，降低创业准入的制度成本。建设“双创”综合服务平台和示范基地，探索组建市科技创新服务联盟，大力发展技术转移转化、检验检测、科技咨询、知识产权服务等高技术服务业，提供点对点、全方位服务。按照精简、合并、取消、下放要求，深入推进项目评审、人才评价、机构评估改革。

14. 完善科技成果转移转化市场体系。建立科技成果项目库和信息发布系统，及时动态发布符合产业升级方向、投资规模与产业带动作用大的科技成果包。建立网上技术需求及技术创新供给市场服务平台。充分发挥市场配置创新资源的决定性作用，加快建设省技术交易中心丹阳分中心，探索建设网上技术交易平台，促进科技成果规范有序交易流转。

15. 实行严格的知识产权保护制度。加强知识产权快维中心建设运营和知识产权专业审判庭建设，完善知识产权审理和审判工作机制，支持企业开展知识产权维权。推动知识产权信用监管体系建设，将知识产权侵权案件信息录入公共信用信息系统，并对重大和严重知识产权侵权案件予以公布。建立海外知识产权风险预警和快速应对机制。支持企业申请注册国（境）外知识产权。

四、聚焦产业转型升级

16. 部署一批重大成果转化项目，促进产业转型升级。结合我市产业特点，面向创新水平高、产业带动性强、引领效果明显的重大战略产品，重点部署一批重大成果转化项目，突出产业前瞻性和科技先导性，充分发挥项目对先进科学技术成果的产业化推动作用，加大对重大成果转化项目的支持力度，进一步加速本地产业转型升级和新兴产业培育发展。

17. 促进军民融合发展。设立丹阳市军民融合发展专项扶持资金，扶持军民融合重点项目和重点企业，采用取证补贴、项目投入补助、各类会议及路演经费补贴等形式支持军民融合产业发展。

五、加大政府引导和支持力度

18. 实行积极的财税政策。市财政从2018年起用于支持科技创新的资金规模增速高于全市财政收入增幅。强化战略导向，实施市前瞻性产业技术创新专项和科技成果转化专项。加大绩效评价力度，提高政策和资金的效益。鼓励知名科学家、海内外高层次人才创新创业团队、国际国内著名科研机构和高等院校、国家重点科研院所和高等院校在丹发起设立专业性、公益性、开放性的新型研发机构；中央直属企业、国内行业龙头企业、知名跨国公司在丹设立独立法人资格、符合丹阳产业发展方向的研发机构和研发总部，引入核心技术并配置核心研发团队。按照市委市政府一事一议方式分别给予专项财政支持。

19. 健全创新政策审查和评议制度。对新制订政策是否制约创新进行审查。及时废止或修改有违创新规律、阻碍新兴产业和新兴业态发展的政策条款。

20. 强化创新驱动发展鲜明导向。进一步完善创新驱动发展考核指标考核体系，重点考核创新投入、创新能力、创新产出、创新绩效、创新环境、知识产权保护、高新技术产业投资增速等内容，系统评价创新驱动发展水平，定期公布评价结果，并纳入镇（区）党政领导干部工作考核范围。

丹阳市人民政府
关于金融支持制造业发展的实施意见

丹政发〔2017〕80号　丹阳市人民政府

为了加大金融对制造业发展的支持力度，有效防控金融风险，现提出以下意见。

一、稳步扩大制造业资金供给

1. 保持融资稳定增长。加强与镇江市级和江苏省级金融机构的战略合作，鼓励银行业金融机构积极向上争取信贷指标、项目直贷、业务授权、创新试点等差别化支持政策，努力扩大信贷政策支持再贷款、再贴现等货币政策工具投放额度。探索推进银行信贷资产证券化，盘活信贷存量。积极拓展融资渠道，鼓励低成本境外融资，规范发展投行业务等创新型业务。优化银行信贷投向和信贷结构，力争2017年全市银行业制造业贷款占比提高2个百分点，到2020年力争占比超过60%。（责任部门：人行丹阳市支行、丹阳银监办、市金融办，市各金融机构）

2. 强化政银企合作。加强政银企之间的沟通联系，建立重点企业、重点项目融资对接机制，定期发布重点项目（含技改项目）、三集园区、特色小镇建设等融资需求信息（原则上一季度发布一次，以市为单位或以行业、板块为单位发布），为金融机构和企业搭建融资对接平台，实现银企合作的常态化、便利化和规范化。打造综合金融服务平台，整合相关部门公共信息、金融机构融资产品、企业融资需求、融资中介服务等信息资源，实现网络化、一站式、高效率的融资对接。实行牵头行支持重点项目制度，完善牵头行整合金融资源及资金监管方面的相关制度。（责任部门：市金融办、人行丹阳市支行、市发改经信委、市国资办，市各金融机构，各镇（区、街道））

3. 加大财政资金扶持力度。对市级重大制造业项目固定资产投资或设备购置实施贷款贴息，补贴资金不超过贷款总额的1%。对鼓励发展的先进型、龙头型、技术型大项目，一事一议，适当提高标准。补助实施细则由市财政局负责另行制定。（责任部门：市财政局、市发改委经信委、市金融办、各镇（区、街道））

4. 建立贷款风险分担机制。建立政府、银行、担保和再担保机构共同参与的贷款风险分担机制，重点加大对符合条件的小微制造业贷款的支持。由市财政局牵头实施，市财政设立担保风险补偿基金。鼓励政府扶持资金与金融机构合作，创新融资服务产品，通过风险补偿撬动更多金融资源投向制造业企业。（责任部门：市财政局、市发改经信委、市金融办、市各金融机构、各镇（区、街道））

5. 支持产业转型升级。鼓励银行业金融机构创新金融产品，围绕新型价值链和创新链，加强对技术密集型和创新型制造业企业的融资支持。有效服务制造业企业技改、研发、节能环保等方面融资需求，重点推广仓单、订单、知识产权等新型抵质押贷款业务，发展

"债贷组合"、"投贷联动"、产业基金等融资支持模式。完善并购贷款业务，推动金融机构对兼并重组企业实行综合授信，支持企业通过兼并重组实现行业整合。（责任部门：丹阳银监办、人行丹阳市支行、市金融办、市发改经信委、市国资办、市科技局）

6. 降低企业融资成本。引导银行业金融机构实施减费让利活动，降低贷款利率上浮幅度。推动地方法人金融机构主动调整负债结构，增加同业存单、大额存单等主动负债，为降低融资成本腾出空间。规范金融机构收费项目，精简融资链条，清理不必要的资金"通道"和"过桥"环节，切实整治层层加码加价行为，降低企业非利息成本。引导市各相关部门提高办事效率，简化制造业企业融资抵押登记审批手续，降低收费标准。（责任部门：丹阳银监办、人行丹阳市支行、市行政审批中心、市国土局）

7. 完善金融服务体系。鼓励银行业金融机构在产业集聚区域设立专业机构、特色机构，推动发展先进制造业融资事业部制和建立小微企业金融服务专营机制，在客户准入、信贷审批、风险偏好、业绩考核等方面实施差异化管理。推广应用应收账款和动产融资服务平台，帮助制造业企业盘活存量资源。支持符合条件的金融机构和制造业企业发起设立金融租赁公司。筹建丹阳金融控股集团，整合各类金融资源，完善投融资体系及投后监管制度，打造助推产业发展的金融平台。进一步完善政府平台投资上市企业的相关管理规定，建立风险共担、利益共享的投资机制，结合帮助企业解决矛盾和风险，以投资方式予以支持。（责任部门：市金融办、人行丹阳市支行、丹阳银监办、市财政局、市国资办，市各金融机构）

二、不断提高企业直接融资比重

8. 支持企业上市融资。执行好《关于全力打造资本市场"丹阳板块"的若干政策意见》（丹发〔2017〕70号），落实"产业强市"发展战略，积极发挥政策激励作用，鼓励企业利用资本市场融资和开展兼并重组做优做强，鼓励设立各类形式的投资基金、抢抓多层次资本市场发展机遇，加快上市挂牌步伐，全力打造资本市场"丹阳板块"。（责任部门：市发改经信委、市财政局、市金融办、市国资办、市国税局、市地税局、市国土局、市人社局、各镇（区、街道））

9. 扩大债券发行规模。支持优质企业进入银行间市场、证券交易市场发行短期融资券（CP）、中期票据（MTN）、PPN、ABS、企业债券、公司债券等方式募集低成本资金，不断优化融资结构。积极发展项目收益债券、专项债券、绿色债券、绿色债务融资工具、绿色资产证券化等创新产品。鼓励银行、证券等金融机构开展各类债券的承销业务，加强对我市企业发行债券的指导和服务。金融机构对制造业企业发行债务融资工具提供主承销服务，给予实际发行金额的0.3%—0.5%奖励，最高不超过300万元。（责任部门：市发改委经信、市财政局、市金融办、人行丹阳市支行、各镇（区、街道））

10. 拓宽股权融资方式。设立产业发展引导基金，重点支持高端装备、新材料等先进制造业发展。鼓励社会资本设立成长基金、并购基金等股权投资基金，有效弥补创新型、成长型制造业企业的融资缺口，支持有条件的制造业企业设立产业投资基金，为产业链上下游企业提供股权融资。进一步加大对绿色低碳制造业企业的资金投放。（责任部门：市发改经信委、市财政局、市国资办、市科技局、市金融办、市保险行业协会、各镇（区、街道））

三、全力防控金融风险

11. 推动担保破圈解链。发挥各镇（区、街道）对担保破圈解链的牵头引导作用，准确摸清担保圈情况，建立重点担保风险企业名录库，实施动态监测、分级协调。综合运用授信总额联合管理机制，发挥重点企业债权人委员会作用，强化牵头银行协调处置责任。对重大担保圈、互保链核心企业，实行"一企一策"、灵活处置的方式，通过调整担保人、置换抵质押物等债务平移方式，以时间换空间逐步破圈解链。成立重点债权人委员会，推进银行等债权人一致行动，保护担保圈内主营较好的企业，不轻易对担保企业采取法律措施。（责任部门：各镇（区、街道）、丹阳银监办、人行丹阳市支行、市金融办、市发改经信委、市各银行业金融机构）

12. 落实企业主体责任。督促担保圈、互保链上企业重新梳理和调整经营战略，剥离变卖非盈利性或亏损资产，推进转型升级和技术改造，恢复自身造血功能。加大对贷款企业责任追究力度，审计部门依法加强审计监督，鼓励金融机构优先向贷款企业追偿债务。探索追加企业实际控制人、高管个人担保，切实防止消极等待市场转机、单纯依靠银行帮扶让利、要求政府给予定向政策扶持等不负责任行为的发生。（责任部门：各镇（区、街道）、市发改经信委、市审计局、市金融办、人行丹阳市支行、丹阳银监办）

13. 拓展融资担保方式。推动本地政策性融资担保公司增资扩股，培育一批为中小企业服务的担保公司。与民间资本合作成立小微企业担保公司，进一步完善风险分担机制。加快处置现有担保公司风险，尽快推动担保代偿和责任追偿，对有救助价值的困难担保公司，通过政府注资、重组等方式恢复担保功能。积极发展中小微企业贷款保证保险和信用保险，帮助缓解中小微企业担保难问题。（责任部门：市发改经信委、市财政局、市金融办、市保险行业协会）

14. 扩大转贷基金规模。进一步完善周转贷款的运行机制，逐步扩大周转贷款规模，优先为500万元以下的制造业企业贷款提供转贷服务。鼓励财政资金、国有资本和民间资本参与组建小微企业转贷基金。支持符合条件的融资性担保公司开办转贷业务。收费标准按中国人民银行一年期贷款基准利率适当上浮执行，切实减轻企业“过桥”资金负担。（责任部门：市金融办、市发改经信委、市财政局、人行丹阳市支行、丹阳银监办）

15. 大力处置不良贷款。支持金融机构扩大不良贷款自主核销权，用足用好核销政策，加快核销进度，及时主动消化吸收风险，对处置不良贷款成绩突出的金融机构给予奖励。进一步加强与资产管理公司合作，实现不良贷款处置本地化。鼓励有条件的企业通过并购重组，化解困难企业不良贷款。鼓励设立混合所有制企业并成立基金对接处置银行不良资产，同时建立适度的风险补偿机制。优化不良贷款的处置环境，减免诉讼、破产、过户、处置过程中的税费，有效解决司法处置周期长、费用高、执行难等突出困难，提升处置效率。（责任部门：人行丹阳市支行、丹阳银监办、市财政局、市国资办、市金融办、市法院、市各银行业金融机构、各镇（区、街道））

16. 精准打击恶意逃废银行债务行为。进一步完善打击恶意逃废债务工作机制，加强组织领导，做到精准施策。对及时发现银行贷款可能出现问题的企业主要负责人进行约谈，敦促其及时转贷付息或制定还贷付息计划；对于约谈效果不明显的企业，必要时对其开展专项审计，摸清企业生产经营、资产负债状况和资金流向；对于主观恶意明显、悬空债务、转移资产和脱壳经营的企业，强化线索传递核查，组织法院、检察、公安、司法等单位采取多种手段，坚决予以打击。成立专案组处理重点金融案件，坚决遏制恶意逃废债务的不正之风；强化部门联动，限制股东变更，逾期欠息企业进行股权转让必须经所有债权银行签字确认后，由相关部门审核办理。完善守信红名单、失信黑名单制度和失信惩戒机制，充分运用信用激励和约束手段，加大对诚信主体激励和对严重失信主体惩戒力度，将严重失信主体及其法人、主要负责人列为重点监管对象，依法依规采取行政性约束和惩戒措施，形成对失信企业和企业主严管合围态势。（责任部门：市委政法委、市纪委、市委宣传部、市法院、市检察院、市公安局、市金融办、市市场监管局、市审计局、人行丹阳市支行、丹阳银监办、市各银行业金融机构、各镇（区、街道））

17. 加快金融案件处置。建立金融案件处置绿色通道，推行金融案件审判程序繁简分流，加大简易程序适用力度。开辟金融案件快立、快审、快判、快执“一站式通道”，进一步完善金融审判庭工作机制，成立金融案件执行局，联合相关单位开展清理金融积案专项行动，尽快扭转金融案件处置周期长、受偿率低、执行难的局面，为化解金融风险、盘活信贷存量提供有力保障。充分运用仲裁方式解决金融纠纷。加强司法、执法部门与金融监管机构的沟通合作，切实加大对金融犯罪案件的追诉、制裁和打击力度，有效维护金融管理秩序。（责任部门：市委政法委、市法院、市检察院、市公安局、市司法局、市各银行业金融机构）

18. 实施风险监测预警。建立企业金融风险五项监测制度，重点监测企业贷款逾期欠息、拖欠职工工资社保、欠税、欠水电费和转移资产等行为，及时发现企业金融风险隐患。市防控经济金融风险工作领导小组定期研究金融风险防控处置工作。（责任部门：各镇（区、街道）、市金融办、市发改经信委、人行丹阳市支行、丹阳银监办、市人社局、市国税局、市地税局、市市场监管局，市供电公司、市水务集团）

19. 健全金融工作组织体系。（略）

20. 强化考核督查。（略）

2017年丹阳市重要文件题录

表122

序号	文件名	发文号
1	关于印发《关于开展“四问四促暖企惠民”大走访的意见及实施方案》的通知	丹发〔2017〕1号
2	关于印发《丹阳市深化农村改革综合性实施意见》的通知	丹发〔2017〕24号
3	关于印发《2017年政法工作要点》的通知	丹发〔2017〕28号
4	关于印发《丹阳市贯彻落实〈法治政府建设实施纲要（2015—2020年）〉实施方案》的通知	丹发〔2017〕034号
5	2017年双拥工作意见	丹发〔2017〕40号
6	关于建立健全市委常委与党外代表人士联系交流制度的通知	丹发〔2017〕41号
7	关于印发《丹阳市医药卫生体制改革的实施方案》的通知	丹发〔2017〕65号
8	关于印发《丹阳市生态环境保护制度综合改革实施方案》的通知	丹发〔2017〕66号
9	关于印发《丹阳市供给侧结构性改革实施方案》的通知	丹发〔2017〕67·号
10	关于印发《进一步完善大督查机制的实施方案》的通知	丹发〔2017〕68号
11	关于全力打造资本市场“丹阳板块”的若干政策意见	丹发〔2017〕70号
12	关于印发《关于贯彻〈中国共产党问责条例〉的实施细则》的通知	丹发〔2017〕81号
13	关于在全市开展向钱云宝同志学习的决定	丹发〔2017〕82号
14	关于转发《中共镇江市委、市政府、军分区关于落实拥军政策增强军人荣誉感的实施意见》的通知	丹发〔2017〕83号
15	2017年丹阳市市级机关绩效考核实施意见	丹发〔2017〕85号
16	关于转发《中共镇江市委关于印发〈关于支持人民法院基本解决执行难工作的实施意见〉的通知》的通知	丹发〔2017〕89号
17	关于印发《关于深入推进人民防空改革发展若干问题的意见》的通知	丹发〔2017〕91号

续表 122

序号	文件名	发文号
18	关于我市城市建成区加强防控和查处违法建设工作的实施意见	丹发〔2017〕97 号
19	关于认真学习贯彻党的十九大精神的通知	丹发〔2017〕99 号
20	关于深化供销合作社综合改革的实施方案	丹发〔2017〕108 号
21	关于转发《中共镇江市委、市政府〈关于支持检察机关依法开展公益诉讼工作的意见〉》的通知	丹发〔2017〕111 号
22	关于下发《关于聚力创新深化改革的若干政策措施》的通知	丹发〔2017〕114 号
23	关于印发《丹阳市总工会改革实施方案》的通知	丹发〔2017〕115 号
24	关于印发《共青团丹阳市委改革实施方案》的通知	丹发〔2017〕116 号
25	关于印发《丹阳市妇联改革实施方案》的通知	丹发〔2017〕117 号
26	关于印发《丹阳市有关部门和单位及镇（区、街道）安全生产工作职责规定》的通知	丹政发〔2017〕2 号
27	关于进一步加强政府督查工作的通知	丹政发〔2017〕13 号
28	关于印发《丹阳市整合城乡居民基本医疗保险工作实施方案》的通知	丹政发〔2017〕15 号
29	关于下达 2017 年经济社会发展主要计划的通知	丹政发〔2017〕16 号
30	关于印发《丹阳市政府性债务风险紧急处置预案》的通知	丹政发〔2017〕22 号
31	关于支持循环经济发展的有关政策	丹政发〔2017〕32 号
32	关于推进 2017 年秸秆综合利用工作的实施意见	丹政发〔2017〕41 号
33	关于进一步加强统计工作的意见	丹政发〔2017〕46 号
34	关于印发《丹阳市节约用水管理办法》的通知	丹政发〔2017〕54 号
35	关于进一步明确支持循环经济发展有关政策的通知	丹政发〔2017〕65 号
36	关于印发《2017 年丹阳市关于进一步降低实体经济企业成本的实施方案》的通知	丹政发〔2017〕77 号
37	关于金融支持制造业发展的实施意见	丹政发〔2017〕80 号
38	关于印发《丹阳市医疗救助办法》的通知	丹政发〔2017〕87 号
39	关于统筹推进城乡教育一体化促进优质均衡发展的实施意见	丹政发〔2017〕100 号
40	关于印发《丹阳市城乡居民基本医疗保险实施办法》的通知	丹政发〔2017〕101 号
41	关于在公共服务领域政府和社会资本合作（PPP）模式的实施意见	丹政发〔2017〕107 号

（市委办　市府办　史志办）

索　引

栏目编辑　赵卫宁

说 明

本索引采用主体分析法编制，按标引词第一字汉语拼音字母的音序排序。第一字相同，按第二字的音序排列，依次类推。标引词后的阿拉伯数字表示内容所在的页码，数字后的英文字母（a、b）分别表示从左至右第一、第二栏。类目、分目名称用黑体字标明。

A

B

C

D

E

F

G

H

K

L

M

N

P

Q

R

S

T

W

X

Y

Z

中共丹阳市委政法委

全市政法工作会议

丹阳市委书记陈可可（左）带队督导社会矛盾和安全隐患大排查大整治工作

2017年，全市政法系统认真贯彻落实丹阳市委的决策部署，坚持问题导向、发展导向、改革导向，积极破冰探路，在一系列大事、急事、难事面前，敢于担当、主动作为，为服务全市改革发展大局、保障人民群众安居乐业做出了重要贡献。

市委政法委书记任剑平（中）到挂钩社区指导文明城市创建工作

中共丹阳市委政法委员会全体（扩大）会议

开展政治督察工作

以案释法巡讲活动

创新网格化社会治理工作

中共丹阳

江苏省副省长张敬华（右）视察眼镜城诚信党建工作

江苏省委组织部副部长陆永辉（左三）到丹调研“两学一做”学习教育常态化制度化推进情况

2017年，丹阳市委组织部以习近平新时代中国特色社会主义思想为指导，深入贯彻十八届六中全会、十九大及习近平系列重要讲话，全国、省市组织部长会议精神，紧密围绕市委“四个切实”要求，坚持以构建严实和谐组织工作新机制为主基调，确立“两聚双向”工作思路，多项工作获上级表彰肯定。“五事联动”主题党日获评镇江市“十佳”书记项目，并在全省基层党建工作交流会上专题介绍；构建“四有”民情服务处理机制，获第四届全国基层党建创新最佳案例；人才工作相关做法获全国基层人才创新案例优秀奖；汪深渠、王华等先进事迹获江苏省“时代风范”栏目推介，钱云宝被追授为镇江市优秀共产党员；部机关党支部获省先进集体，组织工作目标考核持续保持镇江第一。

丹阳市委书记陈可可参加东皇村“五事联动”主题党日活动

2017年丹阳市组织工作会议

丹阳市乡局级领导干部学习贯彻十八届六中全会精神轮训班

市委组织部

丹阳市委常委、组织部部长杜官军（中）开展“暖企惠民”大走访

丹阳市“两学一做”常态化制度化督导部署会（聘请督导员）

严实和谐好班子创建工作调研推进会

高端装备与先进制造业“千人计划”专家人才峰会签约仪式

举办“大院大所丹阳行”活动

组工干部专题培训班（福建古田）

丹阳市人力资源和社会保障局

市领导查看“2017春风行动”现场

镇江人才博览会

泽稷教育丹阳工作站成立及授牌仪式

2017年，市人社局推进“六大工程”、21项重点工作，67个考核指标全部完成或超额完成全年目标任务。全市新增专业技术人才4270人，高技能人才2265人；申报镇江“金山英才”计划、省“双创计划”“博士计划”，全市有5家国家级博士后科研工作站，13家江苏省博士后创新实践基地。引进本科以上人才4674人，其中硕士以上313人。新增留学回国人数28人，执行12个引智项目，新引进长期外国专家24人。

清华大学校园招聘会

人社系统庆祝建党96周年主题诵读比赛

丹阳市人才流动服务中心

丹阳市副市长赵立群（中）视察2017年春季大型人才交流会

人力资源年会邀请人力资源专家传经授课

2017年，丹阳市人才流动服务中心为全市引进本科以上人才4674人（其中硕士以上人才313人），举办各类招聘会103场次，进场招聘单位5749家次，提供就业岗位3.5万个次。开展“知名企业进校园”和“校园引才”系列品牌活动，全市715家次规模企业参与，进入省内外64所重点高校搭建优秀大学生引进平台，收到简历16000多份，签约近800人，举办第二届创业大赛，为年轻创客传经送宝，为丹阳产业转型升级提供新思路。组织15家重点企业及5家博士后工作站参加2017中国镇江首届创新创业人才博览会。

2017年夏季大型人才交流会暨毕业生就业洽谈会

第二届青年创业大赛暨创业巅峰论坛

重点企业及博士后工作站参加镇江创新创业人才博览会

人才中心参与暖企惠民大走访及文明城市创建活动

北京大学招聘会现场

丹阳市体育局

市体育局领导走进市电台《行风热线》解答市民疑问

2017年全市体育工作会议

2017年，丹阳市体育局坚持以党的十八大、十九大精神为指导，贯彻 “大体育、大服务、大健康”的工作理念，以体育事业改革创新为主线，以推进全民健身公共服务体系建设为基础，以备战第十九届省运会为重点，科学谋划群众体育、竞技体育、体育产业等各项工作，体育事业发展迈向新台阶。丹阳市体育局获得2013-2016年度全国群众体育先进单位、第十五届全国篮球城市交流活动集体一等奖、江苏省青少年足球锦标赛（女子丙组）第一名、江苏省县级组（甲组）田径比赛团体总分第三名等荣誉和成绩 。

“腾讯天天象棋”杯中欧象棋对抗赛

2017年“舞动中国－广场舞联赛”（江苏赛区）决赛

2017年江苏省青少年足球锦标赛（女子丙组）

第十六届“南京银行杯”老年人健身项目展示

丹阳市信访局

江苏省政府副秘书长、省信访局局长孔海燕（前一）调研市信访局“群众满意接访窗口”

丹阳市委书记陈可可接待上访群众

2017年，丹阳市信访工作围绕“创建一流队伍、完善一流机制、实现一流成效”的总体要求，改善窗口面貌、工作秩序、工作方法，全面提升信访接待场所的管理水平和工作质量，提升信访干部为群众服务的能力、化解信访难题。为“两会”、“5·14”一带一路高峰论坛、“5·20”江苏发展大会、“9·3”金砖国家领导人厦门会晤、十八届七中全会、十九大等重要会议、重要活动期间的信访稳定工作，发挥积极作用，圆满完成“四个不发生”的工作目标，得到省和镇江市的充分肯定，被江苏省信访局表彰为2017年度全省信访系统“群众满意接访窗口”单位。

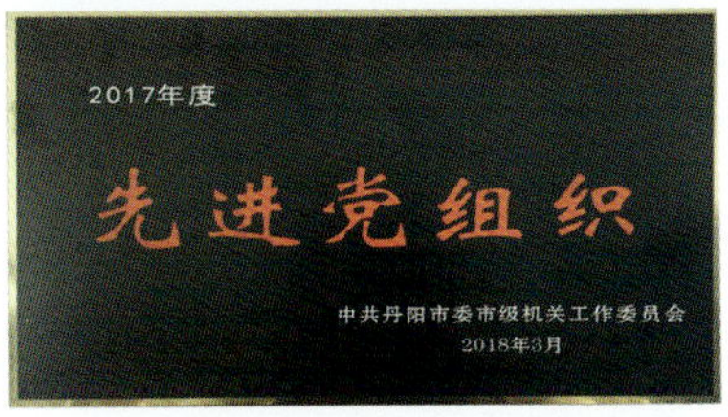

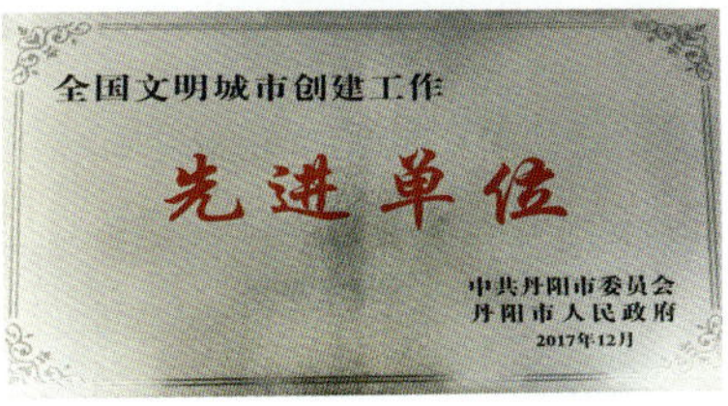

丹阳市长黄春年接待信访群众

宣城市宣州区委政法委考察组参观丹阳市人民来访接待中心

丹阳市四套班子领导慰问信访局工作人员

丹阳市领导研究信访群体集访问题

丹阳市信访稳定工作会议

丹 阳 市 史

2017年，丹阳市史志办公室围绕市委、市政府中心工作，坚持以“资政、存史、育人”为根本任务，努力创新，注重实效，充分发挥部门职能作用，不断开拓党史、地方志工作领域，完成党史宣传教育、党史和地方志项目编纂出版等各项工作任务。《丹阳工商业与工商界名人》开编，此项目被列为丹阳市人民政府2017年度100项重点工作。编纂出版《丹阳革命英烈传选编》《丹阳方志文化概览》《丹阳年鉴（2017）》《丹阳村村记忆》（开发区卷、陵口卷、皇塘卷）。组织编纂《丹阳水利志》《丹阳人民医院志》《九里村志》。丹阳革命陈列馆全年接待参观169批、近3.5万人次。2017年，丹阳市史志办公室参与文明城市创建各项工作，落实丹阳革命陈列馆窗口单位的各项措施，完成市委、市政府交办的各项工作任务。

丹阳市副市长贺云华（左一）到陈列馆调研

市史志办开展“五事联动”统一活动日活动

市史志办全体人员在陈列馆参加志愿者活动

《丹阳工商业与工商界名人》编纂动员会议

志 办 公 室

专家团队对陈列馆讲解进行考核

市史志办慰问一线环卫工人

向结对贫困户送温暖

《丹阳工商业与工商界名人》采编人员培训

丹阳市纪念"七七卢沟桥事变"80周年邮展

《丹阳革命英烈传选编》首发式

丹阳市人民法院

全省民商事审判调研座谈会在市法院召开

丹阳“法检两长”同堂断案

2017年，丹阳市人民法院坚持以习近平新时代中国特色社会主义思想为指导，深入学习贯彻党的十九大精神，紧紧围绕“努力让人民群众在每一个司法案件中感受到公平正义”的目标，坚持“司法为民、公正司法”工作主线，忠实履行审判职责，稳步推进司法改革，全面加强队伍建设，各项工作取得新进展。全年共受理各类案件26280件，审执结21698件，比上年分别上升2.24%和13.12%，为全市的经济发展和社会稳定提供了有力的司法保障。

廉政监察员工作会议

法官为全市人民调解员开展业务培训

“法治体验日”活动

干警集中收看十九大开幕式

省高院副院长褚红军（右）到院指导

宪法宣誓仪式

丹阳市人民检察院

省人民检察院检察长刘华（中）到院视察工作

2017年，丹阳市人民检察院围绕全市中心工作，坚持法治引领，突出司法办案，各项工作均取得新进展，全年共批准逮捕各类刑事案件380件462人，提起公诉906件1201人。先后荣获全国检察系统宣传先进单位、全国检察机关文明接待室、镇江市先进基层检察院等20余项集体荣誉。

镇江市人民检察院检察长张新祥（右中）到院调研

最高检领导到院调研法律政策研究工作

丹阳市检察工作会议

镇江市纪委领导到院调研

丹阳市公安局

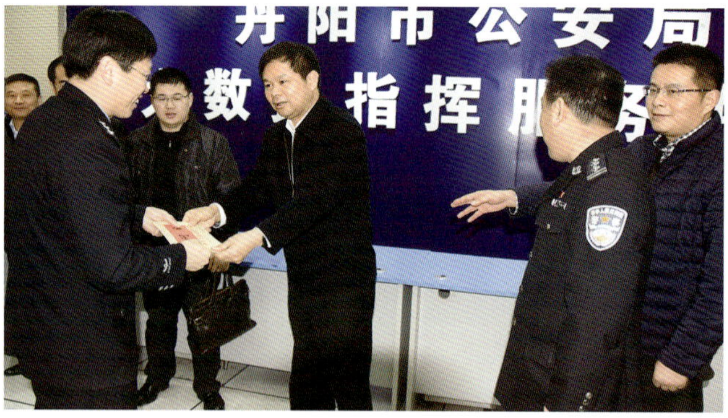

市委书记陈可可（中）慰问公安干警

副市长、公安局长陈俊（左二）慰问群众

镇江市公安局领导检查丹阳十九大安保工作

2017年，丹阳公安机关在维护稳定、服务中心、公安治理、科技强警、队伍建设等领域全面发力，攻坚啃硬，安保维稳强劲有力，侦查破案打击精准，便民惠民能力提升，“暖企惠民”扎实有效，基础防控步步提升，警务创新再创佳绩，规范执法获得好评，队伍士气再次提振。市公安局共取得85项部省市集体荣誉，537人次荣获部省市表彰奖励。市公安局、巡特警大队和开发区派出所被省公安厅记集体二等功。南环路派出所被评为全省公安优秀基层单位，出入境“三化”服务夺得全市“法治惠民实事项目”第一名，市公安局自主研发的实战平台被省公安厅评为科技强警三等奖，“执法通”被镇江市公安局以现场会形式推广。王国锋等人被省公安厅评为个人二等功，张伟、陈坚被评为全省优秀人民警察。市公安局工会荣获镇江市“五一”劳动奖章，“蒲公英志愿者协会”和“警察妈妈工作室”关爱留守儿童活动被评为镇江市最具影响力慈善项目。

第二届镇江公安派出所所长论坛暨全市公安机关“一所一特色”建设现场会在丹阳召开

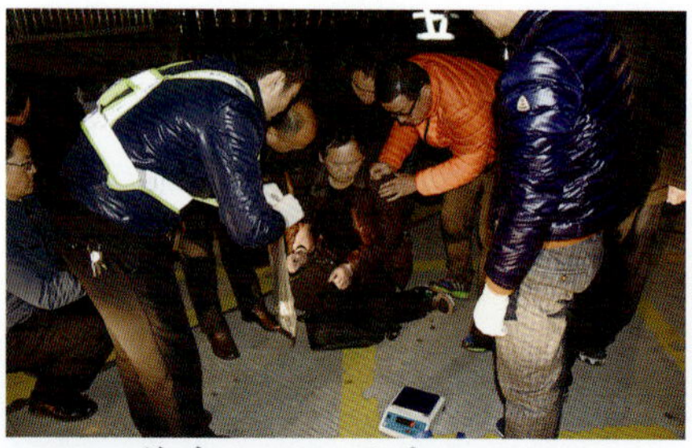

禁毒大队抓获毒犯现场

市公安局举办第四期公安（青年）论坛活动

留守儿童进警营

丹阳市司法局

举行宪法宣誓仪式迎接“国家宪法日”

组织法律从业人员开展教育培训

“12348法律服务队”走访部分新三板企业，帮助企业有效规避法律风险

2017年，丹阳市司法局以习近平总书记系列重要讲话精神为指引，不断丰富发展“人民满意服务型司法行政机关”的目标内涵，围绕全市工作大局，充分发挥司法行政职能优势，切实履行维稳第一责任，服务发展第一要务，以法律服务、法治宣传、矛盾纠纷调处和特殊人群管理“四个全覆盖”转型增效为抓手，努力增强群众“法治获得感”，为全市社会稳定和谐与经济发展作贡献。

司法人员对服刑人员开展帮扶关爱活动

基层人民调解员走进课堂参加培训

开展“德法大讲堂”活动

司法局木兰法治文艺创演中心文艺演出

举办“农民工学法活动周”法律宣传活动

丹阳市残疾人联合会

全市残联工作会议

丹阳市残联第六次代表大会

2017年，丹阳市残联以完善残疾人事业“两个体系”建设为重点，切实强化服务，残疾人事业得到优质发展。高效落实各项残疾人社会保障政策；精准康复服务成效明显；残疾人就业服务水平不断提升；开展丰富多彩的残疾人文化、体育活动。残疾事业的健康发展促进了全市两个文明建设又好又快的发展。

促进就业，精准扶贫

残疾人运动员参加全国锦标赛

助听器捐赠仪式

全国助残日轮椅发放活动

丹阳市卫生和计划生育委员会

市委书记陈可可（左二）察看丹阳市人民医院病房大楼建设

镇江市卫计委主任胡云霞（前右二）察看丹阳市疾病预防控制中心

2017年，全市卫生和计划生育委员会认真贯彻上级卫生计生政策，抓重点任务、攻坚克难、加快改革发展，各项工作取得新的成绩。全市完成门急诊422.15万人次，增长6.7%；出院9.36万人次，增长4.5%；总收入18.76亿元，其中业务收入14.89亿元，增长7.8%；全市基层医疗机构诊疗量占总诊疗人次的比例达42%；公立医院、基层医疗卫生机构财政投入分别增加2000万元、5500万元；总资产23.4亿元，净资产18.4亿元，比年初增加1.1亿元，资产负债率为21.2%。全系统固定资产投资进一步增加，收支结构和资产结构进一步优化，自主发展能力进一步增强，医疗机构运行质量在镇江市处于领先。

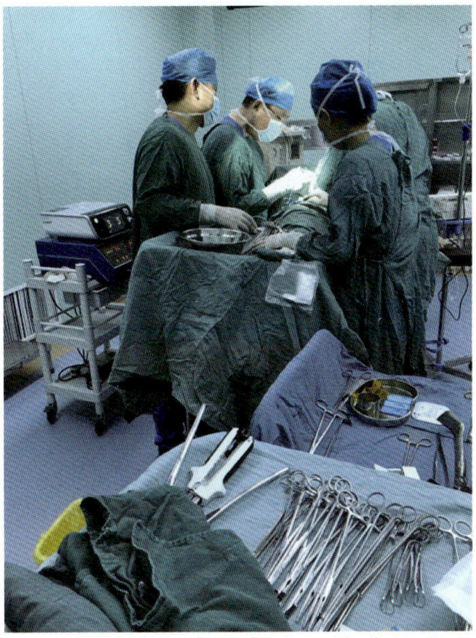

新桥镇卫生院成功开展首例腹腔镜手术

全市卫生计生系统党建暨党风廉政建设工作会议

相关部门参观卫计委党校

司徒镇卫生院进农户开展家庭医生签约服务

丹凤社区卫生服务中心迁至新址正式运营

组织工作人员赴句容开展拓展训练

丹阳市民政局

“七创”省级双拥模范城暨“八一”军政座谈会

丹阳市婚姻登记处搬迁仪式

丹阳市救助管理站及儿童福利院启用仪式

南师大中北学院慰问部队演出

开展与红叶颐馨园的老年人共度一天公益活动

丹阳困难家庭留守儿童帮扶计划公益活动

庆祝建军90周年暨“最美军嫂”颁奖大会

“福彩杯”老年好声音丹阳选拔赛

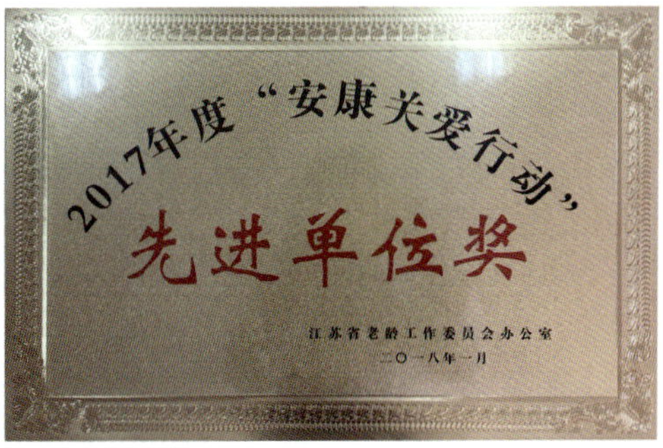

丹阳市首个“双拥主题园”落成

丹阳市国

市领导带队查看部分重点地质灾害隐患点

江苏省国土资源执法案卷评查座谈会

全市农村建设用地调查工作会议

2017年，丹阳市国土资源局认真践行保护资源、节约集约、维护权益、改革创新工作总要求，围绕市委市政府“践行新理念，实现新崛起”的总动员令，构建实施“两保一调”新机制，大力推进“七项突破”，支撑服务全市经济社会发展和“两聚一高”新实践，较好完成全年各项工作任务，在年度市级机关绩效考核中获一等奖。

全年上报建设用地603公顷，其中农用地501.7公顷，保障新孟河、357省道、122省道等省市重大基础设施项目用地286.7公顷、产业项目用地需求313.3公顷，创近五年新高。科学编制土地供应计划，合理安排土地供应数量和节奏。全年供应土地590.4公顷，消化存量未供土地256.6公顷。经营性用地市场公开出让31宗，面积111公顷，地价45亿元。大力开展农村土地综合整治，完成耕地占补平衡项目49个和增减挂钩项目3个，新增耕地168.9公顷。全面落实地质灾害防治各项工作，全市未发生因地灾涉及群众生命财产安全事件。持续推进管山片区废弃矿山整治工程，山体复绿基本完成。全年颁发不动产权证书35530本、证明16420本；查询58809人次。

土资源局

第48个世界地球日活动暨丹阳地质调查成果科普平台开放启动仪式

丹阳城镇地质环境综合调查项目成果移交仪式

国有建设用地使用权挂牌出让现场竞价会

乡镇不动产交易和登记工作业务培训

智慧守土工程视频监控全市土地使用情况

设立永久基本农田保护界桩

加快绿色国土建设、大力恢复绿水青山，推进废弃矿山地质环境治理示范工程

丹阳市气象局

办公大厅

办公楼外景

2017年，丹阳市气象局进一步转变发展方式，依靠科技创新强化公共气象服务的引领，加快现代气象业务体系建设，深化各项改革，全面提高气象预测预报能力、防灾能力、服务水平，适应丹阳社会发展及气象防灾减灾的需求。

气象局环境一角

丹阳市水利局

江苏省水利厅厅长陈杰（左二）调研丹阳市水利工作

镇江市委书记惠建林（中）推进丹阳市防汛工作

2017年，丹阳市实现水利投资近15亿元，投资量、工程规模均创历史新高。基本完成九曲河整治、防洪除涝、水环境整治等工程；全面完成2017年度重点县项目、2016年度中小河流疏浚整治以及新增千亿斤粮食产能项目；开工建设三陵河流域防洪除涝工程，新孟河延伸拓浚工程（丹阳段）有序推进；大吴塘等5座省级小型水库规范化管理单位通过复核验收；长江堤防工程安全运行管理工作通过水利部检查；提升河道管护效果；有效应对“6·10”“9·25”强降雨袭击，降低灾情损失；丹阳市小型水利工程管理体制改革通过镇江市级验收，基本建立长效管理、运行、保障、监督体制和机制；全面完成全市骨干河道、9座水库、九曲河枢纽工程等管理范围划定工作；出台《丹阳市农业用水精准补贴办法和节水奖励办法》，水权制度初步建立；建立健全河长制组织体系、制度体系,全市三级河长全部落实到位；落实水资源管理制度，丹阳市顺利通过江苏省节水型社会示范区创建工作的验收；创成12个镇江市级、3个省级节水型学校，以及1个丹阳市节水型教育基地。

镇江市市长张叶飞（中）视察丹阳市防汛工作

丹阳市委书记陈可可（中）调研水利工作

丹阳市长黄春年（左三）调研水利工作

丹 阳 市 广 播

丹阳市委书记陈可可（右二）调研广电集团

2017年，市广电集团干部职工同心同德、同力同向，始终坚持“深入转型、深度融合”的发展理念，以奋发有为的精神状态，推动广电各项工作平稳健康发展。全年共完成经营创收5191.1万元，比上年增长12.19%。抓好“全国文明城市创建”“暖企惠民大走访”等重大主题宣传，重点推出《创建全国文明城市，做文明有礼丹阳人》《暖企惠民大走访，两聚一高大落实》等系列专栏40多个。拍摄制作各类主题公益广告105条，《廉政全家篇》《廉政宝宝》分别获得省廉政广告二等奖和三等奖。电视在中央台用稿16条，在江苏卫视用稿241条，在镇江台用稿50条，连续21年获得“江苏电视新闻繁荣奖”。在年度镇江市政府奖创优评比中，共有27件作品获奖，其中一等奖2件，在省政府奖创优评比中，共有5件作品获奖。广播剧《布衣先生》获省精神文明建设“五个一工程”优秀作品奖。持续推进新媒体品牌战略，丹阳手机台总访问量突破800万人次，在全国手机台综合指标位列第42位，获得中广联合会和轻快云平台共同颁发的“年度最具创新力手机台”荣誉。丹阳帮粉丝量突破5万人，在全国县级广电微信号百强榜排名最高列第3位。

举办“我为广电献一策”演讲比赛

举办12345政府公共服务平台开办五周年暨行风热线户外直播

电 视 集 团

国家广电总局对丹阳广电进行安全生产大检查

组织老干部参观南师大中北学院

组织干部职工进行徒步毅行活动

JSCN 江苏有线 江苏有线丹阳分公司

2017年，江苏有线丹阳分公司不断强化网络建设，夯实基础，既突出主业，又依托有线网络多元发展，持续增强企业发展活力，较好地完成了事业建设、经营创收、内部管理、队伍建设等各项工作任务，荣获“全国巾帼文明岗”、省公司“十九大安全保障先进单位”、镇江市“模范职工之家”、丹阳市组织工作先进集体等荣誉称号，公司承建的丹阳公安实战平台荣获省公安厅颁发的“科技强警奖”。

江苏有线丹阳分公司办公楼

丹阳市委常委、政法委书记任剑平（左三）调研江苏有线丹阳分公司参与丹阳技防城、社会面监控项目建设情况

“4K智能机顶盒”研发成功，推向市场

公司党、团青年志愿者为市儿童福利院送温暖

与市总工会联合举办业务技能竞赛

中共丹阳市委党校

校园一角

会议中心

2017年，丹阳市委党校扎实开展各项工作，“三有服务平台”建设取得明显成效。全年共举办8期主体班次，培训党员、干部1307人次，举办19期计划外培训班、3770人次；到部门单位开展理论宣讲62次场，完成中共十九大精神专题宣讲20场次；发表省级以上论文11篇，有13项校级课题结题，发挥党校作为“主阵地”“主渠道”和“思想库”的作用。

学校继续保持镇江市文明单位、丹阳市文明单位、“四星”党支部荣誉称号，并被评为全国文明城市创建工作先进单位、镇江市节水型单位。

现场教学

丹阳市发展改革和

深入学习十九大精神动员大会

发改经信委党总支委员会大会

2017年，丹阳市发改经信委聚焦高标准定位、高质量发展，精准施策，创新作为，取得了好于预期的成绩，为全市综合经济实力跃上新台阶做出了新贡献。

全年完成技改投入201.2亿元，增长14.1%；企业两化融合指数95，信息化发展水平指数91.25；全年完成上市挂牌企业19家，其中新泉股份在上交所主板上市；4家低端低效产能项目顺利退出；2家“僵尸企业”完成工商注销；明月光学正式获批国家首批“绿色工厂”创建示范单位。44个镇江市级重点项目完成投资超序时，总投资50亿元的鱼跃生命健康产业园初具规模。智能制造水平进一步提升，常诚车业、谊善车灯等7家企业入选丹阳市级示范智能车间，3家企业成功入选省级示范智能车间。服务业占地区国民经济生产总值比重45.5%，迅捷科技获批省级服务型制造示范企业，全市共有省级服务型制造示范企业3家。丹阳眼镜风尚小镇入选省级特色小镇。

2017年，发改经信委获丹阳市“2017年度优质效能服务部门”“创建全国文明城市工作先进集体”等荣誉；委领导班子被市委评为“严实和谐好班子”，荣立“集体三等功”；审批窗口被评为丹阳市“2017年度优质效能服务窗口”。

发改经信委领导给党员先锋授牌

省经信委送法送政策到丹阳

经济信息化委员会

全市惠企政策宣讲大会

2017 年度全委工作会议

新泉汽车在上交所主板上市

发改经信委领导赴大力神铝业开展暖企活动

经济干部培训班开班动员

热电联产评审会

发改经信委志愿者服务队

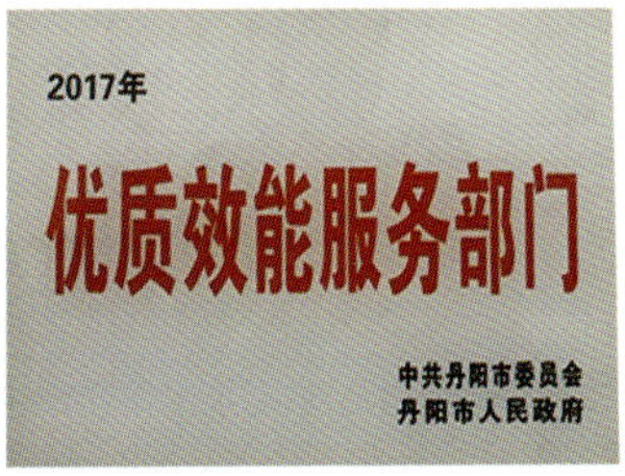

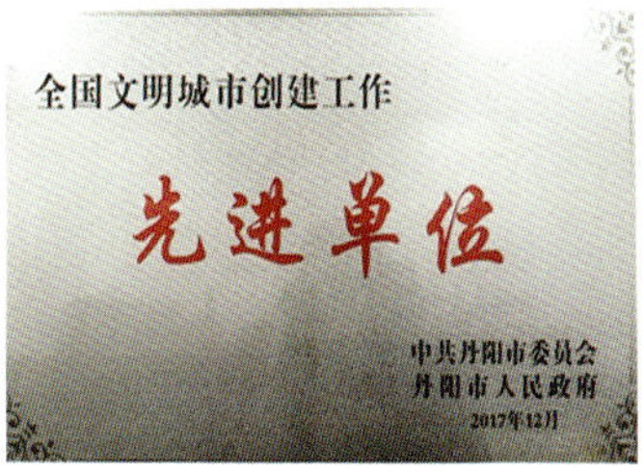

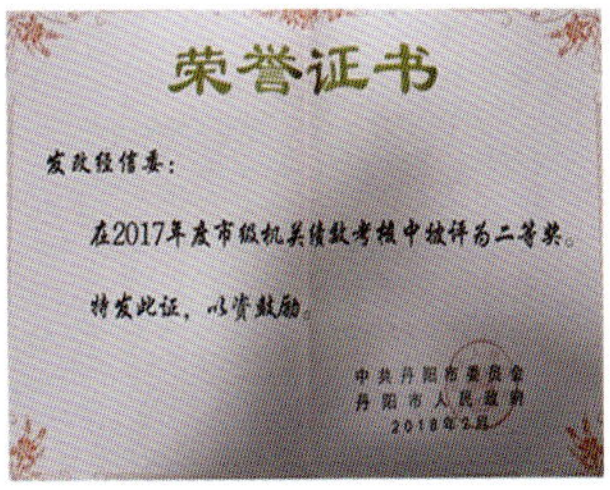

丹阳市民防局

省军区领导视察丹阳民防工作

市民防局在吾悦广场开展大型公益宣传活动

防空防灾疏散联合演练活动

2017年，丹阳民防以贯彻落实第七次全国人民防空会议和全省人民防空会议精神为主线，围绕“十三五”民防建设提出的“体系完备、队伍健全、能力充分、融合发展”目标，以贯彻“两个意见”“实施细则”为切入点，按照“打牢基础、强练内功、补齐短板”的总体思路，对照年度目标责任状要求，大力推进丹阳民防工作融入经济社会和城市建设。市民防局获省民防系统先进集体，行政案卷评审连续两年在丹阳市获得一等奖。

组织机关人员开展应急技能培训活动

组织丹阳市实验小学进行演练活动

丹阳市安全生产监督管理局

省安检局局长陈正邦（右四）到丹调研安全生产工作

镇江市市长张叶飞（左三）检查丹毛集团安全生产

2017年，全市紧紧围绕习近平总书记关于安全生产工作的重要指示批示精神，认真贯彻落实《中共中央国务院关于推进安全生产领域改革发展的意见》，牢固树立红线意识和底线思维，强化安全生产领导责任；深化落实企业安全生产主体责任；深入开展安全生产大检查，排查整治安全隐患；强化行政执法力度；强化安全生产基层能力建设；强化应急，做好值班值守、应急队伍建设。安全生产形势平稳可控，未发生一次死亡两人的一般事故，未发生较大以上及有影响的生产安全事故。

2017年夏季高温市委书记陈可可（右二）带队检查安全生产

夏季高温期间市长黄春年（中）检查安全生产

副市长刘宏程（中）参加安全生产月广场咨询活动

丹阳市旅游局

2017年，丹阳市积极推进重点旅游项目建设，加强旅游质量管理，开展旅游宣传推介。开展文明旅游活动，做好旅行社组团合同、用车合同的规范以及旅游从业人员安全意识的提升，定期开展旅游市场安全专项检查，加大对旅游行业违法违规经营行为的专项整治力度，打击扰乱旅游市场秩序的行为。加强旅游从业人员对旅游法律法规和行业标准的学习，组织导游人员的年审培训，加强导游员的培训和管理。与媒体合作，发布丹阳市旅游资源和旅游信息，播报丹阳旅游新时讯。组织参加国际旅游交易会、南京度假旅游展览会、高雄旅展、宁镇扬马都市圈到厦门和深圳旅游说明会等旅游促销活动。在无锡举办丹阳旅游读本《在丹阳，行走于千年光阴》发布会和读书分享会，通过活动以及智慧新媒体的发布，宣传丹阳文化旅游资源。

丹阳市全域旅游专题培训

丹阳市旅游局调研皇塘乡村旅游村落建设

旅游安全培训

丹阳旅游杭州推介会

丹阳市旅游局指导推进九里景区建设

文明旅游宣传

丹阳市物价局

走进电台《行风热线》，回答民生热点问题

2017年，丹阳市物价局围绕全面深化价格改革的工作，聚焦关键领域价格改革，聚力民生价格监管服务，全面做好抓调控、推改革、强监管、优服务等各项工作。获得“丹阳市依法行政成绩突出单位”“镇江市价格先进集体”等荣誉。

2017年共取消、停征27项收费，降低4项收费，并对船舶过闸费实行下降10%的优惠政策，预计每年可为企业和群众减负6000多万元。推行家庭医疗签约服务制度，合理确定签约服务收费标准。开展医药价格改革和居民用水阶梯价格的效果评估工作，进一步巩固改革的成效。审慎定调价，通过成本监审、专家论证、信息公开、网上征求意见等程序，明确全市生猪定点屠宰、道路挖掘修复、停车服务、幼儿园保教费、农业水价等收费政策。

全市价格工作会议

到基层调研农水价格改革

价格应急预案专家评审会

3·15现场解答消费者的疑问

慰问困难群众

丹阳市航道管理处

岸电项目使船民用上清洁能源

2017年，丹阳市航道管理处积极践行新时代“忠诚、担当、专业”交通精神，秉持“和谐领航、服务有道”发展理念，围绕“服务船民、服务企业、服务大局”三大服务内涵的拓展，积极打造“水上驿站”服务品牌，为丹阳经济社会高质量发展提供了强有力的航道保障，充分展示了丹阳航道新形象。

丹阳市航道管理处规划建设大运河锚地服务中心，率先引进丹阳市首座内河航道岸电项目，真正实现“以电代油”，使船民也能享受到和陆地居民一样的舒适便捷；成立全市首家水上书屋，专为船民补给“精神食粮”；组建“船帮带”党员志愿者服务队，为船民提供各类便民服务；开展“暖企惠民”大走访，与沿河企业签订共建协议，开启“政企共建”新模式；结合全国文明城市创建、“263”专项行动、交通干线及农村公路沿线环境综合整治“六项行动”，着力改善丹阳市航道局部存在的脏、乱、差等突出问题，提升内河航道形象。

“水上书屋”专为船民补给“精神食粮”

“船帮带”党员志愿者在行动

开展政企共建

航道环境整治、守护碧水蓝天

整治一新的大运河城区段三河口风光

镇江市丹阳地方税务局

中仙村第一书记赵顺良在村头解读十九大报告精神

丹阳地税干部走进电台《行风热线》栏目

2017年，丹阳地税局各项工作取得了显著成绩。强化组织收入天职意识，建立“三级收入预警机制”，大力构建税种精细化、专业化管理机制；自主开发“自然人一户一档税收主题数据库”，有效提升自然人税收管理服务质效；强化欠税管理，将欠税失信行为与纳税信用等级评定紧密挂钩，有效遏制欠税恶意蔓延势头;推行分级分类管理，对重点税源实行集约化管理，对中小税源实行行业化管理，对个体工商户、零散税源实行社会化管理；开发“本地化数据仓库”，实现存量信息和增量信息增值利用；深入开展暖企大走访，服务实体经济发展，全年减免税10.4亿元，创历史新高；持续推进国地税共建办税服务厅建设，实现无缝对接零时差退税；优化房产交易涉税流程，实现不动产登记“一窗受理、集成服务”；积极构建 “创新项目+课题调研+绩效考核”三位一体机制，“本地化数据仓库”“三位一体科调研”创新项目被省地税局领导表扬性批示，《基层贯彻落实“国务院关于扩大对外开放积极利用外资若干措施的通知”取得积极进展》调研信息被国办采用，国务院领导作出表扬性批示。全年完成总收入49.04亿元，比上年增长4.6%。其中，完成税收收入25.39亿元，公共财政预算收入20.81亿元，比上年增收7437万元，增长3.71%。入库社会保险费 20.57亿元，比上年增收2.24亿元，增幅12.23%。2017年3月，获江苏省政府残工委“2016年按比例安排残疾人就业工作优秀单位”，局档案室通过省五星档案复查。获镇江市地税局2017年年度考核绩效总分、特别加分排名首位，镇江市地税系统先进单位，丹阳市2017年度“争先创优”活动社会评议第一名。并先后获“丹阳市优质效能服务部门”“丹阳市依法行政工作成绩突出单位”“丹阳市法治创建工作先进集体”。五分局获“丹阳市基层法治创建工作先进集体”。

丹阳地税为“走出去”企业提供专题政策咨询

丹阳地税在市民广场开展“学雷锋”活动

丹阳地税召开第七届运动会

“善行地税”志愿者服务团队在行动

丹阳农商银行
DANYANG RURAL COMMERCIAL BANK

近年来,丹阳农商银行坚持“回归本源、专注主业、立足当地、服务实体”的宗旨定位，立足服务“三农”和小微企业，突出主业，回归本源，防控风险，进一步提高实体经济的服务能力和水平。截至2017年末，各项存款余额247.68亿元，比年初增加16.03亿元，增幅6.92%；各项贷款余额183.22亿元，比年初增加13.81亿元，增幅8.15%，存贷款市场份额继续居丹阳金融机构之首。

董事长田贵荣

镇江银监分局领导到丹阳进行暖企走访活动

董事长2018新年寄语

丹阳农商银行总行大楼

丹阳农商银行2018年开门红启动大会

中国银行 BANK OF CHINA 丹阳支行

员工参加“金融知识进万家”公益社区行活动

“新时代、新征程、不忘初心、牢记使命”环湖徒步行活动

2017年，中国银行丹阳支行积极履行国有银行的经济责任，以“两聚一高”为引领，认真贯彻市委、市政府年度总体工作要求和上级行工作要点，全面贯彻落实省行“攻坚突破发展年”的各项战略要求，各项工作取得令人鼓舞的成绩，获年度绩效考核镇江辖内第一、丹阳市政府绩效考核二等奖、丹阳市金融工作先进集体一等奖、镇江市政府“信贷支农优秀单位”。年末本外币一般性存款时点余额为102.15亿元，较年初新增10.88亿元；本外币各类贷款余额73.24亿元，较年初新增3.55亿元；存贷款四大行新增市场份额分别为57.71%、48.95%，排名均居四大行第一。年内不良贷款和不良率持续“双降”，两项指标在四大行中均为最低。年内支行党总支被分行评为“四强党组织”。支行工会被江苏省总工会评为“江苏省模范职工之家”。辖内后巷支行被江苏省银行业协会评为“普惠金融乡镇网点文明规范服务五星级网点”，西环支行被省行评为“模范职工小家”、被镇江市妇联评为“巾帼文明岗”。

支行领导与2017年度优秀员工合影

交通银行 BANK OF COMMUNICATIONS 丹阳支行

丹阳支行党员青年先锋队活动

丹阳支行积极参加“金融知识进万家”公益活动

2017年，丹阳交行认真贯彻落实各项监管要求，深入贯彻落实全国金融工作会议精神，围绕服务实体经济、防控金融风险、深化金融改革三项任务，坚持以服务实体经济为导向，进一步加强金融机制工作创新，全面提升服务实体经济的能力和水平。坚持党建工作和中心工作两轮驱动，业务发展和风险防控两手抓，以资产、负债、风险、效益、服务、创新等六项重点工作为主线，实现规模和效益平稳增长，在维护地方金融稳定和履行社会责任等方面起到了积极作用。至2017年末，支行人民币各项存款64.01亿元；各项贷款65.83亿元，其中公司业务贷款48.1亿元、小企业贷款5.9亿元、个人消费贷款10.9亿元；实现经营利润1.6亿元；不良率控制在2.81%。丹阳支行营业部获评中国银行业文明规范服务五星级营业网点，眼镜城支行获江苏省银行业普惠金融文明规范服务五星级示范网点。

2017年银行业规模管控、监管趋严，支行及时与上级行做好沟通，积极争取有限贷款资源，在制度允许的范围内抢规模、早投放，在保障小微企业、个人贷款民生保障刚性规模的情况下，对公司存量客户实行“有保有压”的授信策略，确保重点行业、政府支持的民生项目贷款，其中包括交银国信对绿城水利公司7亿元的信托贷款和丹阳市水务集团第二水源2亿元的建设项目贷款。

支行针对丹阳小微企业开拓思路，多方举措。利用各种产品支持实体企业，推出以眼镜城商圈贷和财科贷项目的特色金融产品，全年累计新增贷款18户，累计新增投放13580万元，得到了广大中小企业主的欢迎。

交通银行服务窗口

交通银行服务大厅

江苏银行 BANK OF JIANGSU 丹阳支行

分行领导开展大走访

丹阳支行乔迁之喜

江苏银行丹阳地区政银企恳谈会

江苏银行自2016年上市以来，把回归本源、服务实体经济作为自身持续健康发展的必然选择，立足江苏，服务三大经济圈，面对金融业日益加剧的同质化竞争，细分市场领域，创新金融产品、渠道和服务，形成了自身的优势和特色，走出了一条差异化的发展道路。

江苏银行丹阳支行认真贯彻中央金融工作会议和中央经济工作会议精神，主动适应复杂多变的经济金融形势和日益趋紧趋严的监管要求，坚持回归本源主业，服务实体经济；坚持诚信立行，关爱客户，卓越服务。通过紧紧围绕经营指标、清欠降逾、队伍建设和创新发展，市场竞争力得到持续的提升。

2017年，江苏银行丹阳支行获江苏省金融办授予的“2017年江苏省科技金融特色机构”荣誉，在丹阳市委市政府、市金融办组织的“金融知识竞赛”活动中获一等奖。

保得 丹阳保得村镇银行

丹阳保得村镇银行成立于2010年6月，七年来始终奉行同心、同行、同发展的服务追求，把为小微企业、“三农”客户减负工作落到实处，根据客户生产经营情况，区别还贷形式，实实在在为客户减少过桥资金成本支出，确保小微企业生产经营正常开展。截至2017年末，累计发放各类贷款8.57亿余元，支持小微企业、“三农”客户855户。多次获镇江市、丹阳市小企业优秀服务金融机构称号，2017年6月获“江苏省村镇银行优秀支农支小示范点”。

丹阳保得村镇银行行长刘靖珉走访重点企业

市人行到丹阳保得村镇银行调研存贷款统计标准化

丹阳保得村镇银行走访家庭农场

丹阳保得村镇银行组织防范非法集资、文明城市调查问卷的活动

镇江人行到丹阳保得村镇银行调研支农再贷款

浦发银行 丹阳支行
SPD BANK Danyang Branch

坚守诚信 创造卓越

镇江零售分管行长张森到丹阳调研

丹阳市“金融知识进万家”社区行公益活动

2017年，浦发银行丹阳支行坚守风险底线，积极寻求客户结构调整，回归本源，突出主业，加大对具有区域性竞争力的优质制造企业的营销和信贷投放。统一思想认识，全员参与到大零售业务的拓展工作中，通过代发留存、批量POS收单留存等方式，新增一部分收入来源稳定、抗风险能力较强的客户群体，零售业务进一步夯实基础，支行各项本外币存款余额24.68亿元，较年初增加648万元。

中国人民财产保险股份有限公司丹阳支公司

丹阳支公司与市法院举办“执行无忧”悬赏保险签约仪式

启动应急预案应对冰雹灾害

2017年，中国人民财产保险股份有限公司丹阳支公司在“树立新思维、锁定新目标、实现新跨越”的整体工作思路指导下，以“发展超越市场、盈利优于行业、服务领先对手”为目标，以“整合、协作、执行、考核”为切入点，聚力发展聚焦盈利，以“市场份额同比提升1个百分点以上，报表综合成本率控制在94%以下”为总体经营目标，实现保费收入3.48亿元，同比上升9.4%，其中车险完成保费收入26286万元，同比上升10.74%；非车险（剔除大病）完成保费收入4480万元，同比增长8.76%；农险完成保费2182万元，同比增加4.4%。市场主导地位保持稳固发展。

新桥营业部获农户赠送锦旗

开展保险进社区活动

“文明新风进社区，和谐邻里伴我行”公益活动

南京师范大学中北学院

南京师范大学中北学院成立于1999年，由百年名校南京师范大学与南京师范大学教育发展基金会共同举办，是首批经国家教育部批准成立的独立学院。学院在校生8000余人。学科门类齐全，涉及文、理、工管理、艺术等多个学科门类，共计有38个享有较高社会声誉的品牌专业。学院先后多次被评为最受欢迎独立学院、江苏省最受关注的独立学院、江苏省十佳独立学院。

2015年5月，丹阳市人民政府与南京师范大学签署合作共建南京师范大学中北学院丹阳校区协议。同年12月，启动丹阳校区建设工作。丹阳校区占地总面积约60公顷，总投资约29亿元，规划建设总建筑面积 38.75 万平方米。工程分两期建设，一期工程已于2017年9月投入使用，二期工程将于2019年7月交付使用。2017年9月，丹阳校区正式揭牌启用。

中北学院丹阳校区主动适应丹阳产业特色和经济社会发展需要，优化、调整专业设置，先后与鱼跃医疗、万新光学等知名企业合作，推行参与式办学，共建一站式实训基地，开发嵌入式课程，培养双师型教师；主动参与丹阳社会服务及公益事业，先后开展“百团百岗”大学生赴丹阳挂职锻炼、文明城市志愿服务、两会志愿者服务、新年音乐会等，进一步强化办学特色；注重内涵建设，全面主动对接区域行业产业发展需求，加强应用型人才培养，努力建设区域领先、特色鲜明的高水平的应用型技术大学。

至2020年，学院将实现整体搬迁至丹阳，届时中北学院将充分发挥办学的综合优势，积极推进校地共建。

外景效果图

中北学院丹阳校区总平面规划图

中北学院丹阳校区总体规划鸟瞰图

丹阳市第三中学

德育活动

小组合作学习

校园风景

丹阳市第三中学前身是“官立城东初等小学堂”，创办于1906年。巍巍学府，风华百年，几易其名，不变的是深厚的学养、治学的严谨。学校占地面积2.18公顷，建筑面积近2万平方米。美观实用的教学楼，秀美别致的绿化，千兆无线覆盖的校园，透出浓厚的文化气息、蓬勃向上的活力。

第三中学师资力量雄厚，有专任教师134人，其中拥有教育硕士学位的27人，占比达20%；中学高级教师93人，占比达69.4%；市级以上拔尖人才66人，占比达49.2%。教师发展各项指标均处于全市前列。

心理课交流活动

学校社团

丹阳市云阳学校

校长　丁叶俊

丹阳市云阳学校有9个年级、79个班级、在校学生3500余人、教职工356人。办学三十余年来，在“求真”文化引领下，学校倡导“做真人，求真知，办真事”的文化自觉，秉承“对每一个孩子负责，让每一个孩子出彩”的办学理念，注重内涵打造，提升教育质量，努力打造“现代化、高质量、有特色、重内涵”的适合的优质教育。

学校关注学生的全面发展和个性发展，努力为每一个孩子提供充分、均衡、优质的教育条件和机会，着力打造一所“内涵深厚、质量一流、特色鲜明”的学校。学校以建设现代学校为总目标，以“抓关键、求实效；重细节、显品位”为总基调，以深度推进自然分材教育改革为切入点，以立德树人为根本任务，紧扣省文明校园创建标准，精心打造自然分材教学、校园足球、七彩德育、家长学校、社团建设等内涵项目，不断丰富和厚实云阳学校品牌形象，全面推动学校跨越发展。学校先后获得全国群众体育先进学校、全国优秀家长学校、全国绿色学校、全国书法艺术教育实施先进学校、全国写字教育实验学校、全国首批校园足球示范学校、江苏省示范初中、江苏省体育传统项目学校、江苏省文明校园、江苏省生态文明示范学校、江苏省心理健康教育特色学校等上百项荣誉。

古筝表演

自然分材教学活力课堂

校园足球

丹阳市第五中学

2017年教师节丹阳市领导慰问走访学校教师

学校“梦之韵”合唱团参加第三届江苏省紫金合唱节

丹阳市第五中学是江苏省四星级高中。学校以提升教育内涵为重点，以提高教育质量为核心，着力进行学校文化建设、优质师资队伍建设和高效课堂建设。学校有16名教师被评为镇江市骨干教师，3名教师在江苏省青年教师教学比赛中获奖。校“梦之韵”合唱团在第三届江苏省紫金合唱节上再次荣获铜奖。学校的省级科学教育课程基地全面建成并投入使用。学校被授予江苏省金钥匙机器人训练基地。学校代表队在江苏省金钥匙仿生机器人创意大赛上获创意特等奖和综合特等奖。校田径队在镇江市中学生田径运动会上荣获高中组团体总分第二名。高三学生在镇江市身体素质测试获镇江市第一名。学校被教育部第一批授予全国青少年校园篮球特色学校，创建成为江苏省节水先进单位、江苏省中小学优秀校园网站，获2014—2016年度丹阳市文明校园。在2017年丹阳市争创优质效能服务窗口评比活动中，学校获“优质效能服务科室”。

丹阳市华南实验学校

学校教师代表团参加江苏省初中联盟活动

学校党总支换届选举大会

2017年，丹阳市华南实验学校正式形成“一校两区、同步发展”的办学格局，全面开启“五四分段、九年一贯”办学探索模式。学校有126个班级、7000余名在校生、381名专任教师（其中省特级教师5人、镇江市学科带头人和教学骨干35人）、5个丹阳市名教师工作室、1个镇江市名教师工作室。

学校围绕“办人们心目中理想的学校，让每一位学生都得到理想的发展”的办学目标，全面践行“山水教育”新理念，不断深化教育改革，全面实施素质教育，办学质量不断提升。2017中考，九年级有221人被省丹中录取，八年级有69人被省丹中创新班提前录取，小学毕业会考综合考评全市第一，其他调研科目成绩均列全市前茅。在省市各类学科竞赛中，共有1028名学生获奖，12名教师获得省评优课一等奖，13名青年教师在省市基本功大赛中获一、二等奖，12名优秀教师入选市学科领军人物，3名教师成为市第五批特级教师后备班成员。学校先后获得江苏省“十三五”科学教育综合示范学校、江苏省初中物理教学研究基地学校、江苏省优秀中学共青团组织、镇江市文明单位、镇江市智慧校园、丹阳市市级机关“优质效能服务科室（窗口）”等荣誉称号，并取得多项省市级教学成果奖。

镇江市区域儿童阅读活动暨丹阳市书香润德工程启动仪式

镇江市中小学学生社团学校联盟启动仪式

华南实验学校体育运动节

师生举行徒步拉练活动

学校中考百日冲刺动员大会

丹阳市实验学校

丹阳市实验学校与马来西亚古晋中华小学第三校结对

丹阳市政协主席沈岳方（中）等视察学校诗词校园创建工作

承办江苏省“名校文化研究中心”德育联盟“三自教育”研讨会

丹阳市实验学校是一所“九年一贯制”自主管理试点学校。现有93个教学班，学生总数 5102 人，专任教师323人。学校确立“自然、自主、自在”的办学理念，围绕“健康人、文明人、责任人、学习人、幸福人”的培养目标，不断创建优质均衡特色教育品牌，大力推进内涵建设，以本土教育家戴伯韬教育思想研究为抓手，不断提升学校办学品位。2017年，学校成功创建镇江市“青少年之家”、镇江市“智慧校园”、镇江市艺术特色学校，积极创建“诗词校园”，承办江苏省教育学会德育联盟研讨会。德育课题“创班花文化特色，走三自育人新路”获丹阳市内涵发展创新项目优秀成果奖。学校与马来西亚古晋中华小学第三校成功结对，进一步加快教育国际化步伐。10余名学生在江苏省青少年各类科技大赛中获特等奖、一等奖，在省作文竞赛中获一等奖。学校获“江苏省校园智力竞技活动”团体二等奖、“首届中小学生艺术素养大赛”独唱类一等奖、钢琴组一等奖。学校先后获得“全国五四红旗团委”“全国和谐教育名校”“全国科研兴校示范基地”“全国青少年校园足球特色学校”“江苏省最具影响力初中”“江苏省课程建设特色学校”“江苏省初中教学管理创新特色学校”“江苏省科学教育特色学校”“江苏省优秀少先队集体”“江苏省青少年科技教育先进学校”“江苏省十佳共青团组织”等40余项荣誉。

“全国五四红旗团委”授牌

举办戴伯韬科技节

丹阳市练湖中心小学

校长　陈国钰

省校足办领导专家到学校指导

练湖中心小学"两学一做"学习教育工作座谈会

丹阳市练湖中心小学坐落于美丽的练湖度假区。学校创建于1913年，是一所百年文明老校。现有教学班33个，教师100余名，学生1500余名。学校坚持以"办人民满意的教育"为主线，以科学特色、快乐篮球、"爱心"文化建设为核心，以"为学生一生的发展和幸福奠定基础"为办学宗旨，以"崇爱尚爱，爱满校园"为办学目标，在细节管理中塑造精品，在科学教育中打造特色，在课堂教学中夯实基础，实现学生、教师、学校的和谐发展。近年来，学校先后获得"江苏省青少年科技活动五星级先进集体""江苏省科学教育特色学校""江苏省平安校园""江苏省节水型学校""镇江市首批特色学校""镇江市教育现代化先进学校""镇江市语言文字示范学校""镇江市中小学学生行为规范示范学校""镇江市依法治校示范校""镇江市养正学堂""镇江市教育装备管理与使用示范学校""镇江市中小学社团建设先进学校""丹阳市行风建设先进集体"等荣誉。

校代表队参加 2018 年丹阳市"市长杯"校园足球比赛，获小龄女组冠军

丹阳市吴塘实验学校

市长黄春年（中）察看学校新校区工程

市四套班子领导“六一”慰问少年儿童

2017年8月，丹阳市吴塘初级中学与皇塘中心小学合并，定名为丹阳市吴塘实验学校，实行“九年一贯制”学制。丹阳市吴塘中学始创于1923年，为丹阳市历史最悠久的中学之一，曾三迁校址、七改校名，培养出一大批知名校友。近年来，教育资源布局调整，学校利用原职高校址高起点规划、高标准建设新校区，一、二期工程均已竣工。

新校区位于皇塘镇职中东路西侧，340省道北侧，占地8.4公顷，总建筑面积近3万平方米。校区整体格局分明，功能超前设置，确保学校发展三年不落后、五年不淘汰，始终稳居农村学校第一方阵。学校有在校生2100名，设初中部、小学部、里巷小学3部分，专任教师160余人。学校坚持以年级部（学部）管理和活力（童伴）课堂打造为两大抓手，外树形象、内塑品质，取得骄人业绩。学校连续荣获“全国青少年校园足球特色学校”“江苏省实施教育现代化工程示范初中”“镇江市文明校园”等多项荣誉。

学校小学部乘风楼

学校综合楼

学校田径场

丹阳市第二人民医院

市领导察看新门急诊、病房大楼

市领导察看旧楼消防安全情况

丹阳市第二人民医院暨丹阳市妇幼保健院创办于1951年，是一家集临床、预防、保健、科研、教学于一体的“二级甲等医院”，是江苏大学医学院临床教学基地、镇江卫生学校教学医院、全市妇幼保健技术服务指导中心。医院坐落于丹阳市经济技术开发区，占地3.2公顷，设有内科、外科、妇产科、儿科、新生儿科、乳腺科、五官科、口腔科、眼科、皮肤美容科、中医针灸科、生殖遗传科、妇女保健科、儿童保健科、产后康复中心等临床保健科室。其中妇产科、儿科、新生儿科、乳腺科、胆石病专科、肛肠病专科、肛肠外科、创伤外科（骨科）、手足显微外科、心血管内科、消化内科、肝病科、肾内科、风湿内科独具特色。

近年来，丹阳市第二人民医院坚持以“创特色品牌，建精品医院”为目标，相继与复旦大学附属上海市红房子妇产科医院、第二军医大学附属长海医院、南京医科大学附属南京儿童医院、上海国际和平妇幼保健院、解放军第359医院合作，成立上海市红房子妇产科医院丹阳协作医院、上海长海医院丹阳会诊中心、南京医科大学附属南京儿童医院丹阳协作医院、上海国际和平妇幼保健院乳腺病丹阳诊治中心、解放军第359医院协作医院，满足本市患者高质量就医需求。

新门急诊、病房大楼消防验收

组织上海、江苏专家开展骨质疏松义诊活动

开展志愿者服务活动

丹阳市导墅镇卫生院

张静江医生（左）

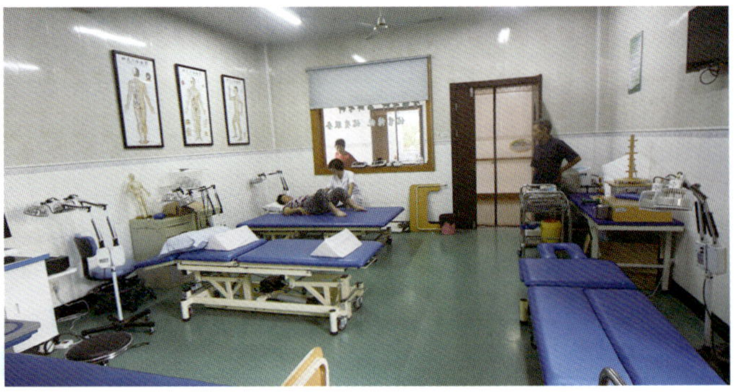

中医康复科

丹阳市导墅镇卫生院坐落于导墅镇康富路1号，是一所集医疗、预防、保健、计划生育、康复、健康教育为一体的江苏省示范乡镇卫生院，是丹阳市文明单位，多次获得市卫计委各项工作先进单位光荣称号。

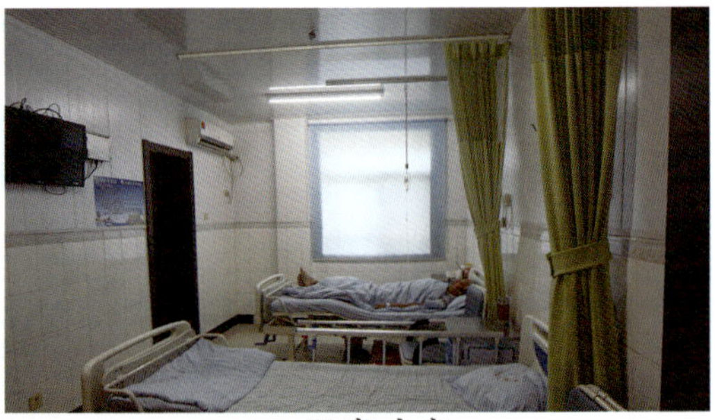

隔帘病床

1952年建院，1994年8月建立骨伤科特色专科，正式挂牌丹阳市伤骨科医院，是丹阳市唯一具有骨伤科特色的乡镇卫生院。骨伤科的中医小夹板外固定技术配合外敷内服特制中药制剂，疗效显著，在丹阳市及周边地区享有一定的声誉。2015年通过江苏省乡镇卫生院特色科室评估考核。2018年4月与丹阳市中医院共同组建“骨科联合体”，方便群众得到上一级医院专家的诊疗，减轻群众就医负担，提高医疗服务的协调性、连贯性、整体性，真正满足广大群众多层次的骨科医疗及康复需求。

医院总体布局体现以病人为中心的服务理念，能满足本辖区内的基本医疗和基本公共卫生服务需求。拥有DR、CR、全自动生化分析仪、进口彩色B超、进口电子胃肠镜、麻醉呼吸机、牙科治疗仪等高新诊疗设备。设有门诊部、住院部、预防保健部及行政办公区四大部门，各部门科室齐全。

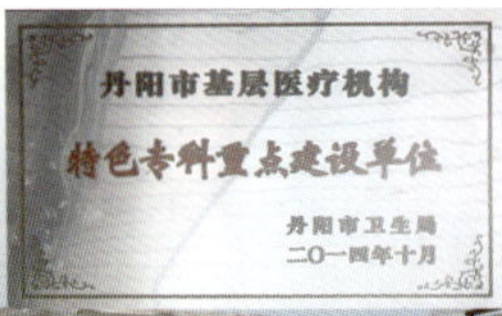

丹阳市访仙镇卫生院

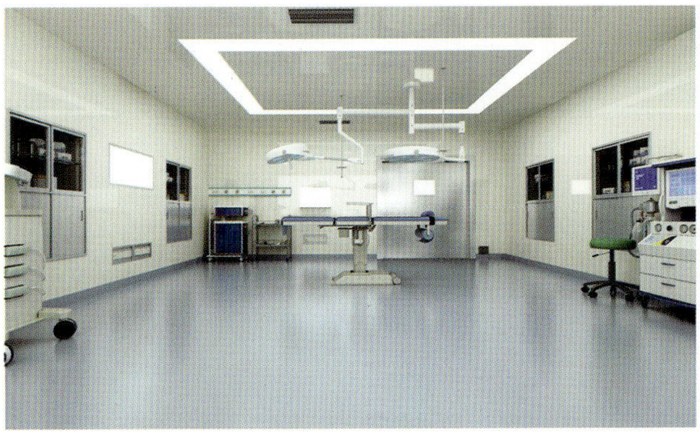

手术室

门诊大厅

新建访仙镇卫生院坐落在丹阳市访仙镇机场路北侧，占地1.4公顷，建筑面积11000平方米，主体建筑有门诊楼、病房楼和附属用房。

门诊楼建筑面积4300平方米，东部门诊区一层设内科、外科、放射、心电、B超、检验科、胃镜室等科室；西部为急诊独立专区。二层设中医馆、口腔科、妇产科、公共卫生科；三层为行政办公区域。

病房楼建筑面积5500平方米，一层为预防接种中心和药库区域，二、三、四层为住院病房，共设置80张床位，五层为手术室和产房区域。

附属用房建筑面积1700平方米，一层为体检中心、食堂、配电房、发电机户、医废处置室、洗衣房等配套用房，二、三层为职工宿舍。

卫生院核定编制为95人，在职职工126人（其中在编人员为89人，乡村医生23人，其他社会化用工14人）。其中，各专业执业医师（助理）42人，执业护士30人；正高职称1人，副高职称9人，中级职称37人。

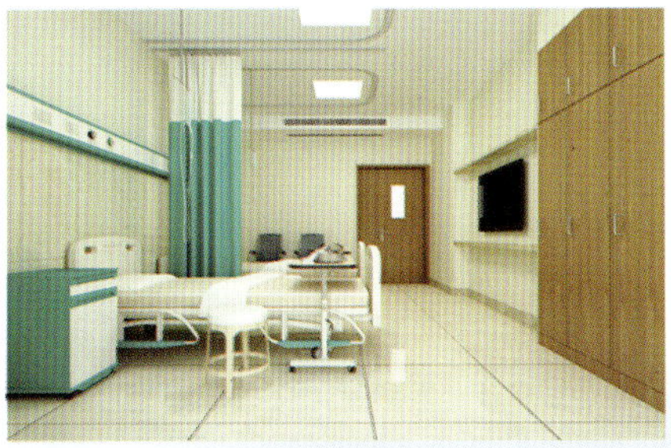

病房

护士站

儿童预防接种中心